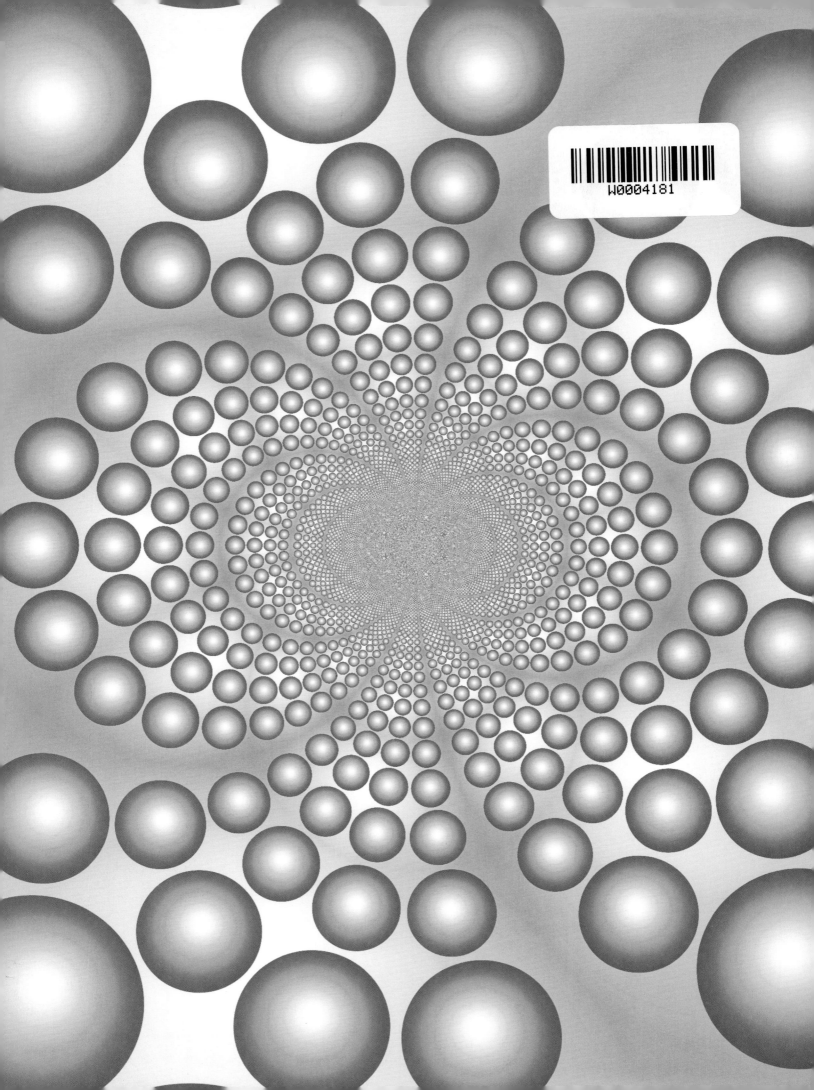

GUINNESS
WORLD RECORDS
2000

GUINNESS VERLAG GMBH

Inhalt

Menschliche Fackel: Stig Günther, 2 Minuten und 6 Sekunden

Höchste Einnahmen am Tag der Premiere: Star Wars-Episode „Die dunkle Bedrohung" 51,65 Mio. DM

GUINNESS – DIE SHOW DER REKORDE

| 004 | Alles über die erfolgreiche Familien-TV-Show im Ersten: Rekorde, Hintergründe, Fakten und Fotos |

MUT

008	Helden des Alls
010	Fernreisen
012	Erdumrundungen
014	Bergsteiger
016	Helden der Tiefe
018	Speed Stars
020	Stunts
022	Lebensretter
024	Überlebende

WISSEN

026	Wissenschaftler
028	Erfinder
030	Helden der Medizin
032	Tiere 1
034	Tiere 2

LEISTUNG

036	Kraft
038	Können
040	Ausdauer
042	Teamwork
044	Extreme Reisen
046	Schnelligkeitsrekorde
048	Golden Oldies
050	Essen & Trinken
052	Rekord-Speisen
054	Sammlungen

REICHTUM

056	Steinreiche
058	Großverdiener
060	Liebhaberstücke
062	Luxus 1
064	Luxus 2
066	Shopping

WELTRUHM

068	Film-Stars
070	Pop-Stars
072	TV-Stars

074	Sportler
076	Models
078	Auszeichnungen
080	Weltpolitiker
082	Fan-Artikel
084	Fans
086	Berühmte Tiere
088	Religionen & Kulte

POPKULTUR

090	Hollywood
092	TV & Video
094	Musikvideos
096	Pop
098	Rock
100	Dance, Hip Hop & Rap
102	Klassik & Jazz
104	Comics & Animation
106	Vergnügungsparks
108	Werbung
110	Bücher
112	Aufführungen
114	Kunst
116	Haute Couture
118	Szene

Reinhold Beckmann und Franziska Schenk auf „Bigtoe", mit 4,7 m dem größten Monsterbike der Welt

Erfolgreichstes Model: Claudia Schiffer

Kleinste Zwillinge: John und Greg Rice, 86,3 cm

Populärste Computerspiel-Heldin: Lara Croft

Größter Raubfisch: Der weiße Hai

KÖRPER
- 120 Körperveränderungen
- 122 Groß & Klein
- 124 Erstaunliche Körper
- 126 Medizinische Extreme
- 128 Bodybuilding

HIGH-TECH
- 130 Internet 1
- 132 Internet 2
- 134 Computer
- 136 Computerspiele
- 138 Roboter & künstliche Intelligenz
- 140 Telekommunikation
- 142 Kultobjekte
- 144 Autos
- 146 Zweiräder
- 148 Flugzeuge & Schiffe
- 150 Raketen

GEFAHR
- 152 Krisengebiete
- 154 Naturkatastrophen
- 156 Umweltkatastrophen
- 158 Krankheiten & Epidemien
- 160 Tierattacken
- 162 Ungewöhnliche Pflanzen

SPORT
- 164 Extremsport • Luft
- 166 Extremsport • Land
- 168 Extremsport • Wasser
- 170 Extremsport • Schnee
- 172 Skisport
- 174 Eissport
- 176 Eishockey
- 178 Leichtathletik
- 180 Golf
- 182 Tennis
- 184 Fußball 1
- 186 Fußball 2
- 188 Basketball
- 190 Autosport
- 192 Zweiradsport
- 194 Schwimmen & Tauchen
- 196 Kampfsport
- 198 Ausdauersport
- 200 Gymastik & Gewichtheben
- 202 Zahlen Daten Fakten

DEUTSCHSPRACHIGE REKORDE
- 212 Erstmalig sind hier alle neuen deutschsprachigen Rekorde aus Deutschland, Österreich und der Schweiz versammelt, die bis zum letzten Redaktionsschluß am 1. April 1999 von der Redaktion anerkannt wurden.
- 240 Register
- 246 Merkblatt
- 247 Formular für Rekordanmeldungen
- 248 Impressum; Fotonachweis

Schwerster Sumo-ringer: Salevaa Atisance, 274 kg

Jüngste Tandem-Springerin: Hannah Trense-Taubitz, 8 Jahre

Ständig neue Rekorde, Gewinnspiele und Unterhaltung im Internet unter:

www.guinness-verlag.de

Guinness – Die Show der Rekorde

Das Erste

DAS KONZEPT
In der großen Samstagabendshow des Bayerischen Rundfunks für das ERSTE treten internationale Rekordinhaber gegen ihre Herausforderer an. Kraft, Geschicklichkeit, außerordentliche Gedächtnisleistungen, verblüffende Rekorde des Alltags – all dies ist in der Show zu sehen. Dabei geht es nicht um Geld, sondern allein um die Ehre, die Guinness-Trophäe zu erringen und im GUINNESS-BUCH DER REKORDE zu stehen.
Die absoluten Stars der Show sind die Kandidaten, die Rekordinhaber und deren Herausforderer, die gegeneinander im Wettstreit antreten und unglaubliche Leistungen vollbringen. Für sie gibt es kein normales Maß: Höher, schneller, weiter – das ist ihre Devise.

DAS MODERATOREN-TEAM
Reinhold Beckmann und Franziska Schenk präsentieren „Guinness – Die Show der Rekorde".

SCHNELLER...
In weniger als 2 Minuten einen Motor wechseln? So etwas gibt es nur in der Guinness-Show. Das Team der Käferfreunde Dietzenbach baute in nur 1 Minute 37 Sekunden den Motor aus einem VW aus – und in einen anderen ein. Unglaublich schnell waren auch die 13 Mädchen des Teams Iga-Optic, die in der Rekordzeit von nur 15,8 Sekunden in einen Smart kletterten, den Wagen anließen und damit auch noch über eine Ziellinie fuhren.

LÄNGER...
Rekordinhaber Roman Schedler und Herausforderin Nina Englich fanden kein Ende beim Hula-Hoop-Duell. Der bestehende Rekord, einen Riesen-Reifen von 10 Meter Durchmesser möglichst lange um die Hüften kreisen zu lassen, stand bei 3 Minuten 3 Sekunden. Beide Kontrahenten kämpften aber so energisch und entschlossen, daß der Rekord von Michael Feldman nach 13 Minuten und 55 Sekunden abgebrochen werden mußte, um gesundheitliche Schäden zu vermeiden. Ein verdienter neuer Guinness-Rekord für beide!

DIE GÄSTE
Prominente Gäste und Michael Feldman, der offizielle Schiedsrichter von Guinness London, wachen als Juroren über den ordnungsgemäßen Ablauf der Rekordversuche. Baywatch-Star Carmen Electra, die TV-Ladies Eva Herman, Nina Ruge und Barbara Eligmann, Fernseh-Star Hannelore Elsner sowie das Top-Model mit den längsten Beinen der Welt, Adriana Sklenarikova, sorgten bei den männlichen Zuschauern für Herzklopfen. Die Damen konnten sich über Til Schweiger, Jan Josef Liefers und Harald Juhnke freuen oder über Otto, Dirk Bach, Karl Dall und Marco Rima herzlich lachen. Nur bei den Rekorden geht es ganz ernst zu – denn als Jurymitglieder müssen die Prominenten genau achtgeben, daß jeder Rekord korrekt abläuft.

DIE SHOWSTARS
Internationale Rock- und Popstars sorgen für musikalische Unterhaltung. Blondie trat in der Show mit ihrem Hit Maria zum ersten Mal seit 16 Jahren wieder in Deutschland auf und feierte ab diesem Zeitpunkt ihr Comeback. Nummer-1-Hit-lieferant Sasha, Klassik-Pop-Diva Sarah Brightman, Modern Talking oder die irische Superband Boyzone waren weitere Show-Highlights bei Guinness.

GRÖSSER...
Gigantisch: Das mit 10 Metern Länge und 4 Metern Höhe größte Knusperhäuschen der Welt wurde von der Aachener Printen- und Schokoladenfabrik Henry Lambertz gebaut.

Reinhold Beckmann und Franziska Schenk auf „Bigtoe". So heißt das Motorrad des Schweden Tom Wiberg, das mit 4,7 Metern Länge, 2,3 Metern Höhe und 1.600 Kilogramm das größte Monsterbike der Welt ist.

Die Firma Tengelmann verköstigte die Zuschauer mit dem weltweit größten Krapfen. Ein Riesen-Ding: Die Zutaten hätten für 18.000 normale Berliner ausgereicht.

Höher, schneller, größer, weiter...

VERRÜCKTER...
Timo Hietala aus Schweden heißt der Mann, der einen Bart aus Wäscheklammern trägt. 81 Klammern setzte er sich in der Guinness-Show ins Gesicht – ein ungewöhnlicher, neuer Rekord.

Die drei Männer der Brauerei Unertl sind die schnellsten Flaschenöffner der Welt. Der unglaubliche Rekord der bayerischen Bierbrauer: Sie öffnen 300 Bierflaschen in 1 Minute und 47 Sekunden.

Thi Thu Hang Ngyuen aus Vietnam ist extrem gelenkig. Sie ist die biegsamste Bogenschützin der Welt und schaffte es, im Handstand auf nur einer Hand Pfeil und Bogen mit den Füßen über Kopf zu spannen und ein 4 Meter entferntes Ziel zu treffen.

SPEKTAKULÄRE AUSSENREKORDE

machen die Show zusätzlich spannend. Lieblingsrekord der Eisschnellläuferin und Guinness-Außenreporterin Franziska Schenk war und ist die Aktion „Vom Schaf zum Anzug". 60 Studenten der Fachhochschule Niederrhein und Coburg, Abteilung Münchberg, schoren drei Schafe und verarbeiteten deren Wolle zu einem dreiteiligen Hosenanzug in nur 1 Stunde 2 Minuten und 36 Sekunden. Aber auch bei dem mehrfachen australischen Guinness-Rekordhalter David Huxley kam Franziska Schenk aus dem Staunen nicht heraus. Er legte sich im Rostocker Fährhafen für die *MS Delphin* in die Seile und zog das Fährschiff mit insgesamt 1.006 Tonnen Gewicht mit bloßen Händen sieben Meter weit. Und ein weiterer unglaublicher Außenrekord wurde von dem Engländer Russ Swift präsentiert. Der Präzisionsfahrer wendete seinen Wagen zwischen parkenden Autos in voller Fahrt um 180 Grad. Dazu fährt Russ Swift mit ca. 60 km/h rückwärts, dreht sich auf der Stelle und fährt weiter, als sei nichts gewesen. Dabei hatte er auf beiden Seiten nur jeweils 50 Zentimeter Abstand zu den parkenden Wagen.

Ray Macaraeg aus den USA und seine Tarantel sind sich keineswegs „spinnefeind". Denn er hat sie sozusagen zum Fressen gern. Sein Rekord: Er läßt Tarantel „Rosie" nicht nur in seinen Mund krabbeln, sondern produziert dabei innerhalb von 30 Sekunden auch noch 129 Seifenblasen.

KLÜGER...
Denksport der ganz besonderen Art wurde in Guinness – Die Show der Rekorde gezeigt. Ob beim Ziffern- oder beim Schuhe-Memorieren, die grauen Zellen laufen in der Show auf Hochtouren. Einen neuen Guinness-Rekord stellte Ralf Laue aus Leipzig mit seinem Kalenderrekord auf. Er ordnete einem beliebigen Datum den richtigen Wochentag zu – und zwar aus dem Zeitraum 1600–2100. In einer Minute schaffte er 14 richtig zugeordnete Wochentage. Beim Ziffern-Memorieren, also dem Versuch, sich in kürzester Zeit eine vielstellige Zahl einzuprägen, gelang kein neuer Rekord. In der Generalprobe schaffte es Herausforderer Gerd Mittring, eine 19stellige Ziffer zu memorieren, in der Show versagten ihm aber die Nerven. Damit bleibt Rekordinhaber Creighton Carvello aus England der Rekordhalter.

HÖHER...
Hoch hinaus wollten die BMX-Biker Timo Pritzel und Alex Bender. Sie waren mit den kleinen Rädern ganz groß und stellten beide mit 5 Metern und 10 Zentimetern einen neuen Guinness-Rekord im BMX-Hochsprung auf.

GESCHICKTER...
Timo Zimmermann steckte das offene Haar von 33 Frauen in nur 1 Minute 33 Sekunden zu Hochsteckfrisuren.

STÄRKER...
Immer mit dabei mit einer tragenden Rolle in Guinness – Die Show der Rekorde: John Evans, der mehrfache Rekordhalter aus Marlpool (GB). Für die Show trägt der Engländer schon mal Mini – fast mühelos...

HINTERGRUND-INFORMATION ZUR SHOW
Aktuelle Stargäste, Rekordhalter, Musikacts etc. gibt es auf den BR-Online-Seiten unter www.guinness-show.de. Außerdem finden sich dort Spiele, das Guinness-Quiz, die Rekordbörse und das Rekordarchiv. Zuschauer, die auch einen Rekord zu „Guinness – Die Show der Rekorde" beisteuern wollen, können sich schriftlich beim Bayerischen Rundfunk bewerben. Dann hat jeder seine Chance, in die Sendung zu kommen, wie zum Beispiel der 8 Jahre alte Francis Mvurah aus Düren. Er schaffte in nur 22 Sekunden 27 Flic Flacs auf einem Küchentisch.

DIE ADRESSE:
Bayerischer Rundfunk
Guinness – Die Show der Rekorde
81011 München
www.guinness-show.de.

 Mut

Helden des Alls

MEISTE WELTRAUMREISEN

Story Musgrave (USA) führte zwischen 1983 und 1996 sechs Space-Shuttle-Missionen durch, womit er eine Flugerfahrung von insgesamt 53 Tagen erreichte. Auf dem Bild unten ist er neben der Raumfähre *Columbia* zu sehen, auf der er seine letzte Mission durchführte. Die Raumfähre machte auf dieser Reise vom 19. November bis 7. Dezember 1996 die Rekordanzahl von 278 Erdumrundungen und flog in 17 Tagen 15 Stunden 53 Minuten über 11,27 Mio. km. Captain John Young (USA) war der erste, der insgesamt sechs Raumflüge machte (1965 bis 1983). Er erreichte damit eine Flugerfahrung von 34 Tagen. Der Astronaut Franklin Chang-Diaz (CR) führte ebenfalls sechs Raumflüge durch: zwischen 1986 und 1998 verbrachte er 52 Tage im Weltraum.

HÖCHSTE GESCHWINDIGKEITEN
Das Kommandomodul von *Apollo 10* (Colonel Thomas Stafford, Commander Eugene Cernan und Commander John Young, alle USA) erreichte auf seinem Rückflug zur Erde im Mai 1969 eine Geschwindigkeit von 39.897 km/h – die höchste Geschwindigkeit, mit der je ein Mensch gereist ist.

GRÖSSTE ERREICHTE HÖHE EINER FRAU
Kathryn Thornton (USA) erreichte während der *STS 61-Endeavour*-Mission nach einem orbitalen Maschinenbrand am 10. Dezember 1993 eine Höhe von 600 km.

ISOLIERTESTER MENSCH
Die größte Entfernung, in der sich ein Mensch je von anderen Menschen befand, beträgt 3.596,4 km. Dies erlebte Alfred Worden, der Pilot des Kommandomoduls, vom 30. Juli bis 1. August 1971 während der amerikanischen Mondmission von *Apollo 15*. Seine Kollegen David Scott und James Irwin erforschten bei Hadley Base die Mondoberfläche.

ERFAHRENSTER WELTRAUMREISENDER
Der russische Arzt Valerij Polijakow verbuchte während zweier Weltraummissionen 678 Tage 16 Stunden 33 Minuten 16 Sekunden.

MEISTE MENSCHEN GLEICHZEITIG IM WELTRAUM
Am 14. März 1995 befanden sich 13 Menschen gleichzeitig im Weltraum: sieben Amerikaner an Bord des Space Shuttle *STS 67 Endeavour*, drei GUS-Kosmonauten an Bord der Raumstation *Mir* und zwei Kosmonauten und ein amerikanischer Astronaut an Bord von *Sojus TM21*.

MEISTE NATIONALITÄTEN IM WELTRAUM
Am 31. Juli 1992 waren Astronauten oder Kosmonauten aus fünf Ländern im Weltraum: vier russische Kosmonauten und ein Franzose waren an Bord der *Mir*, und ein Schweizer, ein italienischer und fünf amerikanische Astronauten befanden sich auf *STS 46 Atlantis*.

Am 22. Februar 1996 waren ein Schweizer, vier amerikanische und zwei italienische Astronauten auf der *STS 75 Columbia* und ein deutscher und vier russische Kosmonauten an Bord der Raumstation *Mir*.

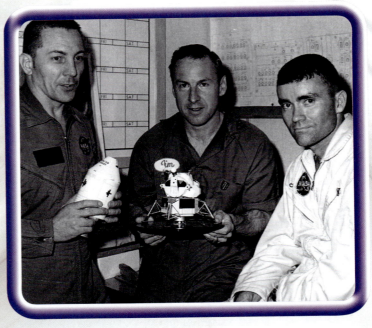

GRÖSSTE ERREICHTE HÖHE
Die Besatzung von Apollo 13 *(von links nach rechts: Jack Swigert, Jim Lovell und Fred Haise, alle USA) war am 15. April 1970 254 km von der Mondoberfläche und 400.171 km von der Erdoberfläche entfernt. Die Mission wurde in dem Film* Apollo 13 *(USA, 1995) mit Tom Hanks als Lovell verfilmt.*

GRÖSSTE BESATZUNG
Zwei Shuttles hatten jeweils eine achtköpfige Besatzung: die *Challenger STS 61A*, die am 30. Oktober 1985 startete, und *STS 71 Atlantis*, die am 7. Juli 1995 an die Raumstation *Mir* ankoppelte.

Im Juni 1995 befand sich die Rekordanzahl von zehn Menschen (vier Russen und sechs Amerikaner) an Bord der Raumstation *Mir*.

LÄNGSTE MONDMISSION
Die Besatzung von *Apollo 17* (Captain Eugene Cernan und Dr. Harrison Hagen Schmitt, beide USA) befand sich während einer Mondmission von 12 Tagen 13 Stunden 51 Minuten (7.–19. Dezember 1972) insgesamt 74 Stunden 59 Minuten auf der Mondoberfläche.

LÄNGSTER SHUTTLEFLUG
Die 21. Mission der *Columbia STS 80* begann am 19. November 1996 und dauerte insgesamt 17 Tage 15 Stunden 53 Minuten 26 Sekunden. Die Landung mußte wegen schlechten Wetters für zwei Tage verschoben werden.

LÄNGSTER BEMANNTER RAUMFLUG
Valerij Polijakow startete am 8. Januar 1994 an Bord von *Sojus TM18* zur russischen Raumstation *Mir* und landete am 22. März 1995 an Bord von *Sojus TM20* nach einem Raumflug von insgesamt 437 Tagen 17 Stunden 58 Minuten 16 Sekunden.

MEISTE ERDUMRUNDUNGEN EINER RAUMSTATION
Bis zum 2. März 1999 hatte die Raumstation *Mir* über 75.000 Erdumrundungen vollführt. Wenn die Raumstation planmäßig landet, wird sie 13 Jahre in der Erdumlaufbahn verbracht haben.

GRÖSSTE BEISETZUNG
Die Asche von 24 Personen, darunter Gene Roddenberry, dem Erfinder von *Star Trek*, und Dr. Timothy Leary, einem Guru der Gegenkultur, wurde im April 1997 an Bord einer spanischen *Pegasus*-Rakete zum Preis von 9.050 DM pro Person in die Umlaufbahn gebracht. In Kapseln verschlossen, wird sie dort zwischen drei und zehn Jahren verbleiben.

LÄNGSTER WELTRAUMFLUG EINER FRAU

Shannon Lucid (USA) startete am 22. März 1996 an Bord der amerikanischen Raumfähre STS 76 Atlantis zur Raumstation Mir und landete am 26. September 1996 an Bord der STS 79 Atlantis. Sie befand sich insgesamt 188 Tage 4 Stunden 14 Sekunden im All und hält damit den Rekord für den längsten Weltraumflug eines amerikanischen Astronauten. Bei ihrer Rückkehr wurde sie von Präsident Bill Clinton mit der Congressional Space Medal of Honour ausgezeichnet.

ENTFERNTESTE RUHESTÄTTE

Im Januar 1998 wurden im Rahmen einer einjährigen Mission zur Kartographierung der Mondoberfläche 28,35 g der Asche des berühmten Geologen Dr. Eugene Shoemaker (USA) an Bord des *Lunar Prospector* der NASA ins All geschossen. Der Geologe hatte geäußert, es sei die größte Enttäuschung seines Lebens gewesen, nicht zum Mond reisen zu können.

MEISTGESEHENES WELTRAUM-EREIGNIS

Den ersten Mondspaziergang der Astronauten von *Apollo 11* (Neil Armstrong und Edwin „Buzz" Aldrin) im Juli 1969 verfolgten schätzungsweise über 600 Mio. Menschen in aller Welt (damals etwa ein Fünftel der Weltbevölkerung).

ÄLTESTER ASTRONAUT

Der Astronaut John Glenn jr. (USA) startete am 29. Oktober 1998 im Alter von 77 Jahren 103 Tagen als Besatzungsmitglied der *Discovery STS-95* ins All. Die Mission dauerte bis zum 7. November 1998 insgesamt elf Tage.

MEISTE LAPTOPS

Der spanische Astronaut Pedro Duque mußte im Oktober 1998 an Bord der *Discovery* insgesamt 19 Laptops überwachen.

KÜRZESTER WELTRAUMFLUG

Der kürzeste bemannte Raumflug wurde am 5. Mai 1961 auf der ersten der Mercury-Missionen von Commander Alan Shepard (USA) an Bord der Freedom 7 durchgeführt. Die suborbitale Mission dauerte 15 Minuten 28 Sekunden. Shepard war damit der zweite Mensch im Weltraum. Juri Gagarin (UdSSR) flog am 12. April 1961 als erster Mensch in den Weltraum. Shepard ist hier (hintere Reihe, links) mit den sechs anderen Astronauten des Mercury-Teams abgebildet.

Fernreisen

GRÖSSTE ENTDECKUNG EINER ALTEN KULTUR
Ende der 20er Jahre des 19. Jahrhunderts entdeckte der Soldat Charles Masson im Indus-Tal, Harappa (IND, heute PK), die Ruinen der größten alten Kultur der Welt. Umfangreiche Ausgrabungen von Rai Bahadur Daya Ram Sahni im Jahr 1920 ergaben, daß die Indus-Kultur bis ins Jahr 3300 v. Chr. zurück reichte. Die Entdeckung einer zweiten Stätte in Mohenjodaro zeigte, daß die Bewohner von Harappa gleich große Ziegel und gleiche Eichgewichte über einen Umkreis von 1.600 km verwendeten, und daß diese Kultur zeitweise eine Population von bis zu 50.000 Menschen hatte. Jüngere Ausgrabungen zeigten, daß sie noch weiter verbreitet war als man vermutet hatte, und sich auf beiden Seiten des alten Ghaggar-Hakra-(Saraswati-)Flusses erstreckte. Insgesamt bedeckte sie eine Fläche von 570.000 km^2, nämlich von Balutschistan (PK) im Westen bis nach Uttar Pradesh (IND) im Osten und Bombay (Mumbai/IND) im Süden. Die meisten Städte dieser Kultur sind noch nicht ausgegraben und auch ihre Schrift konnte bis heute nicht entziffert werden.

GRÖSSTE INKA-ENTDECKUNG
Die zwei Peru-Expeditionen der Universität Yale unter Leitung des amerikanischen Historikers Hiram Bingham in den Jahren 1911–12 und 1914–15 führten zur Entdeckung der „versunkenen" Inkastädte Machu Picchu und Vitcos – zwei der bedeutendsten archäologischen Funde auf dem amerikanischen Kontinent.

MEISTE ABENTEUERER IN EINER FAMILIE
Jacques Piccard (links) verabschiedet hier im Januar 1999 gerade seinen Sohn Bertrand vor dessen erfolgreichem Versuch, die Erde in einem Ballon zu umkreisen. Jacques und Bertrand sind schon die zweite und dritte Generation einer berühmten Abenteurer-Familie. Jacques' Vater Auguste Piccard gelang im Mai 1931 der erste erfolgreiche Ballon-Aufstieg in die Stratosphäre, als er über Augsburg (D) eine Höhe von 15.785 m erreichte. Dies gelang ihm noch ein zweites Mal; später konstruierte er „Bathyscaphe", die revolutionäre Variante eines U-Bootes, das bis auf den Meeresgrund tauchen konnte. Im Januar 1960 realisierte Jacques den Traum seines Vaters, als er mit einem „Bathyscaphe" in die Rekordtiefe von 10.911 m vordrang.

WEITESTE REISE MIT EINEM NACHGEBAUTEN FLOSS
1947 nahm sich Thor Heyerdahl, ein norwegischer Forscher und Archäologe, vor, die wissenschaftliche Gemeinde davon zu überzeugen, daß Seeleute aus der Antike die Ozeane überquert haben konnten. Er wollte nachweisen, daß Polynesien nicht, wie allgemein angenommen, aus dem Osten, sondern dank der Strömungen des Pazifiks aus dem Westen besiedelt wurde. Heyerdahl baute ein Balsa-Holzfloß der Ureinwohner mit dem Namen *Kon-Tiki* nach und überbrückte mit fünf Begleitern in 101 Tagen die 8.000 km Entfernung zwischen Callio in Peru und dem Raroia Atoll in Polynesien. Die erfolgreiche Reise bewies, daß die Besiedler Polynesiens aus Peru gekommen sein können. Heyerdahl zeigt auf dem Foto unten ein Modell der *Kon-Tiki*.

SCHNELLSTE WÜSTENDURCHQUERUNG
1998 erzielte der marokkanische Abenteurer Mohammed Ahansal beim „Marathon des Sables" eine Rekordzeit von 16 Stunden 22 Minuten 29 Sekunden. Bei dem seit 1986 jährlich stattfindenden Marathon müssen die Teilnehmer in sechs Tagen bei Temperaturen von bis zu 49 °C 220 km durch die Sahara laufen. Sie tragen Essen, Kleidung, einen Schlafsack und eine Erste-Hilfe-Ausrüstung bei sich und müssen ihr Essen selbst zubereiten. Der jüngste Teilnehmer dieses Marathons war ein 16jähriger Junge, der älteste ein Mann im Alter von 76 Jahren. Im April 1999 nahmen insgesamt 584 Personen aus 27 Ländern daran teil.

LÄNGSTE REISE IN EINEM LEDERBOOT
1976 wollte der britische Abenteurer Tim Severin beweisen, daß die angeblich von St. Brendan durchgeführte Fahrt in die Neue Welt möglich gewesen war. Nach Anleitungen in mittelalterlichen Schriften baute er ein Boot, indem er Ochsenhäute mit Eichenrinde gerbte, die er dann auf einen Holzrahmen spannte und mit Ledergarn zusammennähte. Daraus entstand ein Boot, das den noch heute in Irland her-

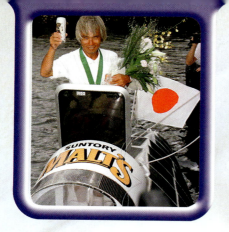

SCHNELLSTE PAZIFIKÜBERQUERUNG MIT SOLARENERGIE
1996 führte Kenichi Horie (J) die schnellste Pazifiküberquerung in einem mit Solarenergie betriebenen Boot durch, als er in 148 Tagen 16.000 km von Salinas (EC) nach Tokio (J) fuhr. Sein zigarrenförmiges Boot *Malt's Mermaid* (links mit Horie abgebildet) war 8,7 m lang, wog 369 kg und wurde von 12,08 m² großen Sonnenkollektoren angetrieben. Es bestand zum Teil aus Aluminium von über 20.000 wiederverwerteten Getränkedosen.

ERSTE BEWÄLTIGUNG DES ADVENTURER'S GRAND SLAM
Der britische Abenteurer David Hempleman-Adams (unten abgebildet) ist der erste Mensch, der den Adventurer's Grand Slam bewältigte, eine äußerst strapaziöse Herausforderung, bei der der höchste Gipfel jedes Kontinents bestiegen und alle vier Pole (geographisch und magnetisch) erreicht werden müssen. Hempleman-Adams begann 1980 mit der Besteigung des Mount McKinley in Alaska (USA). 18 Jahre später hatte er alle Herausforderungen bewältigt, als er mit seinem Partner Rune Gjeldnes von März bis Mai 1998 zum Nordpol marschierte.

gestellten „Currachs" ähnelte und ihn und seine Mannschaft von Tralee Bay in Kerry (IRL) in 13 Monaten über eine Entfernung von 7.240 km an die Küste von Neufundland (CDN) trug. Die Reise wurde auf den Hebriden, den Färöer Inseln und in Island unterbrochen.

SCHNELLSTE ALLEINÜBERQUERUNG DES ATLANTIKS IM RUDERBOOT
Von Dezember 1969 bis Juli 1970 ruderte Sidney Genders (GB) in 73 Tagen 8 Stunden von Las Palmas (E) nach Antigua (IND) – eine Entfernung von 6.115 km.

ERSTE MENSCHEN AM NORDPOL
Der amerikanische Arktisforscher Robert Peary gilt allgemein als erster Mensch, der den Nordpol erreichte. Peary brach am 1. März 1909 in Cape Columbia, Ellesmere Island (CDN), mit seinem Partner Matt Henson, sieben anderen Amerikanern, 17 Eskimos, 19 Schlitten und 133 Hunden zu seiner Expedition auf. Ende März erreichten sie 88° nördlicher Breite, wo der Hilfstrupp umkehrte und es Peary, Henson, vier Eskimos und 40 Hunden überließ, das letzte Stück bis zum 90. Breitengrad, dem Nordpol, zurückzulegen. Am 6. April glaubte Peary aufgrund seiner Beobachtungen, am Ziel angekommen zu sein. Obgleich Frederick Cook (USA) Pearys Behauptung bestritt und versicherte, er habe den Nordpol in demselben Monat vor ihm erreicht, erkannte der amerikanische Kongreß Pearys Leistung 1911 offiziell an.

ERSTE MENSCHEN AM SÜDPOL
Am 14. Dezember 1911 erreichte eine Gruppe von fünf Norwegern unter Leitung von Captain Roald Amundsen nach einem 53tägigen Marsch vom Bay of Whales, Antarktis, mit Hundeschlitten den Südpol. Sie kamen einem fünfköpfigen Forscherteam unter Leitung des britischen Forschers Captain Robert Falcon Scott nur knapp zuvor.

LÄNGSTER MARSCH DURCH DIE ANTARKTIS
Sir Ranulph Fiennes (Leiter) und Dr. Michael Stroud marschierten 2.170 km allein durch die Antarktis. Die zwei brachen am 9. November 1992 in der Gould Bay auf und erreichten am 16. Januar 1993 den Südpol. Am 11. Februar 1993 gaben sie ihren Marsch am Ross Ice Shelf schließlich auf.

JÜNGSTER MENSCH AM MAGNETISCHEN NORDPOL
Am 7. Mai 1997 erreichte Giles Kershaw (GB) den magnetischen Nordpol, nachdem er mindestens 580 km marschiert war. Er war 22 Jahre 351 Tage alt.

ERSTER ALLEINFLUG ÜBER DEN ATLANTIK
Captain (später Brigadegeneral) Charles Lindbergh aus Minnesota (USA) flog als erster allein über den Atlantik. Lindbergh startete am 20. Mai 1927, um 12.52 Uhr GMT, in Roosevelt Field, Long Island (USA), und landete am 21. Mai 1927, um 22.21 GMT, auf dem Flugplatz Le Bourget, Paris (F). Für die 5.810 km lange Reise in dem 165-kw-Eindecker *Spirit of St. Louis* vom Typ Ryan brauchte Lindbergh 33 Stunden 29 Minuten.

ERSTER ATLANTIK-SOLOFLUG EINER FRAU
Amelia Earhart aus Kansas (USA) überquerte am 20. Mai 1932 in einer einmotorigen Lockheed Vega als erste Frau und als zweiter Mensch überhaupt den Atlantik. Sie flog in 13 Stunden 30 Minuten von Harbour Grace in Neufundland (CDN) nach Londonderry in Irland. Earhart flog später als erster Mensch alleine von Honolulu auf Hawaii (USA) nach Oakland in Kalifornien (USA) über den Pazifik. Sie scheiterte später zweimal bei dem Versuch, die Erde zu umfliegen. Am 2. Juli 1937, nach 35.400 km ihres zweiten Umrundungsversuches, startete sie mit ihrem Navigator von Lae in Papua-Neuguinea nach Howland Island im Pazifik. Sie verschwand für immer.

Mut

Erdumrundungen

LÄNGSTER DAUERFLUG
Robert Timm und John Cook stellten mit 64 Tagen 22 Stunden 19 Minuten 5 Sekunden auf einer Cessna 172 „Hacienda" den Rekord auf. Sie starteten am 4. Dezember 1958 auf dem McCarran-Flugplatz, Las Vegas (USA), um 15.53 Uhr Ortszeit und landeten am 7. Februar 1959 um 14.12 Uhr auf demselben Flugplatz. Die zurückgelegte Strecke entspricht einem Flug sechsmal um den Globus – das Nachtanken erfolgte ohne Landungen.

SCHNELLSTE ERDUMRUNDUNGEN
Der schnellste Flug nach den Regeln der FAI (Fédération Aéronautique Internationale), die Flüge zulassen, die den Wendekreis des Krebses oder Steinbocks überqueren (36.787,6 km), war der Flug einer Concorde der Fluggesellschaft Air France mit den Kapitänen Michel Dupont und Claude Hetru. Der Flug dauerte 31 Stunden 27 Minuten 49 Sekunden. Der Flug begann auf dem JFK-Flughafen in New York (USA) und ging vom 15. bis 16. August 1995 ostwärts über Toulouse, Dubai, Bangkok, Guam, Honolulu und Acapulco. An Bord befanden sich 80 Passagiere und 18 Besatzungsmitglieder.

SCHNELLSTE REISEN MIT LINIENFLÜGEN
Die schnellste Reise um die Erde, bei der die Antipoden eingeschlossen waren, machte der ehemalige schottische Rugby-Union-Kapitän David Sole in 64 Stunden 2 Minuten vom 2. bis 5. Mai 1995. Er flog insgesamt 41.709 km.

Bruder Michael Bartlett aus Sandy (GB) flog 1995 auf Linienflügen in 58 Stunden 44 Minuten um die Welt. Die Reise schloß die Flughäfen ein, die den Antipoden am nächsten waren, und umfaßte eine Strecke von 41.547 km.

Die schnellste Erdumrundung auf Linienflügen nach den Regeln der FAI dauerte für David J. Springbett (GB) 44 Stunden 6 Minuten. Er reiste vom 8. bis 10. Januar 1980 insgesamt 37.124 km weit.

ÄLTESTE PERSON, DIE ALLEIN UM DIE ERDE FLOG
Fred Lasby flog vom 30. Juni 1994 bis zum 20. August 1994 im Alter von 82 Jahren auf seiner einmotorigen Piper Comanche allein um die Erde. Start und Ziel des Fluges waren in Fort Myers (USA). Er flog 37.366 km westwärts und machte 21 Zwischenlandungen.

SCHNELLSTE ERDUMRUNDUNG IM HUBSCHRAUBER
Ron Bower und John Williams (beide USA) flogen 1996 in einem Bell-Hubschrauber in 17 Tagen 6 Stunden 14 Minuten 25 Sekunden um die Erde.

SCHNELLSTE ERDUMRUNDUNG IM SUPERLEICHTFLUGZEUG
Der Brite Brian Milton landete am 21. Juli 1998 auf dem Brooklads-Flughafen (GB), nach einer Erdumrundung mit einem Superleichtflugzeug. Er legte 38.623 km in 120 Tage zurück. Während seiner Reise wurde er 27 Tage von den russischen Behörden festgehalten und mußte siebenmal in Saudi-Arabien notlanden.

SCHNELLSTE WELTUMRUNDUNG
Zwischen dem 1. Oktober und dem 11. Dezember 1997 umrundeten Garry Sowerby, Colin Bryant und Graham McGaw (GB) den Regeln des GUINNESS® BOOK OF RECORDS entsprechend den Erdball in einem Vauxhall Frontera in 21 Tagen 2 Stunden und 14 Minuten. Sie reisten 29.522 km weit, ihr Start- und Zielpunkt war Greenwich (GB).

LÄNGSTE WELTUMSEGLUNG
Das *Around Alone Race* gilt als die längste Weltumsegelung als Alleinfahrt. Ca. 30 Skipper stellen sich der Herausforderung und segeln allein um die Welt. Start und Ziel der Reise, für die drei Zwischenstationen vorgeschrieben werden, sind in Charleston (USA).

SCHNELLSTE WELTUMSEGLUNGEN
Peter Blake (NZ) und Robin Knox-Johnston (GB) segelten vom 16. Januar bis 1. April 1994 ab Ushant (F) auf ihrem 28-m-Katamaran *Enza* in der Rekordzeit von 74 Tagen 22 Stunden 17 Minuten nonstop um die Welt.

ERSTE HUBSCHRAUBER-WELTUMRUNDUNG DURCH EINE FRAU

Den Rekord für die erste Weltumrundung mit einem Hubschrauber hält die 57 Jahre alte englische Großmutter Jennifer Murray, die als Co-Pilotin von Quentin Smith mit einer Robinson R44 im Jahr 1997 in 97 Tagen über 57.448,7 km zurücklegte. Sie überflog 26 Länder, machte 80 Tankstops und nahm sich Zeit, um am Grand Prix von Monaco und den Übergabezeremonien Hongkongs an China teilzunehmen. Sie überquerten auch eine der höchsten Eiskappen der Erde, welche eine Höhe von 2.926 m und eine Temperatur von −13 °C haben. Die Reise erlöste 300.000 DM für die Save the Children-Organisation. Bei ihrer Rückkehr zu ihrem Startpunkt Denham (GB) wurden sie von Freunden und der Herzogin von Kent begrüßt.

Die schnellste Nonstop-Weltumseglung als Alleinfahrt dauerte zwischen November 1989 und März 1990 auf der 18,3 m langen, von Titouan Lamazou gesegelten, einrumpfigen *Ecureuil d'Aquitaine II* ab Les Sables d'Olonne (F) 109 Tage 8 Stunden 48 Minuten.

JÜNGSTER WELTUMSEGLER ALS ALLEINFAHRER

David Griffiths Dicks (AUS) segelte im Alter von 18 Jahren 41 Tagen in einer Zeit von 264 Tagen 16 Stunden 49 Minuten allein um die Welt. Start und Ziel waren in Freemantle (AUS), wo er am 16. November 1996 wieder ankam.

SCHNELLSTE WELTUMRUNDUNG AUF EINEM MOTORRAD

Der britische Abenteurer Nick Sanders führte vom 18. April bis 9. Juni 1997 eine Weltumrundung von 32.074 km in einer Rekordzeit von 31 Tagen 20 Stunden durch. Die Fahrt begann und endete in Calais (F). Sie führte durch Europa, Indien, Südostasien, Australien, Neuseeland und Nordamerika.

SCHNELLSTE WELTUMRUNDUNG IM AUTO

Den Rekord für die erste und schnellste Weltumrundung im Auto entsprechend den 1989 und 1991 gültigen Vorschriften, bei der mehr als eine Äquatorlänge fahrend zurückgelegt wurde (40.750 km), halten Mohammed Salahuddin Choudhury und seine Frau Neena aus Kalkutta (IND). Die erste Umrundung dauerte vom 9. September bis zum 17. November 69 Tage 19 Stunden 5 Minuten. Die Choudhurys fuhren einen Hindustan „Contessa Classic", Baujahr 1989; Start und Ziel waren Delhi (IND).

LÄNGSTE FAHRRADREISEN

Jay Aldous und Matt DeWaal (USA) fuhren 1984 von Salt Lake City (USA) in 106 Tagen 22.997 km um die Welt.

Tal Burt (IL) fuhr 1992 von der Place du Trocadéro, Paris (F), in 77 Tagen 14 Stunden 21.329 km um die Welt.

ERSTE WELTUMRUNDUNG IN EINEM BALLON

Am 20. März 1999 erreichte der Breitling Orbiter 3, geflogen von Bertrand Piccard aus der Schweiz (links) und Brian Jones aus England (rechts), Mauritanien nach einer Reise von 42.810 km. Damit gelang die erste Nonstop-Erdumrundung mit einem Ballon. Die Reise begann in Château d'Oex in der Schweiz und dauerte 19 Tage, 1 Stunde und 49 Minuten.

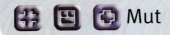 Mut

Bergsteiger

ERSTER MENSCH AUF DEM MT. EVEREST
Edmund Hillary (NZ) erreichte im Mai 1953 als erster Mensch den Gipfel des Mt. Everest (8.848 m), kurz nach ihm schaffte dies auch Sherpa Tenzing Norgay (NEP) bei einer Expedition unter Leitung von John Hunt (GB).

ERSTE FRAU ALLEIN AUF DEM MT. EVEREST
Die 33jährige Alison Hargreaves (GB) bestieg im Mai 1994 als erste Frau allein und ohne Sauerstoffversorgung den Mt. Everest. Hargreaves war eine von sieben Bergsteigern, die im August 1995 während des Abstiegs der Expeditionsgruppe vom Gipfel des K2 starben.

JÜNGSTER BERGSTEIGER AUF DEM MT. EVEREST
Shambu Tamang (NEP) erreichte als jüngster Bergsteiger am 5. Mai 1973 im Alter von 17 Jahren 6 Monaten und 15 Tagen den Gipfel des Mt. Everest.

ÄLTESTER BERGSTEIGER AUF DEM MT. EVEREST
Ler Sarkisor (AR, wohnhaft in Georgien) erreichte als ältester Mensch am 12. Mai 1999 im Alter von 60 Jahren und 161 Tagen den Gipfel des Mt. Everest.

MEISTE BESTEIGUNGEN
Sherpa Ang Rita (NEP) erkletterte zehnmal, jeweils ohne Sauerstoffflaschen, den Mt. Everest: 1983, 1984, 1985, 1987, 1988, 1990, 1992, 1993, 1995 und 1996.

SCHNELLSTE BESTEIGUNG DES MT. EVEREST

Kaji Sherpa (NEP) kletterte am 17. Oktober 1998 in der Rekordzeit von 20 Stunden 24 Minuten vom Basiscamp, das sich in einer Höhe von 5.350 m befindet, auf den Gipfel des Mt. Everest. Er kletterte auf der nepalesischen Seite zum Südpaß und brach damit den von Marc Batard (F) vom 25. bis 26 September 1988 aufgestellten Rekord um 2 Stunden 5 Minuten. Kaji Sherpa benutzte beim Abstieg Sauerstoff; Batard hatte weder beim Aufstieg noch beim Abstieg Sauerstoff benutzt.

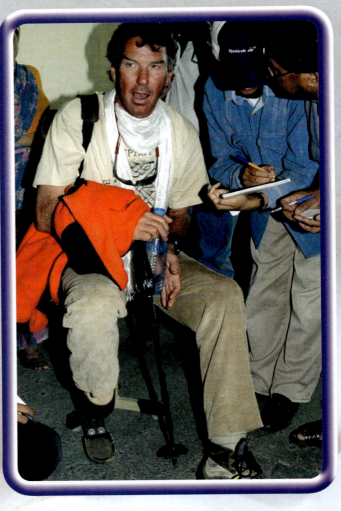

HÖCHSTE BESTEIGUNG DURCH EINEN BEINAMPUTIERTEN
Am 27. Mai 1998 erstieg Tom Whittaker (GB; oben) als erster Amputierter den Gipfel des Mt. Everest. Whittaker, der 1979 nach einem Verkehrsunfall ein Bein verlor, trägt unter dem Knie eine Prothese. Schon bald wird er sein Training als Astronaut bei der NASA beginnen. Wenn er für einen Flug ausgewählt werden würde, wäre Whittaker der erste Amputierte im Weltraum.

MEISTE MENSCHEN AUF DEM GIPFEL DES MT. EVEREST AN EINEM TAG
Am 10. Mai 1993 erreichten 40 Bergsteiger (32 Männer und 8 Frauen) von neun Expeditionen und aus zehn verschiedenen Ländern den Gipfel.

MEISTE MENSCHEN EINER EXPEDITION AUF DEM MT. EVEREST
Dem „Mount Everest International Peace Climb", einem Team von amerikanischen, sowjetischen und chinesischen Bergsteigern unter der Führung von James Whittaker (USA) gelang es vom 7. bis 10. Mai 1990, die Rekordanzahl von zehn Menschen auf den Gipfel des Mt. Everest zu bringen.

SCHNELLSTE SKI-ABFAHRT VOM MT. EVEREST
Im September 1992 fuhr Pierre Tardivel (F) auf Skiern in drei Stunden 3.200 m vom Südgipfel des Mt. Everest zum Basiscamp hinunter. Tardivel hat mehr als 60 Erstabfahrten absolviert, die meisten davon in den Alpen.

ÄLTESTER BERGSTEIGER AUF DEM KILIMANDSCHARO
William Masheu (EAT) wurde 1929 geboren und begann 1953 als Bergführer auf dem Kilimandscharo. Auch 1999 wird der Siebzigjährige den Kilimandscharo regelmäßig besteigen.

ERFOLGREICHSTER BERGSTEIGER

Der italienische Bergsteiger Reinhold Messner (unten) hat 14 Berge, die über 8.000 m hoch sind, ohne Sauerstoff erstiegen. 1982 bezwang er den Kanchenjunga, womit er der erste Mensch ist, der die drei höchsten Berge der Welt bestiegen hat, die beiden anderen sind der Mt. Everest und K2. Messner war auch der erste, der die vollständige Besteigung des Mt. Everest allein durchgeführt hat (August 1980).

DIE HÖCHSTEN SIEBEN GIPFEL DER WELT

Der erste Mensch, der die höchsten Gipfel auf jedem Kontinent erstiegen hat (dabei zählt Puncak Jayakesuma auf Irian Jaya (RI) als höchster Berg Ozeaniens), war Patrick Morrow (CDN), der seine Bezwingung am 7. Mai 1986 vollendet hatte.

1990 erkletterten die Neuseeländer Gary Ball, Peter Hillary (der Sohn von Sir Edmund Hillary) und Andy Hall in der Rekordzeit von sieben Monaten die sieben höchsten Gipfel der Welt.

ERSTE MENSCHEN AUF DEN TRANGO TOWERS

Der Hauptgipfel der Trango Towers wurde erstmals 1977 von Glenn Rowell, John Roskelly, Kim Schmitz und Dennis Henner (alle USA) bestiegen. Die Trango Towers, die neben dem Baltoro-Gletscher auf dem Weg zu K2, Gasherbrum und Broad Peak in Kaschmir liegen, haben die steilsten Bergwände der Welt. Ihre drei Gipfel sind alle über 6.000 m hoch. Der Hauptgipfel hat eine Höhe von 6.286 m.

MEISTE GIPFEL EUROPAS ERSTIEGEN

Der britische Bergsteiger Eamon Fullen hat die höchsten Berge in 45 europäischen Ländern bestiegen – mehr als jeder andere Mensch. Im August 1992 begann er mit dem Mt. Elbrus in Rußland, Europas höchstem Gipfel, und Ende Mai 1999 hatte er nur noch die höchsten Berge in Georgien und in der Türkei zu bewältigen.

ERSTER AUFSTIEG AUF DEN MT. DROHMO

Doug Scott und Roger Mear (beide GB) erstiegen am 8. Oktober 1998 als erste den 6.855 m hohen Mt. Drohmo in Nepal. Die Besteigung dieses Berges wurde erstmals 1949 von einer Schweizer Expedition versucht.

ERSTER AUFSTIEG AUF DEN CROSS PEAK

Der Cross Peak, ein 6.340 m hoher Berg südwestlich des Mt. Drohmo, wurde zum ersten Mal am 8. Oktober 1998 von Misako Miyazawa (J) und Pemba Lama, Gumba Sherpa und Kancha Sunwar (alle NEP) erstiegen. Der Berg steht gegenwärtig nicht auf der Liste des nepalesischen Tourismusministeriums der für Bergsteiger zugänglichen Berge. Seine Besteigung wurde erst einmal zuvor, 1963, von einer japanischen Expedition versucht.

SCHWIERIGSTES FREIKLETTERN

Aktion Direkt, im Fränkischen Jura (D) wurde erstmals 1994 von Wolfgang Gullich (D) erklettert. Wegen seines Überhangs und seiner kleinen Halte besitzt er den Schwierigkeitsgrad 9A.

HÖCHSTES BIWAK

Mark Whetu (NZ) und Michael Rheinberger (AUS) erreichten am 26. Mai 1994 den Gipfel des Mt. Everest und biwakierten 20 m unterhalb des Gipfels. Rheinberger starb am nächsten Tag während des Abstiegs.

HÖCHSTER UNBESTIEGENER GIPFEL

Der 8.410 m hohe Lhotse Middle Peak ist der höchste noch unbezwungene Gipfel. Er ist der Zwischengipfel des Mt. Lhotse, des vierthöchsten Berges der Welt, und liegt an der Grenze zwischen China und Nepal.

Mut

Helden der Tiefe

GRÖSSTE TAUCHTIEFEN
Im Januar 1960 erreichte das in der Schweiz gebaute Bathyskaph *Trieste* der US-Marine mit Dr. Jacques Piccard (CH) und Lt. Donald Walsh (USA) an Bord im Marianengraben, dem tiefsten Punkt der Erdoberfläche, eine Rekordtiefe von 10.911 m.

Am 11. August 1989 erreichte die *Shinkai 6500* im japanischen Graben vor Sanriku (J) eine Tiefe von 6.527 m, die größte Tauchtiefe eines in Dienst gestellten U-Bootes mit Besatzung. Das Boot kann 96 % der 200-Meilen-Hoheitszone Japans und ca. 98 % der Ozeane weltweit untersuchen.

LÄNGSTES TAUCHEN
Richard Presley (USA) verbrachte vom 6. Mai bis 14. Juli 1992 die Rekordzeit von 69 Tagen und 19 Minuten in einer Unterwasser-Druckkabine in einer Lagune in Key Largo (USA). Der Test wurde im Rahmen des Atlantis-Projekts durchgeführt, mit dem die Lebensfähigkeit des Menschen unter Wasser erforscht werden sollte.

LÄNGSTES SIMULIERTES SÄTTIGUNGSTAUCHEN
Arnaud Denechaud de Feral (F) führte 73 Tage lang, vom 9. Oktober bis 21. Dezember 1989, ein Sättigungstauchen in einer Hyperbaric-Kammer durch und simulierte dabei eine Tiefe von 300 m. Dieser Test war Teil der Operation HYDRA 9, die von der COMEX S.A. in Marseille (F) durchgeführt wurde. Er atmete „Hydrox" ein, ein Gemisch aus Wasserstoff und Sauerstoff.

WICHTIGSTE TAUCHERFINDUNG
Der französische Forscher und Filmemacher Jacques Cousteau ist hier mit einer Aqualunge abgebildet. Er erfand dieses Gerät zusammen mit dem französischen Ingenieur Emile Gagnan im Jahr 1943. Durch die autonome Luftzufuhr mußten Taucher nicht mehr länger mit ihren Schiffen verbunden sein. Cousteau, der seine Expeditionen von dem Schiff Calypso *aus durchführte, informierte durch Filme wie* Die Schweigende Welt *(F, 1952) Millionen Menschen über das Leben unter Wasser.*

LÄNGSTES SIMULIERTES TAUCHEN
Am 20. November 1992 tauchte Théo Mavrostomos (F) während eines 43tägigen Tauchexperiments in einer Hyperbaric-Kammer bis in eine Tiefe von 701 m. Dieser Test war Teil der Operation HYDRA 10, die von der COMEX S.A. in Marseille (F) durchgeführt wurde. Er inhalierte „Hydreliox", ein Gemisch aus Wasserstoff, Sauerstoff und Helium.

TIEFSTES SPORTTAUCHEN
Jim Bowden (USA) hält den Rekord für das tiefste Tauchen mit dem Unterwasser-Atemgerät Scuba (Self-contained Underwater Breathing Apparatus). Im April 1994 tauchte Bowden in der Süß-

ERFOLGREICHSTER WRACKSUCHER

Robert Ballard (USA) erlangte 1985 Weltruhm, als er die Überreste der *Titanic* entdeckte, die seit ihrem Untergang wegen eines Eisbergs im Jahre 1912 im Atlantik verschollen war. Das Bild zeigt ihn mit einem Modell des Unglücksschiffes. Zu seinen weiteren Entdeckungen zählen die *Bismarck*, ein deutsches Kriegsschiff, das 1942 versenkt worden war, der britische Ozeandampfer *Lusitania*, der 1915 von einem deutschen U-Boot torpediert worden war, sowie die *Andrea Doria* und die *Britannica*. Im Juli 1997 ortete er die größte Ansammlung von römischen Schiffen, die in der Tiefsee je gefunden wurden. Die acht etwa 2.000 Jahre alten Schiffe liegen 762 m tief auf dem Meeresgrund auf einer alten Handelsroute vor der Küste Tunesiens.

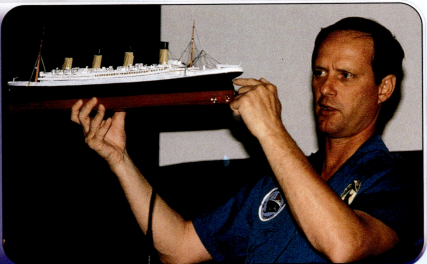

wasserhöhle Zacatón (MEX) bis in eine Tiefe von 305 m.

TIEFSTE BERGUNGEN
Die größte Tiefe, in der eine Bergung erfolgreich durchgeführt wurde, beträgt 5.258 m. Im August 1991 war ein Hubschrauber in den Pazifik gestürzt. Hierbei kamen vier Menschen ums Leben. Der Besatzung der USS Salvor und dem Personal von Eastport International gelang es am 27. Februar 1992, die Wrackteile an die Oberfläche zu heben, so daß die Unfallursache festgestellt werden konnte.

MEISTE PIRATEN-SCHIFFE ENTDECKT
Barry Clifford (USA) entdeckte drei Wracks von Piratenschiffen: Im Juli 1998 fand er vor Cape Cod (USA) das Wrack der aus dem 18. Jahrhundert stammenden Whydah. Im November desselben Jahres entdeckte er vor der venezulanischen Küste zwei Schiffe aus dem 17. Jahrhundert. Hier zeigt er eine Kanonenkugel von einem der Schiffe.

Vom 7. September bis 7. Oktober 1981 arbeiteten zwölf Taucher jeweils zu zweit über 31 Tage lang an der Bergung des Wracks des Kreuzers HM Edinburgh. Das Schiff war am 2. Mai 1942 in der Barentssee vor Nordnorwegen 245 m tief gesunken. Insgesamt wurden 460 Goldbarren geborgen. Bis heute ist es die einzige erfolgreiche Bergung der vollständigen Ladung eines Wracks.

WERTVOLLSTES SCHIFFSWRACK
Der verstorbene Mel Fisher (USA), einer der berühmtesten Schatzsucher des 20. Jahrhunderts, fand 1985 vor der Küste von Key West (USA) die Nuestra Señora de Atocha. Das Schiff hatte 40 t Gold und Silber sowie etwa 31,75 kg Smaragde geladen, als es im September 1622 während eines Hurrikans sank.

GRÖSSTER GOLDFUND IN EINEM U-BOOT-WRACK
Im Mai 1995 entdeckte Paul R. Tidwell (USA) in einem 108,8 m langen japanischen U-Boot 2 t Gold, 228 t Zinn, 54 t Rohgummi und 3 t Chinin. Das U-Boot hatte 109 Mann Besatzung an Bord und war am 23. Juni 1944 von einer 226,8 kg schweren amerikanischen Bombe zerstört worden. Tidwell arbeitet nun an der Bergung des U-Bootes, das in einer Tiefe von 5.180 m im Atlantik 1.931 km westlich der Kapverdischen Inseln liegt.

GRÖSSTER PORZELLAN-FUND
1994 gruben der Schatzsucher Dorian Ball und seine Gesellschaft, Malaysia Historic Salvors (MHS), auf dem britischen Handelsschiff Diana chinesisches Quing-Porzellan mit einem Rekordwert von 9,05 Mio. DM aus. Das Schiff war 1817 in der Straße von Malakka gesunken.

 Mut

Speed Stars

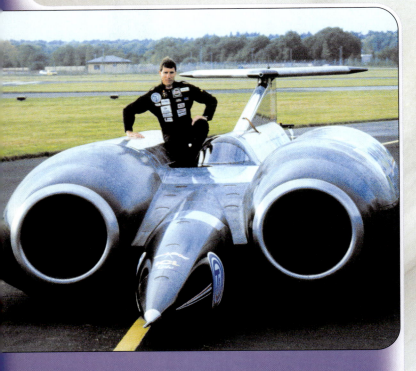

HÖCHSTE LAND-GESCHWINDIGKEIT
Der offizielle Rekord über Land auf einer Strecke von 1,6 km beträgt 1.227,985 km/h, aufgestellt im Oktober 1997 von Andy Green (GB) auf einem *Thrust SSC* in der Black-Rock-Wüste, Nevada (USA). Der von Richard Noble konstruierte Wagen wurde von zwei Rolls-Royce-Düsenmotoren angetrieben, die 22.680 kg Schub erzeugten. Es ist der erste Wagen, der die Schallgeschwindigkeit überschritten hat.

SCHNELLSTES AUTO MIT RAKETENANTRIEB
Den Rekord für die höchste in einem raketengetriebenen Fahrzeug erreichte Geschwindigkeit, 1.016,086 km/h auf dem ersten Kilometer, hält seit dem 23. Oktober 1970 Gary Gabelich. Das Fahrzeug *Blue Flame* wurde auf den Bonneville Salt Flats, Utah (USA), von einem Raketenmotor mit einem Schub von bis zu 9.979 kg angetrieben.

SCHNELLSTE FRAU ÜBER LAND
Kitty Hambleton erzielte am 6. Dezember 1976 in dem raketengetriebenen *SM1-Motivator* in der Alvard-Wüste, Oregon (USA), die Rekordgeschwindigkeit von 843,323 km/h.

SCHNELLSTES FAHRZEUG MIT RADANTRIEB
Die höchste in einem radgetriebenen Fahrzeug erreichte Geschwindigkeit beträgt 696,331 km/h und wurde von Al Teague (USA) am 21. August 1991 auf *Speed-O-Motive/Spirit of '76* auf den letzten 40 m einer 1,6 km langen Strecke auf den Bonneville Salt Flats, Utah (USA), erreicht. Seine Geschwindigkeit auf der Gesamtstrecke betrug 684,322 km/h.

HÖCHSTE BESCHLEUNIGUNG
Die höchste Beschleunigung, die je auf einer Straße erzielt wurde, beträgt 3,07 Sekunden von 0 auf 96 km/h. Diese Zeit erreichte Graham Hathaway im Mai 1994 auf einem Ford RS200 Evolution in Millbrook Proving Ground (GB).

SCHNELLSTE RÜCKWÄRTSFAHRT
Die höchste Durchschnittsgeschwindigkeit bei einer Nonstop-Rückwärtsfahrt von über 805 km betrug 58,42 km/h und wurde am 11. August 1996 von John Smith in 13 Stunden und 48 Minuten in einem Chevrolet Caprice Classic aus dem Jahr 1983 auf einer Strecke von 806,2 km beim I-94 Speedway in Fergus Falls (USA) erreicht.

SCHNELLSTE SCHRÄGLAGE
Göran Eliason (SWE) erreichte am 19. April 1997 in Såtenäs (SWE) auf den beiden Rädern eines Volvo 850 Turbo 181,25 km/h über 100 m und 159,18 km/h über einen Kilometer.

SCHNELLSTER MANN AUF DEM EIS
Der Rekord für die höchste auf dem Eis erreichte Geschwindigkeit (ohne Schienen) beträgt 399 km/h und wurde am 15. Februar 1981 von Sammy Miller in dem raketengetriebenen Schlitten *Oxygen* auf dem Georgesee (USA) erzielt.

SCHNELLSTE MOTORRADFAHRER
Am 14. Juli 1990 stellte der amerikanische Fahrer Dave Campos auf dem 7 m langen Streamliner *Easyrider*, der von zwei 1.491 cm³ Ruxton-Harley-Davidson-Motoren angetrieben wurde, auf den Bonneville Salt Flats (USA) einen AMA- und einen FIM-Rekord auf. Campos' Durchschnittsgeschwindigkeit auf der gesamten Strecke betrug 518,45 km/h. Während der schnelleren Fahrt hatte er eine Durchschnittsgeschwindigkeit von 519,61 km/h.

 SCHNELLSTER ‚TOP FUEL'-DRAG RACER
Jim Butler fährt unten einen Drag Racer aus dem Besitz von Dennis Lanham. Den schnellsten Drag Racer fuhr Gary Scelzi (USA), der National Hot Rod Association (NHRA) Winston Champion des Jahres 1998, im November 1998 in Houston, Texas (USA). Aus einem stehenden Start erreichte er über 402 m eine Geschwindigkeit von 522,3 km/h.

Jim Feuling erzielte am 5. November 1997 auf den Bonneville Salt Flats (USA) einen neuen Rekord über Land, als er mit seinem stromlinienförmigen Motorrad der Feuling Advanced Technologies die Geschwindigkeit von 534,66 km/h erreichte.

SCHNELLSTER RADFAHRER
Die höchste jemals auf einem Fahrrad erreichte Geschwindigkeit beträgt 268,831 km/h. Diesen Rekord erzielte Fred Rompelberg (NL) auf den Bonneville Salt Flats (USA) am 3. Oktober 1995. Bei seinem Rekordversuch wurde er durch den Windschatten seines vorfahrenden Fahrzeugs unterstützt.

SCHNELLSTE FAHRT AUF DEM HINTERRAD EINES MOTORRADS
Am 5. Juli 1997 erreichte Jarrod Frost auf dem Jurby-Flugplatz der Isle of Man (GB) auf dem Hinterrad seiner Spondon Turbo Suzuki 1200 die Geschwindigkeit von 277,77 km/h.

SCHNELLSTE TRANSATLANTIKFLÜGE
1974 flogen Major James Sullivan und Major Noel Widdifield in einer Lockheed SR-71A Blackbird in 1 Stunde 54 Minuten 56,4 Sekunden von New York nach London. Die Durchschnittsgeschwindigkeit auf dem 5.570,80 km langen Flug betrug 2.908,02 km/h; diese Zahl wäre noch höher gewesen, wenn das Flugzeug nicht in der Luft hätte aufgetankt werden müssen.

Capt. John Smith stellte 1978 in einer Rockwell Commander 685 Twin-Turboprop den Transatlantikrekord für einen einzelnen Piloten auf. Er flog mit einer Durchschnittsgeschwindigkeit von 426,7 km/h in 8 Stunden 47 Minuten 32 Sekunden von Gander (CDN) nach Gatwick Airport (GB).

SCHNELLSTE MENSCHEN IN DER LUFT
Capt. Eldon W. Joersz und Major George T. Morgan jr. erreichten am 28. Juli 1976 die Rekordgeschwindigkeit von 3.529,56 km/h in einer Lockheed SR-71A Blackbird während eines 25 km langen Flugs nahe der Beale Air Force Base (USA).

SCHNELLSTE HUBSCHRAUBERPILOTEN
Die höchste Durchschnittsgeschwindigkeit eines Hubschraubers (nach FAI-Regeln) betrug 400,87 km/h. John Eggington und Derek Clews erreichten sie am 11. August 1986 in einem Westland-Lynx-Demonstrationshubschrauber über Glastonbury (GB).

SCHNELLSTER DREHFLÜGLERPILOT
Wing Cdr Kenneth Wallis flog am 18. September 1986 in Marham (GB) seinen WA-116/F/S-Drehflügler, der mit einem 45 kW-60 hp-Franklin-Flugzeugmotor ausgestattet ist, mit der Geschwindigkeit von 193,6 km/h über eine gerade 3 km lange Strecke.

SCHNELLSTER RADFAHRER AUF EINER SKIPISTE
Im März 1998 erreichte der Mountain-Bike-Rennfahrer Christian Taillefer (F) bei einer Gletscherabfahrt in Vars (F) auf einem Peugeot-Rad die Rekordgeschwindigkeit von 212,139 km/h.

SCHNELLSTER GRAVITY-FORMEL-I-FAHRER
„Alternative International Sports", die Zulassungsstelle für Gravity-Formel-I-Rennen, hat Jarret Ewanek, alias „Dr. GoFast", als schnellsten Fahrer anerkannt: Er erreichte 1996 eine Geschwindigkeit von 122 km/h. Dr. GoFast entwirft außerdem Schlitten für das Straßenrodeln und aerodynamische Helme. Gravity-Formel-I-Rennen ist in bezug auf Autos das, was Straßenrodeln in bezug auf Motorräder ist. Der Wagen, ein vollständig mit einem Stahlrohrchassis umschlossenes Fahrzeug, fährt auf profillosen Druckluftrennreifen. Der Fahrer wird durch einen Zylinderkasten und einen Überrollbügel geschützt und von einem Fünfpunkt-Renngurt auf dem Sitz gehalten; anders als beim Straßenrodeln, kann der Fahrer nicht herunterfallen.

Stunts

MEISTE STUNTS
Jackie Chan, der Hongkonger Schauspieler, Regisseur, Produzent, Stunt-Koordinator und Autor, spielte seit seinem Debüt in *Big And Little Wong Tin Bar* (Hongkong, 1962) im Alter von acht Jahren in über 65 Filmen, wie z. B. in *The Big Brawl* (USA, 1980) und *Rumble In The Bronx* (USA, 1996). Keine Versicherungsgesellschaft unterschreibt Verträge für Chans Produktionen, in denen er alle seine Stunts selbst ausführt. Nachdem mehrere Stuntmen bei den Arbeiten zu dem Film *Police Story* (Hongkong, 1985) verletzt worden waren, gründete der Star die Jackie Chan Stuntmen Association, trainierte die Stuntmen persönlich und zahlte ihre Arztrechnungen sogar aus eigener Tasche.

PRODUKTIVSTE STUNTMEN
Vic Armstrong (GB) hat jeden James-Bond-Schauspieler gedoubelt und in 30 Jahren in mehr als 200 Filmen Stunts ausgeführt, darunter *Raiders Of The Lost Ark* (USA, 1981). Er koordinierte Stunts für Filme wie *Tomorrow Never Dies* (GB/USA, 1997) und ist mit der Stuntwoman Wendy Leech verheiratet, die er bei ihrer Arbeit für den Film *Superman* (USA, 1978) kennenlernte.

Yakima Canutt (USA) führte in seiner 15jährigen Karriere in über 150 Filmen Stunts aus. Im Jahr 1941 brach Canutt sich die Knöchel und begann, Stunts zu entwickeln und Action-Szenen in Hollywoodfilmen zu betreuen, wie z.B. das Wagenrennen in *Ben Hur* (USA, 1959). 1966 erhielt er für seine Arbeit einen Oscar.

TEUERSTER LUFTSTUNT
Simon Carne führte einen der gefährlichsten Stunts aller Zeiten aus, als er sich für *Cliffhanger* (USA, 1993) in einer Höhe von 4,752 km zwischen zwei Flugzeugen bewegte. Der wegen seiner Gefährlichkeit nur einmal ausgeführte Stunt kostete die Rekordsumme von 1,81 Mio. DM. Sylvester Stallone, der Star des Films, soll angeboten haben, seine Gage um diesen Betrag zu senken, damit der Stunt wirklich durchgeführt wird.

GRÖSSTES STUNTBUDGET
Mehr als 5,43 Mio. DM des Budgets von 362 Mio. DM für den Film *Titanic* (USA, 1997) gingen an die Filmstunts. In der größten Szene springen, fallen und gleiten 100 Stuntleute 229 m tief, als das Schiff in zwei Hälften zerbricht und in einem Winkel von 90° aus dem Wasser ragt. Das Schiff war in einem mit 77 Mio. Litern Wasser gefüllten Tank angedockt.

MEISTE LUFTSTUNTS
Flying Pictures aus Surrey (GB) plante und koordinierte die Luftstunts für mehr als 200 Filme, darunter *Cliffhanger* (USA, 1993), *Golden Eye* (GB/USA, 1995) und *Mission Impossible* (USA, 1996), außerdem koordinierte die Firma die Luftstunts für Hunderte von Fernsehshows und Werbespots.

HÖCHSTER SPRUNG AUF EINEN AIRBAG
Stig Günther (DK) sprang am 7. August 1998 aus einer Höhe von 104,55 m auf einen 12 x 15 x 4,5 m großen Airbag.

LÄNGSTER BALANCEAKT MIT VERBUNDENEN AUGEN
Jay Cochrane (USA) vollführte am 11. November 1998 mit verbundenen Augen einen 182,88 m langen Balanceakt zwischen den Türmen des Flamingo Hilton, Las Vegas (USA).

HÖCHSTER FREIER FALL
Die größte Strecke, die ein Stuntman jemals im freien Fall zurückgelegt hat, beträgt 335 m. Dar Robinson sprang für den Film *Highpoint* (CDN, 1979) von einem Sims an der Spitze des CN Tower in Toronto (CDN). Robinsons Fallschirm öffnete sich nach einem sechs Sekunden dauernden freien Fall erst 91 m über dem Boden. Für den Sprung erhielt er 271.500 DM, die höchste Gage, die je für einen einzelnen Stunt gezahlt wurde.

LÄNGSTER GLEITFLUG IM FREIEN FALL
Adrian Nicholas (GB) führte am 12. März 1999 über Yolo County (USA) einen 16,09 km langen Gleitflug im freien Fall durch. In einer Höhe von 10.320 m stieg er aus dem Flugzeug aus und erreichte Geschwindigkeiten von über 160 km/h. Sein Mentor Patrick de Gayardon (F), der bei der Ausführung dieses Stunts im April 1998 ums Leben kam, entwickelte für den Stunt einen besonderen Pilotenanzug.

UNTERSCHIEDLICHSTE KÖRPERGRÖSSEN GEDOUBELT
Der Stuntman Riky Ash aus Nottingham (GB) ist mit einem 1,07 m großen Jungen abgebildet, den er im Februar 1995 während der Aufnahmen zu der BBC-Fernsehshow *Out Of The Blue* doubelte. Im März 1998 doubelte er in den ITV-Serien *Heartbeat* auch einen 1,93 m großen Erwachsenen. Der 1,60 m große, 31jährige Riky ist seit sechs Jahren Stuntman und hat über 150 Kinder und Erwachsene im Alter von sechs bis 70 Jahren gedoubelt.

WEITESTER RAMPENSPRUNG IN EINEM AUTO
Der weiteste Rampensprung in einem Auto, wobei das Auto auf den Rädern landete und dann weiterfuhr, beträgt 72,23 m und wurde am 23. August 1998 auf dem Ravenswood International Raceway, Perth (AUS), von Ray Baumann (AUS) ausgeführt.

WEITESTER SPRUNG MIT EINEM MONSTER-TRUCK
Dan Runte (USA) sprang am 8. März 1998 mit *Bigfoot 14* 43,2 m weit. Der 4,6 Tonnen schwere Truck, der mit einer Fiberglas-Karosserie vom Typ Ford F-150 aus dem Jahr 1998 versehen war und 1500 PS erzeugte, erzielte diesen Rekord auf dem Williams Gateway Airport, Mesa (USA). Der frühere Rekord von 43 m wurde im November 1996 von Fred Shafer (USA) in dem Truck *Bearfoot* aufgestellt.

WEITESTER RÜCKWÄRTSSPRUNG EINES MOTORRADS
Roger „Mr. Backwards" Riddell (USA) sprang im Mai 1987 in Franklin (USA) auf einer 650-cm³-Honda rückwärts über sieben Autos, das entspricht einer Entfernung von 18,29 m.

HÖCHSTER MOTORRADSPRUNG ZWISCHEN ZWEI GEBÄUDEN
Am 1. August 1998 sprang Joe Reed in Los Angeles (USA) auf einem 250-cm³-Dirtbike von einem 44,2 m hohen Gebäude auf ein anderes. Die Lücke zwischen den Gebäuden betrug 19,8 m und Reed nahm einen 35,4 m langen Anlauf.

MEISTE EXPLOSIONEN
Allison Bly (USA) hat sich selbst über 1.100mal in einer Kiste, die sie den „Sarg" nennt, in die Luft gejagt. Sie benutzt dazu Sprengstoff, der einen ähnlichen Knall verursacht wie zwei Stangen Dynamit. Die 1.100. Zündung wurde am 8. Dezember 1998 in der Fernsehshow *Guinness® World Records* gezeigt.

LÄNGSTER BRAND OHNE SAUERSTOFF
Stig Günther (DK, rechts) hielt am 13. März 1999 in Kopenhagen (DK) 2 Minuten 6 Sekunden lang ein Feuer am ganzen Körper ohne Sauerstoffversorgung aus. Günther kann seinen Atem für lange Perioden anhalten. Außerdem fastete er einen Monat lang vor dem Versuch, um seinen Stoffwechsel und Sauerstoffbedarf zu verringern.

Mut

Lebensretter

MEISTE KÜNSTLER GERETTET

Varian Fry (unten abgebildet), der „Schindler der Künstler", reiste 1940 aus den USA nach Frankreich mit einer Liste von 200 namhaften Artisten und Intellektuellen, von denen bekannt war, daß sie sich in von Nazis besetzten Gebieten Europas aufhielten. Dort rettete er rund 4.000 Menschen vor der Gestapo, darunter Max Ernst, Marc Chagall, André Breton und der Chemiker und Nobelpreisträger Otto Meyerhof. 1942 wurde Fry verhaftet und deportiert. 1997 verlieh das israelische Yad-Vashem-Gedenkmuseum dem verstorbenen Helden als erstem amerikanischen Staatsbürger seine höchste Auszeichnung als einen „Gerechten unter den Völkern".

ÄLTESTE LEBENSRETTUNGSORGANISATION

Die Royal National Lifeboat Institution (RNLI), eine britische Lebensrettungsgesellschaft, wurde im März 1824 durch königlichen Erlaß gegründet und feierte 1999 ihren 175. Geburtstag. Bis April 1999 hatte die Organisation 132.500 Leben gerettet. Zur Zeit hat die RNLI an den Küsten Großbritanniens und Irlands 223 Rettungsbootstationen mit einer Mannschaft von insgesamt 4.200 Freiwilligen.

MEISTE AUSZEICHNUNGEN

Eric Deakin aus Hightown (GB), ein Mitglied der britischen Royal Life Saving Society, erhielt seit 1960 die Rekordanzahl von 234 Auszeichnungen.

JÜNGSTE EMPFÄNGER VON AUSZEICHNUNGEN

Ryan Woods aus Kent (GB) war mit 4 Jahren und 52 Tagen der jüngste Mensch aller Zeiten, dessen Tapferkeit die Royal Humane Society mit der Verleihung des „Testimonial on Parchment" („Zeugnis auf Pergament") anerkannte. Ryan hatte im Juli 1997 bei einem Autounfall in Portugal das Leben seiner Großmutter gerettet, indem er den steilen Felsen erkletterte, den ihr Auto hinuntergestürzt war, und Hilfe holte.

Kristina Stragauskaite aus Skirmantiskis (LT) erhielt die Medaille „Mut bei Feuer", als sie gerade 4 Jahre und 252 Tage alt war, womit sie das jüngste Mädchen aller Zeiten war, das sich eine solche Ehrung verdient hatte. Sie hatte das Leben ihres jüngeren Bruders und ihrer jüngeren Schwester gerettet, nachdem am 7. April 1989 im Haus ihrer Eltern ein Feuer ausgebrochen war. Die Auszeichnung wurde vom Präsidium der damaligen Litauischen Sozialistischen Sowjetrepublik angeordnet.

Der jüngste Mensch, der eine offizielle Auszeichnung für seine Tapferkeit erhielt, war Julius Rosenberg aus Winnipeg (CDN). Er bekam im März 1994 die kanadische Medaille für Tapferkeit, weil er im September 1992 im Alter von fünf Jahren den Angriff eines Schwarzbären auf seine dreijährige Schwester vereitelte, indem er den Bären anknurrte und so das Leben seiner Schwester rettete.

GRÖSSTE RETTUNG OHNE VERLUSTE

Alle 2.689 Menschen, die sich an Bord der *Susan B. Anthony* befanden, konnten gerettet werden, als das Schiff am 7. Juni 1944 vor der Küste der Normandie (F) sank.

GRÖSSTES HEUTIGES KRIEGSKRANKENHAUS

Das Bild zeigt Angestellte und Patienten des Krankenhauses des Internationalen Komitees des Roten Kreuzes (ICRC) in Lopiding (EAK) mit Prinzessin Anne. 1987 mit nur 40 Betten gegründet, ist es heute mit einer Kapazität von 560 Betten das größte Kriegskrankenhaus der Welt. Seit der Gründung wurden dort ca. 17.000 Opfer des seit Jahren dauernden Bürgerkrieges im benachbarten Sudan behandelt. 1.500 Patienten erhielten Kunstgliedmaßen. Rund 70 % der Patienten haben Schußwunden, und die überwiegende Mehrheit sind Zivilisten.

ÄLTESTER RETTUNGSSCHWIMMER

Der 1929 geborene Lee Wee Wong (SGP) war seit 1966 freiwilliger Rettungsschwimmer, und seit 1973 übt er diese Tätigkeit professionell aus. Obwohl er 1999 das 70. Lebensjahr erreichte, schlägt er immer noch viele jüngere Rettungsschwimmer bei dem jährlich stattfindenden Test, der zur Verlängerung der Lizenz nötig ist.

LÄNGSTE ZEITSPANNE BIS ZUR AUSZEICHNUNG

Am 19. Mai 1997 erhielt Murphy, ein australischer Militär-Esel, postum das RSPCA Australia Purple Cross, eine Auszeichnung für die Tapferkeit eines Tieres. Murphy wurde im Namen aller Esel geehrt, die während des Gallipoli-Feldzugs 1915–16 dienten. Während der fehlgeschlagenen Offensive in den Dardanellen (TR) trug Murphy verwundete Soldaten über steile Felsen und tiefe Schluchten von der Front in die Feldlazarette.

ERFOLGREICHSTE FLIEGENDE ÄRZTE

Der australische Royal Flying Doctor Service wurde 1928 gegründet. Im Jahr 1998 retteten die 53 Ärzte, 103 Krankenschwestern und 95 Piloten 181.621 Patienten, führten 21.604 Evakuierungen aus der Luft durch und flogen insgesamt 13,35 Mio. Kilometer. Der Royal Flying Doctor Service ist für ein 7,15 Mio. km² großes Gebiet zuständig.

MEISTE LEBENSRETTUNGEN DURCH SICHERHEITSGURTE

Den Dreipunktsicherheitsgurt, den der schwedische Ingenieur Nils Bohlin erfand, ließ sich Volvo 1959 patentieren. Der Automatikgurt wurde 1968 von demselben Unternehmen entwickelt. Die amerikanische Highway and Traffic Safety Administration schätzt, daß Sicherheitsgurte in den vergangenen zehn Jahren allein in den USA 55.600 Todesfälle und 1,3 Mio. Verletzungen verhinderten, wodurch 190 Mrd. DM an Arztkosten eingespart wurden.

MEISTE LEBENSRETTUNGEN DURCH EINEN HUND

Barry, ein Bernhardiner, ist der berühmteste Rettungshund der Welt. Während seiner zwölfjährigen Karriere

rettete er in den Schweizer Alpen über 40 Menschen das Leben. Seine aufsehenerregendste Rettung war die eines Jungen, der halberfroren unter einer Lawine begraben lag, in der seine Mutter ums Leben gekommen war. Barry legte sich über den Körper des Jungen und leckte sein Gesicht, um ihn aufzuwärmen und aufzuwecken, bevor er ihn in das nächstgelegene Haus trug.

NIEDRIGSTE RETTUNG IN DER LUFT DURCH EINEN FALLSCHIRMSPRINGER
Am 16. Oktober 1988 rettete Eddie Turner das Leben seines Kameraden, des Fallschirmspringers Frank Farnan, der infolge eines Zusammenstoßes beim Sprung aus einem Flugzeug in 3.950 m Höhe verletzt und bewußtlos war. Über Clewiston (USA) zog Turner Farnans Reißleine in einer Höhe von 550 m, weniger als 10 Sekunden vor dem Aufprall.

GRÖSSTE HERZ-LUNGEN-WIEDERBELEBUNGSÜBUNG
Am 19. Mai 1997 veranstaltete die American Heart Association, Dutchess Region, mit 1.320 Personen im Casperkill Conference Center, Dutchess County, New York (USA), eine Übung für Herz-Lungen-Wiederbelebung und erste Maßnahmen bei Kreislaufstillstand.

MEISTE BLUTPLÄTTCHEN GESPENDET
Robert J. Watson aus Sudbury (USA) spendet seit November 1986 jede Woche im Children's Hospital in Boston (USA) Blutplättchen. Am 8. Juni 1999 machte er seine 500. Spende.

GRÖSSTE BLUTSPENDE
Die Niederlassung des Roten Kreuzes im Valle de Cauca (CO) organisierte am 13. Dezember 1997 in Cali (CO) die größte Blutspendeaktion der Welt. In zwölf Stunden wurden insgesamt 3.295 Bluteinheiten von 3.403 Spendern abgenommen.

GRÖSSTER FREIWILLIGER AMBULANZDIENST
Abdul Sattar Edhi (PK, unten abgebildet) begann im Jahre 1948 seinen Ambulanzdienst, indem er Verletzte ins Krankenhaus transportierte. Seitdem baute er den Dienst aus, der ohne staatliche Unterstützung 9,05 Mio. DM pro Jahr einnimmt. Zu seinem funkgesteuerten Netz gehören 500 Krankenwagen in ganz Pakistan. Außerdem richtete er 300 Hilfszentren, drei Luftambulanzen, 24 Krankenhäuser, drei Drogenrehabilitationszentren, Frauenhäuser, freie Apotheken, Adoptionsprogramme und Suppenküchen ein, die 100.000 Menschen pro Monat versorgen. Er bezahlte und überwachte die Ausbildung von 17.000 Krankenschwestern. Der Ambulanzdienst holt auch Leichen ab und organisiert moslemische Bestattungen. Edhi hat seit 45 Jahren keinen Urlaub gemacht.

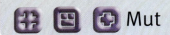 Mut

Überlebende

ÄLTESTE ÜBERLEBENDE DER *TITANIC*
Edith Haisman war erst 15 Jahre alt, als die *Titanic* am 14. April 1912 sank. Sie starb im Januar 1997 im Alter von 100 Jahren in einem Pflegeheim in Southampton (GB). Edith konnte sich erinnern, wie sie in einem Rettungsboot saß und ihr Vater, Thomas Brown, mit einem Glas Brandy und einer Zigarre in der Hand an Deck der *Titanic* stand und ihr zurief: „Wir sehen uns in New York!" Er wollte mit seiner Familie von Südafrika nach Seattle (USA) ziehen, um ein Hotel zu eröffnen. Edith nahm 1993 die goldene Armbanduhr ihres Vaters entgegen, die man in dem Wrack gefunden hatte.

LÄNGSTES ÜBERLEBEN OHNE ESSEN UND TRINKEN
Andreas Mihavecz aus Bregenz (A) überlebte 18 Tage ohne Essen und Trinken, nachdem ihn die Polizei in Höchst (A) in eine Zelle gesteckt und völlig vergessen hatte. Der 18jährige, der Mitfahrer bei einem Autounfall gewesen war, wurde dem Tode nahe entdeckt.

TIEFSTER STURZ EINES KINDES
Im November 1997 fiel ein 18 Monate altes Baby namens Alejandro in Murcia (E) 20 m tief aus dem Küchenfenster im siebten Stock. Obgleich niemand sah, wie das Baby fiel, belegen die Blutergüsse und eine beschädigte Wäscheleine, auf die es traf, bevor es

JÜNGSTE ÜBERLEBENDE DER *TITANIC*
Millvina Dean war gerade acht Wochen alt, als sie mit ihren Eltern und ihrem 18 Monate alten Bruder in der dritten Klasse auf der *Titanic* reiste. Sie, ihre Mutter und ihr Bruder überlebten das Unglück, ihr Vater Bert befand sich jedoch unter den 1.517 Passagieren, die nie wieder gesehen wurden. Millvina ist hier mit Commander P. H. Nargeolet abgebildet, der mit ihr auf der *M.V. Royal Majesty* zum Unglücksort der *Titanic* fuhr, um Bergungsschiffe bei dem Versuch zu beobachten, Teile des Schiffsrumpfes aus der Tiefe zu heben. Der Versuch scheiterte.

LÄNGSTER STURZ
Am 26. Januar 1972 überlebte Vesna Vulovic (oben abgebildet), eine Stewardeß aus dem ehemaligen Jugoslawien, ohne Fallschirm einen Sturz aus einer Höhe von 10.160 m, als das Flugzeug vom Typ DC-9 über Srbskà Kamenice (CSSR, heute CZ) explodierte. Die übrigen 27 Passagiere des Flugzeugs kamen ums Leben.

auf einem Oberlicht auf der Erde aufschlug, den Sturz. Die Ärzte des Krankenhauses Virgen de Arrixaca bestätigten, daß der einzige Schaden, den Alejandro außer den Blutergüssen erlitt, ein abgebrochener Zahn und eine geplatzte Lippe waren.

MEISTE BLITZSCHLÄGE
Roy Sullivan, ein Park Ranger aus Virginia (USA), wurde siebenmal von einem Blitz getroffen: 1942 verlor er dabei einen Nagel seines großen Zehs, 1969 seine Augenbrauen, 1970 wurde seine linke Schulter verbrannt, 1972 fing sein Haar Feuer und seine Beine wurden verbrannt, 1976 wurde sein Knöchel verletzt und 1977 erlitt er Verbrennungen an Brust und Bauch. Im September 1983 beging Sullivan aus unerwiderter Liebe Selbstmord.

LÄNGSTES ÜBERLEBEN IN EINER HÖHLE
Der Höhlenforscher George Du Prisne fiel 1983 bei der Erforschung von Höhlen in Wisconsin (USA) in einen unterirdischen Fluß und wurde dann in eine große Höhle gespült. Die Rettungsmannschaften gaben ihre Suche nach

vier Tagen auf, Du Prisne überlebte jedoch und ernährte sich von Fischen und an Wänden wachsenden Algen. Er war entschlossen, sich zu befreien, und befestigte Wolle seines Pullovers an den Beinen von Fledermäusen. Diese erregten draußen Aufmerksamkeit; 13 Tage später wurde er gerettet.

LÄNGSTES ÜBERLEBEN AUF SEE
Poon Lim von der britischen Handelsmarine überlebte 133 Tage auf einem Floß, nachdem sein Schiff, die *SS Ben Lomond*, am 23. November 1942 im Atlantik, 910 km westlich von St. Paul's Rocks, torpediert worden war. Am 5. April 1943 wurde er von einem Fischerboot vor Salinópolis (BR) aufgenommen und war in der Lage, selbständig an Land zu gehen.

Der Rekord für den längsten überlebten Zeitraum von zwei Menschen auf einem Floß beträgt 177 Tage. Die Fischer Tabwai Mikaie und Arenta Tebeitabu von der Insel Nikunau, Kiribati, gerieten zusammen mit einem anderen Mann in einen Zyklon, kurz nachdem sie sich am 17. November 1991 mit ihrem 4 m langen, offenen Dhingi auf

eine Fahrt begeben hatten. Sie wurden am 11. Mai 1992 in einer Entfernung von 1.800 km in Westsamoa (heute Samoa) am Strand gefunden. Der dritte Mann war einige Tage zuvor gestorben.

LÄNGSTES ÜBERLEBEN IN EINEM TREIBENDEN FISCHERBOOT
Am 4. Januar 1999 fand der norwegische Öltanker *Joelm* 800 km südwestlich des nicaraguanischen Hafens San Juan del Sur ein treibendes Fischerboot mit sieben Personen. Die Fischer trieben die Rekordzeit von 35 Tagen auf See, nachdem der Motor ihres Schiffes einen Schaden erlitten hatte. Sie ernährten sich von Schildkrötenfleisch und -blut.

TIEFSTE UNTERWASSERRETTUNG
Der Rekord für die tiefste Unterwasserrettung liegt bei 480 m. Roger Chapman und Roger Mallinson waren 76 Stunden lang in dem U-Boot *Pisces III* gefangen, nachdem es am 29. August 1973 240 km südöstlich von Cork (IRL) gesunken war. Das U-Boot wurde am 1. September von dem Kabelleger *John Cabot* nach dem Einsatz von *Pisces V*, *Pisces II* und dem ferngesteuerten Bergungsschiff *Curv* an die Oberfläche gezogen.

Eine Rettung ohne jegliche Ausrüstung gelang aus 68,6 m Tiefe. Richard Slater befreite sich am 28. September 1970 aus dem gerammten Tauchfahrzeug *Nekton Beta* vor der Küste der Insel Catalina (USA).

LÄNGSTES ÜBERLEBEN UNTER WASSER OHNE AUSRÜSTUNG
1991 erforschte Michael Proudfoot ein gesunkenes Kreuzfahrtschiff in der Nähe der Baja California (MEX), als er dabei den Regler seines Atemgerätes zerdrückte und die gesamte Luft verlor. Proudfoot fand eine große Luftblase in der Kombüse des Schiffes und eine fast volle, mit Frischwasser gefüllte Teemaschine. Indem er das Wasser rationierte, langsam atmete und Seeigel aß, blieb er bis zu seiner Rettung zwei Tage lang am Leben.

1986 wurde die zweijährige Michelle Funk aus Salt Lake City (USA) gerettet, nachdem sie in einen Bach gefallen und 1 Stunde 6 Minuten unter Wasser zugebracht hatte.

HÖCHSTER NOTAUSSTIEG MIT EINEM FALLSCHIRM
Flugleutnant J. de Salis und Flugoffizier P. Lowe (beide GB) retteten sich am 9. April 1958 in einer Höhe von 17.100 m über Derby (GB).

NIEDRIGSTER NOTAUSSTIEG MIT EINEM FALLSCHIRM
Luftwaffenmajor Terence Spencer (GB) führte am 19. April 1945 die mit einer Höhe von 9–12 m in geringster Höhe ausgeführte Notrettung über der Bucht von Wismar (D) in der Ostsee durch.

MEISTE FLUCHTEN
Tatjana Michailowna Russanowa, eine ehemalige Sowjetbürgerin, die heute in Haifa (IL) lebt, floh zwischen 1943 und 1954 insgesamt 15mal aus stalinistischen Arbeitslagern in der ehemaligen Sowjetunion. Sie wurde 14mal wieder eingefangen und verurteilt. Alle ihre Fluchten wurden von unabhängigen russischen Anwälten gerichtlich bestätigt, aber nur neun davon wurden vom Obersten Gerichtshof der Sowjetunion anerkannt.

JÜNGSTER ÜBERLEBENDER EINES AUTOUNFALLS
Am 25. Februar 1999 bekam Virginia Rivero aus Misiones (RA) die Wehen und lief zu einer nahe gelegenen Straße, um ins Krankenhaus zu trampen. Nachdem sie von zwei Männern mitgenommen worden war, brachte sie auf dem Rücksitz des Autos ein Mädchen zur Welt. Als sie den Männern sagte, sie werde ein zweites Baby bekommen, überholte der Fahrer das Fahrzeug vor ihm und stieß mit einem dritten Auto zusammen. Virginia und ihr Neugeborenes wurden durch die Hintertür des Wagens geschleudert, erlitten aber nur leichte Verletzungen. Virginia hielt ein anderes Auto an, das sie ins Krankenhaus fuhr, wo sie einen Jungen gebar.

LÄNGSTES ÜBERLEBEN BEI EINEM GRUBENUNGLÜCK

Im Juli 1998 wurde der Bergarbeiter Georg Hainzl (rechts abgebildet) lebend gefunden, nachdem er in einem eingestürzten Bergwerk in Lassing (A) zehn Tage lang in einer Tiefe von 63 m zugebracht hatte. Die zehn Bergarbeiter, die ihn retten sollten, starben, nachdem sie von Schlamm verschüttet worden waren.

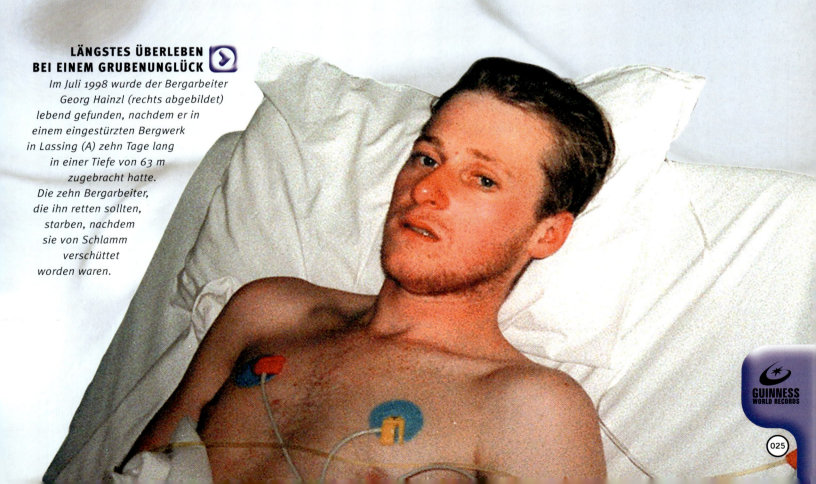

Wissenschaftler

NEUESTES UND SCHWERSTES ELEMENT
Im Januar 1999 gab ein Team von Wissenschaftlern des Lawrence Livermore National Laboratory, Kalifornien (USA), und des Instituts für Kernforschung, Dubna (RUS), die Herstellung des Elements 114, des neuesten und schwersten Elements der Welt, bekannt. Es besteht aus 114 Protonen und soll weitaus stabiler sein als andere superschwere Atome. Es ist durch den Beschuß eines mit Neutronen angereicherten Plutoniumisotops mit einem Calciumisotop entstanden.

STÄRKSTE SÄURELÖSUNG
Konzentrierte Säurelösungen und Alkalien tendieren gegen einen pH-Wert von 0 bzw. 14, diese Skala ist jedoch für „Supersäuren" ungeeignet. Die stärkste ist eine 80 %ige Lösung von Antimonpentafluorid in Fluorwasserstoffsäure (Fluor-Antimonisäure HF:SbF5). Selbst eine 50 %ige Lösung dieser Säure ist 1.018mal stärker als konzentrierte Schwefelsäure.

TÖDLICHSTE CHEMIKALIE
Die Verbindung 2, 3, 7, 8-Tetrachlorodibenzo-p-Dioxin bzw. TCDD ist das tödlichste der 75 bekannten Dioxine und 150.000mal tödlicher als Cyanid.

MAGNETISCHSTE SUBSTANZ
Neodymiumeisenborid $Nd_2Fe_{14}B$ hat eine maximale Energiekapazität (definiert als die größte Energiemenge, die ein Magnet an einem bestimmten Arbeitspunkt liefern kann) von bis zu 280 kJ/m^3.

BITTERSTE SUBSTANZEN
Die bittersten Substanzen der Welt basieren auf dem Kation Denatonium und werden kommerziell als Benzoat und Saccharid hergestellt. Einen Teil unter 500 Mio. Teilen kann man noch schmecken und selbst bei einer Verdünnung von einem Teil zu 100 Mio. ist ein bitterer Geschmack bemerkbar.

SÜSSESTE SUBSTANZ
Talin, das aus den Samenmänteln der in Teilen Westafrikas wachsenden Katemfe-Pflanze (*Thaumatococcus danielii*) gewonnen wird, ist 6.150mal so süß wie eine 1%-Zuckerlösung.

DICHTESTES ELEMENT
Das dichteste Element auf der Erde ist mit 22,8 g/cm^3 das Metall Osmium (Os, Element 76).

Die Singularitäten im Zentrum von Schwarzen Löchern haben Berechnungen zufolge eine unendliche Dichte.

STÄRKSTES NERVENGAS
Ethyl-S-2-Diisopropylaminoethylmethyl-Phosphonothiolat, als VX bekannt, wurde 1952 im Chemical Defence Experimental Establishment, Porton Down (GB), entwickelt und ist 300mal stärker als das Phosgengas ($COCl_2$), das im Ersten Weltkrieg benutzt wurde. Die tödliche Dosis von VX beträgt 10 mg/m^3 in der Luft oder 0,3 mg bei oraler Einnahme.

NIEDRIGSTE DICHTE
Festkörper mit der niedrigsten Dichte sind Silikaaerogele, in denen winzige Kugeln gebundener Silizium- und Sauerstoffatome zu langen, durch Luftblasen getrennten Strängen verbunden werden. Das leichteste dieser Aerogele mit einer Dichte von nur 0,005 g/cm^3 wurde im Lawrence Livermore National Laboratory, Kalifornien (USA), hergestellt. Es wird vor allem im Weltraum zum Einsammeln von Mikrometeoriten und der in Kometenschweifen vorhandenen Trümmer verwendet.

HÖCHSTE TEMPERATUR
510 Mio. °C – 30mal heißer als der Kern der Sonne – wurden am 27. Mai 1994 im Tokamak-Fusions-Testreaktor des Plasmaphysikalischen Labors in Princeton (USA) unter Verwendung eines Deuterium-Tritium-Plasma-Gemisches erzeugt.

HÖCHSTE SUPRALEITFÄHIGE TEMPERATUR
Im April 1993 wurde im Laboratorium für Festkörperphysik, Zürich (CH), eine Supraleitfähigkeit mit einer maximalen

AUFNAHMEFÄHIGSTE SUBSTANZ
Das Ministerium für Landwirtschaftsforschung der USA gab am 18. August 1974 bekannt, daß „H-Span" bzw. „Super-Schlürfer", das zu 50 % aus Stärkederivat und zu je 25 % aus Acrylamid und Acrylsäure besteht, wenn es mit Eisen versetzt wird, Wasser bis zum 1.300fachen seines Eigengewichts aufnehmen kann. Seine Fähigkeit, über lange Zeit eine konstante Temperatur zu behalten, macht es ideal für wiederverwendbare Eisbeutel, wie dieser 14jährige Baseballfan bei einem Spiel in Detroit (USA) beweist.

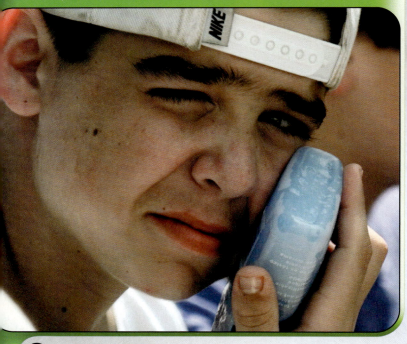

Sprungtemperatur von -140,7 °C durch ein Gemisch von Quecksilber-, Barium-, Calcium- und Kupferoxiden (HgBa$_2$Ca$_2$,3Cu$_3$O$_3$+x und HgBa$_2$CaCu$_2$O$_6$+x) erreicht. Behauptungen hinsichtlich höherer Temperaturen sind nicht nachgewiesen.

HEISSESTE FLAMME
Bei einem Druck von einer Atmosphäre kann Kohlenstoffsubnitrit (C$_4$N$_2$) eine Flamme von 4.988 °C erzeugen.

NIEDRIGSTE TEMPERATUR
Der absolute Nullpunkt (0 K auf der Kelvin-Skala) entspricht -273,15 °C, ein Punkt, wo sämtliche thermische Bewegung von Atomen und Molekülen erlischt. Die niedrigste Temperatur liegt bei 280 picoKelvin (280 Trillionstel eines Grades). Sie wurde Februar 1993 in einem Gerät zur Kernentmagnetisierung im Niedrigtemperaturlabor der Technologischen Universität Helsinki (FIN) erreicht.

AM SCHWERSTEN NACHWEISBARES PROTEIN
Im Jahr 1990 machten Biochemiker der Harvard School of Medicine, Boston (USA), eine bedeutende Entdeckung über das Verhalten von Protein. Man hatte geglaubt, daß Blöcke von Protein, aus Aminosäuren bestehend, nur von anderen Proteinen, nämlich Enzymen, geteilt und wiedervereinigt werden könnten. Das Team aus Harvard wies ein winziges Protein namens Intein nach, das eine lange Protein-Kette trennen und die Enden wieder zusammenführen kann, ohne Spuren seiner früheren Anwesenheit zu hinterlassen. Man hofft mit dieser einzigartigen Fähigkeit des Inteins Krankheiten wie Tuberkulose und Lepra bekämpfen zu können.

GRÖSSTE GALAXIE
Die zentrale Galaxie des Abell 2029 Galaxien-Haufens in einer Entfernung von 1.070 Mio. Lichtjahren von der Erde hat einen Durchmesser von 5,6 Mio. Lichtjahren – 80mal mehr als die Milchstraße.

HELLSTE GALAXIE
AMP 08279+5255 ist eine entfernte Galaxie mit einer Rot-Verschiebung von 3,87 und einer Helligkeit, die die der Sonne 5 x 10^{13} übertrifft.

ENTFERNTESTES OBJEKT
Das entfernteste Objekt ist eine unbenannte Galaxie mit einer Rot-Verschiebung von 6,68. Hsiao Wen-chen, Kenneth Lanzetta und Sebastian Pascarelle (alle USA) entdeckten sie 1998. Sie bietet uns einen Blick auf das Universum aus einer Zeit, in der es nur 10 % seines jetzigen Alters erreicht hatte.

GRÖSSTER STERN
Der Supergigant der M-Klasse Betelgeuse hat einen Durchmesser von 980 Mio. km und ist damit 700mal größer als die Sonne.

BESTVERSTECKTE STERNE
Dr. Rabindra Mohaptra von der Universität von Maryland (USA) verkündete im Februar 1999, daß Haufen von Materie namens MACHOs (Massive Compact Halo Objects) in einer Ecke der Milchstraße Sterne eines „Spiegel-Sektors" der Galaxie sein könnten, unsichtbar, aber nachweisbar wegen ihrer Gravitation aufgrund des Krümmungslichtes von Sternen im Hintergrund. Sie könnten von Planeten umkreist werden, auf denen Formen von Leben existieren, die ihre Spiegel-Sternsysteme sehen können, aber für uns unsichtbar sind, so wie wir für sie.

KLEINSTE SUBSTANZMENGE
1997 wurde die chemische Verbindung Seaborgium (Sg, Element 106) aus nur sieben Atomen hergestellt. Sie wurde nach Dr. Glenn Seaborg (abgebildet) benannt, dem verstorbenen Nobelpreisträger und Physiker, der das Plutonium entdeckte.

Wissen

Erfinder

MEISTE PATENTE
Der amerikanische Erfinder Thomas Alva Edison war der Erfinder mit den meisten Patentanmeldungen der Welt: insgesamt besaß er 1.093, einige davon zusammen mit anderen Erfindern. Zu seinen patentierten Erfindungen zählte das Kohlemikrofon (das bei der Herstellung von Alexander Graham Bells Telefon als Mikrofon benutzt wurde), der Kinoprojektor und die Glühlampe.

FRÜHESTES PATENT IN DEN USA
Am 31. Juli 1790 wurde in den USA das erste Patent erteilt, und zwar für Pottasche, eine Substanz, die in Düngemitteln verwendet wird. Das Patent wurde von George Washington, dem damaligen Präsidenten der USA, gegengezeichnet.

JÜNGSTER PATENTINHABER DER USA
Sydney C. Dittman aus Houston (USA) war zwei Jahre alt, als sie beim US-Patentamt eine Anmeldung einreichte. Ihr Patent für ein „Hilfsmittel, um runde Türknöpfe zu greifen" wurde ihr am 3. August 1993 im Alter von vier Jahren erteilt.

ERSTER „SCHAUMVERDOPPLER"
1984 dachten sich Alan Forage, der Leiter der Produktentwicklung bei Guinness, und William Byrne eine Methode aus, um die Schaummenge zu verdoppeln, die durch die winzigen Löcher in dem Hahn entsteht, mit dem Guinness-Starkbier vom Faß eingeschenkt wird. Die 1987 in Großbritannien patentierte Vorrichtung besteht aus einem am Boden des Fasses befindlichen Behälter, der das Gas bei Öffnung durch ein winziges Loch entströmen läßt. Heute gibt es viele verschiedene Arten dieser Vorrichtung auf dem Markt, einschließlich einer Vorrichtung für Flaschen, die von Whitbread und Heineken entwickelt wurde.

ERSTER GELDAUTOMAT
Als bedeutendste Entwicklung dieses Jahrhunderts für das persönliche Geldabheben angekündigt, stellte Barclays Bank in Enfield (GB) am 27. Juni 1967 den ersten Geldautomaten der Welt auf. Von John Shepherd-Barron erfunden und De La Rue entwickelt, wurde der Automat mittels eines Gutscheinsystems betrieben. Die Gutscheine wurden an berechtigte Kunden kostenlos ausgegeben, und jedem Kunden wurde eine Geheimzahl zugeteilt. Der Höchstbetrag, der auf einmal abgehoben werden konnte, betrug umgerechnet 28,30 DM.

ERSTE KLIMAANLAGE
Der amerikanische Erfinder Willis Haviland Carrier, auch „Father of Cool" genannt, entwarf und baute im Jahr 1902 die erste Klimaanlage, ein Jahr nachdem er die Cornell-Universität als Diplom-Ingenieur verlassen hatte. Carrier wollte mit seiner Klimaanlage das Problem eines Druckers in Brooklyn lösen, der darüber klagte, daß Temperaturschwankungen sein Papier wellig werden ließen, was zum Versatz der Druckerschwärze führte. Carriers Patent wurde 1906 erteilt, aber der erste, der die Bezeichnung „Klimaanlage" benutzte, war der Textilingenieur Stuart H. Cramer. Er meldete unter diesem Namen ein Patent für eine Vorrichtung an, die die Luft in Textilfabriken mit Wasserdampf anreicherte, um den Feuchtigkeitsgehalt des Garns zu regeln.

ERSTER KUGELSCHREIBER
Der ungarische Journalist Lázló Biro entwarf 1938 mit seinem Bruder den ersten Kugelschreiber. Biro wurde inspiriert, als er beobachtete, daß Zeitungsdruckerschwärze schnell trocknete und nicht verwischte. Diese dicke Tinte konnte nicht aus einer herkömmlichen Federspitze fließen, also entwarf er den Kugelschreiber und revolutionierte so das Design von Schreibgeräten. Eine der ersten Organisationen, die Biros Idee verwertete, war die Royal Air Force. Sie brauchte ein Schreibgerät, das nicht, wie der Füllfederhalter, in großer Höhe auslief. Durch seinen Erfolg bei der RAF kam der Kugelschreiber ins Licht der Öffentlichkeit.

ERFOLGREICHSTE RADIOUHR
Der britische Erfinder Trevor Bayliss erfand 1993 die stromlos funktionierende BayGen-Radiouhr. In seinem Baygen-Werk in Kapstadt (ZA) werden gegenwärtig 20.000 Stück pro Monat hergestellt. Das Radio ist sehr begehrt in Afrika, wo Stromanschlüsse selten sein können.

„NUTZLOSESTE" ERFINDUNGEN

Kenji Kawakami hat die Idee des *Chindogu* populär gemacht, darunter versteht er „Erfindungen, die den Anschein haben, als würden sie das Leben um einiges leichter machen, was sie aber nicht tun". Der japanische Journalist gründete die Internationale *Chindogu*-Gesellschaft, die über 10.000 Mitglieder hat, und veröffentlichte zwei Bücher über das Thema: „Nutzlose japanische Erfindungen". Beispiele sind: kleine Staubtücher, die über die Pfoten einer Katze gezogen werden und die dann den Boden säubern, wenn die Katze läuft; eine Fisch-Gesicht-Klappe, die dem Fisch-Ausnehmer den traumatischen starren Blick in die toten Fischaugen erspart; ein den Rücken kratzendes T-Shirt und ein Lichtschalter, der mit dem Kinn betätigt wird.

ERFOLGREICHSTER „HAKEN UND SCHLAUFEN"-VERSCHLUSS
1948 wurde George de Mestral (USA) zur Erfindung des Klettverschlusses inspiriert, nachdem er seinen Hund ausgeführt hatte und mit Kletten (Samenbeutel von Pflanzen) bedeckt zurückkam, die sich mit ihren steifen Haken in den winzigen Schlaufen seines Hosenstoffes festgeklammert hatten. Anfangs mit Spott bedacht, blieb de Mestral beharrlich und wurde 1955 schließlich mit einem Patent belohnt. Er gründete die Firma Velcro Industries, um mit der Herstellung seiner Erfindung zu beginnen, und schuf so die Grundlage für eine Industrie mit Umsätzen in Millionenhöhe.

ERFOLGREICHSTE METHODE ZUR PERLENZUCHT
Kokichi Mikimoto aus Mie (J) wurde 1910 ein Patent für seine Perlenzuchtmethode erteilt. Der Japaner hatte festgestellt, daß Perlen in Austern wachsen, wenn das Innere der Muschel mit einem Reizstoff versehen wird. Mikimoto verfeinerte das Verfahren in solch einem Maße, daß vollkommen runde Perlen wuchsen, und verwandelte so den Weltmarkt für Perlen.

ERSTE SCHREIBMASCHINE MIT JAPANISCHER SCHRIFT
1900, als Kyota Sugimoto die Hochschule für Kommunikationstechnologie in Osaka (J) absolvierte, waren Schreibmaschinen in Europa und den USA weitverbreitet, aber man konnte darauf keine japanischen Schriftzeichen schreiben. Sugimoto widmete sich viele Jahre dieser Aufgabe und erhielt 1929 schließlich sein Patent. Seine Entwicklung war die Grundlage für die heutigen Schreibmaschinen mit japanischer Schrift.

MEISTBENUTZTES VERHÜTUNGSMITTEL
Carl Djerassi wurde vor dem Krieg in Wien geboren, 1938 floh er vor den Nazis und kam im Alter von 16 Jahren ohne eine Pfennig in New York an. Als junger Forscher entwickelte er 1951 in den Syntex Laboratories in Mexiko City die Verhütungspille. Heute verhüten weltweit über 80 Mio. Frauen auf oralem Wege. Djerassi arbeitete ebenfalls in einem Team mit, dem es gelang, eines der ersten Antihistamine zu isolieren und synthetisch herzustellen.

GRÖSSTER SCHADEN IN EINEM PATENTPROZESS
Am 31. August 1993 bekam Litton Industries Inc. in Los Angeles (USA) die Rekordsumme von 2,17 DM Mrd. Schadensersatz von Honeywell Inc. zugesprochen. Ein Gericht entschied, daß Honeywell ein Litton-Patent über Flugnavigationssysteme verletzt hatte. Litton hatte Honeywell im März 1990 verklagt, neun Monate später erhob Honeywell eine Gegenklage.

MEISTVERSCHRIEBENES ANTI-DEPRESSIVUM
Prozac, ein Produkt, das nach mehrjähriger Forschung eines Teams unter Leitung des verstorbenen amerikanischen Wissenschaftlers Ray Fuller entwickelt wurde, kam im Januar 1988 auf den US-Markt und wurde in nur zwei Jahren das meistverschriebene Medikament aller Zeiten. Die Wirkung von Prozac beruht auf der Erhöhung des Serotoninspiegels im Gehirn, eines Neurotransmitters, der Schlaf, Appetit, Aggression und Stimmung beeinflussen soll.

SCHNELLSTER VERKAUF EINES REZEPTPFLICHTIGEN MEDIKAMENTS
Das Pfizer-Produkt Viagra (Sildenafil Citrate) wurde am 27. März 1998 von der amerikanischen FDA zugelassen, am 10. April war es in der gesamten USA erhältlich. Am 31. Dezember 1998 betrug der Umsatz des Medikaments, das „erektile Störungen" behandelt, 1,426 Mrd. DM, wovon 1,236 Mrd. DM auf die USA fielen, die übrigen 190 Mio. DM wurden durch den Verkauf in anderen Ländern eingenommen.

WEITSICHTIGE ERFINDUNG
Der Tscheche Otto Wicherle erfand 1956 die weichen Kontaktlinsen und schuf damit die Grundlagen für ein Produkt, das weltweit 100 Mio. Menschen nutzen.

ERSTER HYPERTEXT-BROWSER
1989 stellte Tim Berners-Lee (GB) ein weltweites Hypertext-Projekt vor, das es den Anwendern ermöglichte, ihr Wissen in einem Web von Hypertextdokumenten zu verbinden. Berners-Lee begann im Oktober 1990 mit der Arbeit, und im Sommer 1991 war WorldWide-Web, der erste Hypertext-Browser/Editor, im Internet verfügbar.

Helden der Medizin

LÄNGSTE ZEIT OHNE PULS
Im August 1998 wurde Julie Mills, eine Referendarin, sechs Tage lang ohne Puls von einem AB180 (Gerät zur Unterstützung der linken Herzkammer) am Leben erhalten. Dadurch wurde ihr Herz in die Lage versetzt, sich nach einer Herzmuskelentzündung wieder zu stabilisieren. Das Gerät, das von dem Herzspezialisten Stephen Westaby im John Radcliffe Hospital, Oxford (GB), implantiert wurde, gewährleistete eine kontinuierliche Blutzirkulation in Mills Körper, ohne die Pumptätigkeit des Herzens, also den Puls, nachzuahmen. Sie war seit der Entwicklung des Gerätes erst die vierte Patientin, der es implantiert wurde, und die erste, die die Behandlung überlebte.

LÄNGSTE ZEIT OHNE STIMME
Im Januar 1998 wurde dem 40jährigen Tim Heilder von Dr. Marshall Strome in der Cleveland Clinic, Ohio (USA), ein Spenderkehlkopf und eine -luftröhre eingesetzt. Heilder hatte seine Stimme im Alter von 21 Jahren infolge eines Motorradunfalls verloren. Zur Rettung seines Lebens hatten die Ärzte seinen Kehlkopf entfernen müssen. Drei Tage nach der Transplantation sagte Heilder die ersten Worte seit 19 Jahren.

MEISTE ORGANTRANSPLANTATIONEN
Am 23. März 1997 transplantierte Dr. Andreas Tzakis einem zehn Monate alten italienischen Mädchen bei einer 16stündigen Operation im Jackson

ERSTE HANDTRANSPLANTATION
Am 24. September 1998 führten acht Chirurgen in Lyon (F) die erste Handtransplantation durch. Sie nähten dem 48jährigen Australier Clint Hallam, der seine Hand neun Jahre zuvor verloren hatte, die Hand eines toten Mannes ans Handgelenk. Bei der 14stündigen Operation wurden die Knochen mit einer Metallplatte verschraubt, dann die Hauptarterien und schließlich die Nerven, Muskeln und Sehnen zusammengeführt. Erst nach zwölf Monaten weiß man, ob eine solche Operation erfolgreich war.

ERFOLGREICHSTE WIEDERHERSTELLUNGSCHIRURGIE
Die Operation Smile-Aktion „World Journey of Hope '99" dauerte vom 5. Februar bis 14. April 1999, bei der ein freiwilliges Team von Ärzten 18 Länder bereiste und 5.139 Patienten behandelte. Sie operierten gespaltene Lippen und Gaumen, Gesichtstumore, Verbrennungen sowie andere Gesichtsverletzungen. Operation Smile war 1982 von Bill Magee, einem plastischen Chirurgen, und seiner Frau Kathy, einer Krankenschwester, in Norfolk (USA) gegründet worden.

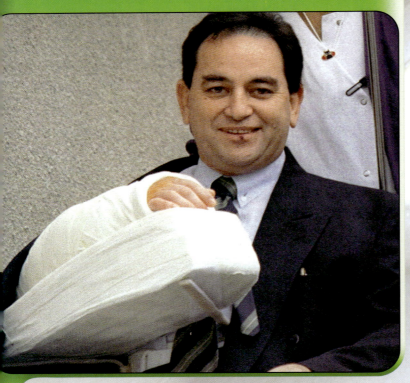

Children's Hospital in Miami (USA) sieben Organe: Leber, Bauchspeicheldrüse, Magen, Dünn- und Dickdarm und zwei Nieren. Das Mädchen litt an dem Megacystismicrocolon-Syndrom, einem seltenen Geburtsfehler, der die Nährstoffaufnahme des Körpers behindert.

JÜNGSTER TRANSPLANTATIONSPATIENT
Am 8. November 1996 wurde der gerade eine Stunde alten Cheyenne Pyle im Jackson Children's Hospital, Miami (USA), ein Spenderherz transplantiert. Bei der von Dr. Richard Perryman durchgeführten sechsstündigen Operation wurde Cheyennes Blut abgesaugt. Ihre Körpertemperatur wurde auf die für das Funktionieren der Organe erforderliche Mindesttemperatur von 17 °C abgekühlt. Innerhalb einer Stunde mußte die Transplantation beendet sein, damit die anderen Organe des Mädchens nicht geschädigt wurden. Das neue Herz hatte die Größe eines Pingpongballs.

JÜNGSTER LEBER-TRANSPLANTATIONSPATIENT
Der nur fünf Tage alten Baebhen Schuttke wurde im August 1997 ein Teil der Leber eines zehnjährigen Kindes transplantiert. Baebhen erlitt 24 Stunden nach ihrer Geburt ein Leberversagen und wurde ins King's College Hospital, London (GB), geflogen. Dort wurde ihr während einer siebenstündigen, sehr schwierigen Operation unter Leitung des Chirurgen Mohammed Rela ein Lappen der Spenderleber transplantiert. Die mit einem Verband bedeckte Wunde blieb zwei Wochen offen, bis die Leber auf die richtige Größe geschrumpft war. Die Patientin ist vollständig genesen.

GERINGSTE BLUTTRANSFUSION BEI EINER OPERATION
Im Juni 1996 führte ein Team unter Leitung des Chirurgen Stephen Pollard vom St. James' University Hospital, Leeds (GB), bei der 47jährigen Hausfrau Linda Pearson eine Lebertransplantation durch, ohne eine Bluttransfusion vorzunehmen. Normalerweise erfordert eine derartige Operation 2,3–3,4 Liter Blut. Da Pearson aber Zeugin Jehovas war und deshalb kein fremdes Blut erhalten durfte, arbeiteten die Chirurgen langsam und machten nur kleine Einschnitte, um den Blutverlust möglichst gering zu halten. Die Patientin war zudem durch tägliche Injektionen mit dem Hormon Erythropoietin auf die Operation vorbereitet worden, um die Produktion roter Blutzellen anzuregen. Deshalb konnte sie einen größeren Blutverlust als normal verkraften. Die Chirurgen hatten mit einem Verbindungsteam der Zeugen Jehovas vereinbart, daß die Patientin auch bei Lebensgefahr kein fremdes Blut bekommen würde.

JÜNGSTE EMPFÄNGERIN ZWEIER SPENDERHERZEN
1992 wurde der zwei Jahre alten Sophie Parker während einer siebenstündigen Operation im Harefield Hospital, London (GB), zur Unterstützung ihres eigenen, schwachen Herzens ein Spenderherz transplantiert. Die Operation wurde von Dr. Ashgar Khaghani durchgeführt, der die zwei Herzen nach „Huckepack"-Art anordnete. Im März 1998 stellte sich heraus, daß Sophies natürliches Herz nicht mehr richtig arbeitete. Somit wurde es in Harefield durch ein zweites Spenderherz ersetzt. Sophie ist jüngste Patientin, die zwei Spenderherzen empfing.

ERSTE GEHIRNZELLE TRANSPLANTIERT
Am 23. Juni 1998 tranplantierte ein Team von Ärzten des Medical Centers der Universität Pittsburgh, Pennsylvania (USA), zum ersten Mal eine Gehirnzelle. Durch die Operation sollte die 62jährige Alma Cerasini geheilt werden. Sie litt infolge eines Schlaganfalls an einer Lähmung des rechten Armes und Beines sowie unter dem Verlust der Stimme. Das Ärzteteam führte später noch elf weitere Operationen dieser Art durch.

ERSTES KUNSTHERZ
Vom 1. bis 2. Dezember 1982 nahm Dr. William DeVries im Utah Medical Center, Salt Lake City (USA), an Dr. Barney Clark die erste Transplantation eines Kunstherzens vor. Das neue „Herz" war ein Jarvik 7 und war von Dr. Robert Jarvik entwickelt worden. Clark überlebte bis zum 23. März 1983.

ERFOLGREICHSTER BIONISCHER ARM
1993 entwickelten fünf Biotechniker im Margaret Rose Hospital, Edinburgh (GB), einen neuen Arm für den Hotelbesitzer Campbell Aird, dessen Arm 1982 amputiert worden war. Der Arm mit dem Namen Edinburgh Modular Arm System besteht aus einer Vielzahl von Mikrochips, Punktsteuerkreisen, Motoren, Getrieben und Rollen. Er dreht sich an Schulter und Handgelenk, kann den Ellbogen beugen und mit Kunstfingern greifen. Wenn Aird den Arm bewegen will, so geschieht dies, indem die von seinem Gehirn gesendeten elektrischen Impulse von Mikrosensoren in einer speziellen Kapsel aufgenommen werden.

GRÖSSTER FREMDGEGENSTAND, DER AUS EINEM KOPF ENTFERNT WURDE
Am 25. April 1998 stach ein Nachbar dem 43jährigen Michael Hill aus Jacksonville (USA) in den Kopf. Die 20,3 cm lange, gezackte Klinge eines Überlebensmessers drang fast bis zum Heft in Hills Schädel ein. Dr. Shawna Perry und seine Kollegen im University Medical Center in Jacksonville arbeiteten die ganze Nacht daran, Teile des Schädels zu entfernen und das Messer herauszuoperieren. Hill hat überlebt und ist auf dem Wege der Genesung.

▶ GRÖSSTE ENTFERNUNG ZWISCHEN DOKTOR UND PATIENT
Dr. Daniel Carlin aus Boston (USA) ist hier mit einem Foto des russischen Seglers Victor Yazykow zu sehen, dessen Leben er mit Hilfe des Internets rettete. Yazykow hatte im November 1998 an einem Einzel-Segelrennen rund um die Welt teilgenommen. Dabei hatte sich unter der Haut seines Ellbogens ein Absceß entwickelt. Da Carlin fürchtete, daß der Absceß aufplatzen und für den Segler tödlich sein könnte, sandte er ihm eine E-Mail mit Anweisungen, wie er den Absceß aufschneiden und ableiten sollte. Yazykow führte die Operation erfolgreich durch, aber die Blutung hörte nicht auf. Die Ursache: Yazykow nahm Aspirin, das als Anti-Gerinnungsmittel wirkt. Nachdem Yazykow das Aspirin absetzte, hörte die Blutung auf. Einige Tage später segelte er in den Hafen von Kapstadt (ZA) ein, 12.400 km entfernt von Boston.

Tiere 1

Wissen

GRÖSSTES TIER
Der Blauwal (*Balaenoptera musculus*) wiegt bei seiner Geburt 3 Tonnen und erreicht bis zum Alter von zwölf Monaten ein Gewicht von 26 Tonnen. 1947 wurde ein Blauwalweibchen mit einem Rekordgewicht von 190 Tonnen und einer Länge von 27,6 m gefangen.

HÖCHSTGEWACHSENES SÄUGETIER
Die Männchen der Giraffe (*Giraffa camelopardis*) wachsen bis zu einer Größe von rund 5,5 m. Das größte Exemplar war ein 5,88 m großer Masai-Bulle (*G. camelopardis tippelskirchi*) namens George, der 1969 im Chester Zoo (GB) starb.

KLEINSTES SÄUGETIER
Die Hummelfledermaus oder Schweinsschnauzen-Fledermaus (*Craesonycteris thonglongyai*), die in Kalksteinhöhlen am Kwae-Noi-Fluß, Provinz Kanchanaburi (THA), lebt, hat eine Körperlänge von 2,9 cm und eine Flügelspannweite von etwa 13 cm. Ihr Gewicht beträgt 1,7 g.

GRÖSSTER PRIMAT
Das Männchen des östlichen Tieflandgorillas (*Gorilla gorilla graueri*) im Osten Kongos (ehemals Zaïre) ist auf zwei Beinen stehend 1,75 m groß. Es wiegt 163,4 kg.

KLEINSTER PRIMAT
Der kleinste wirkliche Primat (mit Ausnahme der Baumspitzmäuse, die normalerweise getrennt klassifiziert werden) ist die Lemur-Pygmäenmaus (*Microcebus myoxinus*). Sie wurde kürzlich in den Laubwäldern des westlichen Madagaskar wiederentdeckt. Ihre Körperlänge beträgt rund 6,2 cm, ihr Schwanz ist 13,6 cm lang, und sie wiegt im Durchschnitt 30,6 g.

HÖCHSTALTER BEI PRIMATEN
Das höchste Alter eines nicht-menschlichen Primaten betrug 59 Jahre 5 Monate und wurde von einem Schimpansen (*Pan troglodytes*) mit dem Namen Gamma erreicht. Gamma wurde im September 1932 in Florida (USA) in der Niederlassung des Yerkes Center geboren und starb am 19. Februar 1992 im Yerkes Primate Research Center in Atlanta (USA).

HÖCHSTALTER BEI AFFEN
Bobo, ein Weißkehlkopf-Kapuzineraffe (*Cebus capucinus*), starb am 10. Juli 1988 im Alter von 53 Jahren.

GRÖSSTES NAGETIER
Das im Norden von Südamerika beheimatete Wasserschwein (*Hydrochoerus hydrochaeris*) hat eine Körperlänge von 1,0–1,3 m und kann bis zu 79 kg wiegen. Ein gemästetes Exemplar wog 113 kg.

KLEINSTES NAGETIER
Mehrere Arten wetteifern darum, das kleinste Nagetier der Welt zu sein. Die nördliche Pygmäenmaus (*Baiomys taylori*) in Mexiko sowie Arizona und Texas (USA) und die Belutschistan-Pymäenjerboa (*Salpingotulus michaelis*) in Pakistan haben beide eine Körperlänge von nur 3,6 cm und einen Schwanz mit einer Länge von 7,2 cm.

LANGSAMSTES SÄUGETIER
*Das im tropischen Südamerika lebende Dreizehen-Faultier (*Bradypus tridactylus*) bewegt sich am Boden mit einer Durchschnittsgeschwindigkeit von 1,8–2,4 m pro Minute oder 0,1–0,16 km/h vorwärts. Auf Bäumen kann es bis auf 4,6 m pro Minute oder 0,27 km/h beschleunigen.*

HÖCHSTALTER BEI NAGETIEREN
Das höchste registrierte Alter eines Kammstachelschweins (*Hystrix brachyura*) aus Sumatra betrug 27 Jahre 3 Monate. Es starb am 12. Januar 1965 in Washington D.C. (USA).

LÄNGSTER WINTERSCHLAF EINES NAGETIERS
Arktische Erdhörnchen (*Spermophilus parryi*) in Kanada und Alaska (USA) halten neun Monate im Jahr Winterschlaf.

GRÖSSTER FLOSSENFÜSSLER
Die größte der 34 bekannten Arten von Flossenfüßlern ist die südliche Elefantenrobbe (*Mirounga leonina*), die auf sub-antarktischen Inseln beheimatet ist. Die Bullen erreichen von der Spitze der aufgeblasenen Schnauze bis zur Spitze der ausgestreckten Schwanzflossen eine durchschnittliche Länge von 5 m, haben einen maximalen Körperumfang von 3,7 m und wiegen 2,0–3,5 Tonnen. Das größte exakt vermessene

TEUERSTE AUSWILDERUNG
Die Rückkehr des Orca-Wals Keiko in eine naturnahe Umgebung kostete die Free Willy Keiko Foundation über 39,82 Mio. DM. Der Star des Films *Free Willy* (USA, 1993) wurde Ende der siebziger Jahre vor der Küste Islands gefangen und in einem engen Tank gehalten, bis er 1996 in einen 13,21 Mio. DM teuren Salzwassertank mit einem riesigen Farbfernsehbildschirm nach Newport (USA) gebracht wurde. Diese Operation kostete insgesamt 18,1 Mio. DM. Im September 1998 wurde er in ein Gehege von der Größe eines Fußballfeldes vor der Küste der Westmann-Inseln (IS) überführt. Sein neues Heim hat Maschen an den Seiten, damit Fische hineinschwimmen können, und einen durchsichtigen Plastikboden.

032

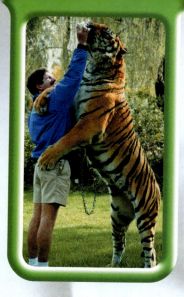

GEFÄHRDETSTE GROSSKATZE
Die gefährdetste Großkatze ist der Sumatra-Tiger (Panthera tigris), von dem es noch etwa 20 freilebende Exemplare gibt. Man erwartet, daß diese Art in naher Zukunft ausgestorben sein wird, so wie es dem KaspischenTiger in den 70er Jahren und dem Bali-Tiger in den 40er Jahren erging. Wie die meisten Säugetiere ist der Tiger vor allem durch die Jagd und den Verlust seines natürlichen Lebensraumes bedroht.

Exemplar war ein Bulle mit einem Gewicht von mindestens 4 Tonnen. Nachdem das Fett von seiner Haut abgezogen worden war, maß er 6,5 m, so daß seine ursprüngliche Länge auf rund 6,85 m geschätzt wurde. Er wurde am 28. Februar 1913 in der Possession Bay, Südgeorgien, erlegt.

KLEINSTER FLOSSENFÜSSLER
Der kleinste Flossenfüßler ist die Galapagos-Pelzrobbe (*Arctocephalus galapagoensis*), deren ausgewachsene Weibchen im Durchschnitt 1,2 m lang sind und rund 27 kg wiegen. Die Männchen sind normalerweise um einiges größer. Sie haben ein Gewicht von rund 64 kg und eine Länge von 1,5 m.

GRÖSSTER VOGEL
Der größte lebende Vogel ist der Strauß (*Struthio camelus*). Die Männchen dieser flugunfähigen Unterart können bis zu 2,75 m groß werden und wiegen 156,5 kg.

KLEINSTER VOGEL
Der kleinste Vogel ist der Hummelkolibri (*Mellisuga helenae*), der auf Kuba und der Isle of Pines (USA) lebt. Die Männchen haben eine Gesamtlänge von 5,7 cm, wovon Schnabel und Schwanz allein die Hälfte ausmachen, und wiegen 1,6 g. Weibchen sind etwas größer.

SELTENSTER VOGEL
Der Spix-Ara (*Cyanopsitta spixii*) ist so selten, daß er wahrscheinlich sehr bald ausgestorben sein wird. In den 90er Jahren fanden Ornithologen in einem abgelegenen Teil im Nordosten Brasiliens nur ein überlebendes Exemplar, von dem sie annahmen, daß es ein Männchen war. Die einzige Hoffnung für das Überleben dieser Art liegt nun bei den etwa 31 in Gefangenschaft lebenden Exemplaren.

LÄNGSTE FEDERN
Das Phoenix- oder Yokohama-Huhn (eine Rasse des Bankivahuhns *Gallus gallus*) wird seit Mitte des 17. Jahrhunderts im Südwesten Japans als Ziervogel gezüchtet. 1972 wurden 10,6 m lange Schwanzfedern von einem Hahn gemessen, der Masasha Kubota aus Kochi (J) gehörte.

GESCHICKTESTER WERKZEUG-BENUTZER
Schimpansen (Pan troglodytes) können mit größerem Geschick als jedes andere Säugetier außer dem Menschen Werkzeuge herstellen und benutzen. Sie verwenden Halme und kleine Zweige, um Termiten aus ihrem Bau zu angeln; Äste, um Objekte außer Reichweite zu erforschen; Steine zum Öffnen hartschaliger Nüsse; spitze Stöckchen, um Nüsse aus der Schale zu holen, sowie Blätter als Tücher, um ihren Körper zu säubern.

Tiere 2

SCHWERSTES INSEKT
Goliathkäfer (Familie der Scarabaeidae) in Äquatorialafrika, besonders *Goliathus regius, G. meleagris, G. goliathus* (oder *giganteus*) und *G. druryi* sind die schwersten Insekten der Welt. Die Männchen sind von der Spitze der Hörner bis zum Ende des Hinterleibs bis zu 11 cm lang und wiegen zwischen 70 und 100 g, die Weibchen sind kleiner.

LÄNGSTES INSEKT
Mit 54,6 cm sind die Beine von *Pharnacia kirbyi*, einer Gespensterheuschrecke aus den Regenwäldern von Borneo, so lang, daß sie sich beim Häuten verfangen können. Das größte Exemplar befindet sich im Natural History Museum, London (GB), und hat eine Körperlänge von 32,8 cm.

ÄLTESTES INSEKT
Das langlebigste Insekt ist der Prachtkäfer (Familie der Buprestidae). 1983 fand man in einem Haus in Prittlewell, Essex (GB), einen *Buprestis aurulenta*, das Exemplar hatte mindestens 51 Jahre lang als Larve gelebt.

SCHNELLSTE FLUGINSEKTEN
Die höchste erreichbare Fluggeschwindigkeit von Insekten beträgt 39 km/h. Diese Geschwindigkeit erreichen die Fliege (*Cephenemyia pratti*), Schwärmerarten (*Sphingidae*), Bremsen (*Tabanus bovinus*) und einige tropische Schmetterlinge (*Hesperiidae*). Die australische Libelle (*Austrophlebia costalis*) erreicht auf kurzen Strecken eine Geschwindigkeit von 58 km/h.

SCHNELLSTES LANDINSEKT
Die schnellsten Landinsekten sind tropische Kakerlaken aus der Familie der Dictyoptera. In der Universität Kaliforniens in Berkeley (USA) wurde 1991 bei *Periplaneta americana* eine Rekordgeschwindigkeit von 5,4 km/h oder 50 Körperlängen je Sekunde gemessen.

LAUTESTES INSEKT
Die afrikanische Zikade (*Brevisana brevis*) erzeugt einen Lockruf mit einem durchschnittlichen Schallpegel von 106,7 Dezibel bei einer Entfernung von 50 cm. Die Laute der Zikaden spielen bei der Kommunikation und Fortpflanzung eine entscheidende Rolle.

GRÖSSTER SCHMETTERLING
Die Weibchen der Schmetterlingsart Königin Alexandra (*Ornithoptera alexandrae*) in Papua-Neuguinea können eine Flügelspannweite von mehr als 28 cm und ein Gewicht von über 25 g haben.

GRÖSSTER FISCH
Der größte Fisch ist der seltene, planktonfressende Walhai, der im Atlantischen, Pazifischen und Indischen Ozean lebt. Das größte registrierte Exemplar war 12,65 m lang, hatte eine maximale Körperdicke von 7 m und wog schätzungsweise zwischen 15 und 21 Tonnen. Es wurde am 11. November 1949 vor Baba Island, nahe Karachi (PK), gefangen.

GRÖSSTE SPINNE
Die riesige Vogelspinne (*Theraphosa leblondi*), die meist in den Regenwäldern an den Küsten des nordöstlichen Südamerika lebt, ist die größte bekannte Spinne der Welt. Zwei Exemplare mit einer Beinspannweite von 28 cm wurden registriert: das eine fand man im April 1965 in Rio Cavro (YV), das andere wurde von Robert Bustard aus Alyth (GB) gezüchtet und im Februar 1998 gemessen.

KLEINSTER FISCH
Der kleinste bekannte Meeresfisch (und das kleinste Wirbeltier) ist die Zwergmeergrundel (*Trimmatom nanus*) des Indopazifik. Die durchschnittliche Länge eines männlichen Exemplars beträgt 8,6 mm und die eines weiblichen 8,9 mm.

SCHNELLSTER FISCH
Der weltweit verbreitete Fächerfisch (*Istiophorus platypterus*) gilt als der schnellste Kurzstreckenschwimmer unter den Fischen. Bei Geschwindigkeitsmessungen im Long Key Fishing Camp in Florida (USA) trug ein Fächerfisch eine 91 m lange Leine in drei Sekunden hinaus. Das entspricht einer Geschwindigkeit von 109 km/h.

GRÖSSTER SEESTERN
Der größte der 1.600 bekannten Arten von Seesternen ist der äußerst zerbrechliche *Brinsingide Midgardia xandaros*. Ein 1968 im Golf von Mexiko von einem Team der A&M University, Texas (USA), gefundenes Exemplar war von Spitze zu Spitze 1,38 m lang. Sein Körper hatte aber nur einen Durchmesser von 2,6 cm.

KLEINSTER SEESTERN
Der kleinste bekannte Seestern ist der *Asteriide Patiriella parvivipara*, den Wolfgang Zeidler (D) an der Westküste der Halbinsel Eyre (AUS) 1975 entdeckte. Sein Durchmesser beträgt weniger als 9 mm.

GRÖSSTE FRESSER
Die in Afrika und Westasien vorkommende Wanderheuschrecke (*Schistocerca gregaria*) ist das zerstörerischste Insekt der Welt. Bei bestimmten Wetterbedingungen fressen die Schwärme alles, was auf ihrem Weg liegt. An einem einzigen Tag können 50 Mio. Heuschrecken Nahrung in einer Menge verschlingen, von der 500 Menschen ein Jahr lang leben könnten. Auf dem Bild sind marokkanische Dorfbewohner mit toten Exemplaren abgebildet, die sie an einem Tag gefangen haben.

GRÖSSTE AMPHIBIEN
Die größte Amphibie ist der Riesensalamander (Familie der Cryptobranchidae), von dem es drei Arten gibt. Rekordhalter ist der chinesische Riesensalamander (*Andrias davidianus*), der in Nordost-, Zentral- und Südchina in Gebirgsbächen lebt. Das größte Exemplar hatte eine Länge von 1,8 m, ein Gewicht von 65 kg und wurde in der Provinz Hunan gefunden.

GRÖSSTE SCHILDKRÖTE
Die größte Schildkrötenart, die Lederschildkröte (*Dermochelys coriacea*), ist von der Schnabel- bis zur Schwanzspitze im Durchschnitt 1,83–2,13 m lang, entlang der Vorderflossen etwa 2,13 m breit und wiegt bis zu 450 kg. Das größte Exemplar, ein Männchen, wurde am 23. September 1988 tot am Strand von Gwynedd (GB) gefunden. Es maß 2,91 m der Länge nach über den Panzer, 2,77 m entlang der Vorderflossen und wog 961,1 kg.

GRÖSSTES KRUSTENTIER
Das größte Krustentier der Welt ist die *Taka-ashi-gani* oder Riesenkrabbe (*Macrocheira kaempferi*). Ein Exemplar hatte eine Scherenspannweite von 3,7 m und wog 18,6 kg.

GRÖSSTES SÜSSWASSER-KRUSTENTIER
Der in den Flüssen Tasmaniens lebende Flußkrebs (*Astacopsis gouldi*) wird bis zu 61 cm lang und wiegt bis zu 4,1 kg.

GRÖSSTE QUALLE
1870 wurde in der Bucht von Massachusetts (USA) aus dem nordwestlichen Atlantik eine arktische Riesenqualle (*Cyanea capillata arctica*) an Land gespült, die einen Schirmdurchmesser von 2,28 m und Tentakel von 36,5 m Länge besaß.

GRÖSSTE GASTROPODEN
Die größte Landschnecke ist die afrikanische Riesenschnecke (*Achatina achatina*), von der ein im Dezember 1978 registriertes Exemplar bei voller Ausstreckung eine Länge von 39,3 cm (Länge des Schneckenhauses 27,3 cm) und ein Gewicht von 907 g hatte. Es wurde im Juni 1976 in Sierra Leone gefunden und von Christopher Hudson (GB), seinem Besitzer, Gee Geronimo getauft.

GRÖSSTE ECHSE
Der männliche Komodowaran (Varanus komodoensis) ist im Durchschnitt 2,25 m lang und wiegt etwa 59 kg. 1937 wurde in St. Louis (USA) ein Exemplar mit einer Rekordlänge von 3,1 m und einem Gewicht von 166 kg gezeigt. Diese Echsenart lebt auf den indonesischen Inseln Komodo, Rintja, Padar und Flores. Die Abbildung zeigt ein Exemplar mit dem Naturforscher Terry Fredering (USA).

Leistung

Kraft

GRÖSSTE KRAFTDARBIETUNGEN
Am 20. Juni 1997 hielt Otto Acron in Hervey Bay (AUS) zwei Flugzeuge vom Typ Cessna 300 Hp mehr als 15 Sekunden lang davon ab, in Gegenrichtung zu starten.

Grant Edwards aus Sydney (AUS) zog am 4. April 1996 eigenhändig einen Zug mit einem Gewicht von 201 Tonnen über eine Entfernung von 36,8 m auf einem Gleis im Rail Transport Museum, New South Wales (AUS).

Juraj Barbaric zog am 25. Mai 1996 eigenhändig einen Zug mit einem Gewicht von 360 Tonnen auf einem Gleis in Kosice (SK) über die Entfernung von 7,7 m.

Juri Scherbina, ein Kraftjongleur aus der Ukraine, warf im Juli 1995 auf dem Ostgipfel des Berges Elbrus in einer Höhe von 4.200 m eine Kugel mit einem Gewicht von 16 kg 100mal von der einen Hand in die andere.

Khalil Oghaby (IR) hob 1975 im Gerry-Cottle's-Zirkus (GB) einen Elefanten mit einem Gewicht von rund 2 Tonnen vom Boden hoch.

KRAFTZÄHNE
Walter Arfeuille aus Ieper-Vlamertinge (B) hob am 31. März 1990 in Paris (F) Gewichte von insgesamt 281,5 kg mit den Zähnen 17 cm vom Boden hoch.

Robert Galstyan aus Masis (AR) zog am 21. Juli 1992 in Schtscherbinka (RUS) mit den Zähnen zwei Eisenbahnwaggons über eine Entfernung von 7 m auf einer Eisenbahnschiene. Die Waggons hatten zusammen ein Gewicht von 219,175 kg.

SCHNELLSTES BIERFASSHEBEN
Tom Gaskin hob am 26. Oktober 1996 in Liska House, Nordirland, ein Bierfaß in sechs Stunden 902mal über seinen Kopf. Das Faß wog 62,5 kg.

WEITESTE STRECKE MIT MASSKRÜGEN
Duane Osborn lief am 10. Juli 1992 bei einem Wettkampf in Cadillac (USA) mit fünf Maßkrügen voller Bier in jeder Hand eine Strecke von 15 m in 3,65 Sekunden.

WEITESTE STRECKE MIT EINEM ZIEGELSTEIN
James Borges aus Barrington (USA) trug vom 13. bis 14. Mai 1996 in Jupiter (USA) einen Ziegel mit einem Gewicht von 4,5 kg über eine Strecke von 124,72 km. Er trug den Ziegel ohne Handschuh und ohne die Hand zu wechseln mit einem nach unten gerichteten Zangengriff.

GRÖSSTES ZIEGELSTEINGEWICHT
Fred Burton aus Cheadle (GB) hielt am 5. Juni 1998 zwei Sekunden lang 20 Ziegel mit einem Gesamtgewicht von 102,73 kg.

MEISTE ZIEGEL
Am 14. Juni 1992 hob Russell Bradley aus Worcester (GB) die Rekordanzahl von 31 nebeneinander liegenden Ziegel zwei Sekunden lang in Brusthöhe von einem Tisch hoch.

STÄRKSTE OHREN
Dimitry Kinkladze aus Georgia (USA) hob am 2. November 1997 in Batumi, Georgia, 10 Minuten lang 48 kg mit den Ohren. An seinem linken Ohr hing ein 32-kg-Gewicht, an seinem rechten Ohr ein 16-kg-Gewicht.

SCHNELLSTER MARATHON MIT KOHLEN
Am 27. Mai 1983 lief Brian Newton aus Leicester (GB) mit einem 50,8 kg schweren Sack mit Hausbrandkohle 42,195 km in 8 Stunden und 26 Minuten.

MEISTE ZIEGEL AUF DEM KOPF BALANCIERT
Am 24. Dezember 1997 balancierte John Evans aus Derby (GB) in der Lottosendung der BBC in London (GB) 101 Ziegel mit einem Gesamtgewicht von 188,7 kg 10 Sekunden lang auf dem Kopf.

MEISTE MILCHKÄSTEN AUF DEM KOPF
John Evans (GB) balancierte am 18. Juli 1997 in der Kerr Street Green (IRL) 95 Milchkästen mit einem Gewicht von je 1,36 kg 10 Sekunden lang auf dem Kopf.

SCHWERSTES BALANCIERTES AUTO

John Evans (GB) ist hier zu sehen, wie er im „Great-World-City-Einkaufszentrum" in Singapur einen Nissan-Wagen auf dem Kopf balanciert. Am 4. November 1997 balancierte er im Master Locksmith Public House, Derby, einen Chevrolet mit einem Gewicht von 158,76 kg 12 Sekunden lang auf dem Kopf und stellte somit den Weltrekord auf. John hält noch viele andere Kraftrekorde und tritt weltweit regelmäßig in Guinness-Fernsehshows auf. Er behauptet, das stärkste Genick der Welt zu haben, und zahlt demjenigen 5.660 DM, der einen seiner Weltrekorde bricht.

MEISTE MILCHKÄSTEN AUF DEM KINN
Am 16. Mai 1994 balancierte Terry Cole aus Walthamstow (GB) 29 Milchkästen während der vorgeschriebenen 10 Sekunden auf dem Kinn.

SCHWERSTER SCHUBKARREN
Der schwerste beladene einrädrige Schubkarren, der über eine Mindestentfernung von 71 m geschoben wurde, hatte ein Bruttogewicht von 3,75 Tonnen. Mit Ziegeln beladen, wurde er am 19. Februar 1987 von John Sarich in London, Ontario (CDN), über eine Entfernung von 74,1 m geschoben.

MEISTE AUTOREIFEN GEHOBEN
Gary Windebank aus Romsey (GB) hob im Februar 1984 frei stehend 96 Autoreifen mit einem Gewicht von 653 kg hoch.

STÄRKSTER TROGTRÄGER
Am 20. November 1993 trug Russell Bradley aus Worcester (GB) Ziegel mit einem Gewicht von 264 kg in einem 48 kg schweren Trog über eine Entfernung von 5 m auf gerader Strecke, bevor er eine Anhöhe von 2,49 m hochstieg. Dies entsprach einem Gesamtgewicht von 312 kg.
Am 28. Januar 1991 trug er Ziegel mit einem Gewicht von 164 kg eine 3,65 m hohe Leiter hoch. Der Trog wog 43 kg, so daß er insgesamt 207 kg trug.

GRÖSSTER ZUG EINES FELDGESCHÜTZES
Drei achtköpfige Mannschaften der 72. Ordnance Company (V) RAOC zogen vom 2. bis 3. April 1993 in Donnington (GB) in 24 Stunden ein 25pfünder-Feldgeschütz über eine Strecke von 177,98 km. Das Ziehen von Feldgeschützen ist eine traditionelle Kraftprobe zwischen den einzelnen Abteilungen der britischen Streitkräfte.

GRÖSSTE LUNGENKRAFT
Am 26. September 1994 blies Nicholas Mason aus Cheadle (GB) in der BBC-Show *Rekordbrecher* einen Wetterballon von 1.000 g in 45 Minuten 2,5 Sekunden bis zu einem Durchmesser von 2,44 m auf.

SCHNELLSTE ZERSTÖRER
Im April 1994 rissen in Prince Albert (CDN) 15 Mitglieder des Aurora Karate Do mit ihren Händen und Füßen ein Haus mit sieben Räumen in 3 Stunden 9 Minuten 59 Sekunden ab.

STÄRKSTER CLOWN
Der Clown Buffo aus Evans City (USA) wiegt über 90,7 kg. Er kann Telefonbücher zerreißen sowie Fahrräder und Tische auf seinem Gesicht balancieren. Er ähnelt einem Bodybuilder, macht Zauberkunststücke, befreit sich aus Zwangsjacken und tritt als Feuerschlucker und Bauchredner auf.

STÄRKSTER MANN
Der US Powerlifting Federation zufolge ist Anthony Clarke (USA) der stärkste Mann der Welt. Er schob einen 3 t schweren Elefanten in einem Schubkarren und hob mit Leichtigkeit Autos am Heck in die Höhe, so daß ihre Hinterreifen in der Luft standen. Als er vor elf Jahren mit Gewichtheben begann, hob er nur 54,43 kg.

Können

Leistung

MEISTE BUMERANGS
Lawrence West aus Basingstoke (GB) warf und fing einen Bumerang zwanzigmal in einer Minute beim Hallenwettbewerb im Bumerangwerfen, der am 20. März 1998 von der BBC-Fernsehsendung Tomorrow's World veranstaltet wurde.

LÄNGSTES JONGLIEREN MIT EINEM SEPAK-TAKRAW-BALL
Ahmad Tajuddin aus Malaysia jonglierte im September 1996 drei Stunden lang ununterbrochen mit einem Sepak-Takraw-Ball (ein aus Rotang gefertigter Ball). Er jonglierte den Ball 10.000mal mit seinem rechten Fuß, ohne daß dieser den Boden berührte.

MEISTE TELLER
Albert Lucas (USA) bewegte 1993 acht Teller und jonglierte 1997 diese zusätzlich. Damit erreichte er den in den 20er Jahren von Enrico Rastelli (I) aufgestellten Rekord. „Bewegt" heißt, daß die Anzahl der Fänge mindestens mit der Anzahl der benutzten Gegenstände übereinstimmt, während „Jonglieren" die doppelte Anzahl von Fängen erfordert.

MEISTE FACKELN
Anthony Gatto (USA) jonglierte im Juli 1989 beim Festival der International Jugglers Association in Baltimore (USA) mit sieben brennenden Fackeln.

MEISTE RINGE
Mit der rekordbrechenden Anzahl von elf Ringen jonglierten Albert Petrowski (1963, nicht vollständig bewiesen), Eugene Belaur (1968) und Sergej Ignatow (1973, nicht vollständig bewiesen) aus der UdSSR.

MEISTE DOMINOSTEINE
Ralf Laue aus Leipzig (D) stapelte am 26. Juni 1997 im Ramada Hotel, Linz (A), 529 Dominosteine erfolgreich auf einen einzigen stützenden Dominostein.

MEISTE BALANCIERTE EIER
Am 23. September 1990 balancierte Kenneth Epperson aus Monroe (USA) 210 Eier gleichzeitig auf einer ebenen Fläche.

Eine Klasse der Bayfield School, Colorado (USA), balancierte am 20. März 1986 die Rekordanzahl von 467 Eiern gleichzeitig.

WEITESTER EIERWURF
Johnny Dell Foley warf am 12. November 1978 in Jewett (USA) ein frisches Hühnerei über eine Entfernung von 98,51 m, ohne daß es zerbrach. Das Ei wurde gefangen von Keith Thomas.

WEITESTER FRISBEEWURF
Der von der World Flying Disc (Frisbee) Federation geführte Weitenrekord bei Männern beträgt 211,32 m. Er wurde am 5. April 1998 in Kingston (USA) von Scott Stokely (USA) aufgestellt.

Bei den Frauen erzielte Anni Kreml (USA) am 21. August 1994 in Fort Collins (USA) die Rekordweite von 136,31 m.

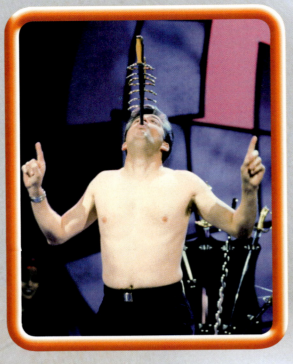

WEITESTER GUMMISTIEFELWURF
Der Finne Teppo Luoma warf am 12. Oktober 1996 in Hämeenlinna (FIN) einen Challenger-Dunlop-Stiefel der Größe 8 über die Rekordentfernung von 63,98 m.

Bei den Frauen stellte Sari Tirkkonen (FIN) am 19. April 1996 in Turku (FIN) mit einer Weite von 40,87 m den Rekord auf.

MEISTE GESCHLUCKTE SCHWERTER
Bradley Byers aus Idaho (USA) schluckte am 16. Oktober 1998 in der Fernsehshow Guinness® World Records die Rekordanzahl von neun 68,5 cm langen Schwertern. Bei den Frauen hat Amy Saunders (GB) den Rekord aufgestellt. Am 28. April 1999 schluckte sie in der Show Guinness® World Records fünf Schwerter mit einer Länge zwischen 35,5 cm und 51 cm.

LÄNGSTE SEIFENBLASE
Alan McKay aus Wellington (NZ) erzeugte am 9. August 1996 eine 32 m lange Seifenblase. Er verwendete dazu einen Ring, Spülmittel, Glyzerin und Wasser.

WEITESTER SPEERWURF
David Engvall warf am 15. Juli 1995 in Aurora (USA) einen Speer unter Verwendung eines Atlatl, das ist eine passende Haltevorrichtung, 258,63 m weit.

GRÖSSTES AUF DEN ZÄHNEN BALANCIERTES GEWICHT

Am 28. April 1999 balancierte Frank Simon aus Key West (USA) in der Fernsehshow Guinness® World Records ein Motorrad mit einem Gewicht von 61,2 kg 14,5 Sekunden lang auf den Zähnen. Er balancierte das Motorrad auf seinem Kippständer und benutzte keinen Mundschutz. Er schützte seine Zähne nur mit einem Stück Stoff. Mit dieser Leistung brach er seinen früheren Rekord vom 20. November 1998. In derselben Show hatte er ein 58,3 kg schweres Motorrad 15,25 Sekunden lang balanciert und außerdem einen Herd und einen Kühlschrank.

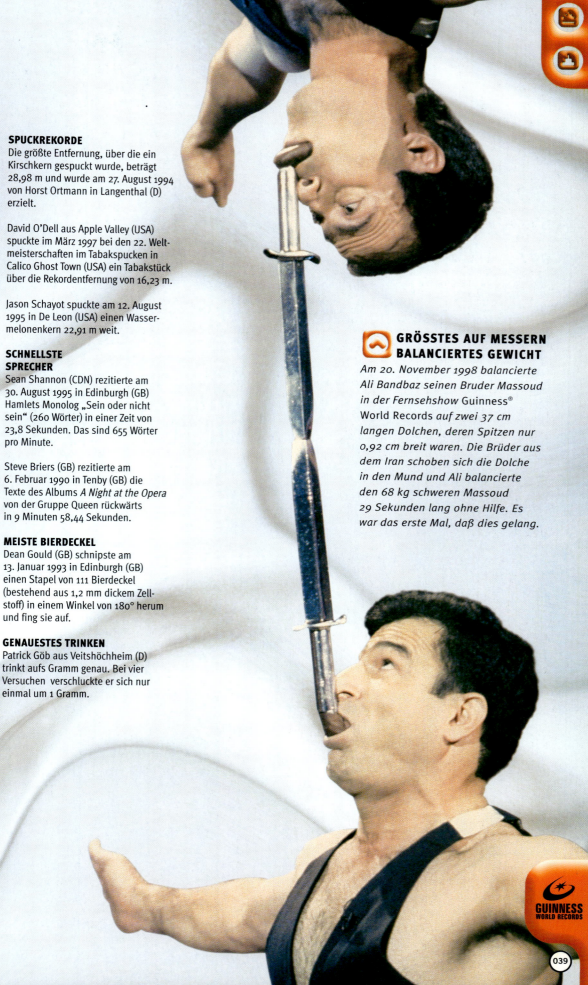

GRÖSSTES AUF MESSERN BALANCIERTES GEWICHT
Am 20. November 1998 balancierte Ali Bandbaz seinen Bruder Massoud in der Fernsehshow Guinness® World Records auf zwei 37 cm langen Dolchen, deren Spitzen nur 0,92 cm breit waren. Die Brüder aus dem Iran schoben sich die Dolche in den Mund und Ali balancierte den 68 kg schweren Massoud 29 Sekunden lang ohne Hilfe. Es war das erste Mal, daß dies gelang.

WEITESTER KUHFLADENWURF
Steve Urner warf am 14. August 1981 beim Mountain Festival in Tehachapi (USA) einen Kuhfladen über eine Entfernung von 81,1 m. Der Wurf unterlag der „Nicht-kugelförmig und 100 % organisch"-Regel.

JÜNGSTER CHAMPION IM APFELWEINEINSCHENKEN
Jorge Alberto Ramos wurde 1998 im Alter von 19 Jahren der jüngste *Escanciador*-(Mundschenk-)Champion. Er gewann den jährlich stattfindenden Concurso de Escanciadores (Wettbewerb im Einschenken) in Nava (E). Jeder Teilnehmer muß den Inhalt einer Apfelweinflasche (70 cl) in fünf Gläser mit je 13 cl einschenken. Nach dem Einschenken müssen noch 5 cl Apfelwein in der Flasche übrigbleiben.

GRÖSSTE SEIFENBLASENWAND
Fan-Yang aus Mississauga (CDN) schuf am 11. August 1997 im Kingdome Pavillon, Seattle (USA), eine 47,7 m lange und 376,1 m² große Wand aus Seifenblasen. Sie blieb zwischen 5 und 10 Sekunden lang stehen.

GRÖSSTE KAUGUMMIBLASE
Susan Montgomery Williams aus Fresno (USA) erzeugte am 19. Juli 1994 in den ABC-Fernsehstudios in New York City (USA) eine Kaugummiblase mit einem Durchmesser von 58,4 cm.

SCHNELLSTER BARBIER
Tom Rodden aus Chatham (GB) rasierte am 10. November 1993 für die BBC-Fernsehshow *Rekord Breakers* in einer Stunde 278 Menschen mit einem Rasiermesser. Dies entspricht einem Durchschnitt von 12,9 Sekunden pro Gesicht bei nur sieben Verletzungen.

SCHNELLSTE SICHERHEITSRASUR
Denny Rowe (GB) rasierte am 19. Juni 1988 in Herne Bay (GB) mit einem Sicherheitsrasierer in einer Stunde 1.994 Männer. Er benötigte im Durchschnitt 1,8 Sekunden pro Person, und es floß nur viermal Blut.

WEITESTER WEINTRAUBENFANG
Die größte Entfernung, über die eine auf ebenem Untergrund geworfene Weintraube mit dem Mund aufgefangen wurde, beträgt 99,82 m. Paul Tavilla fing die Traube am 27. Mai 1991 in East Boston (USA), nachdem James Deady sie geworfen hatte.

SPUCKREKORDE
Die größte Entfernung, über die ein Kirschkern gespuckt wurde, beträgt 28,98 m und wurde am 27. August 1994 von Horst Ortmann in Langenthal (D) erzielt.

David O'Dell aus Apple Valley (USA) spuckte im März 1997 bei den 22. Weltmeisterschaften im Tabakspucken in Calico Ghost Town (USA) ein Tabakstück über die Rekordentfernung von 16,23 m.

Jason Schayot spuckte am 12. August 1995 in De Leon (USA) einen Wassermelonenkern 22,91 m weit.

SCHNELLSTE SPRECHER
Sean Shannon (CDN) rezitierte am 30. August 1995 in Edinburgh (GB) Hamlets Monolog „Sein oder nicht sein" (260 Wörter) in einer Zeit von 23,8 Sekunden. Das sind 655 Wörter pro Minute.

Steve Briers (GB) rezitierte am 6. Februar 1990 in Tenby (GB) die Texte des Albums *A Night at the Opera* von der Gruppe Queen rückwärts in 9 Minuten 58,44 Sekunden.

MEISTE BIERDECKEL
Dean Gould (GB) schnipste am 13. Januar 1993 in Edinburgh (GB) einen Stapel von 111 Bierdeckel (bestehend aus 1,2 mm dickem Zellstoff) in einem Winkel von 180° herum und fing sie auf.

GENAUESTES TRINKEN
Patrick Göb aus Veitshöchheim (D) trinkt aufs Gramm genau. Bei vier Versuchen verschluckte er sich nur einmal um 1 Gramm.

039

Leistung

Ausdauer

LÄNGSTE RÜCKWÄRTS-EINRADFAHRT
Ashrita Furman (USA) fuhr am 16. September 1994 über eine Entfernung von 85,56 km im Forest Park, New York (USA), rückwärts.

LÄNGSTE ZEIT AUF EINEM FUSS BALANCIERT
Arulanantham Suresh Joachim balancierte vom 22. bis 25. Mai 1997 im Uihara-Maha-Devi-Freiluftstadion (CL) die Rekordzeit von 76 Stunden 40 Minuten auf einem Fuß.

LÄNGSTES FASSROLLEN
Vom 1. bis 2. September 1995 rollten zehn Personen vom Tecza-Sportverein in Lódz (PL) ein 63,5 kg schweres Faß in 24 Stunden über eine Entfernung von 200,11 km.

LÄNGSTES BADEWANNENSCHIEBEN
Die längste Strecke, die je eine Badewanne auf Rädern mit Passagier in 24 Stunden geschoben wurde, beträgt 513,32 km. Dies schaffte eine 25köpfige Mannschaft der Tea Tree Gully Baptist Church, Westfield Shoppingtown Plaza (AUS), vom 11. bis 12. März 1995.

KÜSSREKORDE
Mark und Roberta Griswold aus Allen Park (USA) küßten sich vom 24. bis 25. März 1998 29 Stunden ununterbrochen beim „Breath Savers Longest Kiss Challenge", Harley Davidson Cafe, New York (USA). Das Paar stand ohne Pause während des gesamten Versuchs, um diesen Rekord zu erreichen.

Alfred A.E. Wolfram aus New Brighton (USA) küßte am 19. August 1995 auf dem Minnesota Renaissance Festival in acht Stunden 10.504 Menschen, ca. einen alle 2,7 Sekunden.

LÄNGSTER TANZMARATHON
Den härtesten Tanzmarathon, der als öffentliches Schauspiel stattfand, leisteten Mike Ritof und Edith Boudreaux zwischen dem 29. August 1930 und dem 1. April 1931 im Merry-Garden-Tanzsaal in Chicago (USA). Sie trugen insgesamt 5.148 Stunden 28 Minuten 30 Sekunden ein, um 3.620 DM zu gewinnen. Die Pausen wurden nach und nach verkürzt, von anfangs 20 auf 10 Minuten, dann auf fünf Minuten je Stunde, und schließlich tanzten sie ohne Pause. Es wurde ihnen erlaubt, für maximal 15 Sekunden ab und zu die Augen zu schließen.

MEISTE STEP-UPS
Terry Heidt schaffte es am 18. April 1997 in der Penticton-Oberschule, British Columbia (CDN), in einer Stunde 3.967mal eine Bank auf- und abzusteigen. Sie benutzte dazu eine 38,1 cm hohe Übungsbank.

LÄNGSTE ZEIT BEWEGUNGSLOS
Radhey Shyam Prajapati (IND) stand vom 25. bis 26. Januar 1996 in Gandhi Bhawan (IND) 18 Stunden 5 Minuten 50 Sekunden bewegungslos.

LÄNGSTE STRECKE AUF EINEM SPRINGSTOCK
Ashrita Furman (USA) erzielte am 22. Juni 1997 in 12 Stunden 27 Minuten den Streckenrekord von 37,18 km auf der Sportbahn des Queensborough-Gemeinde-College in New York (USA).

MEISTE BLIND-SCHACH-SIEGE
Miguel Najdorf (RA) spielte im Januar 1947 in São Paulo (BR) simultan 45 Schachpartien in 23 Stunden 25 Minuten gegen einige der besten Spieler Brasiliens. Er saß dabei in einem getrennten Raum, ohne seine Gegner und die Schachbretter zu sehen, seine Spielzüge nannte er über ein Mikrofon. Er gewann 39 Partien, erlangte vier Unentschieden und verlor nur zweimal. Najdorf blieb 1939 nach einem Schachturnier in Argentinien, weil Deutschland in sein Heimatland Polen einmarschiert war.

MEISTE SCHLANGEN

Jackie Bibby aus Fort Worth, Texas (USA), saß mit den meisten giftigen Schlangen in einer Badewanne. Am 17. Juni 1998 teilte er sich eine Wanne mit 35 Klapperschlangen während der TV-Show *Guinness® World Records* (rechts). Bibby hat mehrfach an der American National Rattlesnake Sacking Meisterschaft teilgenommen, die jedes Frühjahr von der Taylor Handelskammer in Texas veranstaltet wird. Für seinen meisterlichen Umgang mit Schlangen erhielt er mehrere Auszeichnungen, darunter den Riled Rattlesnake Round-Up Safety Award.

LÄNGSTER RADIO-DJ-MARATHON
Den Rekord für den längsten Radio-DJ-Marathon nach den Regeln des GUINNESS BUCH DER REKORDE hält Simon Mayo vom BBC Radio 1 in London (GB) im Rahmen einer Wohltätigkeitsaktion. Er moderierte vom 11. bis 12. März 1999 über 37 Stunden, in denen er von den Komikern Dawn French und Jennifer Saunder, TV-Star Terry Wogan und anderen Gästen besucht wurde.

LÄNGSTE KRIECHSTRECKE
Die längste, freiwillig gekrochene Strecke (Vorwärtsbewegung mit beiden Knien bei ständigem Bodenkontakt) beträgt 50,6 km. Sie schafften Peter McKinlay und John Murrie, indem sie vom 28. bis 29. März 1992 in Falkirk (GB) 115 Runden auf einer Leichtathletikbahn entlangkrochen.

Über 15 Monate, bis zum 9. März 1985, kroch Jagdish Chander (IND) über eine Entfernung von 1.400 km von Aligarh nach Jamma (IND), um die Hindugöttin Mata zu besänftigen.

LÄNGSTE HERZ-LUNGEN-WIEDERBELEBUNG
Vom 28. Oktober bis 2. November 1991 schafften Brent Shelton und John Ash in Regina (CDN) einen Herz-Lungen-Wiederbelebungsmarathon (15 Pressungen im Wechsel mit zwei Atemzügen) von 130 Stunden.

LÄNGSTES KLATSCHEN
Der Rekord für ununterbrochenes Klatschen (dabei muß im Durchschnitt 160mal pro Minute geklatscht werden, hörbar in 110 m Entfernung) beträgt 58 Stunden 9 Minuten. Ihn erzielte V. Jeyaraman aus Tamil Nadu (IND) vom 12. bis 15. Februar 1988.

DIE MEISTEN JO-JO-SCHLEIFEN
„Fast" Eddy McDonald aus Toronto (CDN) schaffte am 14. Oktober 1990 in Boston (USA) in drei Stunden 21.663 Schleifen mit einem Jo-Jo. Bereits am 14. Juli 1990 hatte er in Cavendish (CDN) den einstündigen Schnelligkeitsrekord von 8.437 Schleifen aufgestellt.

LÄNGSTES HOCHHALTEN
Amar Bharti aus Indien behauptet, seit 26 Jahren seinen Arm als Ausdruck der Verehrung für den Hindu-Gott Shiva hochzuhalten. 1973 entschloß er sich, seinen Arm in einem Winkel von 90° in die Luft zu strecken. Seitdem haben sich seine Finger auf der Handfläche verkrümmt, seine Knöchel sind verkümmert und seine langen Fingernägel verdreht.

Leistung

Teamwork

LAUTESTER SCHREI EINER MENGE
Ein Schrei von 126,3 dbA wurde am 5. Juli 1998 auf dem „Party in the Park"-Popkonzert im Hyde Park, London (GB), gemessen. Auf dem Konzert spielten Robbie Williams, Boyzone und All Saints, Veranstalter war Trevor Lewis von CEL Instruments.

GRÖSSTES PIANOORCHESTER
Am 2. Mai 1996 spielten im Old Castle, Koldinghus (DK), 96 Pianisten an 96 Pianos. Dirigent war José Ribera.

MEISTE TROMMLER
Am 15. März 1998 spielten in Huesca (E) insgesamt 1.700 Musiker zusammen in der weltgrößten Drumband. Veranstaltet wurde es von Certamen de Bandas de Huesca.

Am 9. August 1998 spielten im Ire-Stadion, Muroran City (J), 1.850 Personen auf japanischen Trommeln 25 Minuten lang die Melodie *Yamabiko*.

LÄNGSTE MENSCHENKETTE
Am 23. August 1989 gaben sich ca. 1 Million Menschen die Hand und bildeten eine Kette von 595 km. Die durch Estland, Lettland und Litauen führende Kette gedachte des 50. Jahrestages des russisch-deutschen Paktes über die Annexion der baltischen Staaten.

GRÖSSTES FRÜHSTÜCK
Am 17. April 1998 nahmen 13.797 Personen im Creekside Park, Dubai (UAE), an einem Kellogg's-Cornflakes-Frühstück teil.

MEISTE KAFFEETAFELN
Am 4. Oktober 1996 saßen 513.659 Personen an 14.652 Kaffeetafeln, die anläßlich des Spendenaufrufs des Macmillan-Krebsfonds in Großbritannien gleichzeitig stattfanden. Bei der Aktion wurden insgesamt 4,25 Mio. DM gesammelt.

GRÖSSTES KINDERFEST
Am 30. und 31. Mai 1979 kamen Mitglieder der britischen Königsfamilie und die Rekordanzahl von 160.000 Kindern zum Fest anläßlich des Internationalen Jahr des Kindes im Hyde Park, London (GB).

MEISTE PERSONEN, DIE GLEICHZEITIG GEBÄRDENSPRACHE SPRACHEN
Am 9. August 1996 übersetzten 250 Personen gleichzeitig das Lied *Over the Rainbow* während einer Aufführung von *The Wizard of Oz* im Swan-Theater, High Wycombe (GB), vor Taubstummen in die Gebärdensprache.

MEISTE SICH KÜSSENDE PAARE
Am 14. Februar 1996 küßte sich die Rekordanzahl von 1.420 Paaren gleichzeitig in der University of Maine, Orono (USA).

GRÖSSTES MENSCHLICHES FÖRDERBAND
Am 7. September 1998 bildeten 1.000 Studenten in der University of Guelph, Ontario (CDN), mit ihren Oberkörpern ein Förderband, um ein Surfbrett zu transportieren.

LÄNGSTE KETTE AUS BÜROKLAMMERN
Vom 2. bis 3. Mai 1998 bildete in der Lympsham First School, Somerset (GB), ein Team von 60 Freiwilligen eine Kette aus 60.000 Büroklammern mit einer Länge von 16,36 km.

GRÖSSTER TANZ
Rund 72.000 Personen tanzten am 1. September 1996 auf dem Chicken Dance während der Canfield Fair in Ohio (USA).

LÄNGSTES PAKETAUSWICKELN
Am 28. Februar 1998 wickelte die Rekordanzahl von 3.918 Personen (meist Realschüler und Studenten der Technischen Nanyang-Universität Singapur) ein mit 2.200 Lagen eingewickeltes Paket aus. Das Paket hatte die Abmessungen 1,5 x 1,5 x 0,5 m. Das Auswickeln dauerte zweieinhalb Stunden. Der Preis war ein Mobiltelefon.

LÄNGSTER TANZENDER DRACHE
Am 21. Dezember 1997 verhalfen 3.760 Personen auf der Happy-Vally-Rennbahn, Hongkong, einem tanzenden Drachen mit einer Länge von 2,47 km zum Leben. Veranstalter des Ereignisses war der Hongkonger Stadtrat für soziale Einrichtungen.

LÄNGSTER MENSCHLICHER TAUSENDFÜSSLER
Am 2. September 1996 bildeten 1.665 Studenten der Guelph-Universität in Ontario (CDN) einen „menschlichen Tausendfüßler", indem sie ihre Knöchel fest aneinanderbanden. Der Tausendfüßler bewegte sich 30 m, ohne daß einer von ihnen hinfiel.

SANDBURGEN UND -SKULPTUREN

Die größte Sandburg der Welt (rechts) wurde vom 26. August bis zum 2. September 1998 vom Totall In Sand Team auf dem Duquoin State Fairground in Illinois (USA) gebaut. Sie war 7,31 m hoch. Nach den Guinness-Regeln dürfen Sandskulpturen mit mechanischen Hilfsmittel, Sandburgen hingegen lediglich mit Händen, Eimern und Spaten gebaut werden. Die längste Sandburg bauten Mitarbeiter und Schüler der Ellon Akademie aus Aberdeen (GB) am 24. März 1988. Sie war 8,37 km lang. Die längste Sandskulptur esteckte sich am 31. Mai 1991 über 26,376 km entlang des Myrtle Beach in Südkalifornien (USA).

GRÖSSTES ORIGAMIMODELL
Am 1. August 1998 falteten Einwohner der Präfektur Atika (J) einen Papierkranich mit einer Flügelspannweite von 63,33 m. Für das Kunstwerk wurden 4.195 m² Papier, 200 Personen und sieben Stunden benötigt.

LÄNGSTE EIMERKETTE
Am 5. August 1997 bildeten 6.569 Jungen von den „Pfadfindern Amerikas" anläßlich des Nationalen Pfadfindertreffens in Fort A.P. Hills (USA) eine Kette mit Feuerwehreimern, die die Rekordlänge von 4,18 km hatte. Sie begannen mit 630 Litern. Am Ende waren es noch 572 Liter.

GRÖSSTE STEPTANZGRUPPE
6.776 Steptänzer tanzten gemeinsam am 17. August 1996 vor Macy's Department Store in New York (USA).

GRÖSSTES MENSCHLICHES MOBILE
Am 6. August 1998 brach der Circus of Horrors seinen eigenen Rekord, als er ein menschliches Mobile mit 20 beteiligten Personen bildete.

LÄNGSTE DOMINOSTEINKETTE
Am 28. August 1998 ließ ein einzelner Dominostein nacheinander 2,3 Millionen Dominosteine umfallen, die von 60 Studenten des Expo Centrums FEC in Leeuwarden (NL) in sieben Wochen aufgestellt worden waren.

MEISTE JONGLIERER
1.508 Personen jonglierten am 7. August 1998 während der europäischen Jongleure-Versammlung in Edinburgh (GB) mit 4.524 Objekten gleichzeitig.

GRÖSSTE REISE NACH JERUSALEM
8.238 Personen nahmen am 5. August 1989 an einer Reise nach Jerusalem teil, die von der anglo-chinesischen Schule in Singapur veranstaltet wurde. Auf den letzten Stuhl setzte sich Xu Chong Wei.

GRÖSSTER „YMCA-TANZ"
Zu dem Disco-Hit YMCA tanzten am 1. November 1997 für 5 Minuten 6.907 Studenten der Southwest Missouri State University im University's Plaster Stadion (USA). Die Musik spielten live die „Village People".

MEISTE SCHUHE GEPUTZT
4 Mitglieder der Londoner Church of Christi putzten am 15. Juni 1996 in 8 Stunden 14.975 Menschen regelgerecht die Schuhe.

GRÖSSTER LINE-DANCE
Eine Line-Dance-Formation mit 5.502 Tänzern trat am 25. Januar 1997 in Tamworth (AUS) auf. Sie tanzten über 6 Minuten und 28 Sekunden zu dem Lied Bootscootin' Boogie von Brooks und Dunn.

MEISTE KÖRPER BEMALT
Am 9. November 1998 ließen sich in Rotterdam (NL) insgesamt 110 Personen anläßlich des Festes „Lebende Brücken" ihren Körper bemalen.

Extreme Reisen

Leistung

WEITESTER MARSCH IN DER WESTLICHEN HEMISPHÄRE
Vom 26. Januar 1977 bis 18. September 1983 marschierte George Meegan aus Rainham (GB) in 2.426 Tagen von Ushuaia, an der Südspitze Südamerikas, nach Prudhoe Bay in Nordalaska, über eine Entfernung von 30.431 km. Er schaffte somit die erste Durchquerung des amerikanischen Kontinents und der westlichen Hemisphäre.

WEITESTER FUSSMARSCH RÜCKWÄRTS
Plennie L. Wingo aus Abilene (USA) marschierte vom 15. April 1931 bis 24. Oktober 1932 12.875 km über mehrere Kontinente von Santa Monica (USA) nach Istanbul (TR).

WEITESTER LAUF RÜCKWÄRTS
Arvind Pandya aus Indien lief vom 18. August bis 3. Dezember 1984 in 107 Tagen rückwärts quer durch die USA (von Los Angeles nach New York), wobei er über 5.000 km zurücklegte. Vom 6. April bis 2. Mai 1990 lief er in 26 Tagen und 7 Stunden ebenfalls rückwärts von John O'Groats nach Land's End (GB) und legte dabei eine Strecke von 1.512 km zurück.

WEITESTE REISE IM PFERDEWAGEN
Die Familie Grant aus Großbritannien legte während ihrer Weltreise im pferdegezogenen Wohnwagen eine Strecke von über 27.650 km zurück. Die Reise begann am 25. Oktober 1990 in Vierhouten (NL). Anfang 1998 waren die Grants nach ihrer Fahrt durch Belgien, Frankreich, Italien, Österreich, das nördliche Jugoslawien, Ungarn, Rußland, die Ukraine, Kasachstan, die Mongolei, China, Japan, die USA und Kanada wieder zu Hause in Großbritannien. Die siebenjährige Reise, zu deren Finanzierung sie ihr Haus verkauften, kostete 169.800 DM.

WEITESTE EINRAD-TOUR
Vom 10. Juli bis 22. August 1992 fuhr Akira Matsushima (J) mit dem Einrad 5.248 km von Newport, Oregon, nach Washington D.C. quer durch die USA.

WEITESTE TANDEMFAHRT
Vom 21. Mai 1994 bis 11. November 1995 fuhren Laura Geoghean und Mark Tong 32.248 km von London (GB) nach Sydney (AUS).

LÄNGSTE STRECKE AUF STELZEN
Vom 20. Februar bis 26. Juli 1980 lief Joe Bowen in den USA von Los Angeles, Kalifornien, nach Bowen, Kentucky, auf Stelzen die Rekordstrecke von 4.804 km.

1891 lief Sylvain Dornon auf Stelzen in 50 oder 58 Etappen von Paris (F) nach Moskau (RUS) über eine Entfernung von 2.945 km. Seine Geschwindigkeit war deutlich höher als die von Joe Bowen.

WEITESTE STRECKE AUF HÄNDEN
Die größte je von einem auf Händen laufenden Menschen zurückgelegte Entfernung schaffte im Jahr 1900 Johann Hurlinger (A) mit 1.400 km. Er ging in 55 täglichen 10-Stunden-Etappen von Wien (A) nach Paris (F). Seine Durchschnittsgeschwindigkeit betrug 2,54 km/h.

WEITESTE STRECKE IM TRETBOOT
Kenichi Horie aus Kobe (J) stellte mit 7.500 km den Streckenrekord im Tretboot auf. Er verließ Honolulu (USA) am 30. Oktober 1992 und erreichte Naha (J) am 17. Februar 1993.

SCHNELLSTE FAHRT ÜBER SECHS KONTINENTE
Die schnellste Fahrt über sechs Kontinente mit einer gefahrenen Gesamtstrecke von über einer Äquatorlänge (40.075 km) dauerte 39 Tage 7 Stunden 55 Minuten. Navin Kapila, Man Bahadur und Vijay Roman verließen Neu-Delhi (IND) in ihrem Hindustan „Contessa Classic" am 22. November 1992 und kehrten am 31. Dezember 1992 wieder zurück.

LÄNGSTER WASSERSPAZIERGANG
Rémy Bricka aus Paris (F) ist der Rekordhalter für den längsten „Wasserspaziergang", seit er vom 2. April bis zum 31. Mai 1988 5.636 km weit von Teneriffa auf den Kanarischen Inseln bis nach Trinidad in der Karibik ging. Er „ging" auf 4,2 m langen Schwimm-Skiern an seinen Füßen, die er wie Langlaufski einsetzte. Allerdings benutzte er ein Doppelpaddel und keine Skistöcke.

LÄNGSTE RUDERPARTIE ÜBER LAND
Rob Bryant aus Fort Worth (USA) legte 5.278,5 km auf einer Trockenruder-Maschine zurück. Er verließ Los Angeles am 2. April 1990 und erreichte Washington D.C. am 30. Juli.

MEISTGEREISTER MENSCH
Der meistgereiste Mann der Welt ist John D. Clouse, ein Rechtsanwalt aus Evansville (USA), der sämtliche souveränen Staaten und alle außer drei der nicht-souveränen oder anderen Gebiete besucht hat, die Anfang 1998 existierten. Johns Sohn George begann mit dem Reisen im Alter von zehn Wochen und hatte den Vater bis zu seinem fünften Geburtstag bereits in 104 Länder begleitet.

WEITESTE REISE ROLLEND
1994 rollte ein indischer Sadhu (Heiliger Mann) namens Lotan Baba (rechts) seinen Körper acht Monate lang über eine Entfernung von 4.000 km von Ratlam nach Jammu (IND). Im Durchschnitt rollte er täglich 10–12 km, höchstens jedoch 21 km pro Tag. Mit seiner Reise huldigte er der Göttin Vaishno Devi, um Frieden und Einheit für Indien zu erbitten. Während des Rollens aß er nicht, trank nur in kleinen Schlucken Wasser und rauchte hin und wieder eine Zigarette. Als er seine Reise im Vaishno-Devi-Tempel auf dem 1.524 m hohen Katra-Berg beendete, war sein Körper voller Blasen.

LÄNGSTE AUTOREISE
Seit dem 16. Oktober 1984 reisten Emil und Liliana Schmidt aus Deutschland in einem Toyota Landcruiser über eine Rekordstrecke von 482.800 km durch insgesamt 125 Länder.

WEITESTE BOCKSPRÜNGE
Die weiteste bockspringend zurückgelegte Strecke bewältigten 14 Studenten der Universität Stanford, Kalifornien (USA), mit 1.603,2 km. Sie begannen am 16. Mai 1991 und hörten am 26. Mai, nach 244 Stunden 43 Minuten auf.

MEISTE LÄNDER IN 24 STUNDEN DURCHREIST
Vom 1. bis 2. Mai 1993 reisten Alison Bailey, Ian Bailey, John English und David Kellie mit dem Zug in 24 Stunden durch elf Länder. Sie begannen die Reise in Ungarn und fuhren durch die Slowakei, Tschechien, Österreich, Deutschland, Liechtenstein, die Schweiz, Frankreich, Luxemburg und Belgien. Nach 22 Stunden und 10 Minuten nach der Abfahrt erreichten sie die Niederlande.

SCHNELLSTE TRANS-AMERIKA-REISE AUF EINEM SKATEBOARD
Jack Smith fuhr 1976 und 1984 auf einem Skateboard durch die USA. Die erste Reise mit zwei Begleitern dauerte 32 Tage, die zweite, auf die er drei Begleiter mitnahm, dauerte 26 Tage.

LÄNGSTE TAXIFAHRT
Die längste bekannte Taxifahrt ging über 34.908 km von London (GB) nach Cape Town in Südafrika und zurück. Sie kostete ca. 110.000 DM. Jeremy Levine, Mark Aylett und Carlos Arrese fuhren vom 3. Juni bis zum 17. Oktober 1994.

WEITESTE PIZZA-LIEFERUNG
Eagle Boys Dial-a-Pizza in Christchurch (NZ) liefern regelmäßig Pizzen zur Scott Base, Antarktis, an die Mannschaft des neuseeländischen Antarktis-Programms. Die Pizzen werden verpackt und zu einem Militärflugplatz gebracht, von wo aus sie mit einer Anleitung zum Aufwärmen per C-130 Hercules in neun Stunden zu der Basis geflogen werden.

LÄNGSTE SCOOTERREISE
Adam Paul fuhr vom 10. April 1996 bis 15. März auf einem 90-cm³-Honda-Motorroller über eine Entfernung von 77.246 km von Kap Hoorn (RCH) zum Kap der Guten Hoffnung (ZA).

WEITESTE FAHRT AUF EINEM RASENMÄHER
Im Sommer 1997 unternahm der zwölfjährige Ryan Tripp auf einem Rasenmäher eine 5.417 km lange Reise durch die USA und sammelte dabei umgerechnet 18.824 DM für ein krankes Baby in seiner Stadt. Ryan startete auf dem 25 PS starken Walker-Mäher in Salt Lake City, Utah. Er fuhr auf von der Polizei freigegebenen Straßen einem Auto hinterher, das von Freunden und Familienangehörigen gesteuert wurde. Ryans Vater Todd folgte in einem Pickup-Truck. Der Rasenmäher war mit Autoreifen ausgestattet und hatte eine spezielle Federung und Sitzpolsterung, um die Reise für Ryan bequemer zu machen. Neunzehn Bundesstaaten und 42 Tage später erreichte er das Kapitol in Washington D.C., wo er von Orrin Hatch, dem Senator des Staates Utah, empfangen wurde.

LÄNGSTE REISE IN EINEM 2CV
Jacques Seguela und Jean-Claude Baudot (beide aus Frankreich) fuhren vom 9. Oktober 1958 bis zum 12. November 1959 in einem Citroën 2CV 100.000 km weit. Die Ente, die heute im Le Mans Motor Museum in Frankreich steht, fuhr sie durch 50 Länder und über fünf Kontinente. Die Männer verbrachten 2.247 Stunden am Steuer und verbrauchten 5.000 Liter Benzin mit einem Durchschnittsverbrauch von 6,14 Litern auf 100 Kilometern.

WEITESTER MARSCH
Die größte Wanderstrecke beträgt 53.350 km, zurückgelegt von Arthur Blessitt aus North Fort Myers (USA). Er begann seine Reise am 25. Dezember 1969 und besuchte 277 Nationen. Während seiner gesamten Reise trug er ein großes Holzkreuz mit sich. Seine Frau Denise begleitete ihn zu 224 Ländern auf seiner Reiseroute.

Schnelligkeitsrekorde

SCHNELLSTER BAUMSTAMMKLETTERER
Am 3. Juli 1988 kletterte Guy German aus Sitka (USA) anläßlich des in Albany (USA) stattfindenden Internationalen Holzfestes in 24,82 Sekunden ein 30,5 m hohes Rundholz einer Edeltanne hoch und wieder hinunter.

SCHNELLSTER PALMENKLETTERER
Bei dem jährlich stattfindenden Wettbewerb im Kokospalmklettern im Sukana Park (FJI) erkletterte Fuatai Solo aus Westsamoa (heute Samoa) am 22. August 1980 eine 9 m hohe Kokospalme barfuß in 4,88 Sekunden. Nachdem er zum Sieger erklärt worden war, erstieg Fuatai den Baum noch einmal, wobei er dieses Mal sein Preisgeld von 100 Dollar im Mund festhielt.

SCHNELLSTER WOLLSACKLÄUFER
1997 war Paul Elliot mit 3 Minuten 20 Sekunden der schnellste Läufer bei den jährlich stattfindenden Weltmeisterschaften im Wollsacklaufen in Tetbury (GB). Mit einem 27,21 kg schweren Sack mit Wolle auf den Schultern müssen die Wettkämpfer einen steilen Hügel hinauf- und wieder herunterlaufen.

SCHNELLSTER SUMPFSCHNORCHLER
Steve Madeline gewann 1989 und 1994 die Weltmeisterschaften im Sumpfschnorcheln in Llanwrtyd Wells (GB). Die Wettkämpfer schwimmen über zwei Längen eines 60 m langen Sumpfes, der voller Unkraut, Blutegel und Wassermolche ist.

SCHNELLSTE SCHUBKARRENLÄUFER
Am 3. Oktober 1987 erzielten Piet Pitzer und Jaco Erasmus beim Schubkarrenrennen in der Transvalia-Oberschule, Vanderbijlpark (ZA), über eine Entfernung von 1,609 km die Rekordzeit von 4 Minuten 48,51 Sekunden.

SCHNELLSTE BETTENLÄUFER
Im Juni 1990 erreichte das Vibroplant-Team bei dem 3,27 km langen Knaresborough-Bettenrennen in Yorkshire (GB) die Rekordzeit von 12 Minuten 9 Sekunden.

SCHNELLSTER BEIM BADEWANNENRENNEN
Bei dem 57,9 km langen Badewannenrennen über Wasser während des Grafton-Jacaranda-Festivals, New South Wales (AUS), erreichte Greg Mutton am 8. November 1987 die Rekordzeit von 1 Stunde 22 Minuten 27 Sekunden.

SCHNELLSTER PFANNKUCHENLÄUFER
Am 19. Februar 1985 erzielte Jan Stickland in Melbourne (AUS) bei dem jährlich stattfindenden Pfannkuchenrennen über eine Entfernung von 384 m die Rekordzeit von 59,5 Sekunden.

SCHNELLSTER MARSCHIERER
Am 7. März 1993 marschierte Paddy Doyle in Ballycotton (IRL) in der Rekordzeit von 5 Minuten 35 Sekunden über eine Strecke von 1,6 km und trug dabei auf dem Rücken einen 18,1 kg schweren Rucksack.

GRÖSSTES PLASTIKENTEN-RENNEN
Am 26. Mai 1997 lieferten sich 100.000 gelbe Plastikenten ein 1 km langes Rennen auf dem Fluß Avon bei Bath (GB). Alle Enten waren in einem Container versammelt, der nach einem Kanonenschuß als Startsignal um exakt 14 Uhr in den Fluß ausgekippt wurde. Nach 2 Stunden und 15 Minuten hatte Ente Nummer 24.359, im Besitz von Chris Green aus Dauntsey (GB), die Strecke überwunden. Die Hälfte der Enten war mit ca. 3 DM gesponsert, so daß ein großer Betrag für wohltätige Zwecke gespendet werden konnte.

SCHNELLSTER STELZENLÄUFER
Am 28. Mai 1992 lief Roy Luiking in Didam (NL) über eine Entfernung von 100 m in 13,01 Sekunden auf 30,5 cm hohen Stelzen.

SCHNELLSTER KOHLENSCHAUFLER
Am 17. April 1995 füllte Wayne Miller in Wonthaggi (AUS) einen 508-kg-Trichter in 26,59 Sekunden mit Kohlen.

SCHNELLSTES MUSKELKRAFT-U-BOOT

Das schnellste, durch Muskelkraft angetriebene U-Boot bewegte sich mit 3,445 m/Sekunde vorwärts. Die *Substandard*, von William Micoloff (USA) konzipiert und gebaut, erreichte diese Geschwindigkeit am 30. März 1996 mit einem 2-Schrauben-Antrieb. Das schnellste U-Boot mit einer horizontal schwingenden Folie, die *Subdude*, erreichte am 21. August 1992 eine Geschwindigkeit von 1,49 m/Sekunde. Das U-Boot wurde vom Scripps Institute of Oceanography in San Diego (USA) gebaut und von Kimball Millikan und Ed Trevino gesteuert.

 **SCHNELLSTE BRIEF-MARKENLECKERIN**
Diane Sheer aus London (GB) leckte am 3. August 1997 225 Briefmarken an und klebte sie in fünf Minuten auf Umschläge. Den GUINNESS BUCH DER REKORDE-Richtlinien entsprechend, muß eine Briefmarke auf die rechte, obere Ecke jedes Umschlags geklebt werden. Schief aufgeklebte Briefmarken werden gewertet, aber falsch herum aufgeklebte Marken zählen nicht.

SCHNELLSTER KOHLENTRÄGER
Im April 1991 trug David Jones in Gawthorpe (GB) einen 50 kg schweren Kohlensack in der Rekordzeit von 4 Minuten 6 Sekunden über eine Strecke von 1.012,5 m.

SCHNELLSTER BETTENMACHER
Wendy Wall aus Hebersham (AUS) brauchte am 30. November 1978 für ein Bett die Rekordzeit von 28,2 Sekunden.

SCHNELLSTER EHEFRAUEN-TRÄGER
1997 trug Jouni Jussila seine Ehefrau Tiina in der Rekordzeit von 1 Minute 5 Sekunden über eine 235 m lange Hindernisstrecke, auf der brusthohes Wasser und zwei Zäune überwunden werden mußten. Es war Jussilas fünfter Erfolg bei den jährlich stattfindenden Weltmeisterschaften im Ehefrauen-Tragen in Sonkajärvi (FIN). Der Sieger bekommt die Anzahl von Litern Bier, die dem Gewicht seiner Partnerin entspricht. Diese muß nicht seine Ehefrau, aber älter als 17 Jahre sein und einen Sturzhelm tragen.

SCHNELLSTER SACKHÜPFER
Am 6. August 1998 erreichte Ashrita Furman aus Jamaica (USA) beim Sackhüpfen im Mount-Rushmore-Nationalpark, South Dakota (USA), über eine Strecke von 10 km die Rekordzeit von 1 Stunde 25 Minuten 10 Sekunden.

SCHNELLSTER TROMMLER
Rory Blackwell aus Starcross (GB) spielte am 29. Mai 1995 in einer Zeit von 16,2 Sekunden auf insgesamt 400 einzelnen Trommeln.

SCHNELLSTER HANDSTANDLÄUFER
Am 19. Februar 1994 lief Mark Kenny aus Norwood (USA) in einer Rekordzeit von 16,93 Sekunden 50 m auf seinen Händen.

SCHNELLSTE SCHREIBKRÄFTE
Bei einem offiziellen Test in Chicago (USA) tippte Stella Pajunas auf einer IBM-Schreibmaschine 216 Wörter in einer Minute.

Gregory Arakelian aus Herndon (USA) stellte beim Key Tronic World Invitational Type-Off mit 158 Wörter pro Minute (mit zwei Fehlern) auf einem PC den Rekord auf. Er erreichte diese Geschwindigkeit beim Halbfinale am 24. September 1991.

Am 2. April 1996 tippte Michael Shestov im Baruch College, New York (USA), in der Rekordzeit von fünf Minuten fehlerfrei die Zahlen von 1 bis 801, inklusive Leerzeichen, auf einem PC.

SCHNELLSTER FENSTERPUTZER
Im April 1996 putzte Terry Burrows aus South Ockenden (GB) im Holiday Inn, Maidenhead (GB), in 19,4 Sekunden drei Bürofenster der Standardgröße von 114,3 cm² mit einem 30 cm langen Gummiwischer und neun Litern Wasser.

SCHNELLSTE DRACHENBOOTFAHRER
Am 30. Juni 1985 siegte die chinesische Shun-De-Mannschaft bei dem jährlich in Hongkong stattfindenden Internationalen Drachenbootrennen mit der Rekordzeit von 2 Minuten 27,45 Sekunden. Die 28köpfigen Mannschaften bestehen aus 26 Ruderern, einem Steuermann und einem Trommler, die Rennstrecke ist 640 m lang. Bei den Weltmeisterschaften des World Dragon Boat Club nehmen Mannschaften aus Europa, Asien, Australien, Ozeanien und Nordamerika teil.

SCHNELLSTE LAUFVÖGEL
Strauße sind die schnellsten Laufvögel auf dem Lande, sie können Geschwindigkeiten von 72 km/h bis zu 30 Minuten ohne Pause durchhalten. Beim jährlichen Rocky Mountain Straußen Festival in Colorado (USA) gehört ein Rennen mit berittenen Straußen zum traditionellen Programm.

Golden Oldies

ÄLTESTE MENSCHEN
Der älteste lebende Mensch, dessen Geburtsdatum nachweisbar ist, ist Sarah Clark Knauss. Sie wurde am 24. September 1880 in Hollywood (USA) geboren, lebt heute in Allentown (USA) und ist älter als der Eiffelturm. Sie heiratete 1901, hat eine über neunzig Jahre alte Tochter, einen Enkel, drei Urenkelinnen, fünf Ururenkelinnen und einen Urururenkel.

Der älteste Mensch, der nachweisbar je lebte, war Jeanne Calment aus Frankreich. Sie wurde am 21. Februar 1875 geboren und starb am 4. August 1997 im Alter von 122 Jahren.

Der älteste Mann der Welt war Shigechiyo Izumi aus Japan, der nachweisbar 120 Jahre und 237 Tage lebte. Er wurde am 29. Juni 1865 geboren und 1871 als Sechsjähriger bei der ersten Volkszählung Japans verzeichnet. Bis zu seinem 105. Lebensjahr arbeitete er, trank *Shochu* (ein Gerstenschnaps), und mit 70 begann er zu rauchen. Izumi führte sein langes Leben auf „Gott, Buddha und die Sonne" zurück. Am 21. Februar 1986 starb er an einer Lungenentzündung.

ÄLTESTER BRÄUTIGAM
Harry Stevens war 103 Jahre alt, als er am 3. Dezember 1984 im Caravilla-Altersheim, Wisconsin (USA), die 84jährige Thelma Lucas heiratete.

ÄLTESTE BRAUT
Minnie Munro war die älteste Braut der Welt, als sie am 31. Mai 1991 in Point Clare (AUS) im Alter von 102 Jahren den 83jährigen Dudley Reid heiratete.

LÄNGSTE EHEN
Sir Temulji Bhicaji Nariman und seine Cousine Lady Nariman aus Indien wurden 1853 mit fünf Jahren verheiratet. Ihre Ehe dauerte 86 Jahre, bis Sir Temulji 1940 im Alter von 91 Jahren 11 Monaten starb.

Lazarus Rowe und Molly Webber, beide 1725 geboren, heirateten Aufzeichnungen nach im Jahr 1743. Molly starb nach 86jähriger Ehe im Juni 1829 in Limington (USA).

LÄNGSTE VERLOBUNG
Octavio Guillén und Adriana Martínez aus Mexiko heirateten im Juni 1969, nach einer Verlobungszeit von 67 Jahren. Beide waren bei ihrer Hochzeit 82 Jahre alt.

ÄLTESTES GESCHIEDENES EHEPAAR
Das höchste Gesamtalter eines Ehepaares zum Zeitpunkt der Scheidung hatten Simon und Ida Stern aus Milwaukee (USA). Simon war 97 Jahre alt und Ida 91, als sie sich im Februar 1984 scheiden ließen.

ÄLTESTE LILIPUTANERIN
Die gebürtige Ungarin Susanna Bokonyi, alias „Princess Susanna", aus New Jersey (USA) war die älteste Liliputanerin der Welt, als sie am 24. August 1984 im Alter von 105 Jahren starb. Sie war 1,015 m groß.

ÄLTESTE REVUETÄNZERIN
Irus Guarino (geb. 1909) aus Boston (USA) tanzte ab 1986 bei den Ziegfeld Girls aus Florida. Im Alter von 18 Jahren trat sie erstmals in einer Revue auf und war die Hauptdänzerin bei den Ritz Brothers in New York City (USA).

ÄLTESTER HITPARADENKÖNIG
What a Wonderful World war 1968 für den amerikanischen Jazz-Trompeter und Sänger Louis Armstrong in Großbritannien ein Nummer-1-Hit und kam in verschiedenen Ländern 1970 noch auf Platz 1, als Armstrong bereits 69 Jahre alt war. Armstrong war fast 63, als er 1964 mit *Hello Dolly!* in den US-Hitparaden auf Platz 1 kam. Bekannt wurde er in den 20er Jahren durch seine Aufnahmen mit den Hot Five und Hot Seven.

ÄLTESTER BARKEEPER
Angelo Cammarata ist hier bei einer Pause hinter seiner Bar in Pittsburgh (USA) zu sehen. Der 85jährige, den seine Kunden und Nachbarn „Camm" nennen, ist der älteste Barkeeper der Welt. Erstmals stand er 1933, kurz nach dem Ende der Prohibition, hinter einer Bar, als sein Vater beschloß, in dem Familiengeschäft, das Lebensmittelladen und Eisdiele war, Alkohol auszuschenken. Der Verkauf von Lebensmitteln und Eis wurde später eingestellt. Heute betreibt Camm seine Bar „Cammarata's" mit Hilfe seiner zwei Söhne John und Frank.

ÄLTESTER BESUCHER BEIDER POLE
Major Will Lacy (GB) reiste am 9. April 1990 im Alter von 82 Jahren zum Nordpol und am 20. Dezember 1991 im Alter von 84 Jahren zum Südpol. Auf beiden Reisen verwendete er auf dem Hin- und Rückweg ein Leichtflugzeug.

ÄLTESTE AUTOFAHRER
Layne Hall aus Silver Creek (USA) wurde am 15. Juni 1989 ein Führerschein ausgestellt, in dem sein Alter mit 109 Jahren angegeben war. Er starb am 20. No-

ÄLTESTE PILOTEN
Der pensionierte Oberstleutnant der Luftwaffe Kenneth Wallis aus Norfolk (GB) ist hier auf einem Flug in seinem Autogiro *Little Nellie* abgebildet. Wallis schaffte am 19. März 1998 im Alter von 81 Jahren 336 Tagen in einem Autogiro den schnellsten Steigflug aller Zeiten auf 3.000 m Höhe und ist somit der älteste Pilot in der Luftfahrt, der einen Rekord aufgestellt hat. Burnet Patten aus Victoria (AUS) machte am 2. Mai 1997 im Alter von 80 Jahren seinen Pilotenschein, womit er der älteste Mensch ist, der sich je als Pilot qualifizierte. Clarence Cornish aus Indianapolis (USA) flog bis zum Alter von 97 Jahren Flugzeuge. Der älteste Passagier auf einem Flug war Charlotte Hughes aus Redcar (GB), die 1992 zu ihrem 115. Geburtstag mit der Concorde von London (GB) nach New York (USA) flog.

vember 1990 und war laut Totenschein zu dem Zeitpunkt erst 105 Jahre alt.

Maude Tull aus Inglewood (USA) begann mit 91 Jahren, nach dem Tode ihres Mannes, Auto zu fahren. Am 5. Februar 1976, als sie 104 Jahre alt war, wurde ihr ein Ersatzführerschein ausgestellt.

ÄLTESTER MOTORRADFAHRER
Arthur Cook (geb. am 13. Juni 1895) aus Exeter (GB) fährt immer noch täglich auf seiner Suzuki 125 GS Special.

ÄLTESTER BESCHLEUNIGUNGSRENNFAHRER
Eddie Hill (USA) ist derzeit 63 Jahre alt und fährt regelmäßig Rennen mit Geschwindigkeiten von über 485 km/h.

ÄLTESTER FAHRER AUF DEM CRESTA RUN
Fürst Constantin von Liechtenstein fuhr am 10. Februar 1998 im Alter von 86 Jahren 49 Tagen auf der Rodelbahn des Cresta Run.

ÄLTESTER BOARDSAILER
Charles Ruijter aus den Niederlanden begann 1978 im Alter von 63 Jahren mit Boardsailing und segelt mit 84 Jahren heute noch auf den Seen um Eindhoven (NL).

ÄLTESTER HEISSLUFTBALLONFAHRER
Florence Laine aus Neuseeland fuhr am 26. September 1996 im Alter von 102 Jahren bei Cust (NZ) in einem Ballon.

ÄLTESTER GEWINNER EINER OLYMPIAMEDAILLE
Oscar Swahn aus Schweden war 1912 im Alter von 64 Jahren Mitglied der Siegermannschaft im Schießen auf laufende Hirsche und gewann 1920 mit 72 Jahren die Silbermedaille in derselben Disziplin.

ÄLTESTER HOCHSEILAKROBAT
Der älteste Hochseilakrobat ist William Ivy Baldwin, der am 31. Juli 1948, seinem 82. Geburtstag, auf einem 97,5 m langen Hochseil in 38,1 m Höhe den South Boulder Canyon in Colorado (USA) überquerte.

ÄLTESTE FALLSCHIRMSPRINGER
Hildegarde Ferrera war 1996 bei ihrem Tandem-Fallschirmsprung bei Mokuleia auf Hawaii (USA) mit 99 Jahren die älteste Fallschirmspringerin.

Der älteste männliche Fallschirmspringer ist George Salyer, der am 27. Juni 1998 im Alter von 97 Jahren 9 Tagen auf dem Harvey-Flugplatz in Snohomish (USA) aus einer Höhe von 3.658 m im Tandem absprang.

Sylvia Brett sprang am 23. August 1986 im Alter von 80 Jahren 166 Tagen bei Cranfield (GB) allein mit einem Fallschirm ab.

ÄLTESTER ATHLET
Baba Joginder Singh wirft einen Diskus beim „Nationalen Indischen Wettkampf der Leichtathletikveteranen", der 1998 in Thane (IND) stattfand. Singh, der bei dem Wettkampf die Goldmedaille gewann und der einzige Teilnehmer über 100 Jahre war, soll 105 Jahre alt sein. Als Teenager vertrat er Indien 1910 bei den Weltmeisterschaften in Berlin (D).

Essen & Trinken

TEUERSTE MAHLZEIT PRO KOPF
Im September 1997 gaben drei Personen im Le Gavroche, London (GB), bei einem einzigen Abendessen 37.045 DM aus. Nur ca. 612 DM wurden für das Essen bezahlt, Zigarren und Spirituosen beliefen sich auf 2.391 DM, und die restlichen 34.042 DM kosteten sechs Flaschen Wein. Die teuerste Flasche, ein 1985er Romanée Conti, kostete ca. 14.008 DM. Er wurde als „ein bißchen zu jung" befunden und ging deshalb an das Personal des Restaurants.

TEUERSTES STEAK
Das teuerste Steak stammt von Wagyu-Rindern, die seit Jahrhunderten um die japanische Stadt Kobe herum gezüchtet werden. Die Herden besitzen eine beachtliche genetische Reinheit, werden königlich behandelt, regelmäßig mit Sake abgerieben und mit riesigen Mengen Bier getränkt. Die Qualität ihres Fleisches wird auf das streßfreie Leben zurückgeführt. Seitdem die Japaner keine Zuchtrinder mehr exportieren, ist das Rindfleisch aus Kobe in den westlichen Ländern nur selten erhältlich, es kostet dann ca. 650 DM pro kg.

TEUERSTE GEWÜRZE
Wilder Ginseng (die Wurzel von *Panax quinquefolium*) aus Chinas Chan-Pak-Gebirge kostete im November 1979 in Hongkong ca. 879 DM/g. Die jährliche Versandmenge des von vielen als Aphrodisiakum angesehenen Gewürzes aus der Provinz Jilin liegt unter 4 kg.

Das teuerste am weitesten verbreitete Gewürz ist Safran. Es wird aus den getrockneten Narben von *Crocus sotivus* gewonnen und kostet ca. 7,07 DM/625 mg.

SCHÄRFSTES GEWÜRZ
Ein einziges getrocknetes Gramm von Red „Savina" Habanero (1994 Special), das von GNS Spices of Walnut, Kalifornien (USA), gezüchtet wurde, kann eine spürbare „Schärfe" in 577 kg milder Sauce hervorrufen.

TEUERSTER KAVIAR
Almas-Kaviar, die gelben Eier eines Albino-Belugastörs, kosten 1.810 DM pro 50 g.

TEUERSTE MUSCHELN
Percebes-barnacle, bekannt als „Trüffel des Meeres", kosten ca. 319 DM/kg. Diese Entenmuscheln benötigen zum Überleben große Mengen Sauerstoff. Deshalb leben sie an Felsen, an denen das Wasser sehr sauerstoffreich ist. Beim Fang der Muscheln auf der unbewohnten Insel Sisargas vor der spanischen Küste riskieren die Fischer ihr Leben. Die Weichtiere werden so hoch geschätzt, daß ihnen zu Ehren jährlich ein Fest, die Fiesta de Los Percebes, veranstaltet wird.

GRÖSSTES FESTESSEN
Am 2. Juni 1991 veranstaltete Atul Dalpatlal Shah in Ahmedabad (IND) anläßlich seiner Mönchweihe ein Festessen, zu dem 150.000 Gäste kamen.

TEUERSTE FRUCHT
1977 zahlte der Restaurantbesitzer Leslie Cooke auf einer Versteigerung in Dublin (IRL) ca. 1.500 DM für 453 g Erdbeeren.

GRÖSSTE ESSENSCHLACHT
1998 bewarfen sich beim „Tomatina"-Fest in Buñol nahe Valencia (E) 30.000 Personen eine Stunde lang mit 100 Tonnen Tomaten. Der Ursprung des Festes, das am letzten Mittwoch im August stattfindet, ist unklar. Einige Dorfbewohner behaupten, es entstand zufällig, als ein Lkw seine Ladung Tomaten verlor, andere sagen, es begann nach dem Spanischen Bürgerkrieg auf einer Kundgebung gegen den Diktator General Franco. Heutzutage laden die Teilnehmer die reifen Früchte von den Lkw ab, um sich dann damit zu bewerfen.

MEISTE KRABBELTIERE GEGESSEN

Den Rekord im Verzehr von Würmern stellte Mark Hogg aus Louisville (USA) am 19. November 1998 auf, als er in der Fernsehsendung *Guinness World Records* innerhalb von 30 Sekunden 62 Nachtwürmer aß. Mark entdeckte sein Talent, als er bei der Armee ein Survivaltraining im Dschungel von Panama absolvierte, wo er sechs Wochen bei minimalen Vorräten überleben mußte. Er ergänzte seine Nahrung durch Pflanzen, Würmer und Larven. Würmer sind eine hervorragende Proteinquelle, sie besitzen davon mehr als Huhn und Thunfisch. Mark ißt die Würmer, indem er sich nach hinten neigt und sie lebendig und ganz hinunterschluckt. Er weigert sich, Sushi zu essen, weil das Essen von rohem Fisch seiner Ansicht nach ekelhaft ist.

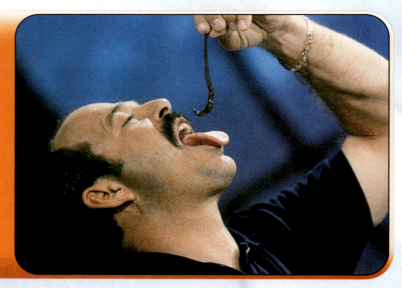

TEUERSTER FISCH
Im Januar 1992 wurde in Tokio (J) ein 324 kg schwerer Blaufinnenthunfisch für 151.135 DM verkauft. Der Thunfisch wurde in 2.400 Portionen Sushi zu 135,75 DM pro Gericht aufgeteilt. Die Einnahmen aus diesem einen Fisch betrugen nach Schätzungen 325.800 DM.

TEUERSTES CHILI
Das teuerste Chili con carne wird von Chasen's of West Hollywood (USA) angeboten und kostet 130,30 DM/kg. Elizabeth Taylor ließ sich mit dem Flugzeug eine Portion bringen, als sie *Cleopatra* (USA, 1963) drehte.

TEUERSTER TRÜFFEL
Der teuerste Trüffel der Welt ist *Tuber magmatum pico*, ein seltener weißer Trüffel, der in Alba (I) gefunden und für ca. 15.964 DM verkauft wurde. Wissenschaftlern ist es nicht gelungen, den Pilz zu züchten, den nur trainierte Schweine oder Hunde aufspüren können.

TEUERSTER KAFFEE
Der indonesische Kaffee Kopi Luwak ist mit ca. 60,20 DM pro 250 g der teuerste Kaffee der Welt. Seine Bohnen werden aus den Ausscheidungen von Tieren ausgesondert und zu Kopi Luwak verarbeitet.

MEISTE RESTAURANTBESUCHE
Fred Magel aus Chicago (USA) war im Laufe von 50 Jahren in 60 Ländern insgesamt 46.000mal als Test-Esser in Restaurants tätig.

HÖCHSTE MAHLZEIT
Am 28. Juni 1989 veranstalteten neun Mitglieder der Ansett Social Climbers aus Sydney (AUS) ein Essen in einer Höhe von 6.768 m. Mit einem Eßtisch, Stühlen, Wein und einem dreigängigen Menü bestiegen sie den Huascarán in Peru. Auf dem Gipfel zogen sie Thermosmokings, Abendkleider und Zylinder an.

GRÖSSTER METALLESSER
Michel Lotito aus Grenoble (F), bekannt als Monsieur Mangetout (Herr Allesfresser), ißt seit 1959 Metall und Glas. Er zerkleinert Gegenstände wie Fahrräder und Einkaufswagen mit einer elektrischen Säge, um sich mundgerechte Happen herzustellen, und schluckt sie dann wie eine Tablette hinunter. Bis Oktober 1997 aß der 47jährige in seiner 22jährigen Laufbahn fast acht Tonnen Metall.

STÄRKSTER ALKOHOL
Der estnische Schnaps „Monopoly" hatte 98 % Alkohol und wurde aus Kartoffeln destilliert. Hergestellt wurde der Schnaps während der Unabhängigkeit des Landes zwischen den zwei Weltkriegen.

Baz's Super Brew ist mit einem Alkoholanteil von 23 % das stärkste Bier der Welt. Es wird von Barrie Parish in der Parish-Brauerei, Somerby (GB), gebraut.

GRÖSSTER TRINKSPRUCH
Am 27. Februar 1998 versammelten sich in den USA um 23.00 Uhr (EST) 78.276 Personen in Lokalen, Restaurants und Bars zum „The Great Guinness Toast".

GRÖSSTE WEINVERKOSTUNG
Am 22. November 1986 tranken rund 4.000 Personen 9.360 Flaschen Wein bei einer von der Fernsehstation KQED in San Francisco (USA) gesponserten Verkostung.

TEUERSTE WEINSAMMLUNG
Am 21. Mai 1997 erzielte die 18.000 Flaschen große Sammlung von Andrew Lloyd Webber bei Sotheby's in London (GB) 10,44 Mio. DM. Sie wurde als die größte Weinsammlung eines einzelnen Besitzers angeboten. Der Gesamtpreis lag deutlich über den Schätzungen.

TEUERSTE FLASCHE WEIN
Im Dezember 1985 wurden ca. 297.150 DM für eine Flasche 1787er Rotwein Château Lafite mit den Initialen von Thomas Jefferson, dem dritten Präsidenten der USA, bezahlt. 1986 rutschte der Korken aus der Flasche, wodurch der Wein verdarb.

TEUERSTES GLAS WEIN
Die Rekordsumme von 2.630 DM zahlte Robert Denby im Pickwick's, einem britischen Pub in Beaune, für das erste Glas eines 1993er Beaujolais Nouveau, erzeugt von der Maison Jaffelin, Beaune (F).

TEUERSTE SPIRITUOSEN
Die teuerste käufliche Spirituose ist Malt Whisky der Marke Springbank, Jahrgang 1919, von dem bei Fortnum & Mason in London (GB) eine Flasche einschließlich Mehrwertsteuer ca. 19.102 DM kostet.

Der höchste Preis, der auf einer Auktion für eine Spirituose gezahlt wurde, betrug ca. 143.989 DM für eine Flasche 50 Jahre alten Glenfiddich Whisky. Sie wurde 1992 auf einer Wohltätigkeitsversteigerung in Mailand (I) an einen anonym gebliebenen Geschäftsmann verkauft.

Rekord-Speisen

Leistung

GRÖSSTES CURRY
Am 17. Mai 1998 wurde ein Curry mit über 2.653 kg von dem Restaurant-Team Raj in Maldon (GB) zubereitet. Das Curry, das in einem eigens dafür entworfenen Topf mit einem Durchmesser von 2,29 m und einer Tiefe von 1,22 m gekocht wurde, enthielt 1.000 kg Gemüse, 80 kg Kokosnußpulver, 20 kg Tamarinde, 10 kg Tandooripaste, 40 kg Farbstoffe und 3 kg Garam masala. Es wurde in 13.500 Portionen serviert.

LÄNGSTE SUSHI-ROLLE
600 Mitglieder des Nikopoka Festa Komitees kreierten am 12. Oktober 1997 eine Sushi-Rolle (*kappamaki*) mit einer Länge von 1.000 m in Yoshii (J).

GRÖSSTER CHINESISCHER KLOSS
Die Hong Kong Union of Chinese Food and Culture Ltd (Hongkonger Vereinigung für Chinesische Küche und Kultur) und das Southern District Committee kochten am 5. Juli 1997 einen 480 kg schweren chinesischen Kloß, um Hongkongs Rückkehr nach China zu feiern.

GRÖSSTE JE GEKOCHTE MUSCHELMENGE
Am 5. September 1998 kochten in Oosduinkerke (B) zwölf Personen 5 Stunden lang 1.500 kg Muscheln in einer Pfanne.

LÄNGSTES SATAY
Am 20. Juni 1998 wurde im Thomson Community Club in Singapur ein 83 m langes Satay zubereitet.

GRÖSSTE SCHÜSSEL SPAGHETTI
Am 16. August 1998 kochte die Consolidated Communications in Battersea (GB) eine Schüssel Spaghetti mit einem Rekordgewicht von 274 kg für Walt Disney Home Video, um die Neuveröffentlichung des Films *Die Lady und der Tramp* (USA, 1955) zu feiern.

GRÖSSTES RESTAURANTSTEAK
Ein 5,67 kg schweres Rumpsteak (Gewicht vor dem Braten) kann man im Kestrel Inn, Hatton (GB), bekommen. Die Bratzeit beträgt ca. 40 Minuten (medium/durchgebraten). Es kostet umgerechnet ca. 205 DM.

GRÖSSTES DÖNER KEBAB
Ein Döner Kebab mit einem Rekordgewicht von 1.030 kg, einer Breite von 1,20 m und einer Höhe von 1,60 m kreierte Kadir Cetinkaya auf dem Züricher Sommerfestival (CH) zwischen dem 3. und 5. Juli 1998.

GRÖSSTER HAMBURGER
Ein 2,5-t-Hamburger wurde am 5. August 1989 in Outagamie County Fairgrounds, Seymour (USA), zubereitet.

GRÖSSTES TÖRTCHEN
Ein Erdbeertörtchen mit einer Größe von 68,93 m² und einem Gewicht von 2.385 kg wurde von Konditorschülern der L'École hôtelière de Laval in Quebec (CDN) vom 13. bis 17. Juni 1998 zubereitet. Es wurde mit 399 Litern Schlagsahne und 1.197,5 kg Erdbeeren belegt.

 GRÖSSTES ZWIEBEL-BAHJI
Die Köche des Jinnah Restaurant in Flaxton (GB) bereiteten am 10. November 1998 das größte Zwiebel-Bahji zu. Es wog 3,12 kg und hatte einen Durchmesser von genau 51 cm.

LÄNGSTER APFELSTRUDEL
Ein 1,674 km langer Strudel wurde in Karlsruhe (D) am 26. Mai 1994 zubereitet.

GRÖSSTES GELEE
35.000 Liter rosafarbenes Gelee mit Wassermelonengeschmack kochten am 5. Februar 1981 Paul Squires und Geoff Ross im Roma Street Forum, Brisbane (AUS).

GRÖSSTES DONUT
Ein Marmeladendonut von 1,7 Tonnen und einem Durchmesser von 4,9 m backten am 21. Januar 1993 Vertreter der Bäckerei Hemstroughts und Donatos sowie des Radiosenders WKLL-FM in Utica (USA).

LÄNGSTES BANANEN-SPLIT
Einwohner von Selinsgrove (USA) kreierten am 30. April 1988 ein 7,32 km langes Bananen-Split.

GRÖSSTER EISBECHER MIT FRÜCHTEN
Am 24. Juli 1988 stellte die Palm Dairies Ltd. aus Edmonton (CDN) einen Eisbecher mit Früchten im Gewicht von 24,91 Tonnen her. Für das Rezept wurden 20,27 t Eiscreme, 4,39 t Sirup und 243,7 kg Früchte verwendet.

GRÖSSTE TAFEL SCHOKOLADE
Eine 2,715 m lange, 1,195 m breite und 30,4 cm hohe Cadbury's-Vollmilchschokolade im Gewicht von 1.101,34 kg wurde in Birmingham (GB) am 5. Oktober 1998 hergestellt.

GRÖSSTE ZWIEBEL
Mel Ednie (rechts) aus Anstruther (GB) züchtete 1997 die größte Zwiebel der Welt mit einem Gewicht von 7,03 kg. Der zur Zeit erfolgreichste Züchter von Riesen-Gemüse ist Bernard Lavery aus Rhondda (GB), der den Rekord für den schwersten Kohl (56,24 kg), die schwerste Möhre (7,13 kg), die schwerste Zucchini (29,25 kg) und den längsten Maiskolben (92 cm) hält.

LÄNGSTE WURST

Die längste Wurst aus einem Stück erstreckte sich über 46,3 km. Hergestellt wurde sie von M & M Meat Shops und J.M. Schneider Inc. in Kitchener (CDN) im April 1995. Auf dem Foto sieht man Kinder aus Srednja Backa in Jugoslawien bei ihrem Versuch, diesen Rekord zu schlagen. Die größte Salami wog 676,9 kg und war 20,95 m lang. Sie wurde im Juli 1992 von A/S Svindlands Pølsefabrikk in Flekkefjord (N) hergestellt. Die größte Bratwurst war 3,1 km lang. Am 18. September 1994 wurde sie in Jena (D) präsentiert.

GRÖSSTER WEIHNACHTS-BAUMKUCHEN

Am 25. Dezember 1997 wurde im Mercure Hotel in Bangkok (THA) ein Weihnachts-Baumkuchen mit einem Gewicht von 2.300 kg zubereitet, ausgestellt und gegessen. Der 8,4 m lange und 60 cm breite Kuchen wurde von zehn Angestellten des Hotels gebacken. Man brauchte 360 Stunden für die Zubereitung, sowie 210 kg Mehl, 300 kg Zucker, 120 kg Butter, 120 kg Kondensmilch und 594 Eier. Er wurde in 19.212 Portionen aufgeteilt.

GRÖSSTES SCHOKOLADENMODELL

Im November 1997 baute der Richmond Club im Einkaufszentrum Zuid, Gent (B), ein 14,97 m langes, 4,7 m breites und 7,47 hohes Dinosaurier-Schokoladenmodell.

GRÖSSTER APFEL

Der Rekord für den schwersten Apfel liegt bei 1,67 kg. Alan Smith aus Linton (GB) hat ihn gezüchtet.

GRÖSSTE ANANAS

Die größte Ananas der Welt wurde von E. Kamukaus Ais Village auf Papua Neuguinea (RI) im Jahr 1994 gezüchtet. Sie war 8,06 kg schwer.

GRÖSSTER BROCCOLI

John und Mary Evans aus Palmer in Alaska (USA) züchteten 1993 einen Broccoli, dessen Kopf 15,87 kg wog.

GRÖSSTER KNOBLAUCH

Der größte Knoblauch mit einem Gewicht von 1,19 kg wurde 1985 von Robert Kirkpatrick aus Eureka in Kalifornien (USA) präsentiert.

GRÖSSTER MARKKÜRBIS

Den größten Markkürbis der Welt züchtete John Handbury aus Chesterfield in Derbyshire (GB) im Jahr 1998. Er wog 61,23 kg.

GRÖSSTER KÜRBIS

Soji Shirai aus Ashibetsu (J) steht neben einem Kürbis im Gewicht von 440 kg, den er selbst anbaute. Ein durchschnittlicher Kürbis (Cucurbita peto) wiegt zwischen 1–2 kg. Den bislang größten Kürbis der Welt bauten Nathan und Paula Zehr aus Watson (USA) an. Er wog 481 kg.

Leistung

Sammlungen

GRÖSSTE DÜSENJÄGERSAMMLUNG
Michel Pont, ein französischer Weinproduzent, besitzt eine Privatsammlung von 100 Düsenjägern, die von britischen *Vampires* über russische *MiG*s bis hin zu seltenen französischen Dassault *Mirage 4* reicht. Pont, der seit 1958 Motorräder und seit 1970 Autos sammelt, begann 1986 mit Düsenjägern. Bis Januar 1998 bekam der 66jährige 70 verschiedene Typen von Düsenjägern, 500 Motorräder und eine Serie purpurroter Abarth-Rennwagen zusammen.

MEISTE MODELLFLUGZEUGE
Bader Yousif Murad aus Bahrain sammelt Modellflugzeuge, seitdem er an seinem zehnten Geburtstag im Jahr 1978 ein gebrauchtes Modell einer B747-200 der KLM geschenkt bekam. Heute besitzt er 1.105 Modellflugzeuge von über 440 Fluggesellschaften. Seine Sammlung, die monatlich um ca. zehn Modelle wächst, kostete ihn in den vergangenen 20 Jahren 54.300 DM.

MEISTE REISEPÄSSE
Guy Van Keer aus Brüssel (B) hat 4.260 Reisepässe und sonstige amtliche Reisedokumente gesammelt. Sie stammen aus 130 Ländern und wurden zwischen 1615 und heute ausgestellt.

GRÖSSTE RUBBELKARTEN-SAMMLUNG
Darren Haake aus Bateau Bay (AUS) hat seit 1993 insgesamt 277.820 Rubbelkarten gesammelt.

MEISTE BUSFAHRSCHEINE
Yacov Yosipovv aus Tel Aviv (IL) sammelte über 14.000 verschiedene benutzte Busfahrscheine.

GRÖSSTE MURMELSAMMLUNG
In den letzten 46 Jahren baute der Drucker Sam McCarthy-Fox aus Worthing (GB) eine Sammlung aus 40.000 Murmeln auf. Dazu gehören sowohl antike Murmeln als auch moderne Murmeln, die aus Kunststoff hergestellt werden.

MEISTE WHISKYFLASCHEN
Edoardo Giaccone aus Brescia (I) besaß 5.502 ungeöffnete, originalgroße Whiskyflaschen, darunter Bourbon und irischer Whisky. Er starb 1997 und vermachte seine Sammlung Guiseppe Begnoni aus Bologna (I).

Claive Vidiz, der Vorsitzende des brasilianischen Verbands der Whiskysammler, besitzt 2.571 volle Flaschen original-schottischen Whiskys. Die Flaschen werden in einem Museum in São Paulo (BR) aufbewahrt, das eigens für diese Sammlung gebaut wurde.

MEISTE BIERDOSEN
William Christensen aus Madison (USA) sammelte über 75.000 verschiedene Bierdosen aus ungefähr 125 Ländern und Territorien.

GRÖSSTE SAMMLUNG VON LUFTKRANKHEITSBEUTELN
Nick Vermeulen (NL) hat eine rekordbrechende Sammlung von 2.112 verschiedenen Luftkrankheitsbeuteln

GRÖSSTE KUGELSCHREIBERSAMMLUNG
Angelica Unverhau aus Dinslaken (D) hat 168.700 Kugelschreiber aus 137 Ländern gesammelt, darunter befinden sich keine Duplikate. Als sie vor neun Jahren mit Begeisterung feststellte, wie viele Kugelschreiberarten und -formen es gibt, begann sie, diese zu sammeln. Der teuerste Kugelschreiber ihrer Sammlung ist aus Gold und Weißgold gefertigt und hat einen Wert von über 905 DM.

GRÖSSTE GARFIELD-SAMMLUNG
Mike Drysdale und Gayle Brennan aus Los Angeles (USA) haben über 3.000 Stücke gesammelt, die mit Garfield, ihrer Lieblings-Comic-strip-Figur, zusammenhängen. Die beiden haben aus ihrem Haus einen riesigen Schrein für die berühmte Katze gemacht. Jede Ecke ist vollgestopft mit Schmusetieren, Videos, Bettzeug, Geschirr, aufziehbarem Spielzeug und anderen Garfield-Stücken. Ihre Leidenschaft begann 1994, als Gayle ein Garfield-Bett für ihre Katzen kaufte. Den Lasagne-liebenden Garfield, seinen Freund, den Hund Obie, und ihren schwer geprüften Besitzer Jon schuf der amerikanische Comiczeichner Jim Davis im Jahr 1978. Heute wird der Comic strip täglich von 220 Mio. Menschen in aller Welt gelesen. Paradoxerweise besitzt Davis keine Katze, weil seine Frau eine Katzenallergie hat.

aufgebaut. Die Beutel stammen von insgesamt 470 verschiedenen Fluggesellschaften.

GRÖSSTE RASENMÄHERSAMMLUNG
Die „Hall and Duck Trust"-Sammlung von uralten Rasenmähern, deren Besitzer Andrew Hall und Michael Duck aus Windsor (GB) sind, umfaßt über 680 verschiedene Rasenmäher.

MEISTE FILMKAMERAS
Der pensionierte Postbote Dimitrios Pistiola aus Athen (GR) besitzt 440 Filmkameras aus der Zeit von 1901 bis heute.

MEISTE VINYL-SCHALLPLATTEN
Alessandro Benedetti aus Monsummano Terme (I) hat 780 farbige Vinyl-Schallplatten gesammelt.

GRÖSSTE BARBIEPUPPENSAMMLUNG
Tony Mattia aus Brighton (GB) besitzt 1.125 Barbiepuppen. Seine Sammlung umfaßt rund die Hälfte aller seit 1959 von Mattell in den USA hergestellten Modelle. Einmal im Monat wechselt er die Bekleidung der Puppen, außerdem kämmt er regelmäßig ihre Haare.

GRÖSSTE PFLASTERSAMMLUNG
Brian Viner aus London (GB) hat rund 3.750 unbenutzte Pflaster verschiedener Farbe, Art, Form und Größe gesammelt.

GRÖSSTE HANDSCHELLENSAMMLUNG
Der Schlosser Chris Gower aus Dorset (GB) hat 412 Paar Handschellen seit 1968 gesammelt. Sein Interesse für Handschellen wurde durch seine Begeisterung für Entfesselungskünste geweckt.

GRÖSSTE SWATCH-SAMMLUNG
Fiorenzo Barindelli aus Italien sammelte 3.524 Swatch-Uhren. Dazu gehören jede seit 1983 im Swatch-Katalog enthaltene Uhr sowie einige Prototypen und Sonderausgaben. Er plant, im Jahr 2000 ein Swatch-Museum zu eröffnen.

GRÖSSTE SAMMLUNG VON NACHTTÖPFEN
Manfred Klauda aus Deutschland sammelte 9.400 verschiedene Nachttöpfe, einige davon stammen bereits aus dem 16. Jahrhundert.

MEISTE SPARSCHWEINE
Ove Nordström aus Spånga (SWE) besitzt eine Sammlung von 4.175 verschiedenen Sparschweinen.

GRÖSSTE STAR-WARS-SAMMLUNG
Jason Joiner aus Ealing (GB), ein Experte für Spezialeffekte, besitzt eine Sammlung von über 20.000 Star-Wars-Spielsachen. Zu seiner Sammlung gehören ein Original-C3PO-Roboter, ein Original-R2D2 sowie ein Orginalkostüm von Darth Vader, alles Stücke, die in einem der ersten drei Star-Wars-Filme verwendet wurden.

Reichtum

Steinreiche

REICHSTER KÖNIGSSPROSS

Hassanal Bolkiah, der Sultan von Brunei, ist mit einem geschätzten Vermögen von 54,3 Mrd. DM der reichste Mann einer Königsfamilie. Mit Öl und Gas wurde er auch der reichste Mann Asiens, der reichste Ölmagnat der Welt und Eigentümer des größten Palastes. Der Sultan regiert Brunei, ist Ministerpräsident sowie Verteidigungs- und Finanzminister. In Brunei ist die Gesundheitsfürsorge und Schulbildung kostenlos.

REICHSTE FRAUEN

Die reichsten Frauen der Welt sind die Witwe und die Tochter von Sam Walton, dem Gründer von Wal-Mart. Laut *Forbes* besitzen seine Frau Helen und seine Tochter Alice jeweils 28,96 Mrd. DM.

Lilliane Bettencourt, die Erbin der L'Oréal- und Nestlé-Imperien, hat ein geschätztes Vermögen von 25,15 Mrd. DM.

REICHSTE KÖNIGIN EUROPAS

Königin Beatrix von Holland ist mit einem Nettovermögen von 9,41 Mrd. DM die reichste Königin Europas. Sie bestieg den Thron am 20. April 1980, nachdem ihre Mutter Königin Juliana abgedankt hatte.

GRÖSSTER NACHLASS

1991 verkündete der amerikanische Verlagsmagnat Walter Annenberg, er werde seine Kunstsammlung im Wert von 1,81 Mrd. DM dem Metropolitan Museum of Art in New York (USA) vermachen.

1997 sicherte der amerikanische Medienmagnat Ted Turner zu, insgesamt 1,81 Mrd. DM für Programme der Vereinten Nationen zu spenden, darunter Anti-Landminen- und Flüchtlingshilfeprogramme.

TEUERSTE GRUNDSTÜCKE

1997 kaufte Wong Yuk Kwan, der Vorsitzende der Pearl Oriental Holdings, für 127,06 Mio. DM bzw. 88,50 Mio. DM zwei Grundstücke im Erschließungsgebiet Skyhigh, Hongkong (CHN).

TEUERSTE INSELN

Die 16.188 ha große Insel Niihau, Hawaii, ist die größte Privatinsel der USA. Sie hat einen Wert von ca. 181 Mio. DM.

Die teuerste Insel, die zur Zeit angeboten wird, ist die Seychelleninsel D'Arros. Das 242,8 ha große Atoll besitzt eine Privatlagune, eine Startbahn und drei Häuser und kann für 38,01 Mio. DM erworben werden.

TEUERSTER LUXUSDAMPFER

Die 304 m lange, in einer deutschen Werft im Bau befindliche *World of ResidenSea* soll insgesamt 958,75 Mio. DM kosten und wird das luxuriöseste Schiff aller Zeiten sein. Es wird eine 500köpfige Besatzung, sieben Restaurants, ein Kino, ein Casino, einen Nachtclub, Bars, ein römisches Bad, eine Kapelle, eine Bibliothek, Museen, ein Business-Service-Center, einen zugelassenen Wertpapierbroker, Geschäfte, einen Swimmingpool, eine einziehbare Ablegestelle für Wassersport, eine Golfakademie, einen Tennisplatz sowie einen Hubschrauber-Landeplatz besitzen. Das Schiff soll im Jahr 2000 vom Stapel laufen und verfügt dann über 250 hochseetaugliche Apartments, die für 2,35–10,49 Mio. DM angeboten werden. Die teuersten werden die 199,92 m² großen Penthouse-Apartments mit je drei Schlafzimmern und drei Badezimmern sein.

TEUERSTES PRIVATFLUGZEUG

Die 63,35 Mio. DM teure *Gulfstream V*, das am höchsten fliegende Passagierflugzeug nach der Concorde und das schnellste Langstrecken-Luxusflugzeug, erreicht eine Höchstgeschwindigkeit von knapp 966 km/h und hat eine Reichweite von 12.046 km; somit kann es unter einmaligem Nachtanken an jeden Ort der Welt fliegen. Wenn es mit maßgefertigten Extras ausgestattet wird, erhöht sich sein Wert auf 72,4 Mio. DM.

GRÖSSTE PRIVATE ROLLS-ROYCE-FLOTTE

Sultan Hassanal Bolkiah aus Brunei, der der reichste Mann der Welt war, bevor Microsoft-Chef Bill Gates (siehe auch S. 58 – *Großverdiener*) ihn übertraf, soll angeblich die größte Privatsammlung von Rolls-Royce-Wagen besitzen. Die Flotte wurde auf 150 Fahrzeuge geschätzt. Zusammen mit seinem Bruder Prinz Jefri soll der Sultan weitere 1.998 Luxusfahrzeuge besitzen.

GRÖSSTE PHILANTHROPEN

Doris Bryant (oben), die Schwester des reichsten Investors der Welt, Warren Buffett, ist als „Sunshine Lady" bekannt. Ihre Stiftung hat bereits 5,43 Mio. DM in ihrem Heimatstaat North Carolina (USA) für gute Zwecke gespendet. Der größte Philanthrop aller Zeiten war der Großindustrielle und Stahlmagnat Andrew Carnegie, der fast sein gesamtes Vermögen für den Bau öffentlicher Bibliotheken und die Einrichtung mehrerer Bildungs- und Forschungsinstitutionen verteilte. Sein Vermögen belief sich nach Schätzungen im Jahr 1901 auf 452,5 Mio. DM.

TEUERSTE SCHEIDUNG
Die höchste jemals auf der Welt öffentlich bekanntgegebene Scheidungsregelung belief sich auf 1,415 Mrd. DM plus Immobilienbesitz. Sie wurde 1992 durch die Anwälte von Soraya Khashoggi (links im Bild) von ihrem Mann Adnan (rechts), einem saudischen Unternehmer und Grundbesitzer, erzielt.

JÜNGSTE MULTI-MILLIARDÄRIN
Athina Onassis Roussel, die Enkelin des Schiffsmagnaten Aristoteles Onassis, erbte 1988 im Alter von drei Jahren ein Imperium im Wert von schätzungsweise 9,05 Mrd. DM und die griechische Insel Skorpios. Die Verwaltung über ihr Vermögen wird sie im Jahr 2003, mit 18 Jahren, übernehmen.

TEUERSTE PRIVATE UHRENSAMMLUNG
Prinz Jefri, der jüngere Bruder des Sultans von Brunei, soll Berichten zufolge 9,41 Mio. DM für zehn edelsteinbesetzte Uhren gezahlt haben.

TEUERSTE PRIVATE KUNSTSAMMLUNG AUF EINER VERSTEIGERUNG
Eine Sammlung von Victor und Sally Ganz, zu der Werke von Pablo Picasso und Jasper Johns gehören, wurde im November 1997 bei Christie's, New York (USA), für 375,39 Mio. DM versteigert.

GRÖSSTER RENNSTALL
Der Godolphin-Rennstall der Herrscherfamilie Maktoum von Dubai, unter Führung von Scheich Mohammed al Maktoum, umfaßt 850 Rennpferde, 70 Zuchtstuten, 18 Zuchthengste, zwölf Ställe und 25 Trainer. Seine Aufrechterhaltung kostet pro Jahr 740,25 Mio. DM.

REICHSTE ROCKSTAR-ERBIN
Lisa Marie Presley, die Tochter von Elvis, erbte 235,3 Mio. DM. An ihrem 30. Geburtstag im Jahr 1997 erhielt sie eine Teilzahlung von 68,78 Mio. DM. Als Elvis starb, stand sein Nachlaß vor der Liquidation, ist seitdem aber zu einem der weltweit erfolgreichsten Merchandising-Unternehmen geworden.

Reichtum

Großverdiener

REICHSTE PERSON ALLER ZEITEN
John D. Rockefellers Vermögen wurde 1913 auf 900 Mio. $ geschätzt, das entspricht heute 343,17 Mrd. DM. Nachdem Rockefeller ein Vermögen im Ölgeschäft gemacht hatte, setzte er sich 1897 zur Ruhe. Bis 1922 hatte er an seine Familie und für wohltätige Zwecke 1,81 Mrd. DM verteilt und behielt nur 36,2 Mio. DM für sich selbst.

REICHSTER GESCHÄFTSMANN
Laut *Forbes*-Magazin ist Bill Gates, der Gründer, Vorsitzende und Generaldirektor der Microsoft Corporation, heute der reichste Mann der Welt. Sein Vermögen wird auf 160 Mrd. DM geschätzt.

REICHSTE GESCHÄFTSFRAU
Die reichste Geschäftsfrau ist Nina Wang in Hongkong, die über ein geschätztes Vermögen von 10,86 Mrd. DM verfügt. Wang erbte die Chinachem Group, ein Immobilienimperium, nachdem ihr Ehemann 1990 entführt wurde und verschwunden blieb. Ihr Schwiegervater versucht derzeit, ihre Leitung des Konzerns gerichtlich anzufechten.

REICHSTE GESCHÄFTSFAMILIE
Die Kinder und die Witwe von Sam Walton, dem Begründer von Wal-Mart, sind laut *Forbes*-Magazin mit einem geschätzten Vermögen von 140 Mrd. DM die reichste Familie der Welt. 1962 eröffnete Sam Walton sein erstes „Kleinstadt-Discountgeschäft" in Arkansas (USA). Heute ist Wal-Mart mit einem Umsatz von 249,05 Mrd. DM bis Ende Januar 1999 der größte Einzelhändler der USA. Weltweit gibt es gegenwärtig 3.600 Wal-Mart-Geschäfte.

REICHSTER GESCHÄFTSMANN ASIENS
Alwaleed Bin Talal Bin Abdulaziz Alsaud ist mit einem geschätzten Vermögen von 24,07 Mrd. DM der reichste Geschäftsmann Asiens. Mit einer Erbschaft (einem kleinen Teil des gegenwärtigen Vermögens) erwirtschaftete Alwaleed im Vergleich zu Bill Gates das drittgrößte Vermögen der Geschäftswelt, indem er taktisch kluge Investitionen in Firmen, wie z. B. Citicorp, machte.

REICHSTE GESCHÄFTSMÄNNER EUROPAS
Theo und Karl Albrecht aus Deutschland und ihre Familie besitzen ein Gesamtvermögen von 21,17 Mrd. DM, das sie mit ihrem 10 %-Anteil an Europas erfolgreichstem Discount-Einzelhändler, Aldi, anhäuften. Die Aldi-Gruppe hat 4.000 Geschäfte in Europa und 509 in den USA.

REICHSTER GESCHÄFTSMANN LATEINAMERIKAS
Carlos Slim Helu, der Direktor der mexikanischen Geschäftsgruppe Grupo Carso, ist der reichste Geschäftsmann Lateinamerikas. Seine drei Söhne führen Carso und ihren Finanzzweig Inbursa; ihr Familienvermögen beläuft sich insgesamt auf 13,03 Mrd. DM.

REICHSTER GESCHÄFTSMANN AFRIKAS
Nicky Oppenheimer, der Vorsitzende des südafrikanischen Diamanten- und Minenimperiums De Beers, besitzt ein geschätztes Familienvermögen von 4,34 Mrd. DM.

REICHSTER MEDIEN-MAGNAT
Kenneth Thomson, der Direktor des Verlags- und Informationsunternehmens Thomson Corp., besitzt ein Vermögen in Höhe von 21 Mrd. DM. Seine Gesellschaft verkaufte eine Beteiligung an dem Einzelhandelsunternehmen Hudson's Bay und verwendete das Kapital für die Gründung von Thomson Travel, Großbritanniens größtem Pauschalreiseunternehmen, und zum Kauf von Verlagsgeschäften von Pearson.

REICHSTER MANN EUROPAS
Paul Sacher († 1999, oben) ist mit einem Vermögen von 23,71 Mrd. DM der reichste Mann Europas. Seine Familie erbte ein Vermögen von 32,21 Mrd. DM von dem Schweizer Pharmaunternehmen Roche. Der reichste Pharmamagnat ist Pierre Landolt (CH), der Chef von Novartis, dessen Familienvermögen sich auf 11,76 Mrd. DM beläuft.

REICHSTER BAUUNTERNEHMER
Donald Trump, hier vor seinem Haus in Palm Beach (USA) zu sehen, besitzt laut *Forbes*-Magazin ein geschätztes Vermögen von 1,81 Mrd. DM. 1997 protestierte der New Yorker Bauunternehmer und Casinobetreiber, als *Forbes* ihn mit einem Vermögen von 2,53 Mrd. DM auf Platz 115 der Liste der Reichen setzte, und gab sein Vermögen mit 6,69 Mrd. DM an. Zu seinem Besitz zählen der Trump Tower in New York City und Trump Castle, Trump Plaza sowie das Casino Taj Mahal in Atlantic City. 1998 kaufte Trump das GM-Gebäude in New York und hat dank eines anhaltenden Aufschwungs auf dem Immobilienmarkt nur noch wenige Leerstände in den nach ihm benannten Gebäuden.

REICHSTER MANN RUSSLANDS
Vladimir Potanin, nach Forbes der reichste Mann Rußlands, ist der Gründer und Präsident der Ueximbank. Sein Vermögen von 3 Mrd. DM verdiente er durch Öl, Telekommunikation, in der Stahlindustrie und im Bankgewerbe. Der 38 Jahre alte Potanin war auch der erste Ministerpräsident der Russischen Föderation.

REICHSTER INVESTOR
Warren Buffett, der Vorsitzende von Berkshire Hathaway, ist der erfolgreichste Investor der Welt. Er ist 63,36 Mrd. Mark schwer und damit hinter Bill Gates der zweiterfolgreichste Geschäftsmann.

REICHSTER SÜSSWAREN-MAGNAT
Forrest Edward Mars sr. hat ein Vermögen in Höhe von 24,43 Mrd. DM mit dem Süßwarengiganten Mars Inc. sowie mit seinen Tierfutter- und Fertiggerichteimperien gemacht. Nach ihm ist auch seine Erfindung, der weltbekannte Mars-Schokoriegel, benannt. Er starb im Juli 1999 in Florida (USA) in hohem Alter.

REICHSTE KOSMETIK-MAGNATEN
Leonard A. und Ronald S. Lauder und ihre Familie besitzen ein Vermögen von 11,58 Mrd. DM. Leonard leitet die Kosmetikgesellschaft Estée Lauder, die seine Mutter gründete.

HÖCHSTBEZAHLTER INTERNET-GESCHÄFTSFÜHRER
Stephen Case, der 39jährige Gründer von America Online, ist der höchstbezahlte Internet-Geschäftsführer. 1998/99 verdiente er 288,15 Mio. DM, davon stammten 286,08 Mio. DM aus Aktiengewinnen.

REICHSTER JEANS-MAGNAT
Robert D. Haas, der Groß-Groß-Großneffe des Gründers der Jeansfirma Levi Strauss Co., besitzt zusammen mit seiner Familie ein Vermögen von 14,84 Mrd. DM.

HÖCHSTBEZAHLTER GESCHÄFTSFÜHRER DER COMPUTERINDUSTRIE
Craig Barrett, der Geschäftsführer von Intel, dem Hersteller des Pentium-Prozessors, erhielt 1999 211,40 Mio. DM, einschließlich 206,70 Mio. DM aus Aktiengewinnen.

BESTVERDIENENDER EINZELHANDELSGESCHÄFTSFÜHRER
1998/99 verdiente Millard Drexler, der Geschäftsführer von Gap Inc., 211,40 Mio. DM, dazu zählen Gehälter, Sondervergütungen und Aktiengewinne. In dem Zeitraum 1995–99 verdiente er 389,51 Mio. DM.

HÖCHSTBEZAHLTER FILM-GESCHÄFTSFÜHRER
Michael Eisner, der Vorsitzende und Geschäftsführer der Walt Disney Company, erhielt im Geschäftsjahr 1998/99 1,066 Mrd. DM, dazu zählen Gehälter, Sondervergütungen und Aktiengewinne. Seine Gesamteinnahmen im Zeitraum 1995–99 beliefen sich auf 11,42 Mrd. DM.

BESTVERDIENENDER BANKCHEF
1998/99 verdiente Philip J. Purcell, der Direktor der Investmentbank Morgan Stanley, 88,69 Mio. DM, was ihn zum höchstbezahlten Geschäftsführer des Finanzdienstleistungssektors machte. In dem Zeitraum 1995–99 verdiente er insgesamt 195,66 Mio. DM.

REICHSTER AUTOMOBILMAGNAT
Ferdinand Piëch (unten), der Vorsitzende der Volkswagen AG, ist der reichste Automobilmagnat. Seine Familie besitzt ein Vermögen von 9,77 Mrd. DM sowie 76 % der Porsche AG.

 Reichtum

Liebhaberstücke

TEUERSTE BARBIEPUPPEN
Am 13. Juni 1998 wurde bei einer Benefizveranstaltung in Milwaukee (USA) zugunsten der Muscular Dystrophy Association (Vereinigung der an Muskelschwund Leidenden) anläßlich des 95. Harley-Davidson-Jahrestages der Rekordpreis von 47.965 DM für eine nicht seriengefertigte Barbiepuppe gezahlt. Die Puppe trug Originallederbekleidung von Harley-Davidson und saß auf einem Telefon, das als Nachbildung einer Harley-Davidson gestaltet war.

Die wertvollsten seriengefertigten Barbiepuppen sind die noch originalverpackten Nr.-1-Brünetten und die japanischen Brünetten aus dem Jahr 1967 mit rosafarbener Haut, nicht drehbarer Taille und biegbaren Beinen. Beide Modelle bringen jeweils rund 17.195 DM.

TEUERSTER GI JOE
Am 19. August 1994 wurden auf einer Auktion bei Christie's, New York (USA), anläßlich des 30. Jahrestages von GI Joe für eine einzige Actionfigur des Kampfpiloten GI Joe 10.407 DM erzielt.

TEUERSTER PEZ-SPENDER
Ein einteiliger, glänzender Goldelefant, eine Micky Maus mit weichem Kopf und ein Bonbon-Spender ohne Kopf mit dem Aufdruck „PEZ-HAAS" wurden von David Welch, einem Autor und Pez-Händler, für insgesamt 32.580 DM verkauft. Die Spender wurden Ende der 40er, Anfang der 50er Jahre als eine Alternative zum Rauchen erfunden.

TEUERSTE JEANS
Im März 1997 zahlte Levi Strauss & Co. einem Händler, der mit alten Jeans handelte, in New York (USA) 45.250 DM für eine ihrer Levis-501-Jeans, von der man annahm, daß sie zwischen 1886 und 1902 hergestellt worden war.

TEUERSTER FLIPPER
Ein Flipperautomat vom Februar 1992, benannt nach dem amerikanischen Fernsehproduzenten Aaron Spelling, wurde in Los Angeles (USA) für 217.200 DM verkauft.

TEUERSTES ZIPPO-FEUERZEUG
Ein Original-Zippo-Feuerzeug aus dem Jahr 1933 verkaufte Ira Pilossof am 12. Juli 1998 für 18.100 DM. Das Modell besaß an beiden Ecken keine Schlitze – alle späteren Modelle hatten diese an den Ecken. Es ist das erste jemals produzierte Zippo-Modell (früher wurde das Herstellungsjahr mit 1932 angegeben). Daher ist es von Zippo-Sammlern am meisten begehrt und erzielt die höchsten Verkaufspreise.

WERTVOLLSTER ZAUBERWÜRFEL
Anläßlich des 15. Jahrestages des Zauberwürfels produzierte Diamond Cutters International 1995 den „Masterpiece Cube", die einzige limitierte Ausgabe des Zauberwürfels. Die originalgroße, voll funktionsfähige Nachbildung besitzt 22,5karätige Amethysten, 34karätige Rubine und 34karätige Smaragde, alle eingefaßt in 18karätigem Gold. Sein Wert wurde mit ca. 2,71 Mio. DM angegeben. Professor Erno Rubik aus Ungarn, der Erfinder des Originalwürfels, ist hier mit einem Exemplar abgebildet.

TEUERSTER KABINENROLLER
Im März 1997 zahlte der britische Unternehmer Peter de Savary auf einer Auktion von Christie's in London (GB) mit 68.344 DM für eine dreirädrige, 1962 in Deutschland gebaute Messerschmitt KR 200 den höchsten Preis, der je für ein Messerschmitt-Auto gezahlt wurde. Erwartet hatte man für den 191-cm³-Zweisitzer lediglich 22.640 DM. Der Verkäufer war der Kaugummi-Magnat Bruce Weiner.

TEUERSTER MINI
Der Mini „Limo", ein von der Rover Group in Auftrag gegebenes und von John Cooper Garages gebautes Einzelstück, kostete bei seiner Auslieferung im September 1997 141.500 DM. Der zweitürige Mini war mit einer 22.640 DM teuren Alpine-Mini-Disc-Musikanlage sowie mit Sitzen im Wert von 16.980 DM ausgestattet.

TEUERSTES SCHWEIZER ARMEEMESSER
Ein von dem Schweizer Juwelier Luzius Elmer aus 18karätigem Gold gefertigtes Schweizer Armeemesser hat gegenwärtig einen Einzelhandelspreis von 7781,19 DM.

TEUERSTE SWATCH-UHR
Eine im Jahr 1985 von dem französischen Künstler Christian Chapiron

TEUERSTES SERIENGEFERTIGES JO-JO
Die teuersten seriengefertigten Jo-Jos der Welt sind Cold-Fusion- und Cold-Fusion-GT-Jo-Jos von Playmaxx Inc. Sie kosten zwischen 271,50 und 452,50 DM. Es gibt auch eine Spezialanfertigung unter dem Namen Gold Fusion, die mit 24karätigem Gold versehen ist und zwischen 362 DM und 543 DM kostet. 1998 betrug der Umsatz von Playmaxx Inc. ca. 173,76 Mio. DM. Es erhielt den „Craze Of The Year"-Preis des britischen Spielzeugverbandes. Auf dem Bild ist der Jo-Jo-Champion Yo-Hans bei einer Werbung für seine 1998 erschienene Single *Walk...(The Dog) Like An Egyptian* zu sehen.

060

TEUERSTE SERIEN-GEFERTIGTE ASTROLAMPE

„Lunar" von Mathmos, dem Unternehmen, das seit 1963 die Original-Astrolampe herstellt, kostet 900 DM. Die Lampe ist 80 cm hoch, hat einen polierten Aluminium-Fuß und eine Aluminium-Spitze und ist in zwei Farben erhältlich.

TEUERSTE MUSIKBOX

Das Wurlitzer Debutante Model (abgebildet) von 1933 ist die erste Musikbox der Welt und wurde am 27. Juni 1997 in Cumming (USA) für den Rekordbetrag von 83.084 DM verkauft. Die Firma Wurlitzer wurde 1856 gegründet und stellt auch elektrische Orgeln und Pianos her. Die berühmteste Wurlitzer-Musikbox ist die von Paul Fuller im Jahr 1948 entworfene 1100.

(genannt Kiki Picasso) entworfene Swatch-Uhr, von der nur 120 Stück zur Gratisverteilung angefertigt wurden, wurde 1989 auf einer Auktion bei Sotheby's, Mailand (I), für 96.503 DM verkauft.

GERINGSTER GEWINN FÜR EIN FOTO

Am 5. März 1960 fotografierte Alberto Diaz Gutiérrez (bekannt unter dem Namen Alberto Korda) bei einer Gedenkfeier in Havanna (C) den argentinischen Revolutionär Ernesto „Che" Guevara. 1967, als Guevara bei dem Versuch, in Bolivien eine Revolution auszurufen, getötet wurde, gab Korda das Foto kostenlos dem italienischen Verleger Feltrinelli, den er für einen „Freund der Revolution" hielt. Feltrinelli schlug Gewinn aus Guevaras Popularität, die dieser in den sechziger Jahren besaß, und verkaufte innerhalb von 6 Monaten 2 Mio. Poster. Korda erhielt niemals einen Pfennig als Tantiemen oder für das Urheberrecht.

WERTVOLLSTES WARHOL-BILD

Andy Warhols Siebdruck *Orange Marilyn* wurde im Mai 1998 bei Sotheby's, New York (USA), für 31,31 Mio. DM verkauft. Der Name Warhol wurde zum Markenzeichen der von ihm in den 50er und 60er Jahren geschaffenen Pop-Kultur, zu denen auch die Künstler Roy Lichtenstein, Claes Oldenburg und Peter Blake gehörten. Durch Warhols unverwechselbare Zeichen- und Drucktechnik wurden von ihm beliebte Motive wie Coca-Cola-Flaschen, Campbell-Suppendosen und Marilyn Monroes Gesicht zu Kultobjekten. Warhol, der auch Filme wie *Flesh* (USA, 1968) und *Andy Warhol's Dracula* (USA, 1974) machte, starb 1987.

Luxus 1

Reichtum

TEUERSTE BARBIE-PUPPE

Die Firma Mattel feierte im März 1999 den 40. Geburtstag der Einführung der Barbie-Puppe mit einer Barbie im Wert von 141.500 DM. Die Puppe, zusammen mit dem Diamantenunternehmen De Beers entwickelt und bei dem Juwelier David Morris in London (GB) vorgestellt, enthält 160 Diamanten von knapp 20 Karat, die in 18karätiges Weißgold eingefaßt sind. Die Schleppe des Aquamarin-Seidenkleides ist mittels einer Schleife aus Diamanten befestigt, die auch als Brosche getragen werden kann.

TEUERSTE GEPÄCKSTÜCKE
Ein vollständiger Satz Gepäckstücke von Louis Vuitton mit einem Armoire-Koffer, einem Schrankkoffer, einem Streamer-Koffer, vier ineinander passenden Koffern, einer Hutschachtel und einem Schmuckkoffer kostet insgesamt 1.088.425 DM, womit dieses Set das teuerste Reisegepäck der Welt ist.

TEUERSTER KOSMETIKKOFFER
Ein Satz juwelenbesetzter Kosmetikkoffer von Cartier mit einem eingelegten Fragment altägyptischen Stahls wurde im November 1993 bei Christie's, New York (USA), für die Rekordsumme von 342.090 DM verkauft.

TEUERSTE SCHUHE
Kaiser Feldmarschall Jean Bédel Bokassa aus Zentralafrika gab 1977 für seine selbstinszenierte Krönung beim Haus Berluti, Paris (F), ein Paar perlenbesetzter Schuhe zum Rekordpreis von 153.850 DM in Auftrag.

Die teuersten derzeit auf dem Markt erhältlichen Schuhe kosten 50.940 DM und werden von der Designerfirma Gina in London (GB) gefertigt. Die von Aydin Kurdash entworfenen Sandalen der Größe 4 (GB; US-Größe 5) werden aus Krokodilleder gefertigt, sind mit Ziegenleder gefüttert und haben diamantenbesetzte Schnallen.

TEUERSTE MANSCHETTENKNÖPFE
Gianni Vivé Sulman aus Marylebone (GB) stellte 73 Paar Manschettenknöpfe her, die pro Paar den Rekordbetrag von 67.871 DM kosten. Sie bestehen aus 18karätigem, diamantenbesetztem Gold.

TEUERSTE ZIGARREN
Am 16. November 1997 zahlte ein Käufer aus Asien bei Christie's in London (GB) den Rekordbetrag von 27.988 DM pro Stück für 25 in Kuba hergestellte Trinidad-Zigarren.

TEUERSTES STÜCK TORTE
Im Februar 1998 wurde ein 60 Jahre altes Stück Torte von der Hochzeit des Herzogs von Windor mit Wallis Simpson für die Rekordsumme von 55.000 DM bei Sotheby's in New York (USA) versteigert. Der kalifornische Unternehmer Benjamin Yim und seine Frau Amanda erwarben das gute Stück. Eigentlich hatte man mit mit einem Maximalgebot von 1.800 DM für dieses Teil der Windsor-Kollektion gerechnet.

WERTVOLLSTE POKALNACHBILDUNG
Ein Nachbildung des Fußball-Weltmeisterschaftspokals wurde im Juli 1997 bei Sotheby's in London (GB) für 780.000 DM – zwölfmal mehr als erwartet – versteigert. Die vergoldete Trophäe ist eine Nachbildung des Pokals, den England 1966 gewonnen hatte, der aber im selben Jahr gestohlen wurde. Das Original wurde zwar später von einem Hund namens Pickles gefunden, aber die Nachbildung wurde zwei Jahre lang als die echte Jules-Rimet-Trophäe ausgegeben und unter starke Bewachung gestellt, um den Glauben aufrechtzuerhalten, es handele sich um das Original.

WERTVOLLSTER EISHOCKEY-PUCK
Der „Million-Dollar-Puck" von Diamond Cutters International aus Houston (USA) besteht aus Platin, Diamanten und Smaragden. Der Puck ist in Originalgröße mit 733 Edelsteinen besetzt, davon 171 Karat in Diamanten und vier Karat in Smaragden. 1996 wurde er mit einem geschätzten Wert von 1,8 Mio. DM für das Houston Aeros Hockey Team hergestellt.

TEUERSTES MODELLAUTO
Der „Gem Prowler" im Wert von 380.100 DM wurde aus dem größten Rohamethyst der Welt gefertigt. Der Amethyst wog anfangs 15.000 Karat und bei Fertigstellung noch 9.600 Karat. Das Modellauto besteht zudem aus 450 g Weißgold und 18 Karat Weiß- und Gelbdiamanten. Die Windschutzscheibe ist aus Bergkristall gemeißelt. Das Modellauto wurde von Diamond Cutters International für Chrysler Plymouth anläßlich der Markteinführung eines neuen Modells im Jahr 1997 angefertigt.

TEUERSTES PUZZLE
Die handgefertigten „Dollhouse Village"-Puzzle von Steve Richardson aus Norwich (USA) haben 2.640 Teile und kosteten im Juni 1999 pro Stück 26.000 DM.

TEUERSTES BRETTSPIEL
Das teuerste kommerziell gehandelte Brettspiel ist die Luxus-Version von Outrage! der Firma Imperial Games Support aus Southport (GB). Das Spiel, bei dem die Spieler die Kronjuwelen zu stehlen versuchen, hat einen Ladenpreis von 12.000 DM.

TEUERSTES MONOPOLY-SPIEL
Der Juwelier Sidney Mobel aus San Francisco (USA) kreierte 1988 ein Monopoly-Spiel im Wert von 1,9 Mio. DM. Das Brett besteht aus 23karätigem Gold, die Würfel haben 42 geschliffene Diamanten als Augen.

TEUERSTES GESTEIN VON ANDEREN PLANETEN
Das Stück eines Meteoriten vom Mars wurde im Mai 1998 bei Phillips, New York (USA), für 13.272 DM verkauft, das

TEUERSTER WEIHNACHTSBAUMSCHMUCK
Am 5. Dezember 1996 wurde auf der Place du Rhône in Genf (CH) ein Weihnachtsbaum mit dem teuersten Schmuck aller Zeiten aufgestellt. Den Schmuck im Gesamtwert von 16.082.914 DM ohne Steuer hatte Piaget International S.A. gestiftet; jeder Baumbehang enthielt 31 Uhren und elf Schmuckstücke.

ist mehr als das 1.000fache seines Gewichts in Gold. Der Stein, der 2 x 2 x 4 mm mißt und 0,28 g wiegt, wurde 1958 in Brasilien gefunden. Sein Verkaufspreis wurde anfangs auf 2.896–5.792 DM geschätzt.

Bei Sotheby's, New York (USA), wurde 1993 Mondgestein mit einem Gewicht von 0,33 g (weniger als zwei Karat) für 800.925 DM verkauft. Auf der Erde gibt es insgesamt 363 kg Mondgestein, vom Mars sind es lediglich 41 kg.

TEUERSTE BRAUTKLEIDER
Sabrina Battaglia (I) trägt ein Brautkleid im Wert von 10,86 Mio. DM, das für ihre Hochzeit am 7. Dezember 1998 angefertigt wurde. Das teuerste Brautkleid aller Zeiten kreierte Hélène Gainville mit Juwelen von Alexander Reza. Das Kleid im Wert von 13,21 Mio. DM wurde am 23. März 1989 vorgeführt.

Reichtum

Luxus 2

WERTVOLLSTER HEILIGER GEGENSTAND
Der aus dem 15. Jahrhundert stammende goldene Buddha im Trimitr-Tempel in Bangkok (THA) gilt als der heilige Gegenstand mit dem höchsten materiellen Wert. Im April 1996 wurde bei einem Preis pro Feinunze von ca. 735,80 DM der Wert des Buddhas auf ca. 93,4 Mio. DM geschätzt. Er ist 3 m groß und wiegt rund 51,2 Tonnen. Das Gold unter dem Gips wurde erst 1954 entdeckt.

WERTVOLLSTER VERSCHWUNDENER KUNSTSCHATZ
Das Bernsteinzimmer wurde 1716 der russischen Zarin Katharina der Großen von Friedrich Wilhelm I. von Preußen geschenkt und im Katharinenpalast bei St. Petersburg (RUS) eingerichtet. Es bestand aus geschnitzten Bernsteinplatten und reich verzierten Stühlen, Tischen und Bernsteinornamenten. 1941 zerlegten die deutschen Truppen den Raum und brachten die Teile zurück nach Deutschland, wo es im Schloß Königsberg in Ostpreußen (heute Kaliningrad, RUS) wieder zusammengesetzt wurde. Das Bernsteinzimmer wurde 1945 in Kisten verpackt und eingelagert und ist seitdem verschwunden. Eine einzige Platte tauchte 1997 in Deutschland wieder auf.

WERTVOLLSTES TAGEBUCH
Ein Tagebuch mit Eselsohren, in dem die Geschichte von Davy Crocketts letzten Stunden in Alamo nachzulesen sein soll, erzielte im November 1998 bei einer Auktion in Los Angeles (USA) den Preis von 633.500 DM, obwohl es oft als Fälschung bezeichnet wurde. Das Tagebuch, geschrieben vom mexikanischen Offizier José Enrique de la Pena, scheint die Legende, Crockett sei als Held gestorben, zu widerlegen. Er soll laut diesen Aufzeichnungen von den mexikanischen Truppen gefangengenommen und hingerichtet worden sein. Das Buch besteht aus zwei handgeschriebenen Bündeln, die von zerfetzten Bändern zusammengehalten werden, und wurde an einen ungenannten Bieter verkauft.

TEUERSTES ILLUSTRIERTES MANUSKRIPT
Der *Codex Hammer*, ein illustriertes Manuskript, in dem Leonardo da Vinci die Erfindung des U-Boots und der Dampfmaschine vorausgesagt hatte, wurde am 11. November 1994 für 55,8 Mio. DM bei Christie's in New York (USA) verkauft. Käufer war Bill Gates, der wohlhabendste Mann der Welt. Es ist das einzige Manuskript von Leonardo da Vinci in Privatbesitz.

TEUERSTE BRIEFE
Am 5. Dezember 1991 wurde bei Christie's in New York (USA) ein Brief Abraham Lincolns vom 8. Januar 1863 für 1.353.800 DM an „Profiles in History" in Beverly Hills (USA) verkauft.

Am 22. Januar 1981 wurde an die Hamilton Galleries (USA) die Rekordsumme von ca. 22.625 DM für einen vom ehemaligen Präsidenten Ronald Reagan unterschriebenen Brief bezahlt. Der Brief enthielt ein Lob auf Frank Sinatra.

WERTVOLLSTES BUCH
Am 8. Juli 1998 wurde eine Originalausgabe von Geoffrey Chaucers *Canterbury Tales* bei Christie's in London für 13 Mio. DM verkauft – der Preis war damit neunmal höher als erwartet. Das Buch war das erste wirkliche Buch, das in England gedruckt wurde. William Caxton stellte es im Jahre 1477 her.

WERTVOLLSTE NOTENMANUSKRIPTE
Der höchste Preis, der für ein Notenmanuskript gezahlt wurde, beträgt 7.315.550 DM. Am 22. Mai 1987 zahlte James Kirkman bei Sotheby's, London (GB), diese Summe für 508 Seiten mit neun vollständigen Symphonien, handgeschrieben von W. A. Mozart.

Den Höchstpreis von 3,11 Mio. DM für ein einzelnes Originalmanuskript erzielte am 6. Dezember 1991 die Klaviersonate in e-Moll, Opus 90, von Ludwig van Beethoven bei Sotheby's in London (GB).

WERTVOLLSTE FLAGGE
Eine weiße Nationalflagge, die Captain Scott 1902 an einem Strand der Antarktis fand, wurde im Oktober 1997 bei Christie's in London (GB) für 81.362 DM verkauft. Sie sollte ursprünglich 14.150 DM einbringen.

WERTVOLLSTE BRIEFMARKE
Die schwedische „Treskilling" wurde im November 1996 für 3,96 Mio. DM verkauft.

WERTVOLLSTER BRIEFMARKENSATZ
Ein Satz mit 48 Zwei-Penny-Marken, der in tadellosem Zustand in einer zusammengerollten Lederschreibmappe im Dalkeith-Palast, Midlothian (GB), entdeckt wurde, hat einen Wert von 7,78 Mio DM. Ein ehemaliger Angehöriger der Royal Air Force fand die Briefmarken bei einer Inventur der Palastgegenstände. Eine einzelne Marke in tadellosem Zustand hat einen Wert von ca. 14.150 DM. Die Briefmarken, die sich seit ihrer Entdeckung 1945 im Besitz von drei verschiedenen Sammlern befanden, werden jetzt von dem Londoner Fachmann Spink auf dem freien Markt angeboten.

WERTVOLLSTER TEPPICH
Der Frühlingsteppich von Khusraw, hergestellt für den Empfangsraum des Sassanian-Palastes in Clesiphon im Irak, war der teuerste Teppich aller Zeiten. Er bestand aus ca. 650 m² Seide mit von Smaragden durchsetztem Goldfaden. Der Teppich wurde von Plünderern im Jahre 635 v. Chr. in Stücke geschnitten – wäre er heute noch intakt, würde er ca. 300 Mio. DM wert sein.

WERTVOLLSTE LATERNA MAGICA
Für eine Laterna Magica der Marke Newton & Co aus dem Jahre 1880 wurde auf eine Auktion bei Christie's in London am 17. Januar 1996 der Rekordpreis von 99.000 DM gezahlt.

WERTVOLLSTER TITANIC-FUND
Die Abbildung zeigt ein 31,75 cm großes Namensschild aus Gußeisen und eine Flagge der White Star Line. Sie wurden nach dem Untergang der S.S. Titanic im April 1912 aus einem Rettungsboot geborgen und am 9. Juni 1998 bei Christie's in New York (USA) für 143.895 DM versteigert. Die Nachfrage nach Titanic-Gegenständen ist seit dem Film *Titanic* im Jahr 1997 enorm angestiegen.

WERTVOLLSTE GEIGE
Die Kreutzer, eine von Antonio Stradivari im Jahre 1727 gebaute Geige, wurde am 1. April 1998 bei Christie's in London (GB) für 2.681.425 DM verkauft.

WERTVOLLSTES EI
Fabergé, der russische Juwelier, kreierte zwischen 1885 und 1917 rund 56 Eier-Skulpturen für den Zaren. Die wertvollste ist mit über 3.000 Diamanten besetzt. Sie wurde im November 1994 bei Christie's in Genf (CH) für 10.113.027 DM verkauft.

WERTVOLLSTES CHIRURGISCHES INSTRUMENT
Der höchste Betrag, der jemals für ein chirurgisches Instrument gezahlt wurde, lag bei 76.000 DM. Zu diesem Preis wurde bei Christie's in London am 19. August 1993 eine medizinische Kettensäge aus dem 19. Jahrhundert verkauft.

WERTVOLLSTES KLAVIER
Der höchste Preis für ein Klavier liegt bei 2,2 Mio. DM für einen Steinway, der unter der Aufsicht von Sir Lawrence Alm-Tadema gebaut wurde. Am 7. November 1997 wurde er zu diesem Preis bei Christie's in London (GB) gehandelt, Käufer war das Sterling und Francine Clark Art Institute in Williamstown (USA).

WERTVOLLSTE KAMERA
Der höchste Preis für eine Kamera wurde bei Christie's in London am 25. November 1993 bezahlt. 117.000 DM erzielte eine Kamera, die für den Sultan Abdel Aziz aus Marokko im Jahre 1901 gebaut worden war. Ihre Metallteile waren von dem Hersteller gegen Goldteile ausgetauscht worden.

WERTVOLLSTER FÜLLER
Ein japanischer Sammler zahlte im Februar 1988 die Rekordsumme von 383.693 DM für den „Anémone"-Füllfederhalter, hergestellt von der französischen Firma Réden. Der Füller war mit insgesamt 600 Edelsteinen besetzt, darunter Smaragde, Amethyste, Rubine, Saphire und Onyx. Eine Gruppe erfahrener Handwerker hatte zu seiner Fertigstellung über ein Jahr benötigt

TEUERSTES TORTENSTÜCK
Im Februar 1998 wurde bei Sotheby's in New York (USA) ein Stück Torte von der Hochzeit des Herzogs und der Herzogin von Windsor für 52.624 DM an den kalifornischen Unternehmer Benjamin Yim und seine Frau Amanda verkauft.

WERTVOLLSTE MÜNZE
Ein Silberdollar aus dem Jahr 1804 – einer von nur 15 erhaltenen Exemplaren –, dessen Wert auf ca. 880.000 DM geschätzt wurde, erzielte 2,1 Mio. DM auf einer Auktion in New York (USA) am 8. April 1997. Die Münze hatte dem Bankier Louis Eliasberg gehört, der als einziger Mensch eine komplette Sammlung amerikanischer Münzen besessen hatte.

WERTVOLLSTE BANKNOTEN
Der höchste Wert, der auf einer Auktion für einen Posten Banknoten erzielt wurde, liegt bei 420.000 DM. Richard Lobel bezahlte diese Summe für ein Consortium bei Phillips in London am 14. Februar 1991. Der Posten bestand aus mehr als 17 Mio. britischer Militär-Banknoten, die in einem Gewölbe in Berlin gefunden worden waren.

Reichtum

Shopping

GRÖSSTER KREDITKARTENUMSATZ
1995 kaufte Eli Broad aus Los Angeles (USA) Roy Lichtensteins Gemälde *I...I'm Sorry* (1965–66) für den Betrag von 4,52 Mio. DM, wobei er mit American Express bezahlte. Bei dem größten bis dahin mit Amex abgewickelten Geschäft sparte Broad insgesamt 2,5 Mio. Flugmeilen an.

MEISTE KREDITKARTEN
Walter Cavanagh aus Santa Clara (USA) besitzt insgesamt 1.397 verschiedene Kreditkarten, die zusammen mehr als 2,98 Mio. DM an Kreditwert haben. Er bewahrt seine Sammlung in der größten Brieftasche der Welt auf, sie ist 76,2 m lang und wiegt 17,49 kg.

GRÖSSTES EINKAUFSZENTRUM
The West Edmonton Mall in Alberta (CDN) wurde 1981 eröffnet und vier Jahre später fertiggestellt. Das Einkaufszentrum hat die Größe von 110 Fußballplätzen und nimmt eine Fläche von 483.000 m² auf einem 49 ha großen Gelände ein. Es beherbergt über 800 Läden und Dienstleistungsunternehmen sowie elf größere Kaufhäuser. Jährlich werden rund 20 Mio. Kunden bedient, denen 20.000 Parkplätze zur Verfügung stehen. Außerdem befinden sich ein Wasserpark, ein Golfplatz, eine Schlittschuhbahn und eine Kapelle in der Mall.

GRÖSSTES EINKAUFSZENTRUM EUROPAS
Bluewater in Kent (GB) wurde im März 1999 eröffnet und bedeckt eine Fläche von 155.669 m², von denen 139.400 m² Verkaufsfläche sind. Zur Zeit beherbergt es 201 Geschäfte, drei Kaufhäuser, drei Einkaufsstraßen und drei Freizeitdörfer. Es bietet Parkplätze für 13.000 Autos und ist umgeben von einem angelegten Park und einem See.

GRÖSSTES FREILUFT-EINKAUFSZENTRUM
Ala Moana Center in Honolulu, Hawaii (USA), hat über 200 Läden auf einer 20 ha großen Fläche, womit es das größte Freiluft-Einkaufszentrum ist. Jedes Jahr kommen mehr als 56 Mio. Besucher auf das Gelände.

LÄNGSTE EINKAUFSPASSAGE
Die längste Einkaufspassage der Welt befindet sich im 112 Mio. DM teuren Einkaufszentrum in Milton Keynes in Bucks (GB). Sie ist 720 m lang.

GRÖSSTES KAUFHAUS
Mit 198.000 m² ist Macy's das Kaufhaus mit der größten Verkaufsfläche. Das elfstöckige Gebäude belegt einen kompletten Straßenblock am Herald Square in New York (USA). Die Firma besitzt eine Kette von Kaufhäusern überall in den USA. Sie war eine der ersten großen Kaufhausketten, die ihre Filialen auch in Einkaufszentren plazierte.

MEISTE ELEKTRONIK-FILIALEN
Radio Shack verkauft Elektroartikel und Computer und besitzt in den USA über 6.900 Läden und Franchise-Nehmer.

GRÖSSTER ELEKTRONIK-VERKÄUFER
Best Buy Co Inc. ist die Elektronik-Kette für Elektroartikel, Audio-Video-Produkte, Unterhaltungs-Software etc. mit dem höchsten Umsatz. 1998 überstiegen die Gewinne 15 Mrd. DM. Best Buy ist in auch bei *Fortune 500* aufgelistet.

GRÖSSTE SPIELZEUGLADENKETTE
Toys'R'Us mit Sitz in Paramus (USA) hat insgesamt 1.000 Läden und eine Verkaufsfläche von weltweit 4 Mio. m². Der größte Einzelladen von Toys'R'Us ist mit einer Fläche von 6.040 m² die Filiale in Birmingham (GB).

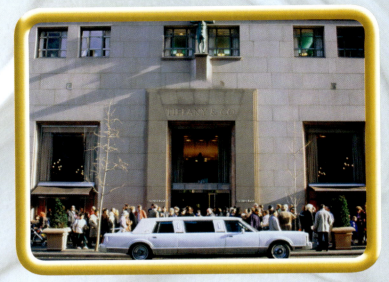

TEUERSTE EINKAUFSSTRASSE
Die Kauflustigen stehen vor dem Juwelier Tiffany and Co. in der Fifth Avenue in New York City (USA). Die Fifth Avenue ist mit einem Mietpreis von ca. 10.660 DM pro Quadratmeter Ladenfläche die teuerste Einkaufsstraße der Welt. Dort befinden sich Filialen des Kaufhauses Saks Fifth Avenue und des Spielzeuggeschäftes FAO Schwarz. Die zweitteuerste Straße ist die 57th Street, ebenfalls in New York City (9.200/m²), der die Oxford Street, London (GB), mit 7.341 DM/m² folgt.

MEISTE FILIALEN EINER FIRMA
Am 28. Januar 1996 hatte die Woolworth Corporation aus New York (USA) weltweit 8.178 Filialen – mehr als jede andere. Der Gründer der Firma, Frank Winfield Woolworth, eröffnete seinen ersten Laden mit dem Namen „The Great Five Cent Store" in Utica (USA) im Jahr 1879. Mittlerweile betreibt Woolworth in den USA keine Läden mehr.

MEISTE EINKAUFSZENTREN

Auf dem Bild strömen die Kauflustigen durch die Forum Shops im Caesars Palace, einem riesigen Hotel- und Casinokomplex in Las Vegas (USA). Die in der Nachbildung einer alten römischen Straße eingerichteten Forum Shops ziehen pro Jahr ca. 20 Mio. Besucher an und bieten alles, von Haute-Couture-Boutiquen wie Gucci, Versace und Bernini bis hin zu kleineren Delikatessengeschäften und Restaurants. In den USA gibt es gegenwärtig 1.897 Einkaufszentren (d.h. abgeschlossene, klimatisierte Umgebungen mit mindestens einem größeren Kaufhaus mit einer Fläche von über 37.160 m²), mehr als in jedem anderen Land. Zählt man alle Zentren hinzu, die sich aus Lebensmittelgeschäften, Drugstores oder Discountläden zusammensetzen, sind es 42.048 Stück.

GRÖSSTER ABSATZ PRO FLÄCHENEINHEIT
Richer Sounds, eine britische Hi-Fi-Handelskette, erreichte für das am 31. Dezember 1994 endende Geschäftsjahr den Spitzenwert von 553.055 DM/m² in ihrer Filiale in London Bridge Walk (GB).

MEISTE KAUFLUSTIGE IN EINEM KAUFHAUS
Die meisten Kauflustigen, die ein einziges Kaufhaus an einem Tag besuchten, waren nach Schätzungen 1,07 Mio. Menschen am 20. Dezember 1995 in Nextage Shanghai (CHN).

GRÖSSTER FREILUFT-MARKT
Der San José Flohmarkt erstreckt sich über 48,6 ha im Herzen des Silicon Valley in Kalifornien (USA). Der Markt wurde 1960 offiziell auf dem Gelände eines ehemaligen Viehgeländes eröffnet. Damals gab es 20 Stände und ungefähr 100 Besucher, heute sind es mehr als 6.000 Stände und 80.000 Besucher pro Woche. Allein das Organisations-Team besteht aus 120 Personen.

GRÖSSTES UNTERIRDISCHES EINKAUFSZENTRUM
Der PATH Walkway in Toronto (CDN) besteht aus 27 km Einkaufspassagen mit 371.600 m² Verkaufsfläche.

GRÖSSTES DUTY-FREE-ZENTRUM
Den größten Umsatz von allen Duty-Free-Zentren in der Welt macht das Zentrum im Heathrow Airport in London (GB). 1997 wurden knapp 700 Mio. DM umgesetzt. Honolulu Airport auf Hawaii (USA) ist mit 630 Mio. DM Zweiter auf der Liste, gefolgt vom Schipol Airport in Amsterdam (NL) mit 590 Mio. DM Umsatz.

GRÖSSTER GROSSHANDELSMARKT
Der größte Großhandelsmarkt der Welt ist das Dallas Market Center, Texas (USA), das eine Grundfläche von nahezu 641.000 m² hat und 2.580 ständige Vorführräume besitzt, in denen Waren von mehr als 50.000 Herstellern ausgestellt sind.

GRÖSSTER WOHLTÄTIGKEITSBASAR
Der Rekord für die höchste Geldsumme, die durch einen Wohltätigkeitsbasar erzielt wurde, liegt bei 380.000 DM. Dieser Betrag wurde beim 62. Wohltätigkeitsbasar der Winnetka Congregational Kirche in Illinois (USA) im März 1994 erreicht.

Der White Elephant Sale im Cleveland Convention Center in Ohio (USA) erzielte in zwei Tagen vom 18. bis zum 19. Oktober 1983 753.000 DM.

GRÖSSTE KETTE FÜR FREIZEITKLEIDUNG
Gap Inc. besitzt insgesamt 2.400 Läden in Kanada, Frankreich, Japan, Deutschland, Großbritannien und den USA, in denen Freizeitkleidung verkauft wird. Das 1969 in San Francisco (USA) gegründete Unternehmen verzeichnete 1998 einen Umsatz von 11,779 Mrd. DM. Gegenwärtig belegt es in der Fortune 500-Liste Platz 249. Dank seiner innovativen Werbekampagnen mit Stars konnte sich die Gap Inc. in den letzten Jahren noch weiter profilieren.

Weltruhm

Film-Stars

MEISTE HAUPTROLLEN
John Wayne war im Laufe seiner Karriere in 153 Filmen zu sehen, von *The Drop Kick* (USA, 1927) bis zu *The Shootist* (USA, 1976). Bis auf elf Filme spielte er in allen die Hauptrolle.

LÄNGSTE KARRIERE
Curt Bois hatte mit acht Jahren sein Debüt in *Der fidele Bauer* (D, 1908) und seinen letzten Filmauftritt 80 Jahre später in Wim Wenders' *Der Himmel über Berlin* (D, 1988).

LÄNGSTE FILMPARTNERSCHAFTEN
Die indischen Stars Prem Nazir und Sheela standen bis 1975 in insgesamt 130 Filmen gemeinsam vor der Kamera.

Die längste Hollywood-Partnerschaft (mit Ausnahme von Künstlern, die nur in Serien zusammen spielten) hatten mit 15 Filmen von 1968 bis 1986 Charles Bronson und Jill Ireland.

LÄNGSTE PARTNERSCHAFTEN IN KOMÖDIEN
Die Amerikaner Stan Laurel und Oliver Hardy spielten zwischen 1927 und 1940 in über 50 Komödien zusammen. Ihren ersten Auftritt hatten sie in *Lucky Dog* (USA, 1917), waren danach aber erst 1926 wieder gemeinsam auf der Leinwand zu sehen. *The Music Box* (USA, 1932) erhielt einen Oscar als Bester Kurzfilm.

Myrna Loy und William Powell spielten von 1934 bis 1947 in 13 Filmen zusammen, darunter in der Serie *Thin Man* von MGM, in der sie das Detektiv-Ehepaar Nick und Nora Charles spielten.

MEISTE FILME EINES TANZPAARES
Fred Astaire und Ginger Rogers tanzten in neun Filmen zusammen, darunter erstmals in *Flying Down to Rio* (USA, 1933), in dem sie eine kurze Szene namens Carioca tanzten. Später spielten sie in *The Gay Divorcee* (USA, 1934) und *Shall We Dance?* (USA, 1937).

JÜNGSTER NUMMER-1-KASSENSTAR
Shirley Temple war sieben Jahre alt, als sie 1935 durch das Filmeinspielergebnis Nummer-1-Star wurde.

HÖCHSTBEZAHLTER KINDERDARSTELLER
Macaulay Culkin erhielt im Alter von elf Jahren 1,81 Mio. DM für *My Girl* (USA, 1991). Später verdiente er 9,05 Mio. DM zuzüglich 5 % Bruttoertrag für *Home Alone II: Lost in New York* (Kevin allein in New York, USA, 1992) und angeblich 14,48 Mio. DM für *Richie Rich* (USA, 1994).

EINSATZFREUDIGSTER SCHAUSPIELER
Daniel Day Lewis wird nachgesagt, daß er viele schlaflose Nächte in einer nachgemachten Gefängniszelle verbrachte, um sich auf seine Rolle in *Im Namen des Vaters* (IRL/GB/USA, 1993) vorzubereiten. Für *Der letzte Mohikaner* (USA, 1992) verbrachte er einige Zeit in einem Überlebenscamp und lernte Spurenlesen, Tiere zu töten und Kanus aus Bäumen herzustellen.

Nicolas Cage ließ sich für seinen Part in *Kuß des Vampirs* (USA, 1988) ohne Schmerzmittel zwei Zähne ziehen.

HÖCHSTBEZAHLTER FILMSTAR
Harrison Ford (oben) verdiente 1998 die Rekordsumme von 104,98 Mio. DM. Ford spielte in neun der 45 Filme mit den höchsten Bruttoeinnahmen aller Zeiten. Zu seinen markanten Rollen zählen die des Indiana Jones in der Trilogie, die mit *Raiders of the Lost Ark* (USA, 1981) beginnt, und die des Han Solo in der Original-Star-Wars-Trilogie.

Außerdem aß er sechs lebende Kakerlaken, um die Szene „wirklich schockierend" werden zu lassen.

GRÖSSTE ALTERSSPANNE
Dustin Hoffman war 33 Jahre alt, als er in der Titelrolle in *Little Big Man* (USA, 1970) eine Altersspanne von 17 bis 121 Jahren spielte.

MEISTE ROLLEN IN EINEM FILM
Alec Guinness spielte in *Kind Hearts and Coronets* (GB, 1949) acht Mitglieder der unglückseligen Familie d'Ascoyne.

WENIGSTE SCHAUSPIELER IN EINEM FILM
Sunil Dutt, der Autor, Regisseur und Produzent von *Yaadein* (Erinnerungen, Indien, 1964), war auch der einzige Schauspieler des Films. Der zweistündige Film wurde nur an einem Ort gedreht und zeigte Zeichentrickfiguren und Sprechblasen, die andere Personen darstellten. Die einzige andere lebende Person in dem Film ist die Schauspielerin Nargis (Dutts Frau), die als Silhouette erscheint.

MEISTE JAMES-BOND-ROLLEN
Sean Connery und Roger Moore spielten beide jeweils siebenmal den britischen Geheimagenten 007. Connery war 1962 der erste James Bond in *Dr. No*, und nach *Diamonds Are Forever* (1971) schien es, als wollte er sich verabschieden. 1983 erfolgte in *Never Say Never Again*

GRÖSSTE GEWICHTS-ABNAHME UND -ZUNAHME

Viele Stars unternehmen extreme Anstrengungen, um ihr Gewicht für eine Rolle zu ändern. Jennifer Jason Leigh (abgebildet) zum Beispiel nahm 39 kg für ihre Rolle als magersüchtiger Teenager in *The Best Little Girl in the World* (USA, 1981) ab. Gary Oldman verlor 13,6 kg, um in *Sid and Nancy* (GB, 1986) den Punk-Star Sid Vicious zu spielen und lag schließlich wegen Unterernährung im Krankenhaus. Der Rekordhalter aber ist Robert De Niro, der für seine Rolle als Schwergewichtsboxer Jake La Motta in Martin Scorseses *Raging Bull* (Wie ein wilder Stier, USA, 1980) 27,2 kg zunahm. Der Film schildert den Verfall des Boxers von einem Athleten der Weltklasse zu einer aufgedunsenen, vergessenen Größe.

068

jedoch ein Comeback. Roger Moore gab sein Debüt 1973 in *Live and Let Die* und war zum letzten Mal 1985 in *A View to a Kill* als 007 zu sehen.

GRÖSSTER SCHAUSPIELER
Christopher Lee, Veteran von Filmen wie *Dracula* (GB, 1958), ist mit 1,95 m der größte der bedeutenden Schauspieler.

KLEINSTE ERWACHSENE SCHAUSPIELERIN
Linda Hunt, die für ihre Rolle als eurasischer Kameramann in *The Year of Living Dangerously* (AUS, 1982) einen Oscar bekam, ist 1,44 m groß.

HÖCHSTE VERSICHERUNGSPRÄMIE
Der Schauspieler Robert Downey jr. soll angeblich in *The Gingerbread Man* (USA, 1998) ohne Versicherung gespielt haben. Die Prämie hätte den Rekordbetrag von 2,53 Mio. DM gekostet, bei einem Film-Budget von weniger als 76,02 Mio. DM.

MEISTE BRUTTOEINNAHMEN
Die 20 Filme mit Julia Roberts verzeichneten bis zum 20. Juni 1999 in den USA Bruttoeinnahmen in Höhe von 2,175 Mrd. DM, darunter *Steel Magnolias* (USA, 1989), *Pretty Woman* (USA, 1990), *My Best Friend's Wedding* (USA, 1997) und *Notting Hill* (GB, 1999).

GRÖSSTE SCHAUSPIELERIN UND KLEINSTER SCHAUSPIELER
Die amerikanische Schauspielerin Sigourney Weaver (links abgebildet) ist 1,83 m groß, und damit genauso groß wie zwei andere weibliche Stars, Brigitte Nielsen und Geena Davis. Danny DeVito (rechts), der in *Twins* (USA, 1988) Arnold Schwarzeneggers Partner war, ist 1,54 m groß.

Weltruhm
Pop-Stars

BESTBEZAHLTER POPSTAR
Celine Dion kam 1998 mit einem Einkommen von 100,45 Mio. DM auf Platz 12 der Liste der 40 reichsten Entertainer des Magazins *Forbes*, was sie zum bestverdienenden Popstar dieses Jahres machte. Sie hatte weltweit viele Nr.-1-Hits, und ihr Erfolg wurde durch Titelmusiken wie *My Heart Will Go On*, dem Song aus dem Film *Titanic* (1997), noch verstärkt.

REICHSTE FRAUENBAND
Die Spice Girls kamen 1998 in der Liste der 40 reichsten Entertainer mit einem Einkommen von 88,69 Mio. DM auf Platz 20.

WERTVOLLSTER BÖRSENNOTIERTER POPSTAR
David Bowie verfügt über ein geschätztes Vermögen von 424,5 Mio. DM. 1997 erzielte Bowie 99,55 Mio. DM durch die Ausgabe von Wertpapieren, die er an die Prudential Insurance verkaufte. Andere Stars, darunter Mitglieder der Rolling Stones, taten es ihm angeblich nach.

MEISTE FANCLUBS
Weltweit gibt es über 480 aktive Elvis-Presley-Fanclubs, so viele gibt es von keinem anderen Popstar. Dies ist vor allem deshalb erstaunlich, weil der im August 1977 verstorbene Presley keine Aufnahmen in anderen Sprachen gemacht hat, mit Ausnahme einiger Filmmusiken. Zudem gab er nur einmal ein Konzert außerhalb der USA, nämlich 1957 in Kanada.

MEISTE TITELSEITEN DES *ROLLING STONE*-MAGAZINS
Mick Jagger, der Sänger der Rolling Stones, erschien 16mal auf der Titelseite des *Rolling Stone*-Magazins.

MEISTE GRAMMIES IN EINEM JAHR
Michael Jackson erhielt 1984 die Rekordanzahl von acht Grammies. Jackson begann seine Karriere als Kinderstar in der Band seines Bruders, den Jackson Five. 1972 startete er seine Solokarriere mit *Got To Be There*. Zehn Jahre später veröffentlichte er das Album *Thriller*, von dem weltweit über 48 Mio. Kopien verkauft wurden.

MEISTE BRITISCHE PREISE
Annie Lennox, ehemals bei den Eurythmics, gewann sieben britische Preise. Das sind mehr als jeder andere Künstler oder Schauspieler je erhielt. Den jüngsten Preis als „Beste Britische Künstlerin" erhielt sie 1996.

Die britische Band Blur gewann in einem Jahr (1995) die Rekordanzahl von vier Preisen.

MEISTGESPIELTER FLÜGEL
In den 60er und 70er Jahren spielten eine Reihe bedeutender Popstars auf einem Bechstein-Flügel, darunter die Beatles für *The White Album*, David Bowie für *The Rise And Fall Of Ziggy Stardust, The Spiders From Mars* und *Hunky Dory* sowie Elton John für *Goodbye Yellow Brick Road* und *A Single Man*. Das von dem Musikgeschäft Samuels in London (GB) gemietete Instrument, das heute einen Wert zwischen 42.450 DM und 50.940 DM hat, wurde der Hausflügel der Trident Studios, London (GB).

GRÖSSTER RECHTSSTREIT UM EINEN PLATTENVERTRAG
George Michael focht 1993 und 1994 einen neun Monate dauernden Rechtsstreit aus, in dem er versuchte, seinen Vertrag mit Sony Music zu beenden. Er verlor den Prozeß, der ihn ca. 8,49 Mio. DM kostete. Sein Vertrag wurde schließlich von der amerikanischen Firma Dreamworks aufgekauft.

WERTVOLLSTER LIEDTEXT
Im Februar 1998 wurde der 1997 handgeschriebene Text zu *Candle In The Wind* in Los Angeles (USA) für 800.925 DM verkauft. Der Text wurde von Bernie Taupin umgeschrieben, und Elton John sang das Lied im September 1997 anläßlich des Begräbnisses von Diana, der Prinzessin von Wales. Das von Elton John und Taupin signierte Manuskript wurde von der „Lund Foundation For Children" gekauft, die Programme für benachteiligte Kinder finanziert.

MEISTE VON EINEM POPSTAR UNTERSTÜTZTE WOHLTÄTIGKEITSORGANISATIONEN
Michael Jackson unterstützte 39 Wohltätigkeitsorganisationen, entweder durch Geldspenden zur Unterstützung ihrer Projekte oder durch Teilnahme an ihren anonymen Auktionen. Zu den Organisationen gehörten AIDS Project L.A., American Cancer Society, BMI Foundation, Inc., Childhelp USA, United Negro College Fund (UNCF), YMCA – 28th Street/Crenshaw, The Sickle Cell Research Foundation und Volunteers of America.

BESTBEZAHLTE ROCKSTARS
Die Rolling Stones sind mit einem Einkommen von 161,31 Mio. DM allein im Jahr 1998 die reichste Rockgruppe der Welt. Die Band wurde im April 1962 in London (GB) gegründet, seitdem ist Mick Jagger der Bandleader (rechts abgebildet mit Keith Richards, Mitte, und Ron Wood, links). Bis 1964 waren sie die einzigen wirklichen Konkurrenten der Beatles, danach veröffentlichten sie mehrere Klassiker wie *(I Can't Get No) Satisfaction*. 1970 wurde der Finanzberater Prinz Rupert Loewenstein ihr Berater und sorgte mit ihrem „bad boy"-Image und dem Ruf, die „größte Rock'n' Roll-Band der Welt" zu sein, für nie geahnte Einkünfte.

TEUERSTE WERBEAKTION FÜR DAS ALBUM EINES POPSTARS
Zu den Werbeaktionen für Michael Jacksons Album *HIStory* (1995) gehörten eine 9,1 m hohe, aufblasbare Statue des Stars auf dem Gebäude von Tower Records in Hollywood (USA), ein riesiges Schild am Times Square, New York City (USA), und eine weitere Statue, die auf einem Schleppkahn die Themse in London (GB) hinuntertrieb. Jacksons Plattenfirma Sony gab insgesamt 72,4 Mio. DM für den Start des Albums in den USA, Großbritannien, Italien, Australien, Japan, Südafrika und den Niederlanden aus.

MEISTE WERBEPARTNER IN EINEM JAHR
Die Spice Girls halten mit zehn verschiedenen Werbepartnern im Jahr 1997 den Rekord für die größte Anzahl von Promotionaktionen einer Gruppe in einem einzigen Jahr. Zu den Partnern gehörten Sony PlayStation, Mercedes sowie die Firma Pepsi, mit der ein Vertrag im Wert von 1,81 Mio. DM abgeschlossen wurde. Der Vertrag schloß ein, daß 40.000 Pepsi-Trinker zu einem Konzert der Spice Girls mit After-Show-Party nach Istanbul (TR) geflogen wurden.

TEUERSTE WERBERECHTE
Das Software-Unternehmen Microsoft erwarb für 14,48 Mio. DM die Rechte an dem Rolling Stones-Hit *Start Me Up* und verwendete ihn in seiner Kampagne für *Windows 95*.

GRÖSSTER ABGELEHNTER WERBEVERTRAG
Bruce Springsteen lehnte 1987 einen Werbevertrag über die Rekordsumme von 21,72 Mio. DM ab. Diesen Betrag hatte der amerikanische Autohersteller Chrysler für die Verwendung des Hits aus dem Jahr 1984 *Born in the USA* in einem Werbespot geboten.

BESTVERDIENENDER MUSIKPRODUZENT
Master P, der Generaldirektor von No Limit Records in New Orleans (USA), besitzt ein geschätztes Netto-Vermögen von 102,26 Mio. DM. Master P, Geburtsname Percy Miller, hielt sich aus der Fehde der East Coast-West Coast-Rapper heraus und ist derzeit der erfolgreichste Rapstar der Welt.

MEISTE PSEUDONYME EINES POPSTARS
Prince Rogers Nelson veröffentlichte sein erstes Album For You als Prince im Jahr 1978. Seitdem nannte er sich in seiner Karriere als Produzent, Performer und Songschreiber Tora Tora, Coco, Alexander Nevermind, Victor, Camille, Christopher, Jamie, ⚥, The Artist Formerly Known As Prince und The Artist.

 Ruhm

TV-Stars

BELIEBTESTER FERNSEHSTAR LATEINAMERIKAS

Die Brasilianerin Maria da Graça Meneghel, Xuxa genannt, ist der meistgesehene Fernsehstar Lateinamerikas. Die spanische Version der viereinhalb Stunden dauernden *Xuxa Show* (ursprünglich auf portugiesisch) wird in 16 Ländern ausgestrahlt. Die 36jährige, blauäugige Blondine begann ihre Karriere im Dezember 1982 als Moderatorin von Kindersendungen und ist bekannt für ihre Liebe zu Kindern: Im Oktober 1989 gründete sie die Xuxa-Meneghel-Stiftung, die brasilianische Kinder und Jugendliche mit Essen, Obdach und Bildung versorgt, und leitete Kampagnen gegen AIDS, Drogenmißbrauch und Polio.

HÖCHSTBEZAHLTE FERNSEHSCHAUSPIELER

Der pensionierte NBC-Star Jerry Seinfeld führt mit einem geschätzten Vermögen von 407,25 Mio. DM die Liste der reichsten Fernsehstars des *Forbes*-Magazin an.

Tim Allen ist der höchstbezahlte Star einer Sendung; er bezieht 1999 2,26 Mio. DM pro Folge der Serie *Home Improvement*.

HÖCHSTBEZAHLTER STAR EINES FERNSEHSCHAUSPIELS

Anthony Edwards, der in *ER* den Dr. Mark Greene spielt, verdient 724.000 DM pro Folge. Laut seinem Vertrag über 63,35 Mio. DM wird er bis zur Saison 2001/02 in der Sendung mitspielen.

HÖCHSTBEZAHLTE TALKMASTERIN

Oprah Winfrey steht mit einem Einkommen für 1998 in Höhe von 226,25 Mio. DM auf Platz 4 der *Forbes*-Liste der reichsten Fernsehstars. Sie spielte auch in Filmen wie *The Color Purple* (USA, 1985) und *Beloved* (USA, 1999) mit.

HÖCHSTBEZAHLTE NACHRICHTENSPRECHERIN

Barbara Walters (USA) soll angeblich ein Jahreseinkommen von über 23,53 Mio. DM als Nachrichtensprecherin und Mit-Koordinatorin von *ABC News Magazine*, *20/20*, *The Barbara Walters Specials* und *The View* verdienen. Seit Richard Nixon interviewte sie jeden Präsidenten der USA und ging in die Geschichte der Journalistik ein, als sie im November 1977 das erste gemeinsame Interview mit dem ägyptischen Präsidenten Anwar Sadat und dem israelischen Ministerpräsidenten Menachem Begin arrangierte.

HÖCHSTBEZAHLTER FERNSEHZAUBERER

David Copperfield (USA) verdiente 1998 89,59 Mio. DM, womit er auf Rang 19 der Liste des *Forbes*-Magazins kam. Copperfield, der Verlobte von Supermodel Claudia Schiffer, läßt u. a. die Freiheitsstatue verschwinden.

HÖCHSTBEZAHLTE FERNSEHAUTOREN

Larry David (USA), Mitautor der Komödie *Seinfeld*, kam auf den zweiten Rang der *Forbes*-Liste der reichsten Fernsehstars, obwohl er seit 1996 nicht mehr an der Komödie mitarbeitete. 1998 griff er wieder zur Feder und verdiente in diesem Jahr schätzungsweise 362 Mio. DM.

Chris Carter (USA), der Schöpfer von *Akte X* und *Millennium*, ist mit einem Vermögen von 94,12 Mio. DM der reichste aktive Fernsehautor.

HÖCHSTBEZAHLTER FERNSEHPRODUZENT

Mike Judge (USA), der Schöpfer von Zeichentrickserien wie *Beavis und Butt-head* und *King of the Hill*, war laut *Forbes*-Magazin 1998 mit einem Einkommen von 95,93 Mio. DM der reichste Fernsehproduzent.

MEISTGESEHENER FERNSEHSTAR

David Hasselhoff ist der Star und Produzent von *Baywatch* und hat nach Schätzungen wöchentlich 1,1 Mrd. Zuschauer in 142 Ländern. Hasselhoff, der als einziger Schauspieler während der gesamten Laufzeit in der Show mitspielte, war ebenfalls der Star von *Knight Rider* (1982–85) und ist in Deutschland ein beliebter Popsänger. Das Magazin *TV Guide* ernannte ihn zu einem der zehn bedeutendsten Fernsehstars. Zu den weiblichen Stars von *Baywatch* gehörten Pamela Anderson, Gena Lee Nolin und Yasmine Bleeth.

LÄNGSTE ZEIT IN DERSELBEN ROLLE

William Roache spielt seit der ersten Ausstrahlung der Seifenoper *Coronation Street* im Jahr 1960 ohne Unterbrechung die Figur des Ken Barlow. Ken Barlow begann als Student, hatte seitdem drei Ehefrauen und 23 Freundinnen, war Zeitungsherausgeber und Lehrer und überlebte einen Selbstmordversuch.

BELIEBTESTER FERNSEHSTAR JAPANS

Akashiya Sanma (richtiger Name Sugimoto Takafumi) erhielt bei der zweimal im Jahr stattfindenden Umfrage über die beliebtesten Fernsehstars von Video Research Ltd. (J) 56,8 Punkte. Die japanischen Fernsehstars ziehen von Sendung zu Sendung, so daß sie innerhalb einer Woche in den verschiedenen Programmen von vier Sendern auftreten können.

BELIEBTESTE FERNSEHPERSÖNLICHKEIT FRANKREICHS

Der Nachrichtensprecher Patrick Poivre d'Arvor ist Frankreichs meistgesehene Fernsehpersönlichkeit. Am 2. Dezember 1997 hatte seine Nachrichtensendung *TF1 20 heures* die Rekordanzahl von 15,02 Mio. Zuschauern. Der Star ist ebenfalls ein beliebtes Thema der Presse, und im April 1996 war er das Opfer des *l'entarteur*, des belgischen Anarchisten Noel Godin, der seine Ziele mit Sahnetorten bewirft.

MEISTGESEHENER DEUTSCHER FERNSEHMODERATOR
Thomas Gottschalks Show *Wetten, daß...?* erreicht 23 % der gesamten Einschaltquoten. Gottschalk tritt auch in vielen anderen Fernsehsendungen und nationalen Werbekampagnen auf.

MEISTGESEHENER FERNSEHSTAR RUSSLANDS
Valdis Pelsch, der Star der Musiksendung *Ugudaj Melodiju* (Raten Sie die Melodie) ist Rußlands beliebteste Fernsehpersönlichkeit. Die Sendung, die sechsmal in der Woche ausgestrahlt wird (drei Livesendungen und drei Wiederholungen), erreicht in Rußland bis zu 56 % der gesamten Einschaltquoten.

BELIEBTESTER MODERATOR GROSSBRITANNIENS
Chris Tarrant moderiert die Quizsendung *Who Wants To Be A Millionaire?*, in der die Mitspieler umgerechnet 2,83 Mio. DM gewinnen können. Am 7. März 1999 erreichte die Sendung nach BARB 19,21 Mio. Zuschauer und eine Einschaltquote von 67,8 %. Tarrant, der erstmals als Moderator der Kindersendung *TISWAS* bekannt wurde, ist auch ein erfolgreicher Radio-Diskjockey.

BELIEBTESTE MODERATORIN GROSSBRITANNIENS
Cilla Black, die Moderatorin der beliebten britischen Show *Blind Date*, ist gegenwärtig die meistgesehene Fernsehmoderatorin Großbritanniens. Die seit 1984 laufende Show erreichte in der Saison 1997/98 pro Folge im Durchschnitt 9,1 Mio. Zuschauer. 1997 erhielt Cilla von Königin Elizabeth II. für ihre Arbeit im britischen Fernsehen den Verdienstorden OBE (Officer of the Order of the British Empire).

LÄNGSTE KARRIERE ALS FERNSEHMODERATOR
Die Astronomie-Sendung *The Sky at Night* – einmal im Monat im britischen Fernsehen ausgestrahlt – wird seit dem 24. April 1957 ohne Unterbrechung von Patrick Moore moderiert. Bis Januar 1999 wurden insgesamt 541 Folgen gesendet.

SCHNELLSTER FERNSEHVERTRAG
Am 20. Juni 1997 verpflichtete King World die Schauspielerin/Komikerin Roseanne Barr für eine neue Talkshow. Fünf Tage später wurde die Sendung von sieben amerikanischen Fernsehstationen übernommen und später in 30 weiteren Ländern ausgestrahlt.

REICHSTE FERNSEH-SCHAUSPIELERIN
Helen Hunt, der Star von *Mad About You*, ist mit einem Vermögen von 56,11 Mio. DM die reichste TV-Schauspielerin der Welt. Ihr Fernsehdebüt hatte sie in *The Mary Tyler Moore Show*, und für *As Good As It Gets* (USA, 1997) gewann sie einen Oscar.

# Weltruhm
Sportler

HÖCHSTE JAHRESEINNAHMEN
Der amerikanische Boxer Mike Tyson hatte 1996 mit 135,75 Mio. DM, ohne Einkünfte aus Sponsoren- und Werbeverträgen, die höchsten Jahreseinnahmen von allen Sportlern. Durch seinen Sieg im Jahr 1986 über Trevor Berbick (USA) wurde Tyson im Alter von 20 Jahren 144 Tagen der jüngste WBC-Schwergewichtsweltmeister aller Zeiten.

HÖCHSTE EINNAHMEN IN EINER KARRIERE
Michael Jordan, der legendäre Basketballer, verdiente in seiner 13jährigen Karriere, einschließlich Einnahmen aus Werbeverträgen, mehr Geld als jeder andere Sportler in der Geschichte. Der heute 36jährige Jordan erhielt für seine letzte Saison (1998) bei den Chicago Bulls 59,73 Mio. DM zuzüglich weiterer 85,07 Mio. DM aus Werbeverträgen, womit er laut *Forbes* bereits zum fünften Mal in sechs Jahren der höchstbezahlte Sportler ist. 1998 hatten seine Einnahmen 543 Mio. DM überschritten.

BESTVERDIENENDER TENNISSPIELER
Bis Mai 1999 beliefen sich die Einnahmen des Tennisspielers Pete Sampras während seiner Laufbahn allein aus Preisgeldern auf 65,34 Mio. DM. 1997 erhielt er insgesamt 14,48 Mio. DM für seine Werbeverträge mit Nike und Wilson. Sampras hält mit 11,76 Mio. DM im Jahr 1997 auch den Rekord bei den Herren für die höchsten Einnahmen in einer Saison.

Andre Agassi (USA) erhielt allein im Jahr 1998 28,59 Mio. DM – ein Rekord für einen Tennisspieler. Darin eingeschlossen sind auch seine Preisgelder und Werbeverträge mit Firmen wie Nike, Canon und Head.

HÖCHSTBEZAHLTER FUSSBALLER
Der brasilianische Fußballer Ronaldo Luis Nazario de Lima, oder einfach Ronaldo, ist der höchstbezahlte Fußballer der Welt. 1998 erhielt der Stürmer von Inter Mailand insgesamt 16,10 Mio. DM. Diese Summe beinhaltet ein Monatsgehalt von 586.440 DM, Prämien in Höhe von 293.220 DM und 8,68 Mio. DM aus Werbe- und Sponsorenverträgen.

Die Einnahmen des Mittelfeldspielers David Beckham von Manchester United erreichten 1998 8,20 Mio. DM, womit er der höchstbezahlte Fußballspieler Großbritanniens und der zweithöchstbezahlte der Welt ist.

BESTVERDIENENDE GOLFSPIELER
Die höchsten Einnahmen aller Zeiten während einer Karriere auf der amerikanischen PGA-Tour verzeichnete mit 22,24 Mio. DM der Australier Greg Norman von 1976 bis Mai 1999. Norman errang weltweit mehr als 70 Siege.

Der amerikanische Golfspieler David Duvall erzielte bis Juni 1999 mit 5,35 Mio. DM den Saisonrekord auf der amerikanischen PGA-Tour.

Hale Irwin (USA) gewann 1997 auf der PGA-Tour der Senioren den Rekordbetrag von 5,17 Mio. DM.

Die höchsten Einnahmen einer Golfspielerin in einer Karriere erzielte Betsy King (USA) mit 11,36 Mio. DM von 1977 bis 1998.

Annika Sorenstam aus Schweden verdiente 1997 in einer Saison den Rekordbetrag von 2,24 Mio. DM.

Colin Montgomerie (GB) gewann 1998 bei Turnieren um den Europäischen Verdienstorden in einer Saison die Rekordsumme von 2.810.407,9 Mio. DM.

SCHNELLSTER GOLFMILLIONÄR
1996 brauchte der amerikanische Golfspieler Tiger Woods nur neun Pro-Starts, um 1 Million Dollar zu gewinnen, womit er den Rekord des Südafrikaners Ernie Els brach. Zum Ende seiner Debütsaison hatte er fünf Turniere gewonnen und erhielt über 3,62 Mio. DM. Er war der bestverdienende Golfspieler des Jahres 1997 und der zweithöchstbezahlte Werbeträger im Sport, als er 3,80 Mio. DM an Gehalt und Siegprämien sowie 43,44 Mio. DM aus Werbeverträgen erhielt. Im September 1996 unterzeichnete er mit Nike einen Vertrag über 72,4 Mio. DM für eine neue Woods-Bekleidungskollektion, die im Juni 1997 auf den Markt kam.

ÄLTESTER BESTVERDIENENDER SPORTLER
1997 verdiente der 68jährige amerikanische Golfspieler Arnold Palmer insgesamt 29,14 Mio. DM an Gehältern, Preisgeldern und aus Werbeverträgen, womit er unter den hochbezahlten Sportlern Rang 12 erreicht. Palmer war der erste Golfspieler, der auf der PGA-Tour über 1,81 Mio. DM verdiente; heute spielt er auf der PGA-Senior-Tour.

GRÖSSTE SPORTVERTRÄGE
Kevin Garnett verlängerte am 3. Oktober 1997 seinen Vertrag bei den Minnesota Timberwolves um 6 Jahre, mit 180 Mio. DM ist dies der größte Vertrag in der NBA. 1997 unterzeichneten Alonzo Mourning von den Miami Heat (abgebildet), Shaquille O'Neal (LA Lakers) und Juwon Howard (Washington Wizards) ebenfalls neunstellige Verträge. Dies sind die ersten Verträge in dieser Höhe in der Geschichte des Sports überhaupt.

BESTVERDIENENDE SPORTLERIN
Steffi Graf (D) hat bis zum 1. Januar 1999 ca. 36 Mio. DM an Preisgeldern verdient. Damit schlägt sie den Rekord ihrer Kollegin Martina Navrátilová (USA). Sponsor- und andere Nebenverträge eingerechnet, hält Navrátilová allerdings immer noch die Spitzenposition.

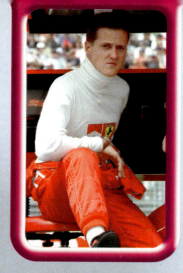

BESTVERDIENENDER FORMEL-1-FAHRER
1996 wurde dem Formel-1-Fahrer Michael Schumacher die Rekordsumme von ca. 44 Mio. DM gezahlt, damit er für Ferraris Rennteam fuhr – die höchste Summe in der Geschichte der Formel 1. Schumachers Gesamteinnahmen im Jahr 1997 inklusive Preisgeldern, Sponsorenverträgen etc. werden auf ca. 62 Mio. DM geschätzt.

ERFOLGREICHSTE MUSIKKARRIERE
Shaquille O'Neal, Basketballer bei den Los Angeles Lakers, verfolgt zudem eine sehr erfolgreiche Musikkarriere. Mit 21 Jahren brachte er sein Debütalbum Shaq Diesel (1993) heraus, und 1997 ging seine Plattenfirma Twism (The World Is Mine) mit A&M Records ein Joint Venture ein, um sein viertes Album zu produzieren.

BESTBEZAHLTER EISHOCKEYSPIELER
Sergej Federow von den Detroit Red Wings verdiente 1998 an Gehältern und aus Werbeverträgen die Rekordsumme von 53,93 Mio. DM.

BESTBEZAHLTER FOOTBALLSPIELER
Der NFL-Spieler Brett Favre von den Green Bay Packers erhielt 1998 den Rekordbetrag von 23,71 Mio. DM.

HÖCHSTBEZAHLTER KRICKETSPIELER
Der indische Kricketspieler Sachin Tendulkar verdient rund 7,24 Mio. DM pro Jahr. Der größte Teil seiner Einnahmen stammt aus Sponsorverträgen mit Firmen wie Pepsi, Visa, Cadbury's und Colgate. Er erscheint in fast einem Viertel aller indischen Werbespots, womit sein Gesicht eines der bekanntesten auf dem indischen Subkontinent ist.

BESTBEZAHLTER SNOOKERSPIELER
Stephen Hendry (GB) ist hinsichtlich der Einnahmen aus Turnieren der erfolgreichste Snookerspieler. Insgesamt verdiente er die Rekordsumme von 17,54 Mio. DM. Als er 1999 zum siebten Mal – ebenfalls ein Rekord in der modernen Ära – die Weltmeisterschaften gewann, erhielt er 650.900 DM, wodurch seine Einnahmen allein aus Weltmeisterschaftsturnieren auf über 4,24 Mio. DM stiegen.

MEISTE PREISGELDER IN EINER SAISON
Die Leichtathletin Marion Jones (USA) beendete ihre Saison im Jahr 1998 mit dem besten Ergebnis, das jemals ein männlicher oder weiblicher Athlet erreicht hat. Bis auf eine gewann sie alle 36 Sportereignisse, an denen sie teilgenommen hatte, und blieb sowohl über 100 m als auch 200 m ungeschlagen. Jones gewann den Grand Prix und auch den Einzeltitel über 100 m und im Weitsprung, womit sie ein Drittel der gesamten Titel einstrich — allein für das Grand-Prix-Finale erhielt sie 1,2 Mio. DM.

Models

Weltruhm

LÄNGSTES SUPERMODEL
Die in Australien geborene Elle MacPherson ist mit 1,85 m das größte Supermodel und unter dem Namen „The Body" bekannt, weil ihre Maße 91-61-89 cm als perfekt gelten.

KLEINSTES SUPERMODEL
Das britische Supermodel Kate Moss wurde 1990 von Storm Agency's Sarah Doukas auf dem JFK-Flughafen, New York (USA), entdeckt. Wegen ihrer Größe von knapp über 1,69 m schien es unwahrscheinlich, daß aus der britischen Schülerin ein Model werden könnte, sie löste jedoch mit einem neuen Modeltyp und dem „Grunge"-Trend eine Revolution aus. Der erste namhafte Designer, der Kate unter Vertrag nahm, war Calvin Klein; 1991 schloß er mit ihr einen Vertrag über 3,62 Mio. DM ab.

LÄNGSTE BEINE
Von allen Supermodels hat das Model Nadja Auermann (D) mit 1,14 m die längsten Beine. Sie wurde 1993 berühmt, als die Modewelt Grunge ausrangierte und durch Glamour ersetzte. 1994 war sie bereits auf den Titelseiten von *Harper's Bazaar* und *Vogue* zu sehen.

REICHSTE MODELS
Elle MacPherson soll ein Vermögen von 68,99 Mio. DM besitzen, womit sie das reichste Supermodel der Welt ist. Sie erscheint zwar nicht mehr regelmäßig auf dem Laufsteg, erhält aber immer noch riesige Gagen. Elle MacPherson hat ihre eigene Kollektion für Damenwäsche Elle MacPherson Intimates sowie einen Anteil an den Fashion Cafés. Zudem sah man sie in mehreren Filmen, wie z. B. *Sirens*, *Jane Eyre* und *Batman & Robin*.

Cindy Crawford ist mit einem geschätzten Vermögen von 62,98 Mio. DM das zweitreichste Supermodel der Welt.

GRÖSSTES SUPERMODEL-JOINT VENTURE
Claudia Schiffer (D), Elle MacPherson (AUS) und Naomi Campbell (GB) besitzen zusammen die *Fashion Cafés*. Die Gastro-Kette, deren Ziel es ist, den Glanz und Reiz der Modewelt widerzuspiegeln, hat Niederlassungen in sieben großen Städten, darunter Barcelona (E) und New York (USA). Zwei weitere Restaurants werden in Dubai und Singapore gebaut. Die Kette hat sich außerdem weltweit 27 weitere Standorte gesichert.

LÄNGSTER VERTRAG
Christy Turlington (USA) vertrat Calvin Klein fast zehn Jahre lang – für die Mode- und Kosmetikindustrie ein Rekord. 1995 gab sie die Modelkarriere auf und absolvierte im Mai 1999 die New York University (USA) mit einem akademischen Grad in Geisteswissenschaften.

GRÖSSTER KOSMETIK-VERTRAG
1993 unterschrieb Claudia Schiffer (D) den größten je abgeschlossenen Kosmetikvertrag; für ihr Gesicht bot ihr Revlon 10,86 Mio. DM. Claudia nahm an Kampagnen aller großen Modehäuser teil. Besonders beliebt ist sie bei Karl Lagerfeld. Sie hat ihr eigenes Fitnessvideo produziert und gab 1998 in *The Blackout* ihr Filmdebüt.

LÄNGSTE SUPERMODEL-KARRIERE
Christy Turlington hat seit ihrer Entdeckung im Alter von 13 Jahren länger als jedes andere Supermodel auf dem Laufsteg gearbeitet. Mit 17 Jahren, 1987, beschloß sie, ausschließlich als Model Karriere zu machen. Schon 1988 identifizierte man das Parfüm Eternity mit ihrem Gesicht. Sie erhielt für zwölf Tage Arbeit bei Maybelline 1,44 Mio. DM.

ERFOLGREICHSTE MODELAGENTUR
Die Agentur Elite hat die Rekordanzahl von 35 Supermodels auf ihrer Liste, darunter Karen Mulder (abgebildet), Claudia Schiffer, Cindy Crawford und Amber Valletta. Gegenwärtig stellt sie pro Jahr Rechnungen im Wert von über 181 Mio. DM für Modelgagen aus. Elite wurde 1971 von John Casablanca (USA) in Paris (F) gegründet und vertritt nur weibliche Models. Weltweit vermittelt sie ungefähr 500 Frauen.

BESTBEZAHLTE LAUFSTEGSHOWS
Einer derjenigen, die hauptsächlich am Entstehen des Supermodel-Phänomens beteiligt waren, war der ermordete italienische Designer Gianni Versace. Versace soll Topmodels in den späten 8oer Jahren angeblich für halbstündige Shows je 90.500 DM gezahlt haben – unter der Bedingung, daß sie in der laufenden Saison nur in seiner Show auftreten würden. Hieraus entwickelte sich die Elite-Gruppe von Mädchen wie Christy Turlington (USA), Naomi Campbell (GB) und Linda Evangelista (CDN), die in den frühen 90er Jahren die Modezeitschriften beherrschten.

GRÖSSTE INTERNATIONALE MODELAGENTUR
Elite Model Management hat gegenwärtig Agenturen in 22 Ländern, davon elf in Europa und fünf in USA. Das Unternehmen ist auch in São Paulo (BR) und Hongkong (CHN) vertreten.

MEISTE TITELFOTOS
Claudia Schiffer (D) wurde in ihrem Heimatland im Alter von 17 Jahren in einer Disco entdeckt und hat seitdem ohne Unterbrechung als Model gearbeitet. Fotos von ihr wurden auf ca. 550 Titelseiten von Zeitschriften veröffentlicht. Das sind mehr als von jedem anderen Supermodel.

JÜNGSTES MODEL MIT EINEM GROSSEN KOSMETIKVERTRAG

Niki Taylor war gerade 13 Jahre alt, als sie 1989 bei einem Wettbewerb für „Neue Gesichter" einer führenden New Yorker Model-Agentur umgerechnet 905.000 DM gewann – den höchsten Betrag bei einem Wettbewerb dieser Art für ein späteres Supermodel. Danach schloß sie einen Vertrag mit L'Oréal für Cover Girl ab, was sie zum jüngsten Model mit einem großen Kosmetikvertrag machte.

MEISTE VOGUE-TITELFOTOS

Christy Turlington war von Juli 1986 bis Januar 1996 21mal auf der Titelseite der britischen *Vogue* abgebildet und hält damit den Rekord.

LÄNGSTE KARRIERE AUF DEM LAUFSTEG

Carmen Dell'Orefici wurde 1931 geboren und arbeitet seit 1940 für die Ford-Agentur. Auch noch im Alter von 68 Jahren werden mit ihr Verträge für internationale Shows abgeschlossen.

Daphne Self ist 70 Jahre alt und hat eine Modelkarriere mit Unterbrechungen gehabt. Sie ist bei Models 1 in London (GB) unter Vertrag und wurde für *Vogue* und *Marie Claire* fotografiert, 1999 erscheint sie in der *Laura-Ashley*-Kampagne.

HÖCHSTBEZAHLTES SUPERMODEL

Laut *Forbes-Magazin* verdient Claudia Schiffer 19,00 Mio. DM pro Jahr – mehr als jedes andere Supermodel. Ihr Vermögen wird gegenwärtig auf 61,54 Mio. DM geschätzt. Damit ist sie das reichste Supermodel Europas.

Auszeichnungen

VIELSEITIGSTE GEWINNERIN
Die Schauspielerin, Sängerin und Regisseurin Barbra Streisand gewann zwei Oscars, fünf Emmys, sieben Grammys, sieben Golden Globes und einen speziellen Tony im Jahr 1970 als Broadway-Schauspielerin des Jahrzents.

MEISTE OSCARS ALS BESTER REGISSEUR
John Ford gewann vier Oscars als Bester Regisseur: für *The Informer* (USA, 1935), *The Grapes of Wrath* (USA, 1940), *How Green Was My Valley* (USA, 1941) und *The Quiet Man* (USA, 1952).

MEISTE NOMINIERUNGEN ALS BESTER REGISSEUR
William Wyler wurde zwischen 1936 und 1965 die Rekordanzahl von zwölfmal für einen Oscar nominiert und gewann den Preis dreimal: für *Mrs. Miniver* (USA, 1942), *The Best Years of Our Lives* (USA, 1946) und *Ben Hur* (USA, 1959).

MEISTE AUSZEICHNUNGEN ALS BESTE SCHAUSPIELERIN
Katharine Hepburn gewann vier Oscars, für *Morning Glory* (USA, 1933), *Guess Who's Coming to Dinner* (Rat mal, wer zum Essen kommt, USA, 1967), *The Lion in Winter* (Der Löwe im Winter, GB, 1968) und *On Golden Pond* (Am goldenen See, USA, 1981). Sie hält mit 48 Jahren auch den Rekord für den längsten Zeitraum, in dem diese Preise gewonnen wurden.

MEISTE OSCARS ALS BESTER SCHAUSPIELER
Sieben Personen gewannen zweimal den Oscar als Bester Schauspieler: Spencer Tracy für *Captains Courageous* (USA, 1937) und *Boys Town* (USA, 1938); Fredric March für *Dr. Jekyll and Mr. Hyde* (USA, 1932) und *The Best Years of Our Lives* (USA, 1946); Gary Cooper für *Sergeant York* (USA, 1941) und *High Noon* (USA, 1952); Marlon Brando für *On the Waterfront* (USA, 1954) und *The Godfather* (USA, 1972) (abgelehnt); Jack Nicholson für *One Flew Over the Cuckoo's Nest* (USA, 1975) und *As Good As It Gets* (USA, 1997); Dustin Hoffman für *Kramer gegen Kramer* (USA, 1979) und *Rain Man* (USA, 1988); sowie Tom Hanks für *Philadelphia* (USA, 1993) und *Forrest Gump* (USA, 1994).

MEISTE OSCARS ALS BESTER NEBENROLLENDARSTELLER
Walter Brennan gewann Oscars für seine Nebenrollen in *Come and Get It* (USA, 1936), *Kentucky* (USA, 1938) und *The Westerner* (USA, 1940).

MEISTE OSCARS ALS BESTE NEBENROLLENDARSTELLERIN
Die Rekordanzahl von zwei Oscars als Beste Nebenrollendarstellerin gewannen: Shelley Winters für *The Diary of Anne Frank* (Das Tagebuch der Anne Frank, USA, 1959) und *A Patch of Blue* (USA, 1965); und Dianne Wiest für *Hannah And Her Sisters* (USA, 1986) und *Bullets Over Broadway* (USA, 1994), in denen Woody Allen die Regie führte.

MEISTE OSCARS FÜR EINE ROLLE
Marlon Brando gewann den Oscar (lehnte ihn jedoch ab) als Bester Schauspieler für seine Rolle als Vito Corleone in *The Godfather* (Der Pate, USA, 1972), und Robert De Niro gewann für seine Rolle als der jüngere Corleone in *The Godfather Part II* (USA, 1974) den Oscar als Bester Nebenrollendarsteller.

Barry Fitzgerald wurde als Bester Schauspieler und als Bester Nebenrollendarsteller für seine Rolle in *Going My Way* (USA, 1944) nominiert und gewann in der letzteren Kategorie einen Oscar. Dies war das einzige Mal, daß ein Schauspieler in zwei Kategorien für denselben Film nominiert wurde.

MEISTE EMMYS HINTEREINANDER
Die amerikanische Komödie *Frasier* gewann fünfmal hintereinander einen Emmy als Beste Komödienserie. Kelsey Grammer (der dritte von rechts) gewann außerdem drei Emmys als Bester Schauspieler für seine Rolle als der Psychiater Dr. Frasier Crane, und David Hyde Pierce (rechts im Bild), der Frasiers Bruder Niles spielt, gewann zweimal als Bester Nebenrollendarsteller.

MEISTE „GOLDEN RASPBERRIES"

Die Spice Girls (rechts) machten Geschichte, als sie 1999 bei der Verleihung der „Golden Raspberries" alle fünf den Preis in der Kategorie „Schlechteste Schauspielerin" für ihre Gesamtleistung in *Spiceworld: The Movie* (GB, 1997) erhielten – so viele Personen hatten sich den Preis zuvor noch nie geteilt. Der Golden-Raspberries-Preis (oder „Razzies") wurde 1980 von dem Autor John Wilson als Ergänzung der Academy Awards eingerichtet, um den schlechtesten Film hervorzuheben, den die Industrie anzubieten hatte. Andere „Gewinner" waren Bruce Willis, Demi Moore, Leonardo DiCaprio, Pamela Anderson, Kevin Costner und Madonna. Bei der 20. Verleihung im Jahr 2000 werden die 100 Schlechtesten Filme des 20. Jahrhunderts benannt werden. Stimmen werden auf der Golden-Raspberry-Website unter www.razzies.com. entgegengenommen.

MEISTE OSCARS FÜR EINE FAMILIE
Walter Huston erhielt einen Oscar als Bester Nebenrollendarsteller für The Treasure of the Sierra Madre *(USA, 1948). Sein Sohn John gewann für denselben Film einen Oscar als Bester Regisseur und Johns Tochter Anjelica gewann als Beste Nebenrollendarstellerin in* Prizzi's Honour *(USA, 1985) einen Oscar. Francis Ford Coppola wurde ein Oscar als Bester Regisseur für* The Godfather Part II *(USA, 1974) verliehen. Sein Vater Carmine gewann für denselben Film den Preis für die Beste Original-Filmmusik, und Nicolas Cage (Francis' Neffe, links) erhielt einen Oscar als Bester Schauspieler für* Leaving Las Vegas *(USA, 1995).*

JÜNGSTER OSCAR-GEWINNER
Tatum O'Neal gewann im Alter von zehn Jahren als Beste Nebenrollendarstellerin in *Paper Moon* (USA, 1973) einen Oscar.

Shirley Temple wurde 1934 im Alter von fünf Jahren ein Oscar ehrenhalber verliehen.

ÄLTESTER OSCAR-GEWINNER
Jessica Tandy gewann im Alter von 80 Jahren als Beste Schauspielerin einen Oscar für *Driving Miss Daisy* (USA, 1990).

MEISTE OSCAR-NOMINIERUNGEN OHNE AUSZEICHNUNG
Richard Burton und Peter O'Toole wurden siebenmal als Beste Schauspieler nominiert, gewannen jedoch nie einen Preis. Burton wurde nominiert für *My Cousin Rachel* (USA, 1952), *The Robe* (USA, 1953), *Beckett* (GB, 1964), *The Spy Who Came in from the Cold* (GB, 1965), *Who's Afraid of Virginia Woolf?* (USA, 1966), *Anne of the Thousand Days* (GB, 1970) und *Equus* (GB, 1977). O'Tooles Nominierungen waren für *Lawrence of Arabia* (GB, 1962), *Beckett* (GB, 1964), *The Lion In Winter* (GB, 1968), *Goodbye Mr. Chips* (GB, 1969), *The Ruling Class* (GB, 1969), *The Stunt Man* (USA, 1980) und *My Favourite Year* (USA, 1982).

MEISTE OSCARS ALS BESTER FREMDSPRACHIGER FILM
Italien gewann 13 Oscars in der Kategorie „Bester fremdsprachiger Film", zuletzt 1999 für *Das Leben ist schön*.

MEISTE OSCAR-VERLEIHUNGEN
Bob Hope nahm 13mal an der Oscar-Verleihung teil: 1940, 1945, 1946, 1953, 1955, 1958, 1959, 1960, 1966, 1967, 1968, 1975 und 1978.

JÜNGSTE TONY-GEWINNER
Daisy Eagan war elf Jahre alt, als sie 1991 den Tony Award als Beste Schauspielerin für eine Sonderrolle (gleichwertig mit dem Preis für die Beste Nebenrollendarstellerin) in dem Musical *The Secret Garden* erhielt.

Liza Minnelli gewann 1965 im Alter von 19 Jahren einen Tony für ihre Hauptrolle in *Flora, The Red Menace*.

MEISTE CESARS
Der französische Star Isabelle Adjani gewann als einzige Person viermal den von der Académie des Arts verliehenen César. Ihren ersten César gewann sie 1982 für ihre Rolle in Andrzej Zulawskis *Possession*. Die anderen Preise erhielt sie für ihre Rollen in *L'Eté Meurtrier* (*Ein mörderischer Sommer*, 1984), *Camille Claudel* (1989) und *La Reine Margot* (1995).

Weltruhm

Weltpolitiker

JÜNGSTER PRÄSIDENT
Das jüngste republikanische Staatsoberhaupt eines Landes ist Yaya Jammeh, der am 26. Juli 1994 im Alter von 29 Jahren Präsident des provisorischen Rates und Staatsoberhaupt von Gambia und am 27. September 1996 im Alter von 31 Jahren zum Präsidenten gewählt wurde.

ÄLTESTE MINISTERPRÄSIDENTIN
Sirimavo Bandaranaike wurde 1994 im Alter von 78 Jahren Ministerpräsidentin von Sri Lanka. Schon 1960 war sie als erste Frau der Welt Ministerpräsidentin.

KÜRZESTE PRÄSIDENTSCHAFT
Pedro Lascurain war am 18. Februar 1913 eine Stunde lang Präsident von Mexiko. Lascurain, der Rechtsnachfolger des am 13. Februar 1913 ermordeten Präsidenten Madero, wurde vereidigt, ernannte General Victoriano Huerta zu seinem Nachfolger und trat zurück.

GRÖSSTE PERSÖNLICHE MEHRHEIT
Boris Jelzin, der Präsident der Russischen Föderation, hatte im März 1989 bei den Wahlen in der Sowjetunion eine persönliche Mehrheit von 4,73 Mio. Stimmen. Er erhielt 5,12 Mio. Stimmen von den 5,72 Mio. Stimmabgaben in seinem Moskauer Wahlkreis.

Benazir Bhutto bekam bei den allgemeinen Wahlen im Jahr 1990 in Pakistan mit 94.462 Stimmen 98,48 % der Wählerstimmen in ihrem Wahlbezirk Larkana III. Der am nächsten liegende Kandidat erhielt 718 Stimmen.

MEISTE WIEDERWAHLEN
Kambodscha, Irak und Libanon hatten Ministerpräsidenten, die achtmal wiedergewählt worden sind. Prinz Norodom Sihanouk wurde erstmals im März 1945 zum Ministerpräsidenten von Kambodscha gewählt und war zuletzt von 1961 bis 1961 im Amt. Nuri as-Said war zum ersten Mal 1930 Ministerpräsident des Irak und bekleidete dieses Amt dann periodisch bis zu seiner letzten Wiederwahl im Jahr 1958. Rashid Karami wurde erstmals 1955 Ministerpräsident des Libanon, seine letzte Amtszeit war von 1984 bis 1987.

Präsident Suharto gewann ab 1967 sechs Wahlen hintereinander und hielt 31 Jahre lang in Indonesien das Heft in der Hand, bis er 1998 aus dem Amt gedrängt wurde.

MEISTE FRAUEN MIT MEHREREN ÄMTERN
Zwischen dem 1. Januar und 31. Dezember 1993 waren vierzehn Frauen gleichzeitig Ministerpräsidentin, Präsidentin oder Vizepräsidentin in: Dominica, Norwegen, Pakistan, Bangladesh, Polen, Kanada, Türkei, Burundi, Ruanda, Island, Nicaragua, Irland and San Marino.

TEUERSTE PRÄSIDENTENEINFÜHRUNG
Die Einführung des amerikanischen Präsidenten in Washington D.C., die alle vier Jahre stattfindet, ist die teuerste der ganzen Welt. George Bushs Einführung im Jahr 1989 kostete insgesamt 54,3 Mio. DM.

ÄLTESTER PRÄSIDENT UND JÜNGSTER PREMIER
Das älteste republikanische Staatsoberhaupt ist der 82jährige Kiro Gligorov, der Präsident der ehemaligen jugoslawischen Republik Mazedonien (rechts). Das Land hat auch den jüngsten Ministerpräsidenten, Ljupco Georgievski (links) von der Mazedonischen Revolutionsorganisation-Demokratischen Partei der Einheit Mazedoniens (VMRO-DPMNE). Er wurde am 17. Januar 1966 geboren und übernahm am 30. November 1998 im Alter von 32 Jahren das Amt.

GRÖSSTE MANNSCHAFT
Das republikanische Staatsoberhaupt mit der größten Mannschaft ist der amerikanische Präsident Bill Clinton. Im Weißen Haus gibt es über 1.000 Beschäftigte, darunter Hausangestellte, Speisen- und Getränkelieferanten, Garten- und Sicherheitspersonal und Assistenten. Einige dieser Beschäftigten arbeiten auch für die First Lady Hillary Rodham Clinton.

MACHTVOLLSTE FAMILIE
Bis 1995 war Barzan Ibrahim, ein Halbbruder des irakischen Präsidenten Saddam Hussein, UN-Botschafter und kontrollierte einen Großteil des Familienvermögens. Watban Ibrahim, ein anderer Halbbruder Husseins, war

LÄNGSTE AMTSZEIT

Fidel Castro wurde im Juli 1959 Ministerpräsident von Kuba und ist seit dem 3. Dezember 1976 Präsident von Kuba und Staats- und Regierungsoberhaupt. Nach seinem dritten Versuch, den Diktator Fulgencio Batista zu stürzen, kam er an die Macht. 1960 verstaatlichte er alle amerikanischen Unternehmen in Kuba, was zahlreiche CIA-geplante Aktionen gegen ihn zur Folge hatte, die von der erfolglosen Schweinebuchtinvasion im Jahr 1961 bis hin zu einem Attentat mit einer explodierenden Zigarre reichten. Die andauernde Wirtschaftsblockade und der Wegfall der wirtschaftlichen Hilfe seitens der Sowjetunion 1991 führten zu steigender Not im Land, obgleich Kuba nach wie vor eine der geringsten Analphabetenquoten der Welt hat.

MEISTVERHEIRATETER STAATSCHEF
Gerhard Schröder war viermal verheiratet, ein Rekord für einen Staatschef in einer monogamen Gesellschaft. Der Kanzler Deutschlands ist hier ganz rechts mit (von rechts nach links) seiner vierten Frau, Doris, dem französischen Ministerpräsidenten Lionel Jospin und dessen Frau Sylviane abgebildet.

Innenminister und ein dritter Halbbruder, Sabaoni Ibrahim, war Chef der allgemeinen Sicherheit. Saddams Schwiegersohn Saddam Kamal Hussein war bis zu seiner Flucht nach Jordanien im Jahr 1995 Kommandant der Präsidentengarde, und seine Söhne, Udday und Qusay, bekleiden verschiedene Staats- und sonstige Ämter. Der letztere war Chef des Sicherheitsdienstes, wurde aber durch einen von Saddams Schwiegersöhnen ersetzt.

MEISTE NACHKOMMEN ALS MINISTERPRÄSIDENTEN
Pandit Jawaharlal Nehru war Indiens erster Ministerpräsident, als das Land am 15. August 1947 unabhängig wurde, er blieb bis zu seinem Tod 1964 im Amt. Seine Tochter Indira Gandhi war von 1966 bis 1977 und von 1980 bis zu ihrer Ermordung durch ihre eigenen Leibwächter im Jahr 1984 Ministerpräsidentin. Rajiv Gandhi, Indiras ältester Sohn, wurde nach dem Tod seiner Mutter Ministerpräsident und gewann 1984 die Wahlen durch einen überwältigenden Sieg. Er blieb bis 1989 im Amt und wurde 1991 während seines Wahlkampfes für eine neue Amtsperiode ermordet.

LÄNGSTER HAUSARREST IN DIESEM JAHRHUNDERT
Die Friedensnobelpreisträgerin und Führerin der Nationalliga für Demokratie Aung San Suu Kyi wurde vom 20. Juli 1989 bis 10. Juli 1995 von der burmesischen Militärregierung unter Hausarrest gestellt. Über die Tochter des ermordeten burmesischen Führers General Aung San wurde das Standrecht verhängt, das Inhaftierung bis zu drei Jahren ohne Anklage oder Prozeß erlaubt. 1994 wurde der Arrest auf sechs Jahre ausgedehnt.

FREMDESTER PRÄSIDENT
Valdus Adamkus, der 1998 Präsident Litauens wurde, kehrte 1997 in die Republik zurück, nachdem er über 50 Jahre in Chicago (USA) gelebt hatte.

BÜRGERNAHSTER MINISTERPRÄSIDENT
Mit Ausnahme der Staatschefs einiger „Mikro-Staaten" ist der Däne Poul Nyrup Rasmussen der bürgernahste Ministerpräsident. Rasmussens private Telefonnummer steht im öffentlichen Telefonbuch und er beantwortet oft persönlich die Telefonanfragen dänischer Bürger. Die Offenheit der dänischen Regierung griff sogar auf die Monarchin über: Jeder Bürger kann um eine Privataudienz mit Königin Margrete II. ersuchen.

KRÄNKSTER PRÄSIDENT
Boris Jelzin mußte zwischen seiner Wahl zum Präsidenten der Russischen Föderation 1991 und Mai 1999 13mal ins Krankenhaus. Das Durchschnittsalter männlicher Russen von 58 Jahren hat er bisher um mehr als neun Jahre überlebt.

LÄNGSTE POLITIKERREDE
Chief Mangosuthu Buthelezi, der Chef der Inkatha Freedom Party und Innenminister Südafrikas, sprach an elf von 18 Tagen auf der gesetzgebenden Versammlung von Kwazulu 1993 durchschnittlich zwei Stunden.

MEISTE AUSZEICHNUNGEN
Ehud Barak, der am 17. Mai 1999 zum Ministerpräsidenten von Israel gewählt wurde, erhielt mehr Auszeichnungen während des Militärdienstes als jeder andere gegenwärtige Ministerpräsident. Er wurde viermal für seine auffallende Tapferkeit belobigt, mehr als irgendein anderer Soldat in der Geschichte der israelischen Armee. Das Bild zeigt seine Beförderung zum Stabschef im Mai 1991.

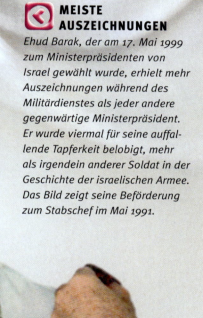

081

 Weltruhm

Fan-Artikel

TEUERSTES KLEID
Ein Kleid aus blauer Seide und Samt, daß Diana, die Prinzessin von Wales, trug, als sie 1985 mit John Travolta auf einem Dinner im Weißen Haus tanzte, erzielte am 26. Juni 1997 bei Christie's in New York (USA) die Rekordsumme von umgerechnet 362.000 DM.

TEUERSTES FILMKOSTÜM
Das Kostüm, das „Cowardly Lion" (gespielt von Bert Lahr) in *The Wizard of Oz* (USA, 1939) trug, brachte am 12. Dezember 1998 in Beverly Hills (USA) bei einer Versteigerung 452.500 DM ein.

Die roten Pumps, die Judy Garland in demselben Film trug, wurden am 2. Juni 1988 bei Christie's in New York (USA) für ca. 299.000 DM versteigert.

TEUERSTE FILMREQUISITE
Die Statuette aus *The Maltese Falcon* (USA, 1941) wurde 1994 bei Christie's in New York (USA) für 721.285 DM versteigert.

TEUERSTES POSTER
Ein Poster für Walt Disneys Kurzfilm *Alice's Day at Sea* (USA, 1924) wurde im April 1994 bei Christie's in London (GB) für eine Rekordsumme von 65.373 DM verkauft.

TEUERSTES JAMES-BOND-KLEIDUNGSSTÜCK
Die Melone mit Stahlrand aus dem Film *Goldfinger* (GB, 1964) brachte bei einer Auktion am 17. September 1998 bei Christie's in London (GB) umgerechnet 173.715 DM ein.

TEUERSTE GITARRE
Eine Fender Stratocaster, der einst Jimi Hendrix gehörte, wurde von seinem ehemaligen Schlagzeuger „Mitch" Mitchell am 25. April 1990 für 560.340 DM bei Sotheby's in London (GB) verkauft.

TEUERSTES ROCK-OBJEKT
Die von John Lennon 1965 gefahrene Rolls-Royce-Phantom-V-Touring-Limousine wurde am 29. Juni 1985 bei Sotheby's in New York (USA) für 4.034.490 DM verkauft. Der Käufer war Jim Pattison, Vorsitzender der Expo '86 Weltausstellung in Vancouver (CDN).

GRÖSSTE SAMMLUNG VON ERINNERUNGSSTÜCKEN AN POPSTARS
Im Hard Rock Café in Philadelphia (USA) sind 45.000 Erinnerungsstücke von Rockstars ausgestellt, darunter der schwarze BH von Madonna und die Vinylhosen von Sid Vicious, dem ehemaligen Bassisten der Sex Pistols.

TEUERSTE KLEIDUNGSSTÜCKE
Der Afghan-Mantel von John Lennon, den er 1967 auf dem Cover des *Magical-Mystery-Tour*-Albums trug, wurde 1997 für 99.047 DM von seinem Sohn Julian gekauft.

Ein vollständiges Bühnenkostüm von ♀, der sich früher Prince nannte, wurde im Dezember 1991 bei Christie's in London (GB) für 34.243 DM verkauft.

WERTVOLLSTE STAR-PUPPE
Elizabeth Taylor und Jamie Lee Curtis zeigen hier Elizabeth Taylors Puppe mit 27 Diamanten in einer Platinum-Fassung. Sie wurde am 24. Oktober 1998 für ca. 44.000 DM versteigert, das Geld wurde der Children Affected By AIDS Foundation gespendet.

Ein weißer Rheinkiesel-Handschuh, der Michael Jackson gehörte, wurde im Dezember 1991 für 46.695 DM verkauft.

Eine Brille, die einst Buddy Holly trug, wurde 1990 bei einer Auktion in New York (USA) für 81.450 DM verkauft.

HÖCHSTER PREIS FÜR LYRIK
Ein Notizbuch mit handgeschriebenen Versen zu *Hey Jude* wurde am 15. September 1998 von Sotheby's für umgerechnet 325.450 DM verkauft.

TEUERSTES ZIGARETTENETUI
Ein 7,62 x 8,38 cm großes Zigarettenetui in Sterlingsilber, das der Filmproduzent Howard Hughes einst Walt Disney schenkte, wird gegenwärtig auf der Internetseite „GameRoomAntiques.com" für umgerechnet ca. 16.290 DM zum Verkauf angeboten. Im Innern des Etuis sind die Worte „To My Friend Walt Disney from Howard Hughes 1948" eingraviert. Die Außenseite trägt die Inschrift „WED" (Walter Elias Disney).

TEUERSTES TÜRSTÜCK
1997 verkaufte Bonham's ein Holzstück von der Tür des Apple-Büros (Plattenfirma der Beatles) für 707,50 DM. Auf derselben Auktion fand ein Katzenauge des berühmten Zebrastreifens, der auf dem Beatles-Album *Abbey Road* (1969) abgebildet ist, für denselben Betrag einen Käufer.

TEUERSTES ERINNERUNGSSTÜCK
Das Union-Jack-Kostüm, das das ehemalige Spice Girl Geri Halliwell 1997 bei der Verleihung des Brit-Awards getragen hatte, erzielte am 16. September 1998 auf einer Auktion bei Sotheby's in London (GB) 116.935 DM.

TEUERSTES HAAR
1988 wurde eine Locke des britischen Seehelden Horatio Nelson für 15.777 DM an einen Buchhändler aus Cirencester (GB) verkauft.

TEUERSTER ZAHN
1816 wurde ein Zahn des britischen Naturwissenschaftlers Sir Isaac Newton in London (GB) für umgerechnet 2.065 DM verkauft.

TEUERSTES FORMEL-I-ERINNERUNGSSTÜCK
Ein Overall des brasilianischen Formel-I-Champions Ayrton Senna, der 1994 beim Grand Prix von San Marino ums

TEUERSTE SCHUHE EINES POLITIKERS
Dieser Junge trägt die Straußenlederschuhe von Nelson Mandela, mit denen Mandela 1990 nach 27 Jahren in einem südafrikanischen Gefängnis in die Freiheit lief. Sie wurden im Mai 1995 bei Christie's in London (GB) für 12.735 DM an die Firma versteigert, die sie ursprünglich gefertigt hatte. Der Erlös kam wohltätigen Zwecken in Südafrika und Großbritannien zugute. Die Firma fertigte eine Kopie der Schuhe an und überreichte sie Nelson Mandela.

Leben kam, wurde im Dezember 1996
von einem anonymen Bieter bei
Sotheby's, London (GB), für 71.599 DM
ersteigert. Senna hatte den Overall 1984
in Monaco in seinem ersten Formel-I-
Rennen für das Toleman-Team getragen.

Ein Paar Handschuhe, die Senna
während der Saison 1987 getragen
hatte, gingen für 7.160 DM an einen
anonymen Ersteigerer.

Ein Rennhelm, den Senna 1982 getragen hatte, wurde für 81.362 DM vom
britischen Autorennfan Peter Radcliffe
ersteigert.

TEUERSTES ERINNERUNGSSTÜCK
AN EINEN BOXER

Im Oktober 1997 wurde der wadenlange
Umhang von Muhammad Ali bei
Christie's in Los Angeles (USA) für
253.400 DM von einem anonymen
Käufer erworben. Den Mantel hatte
Muhammad Ali bei dem legendären
Boxkampf „Rumble in the Jungle"
gegen George Foreman getragen.

TEUERSTES MADONNA-
KLEIDUNGSSTÜCK ▶

Dieses Model trägt einen BH von Madonna,
der 1977 bei Christie's in London (GB)
für ca. 12.000 DM versteigert wurde.
Das teuerste Kleidungsstück Madonnas
kostete ca. 34.000 DM. Es war ein Korsett
von Jean-Paul Gaultier, das bei Christie's
im Mai 1994 versteigert wurde.

◀ WERTVOLLSTER
BASEBALL

Der Baseball, mit dem Mark
McGwire im September 1998
einen Major-League-Rekord
von 70 Home Runs in einer
Saison schlug, wurde während
einer Auktion im Januar 1999 in
New York (USA) an einen anonymen
Bieter für 5,3 Mio. DM versteigert.
Der Fänger des Balls hatte verspro-
chen, Teile des Betrags zu spenden.

 Weltruhm

Fans

MEISTE GEDENKBLUMEN
Zwischen dem 1. und 8. September 1997 wurden schätzungsweise 10.000 bis 15.000 t Blumen vor dem Kensington Palast, dem St. James Palast und dem Buckingham Palast in London in Erinnerung an Diana, Prinzessin von Wales, hinterlegt. Diese Zahl wurde von den Behörden geschätzt, die für den Abtransport der Blumen nach Ende der Trauerzeit verantwortlich waren. Tageszeitungen schätzen, daß insgesamt mehr als 5 Mio. Blumenbuketts als Ausdruck der Trauer abgegeben wurden.

MEISTBESUCHTES GRAB
Graceland, ehemalige Heimat und letzte Ruhestätte von Elvis Presley, besuchen pro Jahr mehr als 700.000 Gäste. Im Rekordjahr 1995 waren es sogar 753.962 Besucher. Am 17. August 1977, dem Tag nach Elvis' Tod, wurden weltweit mehr als 20 Mio. seiner Alben verkauft, mehr als von irgend jemand anderem. Elvis Presley hat ebenfalls die meisten Imitatoren. Man schätzt, daß mehr als 48.000 Menschen weltweit Elvis professionell darstellen, darunter „der chinesische Elvis" Paul Chan und der „Sikh Elvis" Elvis Singh.

GRÖSSTER FILMFAN
Gwilym Hughes aus Gwynedd (GB) sah seinen ersten Film im Jahre 1953, als er im Krankenhaus lag. Er führt über all seine Filme Tagebuch und hat bis zum 28. Februar 1997 insgesamt 22.990 Filme eingetragen. Die meisten Filme, die er sich heutzutage ansieht, sind auf Videos.

GRÖSSTER FUSSBALL-FANCLUB
Der Fanclub von Manchester United FC (erste englische Division) hat ungefähr 138.000 Mitglieder. In Großbritannien gibt es 276 Nebenstellen und weitere 24 in so unterschiedlichen Ländern wie Malaysia und Island. Allein in Skandinavien, der größten Abteilung außerhalb Englands, sind 30.000 Fans Mitglieder. Die Anzahl der inoffiziellen Fans ist nur schwer zu schätzen, aber man geht beispielsweise von 20 Mio. Manchester-United-Fans in China aus – genug, um das Old Trafford-Stadion mehr als 350mal zu füllen.

BELIEBTESTER KULTFILM

Sal Piro, der Präsident des US-Rocky-Horror-Picture-Show-Fanclubs, hat die *Rocky Horror Picture Show* (GB, 1975) ca. 1000mal gesehen. Die Rocky-Horror-Picture-Show, auf der der Film basiert, wurde von Richard O'Brien geschrieben und 1973 im Royal Court Theatre in London (GB) uraufgeführt. Sie schaffte den Sprung vom Kultstatus zum „großen Geschäft". Heute wird sie in allen größeren Ländern Europas, in Australien und im Fernen Osten gespielt. Der Film mit Tim Curry, Susan Sarandon und Meat Loaf wird noch immer in über 100 Kinos in den USA und in der ganzen Welt gezeigt. Viele Fans verkleiden sich wie ihre Lieblingsfiguren (z. B. Frank N. Furter und Magenta, rechts), werfen in den passenden Momenten Reis und Toasts, spritzen mit Wasser und singen die Antworten zur Filmmusik.

GRÖSSTE THEATERFANS
Dr. H. Howard Hughes, emeritierter Professor des Texas Wesleyan College, Fort Worth (USA), sah von 1956 bis 1987 die Rekordanzahl von 6.136 Vorstellungen.

Edward Sutro sah von 1916 bis 1956 die Rekordanzahl von 3.000 Premieren und über 5.000 Vorstellungen in seiner Heimat Großbritannien.

Nigel Tantrum aus East Kilbride (GB) besuchte während des Edinburgh Festival 1994 in der Zeit vom 13. August bis 4. September 169 Einzelvorstellungen.

GRÖSSTER TRAINSPOTTER
Bill Curtis aus Clacton-on-Sea (GB) ist Weltmeister im Trainspotting, auch „Gricer" genannt (nach Richard Grice, dem ersten, der den Titel von 1896 bis 1931 führte). Curtis hat rund 60.000 Lokomotiven, 11.200 E-Loks und 8.300 Dieselloks in über 40 Jahren in mehreren Ländern gesehen.

GRÖSSTE VOGELBEOBACHTER
Phoebe Snetsinger aus Webster Groves (USA) hat seit 1965 8.040 (82,9 %) von 9.700 bekannten Vogelarten beobachtet. Sie hat damit 82 % der Arten und mehr als 90 % aller Gattungen gesehen.

342 Vogelarten in 24 Stunden beobachteten Terry Stevenson, John Fanshawe und Andy Roberts (EAK) am 30. November 1986, dem zweiten Tag des „Birdwatch Kenya '86".

MEISTE VÖGEL BERINGT
Zwischen 1953 und 1997 beringte Óskar J. Sigurósson, Haupt-Vogelberinger des Isländischen Instituts für Naturkunde und Leuchtturmwärter in Stórhöfôi auf Heimay (Westmann Islands), insgesamt 65.243 Vögel.

MEISTE PUBBESUCHE
Bruce Masters aus Flitwick (GB) hat seit 1960 31.241 Pubs und 1.568 andere Lokale mit Getränkeausschank besucht.

MEISTE WEIHNACHTSKARTEN
Der Rekord für die größte Anzahl privat verschickter Weihnachtskarten beträgt 62.824 Stück. Werner Erhard aus San Francisco (USA) gelang dies im Dezember 1975.

MEISTE BRIEFE
Uichi Noda, Mitglied des japanischen Kabinetts, schrieb an seine bettlägerige Frau Mitsu während seiner Auslandsreisen von Juli 1961 bis zu ihrem Tod im März 1985 1.307 Briefe. Sie wurden in 25 Bänden mit insgesamt 12.404 Seiten und über 5 Mio. Buchstaben veröffentlicht.

MEISTE LESERBRIEFE
Von David Green aus Pembrokeshire (GB) wurde am 21. April 1998 sein 143. Brief in den Hauptleserkolumnen der Times veröffentlicht. Sein produktivstes Jahr war 1972 mit zwölf Briefen.

LÄNGSTES TAGEBUCH
Col. Ernest Loftus aus Harare (ZW, ehemals Rhodesien) begann am 4. Mai 1896 im Alter von 12 Jahren täglich Tagebuch zu führen. Bis zu seinem Tod am 7. Juli 1987, im Alter von 103 Jahren und 178 Tagen, führte er dies fort.

JÜNGSTER FUSSBALLFAN
Oliver Newton aus Wakefield (GB) hat im Alter von fünf Monaten jeden der 92 Premiership- und Football League-Plätze in England und Wales besucht. Als er vier Wochen alt war, besuchte er zuerst den Nottingham-Forest-City-Ground und beendete seine Tour auf dem Lincoln-City-Ground in Sincil Bank. Er wurde von seinen fußballverrückten Eltern begleitet, die ihren Sohn auf allen Fußballfeldern fotografierten.

 BELIEBTESTE SCIENCE-FICTION-SERIE
Die Fernsehserie Star Trek wurde erstmals 1966 ausgestrahlt und ist derzeit in über 100 Ländern zu sehen. Es gibt über 350 Star-Trek-Websites und mehr als 500 Fanmagazine. Nach mehr als 400.000 Anfragen von Fans („Trekkers" genannt) gab die NASA einem ihrer Spaceshuttles den Namen Enterprise.

 Weltruhm

Berühmte Tiere

ERFOLGREICHSTER FERNSEHHUND
Moose, der Jack-Russell-Terrier, der den „Eddie" in der US-Situationskomödie *Frasier* spielt, wurde von *Entertainment Weekly* als das „fähigste Hündchen seit Jahren, das man in den Fernsehkanälen von der Leine gelassen hat" bezeichnet. Er hat eine Hauptrolle in der Animal Actors Show der Universal Studios, tauchte in der Fernseh- und Zeitschriftenwerbung auf und war auf den Titelseiten von *Life* und *TV-Guide*.

TEUERSTER TIER-STAR
Der Original-*Lassie*-Star Pal war der erste von neun Hunden, der die Hundeheldin spielte. Sein Ur-ur-ur-ur-ur-Enkel „Lassie IX" ist das wertvollste Tier in der Geschichte des Showbusiness; er reist in seinem eigenen Privatjet.

MEISTE „PATSYS"
Francis, der Maulesel, gewann als erstes Tier den ersten Preis bei der PATSY-Preisverleihung, die von 1951 bis 1987 jährlich stattfand. Die Ehrung der Topstars unter den Tiermodels erfolgte, um die Gesundheit und Sicherheit von Tieren im Showgeschäft zu fördern. Der Star aus *Francis, der sprechende Maulesel* (USA, 1949) nahm seinen Preis von dem Schauspieler James Stewart entgegen. In den folgenden Jahren gewann er noch sechsmal.

REICHSTER WERBEAFFE
Choromatsu, der Affe, der Goro Matsuzaki (J) gehört, verdiente während eines Werbespots 1998 für einen Sony-Walkman 37.575 DM pro Monat.

ERFOLGREICHSTES HUNDE-SUPERMODEL
Die englische Bulldogge Rosie Lee war Hauptdarstellerin bei der Frühjahrskampagne 1996 des Schuhdesigners Patrick Cox und stand Modell für den Fotografen Bruce Weber in einer Pepe-Jeans-Anzeige. Rosie ist 46 cm groß und wiegt 22 kg. Sie lebt mit ihrem Herrchen Nikki Perry, der das bei (menschlichen) Supermodels beliebte Restaurant *Tea & Sympathy* betreibt, in New York (USA).

MEISTE HUNDETRICKS
Chanda-Leah, ein champagnerfarbener Zwergpudel aus Hamilton (CDN), kann 69 Kunststücke. Chanda-Leahs Besitzerin Sharon Robinson unterrichtete den fünfjährigen Pudel im Klavierspielen, Zählen und Buchstabieren. Die Hündin ist in vielen US-Fernsehshows aufgetreten, darunter bei *Regis and Kathie Lee* und in *The Maury Povich Show*. Jetzt hat sie ihren eigenen Publicitymanager.

ERFOLGREICHSTER DROGENSPÜRHUND
Snag, ein Labrador-Apportierhund des US-Zolls, hat mit seinem Besitzer, Jeff Weitzmann, 118 Drogenbeschlagnahmungen im Wert von 1,4661 Mrd. DM erreicht.

GRÖSSTE HUNDE

Die größte Züchtung ist der Irische Wolfshund (unten) sowie der Große Däne. Der größte Hund jemals war Shangret Damzas, ein Großer Däne, der Wendy und Keith Comley aus Milton Keynes (GB) gehörte. Bevor er 1984 starb, war er bis zur Schulter 1,054 m groß und wog bis zu 108 kg. Der schwerste Hund jemals war Aicama Zorba aus La Susa, eine Altenglische Dogge. Im November 1989 besaß sie ein Rekordgewicht von 155,58 kg.

SPORTLICHSTER HUND
Part-Ex gehört John-Paul Eatock, dem Manager des „Tyf No Limits Adventure Centre", Südwales (GB). Der drei Jahre alte Jack-Russell-Terrier begleitet sein Herrchen bei einer Vielzahl von extremen Sportarten wie Kajakfahren, Abseilen, Wellenreiten, Windsurfen und Bergsteigen.

ERFOLGREICHSTER LITERARISCHER HUND
1991 bekam der Spaniel Mildred Kerr, genannt Millie, ein Gehalt, das viermal so hoch war wie das ihres Herrchens, des damaligen US-Präsidenten George Bush, als ihre „Autobiographie" 400.000mal verkauft wurde. Millies Buch, das sie der First Lady Barbara Bush diktiert hatte, wurde als „ein Blick unter den Tisch der Familie Bush" beschrieben und brachte insgesamt 1.629.000 DM ein.

MEISTGEREISTER KATER
Hamlet entkam während eines Fluges von Toronto (CDN) aus seinem Käfig und flog in nur sieben Wochen mehr als 965.600 km. Im Februar 1984 wurde er wieder eingefangen.

ERFOLGREICHSTER MÄUSEJÄGER
Towser, eine Schildpattkatze, fing rund 28.899 Mäuse, bevor sie 1987 starb.

MEISTVERDIENENDER TIERKÜNSTLER
Ihre Malerei begann die Elefantendame Ruby, indem sie mit einem Stock, den sie mit ihrem Rüssel umklammerte, Muster in den Sandboden zeichnete. Ihre Wärter im Zoo von Phoenix (USA) gaben ihr daraufhin Farben, Pinsel und Staffelei. Rubys Gemälde erzielen einen Preis bis zu 6.335 DM.

INTELLIGENTESTER SPRECHENDER PAPAGEI
Alex, ein afrikanischer Graupapagei, kann über 35 Gegenstände benennen und sieben Farben erkennen. Außerdem kann er drei-, vier-, fünf- und sechsseitige Formen unterscheiden. Die Trefferquote liegt bei durchschnittlich 80 Prozent.

GRÖSSTE TIERBEERDIGUNG
Im Jahr 1920 wurden zur Beerdigung des Kanarienvogels Jimmy aus New Jersey (USA) 10.000 Trauergäste erwartet. Der Besitzer von Jimmy, der Schuster Edido Rusomanno, hatte den Körper in einen weißen Sarg gelegt. Der Trauerzug wurde von zwei Kutschen und einer 15 Mann starken Kapelle begleitet.

GRÖSSTES UND KLEINSTES KANINCHEN
Die größte Kaninchenart ist der „Flämische Riese" (links). Die Tiere wiegen im Durchschnitt 10 kg. Die kleinste Kaninchenart ist der „Niederländische Zwerg" und der „Pole", eine Kreuzung, die 1975 397 g wog. Das größte Kaninchen jemals war ein französisches Schlappohrkaninchen mit einem Gewicht von 12 kg, das im April 1980 in Spanien ausgestellt wurde.

TEUERSTE KATZEN
Die kalifornische Tüpfelkatze (links) wurde ursprünglich von dem Drehbuchautor Paul Casey gezüchtet, der mehrere Arten kreuzte, um eine Hauskatze hervorzubringen, die der gefleckten Wildkatze ähneln sollte. Auf der ganzen Welt gibt es von dieser Züchtung weniger als 200 Exemplare. Bullseye und Cucamonga, zwei kalifornische Tüpfelkatzen, wurden 1986 im Weihnachtskatalog eines Kaufhauses für je 2.534 DM angeboten. 1987 kaufte ein ungenannter Filmstar ein Exemplar für 43.440 DM.

REICHSTE KATZE
Blackie, der letzten Katze in einem Haushalt mit 15 Katzen, wurden 27 Mio. DM im Testament ihres Besitzers Ben Rea vererbt.

REICHSTER HUND
Das größte Erbe, das jemals einem Hund hinterlassen wurde, betrug 27,15 Mio. DM, das Ella Wendel, New York (USA), im Jahre 1931 ihrem Lieblingspudel vererbte. Alle ihre Hunde bekamen von persönlichen Butlern erstklassige Lammkoteletts serviert und schliefen in eigenen Schlafzimmern in handgeschnitzten Miniatur-Himmelbetten mit Seidenvorhängen.

Als der Großindustrielle Sidney Altman aus Beverly Hills (USA) 1996 im Alter von 60 Jahren starb, hinterließ er seinem reinrassigen Cockerspaniel Samantha 10,86 Mio. DM. Für die Witwe, Marie Dana Altman, hat er eine jährliche Rente in Höhe von 108.600 DM festgesetzt. Voraussetzung ist, daß sie für Samantha sorgt. Die Frau führt gegenwärtig einen Prozeß, um ihren Anteil am Vermögen des verstorbenen Ehegatten zu erhalten.

GRÖSSTER EINGESCHLECHTLICHER HUNDEWURF
Llana, eine vierjährige Saluki-Windhündin, brachte am 27. Juni 1998 16 weibliche Welpen zur Welt.

KLEINSTE HUNDE
Der bisher kleinste Hund war ein Yorkshire Terrier, der 1945 im Alter von knapp zwei Jahren starb. Er hatte die Größe einer Streichholzschachtel, war 6,3 cm groß, 9,5 cm lang und wog 113 g.

Der kleinste lebende Hund ist Big Boss, ein Yorkshire Terrier. Am 7. Dezember 1995 war er 11,94 cm groß, 12,95 cm lang und wog 481 g.

KLEINSTE KATZE
Tinker Toy, ein Blaupunkt-Himalaya-Perserkater, der Katrina und Scott Forbes aus Taylorville (USA) gehört, ist 7 cm groß und 19 cm lang.

GRÖSSTE KATZEN
Die dickste Katze war Himmy, eine Tigerkatze. Als sie 1986 starb, wog sie 21,3 kg und war so dick, daß sie in einer Schubkarre transportiert werden mußte.

Kato, ein Kater aus Sogndal in Norwegen, ist der dickste lebende Kater der Welt. Im Februar 1998 wog er 16,7 kg und hatte ein Nackenmaß von 36 cm.

Die längste Hauskatze ist der vierjährige Snowbie. Am 21. November 1997 betrug seine Kopf-Schwanzlänge von der Nase bis zur Schwanzspitze 1,03 m. Sein Gewicht beträgt 9,1 kg. Er ist 33 cm hoch und hat einen 31 cm langen Schwanz. Seine Besitzerin, Lorna Sutherland aus Ellon (GB), füttert ihn mit Truthahn, Thunfisch, Milchreis und Kaffee.

LANGSAMSTES HAUSTIER
Chester, die Schildkröte, der man zur Identifikation einen weißen Streifen aufmalte, entfloh 1960 aus ihrem Heim in Lyde (GB). 1995 fand sie ein Nachbar. In 35 Jahren war sie nur 686 m weit gekommen.

HÄSSLICHSTER HUND
Chi Chi, ein afrikanischer Sandhund, hat den Weltmeisterschaftstitel für den häßlichsten Hund in Petaluma (USA) fünfmal gewonnen und bekam zudem den ersten Platz in dem Wettkampf „Ring of Champions", bei dem sich die Sieger aus den letzten 25 Jahren messen. Chi Chi trat mehrmals im Fernsehen auf und ist Star des Comic strip *Der häßlichste Hund.*

 Weltruhm

Religionen & Kulte

MEISTBESUCHTER SIKH-TEMPEL

Der Goldene Tempel in Amritsar (IND) ist das größte und bedeutendste Heiligtum der Sikh. Täglich zieht er bis zu 20.000 Besucher an. Bei besonderen Anlässen wie dem Guru Purab (dem Geburtstag eines der zehn Sikh-Gurus) und dem Baisakhi-Fest (anläßlich des Gründungstages der Sikh-Religion) steigt diese Zahl auf 200.000. Das zweite Stockwerk des Tempels ist mit schätzungsweise 400 kg Blattgold und Hunderten von Edelsteinen bedeckt. Die Bauweise des Tempels ist sowohl vom hinduistischen als auch vom moslemischen Stil beeinflußt.

GRÖSSTE RELIGION
1997 gab es 1,93 Mrd. Christen, das sind 33 % der Weltbevölkerung. Damit ist das Christentum die vorherrschende Religion in der Welt. Statistiken über die Religionszugehörigkeit können jedoch nur unverbindlich sein, da die Zählmethoden variieren. Viele Menschen, vor allem im Osten, gehören zwei oder mehreren Religionen an.

GRÖSSTE CHRISTLICHE KONFESSION
Die größte christliche Konfession der Welt ist die Römisch-Katholische Kirche mit weltweit 1,04 Mrd. Mitgliedern im Jahr 1997. Das entspricht 17,8 % der Weltbevölkerung.

GRÖSSTE NICHTCHRISTLICHE RELIGION
Die größte nichtchristliche Religion ist der Islam mit über 1,1 Mrd. Anhängern.

GRÖSSTE RELIGION OHNE RITEN
Der Baha'i-Glaube, der weltweit von ungefähr 6 Mio. Menschen praktiziert wird, besitzt weder Zeremonien oder Sakramente noch eine Geistlichkeit. Diese Religion, die einen besonderen Wert auf die Bedeutung aller Religionen und die spirituelle Einheit der Menschheit legt, entstand im 19. Jahrhundert aus den Lehren zweier iranischer Visionäre. Heute ist sie in über 70 Ländern verbreitet.

AM SCHNELLSTEN WACHSENDE MODERNE KIRCHE
Die Kimbanguist-Gemeinde wurde 1959 von Simon Kimbangui, einem Baptistenschüler, im Kongo (heute Demokratische Republik Kongo) gegründet. 1996 zählte die Gemeinde, die Mitglied im Weltkirchenrat ist, bereits über 6,5 Mio. Anhänger.

GRÖSSTE RELIGIÖSE VERSAMMLUNG
Die größte bekannte religiöse Versammlung fand am 30. Januar 1995 in Prayag (Allahabad) in Indien statt, wo schätzungsweise 20 Mio. Hindu-Pilger zum Kumbh-Mela-Fest zusammenkamen. Rund 200.000 Menschen kamen am Tag vor dem Fest stündlich nach Prayag. Gegen zehn Uhr morgens waren schon 15 Mio. Menschen im Wasser, während weitere 5 Mio. warteten.

GRÖSSTER TEMPEL
Das größte religiöse Gebäude ist Angkor Wat in Kambodscha. Es umfaßt eine Fläche von 162,6 ha und wurde zwischen 1113 und 1150 von Suryavarman II. zu Ehren der Hindu-Gottheit Vishnu gebaut.

GRÖSSTE KATHEDRALE
Die größte Kathedrale der Welt ist „St. John the Divine" im Bistum New York (USA). Sie ist 11.240 m² groß. Der Grundstein wurde am 27. Dezember 1892 gelegt, die Arbeiten wurden jedoch 1941 unterbrochen und erst im Juli 1979 wieder aufgenommen. Das Schiff der Kathedrale ist mit 183,2 m das längste der Welt, die Höhe der Bogendecke beträgt 37,8 m.

GRÖSSTE MOSCHEE
Die Shah-Faisal-Moschee, Islamabad (PK), kann in der Gebetshalle und im Hof 100.000 Gläubige aufnehmen und weitere 200.000 auf dem benachbarten Gelände. Die Fläche des gesamten Komplexes beträgt 18,97 ha. Die überdachte Gebetshalle umfaßt 0,48 ha.

GRÖSSTER TEMPEL DES BUDDHISMUS
Borobudar, in der Nähe von Jogjakarta (RI) wurde im 8. Jahrhundert gebaut. Er ist 31,4 m hoch und hat eine Fläche von 123 m².

GRÖSSTE SYNAGOGE
Der Tempel Emanu-El auf der Fifth Avenue Ecke 65. Straße, New York City (USA) hat eine Fläche von 3.523,47 m². Mit der angrenzenden Beth-El-Kapelle und den drei anderen Altarräumen des Tempels können insgesamt 5.500 Menschen in der Synagoge sitzen.

GRÖSSTES RADIOPUBLIKUM BEI EINER RELIGIÖSEN RADIOSERIE
Decision Hour, *eine religiöse Radioshow des Baptisten-Predigers Billy Graham (Bild oben), wird seit 1957 ausgestrahlt und hat eine durchschnittliche Zuhörerzahl von 20 Mio. Menschen.*

MEISTBESUCHTER HINDU-TEMPEL
Täglich besuchen 30.000–40.000 Besucher den Tirupati Tempel in Andra Pradesh (IND). Der Tempel ist mit einem Jahresbudget von 103,20 Mio. DM auch der reichste Hindu-Tempel der Welt. In den Opferstöcken werden über 41,03 Mio. DM pro Jahr gesammelt. Eine ähnliche Summe wird durch die Versteigerung der Haarspenden der Tempelbesucher eingenommen. Außerdem hat der Tempel Einnahmen aus der Vermietung von Unterkünften für die Gläubigen und aus Dienstleistungen. Er hat 13.000 Vollzeitbeschäftigte und weitere 2.000 freie Mitarbeiter.

LÄNGSTER PILGERWEG
Der längste Pilgerweg wird von Hindus begangen. Er ist 85 km lang und führt um den Mansarovar-See, Tibet, herum.

GRÖSSTE BEGRÄBNISSE
An dem Begräbnis von C.N. Annadurai, dem charismatischen obersten Minister von Madras (IND), nahmen im Februar 1969 nach Schätzungen der Polizei rund 15. Mio. Menschen teil.

Eine 10 km lange Menschenschlange säumte im Jahre 1980 nach den Tod des Sängers- und Volkshelden Wladimir Wisotsky auf dem Wagankowsjoje-Friedhof in Moskau, UdSSR (heute Rußland), das Grab des 42jährigen.

088

KLEINSTE CHRISTLICHE SEKTE
Die Sabbathday-Lake-Gemeinde der Shaker in Maine (USA) ist mit gegenwärtig sieben Mitgliedern die kleinste, noch existierende christliche Sekte. Schwester Frances Carr und Bruder Arnold Hadd sind hier bei einer Gesangsprobe für ihr 1995 erschienenes Album Simple Songs *zu sehen, der ersten Aufnahme der Shaker mit ihren eigenen Liedern.*

HÖCHSTER PROZENTSATZ EINER BEVÖLKERUNG, DIE AN EINEM BEGRÄBNIS TEILNAHM
Rund 10,2 Mio. Menschen, das sind 16.6% der iranischen Bevölkerung, säumten nach offiziellen iranischen Schätzungen am 11. Juni 1989 die 32 km lange Straße zum Friedhof Behesht-e Zahra in Teheran, um dem Begräbnis des Ayatollah Khomeini, des Begründers des Islamischen Staates, beizuwohnen. Man schätzt, daß 2 Mio. Menschen dem aufgebahrten Körper die letzte Ehre erwiesen. In dem Gedränge wurden acht Menschen getötet und 500 verletzt. Bei dem Begräbnis zerrissen einige Trauernde das weiße Leichentuch, weshalb der Körper des Ayatollah in seinem Grab teilweise entblößt wurde.

MEISTE MENSCHENOPFER BEI EINER RELIGIÖSEN ZEREMONIE
Aztekische Priester opferten im Jahr 1486 bei der Einweihungszeremonie des Großen Tempels (Teocalli) in Tenochtitlan (heute Mexico-Stadt) dem Kriegsgott Huitzilpochtli wahrscheinlich 20.000 Menschen – das größte Menschenopfer bei einer einzigen Zeremonie.

FEMINISTISCHSTE SEKTE
Dianic Wicca, eine neo-heidnische Bewegung, verehrt eine Göttin und besitzt einen nur aus Frauen bestehenden Hexenzirkel. Die feministische Sekte wurde in den zwanziger Jahren in Kalifornien (USA) gegründet.

MÄNNLICH DOMINIERTESTE GEMEINSCHAFT
Auf dem Berg Athos, einer 336 km² großen autonomen Kloster-Republik inmitten Griechenlands, ist alles Weibliche, einschließlich weiblicher Haustiere und Vögel ausgeschlossen. Frauen dürfen sich noch nicht einmal mit dem Boot der Küste nähern. Die Republik hat 1.400 Einwohner, die in den 20 orthodoxen Klöstern und Nebengebäuden leben.

AKTIVSTE TRÄNENSTATUE
Eine 40 cm hohe, aus Medjurorje (BIH) stammende Statue der Jungfrau Maria, die 1994 von einem Geistlichen aus Civitavecchia (I) in die Sant Marti-Kirche in Mora (E) gebracht wurde, scheint zwischen dem 2. Februar und 17. März 1995 an 14 Tagen blutige Tränen vergossen zu haben. Bei einer dieser religiösen Erscheinungen war ein Bischof Zeuge.

MEISTE HEILIGE DURCH EINEN PAPST
Papst Johannes Paul II. hat mehr Menschen heiliggesprochen als jeder andere Papst. Bis Januar 1999 führte er 283 Heiligsprechungen und 805 Seligsprechungen durch. Das sind zehnmal mehr, als alle sein Vorgänger im 20. Jahrhundert zusammen vornahmen, und mehr als von jedem anderen Papst. Der am 18. Mai 1920 in Wadowice (PL) geborene Karol Wojtyla bestieg 1978 den päpstlichen Thron und war der erste Nicht-Italiener, der seit 456 Jahren zum Papst gewählt wurde. Zugleich war er der jüngste Papst dieses Jahrhunderts.

Popkultur

Hollywood

TEUERSTE FILME
Paramounts *Titanic* (USA, 1997) mit Leonardo DiCaprio und Kate Winslett, Regie: James Cameron, sollte im Juli 1997 in den Verleih kommen, verspätete sich aber aufgrund von Problemen bei der Nachbearbeitung bis Dezember 1997. Durch diese Verspätung erhöhten sich die Produktionskosten um mindestens 36,2 Mio. DM, womit *Titanic* mit fast 452,5 Mio. DM der teuerste je produzierte Film ist.

Der teuerste je produzierte Film gemessen an tatsächlichen, inflationsbereinigten Kosten war Joseph L. Mankiewicz' *Cleopatra* (USA, 1963) mit Elizabeth Taylor und Richard Burton. Die Produktionskosten von 79,64 Mio. DM entsprechen 1999 über 470,6 Mio. DM.

TEUERSTER SCIENCE-FICTION-FILM
Die Produktion von *Waterworld* (USA, 1995) mit Kevin Costner erlitt eine Reihe von Behinderungen, weil der Szenenaufbau im Pazifik sich mehrmals aus seiner Verankerung löste. Dieses Problem und zusätzliche technische Fehler machten *Waterworld* mit schätzungsweise 289,60 Mio. DM zum teuersten je produzierten Science-fiction-Film.

HÖCHSTE BRUTTOEINNAHMEN
Titanic (USA, 1997) kam am 19. Dezember 1997 in die Kinos und hatte bis Mai 1999 weltweit ca. 3,3 Mrd. DM brutto eingespielt.

HÖCHSTE EINNAHMEN AUS HORRORFILMEN
Der Film *Miramax's Scream* (USA, 1996) mit Drew Barrymore und Neve Campbell und unter der Regie von Wes Craven kostete rund 27,15 Mio. DM und brachte bis Juli 1997 292,49 Mio. DM ein. *Scream II* (USA, 1997) mit David Arquette und Courteney Cox (unten abgebildet) erzielte an seinem Einführungswochenende 59,73 Mio. DM und spielte zwischen Dezember 1997 und August 1998 290,50 Mio. DM ein. Eine weitere Fortsetzung, *Scream III*, soll 1999 erscheinen. Unter Berücksichtigung der Inflation und des Preisanstiegs für Kinokarten konnte *The Exorcist* (USA, 1973) des Regisseurs William Friedkin die höchsten Kasseneinnahmen eines Horrorfilms verzeichnen. Die eingespielte Summe entspricht heute 689,61 Mio. DM.

HÖCHSTER GEWINN AUS EINER FILMREIHE
Pierce Brosnan ist hier als britischer Geheimagent James Bond in einer Szene aus The World Is Not Enough *(USA, 1999) zu sehen. Die größtenteils von Cubby Broccoli produzierten 20 Bond-Filme nach den Romanen von Ian Fleming haben weltweit über 1,81 Mrd. DM eingespielt, mehr als jede andere Filmreihe. Nach Schätzungen haben über 50 % der Weltbevölkerung mindestens einen Bond-Film gesehen.*

Vom Winde verweht von MGM (USA, 1939) brachte mit 197,55 Mio. in Nordamerika verkauften Eintrittskarten 350,41 Mio. DM ein, was heute einer Summe von 1,6 Mrd. DM entspricht. Auf einer inflationsbereinigten Liste der finanziell erfolgreichsten Filme läge *Vom Winde verweht* auf Platz 1, *Titanic* mit 1,08 Mrd. DM auf Platz 5.

SCHNELLSTE BRUTTOEINNAHMEN
Mit *The Lost World: Jurassic Park* (USA, 1997) wurden die Produktionskosten von 133,94 Mio. DM ab dem 23. Mai in nur drei Tagen eingespielt, nach fünf Tagen überschritten die Einnahmen die 100-Mio.-Dollar-Marke – schneller als bei jedem anderen Film.

GRÖSSTER VERLUST
Cutthroat Island von MGM (USA, 1995), mit Geena Davis und unter der Regie ihres damaligen Ehemannes Renny Harlin, verschlang für Produktion, Werbung und Verleih über 181 Mio. DM. Bis Mai 1996 hatte der Film Berichten nach erst 19,91 Mio. DM eingespielt.

TEUERSTE FILMRECHTE
Der höchste je gezahlte Preis für Filmrechte betrug 17,19 Mio. DM für das Broadway-Musical *Annie*. Der Vertragsabschluß wurde 1978 von Columbia bekanntgegeben, und der Film kam 1982 in die Kinos. Regie führte John Huston, und in einer Hauptrolle spielte Albert Finney.

HÖCHSTE BRUTTOEINNAHMEN AUS SCIENCE-FICTION-FILMEN
Star Wars (USA, 1977) hat die Rekordsumme von 1,64 Mrd. DM eingespielt, dies sind unter Berücksichtigung der Inflation und des Preisanstiegs die höchsten Bruttoeinnahmen, die ein Sciencefiction-Film je verzeichnen konnte.

Independence Day von Fox (USA, 1996) hat weltweit ca. 1,4 Mrd. DM eingespielt, dies war zum Zeitpunkt seiner Erstveröffentlichung das beste Kassenergebnis eines Science-fiction-Films.

HÖCHSTE EINNAHMEN AUS EINEM FILM
Als Produzent des Films *Star Wars* (USA, 1977) war George Lucas an 40 % des Nettogewinns von ungefähr 90,5 Mio. DM beteiligt. Zusätzlich besaß Lucas sämtliche Vermarktungsrechte. Sein Anteil an den geschätzten Einnahmen von 7,24 Mrd. DM aus dem *Star Wars*-Merchandising ist nicht bekannt.

HÖCHSTE EINNAHMEN AM TAG DES KINOSTARTS
Star Wars: The Phantom Menace kam am 19. Mai 1999 in den USA in die Kinos und spielte in den ersten 24 Stunden 51,65 Mio. DM ein. Damit brach der Film den am 23. Mai 1997 von *The Lost World: Jurassic Park* (USA, 1997) aufgestellten Rekord um mehr als 3,62 Mio. DM. *The Phantom Menace*, mit Ewan McGregor (abgebildet), Liam Neeson, Samuel L. Jackson und Natalie Portman, ist auch das geheimste Filmprojekt der Filmgeschichte. Die Produktionsgesellschaft Lucasfilm Ltd. gab den Darstellern Scheinnamen, filmte Szenen, die niemals genutzt wurden, und verwendete verschiedene Drehbuchversionen.

GRÖSSTES WERBEBUDGET
Universal und ihre Lizenzinhaber gaben allein in den USA 123,08 Mio. DM für die Werbung für Steven Spielbergs *Jurassic Park* (USA, 1993) aus – mehr als der Film selbst gekostet hatte.

MEISTVERFILMTER AUTOR
Insgesamt 350 Filme, die auf Dramen von William Shakespeare beruhen, wurden bis heute produziert. Davon sind 309 dem Originaltext getreu, während 41 moderne Versionen darstellen, wie z. B. *West Side Story* (USA, 1961). Außerdem gibt es zahlreiche Parodien, so wurden z. B. von *Hamlet* 75 Filmversionen produziert und 51 von *Romeo und Julia*. In der jüngsten Verfilmung von *Romeo und Julia* (USA, 1996) spielen Leonardo DiCaprio und Claire Danes.

MEISTVERFILMTER HORRORAUTOR
Mehr als 20 Romane und Kurzgeschichten des Horrorschriftstellers Stephen King wurden verfilmt, darunter *Carrie* (USA, 1976), *The Shining* (GB, 1980) und *Misery* (USA, 1990).

MEISTVERFILMTES MÄRCHEN
Das Märchen *Aschenputtel* wurde 95mal verfilmt, dazu gehören Zeichentrickfilme, modernes Ballett, Opern, reine Männer-Versionen und Parodien. Die erste Verfilmung war *Fairy Godmother* (GB, 1898) und die jüngste ist *Ever After* (USA, 1998).

MEISTDARGESTELLTE PERSONEN
Die Figur des französischen Kaisers Napoleon Bonaparte trat in 177 Filmen von 1897 bis 1986 auf – ein Rekord für eine historische Persönlichkeit.

Sherlock Holmes, der von Sir Arthur Conan Doyle geschaffene Detektiv, wurde seit 1900 von 75 Schauspielern in über 211 Filmen dargestellt.

MEISTE IN EINEM FILM VERWENDETE KOSTÜME
In *Quo Vadis* (USA, 1951) wurde die Rekordanzahl von 32.000 Kostümen verwendet.

MEISTE KOSTÜMWECHSEL IN EINEM FILM
In *Evita* (USA, 1996) wechselte Madonna ihr Kostüm 85mal und trug insgesamt 39 Hüte, 45 Paar Schuhe sowie 56 Paar Ohrringe. Die Kostüme waren Eva Peróns eigenen Kleidern nachempfunden, von denen viele in einem argentinischen Banktresor aufbewahrt werden.

ÄLTESTER HOLLYWOOD-REGISSEUR
Hollywoods ältester Regisseur war George Cukor (1899–1983), der 1981 im Alter von 81 Jahren seinen 50. und letzten Film *Rich And Famous* für MGM machte.

JÜNGSTER HOLLYWOOD-PRODUZENT
Steven Paul war 20 Jahre alt, als er *Falling In Love Again* (USA, 1980) mit Elliott Gould und Susannah York produzierte und die Regie des Filmes führte.

LÄNGSTER FILM
Der 85 Stunden lange Film *Cure For Insomnia* (USA, 1987) des Regisseurs John Henry Timmis IV hatte vom 31. Januar bis 3. Februar 1987 Premiere am School of Art Institute of Chicago, USA. Der größte Teil des Films zeigt L. D. Groban, wie er ein eigenes, 4.080 Seiten langes Gedicht vorliest, dazu kommen eingestreute Aufnahmen einer Rockband und einige nicht jugendfreie Szenen.

GRÖSSTES FILMSTUDIO
Universal City in Los Angeles (USA), bedeckt eine Fläche von 170 ha und besitzt 561 Gebäude sowie 34 Tonbühnen.

Popkultur

TV & Video

FLEISSIGSTER TV-PRODUZENT

Aaron Spelling (USA) hat seit 1956 mehr als 3.842 TV-Episoden produziert. Hintereinander gesendet könnten damit 128 Tage lang ununterbrochen Fernsehprogramme gefüllt werden. Zu den von ihm produzierten Episoden gehören unter anderem *Charlie's Angels* mit Farrah Fawcett-Majors, Kate Jackson und Jaclyn Smith (unten), *Starsky und Hutch*, *Dynasty* und *Beverly Hills 90210*, in der seine Tochter Tori mitspielt. Spelling hat unter anderm zwei Golden Globes – 1964 für *Burke's Law* und 1983 für *Dynasty* –, zwei Emmys, den Writers Guild of America Award und rekordverdächtige sechs NAACP Image Awards erhalten.

GRÖSSTER TV-VERTRAG

Am 24. September 1998 verkündete King World Productions Inc., daß sie an Oprah Winfreys Firma Harpo Productions Inc. ein Vorauszahlung von 130 Mio. DM für die Saisons 2000/01 und 2001/02 von Winfreys Spitzen-Talkshow zahlen würde. Die Show wird von Winfrey produziert und moderiert.

TEUERSTER TV-VERTRAG

Im Januar 1998 unterzeichnete die National Football League (NFL) Verträge mit CBS, ABC, Fox und ESPN in Höhe von 23 Mrd. DM. Die Verträge sprechen den Sendern das Recht an NFL-Übertragungen für acht Jahre ab der Saison 1998/99 zu. ESPN zahlt jedes Jahr 1,05 Mrd. DM, ABC und Fox 970 Mio. DM jährlich und CBS 880 Mio. DM pro Jahr.

TEUERSTE TV-SHOW

Im Januar 1998 vereinbarte NBC die Summe von 23 Mio. DM für jede Episode der Ärzte-Serie *ER*. Zuvor hatte NBC 2,8 Mio. DM pro Sendung bezahlt. Die erfolgreichste amerikanische Serie hat jedesmal ca. 32 Mio. Zuschauer. Der Dreijahresvertrag mit dem *ER*-Produzenten Warner Bros. wird 1,5 Mrd. DM für 66 Episoden erbringen.

MEISTGESEHENE TV-STATION

Die staatliche China Central Television (CCTV) wird von 84 % aller TV-Zuschauer in China, schätzungsweise 900 Mio. Menschen, gesehen. Jeden Tag senden die neun Kanäle durchschnittlich 162 Stunden in Mandarin, Kantonesisch, Englisch und Französisch. Die meistgesehene Einzelsendung ist *Xin Wen Lian Bo* (Aktuelle Nachrichten), die 315 Mio. Zuschauer erreicht.

GRÖSSTES GLOBALES TV-NETWORK

CNN International erreicht 149 Mio. Haushalte in 212 Ländern und Territorien über ein Netzwerk von 23 Satelliten.

GRÖSSTES TV-PUBLIKUM

Die amerikanische Life Guard-Serie *Baywatch* mit den Stars David Hasselhoff und Pamela Anderson ist weltweit die meistgesehene TV-Serie mit wöchentlich ca. 1,1 Mrd. Zuschauern in 142 Ländern.

„Goodbye, Farewell and Amen", die Schluß-Episode der schwarzen Korea-Krieg-Komödie *M*A*S*H*, wurde am 28. Februar 1983 von 77 % aller amerikanischen TV-Zuschauer gesehen. Man schätzt, daß 125 Mio. Zuschauer an den Geräten saßen.

MEISTGESEHENE VERHANDLUNG

Von Januar bis Oktober 1995 sahen täglich durchschnittlich 5,5 Mio. amerikanische Zuschauer die Gerichtsverhandlung mit O. J. Simpson, dem US-Footballer und Schauspieler, der wegen der Ermordung seiner Ex-Frau Nicole und ihres Freundes Ronald Goldman angeklagt war.

GRÖSSTER SOAP-PRODUZENT

Der brasilianische Sender Rede Globo ist der größte und erfolgreichste Produzent von *Telenovelas* (Soap-Operas) in Lateinamerika. Durchschnittlich 100 Serien laufen regelmäßig ab 6 Uhr in der Frühe an jedem Tag.

Die *Telenovela Simply Mary* wurde in den 60er Jahren an jedes spanischsprechende Land verkauft und erreichte mehr Zuschauer als die Fußball-Weltmeisterschaft.

Escrava Isaura (Die Sklavin Isaura) wurde von allen spanischsprechenden Ländern übernommen, sogar in Mandarin übersetzt und in Asien ausgestrahlt.

ERFOLGREICHSTE SOAP-OPERA

Die Serie *Dallas* mit Larry Hagman (links) und Patrick Duffy (rechts) begann 1978 und erreichte bis 1980 jede Woche schätzungsweise 83 Mio. amerikanische Zuschauer (rekordverdächtige 76 % der gesamten TV-Zuschauer). 356 Episoden lang lief es vom April 1978 bis zum Mai 1991, mittlerweile wurde die Serie in 130 Ländern ausgestrahlt.

LÄNGSTE SOAP-OPERA

Die britische Soap *Coronation Street* über die fiktionalen Einwohner eines Viertels von Weatherfield in Manchester (GB) wurde erstmals am 9. Dezember 1960 ausgestrahlt, seitdem gab es wöchentlich mindestens zwei weitere Folgen. Die Serie wird von Tony Warren konzipiert und von Granada TV produziert.

LÄNGSTE RELIGIÖSE SOAP-OPERA

Mahabharat, die populärste Soap Indiens, wurde an jedem Sonntagmorgen von 1994 bis 1996 ausgestrahlt.

TEUERSTE SOAP-OPERA

Die brasilianische Soap-Opera *Torre De Babel* (Der Turm von Babel) kostete 30 Mio. DM in der Herstellung, jede einzelne Episode ca. 180.000 DM. Die Story schrieb Silvio de Abreu.

TEUERSTE CHINESISCHE SOAP

Die Romanze der drei Königreiche kostete umgerechnet 22 Mio. DM an reinen Herstellungskosten. Mehr als 300.000 Schauspieler waren Teil der 44 Episoden langen Produktion, die erstmals im Jahr 1996 ausgestrahlt wurde.

TEUERSTER FERNSEHFILM
Dominique Swain (rechts) spielte in Adrian Lynes Adaptation von Lolita *(USA, 1997) die Hauptrolle. Mit einem Budget von 101 Mio. DM war dies der teuerste Film, der zuerst im amerikanischen Kabelfernsehen gezeigt wurde. Der amerikanische Kabelsender Showtime Networks kaufte den Film nach Kontroversen über sein Kino-Aufführung. Am 2. August 1998 wurde er erstmals im amerikanischen Fernsehen gezeigt, einen Monat später lief er in den amerikanischen Kinos an.*

BESTVERKAUFTES VIDEO
Walt Disneys *Der König der Löwen (USA, 1994)* verkaufte sich bis zum Mai 1999 mehr als 55,7 Mio. Mal als Video. Dieser 32. Zeichentrickfilm von Disney war der erste ohne menschlichen Helden und der erste, der auf einer eigenen Story basierte. Vertont wurde er mit den Stimmen von Whoopi Goldberg, Jeremy Irons und Rowan Atkinson.

MEISTE SOAP-SCHAUSPIELER
Torre De Babel hält den Rekord für die meisten Schauspieler in einer Soap – 300 waren ständig unter Vertrag, obwohl nicht mehr als 180 gleichzeitig eingesetzt werden konnten.

TEUERSTE GAME-SHOW
Die Produktionskosten für das *Trans-America Ultra Quiz* aus Japan überstiegen 1990 die Summe von 1,1 Mio. DM pro Episode, mehr als dreimal soviel wie die meisten Quizshows kosten. Teil der Show waren Aufenthalte in Hawaii, Europa und Südamerika.

MEISTE GAME-SHOW-TEILNEHMER
Rekordverdächtige 28.523 Teilnehmer waren Teil der japanischen Quizshow *Trans-America Ultra Quiz*. Insgesamt bemühten sich 213.430 Personen in den 16 Jahren von 1977 bis 1993 um Erfolge, aber nur 31 von ihnen erreichten das Finale am Fuß der Freiheitsstatue in New York (USA).

FLEISSIGSTER GAME-SHOW-PRODUZENT
Mark Goodson (USA) ist der fleißigste Produzent mit mehr als 39.000 Episoden von Game-Shows, die insgesamt 21,240 Stunden Sendezeit füllen würden.

HÖCHSTER BETRAG FÜR DIE SENDERECHTE AN EINEM FILM
Fox Network zahlte 144 Mio. DM im Juni 1997 für die Ausstrahlungsrechte an Steven Spielbergs *Jurassic Park: The Lost World*, bevor der Film weltweit anlief.

HÖCHSTER BETRAG FÜR DIE SENDERECHTE AN EINER MINI-SERIE
1991 zahlten amerikanische und europäische Investoren 14 Mio. DM für die TV-Rechte an Alexandra Ripleys *Scarlett*, der Fortsetzung von Margaret Mitchells Roman *Gone With The Wind* aus dem Jahre 1936.

MEISTGELIEHENES VIDEO
George Lucas' *Star Wars* (USA, 1977) hat allein in Nordamerika 480 Mio. DM durch Videoverleihung eingespielt. Die Einkünfte beinhalten das Original-Video und die Digital-remastered-Version von 1997. Die gesamte *Star Wars*-Trilogie (Original und remastert) einschließlich *The Empire Strikes Back* (USA, 1980) und *Return Of The Jedi* (USA, 1983) erbrachte mehr als 1,1 Mrd. DM.

SCHNELLSTE VIDEO-PRODUKTION
Videos der königlichen Hochzeit von Prinz Andrew und Sarah Ferguson am 23. Juli 1986 produzierte und vertrieb die Firma Thames Video Collection in nur 5 Stunden 41 Minuten. Die Live-Filmaufnahmen endeten um 16:42 Uhr, erste VHS-Videos wurden um 22:23 Uhr in London verkauft.

GRÖSSTER MARKT FÜR TV- UND VIDEO-PRODUKTE
Japan ist der größte Markt für Video- und TV-Produkte mit durchschnittlichen Ausgaben von 78 DM pro Person und Jahr.

MEISTE FERNSEHER
227,5 Mio. Haushalte mit einem Fernseher gibt es zur Zeit in China.

MEISTE VIDEORECORDER
81 % aller amerikanischen Haushalte verfügen über mindestens einen Videorecorder, das sind 78,125 Mio. Stück.

MEISTE VIDEO-VERLEIHE IN EINER STADT
Bombay in Indien hat insgesamt mehr als 15.000 Video-Verleihe und mehr als 500 Video-Schauräume, mehr als jede andere Stadt auf der Welt.

Popkultur

Musikvideos

TEUERSTES VIDEO
Die Herstellung des Videos für Michael und Janet Jacksons Hitsingle *Scream* (1995) kostete die Rekordsumme von 12,67 Mio. DM. Das von Mark Romanek (USA) produzierte Video wurde in sieben verschiedenen Tonstufen unter Verwendung fliegender E-Gitarren und komplexer Morphingeffekte aufgenommen. *Scream* gewann 1995 den „MTV Music Video Award for Dance" und 1996 einen Grammy für Musikvideos.

LÄNGSTE VIDEOS
Michael Jacksons Video *Ghosts* (1996) ist Film- und Musikvideo mit einer Länge von 35 Minuten. Es wurde nach einer Idee des Kult-Horrorschriftstellers Stephen King produziert. Jackson spielt in dem Video unter der Regie von Stan Winston fünf verschiedene Rollen.

Michael Jacksons legendäres Video *Thriller* (1983) und Snoop Doggy Doggs *Murder Was The Case* (1994) laufen beide 18 Minuten lang. Snoops Video wurde von dem Rap-Künstler Dr. Dre produziert, neben weiteren Stars zeigt es Dr. Dre, Ice Cube, Jewell und Jodeci.

KÜRZESTE VIDEOS
Der deutsche Fernsehsender VIVA-TV produzierte ein 10 Sekunden langes Video, um die Single *The Kill* (1992) der britischen Band Napalm Death zu begleiten.

Das kürzeste von einer Plattenfirma erstellte Video ist *Die Glatze* für den deutschen Künstler Klaus Beyer. Für das 1 Minute 23 Sekunden dauernde Video wurde ein Super-8-Film auf ein Videoband übertragen.

MEISTE VIDEOS FÜR EIN LIED
Von dem Stück *Timber* (1998) der britischen Tanzgruppe Coldcut gibt es fünf verschiedene Videos: die Originalaufnahme, das EBN-Remix (USA), das LPC-Remix (SWE), das Clifford-Gilberto-Remix (D) und das Gnomadic-Remix (GB). Coldcut bot *Timber* Videoproduzenten an und ermunterte sie, Remixes von Videos zu fertigen, wie es DJs und Produzenten von Platten machen. Coldcut gelten als Pioniere des Remix, seit ihre radikale Neufassung von *Paid In Full* (1987) der amerikanischen Rapper Eric B und Rakim die Aufnahme zu einem weltweiten Hit werden ließ.

Die schwedische Gruppe The Cardigans produzierte drei verschiedene Videos für *Lovefool* (1996): eine europäische Version und zwei amerikanische Versionen, von denen eine Szenen aus dem Film *William Shakespeare's Romeo and Juliet* (USA, 1996) zeigt.

MEISTGEZEIGTE VIDEOS AUF MTV EUROPE
Smells Like Teen Spirit (1991) von der amerikanischen Band Nirvana ist das meistgezeigte Video auf MTV Europe. Bei einer Umfrage des Musikkanals im Jahr 1996 kam es auf Platz eins der Top-10-Singles der neunziger Jahre.

GRÖSSTER TV-MUSIKKANAL
MTV wird in 281,7 Mio. Haushalte in 79 Ländern ausgestrahlt. Dies bedeutet, daß jeder vierte Zuschauer weltweit den Sender empfängt. MTV begann 1981 zu senden und erwarb im Juli 1999 noch drei weitere Kanäle hinzu, womit es seine Kapazität verdoppelte. Die drei neuen Kanäle sind MTV Base (R&B, Rap und Dance), MTV Extra (Beiträge von MTV GB und Irland zur Ergänzung des MTV-Hauptkanals) und VH1 Classic, der sich auf klassische Hits von Künstlern wie Abba und Eric Clapton konzentriert.

TEUERSTE SPEZIALEFFEKTE
Die Herstellung des Videos für What's It Gonna Be? (1999) von Busta Rhymes und Janet Jackson, unter der Regie von Hype Williams, kostete 4,34 Mio. DM. Diese hohen Kosten wurden vor allem durch die Computer-Morphingeffekte verursacht. Das Video stammte aus Rhymes' Millennium-Album E.L.E. – The Final World Front.

MEISTGESPIELTE VIDEOS AUF „THE BOX"
„The Box" ist ein weltweit zu empfangender Musikvideokanal. Die Zuschauer rufen eine „Musikbox" an und wünschen sich ein Video. Zwischen seinem Start im Januar 1998 und Juli 1999 wurde das Liebeslied aus dem Film *Titanic* (USA, 1997), Celine Dions *My Heart Will Go On* (1997), 60.474mal gewünscht.

Das beliebteste Video eines verstorbenen Künstlers auf „The Box" ist *Changes* von dem Rapper Tupac Shakur (USA), der im September 1996 getötet wurde. Das Video mit einem Sample von Bruce Hornsby und *The Way It Is* (1986) von Range wurde in den 18 Wochen nach seiner ersten Ausstrahlung im Februar 1999 auf „The Box" 21.380mal verlangt.

MEISTE STARS IN EINEM VIDEO
In einer Wohltätigkeitsaufnahme von Lou Reeds *Perfect Day*, das die Vielfalt der im BBC-Fernsehen und -Radio gespielten Musik zeigen soll, treten 27 Künstler aus 18 verschiedenen Genres auf, darunter Jazz (Courtney Pine), Reggae (Burning Spear), Country

MEISTE MTV-VIDEO-AWARDS
Madonna gewann 1998 die Rekordanzahl von sechs MTV Music Video Awards, nachdem sie für neun Kategorien nominiert wurde: acht für *Ray Of Light* und eine für *Frozen*. Das Video *Ray Of Light* unter der Regie von Jonas Okerlund gewann in den Kategorien: Video des Jahres, Beste Produktion, Bestes Video einer Künstlerin, Bester Schnitt und Beste Choreographie. *Frozen* – Regie: Chris Cunningham – bekam den Preis für die besten Spezialeffekte. Beide Videos stammten aus ihrem Album *Ray Of Light*. Madonna sang *Ray Of Light* bei der Zeremonie, bei der ihr neues Video für *Power Of Goodbye* Weltpremiere hatte. Auf dem Bild ist Madonna bei ihrem Auftritt mit *Nothing Really Matters* am 24. Februar 1999 bei den 41. Grammy Awards zu sehen.

(Tammy Wynette und Emmylou Harris), Blues (Dr. John), Pop (Boyzone), Rap (Huey from Fun Lovin' Criminals) und Klassik (Lesley Garrett). Reed selbst tritt ebenfalls in dem Video auf.

GRÖSSTE VORAUSZAHLUNG FÜR EINEN MUSIK-VIDEO-DICHTER
Im Juni 1997 unterzeichnete Murray Lachlan Young, damals ein 26jähriger, unveröffentlichter Dichter, einen Vertrag im Wert von 753.865 DM über rund 100 90sekündige Gedicht-Videos. Er unterzeichnete auch einen Vertrag in Höhe von 3,31 Mio. DM über die Aufnahme von zwei Alben mit der Plattenfirma EMI. Youngs Arbeit ist oft provokativ. Er verwendet Performance-Stücke wie *Casual Sex*, *MTV Party* und *The Closet Heterosexual*.

LÄNGSTES VIDEO IN DER LUFT
Das Video der Single *Bakerman* (1990) von der dänischen Gruppe Laidback zeigt die gesamte Gruppe während des 4 Minuten 42 Sekunden dauernden Videos im freien Fall.

MEISTE SAHNETORTEN
Die britische Gruppe Electrasy warf zusammen mit dem offiziellen Laurel-and-Hardy-Fan-Club 4.400 Sahnetorten in drei Minuten für das Video zu ihrer Single *Best Friend's Girl* (1998). Für das von James Brown produzierte Video ließ die Band spezielle Day-Glo-Schutzanzüge anfertigen.

MEISTE BRIT AWARDS ALS BESTES VIDEO
Robbie Williams gewann zwei Brit Awards für das Beste Video. 1994 gewannen er und die vier anderen Mitglieder der Boy-Group Take That mit ihrem Video Pray *(1993). 1999 gewann Robbie, heute ein Solo-Künstler, noch einmal mit seiner von James Bond inspirierten Parodie für seine Single* Millennium. *In dem Video trägt Robbie einen Jetpack, wie er auch in dem James-Bond-Film* Thunderball *(GB, 1965) verwendet wurde. Außerdem ist in dem Lied ein Sample aus der Filmmusik zu* You Only Live Twice *(GB, 1967) enthalten.*

Pop

Popkultur

ERFOLGREICHSTER SOLO-KÜNSTLER
Elvis Presley war der weltweit erfolgreichste Solo-Künstler der Rock-Ära – mit 18 Singles und neun Alben auf Platz 1 in den USA und 17 Singles und sechs Alben auf Platz 1 in Großbritannien. Er gelangte in den USA mit 94 Titeln und in Großbritannien mit 98 Titeln in die Charts.

ERFOLGREICHSTE GRUPPE
Die Beatles haben etwa 1 Mrd. Schallplatten verkauft; sie waren in den USA mit 20 Singles und 18 Alben und in Großbritannien mit 17 Singles und 14 Alben auf Platz 1.

ERFOLGREICHSTE KÜNSTLERIN
Keine Künstlerin hat weltweit mehr Alben abgesetzt als Madonna, von deren Titeln über 100 Mio. Stück verkauft wurden. Sie ist die erfolgreichste Künstlerin in den US-Charts, wo sie 32 Top-10-Singles und elf Top-10-Alben hatte, sowie in den britischen Charts, in denen sie mit 44 Top-10-Singles und 13 Top-10-Alben vertreten war (darunter sechsmal Platz 1, ein Rekord für eine Frau in den britischen Charts).

ERFOLGREICHSTE MUSIK-FAMILIE
Zwischen 1968 und 1999 hatten die Bee Gees 24 Top-20-Singles in USA und Großbritannien. 13 ihrer Alben erreichten in USA die Top 20, zwölf in Großbritannien.

ERFOLGREICHSTER PRODUZENT
Der Produzent mit den meisten Nr.-1-Singles in Großbritannien und USA während der Rock-Ära ist George Martin. 28 Produktionen erreichten die Spitze der britischen Charts und 23 Platz 1 in den USA. Er hält ebenfalls den Rekord für den längsten Zeitraum, der zwischen Produktionen liegt, die in Großbritannien und den USA Hits wurden. In Großbritannien lag ein Zeitraum von 36 Jahren 4 Monaten zwischen *You're Driving Me Crazy* von Temperance Seven im April 1961 und *Candle in the Wind 97* von Elton John im September 1997. In den USA beträgt der Abstand zwischen *I Want to Hold Your Hand* von den Beatles und *Candle in the Wind 97/Something About the Way You Look Tonight* von Elton John 33 Jahre und 8 Monate.

MEISTVERKAUFTES ALBUM
Michael Jacksons *Thriller* (1982) hat sich weltweit über 45 Mio. Mal verkauft, davon 25 Mio. Mal in den USA. Es ist damit das meistverkaufte Album.

Das meistverkaufte Album in Großbritannien ist *Sergeant Pepper's Lonely Hearts Club Band* von den Beatles, das seit seiner Veröffentlichung 1967 nachweislich 4,5 Mio. Mal verkauft wurde.

MEISTVERKAUFTE SINGLE
Candle in the Wind 97/ Something About the Way You Look Tonight von Elton John wurde am Tag der Veröffentlichung 658.000 Mal verkauft, 1,5 Mio. Mal in der ersten Woche, 2 Mio. Mal in acht Tagen, 3 Mio. Mal in 15 Tagen und bis zur sechsten Woche über 5,4 Mio. Mal. In den USA gab es 8,7 Mio. Vorbestellungen. In der ersten Woche wurden 3,4 Mio. Stück verkauft. Insgesamt wurden in USA 11 Mio. Titel verkauft. Elton John sang das Lied bei der Trauerfeier für Diana, der Prinzessin von Wales. Die Erlöse flossen in ihre Stiftung für wohltätige Zwecke. In den kanadischen Charts lag die Single 45 Wochen an der Spitze. Am 22. September 1997 erreichte sie Platz 1 und erhielt bis Weihnachten 19 kanadische Platinplatten. Bis März 1999, 18 Monate später, blieb sie in den Top 3.

MEISTGESPIELTE LIEDER
Nur zwei Lieder wurden im amerikanischen Radio über 7 Mio. Mal gespielt – *Yesterday*, geschrieben von John Lennon und Paul McCartney, und *You've Lost That Lovin' Feelin'*, geschrieben von Phil Spector, Barry Mann und Cynthia Weill.

MEISTE HITSINGLES
Elvis Presley hält den Rekord für die meisten Hitsingles in den USA: 151 Hitsingles in den Billboard-Top-100-Charts seit 1956.

Cliff Richard war seit September 1958 120mal in den britischen Charts.

MEISTE NR.-1-SINGLES HINTEREINANDER
Die Beatles halten mit elf Nr.-1-Singles hintereinander in Großbritannien zwischen 1963 (*From Me to You*) und 1966 (*Yellow Submarine*) den Rekord.

Elvis Presley hält mit zehn Nr.-1-Singles den Rekord in den USA; von *Heartbreak Hotel* (1956) bis *Don't* (1958).

ERFOLGREICHSTES DEBÜT EINER FRAUENBAND
*Am 6. Juni 1998 zog die irische Popgruppe B*Witched mit ihrer Debüt-Single* C'est La Vie *als erste Frauengruppe auf Platz 1 in die britischen Charts ein. Es folgten zwei weitere Nr.-1-Hits:* Rollercoaster *(3. Oktober 1998) und* To You I Belong *(19. Dezember 1998). Damit erreichten Sie – ebenso wie das Duo Robson Green und Jerome Flynn – mit ihren ersten drei Singles Platz 1 in den Charts.*

ÄLTESTE NR.-1-SÄNGERIN
Die Leadsängerin von Blondie, Deborah Harry, war die älteste Leadsängerin in den britischen Charts. Am 13. Februar 1999 erreichte sie im Alter von 53 Jahren und 8 Monaten mit *Maria* die Nr. 1. Damit brach sie den Rekord von Cher, die im Oktober 1998 im Alter von 52 Jahren und 6 Monaten mit *Believe* auf Platz 1 lag. Blondie ist die einzige amerikanische Gruppe, die in den 70er, 80er und 90er Jahren Hits in Großbritannien hatte. Außerdem ist sie die Gruppe mit der größten Zeitspanne zwischen Neuaufnahmen, die in Großbritannien Nr.-1-Hits wurden: sie reicht von *The Tide Is High* im November 1980 bis zu *Maria* im Februar 1999. Und schließlich hatte Blondie in den 80er Jahren drei aufeinanderfolgende Nr.-1-Hits in Großbritannien: *Atomic*, *Call Me* und *The Tide Is High*.

MEISTE NR.-1-HITS IN DEN CHARTS
Mit acht Titeln hatten Take That die meisten Singles auf Platz 1 in Großbritannien. George Michael ist mit vier ersten Plätzen der erfolgreichste Solo-Künstler. Robbie Williams (abgebildet), früher bei Take That, hat 1999 die Rekordanzahl von sechs Nominierungen für britische Preise erhalten.

ERFOLGREICHSTES DEBÜT IN GROSSBRITANNIEN
Die ersten 15 Singles der irischen Gruppe Boyzone erreichten alle die Top 5. Damit brachen sie den Rekord von Kylie Minogue (AUS). Boyzone ist auch die einzige irische Gruppe, die bis Mai 1999 sechs britische Nr.-1-Singles hatte.

JÜNGSTE SPITZENREITER
Der jüngste Sänger, der an die Spitze der britischen Charts kam, war Little Jimmy Osmond. 1972 lag er im Alter von 9 Jahren und 9 Monaten fünf Wochen lang mit *Long Haired Lover From Liverpool* auf Platz 1. Der zweitjüngste Sänger war Frankie Lymon, der 1956 im Alter von 13 Jahren und 9 Monaten mit *Why Do Fools Fall In Love?* auf Platz 1 kam, gefolgt von Jimmys älterem Bruder Donny, der 14 Jahre und 6 Monate alt war, als *Puppy Love* 1972 Platz 1 erreichte.

MEISTE KÜNSTLERINNEN IN EINEM JAHR
1998 wurden die britischen Single-Charts 26 Wochen von Solo-Künstlerinnen oder Gruppen von Sängerinnen angeführt. In der letzten Woche des Jahres belegten sie neun Plätze der Top-10-Single-Charts. Am 19. Dezember 1998 waren zum ersten Mal ausschließlich Künstlerinnen in den britischen Top-5-Charts: B*Witched, Cher, Billie, Mariah Carey und Whitney Houston, und The Honeyz.

ERFOLGREICHSTER BRITISCHER SOLO-KÜNSTLER
Elton John, der 1998 zum Ritter geschlagen wurde, ist der erfolgreichste Solo-Künstler in den USA und Großbritannien. Weltweit wurden über 150 Mio. Platten von ihm verkauft. In USA kam er zwischen 1970 und 1999 mindestens einmal im Jahr in die Top-40, womit er den Rekordzeitraum von 30 aufeinanderfolgenden Jahren erreichte. Elton John hält außerdem sowohl in den USA als auch in Großbritannien den Rekord für das meistverkaufte Album eines britischen Solisten. In den USA haben sich Elton Johns *Greatest Hits* (1974) 15 Mio. Mal, in Großbritannien wurde *The Very Best of Elton John* (1990) 2,7 Mio. Mal verkauft.

LÄNGSTE ZEIT IN DEN TOP 20 DER ALBUM-CHARTS
Frank Sinatra hält den Rekord, am längsten in den Top 20 der Album-Charts in den USA und Großbritannien gewesen zu sein. Zum ersten Mal kam er am 28. Mai 1955 mit *In The Wee Small Hours* in die US-Charts, und sein letztes Album war *Duets II*, das am 31. Dezember 1994, 39 Jahre und 7 Monate später, aus den Top 20 ausschied. In Großbritannien kam er erstmals am 8. November 1958 mit *Come Fly With Me* in die Top-20-Album-Charts, sein letztes Top-20-Album war *My Way – The Best of Frank Sinatra*, das im Juni 1998, 39 Jahre und 7 Monate später und zwei Monate nach seinem Tod, aus den Charts ausschied. Schon vor der Aufstellung der britischen Charts im Jahr 1958 veröffentlichte er mehrere Alben, die Spitzenverkaufszahlen erreichten.

MEISTVERKAUFTER LATIN-KÜNSTLER
Mit über 200 Mio. verkaufter Alben ist der spanische Sänger Julio Iglesias der erfolgreichste Latin-Künstler der Welt. Sein Album *Julio* (1994) ist auch das erste fremdsprachige Album in den USA, das mehr als 2 Mio. Mal verkauft wurde.

ERFOLGREICHSTE LATIN-SINGLE
Macarena von dem spanischen Duo Los Del Rio ist die erfolgreichste Latin-Single und wurde weltweit über 10 Mio. Mal verkauft. 1996 lag es 14 Wochen an der Spitze der US-Charts und blieb 60 Wochen in den Top-100.

MEISTE NR.-1-HITS IN FOLGE
Die Spice Girls (hier Leadsängerin Mel G) hatten als neue Gruppe die meisten Nr.-1-Singles in Großbritannien: sie erreichten mit ihren ersten sechs Singles in Großbritannien Platz 1. Mit zwei ihrer nächsten drei Hits kamen sie ebenfalls an die Spitze der Charts.

Popkultur

Rock

LÄNGSTER NR.-1-TITEL

Der längste Titel (ohne Worte in Klammern) einer Nr.-1-Single in Großbritannien ist *If You Tolerate This Your Children Will Be Next* von The Manic Street Preachers. Sie erreichte im September 1998 Platz 1. Die Gruppe, nämlich Nicky Wire (unten), Richey Edwards, James Dean Bradfield und Sean Moore, veröffentlichte 1989 ihre erste Single und avancierten zur Kultband. Als Edwards im Februar 1995 verschwand, schien ein Bruch der Gruppe unvermeidlich. 1996 kehrte die Gruppe wieder zurück und war mit neuen Produktionen erfolgreich. 1999 gewannen sie Preise für die Beste Britische Band und das Beste Album (*This Is My Truth, Tell Me Yours*). Richey Edwards' Aufenthaltsort ist weiterhin ein Rätsel.

MEISTVERKAUFTE ROCKALBEN

Von der LP *Greatest Hits 1971–1975* der Eagles wurden in den USA schätzungsweise über 25 Mio. Stück verkauft.

Seit 1971 hat sich *Led Zeppelin IV (Four Symbols)* von der britischen Rockgruppe Led Zeppelin über 17 Mio. Mal verkauft.

Bruce Springsteens *Born In The USA* (1984) ist in den USA mit über 15 Mio. verkauften Alben das meistverkaufte Album eines amerikanischen Rockstars.

BESTVERKAUFTES ROCK-KONZEPT-ALBUM

Von der LP *The Wall* der britischen Band Pink Floyd wurde in den USA über 23 Mio. Exemplare verkauft.

MEISTE WOCHEN IN DEN CHARTS

Dark Side Of The Moon von der britischen Band Pink Floyd kam am 17. März 1973 in die US-Charts und ist seitdem dort verblieben. Es befand sich 741 Wochen in den Top 200 und bis Mai 1999 411 Wochen lang im Pop Catalogue Chart, wo es in seiner 1.154sten Chart-Woche Platz 1 erreichte.

MEISTE PLATINALBEN IN DEN USA

Die britische Rockgruppe Led Zeppelin hält mit 81 US-Platinalben bis April 1999 den Rekord.

SCHNELLSTER ALBUM-VERKAUF

Von *Be Here Now* (1997) der Band Oasis wurden in Großbritannien am Tag des Erscheinens 345.000 Exemplare verkauft. Am dritten Tag waren es bereits 700.000, und nach 17 Tagen hatten die Verkäufe die 1-Mio.-Marke überschritten. Wie schon bei den beiden vorherigen Alben der Gruppe stieg es als Nummer 1 in die Charts ein. Auch in neun anderen Ländern kletterte das Album auf Platz 1 der Charts.

MEISTVERKAUFTES ROCKALBUM IN JAPAN

Die japanische Gruppe Glay verkaufte allein in ihrem Heimatland über 4,7 Mio. Exemplare ihres Albums *Review*.

ERFOLGREICHSTE POSTHUME ALBEN IN DEN USA

Nirvana gelangte im November 1994 mit *MTV Unplugged In New York* und im Oktober 1996 mit *From The Muddy Banks Of The Wishkah* an die Spitze der US-Charts. Der Leadsänger der Gruppe, Kurt Cobain, hatte im April 1994 Selbstmord begangen.

MEISTVERKAUFTES HARDROCK-ALBUM

Bat Out Of Hell von Meat Loaf wurde in Großbritannien seit 1978 über 2,1 Mio. Mal verkauft. Bis April 1999 blieb die erste Gemeinschaftsproduktion zwischen Meat Loaf (Marvin Lee Aday) und dem Texter/Produzenten Jim Steinman 472 Wochen in den britischen Album-Charts. Zu ihren späteren Erfolgen zählen *Dead Ringer* (1981) und *Bat Out Of Hell II: Back Into Hell*, (1993), woraus die Single *I'd Do Anything For Love* die meistverkaufte Single in Großbritannien in diesem Jahr wurde.

LÄNGSTE ZEIT ZWISCHEN HITALBUM UND SINGLE

Die erste britische Hitsingle von Led Zeppelin, *Whole Lotta Love*, kam am 13. September 1997 in die Charts. Dies war 28 Jahre 5 Monate später, nachdem das Debütalbum der Gruppe, *Led Zeppelin*, in die Charts eingestiegen war.

ERFOLGREICHSTE ROCK-SINGLE

Everything I Do (I Do It For You) von Bryan Adams blieb 1991 in Großbritannien 16 Wochen hintereinander auf Platz 1, in den USA sieben Wochen. Auch in 16 anderen Ländern, darunter Frankreich, Deutschland, Australien, Kanada und Belgien erreichte es Platz 1.

GRÖSSTE KONZERT-LEINWAND

Die größte LED-Leinwand (Light-Emitting-Diodes) der Welt mißt 16.7 x 51.8 m und gehörte 1997 zum Bühnenaufbau bei der PopMart-Tour von U2. Auf der Leinwand wurden Trick- und Kunstfilme gezeigt. U2 (ihr Sänger Bono ist rechts zu sehen) waren ursprünglich an ihren Gitarren-Hymnen zu erkennen. In den 90er Jahren begann die Gruppe jedoch mit Samplern, Tanzrhythmen und visuellen Effekten zu experimentieren.

**MEISTE MODERN-ROCK-
NR.-1-SINGLES IN DEN USA**
Die Gruppe R.E.M. erreichte die Rekordanzahl von sechs Nr.-1-Singles in den US-Billboard-Modern-Rock-Charts.

The Cure und Depeche Mode hatten in Großbritannien mit je vier Titeln die meisten Nr.-1-Singles.

**MEISTE MAINSTREAM-ROCK-
NR.-1-SINGLES IN DEN USA**
Van Halen erreichte die Rekordanzahl von elf Nr.-1-Singles in den US-Billboard-Mainstream-Rock-Charts.

Der erfolgreichste Solo-Künstler ist John Mellencamp mit acht Nr.-1-Singles.

**LÄNGSTE HITSINGLE
IN DEN USA**
November Rain von Guns N' Roses ist die längste Hitsingle, die in die US-Top-20 einstieg, sie hat eine Spielzeit von 8 Minuten 40 Sekunden und erreichte am 3. August 1992 Platz 3.

MEISTE INDIE-HITS
The Smiths belegten am 28. Januar 1984 in den britischen Independent-Charts die drei Spitzenplätze.

Am 1. Juli 1995 hatten Oasis sechs Singles in den Top 7 der britischen Independent-Charts.

TEUERSTES ROCKALBUM
Von Bob Dylans *The Freewheelin' Bob Dylan* (Columbia CS-8796, Stereo) existieren nur zwei Exemplare. Das Album wurde später unter Weglassung von vier Songs neu gepreßt. LPs in fast neuem Zustand könnten heute zwischen 36.000 und 54.300 DM wert sein.

**MEISTE KONTINENTE
AN EINEM TAG**
Am 24. Oktober 1995 veranstaltete die britische Heavy-Metal-Band Def Leppard Konzerte auf drei Kontinenten: in Tanger (MA) London (GB) und Vancouver (CDN).

**HÖCHSTER EINSTIEG
IN DIE US-CHARTS**
Aerosmith (ihr Sänger Steven Tyler ist abgebildet), ist die einzige Rockgruppe, die als Nummer 1 in die US-Single-Charts einstiegen, und zwar im September 1998 mit I Don't Want To Miss A Thing.

Popkultur

Dance, HipHop & Rap

MEISTVERKAUFTE DANCE-ALBEN
Bizarre Fruit (1994) von der britischen Gruppe M People wurde in Großbritannien über 1,5 Mio. Mal verkauft, mehr als jedes andere Dance-Album. Darauf sind die Hits *Sight for Sore Eyes, Open Your Heart* und *Search for the Hero*.

Der Soundtrack von *Purple Rain* von Prince (heute ☿) führte die US-Charts 24 Wochen lang an und wurde seit der Veröffentlichung 1985 mehr als 13 Mio. Mal verkauft. Der Film, in dem Prince auftrat, war eine scheinbar autobiografische Story, die in der Club-Szene von Minneapolis (USA) spielte. Auf diesem Album waren auch die Hits *When Doves Cry* und *Let's Go Crazy*.

MEISTE GLEICHZEITIGE DANCE-HITS
Am 20. April 1996 waren alle zehn Hitsingles von The Prodigy in den britischen Top 100 vertreten. Ihre neun vorhergehenden Singles, die alle die britischen Top 15 erreichten, schafften den Wiedereinstieg, nachdem *Firestarter*, im März 1996 veröffentlicht, ihnen ihren ersten Nr.-1-Hit bescherten.

AM SCHNELLSTEN VERKAUFTES DANCE-ALBUM IN GROSSBRITANNIEN
Von *The Fat Of The Land* (1997) von The Prodigy wurde bereits in der ersten Woche die Rekordanzahl von 317.000 Stück verkauft, in den USA wurde es über 200.000mal verkauft. Das Album war in 20 Ländern die Nr. 1 in den Charts.

ERFOLGREICHSTES CHART-DEBÜT
Der einzige Künstler, der mit seinen ersten drei Alben den Einstieg in die US-Pop-Charts als Nr. 1 schaffte, ist der Rapper Snoop Dogg (alias Snoop Doggy Dogg) mit *Doggy Style* (1993), *Tha Dogfather* (1996) und *Da Game Is To Be Sold, Not To Be Told* (1998).

Der einzige Künstler, der innerhalb eines Jahres mit seinen ersten zwei Alben den Einstieg als Nr. 1 schaffte, ist der Rapper DMX mit *It's Dark And Hell Is Hot* (Juni 1998) und *Flesh of My Flesh Blood Of My Blood* (Januar 1999).

MEISTE US-NR.-1-SINGLES HINTEREINANDER
Die R&B-Sängerin Whitney Houston schaffte zwischen 1985 und 1988 die Rekordanzahl von sieben Nr.-1-Popsingles hintereinander, darunter *Saving All My Love For You* (1985), *I Wanna Dance With Somebody (Who Loves Me)* und *So Emotional* (beide 1987).

KÜRZESTER TOP-10-TITEL IN DEN USA
Die Aufnahme mit dem kürzesten Titel, die die US-Pop-Top-10 erreichte, ist *7* von Prince (heute ☿) aus dem Jahr 1992.

MEISTE US-TOP-40-HITS, DIE NICHT NR. 1 WURDEN
James Brown hatte die Rekordanzahl von 44 US-Top-40-Pophits, die nicht den Platz 1 erreichten. Die nächsten vier Gruppen sind ebenfalls R&B-Künstler: Brook Benton (24), Sam Cooke (24), Jackie Wilson (23) und Fats Domino (22).

LÄNGSTE US-CHARTS-ZEITSPANNE
Die R&B-Gruppe The Isley Brothers kamen erstmals im September 1959 mit *Shout* in die US-Pop-Top-100 und dann wieder nach 37 Jahren und 4 Monaten mit *Tears* im Januar 1997.

LÄNGSTE KARRIERE MIT NR.-1-HITS
Michael Jackson hatte im Oktober 1972 in den USA seinen ersten Nr.-1-Pophit als Solokünstler mit *Ben* und letztmalig im September 1995, 22 Jahre und 11 Monate später, mit *You Are Not Alone*. Dies war auch die erste Single, die den Einstieg in die US-Charts als Nr. 1 schaffte. Jackson erreichte vor seinem

MEISTE NR.-1-RAP-SINGLES IN DEN USA
Der Künstler mit den meisten Singles auf Platz 1 der Billboard Rap Chart ist L. L. Cool J mit insgesamt acht Hits, darunter *I'm That Type Of Guy, Around The Way Girl* und *Loungin' and Father*. L. L. Cool J ist bei Def Jam unter Vertrag, dem Label, das mit 15 Nr.-1-Rapsingles in den USA den Rekord hält. Andere Künstler dieses Labels sind Public Enemy, MC Serch und Boss.

ERFOLGREICHSTER RAP-PRODUZENT IN DEN USA

Sean „Puff Daddy" Coombs ist der erfolgreichste Rap-Produzent in den USA, 1997 lagen von ihm vier Singles hintereinander insgesamt 36 Wochen an der Spitze der US-Rap-Charts, darunter *Hypnotize* und *Mo Money, Mo Problems* von The Notorious B.I.G. Puff Daddys Tribut an The Notorious B.I.G. (alias Christopher Wallace) *I'll Be Missing You*, produziert mit Faith Evans und 112, lag elf Wochen lang an der Spitze der US-Charts und war 1997 sechs Wochen lang auf Platz 1 in den britischen Charts, womit es in den USA und Großbritannien der erfolgreichste R&B-Song aller Zeiten war. Puff Daddy nahm die Single auf, nachdem B.I.G. erschossen worden war, als er am 4. März 1997 eine Party in Los Angeles (USA) verließ.

ersten Solo-Nr.-1-Hit auch viermal als Leadsänger der Jackson 5 den Platz 1.

ERFOLGREICHSTE BENELUX-SINGLE IN GROSSBRITANNIEN
No Limits von dem belgischen Dance-Duo 2 Unlimited ist die erfolgreichste Single aus den Benelux-Ländern in den britischen Charts. 1993 lag sie fünf Wochen lang auf Platz 1.

ERFOLGREICHSTE RAPPER AUSSERHALB DER USA
1993 verkaufte sich *Dur Dur d'Etre Bébé* („Schwer ist's ein Baby zu sein") des damals vierjährigen französischen Rappers Jordy (Lemoine) über 1 Million Mal in Frankreich und war sogar in den USA ein kleiner Hit. Im Februar 1994 verbot Frankreichs größter Fernsehsender, TF1, Jordy den Fernsehauftritt mit der Begründung, seine Eltern würden ihn ausbeuten.

Da Ya Ne von dem japanischen Rap-Trio East End X Yuri wurde 1995 in Japan 1 Mio. Mal verkauft.

ERFOLGREICHSTES RAP-ALBUM EINER KÜNSTLERIN IN DEN USA
Chyna Doll von der New Yorker Rapperin Foxy Brown ist das einzige All-Rap-Album einer Künstlerin, das die Spitze der US-Charts erreichte. Es lag im Februar 1999 auf Platz 1.

MEISTE CHART-EINSTIEGE EINER KÜNSTLERIN
Die R&B-Sängerin Aretha Franklin schaffte es, 76mal in die US-Top-100-Popcharts zu kommen.

ERFOLGREICHSTER HIT EINES FRAUEN-DUOS
The Boy Is Mine von Brandy & Monica lag ab Juni 1998 13 Wochen auf Platz 1, ein Rekord für ein Frauen-Duo in den US-Pop-Charts.

MEISTE GRAMMY-NOMINIERUNGEN
1999 erhielt Lauryn Hill zehn Grammy-Nominierungen. Die meisten davon waren für ihr Spitzen-Album *The Miseducation Of Lauryn Hill. Sie gewann fünf Preise: „Album of the Year", „Best New Artist", „Best R&B Album", „Best Female R&B Vocal Performance" und „Best R&B Song".

LÄNGSTE ZEIT IN DERSELBEN BESETZUNG
Levi Stubbs, Renaldo „Obie" Benson, Abdul Fakir und Lawrence Payton gründeten 1953 die Gruppe The Four Tops und sangen zusammen, bis Payton im Jahr 1997 starb.

LÄNGSTER R&B-NR.-1-HIT IN DEN USA
Nobody's Supposed To Be Here von der kanadischen Sängerin Deborah Cox lag 14 Wochen lang, vom 24. Oktober 1998 bis 6. Februar 1999, auf Platz 1.

ERFOLGREICHSTE REGGAESINGLE IN GROSSBRITANNIEN
Die doppelseitige Hitsingle *Rivers Of Babylon/Brown Girl In The Ring* von Boney M ist in Großbritannien die erfolgreichste Reggaesingle aller Zeiten. Sie führte 1978 fünf Wochen lang die Charts an und wurde über 2 Mio. Mal verkauft.

MEISTVERKAUFTE HIP-HOP/RAP-ALBEN IN DEN USA
Please Hammer Don't Hurt 'Em (1990) von M. C. Hammer und *Crazysexycool* (1994) von TLC teilen sich mit 10 Mio. verkauften Stück den Rekord für das meistverkaufte Hip-Hop/Rap-Album in den USA.

Klassik & Jazz

Popkultur

BESTVERKAUFTES ALBUM
Die Aufnahme *Die drei Tenöre in Concert* mit José Carreras, Placido Domingo (beide E) und Luciano Pavarotti (I) zum Finale der Fußballweltmeisterschaft 1990 hat sich schätzungsweise 13 Mio. Mal verkauft.

MEISTE ZUHÖRER
Circa 800.000 Menschen besuchten das Open-Air-Freikonzert der New Yorker Philharmoniker auf der großen Wiese des Central Park in New York (USA) am 5. Juli 1986.

GRÖSSTES ORCHESTER
„Musik für junge Leute" organisierte am 23. November 1999 in der National Indoor Arena in Birmingham (GB) das größte Orchester der Welt mit 3.503 Musikern. Unter Leitung von Sir Simon Rattle spielten sie 7 Minuten 40 Sekunden lang Malcolm Arnolds *Little Suite No. 2*.

FLEISSIGSTER DIRIGENT
Herbert von Karajan machte bis zu seinem Tod 1989 mehr als 800 Aufnahmen. Er leitete das Londoner Philharmonie Orchester, die Wiener Staatsoper, La Scala Opera in Mailand, die Berliner Philharmoniker und gründete 1967 die Festspiele in Salzburg.

LÄNGSTE SYMPHONIE
Victory at Sea, vom amerikanischen Komponisten Richard Rodgers für einen gleichnamigen Dokumentarfilm komponiert und von Robert Russell Bennett für NBC TV 1952 aufgeführt, ging über 13 Stunden.

LÄNGSTE OPERN
The Life and Times of Joseph Stalin von Robert Wilson, vom 14. bis 15. Dezember 1973 in der Brooklyn Academy of Music in New York (USA) aufgeführt, dauerte 13 Stunden 25 Minuten.

Die längste regelmäßig aufgeführte Oper ist Wagners *Die Meistersinger von Nürnberg* (1868). Eine ungekürzte Version, die 1968 von der Sadler's Wells Company in London (GB) aufgeführt wurde, dauerte insgesamt 5 Stunden 15 Minuten.

KÜRZESTE OPER
Die kürzeste aufgeführte Oper ist *The Sands of Time* von Simon Rees und Peter Reynolds. Sie dauerte 4 Minuten 9 Sekunden, als sie im März 1993 von Rhian Owen und Dominic Burns im The Hayes in Cardiff (GB) aufgeführt wurde. Eine 3 Minuten 34 Sekunden lange Version wurde im September 1993 unter der Leitung von Peter Reynolds in London (GB) aufgeführt.

TIEFSTE NOTE
Die tiefste Vocal-Note im klassischen Repertoire findet sich in Osmins Arie in *Die Entführung aus dem Serail* von Wolfgang Amadeus Mozart. Verlangt wird ein tiefes D (73,4 Hz).

HÖCHSTE NOTE
Die höchste Vocal-Note im klassischen Repertoire ist ein dreigestrichenes G, die in Mozarts *Papolo di Tessaglia* auftaucht.

LÄNGSTE OPERN-KARRIERE
Danshi Toyotake aus Hyogo (J) sang *Musume Gidayu* (eine traditionelle japanische Erzählung) ab dem siebten Lebensjahr über 91 Jahre von 1898 bis 1989.

GRÖSSTES OPERNHAUS
Das Metropolitan Opera House im Lincoln Center in New York (USA) wurde im September 1966 für 80 Mio. DM vollendet. Es bietet 4.065 Besuchern Platz, allein im Auditorium befinden sich 3.800 Sitze.

ERFOLGREICHSTER JAZZ-MUSIKER
Der amerikanische Saxophonist Kenny G hat schätzungsweise 50 Mio. Alben verkauft, darunter das bestverkaufte Jazz-Album aller Zeiten, *Breathless* (wovon ca. 13 Mio. Exemplare verkauft wurden). Kenny, als Kenneth Gorelick 1959 geboren, arbeitete mit Whitney Houston, Aretha Franklin, Smokey Robinson und Barry White. Kenny G ist der Lieblingssaxophonist des amerikanischen Präsidenten Bill Clinton.

ÄLTESTES OPERNHAUS
König Karl VI. beauftragte 1737 Giovanni Medrano mit dem Bau des Teatro S. Carlo in Neapel (I). Unter dem Architekten A. Niccolini wurde es nach einem Feuer im Jahre 1816 wieder aufgebaut, seitdem ist es fast unverändert erhalten geblieben. Mit 184 Logen in sechs Rängen bietet es 1.500 Personen Platz.

ÄLTESTE KLASSISCHE MUSIK
Die frühesten Aufzeichnungen notierter Musik stammen aus der klassischen chinesischen Musik, die mehr als 3.000 Jahre zurückverfolgt werden kann. Der Philosoph Konfuzius hatte in dieser Zeit das praktische Beschäftigen mit Musik angeregt.

ERFOLGREICHSTER OPERNSÄNGER

Der italienische Tenor Luciano Pavarotti begann seine professionelle Karriere 1961 und hat weltweit 60 Mio. Alben verkauft. Sein komplettes Bühnenprogramm ist als Aufnahme erhältlich und ein Bestseller geworden. Er erhielt auch die meisten Vorhänge, nämlich 165, nachdem er am 24. Februar 1988 in der Deutschen Oper in Berlin (D) den Part von Nemorino in Donizettis *L' Elisir d' Amore* gesungen hatte. Ihm wurde 1 Stunde 7 Minuten lang applaudiert. Pavarotti erreichte ein großes weltweites Publikum, nachdem er ab 1990 mit Placido Domingo und José Carreras als *Die drei Tenöre* unter der Leitung von Zubin Mehta aufzutreten begann.

LÄNGSTER VERTRAG

1931 unterschrieb der Violinist und Dirigent Yehudi Menuhin einen Aufnahmevertrag mit EMI, der bis zu seinem Tod im März 1999 Bestand hatte. Neben seinen klassischen Aufnahmen, für die er bekannt ist, machte Yehudi unter anderem diverse Aufnahmen mit dem Jazz-Geiger Stéphane Grappelli und dem indischen Sitar-Spieler Ravi Shankar.

ÄLTESTES INSTRUMENT

Eine antike Knochenflöte mit einem geschätzten Alter von 43.000–82.000 Jahren wurde von Dr. Ivan Turk, einem Paläontologen an der slowenischen Akademie der Wissenschaften, 1998 bei einer Lagerstätte aus der Neandertal-Zeit bei Ljubljana in Slowenien gefunden. Dieses älteste bekannte Musikinstrument aus dem Oberschenkelknochen eines Höhlenbären hat vier Tonlöcher.

FRÜHESTE JAZZ-AUFNAHME

Indiana/The Dark Town Strutters Ball wurde am 30. Januar 1917 vom Columbia Label in New York (USA) von der Original Dixieland Jazz Band aufgenommen. Sie erschien am 31. Mai 1917.

GRÖSSTES JAZZ-FESTIVAL

Das Festival International de Jazz de Montréal in Québec (CDN) ist das größte Jazz-Festival der Welt. Über elf Tage zieht es 1,5 Mio. Besucher an, die 400 Konzerte von 2.000 Musikern aus 20 Ländern genießen.

LÄNGSTE JAZZ-KARRIERE

Saxophonist und Pianist Benny Waters (1902 geboren) aus Maryland (USA) begann seine Karriere als Junge und ist mit 97 Jahren noch aktiv.

ÄLTESTER JAZZ CLUB

Der Village Vanguard Keller Jazz Club öffnete in New York (USA) in den 30er Jahren und hat seitdem alle Spielarten des Jazz dargeboten.

ERFOLGREICHSTE KLASSISCHE NACHWUCHSKÜNSTLERIN

Charlotte Church war erst zwölf Jahre alt, als sie 1998 mit dem Verkauf von 300.000 Stück ihres Albums *Voice Of An Angel* Doppel-Platin erreichte. Die junge walisische Sopranistin erlangte für ihr Album auch Goldene Schallplatten in Australien und Neuseeland. Als Künstlerin bei Sony Music UK hat sie auch Konzerte in dem London Palladium und der Royal Albert Hall gegeben.

Popkultur

Comics & Animation

ERFOLGREICHSTER KINO-START
Mit Walt Disneys *Der König der Löwen* (USA, 1994) wurde beim Kino-Start des Films in über 60 Ländern der Spitzenbetrag von 1,38 Mrd. DM eingenommen. Ein 600köpfiges Animationsteam arbeitete drei Jahre an dem Streifen, in dem die Stimmen von Jeremy Irons, James Earl Jones, Rowan Atkinson und Whoopi Goldberg zu hören sind.

HÖCHSTE BRUTTOEINNAHMEN FÜR EINEN ZEICHENTRICKFILM
Walt Disneys *Dschungelbuch* (USA, 1967) ist der Zeichentrickfilm mit den höchsten je erzielten Bruttoeinnahmen. Auf einer inflationsbereinigten Liste der finanziell erfolgreichsten Filme stünde er auf Rang acht. *Der König der Löwen* läge auf Platz 23.

Prinzessin Mononoke (J, 1997) kann mit 283,44 Mio. DM allein in Japan die höchsten Bruttoeinnahmen für einen japanischen Zeichentrickfilm verbuchen. Als der Film am 22. Januar 1999 von dem Fernsehsender Nippon Television Network (NTV) ausgestrahlt wurde, erhielt er die höchste Einschaltquote für einen Film seit 15 Jahren.

LÄNGSTE ZEICHENTRICKSERIE
Mutt and Jeff von Harry „Bud" Fisher begann am 10. Februar 1913 als witzige Zugabe zu *Pathé's Weekly*. Vom 1. April 1916 bis 1. Dezember 1926 wurde sie als eigenständige wöchentliche Filmrolle weitergeführt, obwohl bisher für 1923–24 keine Titel aufgefunden wurden. Mindestens 323 *Mutt and Jeff*-Filme wurden produziert.

LÄNGSTE ZEIT ALS ZEICHENTRICKSTIMME
Der Schauspieler Jack Mercer (USA) lieh Popeye in der Popeye-Serie *The Sailor Man* für den Rekordzeitraum von 45 Jahren seine Stimme. Die Serie wurde zwischen 1933 und 1957 für das Kino produziert und dann in den 70er Jahren für das Fernsehen bearbeitet.

MEISTE STARS IN EINER ZEICHENTRICKSERIE
In *The Simpsons* sind die Stimmen von 228 Stars zu hören, darunter Magic Johnson, Elizabeth Taylor und Paul und Linda McCartney.

TEUERSTE EINZELBILDER
Eine Schwarzweiß-Zeichnung aus Walt Disneys *Orphan's Benefit* (1934) erzielte 1989 bei Christie's in London (GB) den Rekordbetrag von 484.637,50 DM.

Eines der 150.000 einzelnen Farbbilder aus Walt Disney's Zeichentrickfilm *Schneewittchen* (USA, 1937) wurde 1991 für 367.430 DM verkauft.

MEISTE VON EINER FERNSEHSHOW HERVORGERUFENE ANFÄLLE
Im Dezember 1997 wurden in Japan mehr als 700 Kinder ins Krankenhaus eingeliefert, weil eine Zeichentrickfilm-Folge nach dem Nintendo-Spiel *Pocket Monsters* bei ihnen Schüttelkrämpfe auslöste. Insgesamt mußten 208 Kinder im Alter von drei Jahren und darüber stationär behandelt werden. Nach Ansicht von Fachleuten wurden die Anfälle von einer Szene hervorgerufen, in der rote Lichtblitze aus den Augen der Figur Pikachu schossen.

TEUERSTER ZEICHENTRICKFILM
Die Produktion von *The Prince of Egypt* (USA, 1998) von DreamWorks kostete 108,6 Mio. DM. An dem Film arbeiteten 350 Künstler und Zeichner vier Jahre lang. Allein für die Fertigstellung der vierminütigen Sequenz des Roten Meeres brauchte man 350.000 Arbeitsstunden.

GRÖSSTES ZEICHENTRICKMUSEUM
Das International Museum of Cartoon Art in Boca Raton (USA) besitzt eine Sammlung von über 160.000 Original-Zeichentrick-Zeichnungen aus 50 Ländern. Die Sammlung enthält zudem 10.000 Bücher über Zeichentrickfilme und rund 1.000 Stunden Zeichentrickfilme, Interviews und Dokumentationen auf Filmrollen und Tonbändern.

LÄNGSTE COMIC-SERIE
Von dem Comic *The Dandy*, der erstmals am 4. Dezember 1937 von D. C. Thomson

MEISTE OSCAR-NOMINIERUNGEN NACHEINANDER
Von 1991 bis 1997 wurde Aardman Animation aus Bristol (GB) sechsmal für den Besten Zeichentrick-Kurzfilm nominiert. Drei der Nominierungen, *Creature Comforts*, *The Wrong Trousers* und *A Close Shave*, alle unter der Regie des Aardman-Gründers Nick Park, kamen durch und gewannen Oscars. In diesen beiden Filmen spielen der Erfinder und Käseliebhaber Wallace sowie sein schwergeprüfter Begleiter, der Hund Gromit, die Hauptrollen. Die Animationstechnik für Parks Filme erfordert Tausende von minuziösen Einstellungen auf die Modell-Tonfiguren.

veröffentlicht wurde, kam am 10. Juli 1999 die 3.007te Ausgabe heraus. Die Hauptfigur der Serie, Desperate Dan, wurde von dem Zeichner Dudley Watkins geschaffen. Der Comic hat gegenwärtig einen Fanclub von über 350.000 Migliedern.

MEISTVERKAUFTER COMIC
Peanuts von Charles Schulz erschien erstmals im Oktober 1950 in USA. Die Comic-Serie, in der Figuren wie Charlie Brown und Snoopy vorkommen, erscheint heute in 2.620 verschiedenen Zeitungen in 75 Ländern.

AM LÄNGSTEN LAUFENDER ZEITUNGS-COMIC
Die *Katzenjammer Kids* von Rudolph Dirks wurden zum ersten Mal im Dezember 1897 im *New York Journal* veröffentlicht. Heute wird die Serie von dem Cartoonist Hy Eisman gezeichnet und von King Features Syndicate an 50 Zeitungen verkauft.

TEUERSTES COMIC-ALBUM
Das teuerste Comic-Album ist ein Exemplar der Erstauflage von *Action Comics* von Juni 1938, in dem Superman sein Debüt gibt. Es wurde 1997 für 181.000 DM verkauft und hat nach dem Overstreet Comic Book Price Guide heute einen Wert von 334.850 DM.

MEISTE COMICS VON EINEM KÜNSTLER
Paul S. Newman (USA) hat mehr als 4.000 Stories für 360 verschiedene Comicalben geschrieben, darunter *Superman*, *Mighty Mouse*, *Prince Valiant*, *Fat Albert*, *Tweety and Sylvester* und *The Lone Ranger*.

MEISTVERFILMTE COMIC-FIGUR
Zorro wurde bisher in 69 Filmen dargestellt. Die auf dem Original von Johnston McCulley beruhende Figur war auch die erste, die in einem bedeuteten Spielfilm, *The Mark of Zorro* (USA, 1920) mit Douglas Fairbanks, auftrat. Der Film kam nur ein Jahr nach der Veröffentlichung des Comics heraus, womit Zorro diejenige Comicfigur ist, die den Sprung aus dem Comic auf die Leinwand am schnellsten schaffte. Die jüngste Version ist *The Mask Of Zorro* (USA, 1998), in der der maskierte Rächer von Antonio Banderas gespielt wird.

MEISTE FOLGEN ZUR HAUPTSENDEZEIT
Von der Zeichentrickserie The Simpsons, *die seit dem 14. Januar 1990 regelmäßig im Fernsehen gesendet wird, lief am 28. Februar 1999 die 218. Folge über den Bildschirm. Ursprünglich als Einfügungen für die* Tracey Ullman Show *entwickelt, haben Lisa, Homer, Bart, Marge und Maggie (von links nach rechts) ihren Schöpfer Matt Groening zum Multimillionär gemacht.*

MATT GROENING

Popkultur

Vergnügungsparks

TEUERSTER VERGNÜGUNGSPARK
Das Disney-Unternehmen soll rund 1,81 Mrd. DM für den Entwurf, die Entwicklung und den Bau von Animal Kingdom in Florida (USA) ausgegeben haben.

GRÖSSTER VERGNÜGUNGSPARK
Disney World in der Nähe von Orlando, Florida (USA), bedeckt eine Fläche von 12.140 ha und ist damit der größte Vergnügungspark der Welt. Er wurde am 1. Oktober 1971 eröffnet, nachdem sein Bau rund 724 Mio. DM gekostet hatte.

MEISTBESUCHTER VERGNÜGUNGSPARK
1997 zog Tokyo Disneyland in Japan insgesamt 17,83 Mio. Besucher an. Der 46,25 ha große Vergnügungspark wurde am 15. April 1983 eröffnet und umfaßt Themenbereiche wie Wilder Westen, Erforschung der Tropen, Märchen sowie Raumfahrt und Zukunft. Der Park kann bis zu 85.000 Besucher gleichzeitig aufnehmen.

MEISTE FAHR-ATTRAKTIONEN
Cedar Point in Ohio (USA) besitzt insgesamt 56 verschiedene Fahr-Attraktionen, das sind heute weltweit die meisten in einem Vergnügungspark. Dazu gehören Holzachterbahnen wie die 1964 gebaute *Blue Streak*, haarsträubende Attraktionen auf dem neuesten Stand der Technik wie *Mantis* (1996) und Kinderkarussells wie zum Beispiel *Junior Gemini* (1978).

MEISTE ACHTERBAHNEN
Die Rekordanzahl von 13 Achterbahnen dominieren die Silhouette des Vergnügungsparks Cedar Point, Ohio (USA), der deshalb den Spitznahmen „America's Roller Coast" (Amerikas Achterbahnenküste) erhielt. Bei seiner Eröffnung im Jahr 1892 besaß der Park nur eine Achterbahn, die die Mitfahrenden mit mäßigen 16 km/h herumfuhr. Heute besitzt er eine der höchsten, schnellsten und fortschrittlichsten Achterbahnen der Welt. Im Sommer 1997 fuhren rund 16,8 Mio. Menschen mit den Achterbahnen in Cedar Point.

SCHNELLSTE ACHTERBAHN
Superman The Escape in Six Flags Magic Mountain (USA) ist die schnellste Achterbahn der Welt. Die Mitfahrenden werden in sieben Sekunden von 0 auf 160 km/h beschleunigt und in 15sitzigen Gondeln bis in eine Höhe von 126 m gefahren, bevor sie bei der Abfahrt nochmals die Rekordgeschwindigkeit erreichen.

HÖCHSTE ACHTERBAHN
Fujiyama im Fujikyu Highland Park (J) erreicht eine Höhe von 79 m, der erste Fall erfolgt aus 70 m Höhe. Die Bahn wurde für eine Geschwindigkeit von 130 km/h gebaut, die aber während der Fahrt nicht erreicht wird.

HÖCHSTE ACHTERBAHN MIT FREIEM FALL
The Drop Zone im King's Island Theme Park, Ohio (USA), läßt ihre Mitfahrenden in einer 88 Sekunden langen Fahrt von ihrem 96,6 m hohen Turm aus 80 m fallen. Bis zu 40 Mitfahrende erleben im freien Fall die Schwerelosigkeit und erreichen dabei eine Geschwindigkeit von 108 km/h.

HÖCHSTE FAHRT IM FREIEN FALL
The Giant Drop in Dreamworld in Australien läßt ihre Mitfahrenden in der Rekordhöhe von 119 m – das entspricht 39 Stockwerken – im freien Fall fahren. Die Mitfahrenden werden in offenen Gondeln in den Himmel hochgefahren, wobei ihre Beine frei in der Luft hängen. Die 1 Minute 46 Sekunden dauernde Fahrt erreicht Geschwindigkeiten bis zu 160 km/h, bevor die Mitfahrenden in fünf Sekunden im freien Fall von 0 auf 135 km/h beschleunigt werden.

GRÖSSTE LOOPING-ACHTERBAHN
The Viper in Six Flags Magic Mountain (USA) bietet einen 57,3 m tiefen Sturz und läßt ihre Mitfahrenden bei einer Geschwindigkeit von 133 km/h siebenmal auf dem Kopf fahren. Sie besitzt drei Loopings und einen 12 m hohen Korkenzieher.

 **GRÖSSTES RIESENRAD**
The British Airways London Eye, das von den Londoner Architekten David Marks und Julia Barfield entworfen wurde, soll im Januar 2000 im Jubilee Gardens, London (GB), enthüllt werden. Bei seiner Fertigstellung wird es 136,1 m hoch sein und einen Durchmesser von 135 m haben. Jede seiner 32 Kapseln kann bis zu 25 Mitfahrende aufnehmen und ermöglicht eine Sicht mit einem Radius von 48,28 km. Das Riesenrad wird das viertgrößte Bauwerk Londons sein.

GRÖSSTER ÜBERDACHTER WASSERPARK

The Ocean Dome ist Teil eines Erholungsgebietes in Miyazaki auf Kyushu (J). Der Park ist 300 m lang, 100 m breit, 38 m hoch und besitzt einen 140 m langen Strand aus geschliffenem, zerstoßenem chinesischen Marmor. The Ocean Dome, ein beliebter Ort für Paare in den Flitterwochen, kann bis zu 10.000 Besucher gleichzeitig aufnehmen. In dem Komplex herrscht eine konstante Lufttemperatur von 30 °C und eine Wassertemperatur von 28 °C. Der Park besitzt auch die größte Wellenmaschine der Welt, sie kann bis zu 2,5 m hohe Wellen erzeugen.

LÄNGSTE ACHTERBAHN
The Ultimate-Achterbahn in Lightwater Valley (GB) ist 2,298 km lang und die Fahrt dauert 5 Minuten 50 Sekunden. Die 1991 gebaute Achterbahn besitzt Stahlbahnen, die von einem Holzüberbau gestützt werden.

MEISTE LOOPINGS
Die Achterbahn *Dragon Khan* stellt ihre Mitfahrer achtmal auf den Kopf. Die 1995, dem Eröffnungsjahr des Parks, gebaute Achterbahn ist 1,27 km lang und die Hauptattraktion in Port Aventura (E).

Die *Monte Makaya* in Terra Encantada (BR) stellt ihre Mitfahrer während jeder Runde der 851,36 m langen Stahlbahn ebenfalls achtmal auf den Kopf. Zu den Elementen der Bahn gehören vertikaler Looping, zwei Kobrarollen, ein doppelter Korkenzieher und drei Null-G-Herzrollen.

GRÖSSTE TRANSPORTABLE ACHTERBAHN
Taz's Texas Tornado ist seit dem 14. März 1998 in Six Flags Astroworld, Texas (USA), in Betrieb und wurde zuerst 1986 in Deutschland zusammengebaut. Die Stahlbahn besitzt eine Gesamthöhe von 34,1 m und erreicht eine Höchstgeschwindigkeit von 97 km/h. Ihre steilste Kurve hat einen Winkel von 80°.

ÄLTESTE ACHTERBAHN
Tivoli in Kopenhagen (DK) wurde 1843 eröffnet und ist einer der ältesten Vergnügungsparks der Welt. Er beherbergt die 1913 gebaute Berg-und-Tal-Bahn *Mk II*, die die älteste in Betrieb befindliche Achterbahn der Welt ist.

GRÖSSTE HOCHZEIT
Am 2. Mai 1997 bei der Eröffnung von *Giant Drop*, einem 69 m hohen Freifallturm im Vergnügungspark Six Flags Great America (USA), wurde die Rekordanzahl von 144 Paaren zu Mann und Frau erklärt, Sekunden bevor sie mit einer Geschwindigkeit von 100 km/h einen drei Sekunden dauernden Sturz in Richtung Erde machten. Der größte Teil der Hochzeitszeremonie fand in der 3.200sitzigen Stunt-Show-Arena statt. Die Paare fuhren dann den 22 Stockwerke hohen *Giant Drop* hoch, wo Reverend Herring die Zeremonie beendete. Die Brautpaare aus allen Teilen der USA wurden von Radiosendern für ihre Teilnahme an der Massentrauung ausgewählt.

SCHNELLSTE STEHEND-ACHTERBAHN
The Riddler's Revenge, eine Stehend-Achterbahn aus Stahl in Six Flags Magic Mountain (USA), ist 47,5 m hoch und hat eine Spitzengeschwindigkeit von 104,6 km/h – die höchste Geschwindigkeit, die eine Stehend-Achterbahn jemals erreicht hat. Zu ihren sechs Loopings gehört ein vertikaler Looping von 360° mit einer Rekordhöhe von 37,8 m.

Popkultur

Werbung

TEUERSTE FERNSEHWERBUNG
Die Herstellung eines Werbespots für den Computerhersteller Apple kostete insgesamt 1.086.000 DM und seine Ausstrahlung nochmals 1,81 Mio. DM. Der 1984 von Ridley Scott produzierte Spot gilt als einer der erfolgreichsten aller Zeiten.

HÖCHSTE EINNAHMEN EINES FERNSEHSENDERS AN EINEM TAG
Fox TV hat nach Schätzungen am 31. Januar 1999, dem Super-Bowl-Sonntag, die sagenhafte Summe von 265 Mio. DM eingenommen. Dies waren die höchsten Werbeeinnahmen in der Geschichte des Fernsehens, die ein Sender an einem Tag je verzeichnet hat. Die Werbeeinnahmen vor dem Spiel beliefen sich auf rund 79,2 Mio. DM.

TEUERSTE WERBEUNTERBRECHUNG
Der amerikanische Fernsehsender NBC kassierte für einen 30-Sekunden-Spot während der letzten Episode der Show *Seinfeld* am 14. Mai 1998 3,62 Mio. DM. Die Show sahen schätzungsweise über 40 Mio. Zuschauer. Während der gewöhnlichen Episoden kostete 1998 die halbe Werbeminute 1,04 Mio. DM, das sind ca. 27.150 DM mehr als bei *Seinfeld*s größtem Rivalen *ER*.

MEISTE BERÜHMTHEITEN IN EINEM WERBESPOT
In dem 90 Sekunden langen Spot von Reebok mit dem Titel *Field of Dreams*, der 1996 im britischen Fernsehen lief, spielten 22 Stars mit, darunter der Sänger Tom Jones, der Filmproduzent Richard Attenborough, Jarvis Cocker von Pulp, der Opernsänger José Carreras und Ex-Fußball-Star George Best. Die Stars sollten sich vorstellen, der von Reebok gesponserte Fußballstar Ryan Giggs zu sein.

MEISTE SCHAUSPIELER IN EINEM WERBESPOT
Der 1989 in Utah (USA) von Saatchi & Saatchi für British Airways produzierte 60-Sekunden-Spot *Global* zeigte 6.300 Menschen in bunten Trainingsanzügen. Aus der Luft aufgenommen, formten sich die Menschen zu Figuren, um riesige Ohren, ein Auge, ein Lippenpaar, ein ganzes Gesicht und schließlich den Erdball zu bilden.

SCHNELLSTE PRODUKTION
Eine Fernsehwerbung für die Schuhe InstaPUMP von Reebok wurde während des 27. Superbowl im Atlanta Georgia Dome (USA) am 31. Januar 1993 entwickelt, gefilmt und gesendet. Die Aufnahmen endeten vor Beginn des vierten Spielviertels, der Schnitt erfolgte in der Mitte des dritten Viertels, und der fertige, 30 Sekunden lange Spot wurde in der Pause vor dem vierten Viertel gesendet.

KÜRZESTE WERBUNG
Eine vier Raster dauernde Werbung (das entspricht 0,133 Sekunden – eine Sekunde besteht aus 30 Rastern) wurde am 29. November 1993 im Abendmagazin von KING-TV ausgestrahlt. Der Spot für Gummitiere von Bon Marché kostete 6.842 DM.

BELIEBTESTER FILM-TRAILER
Der 2 Minuten 10 Sekunden-Trailer für den Film Star Wars: The Phantom Menace (USA, 1999) wurde erstmals 1998 im amerikanischen TV gezeigt. Als er später auch in Kinos zu sehen war, zahlten Star Wars-Fans überall auf der Welt den vollen Kinopreis und verließen vor dem Hauptfilm das Kino. Viele wiederholen diesen Vorgang mehrfach. Als LucasFilms, die Produktionsfirma des Films, den Trailer auf der offiziellen Homepage zum Herunterladen anbot, wurde der Trailer in den ersten 5 Tagen mehr als 3,5 Mio. Mal von Fans heruntergeladen.

UMSTRITTENSTE KAMPAGNE

Die italienische Modefirma Benetton produziert ihre Kampagnen selbst, anstatt sie, wie üblich, von einer Agentur entwickeln zu lassen. Im Laufe der Jahre haben diese Kampagnen immer wieder für Empörung gesorgt: Die Bilder zeigten z.B. einen AIDS-Kranken kurz vor seinem Tod oder ein Kind mit Haaren in Form eines Teufel-Hornes. Die Werbung rechts mit dem Foto eines Neugeborenen führte 1991 zu mehr als 800 Beschwerden bei der British Advertising Standards Authority, als das Bild in Printanzeigen und auf Plakatwänden erschien. Benettons Kampagnen gewannen aber auch viele Auszeichnungen, wie den für die beste Kampagne in 1991 durch den European Art Directors Club und den Infinity Award des International Center of Photography in Houston, Texas (USA).

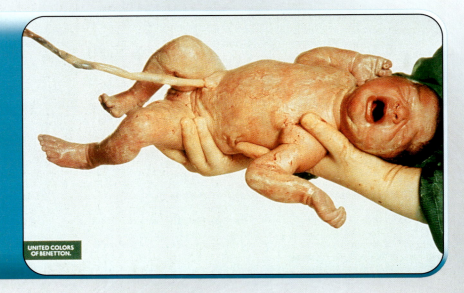

MEISTE HITS DURCH EINE KAMPAGNE
Levi Strauss-Werbung hat für mehr Chart-Hits gesorgt als jede andere Firmen-Kampagne. Acht Songs aus Werbungen der Firma erreichten die Nr. 1 in England, von denen sich zwei sofort an die Spitze setzten — *Spaceman* von Babylon Zoo am 6. Januar 1996 und *Flat Beat* von Mr Oizo (links) am 3. April 1999.

GRÖSSTER BEWEGLICHER WERBETRÄGER
Für den Start von Channel 2 der South African Broadcasting Corporation am 11. Mai 1998 wurde ein 268,25 m langes Werbeplakat mit einer Fläche von 1072,19 m² an einen Zug angebracht, der durch die Provinz Gauteng fuhr.

MEISTE WERBUNGEN AN EINEM ABEND
Alle 17 Versionen eines XXXX Werbespots von Castlemaine wurden am 1. Oktober 1996 am ersten Abend von Granada Sky Broadcasting (GB) gezeigt.

LUKRATIVSTER WERBEVERTRAG
Im April 1997 landete der amerikanische Golfspieler Tiger Woods den lukrativsten Werbe- und Sponsorenvertrag der Geschichte, nachdem er die US Masters im Alter von 21 Jahren gewonnen hatte. Nike heuerte den neuen Star für einen 72,4 Mio. DM teuren Fünfjahresvertrag an, der Produktwerbung und Auftritte in Werbespots umfaßt. Experten schätzen, daß Woods mit anderen Werbeverträgen rund 1,81 Mrd. DM verdienen kann, womit er zum wertvollsten menschlichen Werbeträger würde.

MEISTE PREISE FÜR EINEN INTERNATIONALEN WERBESPOT
Die Drugstore-Fernsehwerbung für Levis-501-Jeans gewann 1995 insgesamt 33 Preise.

GRÖSSTE WERBEKAMPAGNE
Die 1996 durchgeführte Kampagne für AT&T Telephone Services kostete das Mutterunternehmen AT&T Corporation umgerechnet 857,94 Mio. DM.

MEISTE WERBESEITEN
Die amerikanische Februar/März-Ausgabe des *Brides Magazine* beinhaltete 938,79 Werbeseiten von insgesamt 1.162 Seiten.

GRÖSSTE PLAKATWAND
Die von Bassat Ogilvy hergestellte Plakatwand für den Ford España ist 145 m lang und 15 m hoch. Sie wurde am 27. April 1989 auf der Plaza de Toros Monumental de Barcelona (E) aufgestellt.

GRÖSSTES NEONSCHILD
Das größte Neonschild ist 91 m breit, 46 m hoch und bedeckt auf einer Außenwand in Hongkong eine Fläche von 4.186 m².

MEISTVERMARKTETER SPORTLER
Das Magazin *Fortune* schätzte Michael Jordans Wert während seiner Karriere für den professionellen Basketball vom Ticketverkauf über Fernsehrechte, Sponsorenunterstützung, dem Verkauf von Trainingsgeräten, Parfum, Videos und Unterwäsche auf 18 Mrd. DM. Als Jordan 1999 seinen Rücktritt erklärte, fielen die Aktien von Nike um 5,4 %.

Bücher & Zeitschriften

Popkultur

MEISTVERKAUFTE BÜCHER
Das am häufigsten verkaufte und weitverbreitetste Buch der Welt ist die Bibel, von der zwischen 1815 und 1998 nach Schätzungen 3,88 Mrd. verkauft wurden.

Mit Ausnahme von nicht lizenzierten Werken wie der Bibel und dem Koran ist das meistverkaufte Buch aller Zeiten das GUINNESS BUCH DER REKORDE, das von Guinness Superlatives erstmals im Oktober 1955 veröffentlicht wurde. Bis Juli 1999 wurde es weltweit in 37 Sprachen übersetzt und über 85 Mio. Mal verkauft.

LÄNGSTE ZEIT AUF DER BESTSELLERLISTE
The Road Less Travelled von M. Scott Peck stand bis zum 6. April 1997

BESTVERKAUFTE KINDERBUCHSERIE
Seit dem Erscheinen des ersten Buches *Welcome to Dead House* im Jahr 1922 durch den Verlag Scholastic Inc. hat sich die Serie *Goosebumps* von R. L. Stine mehr als 220 Mio. Mal weltweit verkauft.

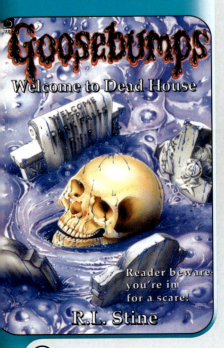

694 Wochen auf der Taschenbuch-Bestsellerliste der *New York Times*. Mehr als 5 Mio. Exemplare des Buches wurden verkauft.

MEISTVERKAUFTE AUTOREN
Die Romanautorin mit den Spitzenverkaufszahlen ist Agatha Christie, von deren 78 Kriminalromanen nach Schätzungen 2 Mrd. Exemplare in 44 Sprachen verkauft wurden.

Alistair MacLean schrieb 30 Romane, von denen 28 jeweils über 1 Mio. Mal allein in Großbritannien verkauft wurden. Schätzungsweise wird alle 18 Sekunden einer seiner Romane irgendwo in der Welt gekauft.

HÖCHSTER VORSCHUSS
Tom Clancy erhielt 25,35 Mio. DM als Vorschuß für die nordamerikanischen Rechte an *Without Remorse*. 1997 handelte er mit dem Penguin-Verlag einen Vertrag in Höhe von 135,75 Mio. DM über zwei Bücher aus.

HÖCHSTER VORSCHUSS FÜR EINEN UNBEKANNTEN AUTOR
Jessie Foveaux, 97, aus Kansas (USA) soll von Warner Books einen Vorschuß in Höhe von 1,81 Mio. DM für ihre Biographie *The Life of Jessie Lee Brown From Birth Up to 80* erhalten haben. Die Autorin besitzt nun einen Rechtsanwalt und einen Literaturagenten.

MEISTVERKAUFTES TAGEBUCH
Das Tagebuch der Anne Frank ist die Schilderung eines jungen Mädchens von Ereignissen zwischen dem 12. Juni 1942 und dem 1. August 1944, als ihre Familie und Freunde sich in den Niederlanden in einem geheimen Anbau eines Hauses vor den Nazis versteckten. Es wurde in 55 Sprachen übersetzt und über 25 Mio. Mal verkauft.

PRODUKTIVSTER ROMANAUTOR
Der brasilianische Romanschriftsteller José Carlos Ryoki aus Alpoim Inoue veröffentlichte von Juni 1986 bis August 1996 insgesamt 1.046 Science-fiction-Romane, Western und Thriller und damit mehr als jeder andere Schriftsteller.

UMFANGREICHSTE BIOGRAPHIE
Die umfangreichste Biographie aller Zeiten ist die fortlaufende Lebensgeschichte von Sir Winston Churchill, deren Mitverfasser seine Söhne Randolph und Martin

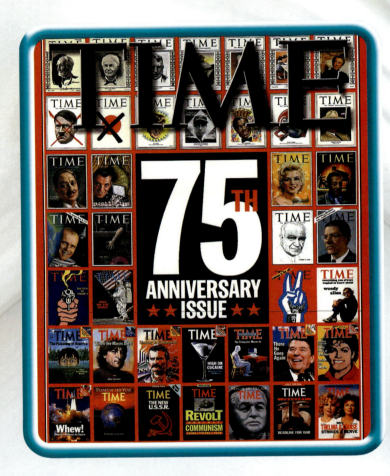

Gilbert waren. Seit Randolphs Tod im Jahr 1968 war Martin Gilbert der alleinige Autor. Das Buch umfaßt derzeit 22 Bände und 9.694.000 Wörter.

ÄLTESTE AUTOREN
Die amerikanischen Schwestern Sarah und Elizabeth Delany schrieben 1993 ihre Autobiographie, als sie 103 bzw. 102 Jahre alt waren. 1997 schrieb Sarah im Alter von 107 Jahren ihre Fortsetzung *On My Own*.

ZURÜCKGEZOGENSTER AUTOR
J. D. Salinger schützt seine Privatsphäre und meidet die Öffentlichkeit. Nachdem er die Veröffentlichung seiner Biographie verhindert hatte, erschien *In Search of J. D. Salinger* von Ian Hamilton, worin die Suche nach dem Autor beschrieben wird.

 MEISTVERKAUFTES NACHRICHTENMAGAZIN
Time, 1923 erstmals erschienen, hatte in den sechs Monaten bis zum Dezember 1998 allein in den USA eine Auflage von 4,06 Mio. Exemplaren. Time Inc. ist mittlerweile ein großer Medienverbund, zu dem unter anderem *Fortune*, *Life* und *People* gehören.

ÄLTESTES SEX-HANDBUCH
Das *Kama Sutra* von Vatsyayana gilt als das erste Sexhandbuch. Das Buch, das ebenfalls als das Standardwerk der Sanskrit-Literatur über Liebe gilt, soll angeblich zwischen dem ersten und sechsten Jahrhundert n. Chr. geschrieben worden sein. In viele Sprachen übersetzt, ist das *Kama Sutra* heute weitverbreitet.

GRÖSSTE BUCHHANDLUNG
Mit 6.271 m² Verkaufsfläche auf vier Etagen ist Barnes and Noble, Union Square, New York City (USA), die größte Buchhandlung der Welt. Sie hat 200.000 verschiedene Titel zuzüglich Software und Zeitungen am Lager.

MEISTE ZEITUNGEN
1995 gab es in Indien über 4.235 Zeitungen, die meisten davon Regional-

REICHSTER HORROR-AUTOR
Der amerikanische Horrorschriftsteller Stephen King (hier mit Amy Tan in der Band „Rock Bottom Remainders" zu sehen) ist mit einem geschätzten Vermögen von 152,04 Mio. DM der reichste Horror-Autor der Welt. Seine bestverkauften Romane sind Carrie (1974), The Shining (1978), Pet Sematary (1983) und Misery (1987), die alle auch erfolgreich verfilmt wurden.

zeitungen in verschiedenen Sprachen für eine ländliche Leserschaft.

HÖCHSTE AUFLAGEN
Die Zeitung mit der höchsten Auflage der Welt ist die in Tokio erscheinende *Yomiuri Shimbun* mit einer Morgen- und Abendausgaben-Auflage von insgesamt 14.565.474 Exemplaren.

Die *Komsomolskaja Prawda* (gegründet 1925), die Jugendzeitung der ehemaligen Kommunistischen Partei der Sowjetunion, erreichte im Mai 1990 eine Rekordauflage von 21.975.000 Exemplaren täglich.

Großbritannien hat von den Ländern der EU die höchsten Zeitungsauflagen. *The Sun* hat mit 4,064 Mio. Exemplaren die größte Auflage von allen britischen Tageszeitungen, während *The News of the World* die Rekordsonntagsauflage von 4,307 Mio. erreicht.

SCHWERSTE ZEITUNG
Die schwerste Einzelausgabe einer Zeitung war die der *New York Times* vom Sonntag, dem 14. September 1987. Sie wog über 5,4 kg und enthielt 1.612 Seiten.

GRÖSSTE VERBREITUNG
Bis Mai 1996 wurde *Jehovah's Witnesses of The Truth That Leads To Eternal Life*, veröffentlicht am 8. Mai 1968 von Watch Tower Bible und Tract Society, New York City (USA), 107.686.489mal in 117 Sprachen verbreitet.

MEISTVERKAUFTER LEBENDER AUTOR
Die höchsten Verkaufszahlen aller lebenden Autoren verzeichnet die britische Romanschriftstellerin Barbara Cartland. Weltweit wurden über 650 Mio. Exemplare ihrer 635 Titel verkauft.

Aufführungen

LÄNGSTE UNUNTERBROCHENE AUFFÜHRUNG
Die Mausefalle, ein Thriller von Agatha Christie, wurde am 25. November 1952 im Ambassadors Theatre in London (GB) uraufgeführt. Am 25. März 1974, nach 8.862 Aufführungen, zog das Stück in das St Martin's Theatre nebenan um. Am 14. April 1999 fand die 19.301ste Aufführung statt. Acht Mio. Theaterbesucher sorgten für 60 Mio. DM Umsatz.

LÄNGSTE MUSICAL-AUFFÜHRUNG
Das Off-Broadway-Musical *The Fantasticks* von Tom Jones und Harvey Schmidt wurde am 3. Mai 1960 uraufgeführt. Bis zum 8. März 1999 wurde die Show 16.127mal im Sullivan Street Playhouse in Greenwich Village in New York (USA) aufgeführt.

Cats ist ist das am längsten laufende Musical in der Geschichte des West End und Broadway, mit 7.675 beziehungsweise 6.896 Aufführungen am 14. April 1999. Seit der ersten Aufführung am 11. Mai 1981 im New London Theatre (GB) haben ungefähr 48 Mio. Menschen in ungefähr 250 Städten auf der Welt das Stück gesehen. Basierend auf *Old Possum's Book Of Practical Cats* von T.S. Eliot und mit Musik von Andrew Lloyd Webber hat es weltweit circa. 3,5 Mrd. DM eingespielt.

LÄNGSTE KOMÖDIE
No Sex Please, We're British von Anthony Marriott und Alistair Foot und präsentiert von John Gale begann im Strand Theatre in London (GB) am 3. Juni 1971, zog am 2. August 1986 in das Duchess Theatre in London (GB) um und endete schließlich am 5. September 1987 nach 16 Jahren 3 Monaten – nach insgesamt 6.761 Aufführungen. Allan Davis leitete die Aufführung während dieser ganzen Zeit.

HÖCHSTER VORVERKAUF
Das Musical *Miss Saigon* von Alain Boublil und Claude-Michel Schönberg, produziert von Cameron Mackintosh mit Jonathan Pryce und Lea Salonga in den Hauptrollen, startete am Broadway im April 1991, nachdem es Vorverkaufszahlen von 64 Mio. DM erreicht hatte.

HÖCHSTVERSICHERTE SHOW
Die Produzenten von *Barnum*, das am 11. Juni 1981 im London Palladium anlief, versicherten das Musical mit der Rekordsumme von 18 Mio. DM. Die Einzelversicherung für den Star Michael Crawford, der auf einem Drahtseil balancierte und vom höchsten Rang aus herunterrutschte, betrug 9 Mio. DM.

GRÖSSTER VERLUST
Der größte Verlust durch eine Theatershow entstand für die amerikanischen Produzenten des Royal Shakespeare Company-Musicals *Carrie* nach der Erzählung von Stephen King. Die Produktion schloß nach fünf Broadway-Aufführungen am 17. Mai 1988 mit einem Verlust von 12,3 Mio. DM.

BESTBEZAHLTER TÄNZER
Michael Flatley (USA), der Star aus *Lord Of The Dance*, verdiente auf dem Höhepunkt seiner Karriere 2,8 Mio. DM in der Woche für seinen irisch-inspirierten Tanzstil. Darin sind Einkünfte aus dem Ticket-, Video- und Merchandising-Verkauf enthalten. Der in Chicago geborene Star wurde international erstmalig durch seinen Auftritt beim Eurovision Song Contest 1994 in Dublin (IRL) bekannt. Hier sieht man ihn mit Mitgliedern der *Lord Of The Dance*-Truppe bei der Academy Awards-Zeremonie 1997.

GRÖSSTES KOMIKER-PUBLIKUM

Am 24. August 1996 trat der in Dänemark geborene Victor Borge vor einem zahlenden Publikum von 12.989 Menschen im Hollywood Bowl in Los Angeles (USA) auf. Borge ist für seine Verulkung klassischer Musik und seine „hörbare Zeichensetzung" bekannt. Den britischen Rekord hält Eddie Izzard (im Bild) mit 11.230 Personen, den er am 24. Februar 1999 in der Wembley Arena in London (GB) während seiner *Dressed To Kill*-Welt-Tour aufstellte. Das Ereignis brachte 450.000 DM für den Prince's Trust, eine Wohltätigkeitsvereinigung, die jungen Menschen beim Aufbau eigener Firmen unterstützt. Izzard, dessen Show von *Star Trek*-Parodien bis zur Darstellung von Katzen mit Bohrmaschinen reicht, tritt in einem Mini-Rock und mit Make-up auf.

MEISTE AUFFÜHRUNGEN IN EINER PRODUKTION

Steven Wayne (GB), das dienstälteste Mitglied eines Musicals, ist Teil der West End-Produktion von *Cats*, seit die Proben für die Uraufführung am 11. Mai 1981 begannen. Seither hat er die meisten menschlichen Rollen des Stückes einstudiert und gespielt.

LÄNGSTES STÜCK

Das längste bekannte Stück ist *The Non-Stop Connolly Show* von John Arden (GB), das 1975 26 Stunden 30 Minuten lang in Dublin (IRL) aufgeführt wurde.

KÜRZESTES STÜCK

Das kürzeste Stück ist das 30 Sekunden lange *Breath*, das der in Irland geborene Dramatiker und Erzähler Samuel Beckett 1969 schrieb. Das Stück besteht aus dem Geräusch eines einzelnen menschlichen Atemzuges. Beckett, der 1969 den Nobelpreis für Literatur gewann und 1992 starb, war eine Schlüsselfigur des absurden Theaters.

GRÖSSTES TANZFESTIVAL

Das Festival de Dança de Joinville in Santa Catarina (BR) ist das größte Tanzfestival der Welt, sowohl was die Menge der Tänzer, als auch was die Menge der Aufführungskategorien angeht. Mehr als 3.000 Tänzer aus der ganzen Welt nehmen daran teil.

MEISTE VORHÄNGE FÜR EIN BALLETT

Die meisten Vorhänge für ein Ballett erlangten Margot Fonteyn (GB) und Rudolf Nureyev (UdSSR) mit 89 Stück nach ihrer Aufführung von Tschaikowskys *Schwanensee* an der Wiener Staatsoper im Oktober 1964.

LÄNGSTE CHORUS-LINES

Die längste Chorus-Line in der Geschichte des Tanzes bestand aus 120 Tänzern als Teil der frühen *Ziegfeld's Follies*, die 1907 von Florenz Ziegfeld, dem größten Vertreter des amerikanischen Revuegeschäfts, aufgeführt wurden. Im Lauf der Jahre gehörten zu den Ziegfeld-Girls zukünftige Hollywood Stars wie Barbara Stanwyck, Paulette Goddard und Irene Dunne.

Als die Show *A Chorus Line* von Nicholas Dante und Marvin Hamlisch am 29. September 1983 den Rekord als die am längsten laufende Broadway-Show brach, nahmen am Finale 332 Zylinderträger teil.

SCHNELLSTER STEP-TÄNZER

Die höchste Stepzahl, die jemals für einen Steptänzer gemessen wurde, liegt bei 38 Steps pro Sekunde. Dies gelang James Devine in Sydney (AUS) am 25. Mai 1998.

GRÖSSTES KUNSTFESTIVAL

Das jährliche Edinburgh Fringe Festival in England startete 1947 und hatte 1993 die größte Beteiligung, als zwischen dem 15. August und dem 4. September 582 Gruppen insgesamt 14.108 Aufführungen von 1.643 Shows präsentierten. Obwohl alle Arten von Aufführungen vorkommen, ist Fringe in den vergangenen Jahren vor allem wegen Comedy- und Kabarett-Shows wie die Kamikaze Freak Show (oben) bekannt geworden. Fringe läuft neben dem „offiziellen" Festival, das sich auf internationales Theater und klassische Musik konzentriert.

Popkultur

Kunst

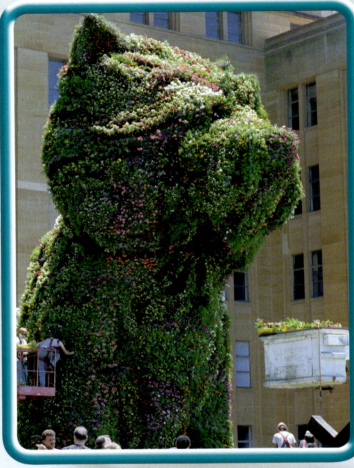

WERTVOLLSTES GEMÄLDE
Mona Lisa (La Gioconda) von Leonardo da Vinci wurde von Versicherungen auf einen Wert von 181 Mio. DM geschätzt, bevor man es 1962 vom Louvre, Paris (F), zu Ausstellungen in die USA transportierte. Eine Versicherung wurde nicht abgeschlossen, da die strengen Sicherheitsvorkehrungen billiger waren als eine Versicherung.

TEUERSTES ZEITGENÖSSISCHES GEMÄLDE
Les Noces de Pierette von Pablo Picasso (E) wurde 1986 in Paris (F) für den Rekordbetrag von 145,59 Mio. DM verkauft.

TEUERSTES GEMÄLDE EINER KÜNSTLERIN
In the Box der amerikanischen Impressionistin Mary Cassatt, die 1926 starb, wurde am 23. Mai 1996 bei Christie's, New York (USA), für 6,64 Mio. DM verkauft. Sieben von zehn der teuersten Werke einer Künstlerin sind von Mary Cassatt.

TEUERSTES GEMÄLDE EINES ANONYMEN KÜNSTLERS
Departure of the Argonauts (1487) erzielte am 9. Dezember 1989 bei Sotheby's, London (GB), 11,88 Mio. DM.

TEUERSTES PLAKAT
Ein Werbeplakat des schottischen Designers, Architekten und Malers Charles Rennie Mackintosh für eine Kunstausstellung im Glasgow Institute of Fine Arts (GB) im Jahre 1895 wurde im Februar 1993 bei Christie's, London (GB), für 193.006 DM verkauft.

TEUERSTE FOTOGRAFIE
Hand With Thimble (1920), Alfred Stieglitz' Fotografie einer Hand seiner Frau, der Künstlerin Georgia O'Keeffe, erzielte am 8. Oktober 1993 bei Christie's, New York City (USA), 721.285 DM.

MEISTE AUKTIONSVERKÄUFE EINES KÜNSTLERS
Bis Mai 1999 wurden die Werke Pablo Picassos, des spanischen Pioniers des Kubismus, 3.595mal auf Auktionen verkauft. Der Gesamtwert dieser Verkäufe beträgt 2,22 Mrd. DM.

GRÖSSTE BLUMENSKULPTUR
1992 schuf der amerikanische Künstler Jeff Koons auf der documenta in Kassel (D) die Skulptur „Puppy". Sie war 12,3 m x 5,5 m x 6 m groß und bestand aus Blumen. Die verwendeten Pflanzen variieren je nach dem Klima, in dem das Werk ausgestellt wird. Die Skulptur hat eine interne Berieselungsanlage und 1,5 m lange Stahlstäbe, die an einem Gestell befestigt sind und die Umhüllung bilden. Koons ist bekannt für seine umstrittenen Arbeiten – Skulpturen, Keramiken und Fotografien.

WERTVOLLSTE SKULPTUR
Die drei Grazien von Antonio Canova wurden 1994 vom Victoria & Albert Museum, London (GB), und der Nationalgalerie Schottland, Edinburgh (GB), für 21,22 Mio. DM erworben. Die Statue, die alle sieben Jahre den 644 km langen Weg zwischen London und Edinburgh zurücklegen soll, ist durch einen Haarriß, der auf einem der Transporte entstand, auf Dauer entstellt.

GRÖSSTE SKULPTUR
Die Figuren von Jefferson Davis, Robert Edward Lee und Thomas „Stonewall" Jackson auf dem Stone Mountain, Atlanta (USA), sind 27,4 m hoch und bedecken eine Fläche von 0,5 ha. Der Bildhauer Walker Kirtland Hancock arbeitete mit Roy Faulkner und anderen Helfern vom 12. September 1963 bis 3. März 1972 daran.

GRÖSSTE FREILUFT-INSTALLATION
Desert Breath bedeckt eine Fläche von 10 ha und besteht aus 178 Kegeln, 89 Sandpyramiden und 89 konischen Senken, die in den Wüstenboden nahe der ägyptischen Stadt Hurghada eingelassen sind. Drei griechische Künstler arbeiteten neun Monate an der Installation, die in ein paar Jahren erodiert sein wird.

GRÖSSTES LANDSCHAFTSPORTRÄT
Der amerikanische Feld-Künstler Stan Herd schneidet mit seinem Traktor riesige Bilder in die Landschaft. Sein größtes Werk ist das 65 ha große Porträt von Will Rogers, einem Hollywoodstar der 30er Jahre, in den Ebenen von Kansas (USA).

TEUERSTES GEMÄLDE
Im Mai 1990 wurde das Portrait *Dr. Gachet* von Vincent van Gogh auf einer Auktion bei Christie's, New York (USA), von dem japanischen Geschäftsmann und Sammler Ryoei Saito für 149,32 Mio. DM gekauft. Das Bild stellt van Goghs Arzt dar und wurde kurz vor dem Selbstmord des geistesgestörten Malers im Jahr 1890 vollendet. Angesichts der riesigen Summen, die seine Werke heute erzielen, ist es paradox, daß er zu Lebzeiten nur ein Gemälde verkaufte.

TEUERSTES LANDSCHAFTSKUNSTWERK

Für das 41,63 Mio. DM teure Werk The Umbrellas (1991) *von Christo (USA) mußten 1.340 riesige, gelbe Schirme auf Ackerflächen in Kalifornien (USA) geöffnet werden und weitere 1.760 blaue Schirme in Japan. Christo, der auch den Reichstag in Berlin (D) mit Stoff verhüllte, ist hier mit seiner Frau und Mitarbeiterin Jeanne-Claude vor einem neuen Projekt zu sehen, das aus 13.000 Öltonnen besteht.*

GRÖSSTE ARCHITEKTONISCHE INSTALLATION
Tight Roaring Circle, ein 12 m großes, 19 m breites Schloß aus 2.725 m² weißem, PVC-beschichtetem Polyester, wurde von Dana Caspersen und William Forsythe entworfen und 1997 im Roundhouse, einer umgebauten Eisenbahnhalle mit Drehscheibe, in London (GB) aufgestellt. Eine geschickte Ausleuchtung, ein Ambient-Soundtrack von Joel Ryan und Texte des japanischen Autors Yukio Mishima auf den Wänden sollten die Besucher dazu anregen, mit dem Kunstwerk zu interagieren.

GRÖSSTES ZEICHENPROJEKT
Alan Whitworth (GB) zeichnet seit über 13 Jahren den Hadrianswall, einen Schutzwall aus dem 2. Jahrhundert, der die Grenze zwischen England und Schottland markierte. Im Jahr 2007 wird die fertige Zeichnung 117 km lang sein.

GRÖSSTE GALERIESTIFTUNG
Der J. Paul Getty Trust wurde im Januar 1974 mit 2,96 Mrd. DM gegründet und hat ein Jahresbudget von über 181 Mio. DM. Er verwaltet das Getty Center in Los Angeles, Kalifornien (USA), das am 15. Dezember 1997 eröffnet wurde, sowie das kleinere J. Paul Getty Museum in Malibu, Kalifornien (USA).

MEISTE GALERIEBESUCHER
1995 hatte das Centre Pompidou in Paris (F) die Rekordanzahl von 6,3 Mio. Besuchern.

GRÖSSTE, RUND UM DIE UHR GEÖFFNETE KUNSTAUSSTELLUNG
Buenos Aires No Duerme („Buenos Aires schläft nicht") ist eine multidisziplinäre Kunstausstellung, die jedes Jahr zehn Tage und zehn Nächte lang veranstaltet wird. 1998 zählte die im Centro Municipal de Exposiciones, Buenos Aires (RA), stattfindende Ausstellung insgesamt 1,2 Mio. Besucher.

BILLIGSTE KUNSTSAMMLUNG EINES ÖFFENTLICHEN MUSEUMS
Das MOBA (Museum Of Bad Art) in Garden Grove (USA) ist das einzige Museum der Welt, das sich den schlimmsten Auswüchsen kreativer Bemühungen widmet. Der Höchstbetrag, der für ein Kunstwerk gezahlt wurde, beträgt 11,76 DM, und im Durchschnitt wurden 3,25 DM gezahlt. Die meisten Stücke stammen von Müllhalden oder wurden gestiftet. MOBAs Sammlung hat den geringsten Wert aller öffentlichen Museumssammlungen – seine 314 Werke haben einen Gesamtwert von nur 1062,79 DM. 1998 veranstaltete das Museum die erste „Drive-through-Autowasch- und Kunstausstellung" („Awash With Bad Art"), eine Wohltätigkeitsveranstaltung für die Heilsarmee.

MEISTE FARBSCHICHTEN
Im Juni 1998 wurde das amerikanische Duo The Art Guys (Michael Galbreth und Jack Massing) damit beauftragt, eine Plakatwand mit dem Titel *ABSOLUTly A Thousand Coats Of Paint* („Tausend Farbschichten") zu entwerfen, die für die Wodka-Marke Absolut werben sollte. Auf dem in Houston (USA) aufgestellten Werbeplakat ist eine 4,27 m große Absolut-Flasche zu sehen, die in einem Zeitraum von sieben Monaten mit 1.000 verschiedenen Farbschichten bedeckt wurde. Das Gemälde selbst wurde von Bernard Brunon gemalt.

MEISTGESTOHLENE KUNSTWERKE
Wahrscheinlich wurden die meisten Werke von Picasso gestohlen, von denen weltweit 350 verschwunden sind. Es fehlen auch 270 Mirós und 250 Chagalls.

TEUERSTE FÄKALKUNST
Im Juli 1998 wurde eine Dose mit dem Kot des italienischen Konzeptualisten Piero Mazzoni bei Sotheby's in London (GB) von einem anonymen Privatsammler für 48.817 DM gekauft.

Popkultur

Haute Couture

ÄLTESTE DESIGNERMARKE
Charles Edward Worth, gestorben 1895, war der erste Designer, der seine Produkte mit einem Schild kennzeichnete und Kleidungsstücke an Models vorführte. Er wurde in Lincolnshire (GB) geboren und ging 1845 nach Paris (F), wo sein Talent bald von den Damen am Hof von Napoleon III. entdeckt wurde. 1871 gründete er sein eigenes Geschäft, hatte bald 1.200 Beschäftigte und einen Umsatz von 14,981 £ (damals ca. 144.800 DM) pro Jahr. Nach seinem Tod ging das Geschäft auf seinen Sohn über. Heute ist es bekannt für die Parfüms aus dem House of Worth, wie z. B. Worth Pour Homme und Je Reviens.

MEISTVERKAUFTE DESIGNERMARKE
Die meistverkaufte Designermarke der Welt ist Ralph Lauren, die 1998 weltweit einen Umsatz von 2,71 Mrd. DM erzielte. Dazu gehören Polo Ralph Lauren, Polo Sport und die Ralph Lauren Collection. Das Unternehmen besitzt knapp 200 Polo-Stores und andere Filialen in der ganzen Welt und verkauft seine Produkte auch über rund 1.600 Kaufhäuser und Fachgeschäfte.

REICHSTER HERSTELLER VON LUXUSGÜTERN
Bernard Arnault (F), der das Imperium LVMH (Moët Hennessy Louis Vuitton) leitet, hat ein geschätztes Vermögen von 10,86 Mrd. DM. Das Unternehmen verkauft Mode von Christian Lacroix, Givenchy und Kenzo, Taschen von Louis Vuitton, Parfüms von Christian Dior, Guerlain und Givenchy sowie Getränkemarken wie Dom Perignon und Hennessy. 1998 verzeichnete das Unternehmen einen Umsatz von 13,57 Mrd. DM, wovon 57 % aus dem Verkauf von Parfüms, Kosmetika, Mode und Lederwaren stammten.

MEISTVERKAUFTES DESIGNER-PARFÜM
Das meisverkaufte Designer-Parfüm ist Chanel Nr. 5, von dem über 10 Mio. Flaschen pro Jahr verkauft werden. Chanel Nr. 5 wurde 1925 kreiert und besteht aus 80 Stoffen. Seine Schöpferin, Coco Chanel (F), war die erste Designerin, die ein Parfüm mit ihrem Namen versah.

MEISTE DESIGNERMARKEN
Das amerikanische Warenhaus Saks Fifth Avenue bietet ingesamt 1.252 Designermarken an. Das sind mehr, als jedes andere Warenhaus auf der Welt verkauft. Saks wurde 1924 gegründet und hat 59 Filialen in den USA und rund 1.200 Beschäftigte.

ÄLTESTER DESIGNER
Der im Jahre 1909 geborene britische Designer Sir Hardy Amies ist noch heute in der Modeindustrie tätig. Sir Hardy schloß sich 1934 dem Modehaus Lachasse in der Farm Street, London (GB), an und gründete 1946 in der nahe gelegenen Savile Row sein eigenes Schneidergeschäft. Gegenwärtig ist er Hoflieferant von Königin Elizabeth II.

TEUERSTER DESIGNERHUT
1977 kreierte der amerikanische Designer David Shilling einen strohfarbenen Hut im Wert von 56.458 DM. Der Hut war mit einer Auswahl diamantenbesetzter Schmuckstücke dekoriert, die auch einzeln getragen werden konnten. Die Krone des Huts wurde bedeckt von einer Diamantenkette, die auch als Halskette diente, einer als Brosche benutzbaren Rosendekoration und einer Tautropfen-Kreation, die auch als Ohrringe getragen werden konnte. Der Hut wäre heute 187.442 DM wert.

TEUERSTE DIADEME
Das teuerste Diadem der Welt kreierte Gianni Versace (I). Es hatte 1996 einen geschätzten Ladenpreis von 9,05 Mio. DM, war in Gelbgold eingefaßt, mit 100karätigen Diamanten geschmückt und wog ca. 300 g.

SCHNELLSTER AUFSTIEG
Stella McCartney (GB), die Tochter von Paul und Linda McCartney, wurde im April 1997, nur 18 Monate nach ihrem Abschluß am Central Saint Martins College of Art and Design in London (GB), von dem Pariser Modehaus Chloé als Designerin beschäftigt. McCartney, die Karl Lagerfeld ersetzte, verfügt derzeit über ein sechsstelliges Einkommen. Ihre Frühlingskollektion 1999 widmete sie ihrer Mutter.

Bei Harrods, London (GB), wurde 1998 ein 18karätiges, brillantenbesetztes Goldkronenset, das von einem 6,9karätigen Gelbdiamanten gekrönt war, für 707.500 DM angeboten. Das Diadem wurde von Slim Barrett entworfen, dessen Hüte von Stars wie Madonna und Sinead O'Connor getragen werden.

TEUERSTE JACKE
1998 führte Naomi Campbell (GB) die teuerste Jacke der Welt aus der Kollektion von Gai Mattioli vor. An der 1,81 Mio. DM teuren Jacke befinden sich burmesische Rubine von 100 Karat – die größten auf dem Markt befindlichen – und 250 Jahre alte Smaragde von 36 Karat als Knöpfe.

TEUERSTE SCHUHE
Manolo Blahnik entwarf für die Frühling/Sommerschau 1999 von Antonio Berardi sechs Paar Goldschuhe, deren Absätze mit 18karätigem Gold bedeckt waren und Riemchen aus ebenfalls 18karätigem Gold besaßen. Die Schuhe kosten, je nach Größe, ab 16.980 DM. Während der Schau wurden die Schuhe von Bodyguards geschützt.

TEUERSTER BÜSTENHALTER
Der Dream-Angels-BH wurde von Janis Savitt für M+J Savitt entworfen. Er kostete 9,05 Mio. DM, ist mit Rubinen von 77 Karat geschmückt und besitzt Träger, die mit Platin eingefaßten Diamanten von insgesamt 330 Karat besetzt sind. Der BH konnte nur über den Victorias Secret Christmas Dreams and Fantasy Catalogue von 1998 gekauft werden.

JÜNGSTE DESIGNER
Der 1973 geborene britische Designer Julien MacDonald (abgebildet) wurde bei seinem Abschluß im Alter von 24 Jahren am Royal College Of Art in London (GB) von Karl Lagerfeld entdeckt, der ihn bat, eine Strickwaren-Kollektion für Chanel zu entwerfen. Nach großem Erfolg in Paris (F) präsentierte MacDonald 1997 seine eigene Kollektion „Mermaids". Der jüngste etablierte Designer aller Zeiten war der Franzose Yves Saint Laurent (geb.1936), der im Alter von 17 Jahren Christian Diors Assistent wurde und 1957 die Leitung des Hauses Dior übernahm.

116

TEUERSTE JEANS
„Genius Jeans" sind Original-Gucci-Jeans, die mit afrikanischen Perlschnüren, Stammesfedern und silbernen Metallknöpfen und -nieten geschmückt sind. Sie kamen im Oktober 1998 in Mailand (I) auf den Markt und wurden in Gucci-Filialen in aller Welt trotz ihres Preises von 5.520,50 DM je Paar von den Käufern weggeschnappt, die sich größtenteils auf eine Warteliste eintragen ließen, nachdem sie die Jeans auf dem Laufsteg gesehen hatten. „Genius Jeans" werden nach ihrer Herstellung einer zweiwöchigen Behandlung unterzogen: sie werden gebleicht und zerschlissen, bevor die Dekorationen mit der Hand aufgenäht werden.

TEUERSTE ABGESAGTE SCHAU
Giorgio Armanis Emporio-Schau während der Pariser Modeschauen im März 1998 wurde aus Sicherheitsgründen von der französischen Polizei abgesagt. Armani hatte bis dahin 543.000 DM in die Schau investiert und weitere 1,81 Mio. DM in die After-Show-Party, womit dies die teuerste Modenschau war, die nie stattfand.

TEUERSTES DESIGNERGESCHÄFT
Helena Christiansen ist hier in einem Kostüm von Gianni Versace zu sehen. Versaces Geschäft in der Bond Street, London (GB), eröffnete 1992, und seine Einrichtung soll die Rekordsumme von 33,96 Mio. DM gekostet haben. Versace ist eines der erfolgreichsten Modehäuser der Welt, 1978 beliefen sich die Bruttoeinnahmen auf 91,94 Mio. DM und im Jahr 1997 auf 966,17 Mio. DM.

REICHSTER DESIGNER
Ralph Lauren, unten mit US-Präsident Bill Clinton abgebildet, hat nach Schätzungen ein persönliches Vermögen von 3,07 Mrd. DM, das höchste von allen Designern. Der von dem Magazin New York als der „erste Image-Macher" bezeichnete Lauren wurde 1939 als Ralph Lipschitz in New York (USA) geboren. Er begann seine Karriere als Verkaufsassistent und änderte seinen Namen in den 60er Jahren vor der Eröffnung seines ersten Geschäfts, das Krawatten verkaufte. Das Ralph-Lauren-Imperium wird zur Zeit auf 5,43 Mrd. DM geschätzt.

Szene

Popkultur

SCHNELLST WACHSENDE DESIGNERMARKE

Tommy Hilfigers Bekleidung wird in über 2.000 Kaufhäusern und Fachgeschäften sowie in ca. 55 Spezialgeschäften in der ganzen Welt verkauft. 1998 wies das Unternehmen einen Umsatz von 1,533 Mrd. DM aus. Das entspricht einem Zuwachs von 28 % im Vergleich zum Vorjahr. 1995 gewann Hilfiger den Preis „From Catwalk to Sidewalk" (Vom Laufsteg auf den Gehsteig) als Auszeichnung für Kleidung, die am einfachsten und unverändert von jedermann getragen werden kann.

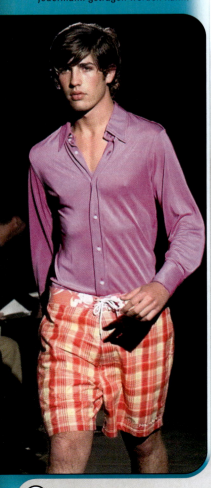

POPULÄRSTE SPORTARTIKEL

Der Gigant Nike wurde von Bill Bowerman, einem Toptrainer für Leichtathleten, und seinem früheren Schüler Phil Knight (USA) gegründet. 1998 betrug der Umsatz 17,28 Mrd. DM, womit es an 166. Stelle unter den Top-Unternehmen der Welt lag. Es kontrolliert über 40 % des amerikanischen Sportartikelmarktes.

MEISTVERKAUFTE KLEIDERMARKE

Levi Strauss ist der größte Markenbekleidungshersteller der Welt. Seine Produkte werden unter den Markennamen Levis, Dockers und Slates in über 30.000 Einzelhandelsgeschäften in 60 Ländern verkauft. 1998 belief sich der Umsatz auf 10,86 Mrd. DM. Dockers, eine von Levi Strauss and Co. kreierte Marke für Freizeitkleidung, kam 1986 in den USA auf den Markt. Anfang der 90er Jahre entwickelte sie sich zu einer der am schnellsten wachsenden Bekleidungsmarken in der Geschichte der USA. Ihre Träger besitzen, im Vergleich zu anderen Marken der Freizeitbekleidung, das höchste Markenbewußtsein. Nach einer 18,1 Mio. DM teuren Werbekampagne lag Dockers an der Spitze des Bekleidungsmarktes.

GRÖSSTES MODEGESCHÄFT

Am 3. Oktober 1998 eröffnete Top Shop, eine Kette mit Modegeschäften, ein neues, dreistöckiges Geschäft auf dem Oxford Circus, London (GB). Mit einer Fläche von 7.897 m² ist es 25 % größer als die alten Geschäftsräume. Das Männerbekleidungsgeschäft Top Man befindet sich im selben Gebäude und hat eine Fläche von 1.022 m². Insgesamt hat das Gebäude, das bereits 7 Mio. Kunden pro Jahr zählt, sechs Abteilungen in den oberen Etagen und drei Abteilungen unterirdisch. Bei der 18monatigen Sanierung wurden 98 Säulen, 3.300 Träger und 12 Mio. Vernietungen geprüft sowie 4,89 km Betonträger repariert. Weiterhin wurden 9.000 m³ Bauschutt abtransportiert.

GRÖSSTES MODE-FRANCHISING

Die Benetton-Gruppe kleidet ihre Kunden in über 120 Ländern mittels 7.000 Franchise-Läden sowie Megastores des Unternehmens ein. Das italienische Unternehmen bietet vor allem Strickwaren und Sportbekleidung an und hat auf dem Bekleidungssektor den größten Verbrauch an Wolle. Heute besitzt es neun Fabriken in verschiedenen Teilen der Welt. Sein Umsatz belief sich 1997 auf 3,719 Mrd. DM.

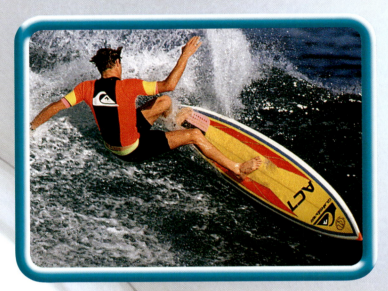

GRÖSSTER HERSTELLER VON SURFBEKLEIDUNG

Quiksilver hatte im Geschäftsjahr 1998 Einnahmen von ungefähr 571,96 Mio. DM. Damit ist das Unternehmen weltweit der größte Surfbekleidungs-Hersteller in der Welt. Es verkauft seine Produkte in über 130 Ländern und sponsert Hunderte von Athleten, darunter die Surfchampions Robbie Naish, Kelly Slater und Lisa Andersen.

GRÖSSTE WOHLTÄTIGKEITSLADENKETTE

Oxfam öffnete ihren ersten Wohltätigkeitsladen 1948. Heute besitzt die Ladenkette 836 Geschäfte in Großbritannien und Irland und ist die größte Wohltätigkeitsladenkette der Welt ist. 1997 verzeichnete das Unternehmen, das weltweit gegen Hunger, Krankheit, Ausbeutung und Armut ungeachtet der Rasse und Religion kämpft, Einnahmen in Höhe von 45,84 Mio. DM. Dies macht fast ein Drittel seiner Jahreseinnahmen aus Wohlfahrtsarbeit aus.

GRÖSSTER LADEN FÜR SECOND-HAND-KLEIDUNG

Domsey's Warehouse and Annex in Brooklyn (USA) ist mit eine Fläche von 23.225 m², von denen 3.720 m² Verkaufsfläche sind, das größte Geschäft für Second-Hand-Kleidung. Das Familienunternehmen besteht seit drei Generationen. Es ist seit 18 Jahren in Brooklyn ansässig und lagert ständig rund 350.000 Kleidungsstücke.

GRÖSSTER SCHUHEINZELHÄNDLER UND -HERSTELLER

Die Bata-Schuhgesellschaft wurde 1894 in Zlin, Böhmen (heute Tschechien), gegründet und hat heute weltweit 4.458 firmeneigene Geschäfte sowie 100.000 unabhängige Einzelhändler und Franchise-Filialen. In den 62 Fabriken produziert Bata rund 170 Mio. Paar Schuhe, die in über 60 Ländern verkauft werden.

MEISTVERKAUFTE ROLL- UND SCHLITTSCHUHE

Airwalk ist heute der siebtgrößte Schuhproduzent in den USA und laut *Sporting Goods Intelligence* Marktführer für alternative Schuhe. Zwischen 1993 und 1997 stieg der Umsatz des Unternehmens, das vor allem für seine Skateboardschuhe bekannt ist, um mehr als 1.000 % und erreichte 1997 325,8 Mio. DM.

ÄLTESTE TURNSCHUHE

Basketballschuhe, Turnschuhe und Kinderschuhe von Converse werden unter der Marke Chuck Taylor Converse All-Star verkauft, benannt nach Chuck Taylor, der 1923 der erste Athlet war, dessen Name auf Schuhen angebracht wurde. Taylors Name wurde auf das Knöchelstück der Schuhe aufgesetzt, um seine Leistung im Basketball zu würdigen.

MEISTVERKAUFTE DESIGNER-UNTERWÄSCHE
Die beliebteste Unterwäschemarke der Welt wird von dem Designer Calvin Klein (USA) hergestellt. In den 80er Jahren profitierte Klein von dem Trend unter Frauen, Männerunterwäsche für sich selbst zu kaufen, indem er Boxershorts für Frauen auf den Markt brachte. 1998 verkaufte das Unternehmen 30 Mio. Slips und Schlüpfer im Wert von 769,25 Mio. DM

MEISTVERKAUFTER BÜSTENHALTER
Sara Lee kontrolliert 32 % des amerikanischen Büstenhaltermarktes. 1998 verzeichnete das Unternehmen einen Umsatz von 36,2 Mrd. DM. Zu Sara Lees Büstenhaltern zählen der Wonderbra sowie die beliebte Playtex-Marke mit den Produktlinien 18-hour, Cross-Your-Heart und Playtex Secrets.

GRÖSSTER STRUMPFHOSENHERSTELLER
Jede fünfte Strumpfhose in der Welt wird von Sara Lee hergestellt, womit sie der größte Strumpfhosenhersteller der Welt ist. Mit ihren Produkten, zu denen die Marken L'Eggs, Hanes und Pretty Polly gehören, hielt sie 1998 in den USA einen Marktanteil von 51 %.

GRÖSSTER MÜTZENDESIGNER
Kangol wurde 1938 in Nordengland gegründet. Die Mützen von Kangol wurden lange Zeit von Golfspielern und Angehörigen der britischen Streitkräfte (die Kangol-Baskenmützen trugen) getragen. In jüngster Zeit wurden die Mützen jedoch wegen ihrer Verbindung zur Hip-Hop-Szene von jungen Leuten entdeckt. Der Umsatz stieg wegen des Films *Jackie Brown* (USA, 1998) von Quentin Tarantino, in dem Samuel L. Jackson eine Kangol-Mütze trug, um 50 %.

AM SCHNELLSTEN VERKAUFTE UHR
Von der Swatch-Uhr, die der Schweizer Uhrmacher Dr. Ernest Thomke und Nicholas Hayek 1981 entwickelten, wurden innerhalb von zehn Jahren über 100 Mio. Stück verkauft. Damit wurde sie zur am schnellsten verkauften Uhrenmarke in der Geschichte. 1989 beauftragte das Unternehmen den italienischen Künstler Mimmo Paladino, eine Uhr zu entwerfen, die in einer limitierten Auflage von nur 120 Stück hergestellt wurde. Zwei Jahre später brachte eine Paladino-Swatch bei einer Auktion in Europa 43.440 DM.

MEISTVERKAUFTE SONNENBRILLEN
Das Modell Ray-Ban Wayfarer kam Anfang der 50er Jahre auf den Markt und war eine der meistverkauften Sonnenbrillen-Ausführungen in der Geschichte. Laut Untersuchungen in den frühen 90er Jahren konnten 80 % der Sonnenbrillenträger die Marke identifizieren.

GRÖSSTE BEKLEIDUNGSINDUSTRIEN
Die größte Bekleidungsindustrie der Welt befindet sich in USA. Im Jahr 1996 wurde dort Kleidung im Wert von rund 71,49 Mrd. DM hergestellt. 1997 arbeiteten 800.000 Menschen in der Textilbranche.

Die größte Bekleidungsindustrie, gemessen an der Zahl der Beschäftigten, hat China. Dort wurde 1996 Kleidung im Wert von 32,39 Mrd. DM produziert.

MEISTVERKAUFTE UNTERWÄSCHE
Marks & Spencer verkauft weltweit pro Jahr 50 Mio. Paar Schlüpfer (dazu zählen auch Mehrfachpackungen) seiner eigenen Marke. Das sind fast 137.000 Paar am Tag. Das Unternehmen hat knapp 700 Geschäfte in 30 Ländern und verkauft unter der beliebten Marke St. Michael Bekleidung, Nahrungsmittel und Haushaltsgegenstände der mittleren Preisklasse. Außerdem besitzt es über 190 Brooks-Brothers-Bekleidungsgeschäfte in den USA und Asien.

Körper

Körperveränderungen

MEISTE KÜNSTLER, DIE GLEICHZEITIG TÄTOWIERTEN
Enigma, ein amerikanischer Zirkusstar aus dem Jim Rose's Circus, wurde während der Amsterdam Tattoo Convention am 9. Mai 1996 von 22 Künstlern gleichzeitig tätowiert. Enigma ließ sich seinen ganzen Körper mit einem Puzzle aus Tätowierungen bedecken. Außerdem hat er Hörner, einen Schwanz und Stachelschweinstacheln, die ihm unter Verwendung von Korallen implantiert wurden. Der richtige Knochen wächst um die Implantate herum, und die Hörner wachsen ca. 3,8 cm pro Jahr. 1995 wurde Enigma zum Fernsehstar, als er in einer Folge von *Akte-X* auftrat.

LÄNGSTE TÄTOWIERUNGSSITZUNG
Die längste Tätowierungssitzung dauerte 25 Stunden, als sich 1992 in Reading (GB) Chris Masterson seine Arme und Beine von Ian Barfoot für wohltätige Zwecke tätowieren ließ.

DICHTESTE TÄTOWIERUNGEN
Tom Leppard, ein pensionierter Soldat, der auf der Isle of Skye (GB) lebt, ließ sich 99,9 % seines Körpers mit einem Leopardenmuster tätowieren. Sein Körper ist mit dunklen Flecken bedeckt, zwischen denen die Haut safrangelb tätowiert ist. Die einzigen Stellen von Leppards Körper, die frei von Tätowierungen blieben, sind innerhalb der Ohren und die Haut zwischen seinen Zehen. Tätowieren ist die verbreitetste Form der Körperkunst, sie reicht bis in frühe Zeiten zurück und wird in der ganzen Welt praktiziert.

Michael Wilson, der 1996 starb, wurde der „Illustrierte Mann" genannt wegen seiner Tätowierungen, die 90 % seines Körpers bedeckten. In den achtziger Jahren verließ Wilson seine Heimat Kalifornien, nachdem Tätowierer sich geweigert hatten, sein Gesicht zu kolorieren. Er ging nach New York und machte sich selbst zum lebenden Ausstellungsstück bei der Coney Island Circus Sideshow, wo er eine der beliebtesten Attraktionen wurde. Wilson bedeckte nach und nach seinen gesamten Körper mit Tätowierungen.

Die Frau mit den meisten Tätowierungen der Welt ist die Strip-Künstlerin „Krystyne Kolorful" aus Alberta (CDN). Krystynes „Kostüm" aus Tätowierungen bedeckt 95 % ihres gesamten Körpers; die Vervollständigung hatte insgesamt zehn Jahre gedauert.

MEISTE EINZELTÄTOWIERUNGEN
Bernie Moeller aus Pennsylvania (USA) hatte bis zum 3. April 1997 seinen Körper mit insgesamt 14.006 Einzeltätowierungen verziert. Seine Tätowierungen machten ihn zu einem beliebten Gast bei verschiedenen Freiluftveranstaltungen und Fernsehshows.

GRÖSSTES TÄTOWIERUNGSARCHIV
Die Paul-Rodgers-Stiftung in Berkeley (USA) führt ein Tätowierungsarchiv und hat Zehntausende von Stücken über die Geschichte und Gegenwart des Tätowierens. Es ist das erste Forschungs- und Ressourcenzentrum der Welt für Tätowierungen. Lyle Tuttle vom Tätowierungsarchiv besitzt eine Privatsammlung mit amerikanischen Stücken über das Tätowieren, dazu gehören Zehntausende von Visitenkarten und Geräten.

GRÖSSTES TÄTOWIERUNGSMUSEUM
Das 1995 in Amsterdam (NL) eröffnete Tätowierungsmuseum besitzt die weltgrößte, der Öffentlichkeit zugängliche Sammlung von Tätowierungen. Dort finden Vorführungen statt, es gibt eine Bibliothek und eine ständige Ausstellung über das Tätowieren und seine ethnographische Geschichte. Jährlich kommen ca. 23.000 Besucher in das Museum.

MEISTGEPIERCTER MANN
Alex Lambrecht aus Belgien hat insgesamt 137 Piercing-Objekte mit einem Gesamtgewicht von ca. 500 g in den letzten 40 Jahren auf seinem Körper gesammelt. Bei durchschnittlichen Kosten von ca. 120 DM pro Piercing hätte Lambrecht ca. 16.000 DM ausgegeben, wenn er sich nicht selbst piercen würde. Die meisten Objekte finden sich in seinem Gesicht, aber mehr als 50 auch in seinem Genitalbereich.

ÄLTESTE TÄTOWIERUNGEN
Ötzi, der älteste erhaltene menschliche Körper der Welt, besitzt 15 Tätowierungen. Man fand ihn 1991 in einem Gletscher in der Nähe des Ötztales an der italienisch-österreichischen Grenze. Wahrscheinlich ist er 5.300 Jahre alt und mit 40 Jahren gestorben. Ötzi besitzt eine Reihe blauer, parallel verlaufender Linien, die seine untere Wirbelsäule bedecken, Streifen um seinen rechten Fußknöchel und eine Tätowierung in Form eines Kreuzes hinter seinem rechten Knie.

Zwei ägyptische Mumien aus der Zeit zwischen 2160–1994 v. Chr. besitzen abstrakte Muster in Form von Punkten und Strichen. Die Tätowierungen sollten vermutlich Schutz vor bösen Geistern bieten.

DICKSTES MAKE-UP

Das dickste dreidimensionale Make-up ist „Chutti", ein einzigartiger Bestandteil der südindischen Kathakali-Tanztheater-Tradition. Das Make-up aufzutragen dauert Stunden, und die benutzten Farben und Kostüm-Stile charakterisieren die unterschiedlichen Figuren. Grün repräsentiert beispielsweise eine göttliche Heldenfigur, Weiß hingegen Frömmigkeit. Die hinterhältigen „Rotbart"-Figuren verfügen über maskenähnliche Anhängsel aus Reispaste und Papier, die bis zu 15 cm vom Gesicht abstehen können.

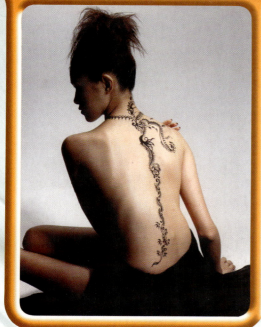

SCHNELLSTER HENNA-ARTIST
Jyoti Taglani vollendete in einer Stunde 64 Henna-Armband-Tattoos von mindestens 10,16 cm x 2,54 cm Größe (entsprechend den GUINNESS BUCH DER REKORDE-Richtlinien) während der Cosmopolitan Show im Earl's Court in London (GB) am 30. April 1999.

MEISTE SCHÖNHEITSOPERATIONEN
Cindy Jackson hat 180.000 DM für 27 Schönheitsoperationen in insgesamt neun Jahren ausgegeben. Die 42 Jahre alte Amerikanerin wurde auf einer Schweinefarm in Ohio (USA) geboren. Bisher hat sie drei komplette Faceliftings, zwei Nasenoperationen, Knie-, Bauch- und Kinn-Operationen, Oberschenkel- und Brustverkleinerungen sowie Vergrößerungen und semi-permanentes Make-up an sich durchführen lassen. Ihr Aussehen basiert auf Leonardo da Vincis Theorie der klassischen Gesichtsproportionen. Cindy ist mittlerweile Leiterin des Londoner Cosmetic Surgery Network.

EINFLUSSREICHSTER KÖRPERKÜNSTLER
Der Körperkünstler Fakir Mustafar aus Aberdeen (USA) ist international anerkannt für seine Forschung über primitive Körperdekoration und moderne Körperveränderungen. Seine Arbeit, die er seit 50 Jahren betreibt, wurde in mehreren Filmen, Fernsehprogrammen und Büchern vorgestellt und wirkte als Katalysator bei der jüngsten Wiederbelebung des Körperpiercing, Brandmarkens und Körpergestaltens. Mustafar war Mitentwickler der heute benutzten Piercingtechniken und ist Direktor der „Fakir Body Piercing & Branding Intensives" in Kalifornien (USA), der einzigen zugelassenen Kurse dieser Art in der Welt.

MEISTE KÖRPERTEILE ALS KUNSTWERK
Stelarc, ein aus Australien stammender Performancekünstler, hat eine dritte Roboterhand, die durch Muskelstimulierung seines richtigen Armes bewegt wird. Stelarcs Arbeit, die auf der Idee beruht, daß der menschliche Körper „veraltet" ist, untersucht den Begriff des Körpers und seine Beziehung zur Technik.

LÄNGSTE OHREN
Die Männer und Frauen des Suya-Stammes in Afrika tragen große Holzscheiben in ihren Ohren, um diese zu verlängern. Wenn sie die Scheiben herausnehmen, wickeln sie ihre hängenden Ohrläppchen um ihre Ohren.

MEISTE SPITZKÖPFE
Das Formen von Köpfen wurde von den Griechen, Römern, Eingeborenen Amerikas und Afrikas sowie von einigen Gruppen in Europa in prähistorischer Zeit ausgeführt. Der Kopfformungsprozeß begann in der Kindheit, wenn der Kopf noch weich und formbar genug ist. Der Schädel wurde mit einem Stück Stoff fest umwickelt, oder das Baby kam in eine Wiege, die ein speziell geformtes Kopfbrett hatte.

FLACHSTE NASEN
Die Einwohner von Papua-Neuguinea führen oft Federn, kleine Schalen und Zähne durch Löcher in ihrer Nase ein, um diese flacher und attraktiver zu machen. Einige polynesische Gruppen gehen sogar so weit, ihre Nasen zu brechen, damit sie flacher werden.

KLEINSTE FÜSSE
Der chinesische Brauch, die Füße zu binden, geht bis in die Sung-Dynastie (960–976 v. Chr.) zurück. Wenn ein Mädchen das dritte Lebensjahr erreicht hatte, wurden acht ihrer Zehen gebrochen und ihre Füße so mit Stoffstreifen umwickelt, daß sie kleiner als 10 cm blieben. Die Kunst des Einbindens der Füße hörte im 20. Jahrhundert mit dem Ende der kaiserlichen Dynastien und zunehmendem westlichen Einfluß auf.

Körper

Groß & Klein

SCHWERSTE MENSCHEN
Der schwerste Mensch in der Geschichte der Medizin war Jon Minnoch aus Bainbridge Island (USA). Er war 1,85 m groß und wog über 635 kg, als er 1978 in höchster Eile ins Krankenhaus gebracht wurde, weil sein Herz und seine Atmung versagten, obwohl dies größtenteils auf eine Störung der Flüssigkeitsversorgung zurückzuführen war. Man brauchte zwölf Feuerwehrmänner und eine improvisierte Tragbahre, um ihn von seinem Haus auf die Fähre zu schaffen, mit der er ins Krankenhaus transportiert wurde, wo man ihn in zwei aneinandergebundene Betten legte. Nach einer zweijährigen 1.200-Kalorien-pro-Tag-Diät wog er schließlich 216 kg, aber als er am 10. September 1983 starb, betrug sein Gewicht wieder 362 kg.

Die schwerste Frau, die je gelebt hat, ist Rosalie Bradford (USA). Sie ließ im Januar 1987 ein Rekordgewicht von 544 kg eintragen, bevor sie eine strikte Diät begann, nachdem sie einen Herzanfall erlitten hatte.

SCHWERSTE EINZELGEBURT
Anna Bates (CDN) brachte im Jahre 1879 einen 10,8 kg schweren Jungen in Seville (USA) zur Welt.

SCHWERSTE ZWILLINGE
Die schwersten Zwillinge der Welt waren Billy und Benny McCrary aus Hendersonville (USA). Bis zu ihrem 6. Lebensjahr waren sie normal groß, im November 1978 brachten Billy und Benny 337 kg bzw. 328 kg auf die Waage, jeder von ihnen mit einem Taillenumfang von 2,13 m. Als Ringer wurden sie mit Gewichten von bis zu 349 kg angekündigt.

GRÖSSTER TAILLENUMFANG
Walter Hudson (USA) hatte 1987 einen Taillenumfang von 3,02 m und wog 543 kg.

LEICHTESTE PERSON
Lucia Xarate, eine 67-cm-Kleinwüchsige aus San Carlos (MEX), wog im Alter von 17 Jahren nur 2,13 kg. Bis zu ihrem 20. Geburtstag hatte sie zugenommen und wog schließlich 5,9 kg.

LEICHTESTE EINZELGEBURTEN
Eine Frühgeburt im Gewicht von 280 g kam im Medizinischen Zentrum der Loyola-Universität in Illinois (USA) am 27. Juni 1989 zur Welt.

Das niedrigste Geburtsgewicht, das je von einem überlebenden Säugling eingetragen worden ist, beträgt 283 g und ist von Marian Taggart (geb. Chapman), die 1938 in Tyne & Wear (GB) sechs Wochen zu früh zur Welt kam. In den ersten 30 Stunden ernährte Dr. D. A. Shearer den 30 cm großen Säugling stündlich mittels der Füllvorrichtung eines Federhalters mit Weinbrand, Traubenzucker und Wasser.

KLEINSTE TAILLE
Die kleinste Taille eines Menschen mit normaler Größe betrug 33 cm und war die von Ethel Granger aus Peterborough (GB). Ihre Taille hatte einmal einen normalen Umfang von 56 cm und verringerte sich zwischen 1929 und 1939.

SCHWERSTES MODEL
Das US-Model Teighlor brachte zu ihrer besten Zeit 326,4 kg auf die Waage, was ihr zu Filmrollen verhalf und sie zum begehrten Model für Kalender und Postkarten machte. Seitdem hat sie 81,65 kg abgenommen, da ihr Gewicht ihrer Gesundheit schadete.

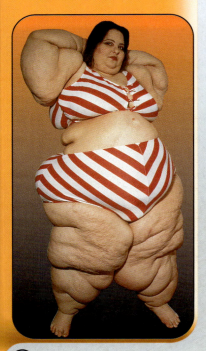

KLEINSTE LEBENDE FRAU
Madge Bester (dritte von links) aus Johannesburg in Südafrika ist mit einer Größe von 65 cm und einem Gewicht von 30 kg die kleinste lebende Frau der Welt. Sie leidet unter Osteogenesis imperfecta, einer Erbkrankheit, die zu Glasknochen und anderen Deformierungen des Skeletts führt. Hier sieht man sie während einer Pressekonferenz in Taipeh in Taiwan zusammen mit der kleinsten Frau und dem kleinsten Mann des Landes.

Die französische Schauspielerin des 19. Jahrhunderts Mlle Polaire (Emile Marie Bouchand) behauptete ebenfalls, sie habe ein Taillenmaß von 33 cm.

GRÖSSTE MENSCHEN
Der größte Mensch, der nachweislich gelebt hat, war Robert Wadlow (USA). Er war 2,72 m groß, als er 1940, kurz vor seinem Tod, zum letzten Mal gemessen wurde. Er wäre wohl über 2,74 m groß geworden, hätte er noch ein weiteres Jahr gelebt.

Der größte lebende Mann in den USA ist Manute Bol. Er ist 2,31 m groß und wurde 1962 im Sudan geboren. Der eingebürgerte US-Amerikaner spielte bei den Philadelphia 76ers und anderen Teams professionell Basketball.

Der größte lebende Mann in England ist Christopher Greener mit 2,29 m.

Die größte Frau, die je gelebt hat, war Zeng Jinlian aus dem Dorf Yujiang in der Gemeinde Leuchtender Mond (CHN). Sie war 2,48 m groß, als sie 1982 starb (vorausgesetzt, ihre Wirbelsäule wäre normal gekrümmt gewesen, sie litt jedoch an starker Wirbelsäulenkrümmung).

Sandy Allen (USA) ist mit 2,317 m die größte lebende Frau. Mit 10 Jahren war sie 1,905 m groß. Sie wiegt 209,5 kg.

Den weltgrößten nicht krankhaften Riesenwuchs hatte Angus McCaskill. Er war 2,36 groß, als er 1863 in Kanada starb.

Das größte Ehepaar war Anna Hanen Swan aus Nova Scotia (CDN) und Martin van Buren Bates aus Kentucky (USA). Sie waren 2,27 m bzw. 2,20 m groß, als sie 1871 heirateten.

GRÖSSTE ZWILLINGE
Die größten männlichen Zwillinge der Welt sind Michael und James Lanier aus Troy (USA). Sie wurden 1969 geboren und sind beide 2,235 m groß.

Die größten weiblichen Zwillinge sind Heather und Heidi Burge aus Palos Verdes (USA). Sie sind beide 1,95 m groß und wurden 1971 geboren.

GRÖSSTER MENSCH
Der größte lebende Mensch, für den es einen unwiderlegbaren Beweis gibt, ist Radhouane Charbib aus Tunesien. Er hat das erstaunliche Gardemaß von 2,359 m.

KLEINSTE ZWILLINGE
Die kleinsten Zwillinge jemals waren Matyus und Béla Matina aus Budapest (H) (später USA); sie waren beide 76 cm groß.

GRÖSSTER STAMM
Die jungen Männer der Tutsi (auch als Watussi bekannt) aus Ruanda und Burundi, Zentralafrika, sind im Durchschnitt 1,83 m groß.

KLEINSTER STAMM
Bei den Mbutsi im Kongo (ehemals Zaïre) haben die Männer eine Durchschnittsgröße von 1,37 m und die Frauen 1,35 m. Pygmäenkinder sind nicht bedeutend kleiner als andere Kinder, aber in der Pubertät wachsen sie nicht mehr, da sie zu wenig IGF (insulinähnlicher Wachstumsstoff) produzieren.

DER UNBESTÄNDIGSTE WUCHS
Adam Rainer (A) war mit 21 Jahren nur 1,18 m groß, doch dann schoß er in die Höhe und hatte mit 32 bereits 2,18 m erreicht. Infolge dieses beispiellosen Wachstumsspurts wurde er so schwach, daß er für den Rest seines Lebens bettlägerig war. Als er 1950 im Alter von 51 Jahren starb, hatte er nochmals 16 cm zugelegt und war 2,34 m groß.

DAS UNTERSCHIEDLICHSTE PAAR
Als die 94 cm große Natalie Lucius im Jahr 1990 den 1,885 m großen Fabien Pretou in Seyssinet-Pariset (F) heiratete, betrug der Größenunterschied zwischen Braut und Bräutigam 94,5 cm.

KLEINSTE ZWILLINGE
John und Greg Rice aus West Palm Beach (USA) sind beide 86,3 cm groß und somit die kleinsten Zwillinge der Welt. Ihr kleiner Wuchs hat sie nicht daran gehindert, sehr erfolgreich zu sein. Nachdem sie in den 70er Jahren ein Vermögen als Grundstücksspekulanten gemacht haben, besitzen sie nun eine millionenschwere Firma für Motivation und Redetraining namens „Think Big", die Seminare über kreative Problemlösungen veranstaltet.

KLEINSTE MENSCHEN
Der kleinste ausgewachsene Mensch, der nachweislich je gelebt hat, war Gul Mohammed aus Neu-Delhi (IND). 1990 war er 57 cm groß und wog 17 kg. Nach langem Asthma- und Bronchitisleiden starb er 1997 mit 36 Jahren an einem Herzschlag.

Die kleinste Frau war Pauline Musters. Bei ihrer Geburt 1876 in Ossendrecht (NL) war sie 30 cm groß und im Alter von neun Jahren 55 cm. Nachdem sie mit 19 Jahren in New York City (USA) an einer Lungenentzündung mit Meningitis gestorben war, wurde bei der Obduktion ihre Größe mit 61 cm angegeben (nach dem Tod kam es zu einer geringfügigen Verlängerung des Körpers).

 Körper

Erstaunliche Körper

MEISTE FINGER UND ZEHEN
Im September 1921 wurden in London (GB) während einer Obduktion bei einem männlichen Säugling 14 Finger und 15 Zehen festgestellt.

WENIGSTE ZEHEN
Einige Angehörige des Stammes der Wadomo in Zimbabwe und der Kalanga in Botswana haben nur zwei Zehen an jedem Fuß.

MEISTE ARME UND BEINE
Rudy Santos aus Bacolad City (RP) hat vier Arme und drei Beine. Die Extra-Gliedmaßen gehören einem toten Zwilling, der in seinem Unterleib liegt.

AM LÄNGSTEN UNENTDECKTER ZWILLING
Im Juli 1997 wurde im Bauch des 16-jährigen Hisham Ragab aus Ägypten ein Fötus entdeckt, nachdem dieser über Bauchschmerzen geklagt hatte. Man fand einen geschwollenen Tumor, der gegen seine Nieren drückte und sich als 18 cm großer und 2 kg schwerer Zwilling herausstellte. Der Fötus hatte bis zum Alter von 32 oder 33 Wochen gelebt.

LANGLEBIGSTE SIAMESISCHE ZWILLINGE
Chang und Eng Bunker, miteinander verbundene Zwillinge aus Siam (heute Thailand), wurden am 11. Mai 1811 geboren. Sie heirateten die Schwestern Sarah und Adelaide Yates aus Wilkes County (USA) und zeugten 22 Kinder mit ihnen. Sie starben am 17. Januar 1874 im Alter von 63 Jahren nacheinander innerhalb von drei Stunden. Das Paar, das aus gesundheitlichen Gründen nie getrennt wurde, verdiente seinen Lebensunterhalt in den USA als Zirkusattraktion im Barnum & Bailey Circus.

ERFOLGREICHSTER SIAMESISCHER ZWILLING
Andy Garcia, 1956 in Kuba geborener amerikanischer Schauspieler, bekannt aus Filmen wie *The Godfather Teil 3* (USA, 1990) und *Things To Do In Denver When You're Dead* (USA, 1995), war bei der Geburt mit seinem Zwillingsbruder zusammengewachsen. Der Zwilling war nicht größer als ein Tennisball und wurde von Chirurgen kurz nach der Geburt entfernt.

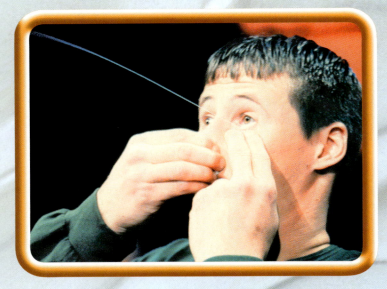

LANGLEBIGSTER MENSCH MIT ZWEI KÖPFEN
Ein Junge aus Bengal wurde 1783 mit zwei Köpfen geboren und starb im Alter von vier Jahren an dem Biß einer Kobra. Seine beiden Köpfe, die jeweils ihr eigenes Gehirn besaßen, waren gleich groß und an ihrer Verbindungsstelle mit schwarzen Haaren bedeckt. Wenn der Junge weinte oder lachte, war die Mimik des anderen Kopfes nicht immer davon betroffen.

LÄNGSTER MENSCHLICHER RUDIMENTÄRER SCHWANZ
1889 beschrieb das Magazin *Scientific American* einen zwölf Jahre alten Jungen aus Thailand, der einen weichen rudimentären Schwanz von fast 30 cm Länge hatte. In alten Schriften wird häufig von Erwachsenen mit 15–17 cm langen Schwanzfortsätzen berichtet. Heutzutage werden sie bei der Geburt entfernt.

WEITESTE SPRITZER AUS DEM AUGE
Jim Chichon aus Milford (USA) spritzte am 20. November 1998 in der Show Guinness® World Records Milch 2,02 m weit aus seinem Auge. Damit brach er den früheren, von Mike Moraal (CDN) aufgestellten Rekord über 1,52 m. Chichon kann Flüssigkeit aus seinem Auge spritzen, weil seine Tränennasenkanäle in beide Richtungen funktionieren. Er entdeckte seine Fähigkeit, als er als Kind seinen Kopf unter Wasser tauchte und dabei Luftblasen aus seinen Augen traten.

ÄLTESTER MILCHZAHN
Mary H. Norman aus North Carolina (USA) wurde am 15. Dezember 1998 aus dem rechten Oberkiefer ein Milchzahn gezogen. Sie war am 16. Dezember 1915 geboren worden, der Zahn war also 82 Jahre und 364 Tage alt.

LÄNGSTE BÄRTE
Hans Langseth aus Kensett (USA) hatte zum Zeitpunkt seines Todes (1927) einen Bart mit einer Rekordlänge von 5,33 m. Der Bart wurde 1967 dem Smithsonian Institute in Washington D.C. vorgelegt.

BEWEGLICHSTE AUGEN

Kimberley Goodman, eine ehemalige Botin pharmazeutischer Produkte aus Chicago (USA), kann ihre Augäpfel 1,1 cm vortreten lassen. Diese Leistung wurde am 17. Juni 1998 in der Show *Guinness® World Records* von Dr. Martin Greenspoon, einem Designer für optische Spezialeffekte, mit einem Exometer gemessen. Kimberley erwarb diese Fähigkeit, nachdem sie von einer Hockeymaske am Kopf getroffen wurde. Mediziner können sich nicht erklären, wie sie und einige andere Menschen dies zustande bringen. Sie ist hier neben Keith Smith aus Columbus (USA) abgebildet, einer von zwei anderen Herausforderern.

 MEISTE STROHHALME IM MUND
Jim „The Mouth" Purol aus Whitter (USA) stopfte sich am 11. August 1998 in der Show Guinness® World Records 151 normalgroße Trinkstrohhalme in den Mund.

Janice Deveree aus Bracken County (USA) hatte 1884 einen 36 cm langen Bart, der längste Bart einer „bärtigen" Frau.

GRÖSSTER SCHNURRBART
Kalyan Ramji Sain aus Indien ließ sich 1976 einen Schnurrbart wachsen. Im Juli 1993 hatte er eine Gesamtspannweite von 3,39 m.

LÄNGSTE NASE
Thomas Wedders (GB) hatte eine Nase mit der Rekordlänge von 19,05 cm. Er trat als Kuriosität im Zirkus auf.

MEISTE ZÄHNE
Im Jahr 1896 wurde in Frankreich der „Fall Lison" bekannt, nachdem einer Frau im Laufe ihres Lebens vier Reihen von neuen Zähnen gewachsen waren.

LÄNGSTE FINGERNÄGEL
Shridhar Chillal (rechts abgebildet) aus Pune (IND) hat die längsten Fingernägel der Welt; die Nägel seiner linken Hand wurden am 10. Juli 1998 in der Show Guinness® World Records gemessen: sie hatten eine Gesamtlänge von 6,15 m. Der Nagel seines Daumens ist 1,42 m lang, der seines Zeigefingers 1,09 m, seines Mittelfingers 1,17 m, seines Ringfingers 1,26 m und der seines kleinen Fingers 1,21 m.

Körper

Medizinische Extreme

SCHWERSTES GEHIRN
Das schwerste Gehirn der Welt wog 2,3 kg und gehörte einem 30 Jahre alten Mann. Dies wurde im Dezember 1992 von Dr. T. Mandybur von der Abteilung Pathologie und Labormedizin an der Universität Cincinnati, Ohio (USA), aufgezeichnet.

LEICHTESTES GEHIRN
Das leichteste „normale" bzw. nicht atrophierte Gehirn hatte ein Rekordgewicht von 680 g. Es gehörte Daniel Lyon, der 1907 im Alter von 46 Jahren in New York (USA) starb. Er war etwas über 1,50 m groß und wog 66 kg.

GRÖSSTE GALLENBLASE
Die größte Gallenblase der Welt wog 10,4 kg und wurde einer 69 Jahre alten Frau am 15. März 1989 von Professor Bimal C. Ghosh im National Naval Medical Center in Bethesda (USA) entnommen. Die Patientin hatte an einer zunehmenden Schwellung um das Abdomen herum gelitten. Nach Entfernung der Gallenblase – die das dreifache Gewicht eines durchschnittlichen Neugeborenen besaß – genas die Patientin vollständig.

GRÖSSTER TUMOR
1905 verzeichnete Dr. Arthur Spohn in Texas (USA) die Operation einer Zyste mit einem geschätzten Gewicht von 148,7 kg aus einem Eierstock. Sie wurde in der Woche vor dem chirurgischen Eingriff entwässert, und die Patientin erholte sich wieder vollkommen.

GRÖSSTER TUMOR, DER UNVERSEHRT ENTFERNT WURDE
Im Oktober 1991 wurde ein Tumor mit einem Gewicht von 137,6 kg unversehrt aus dem rechten Eierstock einer 34jährigen Frau entfernt. Die über sechs Stunden dauernde Operation führte Professor Katherine O'Hanlan vom Medical Center der Universität Stanford, Kalifornien (USA), durch. Die Wucherung mit einem Durchmesser von 91 cm und die 95 kg schwere Patientin, die wieder vollständig genas, verließen den Operationssaal jeweils auf einer Bahre.

MEISTE TABLETTEN
C. H. A. Kilner aus Bindura (ZW) nahm zwischen dem 9. Juni 1967 und 19. Juni 1988 die Rekordanzahl von 565.939 Tabletten ein. Das sind im Durchschnitt 73 Tabletten pro Tag. Alle Tabletten aneinandergelegt hätten eine ununterbrochene Linie von 3,39 km ergeben.

MEISTE INJEKTIONEN
Samuel Davidson aus Glasgow (GB) hat seit 1923, als er elf Jahre alt war, mindestens 78.900 Insulininjektionen erhalten.

LÄNGSTES KOMA
Elaine Esposito aus Tarpon Springs (USA) fiel im Alter von sechs Jahren nach der Entfernung des Blinddarms am 6. August 1941 ins Koma. Sie starb am 25. November 1978 im Alter von 43 Jahren 357 Tagen, nachdem sie 37 Jahre 111 Tage bewußtlos gewesen war.

NIEDRIGSTE KÖRPERTEMPERATUR
Die niedrigste gemessene Körpertemperatur lag bei 14,2 °C. Die zwei Jahre alte Karlee Kosolofski (CDN) wurde am 23. Februar 1994 sechs Stunden lang bei –22 °C ausgesperrt. Ihr erfrorenes linkes Bein mußte amputiert werden, aber ansonsten erholte sie sich vollkommen. Auf dem Foto zeigt ein Thermograph die relativen Temperaturen in einem menschlichen Kopf. Die roten Bereiche sind die heißesten.

SPÄTESTE POST-MORTEM-GEBURT
Am 5. Juli 1983 wurde in Roanoke (USA) ein Mädchen von einer Frau entbunden, die seit 84 Tagen hirntot war.

ÄLTESTE MÜTTER
Berichten zufolge gebar Rosanna Dalla Corta aus Viterbo (I) 1994 im Alter von 63 Jahren einen Jungen. Sie war einer Behandlung zur Verbesserung ihrer Fruchtbarkeit unterzogen worden.

Arceli Keh war angeblich ebenfalls 63 Jahre alt, als sie 1996 an der University of Southern California (USA) niederkam. Auch sie hatte sich einer Hormonbehandlung unterzogen.

GRÖSSTE SCHWANGERSCHAFT
Dr. Gennaro Montanino aus Rom (I) gab 1971 an, die Föten von zehn Mädchen und fünf Jungen bei einer 35jährigen Frau nach vier Monaten Schwangerschaft entfernt zu haben. Ein Fruchtbarkeitspräparat war für diesen einmaligen Fall von Fünfzehnlingen verantwortlich.

LÄNGSTE ZEIT IN EINER EISERNEN LUNGE
Jame Farwell aus Chichester (GB) benutzt seit Mai 1946 ein Unterdruckatemgerät.

MEISTE ORGANVERPFLANZUNGEN
Daniel Canal, 13 Jahre alt, aus Miami (USA) erhielt im Juni 1998 zum dritten Mal neue Organe. Daniel wurde ein neuer Magen, eine Leber, eine Bauchspeicheldrüse und Teile des Darms im Jackson Children's Hospital in Miami eingepflanzt. Dies war der dritte Eingriff in etwas mehr als einem Monat. Die Organe der ersten Verpflanzung Anfang Mai wies sein Körper zurück, bei der zweiten Verpflanzung wurde nur die Leber abgestoßen. Von der dritten Verpflanzung erholte er sich vollkommen. Insgesamt erhielt er zwölf neue Organe.

John Prestwich aus Kings Langley (GB) ist seit dem 24. November 1955 auf ein Atemgerät angewiesen.

LÄNGSTER LUFTRÖHRENSCHNITT
Winifred Campbell aus Wanstead (GB) atmete über den rekordbrechenden Zeitraum von 86 Jahren durch ein Silberrohr in ihrem Hals. Sie starb 1992.

LÄNGSTER HERZSTILLSTAND
Am 7. Dezember 1987 erlitt der Fischer Jan Egil Refsdahl einen vier Stunden andauernden Herzstillstand, nachdem er über Bord in das eiskalte Wasser vor der Küste von Bergen (NOR) gefallen war. Refsdahl wurde sofort in das Haukeland-Krankenhaus gebracht, nachdem seine Körpertemperatur auf 24 °C gesunken war und sein Herz aufgehört hatte zu schlagen. Er wurde an eine Herz-Lungen-Maschine angeschlossen und genas vollständig.

GRÖSSTE BLUTTRANSFUSION
Warren Jyrich, ein 50 Jahre alter Bluter, benötigte im Dezember 1970 während einer Operation am offenen Herzen im Michael Reese Hospital, Chicago (USA), eine Rekordblutspende von 2.400 Einheiten, das entspricht 1.080 Litern.

HÖCHSTER BLUTZUCKERSPIEGEL
Jonathan Place aus Mashpee (USA) hatte im Februar 1997 bei Bewußtsein einen Blutzuckerspiegel, der das 17fache des Durchschnittswertes betrug.

HÖCHSTE KÖRPERTEMPERATUR
Am 10. Juli 1980, einem Tag, wo die Temperatur 32,2 °C bei einer Luftfeuchtigkeit von 44 % erreichte, wurde der 52jährige Willie Jones mit einem Hitzschlag in das Grady Memorial Hospital, Atlanta (USA), eingeliefert, und man stellte die Rekord-Körpertemperatur von 46,5 °C fest. Nach 24 Tagen wurde er wieder entlassen.

LAUTESTER SCHNARCHER
Kåre Walkert aus Kumala (SWE) der an Atemstörungen mit Atemstillstand leidet, erreichte im Mai 1993 im Örebro-Regional-Krankenhaus einen Spitzengeräuschpegel von 93 dBA.

LÄNGSTER SCHLUCKAUF
Charles Osborne aus Anthon (USA) bekam 1922 beim Wiegen eines Schweins einen Schluckauf, der bis Februar 1990 anhielt. Er fand kein Heilmittel, führte aber ein normales Leben, heiratete zweimal und wurde Vater von acht Kindern.

LÄNGSTER TRAUM
Die längste verzeichnete REM-Phase (schnelle Augenbewegungen, die Traumphasen kennzeichnen) dauerte 3 Stunden 8 Minuten. Sie wurde am 29. April 1994 bei David Powell im Puget-Center für Schlafstörungen, Seattle (USA), gemessen.

LÄNGSTER NIESANFALL
Donna Griffiths aus Pershore (GB) begann am 13. Januar 1981 im Alter von zwölf Jahren zu niesen und nieste im folgenden Jahr nach Schätzungen 1 Mio. Mal. Sie hatte bis zum 16. September 1983 keinen niesfreien Tag.

LÄNGSTE ZEIT UNTER WASSER
1986 überlebte die zweijährige Michelle Funk aus Salt Lake City (USA) 1 Stunde 6 Minuten unter Wasser eines Bachs, in den sie gefallen war.

ÄLTESTER OPERATIONS-PATIENT
James Henry Brett Jr. ließ sich in Houston, Texas (USA), am 7. November 1960 im Alter von 111 Jahren und 105 Tagen an der Hüfte operieren.

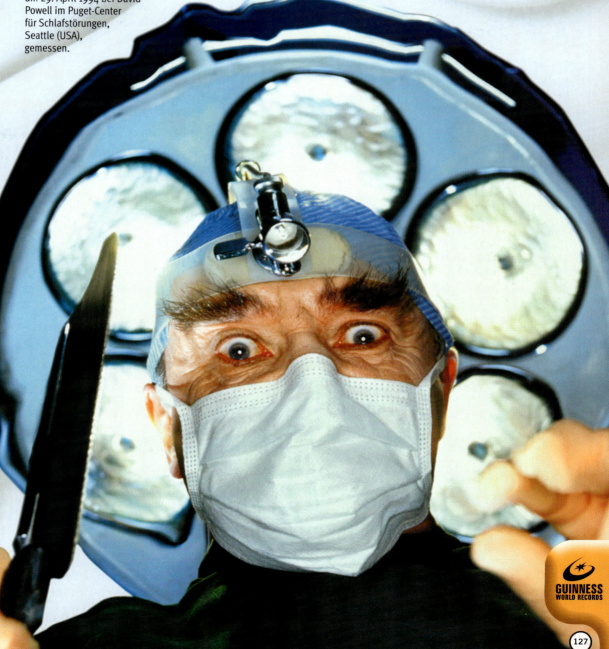

Bodybuilding

Körper

KRÄFTIGSTE MENSCHEN
Magnus Ver Magnusson (IS) gewann 1991, 1994, 1995 und 1996 den Wettbewerb um den Stärksten Mann der Welt. Er war damit (nach Bill Kazmaier aus den USA) erst der zweite, der den Titel in drei aufeinanderfolgenden Jahren gewann. 1984 begann er mit dem Gewichtheben und gewann 1989 und 1990 Seniorentitel in Europa sowie die Muskelkraftweltmeisterschaften von 1995. Magnus ist 1963 geboren, 1,87 m groß, wiegt 130,18 kg und hat einen Brustumfang von 130 cm. Jetzt betreibt er das Magnus Gym in Reykjavik (IS).

Jon Pall Sigmarsson (IS) gewann den Wettbewerb um den Stärksten Mann ebenfalls viermal: 1984, 1986, 1988 und 1990. Sigmarsson, der 133 kg wog und einen Brustumfang von 144 cm hatte, beherrschte den Wettbewerb gegen Mitte und Ende der 80er Jahre und gewann fünf Weltmuskelkrafttitel. Er starb 1993 während des Gewichthebens an einem Herzanfall.

GRÖSSTER BIZEPS
Die Bizeps von Denis Sester aus Bloomington (USA) messen in kaltem Zustand jeweils 77,8 cm. Er begann seine Bizeps als Teenager aufzubauen, indem er auf der Farm seiner Eltern mit Schweinen rang.

GRÖSSTER BRUSTUMFANG
Isaac „Dr. Size" Nesser aus Greensburg (USA) hat einen Rekordbrustmuskelumfang von 1,905 m. Der 37jährige begann im Alter von acht Jahren mit dem Gewichtheben.

HÖCHSTES PREISGELD
Bei dem Wettbewerb Mr. Olympia im Jahr 1998, der von der International Federation of Body Builders (IFBB) veranstaltet wurde, befanden sich insgesamt 561.100 DM im Preistopf, wovon 199.100 DM an den Champion gingen.

MEISTE ZUSCHAUER BEI EINER BODYBUILDING-SHOW
Mr. Olympia hat zwar hat mehr Prestige, aber die Show von Arnold Schwarzenegger („Arnold Classic") zieht jedes Jahr rund 50.000 Besucher an.

MEISTE ARNOLD-CLASSIC-TITEL
Ken „Flex" Wheeler mit dem Spitznamen „Sultan of Symmetry" gewann die „Triple Crown" (den Ironman, die Arnold Classic und die San Jose Classic) 1997 sowie die Arnold-Classic-Titel 1993, 1997 und 1998. Er trainiert seit seinem 15. Lebensjahr.

MEISTE MR.-OLYMPIA-WETTBEWERBER
1989 konkurrierte bei dem Mr.-Olympia-Wettkampf in Rimini (I) die Rekordanzahl von 26 Teilnehmern um den Titel, den Lee Haney (USA) gewann. Er erreichte damit Arnold Schwarzeneggers Rekord von sechs aufeinanderfolgenden Titeln.

WENIGSTE MR.-OLYMPIA-WETTBEWERBER
1968 verteidigte Sergio Oliva (USA), bekannt als „The Myth", in der Brooklyn Academy of Music, New York (USA), seinen Mr.-Olympia-Titel ohne Gegner. Arnold Schwarzenegger (A) hatte 1971 in Paris (F) ebenfalls keinen Gegner. Oliva und Schwarzenegger trugen zwischen 1969 und 1972 mehrere spannende Kämpfe um den Titel aus. Oliva siegte dreimal, von 1967 bis 1969, in dem letzten Jahr allerdings besonders knapp. Schwarzenegger gewann den Titel 1970 und 1972 und drängte Oliva beide Male auf den zweiten Platz.

SCHWERSTER MR.-OLYMPIA-CHAMPION
1993 wog Dorian Yates (GB) 116,57 kg, als er in Atlanta (USA) zum zweiten Mal hintereinander zum Mr. Olympia gekrönt wurde. Yates gewann den Mr.-Olympia-Titel sechsmal hintereinander: 1992 bis 1997.

GRÖSSTER MR.-OLYMPIA-WETTBEWERBER
Lou Ferrigno (USA) war 1,95 m groß, als er 1974 im Felt Forum, Madison Square Garden, in New York (USA) um den Mr.-Olympia-Titel kämpfte.

KLEINSTER MR.-OLYMPIA-WETTBEWERBER
Der in Italien geborene Flavio Baccanini aus San Francisco (USA) war 1993 beim Mr.-Olympia-Wettbewerb in Atlanta (USA) 1,47 m groß und wog 72,57 kg. Er gewann keine Medaille.

LÄNGSTE ZEIT ZWISCHEN MR.-OLYMPIA-TITELN
Arnold Schwarzenegger gewann 1975 den Wettbewerb zum sechsten Mal und kündigte danach seinen Rücktritt an. 1980 trainierte er wieder, aber man nahm an, er bereite sich für einen neuen Film vor. Als er ein Flugzeug nach Australien bestieg (wo Mr. Olympia in dem Jahr stattfand), glaubte man, er wolle eine Fernsehdokumentation machen. In dem Jahr gewann er den Mr.-Olympia-Titel zum siebten Mal.

MEISTE AUFEINANDERFOLGENDE MR.-UNIVERSE-TITEL
Lou Ferrigno aus Kalifornien (USA) ist der einzige Mann in der Geschichte, der den Mr.-Universe-Titel zweimal hintereinander gewann (1973 und 1974). Er trat in der Fernsehshow *The Incredible Hulk* auf und spielte in mehreren Filmen mit, darunter *Hercules* (USA, 1983) und *The Adventures Of Hercules* (USA, 1985). Er ist 1,95 m groß und wiegt 136 kg.

LÄNGSTE TV-FITNESS-SHOW
Der heute 84jährige Jack LaLanne öffnete 1936 in den USA den ersten Gesundheitsclub und moderierte die am längsten laufende Gymnastikshow, in der er Hausfrauen dazu anregte, sich mit Besenstielen und Stühlen fit zu halten. Die *Jack LaLanne TV-Show* wurde 1951 in San Francisco zum ersten Mal gesendet, ging von Küste zu Küste und lief bis 1984.

MEISTE FILME EINES BODYBUILDERS
Arnold Schwarzenegger spielte in 25 Filmen, darunter *The Terminator* (USA, 1984), *Terminator 2: Judgment Day* (USA, 1991), *Total Recall* (USA, 1990), *True Lies* (USA, 1994) und *Batman And Robin* (USA, 1997). Er gewann 13 Welttitel (siebenmal Mr. Olympia, fünfmal Mr. Universe und den Titel Mr. World) und veranstaltet seit 20 Jahren Bodybuilding-Wettkämpfe.

MEISTE IFBB-PROFI-SIEGE
Vince Taylor aus Pembroke Pines (USA) gewann die Rekordanzahl von 19 Wettkämpfen in der ganzen Welt, die von der International Federation of Body Builders (IFBB) anerkannt sind. 1996 und 1997 gewann er die Masters Olympia für Bodybuilder, die 40 Jahre und älter sind.

GRÖSSTER MS.-OLYMPIA-WETTBEWERB
1990 konkurrierten 30 Frauen um den Ms.-Olympia-Titel, der seit 1980 jährlich vergeben wird.

KLEINSTER MS.-OLYMPIA-WETTBEWERB
1996 hatte der Wettbewerb nur zwölf Teilnehmerinnen.

SCHWERSTE MS.-OLYMPIA-TEILNEHMERIN
Nicole Bass (USA) wog 92,53 kg, als sie 1997 an dem Wettbewerb teilnahm. Mit 1,88 m war sie auch die größte Wettbewerberin aller Zeiten.

KLEINSTE MS.-OLYMPIA-TEILNEHMERIN
Michele Ralabate (USA), die 1995 teilnahm, ist 1,50 m groß.

LEICHTESTE MS.-OLYMPIA-TEILNEHMERIN
Erika Mes aus den Niederlanden wog bei ihrer Teilnahme 1984 45,36 kg.

JÜNGSTE MS.-OLYMPIA-TEILNEHMERIN
Lorie Johnson aus den USA war 17 Jahre alt, als sie 1980 beim ersten Ms.-Olympia-Wettbewerb teilnahm.

ÄLTESTE MS.-OLYMPIA-TEILNEHMERIN
Christa Bauch (D) war 47 Jahre alt, als sie 1994 an dem Wettbewerb teilnahm.

MEISTE MS.-UNIVERSE-WETTBEWERBE HINTEREINANDER
Laura Creavalle, eine in den USA lebende Guayanerin, nahm von 1988 bis 1997 an zehn Wettbewerben hintereinander teil.

GRÖSSTE SPORTSTUDIOKETTE
Gold's Gym öffnete 1965 in Venice (USA) und wurde durch den Film *Pumping Iron* (USA, 1975) mit den damals aufstrebenden Stars Arnold Schwarzenegger und Lou Ferrigno international bekannt. Mit über 500 Zentren ist es heute die größte internationale Sportstudiokette. Sie betreut viele Starkunden, darunter Janet Jackson, Charlie Sheen, Jodie Foster und Hollywood Hogan, und kann einen eigenen Film und Fernsehkanäle vorweisen.

ERFOLGREICHSTE TRAINER
Jake Steinfeld trainierte Steven Spielberg und die Schauspieler Harrison Ford und Priscilla Presley und leitet ein mehrere Millionen Dollar schweres Fitness-Imperium, zu dem der Kabelsender FiT TV (der einzige 24-Stunden-Fitnesskanal der Welt), ein nationales Magazin, ein Videovertrieb sowie Fitnessausrüstungen gehören. In drei Jahren verkaufte sein Unternehmen Body By Jake Enterprises auf Informationsveranstaltungen Lizenzprodukte im Wert von 452,50 Mio. DM.

Radu Teodorescu, der „Großmeister der Gymnastik", ist seit über 20 Jahren persönlicher Trainer. Der vom Magazin *New York* zum „hartnäckigsten Trainer der Stadt" gewählte Radu wird in über 400 Artikeln erwähnt. Er schuf das mehrere Millionen Mal verkaufte Fitness-Video *Shape Your Body Workout* von Cindy Crawford.

MEISTE MR.-OLYMPIA-TITEL
Lee Haney aus South Carolina (USA) gewann den Wettbewerb um Mr. Olympia achtmal von 1984 bis 1991. Nach seinem letzten Sieg in Orlando (USA) kündigte Haney seinen Rücktritt an. Haney war 28 Jahre lang Bodybuilder und veranstaltet Seminare in Besserungsanstalten, wo er die Insassen dazu motiviert, ihr körperliches und geistiges Potential zu maximieren.

Internet 1

High-Tech

MEISTE INTERNET-NUTZER
Ende 1998 gab es rund 150 Mio. Internet-Nutzer, das ist eine Steigerung von 246 % innerhalb von zwei Jahren. Bis Ende 2000 sollen es nach Schätzungen weltweit 327 Mio. Nutzer sein. Zählt man die hinter den „Brandmauern" von Firmen verborgenen Computer dazu, die elektronische Besucher, einschließlich Hacker, abhalten sollen, könnten es auch noch weit mehr Nutzer sein.

MEISTVERKABELTES LAND
Im Dezember 1998 gab es in den USA über 76 Mio. Internet-Nutzer, das sind 51 % weltweit. An zweiter Stelle liegt Japan mit 9,75 Mio. Nutzern, gefolgt von Großbritannien mit 8,1 Mio. Nutzern.

MEISTE INTERNET-NUTZER PRO KOPF
Laut Computer-Industrie-Almanach von 1998 kommen in Finnland auf 1.000 Menschen 244,5 Internet-Nutzer.

MEISTE DOMAINNAMEN
Laut NetNames Ltd. besitzt die USA insgesamt 1,35 Mio. Domainnamen, die 50,9 % aller Domainnamen der Welt ausmachen. Großbritannien steht mit 160.004 bzw. 6 % an zweiter Stelle.

GRÖSSTER KOSTENLOSER E-MAIL-PROVIDER
Hotmail ist mit über 35 Mio. Teilnehmern der größte E-Mail-Dienstanbieter im Web.

MEISTE ONLINE-NETZKONTEN
Charles Schwab & Co., die amerikanischen Börsenmakler, besitzen mehr als 900.000 Online-Konten, auf denen sie über 120,54 Mrd. DM an Wertpapieren halten und mehr als ein Drittel ihrer 99.000 täglichen Handelsgeschäfte abwickeln.

GRÖSSTER INTERNET-CRASH
Am 25. April 1997 um 11.30 Uhr konnte das weltweite Computernetz zu großen Teilen nicht mehr genutzt werden. Menschliche Fehler und technisches Versagen hatten dazu geführt, daß in Florida (USA) 30.000 der 45.000 Internetleitungen beansprucht wurden. Datenpakete wurden nicht richtig versandt, und Verbindungen im gesamten Internet kamen nicht zustande. Einige Dienstanbieter ergriffen innerhalb von 15 Minuten Gegenmaßnahmen, das Problem bestand jedoch bis 19.00 Uhr.

KLEINSTER WEBSERVER
Die Website des Wearables Laboratory der Stanford University, Palo Alto (USA), wird unterstützt von einem DIMM-PC von Jumptec, einem SBC AMD 486 SX mit 66MHz CPU, 16 MB RAM und 16 MB Flash-ROM. Die Anlage ist groß genug, um eine brauchbare Menge an RedHat 5.2 Linux, einschließlich des HTTP-Dämon, zu unterstützen, der den Webserver treibt. Bei geringer Nutzung verbraucht der Server 800 Milliwatt von einem 5V-Netzgerät, bei 100 % CPU-Auslastung steigt der Verbrauch auf 2 Watt. Bis Januar 1999 verarbeitete er im Durchschnitt 40 Hits pro Minute. Der „Matchbox"-Server ist nur etwas größer als eine Streichholzschachtel, besitzt aber nur Drittel ihrer Dicke. Er mißt 6,86 x 4,32 x 0,64 cm. Sein Volumen beträgt rund 16,39 cm³, weniger als ein Zehntel der Größe des früheren Rekordhalters.

MEISTE CHAT-FRAGEN IN 30 MINUTEN
Am 17. Mai 1997 erhielt der ehemalige Beatle Sir Paul McCartney während einer Web-Veranstaltung zur Promotion seines Albums Flaming Pie *in 30 Minuten mehr als 3 Mio. Fragen von Fans. Am 19. November 1997 stellte McCartney ebenfalls einen Rekord für die erste Uraufführung eines klassischen Werkes im Internet auf, als er sein 75 Minuten langes symphonisches Gedicht* Standing Stones *live in der Carnegie Hall, New York (USA), aufführte und online zugänglich machte.*

POPULÄRSTER NACHRICHTENSERVICE
Die sieben Websites von CNN aus Atlanta (USA) verzeichnen zusammen durchschnittlich 55 Mio. Seitenaufrufe pro Woche. Über die CNN-„Mitteilungswand" erhalten die Websites täglich über 3.000 Kommentare von Nutzern. Die Webadressen enthalten derzeit mehr als 210.000 Seiten, die jedoch pro Tag um 90 bis 150 Seiten anwachsen. Der 24-Stunden-Nachrichtensender startete am 1. Juni 1980 und ist ein Teil der Turner Broadcasting, die der Time Warner Inc. gehört. Weltweit haben insgesamt 1 Mrd. Menschen Zugang zu einem CNN-Service.

GRÖSSTE MEHRSPRACHIGE ÜBERTRAGUNG IM INTERNET
Der Eröffnungs- und Abschlußakt der Dritten Konferenz der Mitglieder des UN-Rahmenabkommens über Klimaveränderungen in Kyoto (J) im Dezember 1997 wurde via Internet gleichzeitig in sieben Sprachen gesendet: Arabisch, Chinesisch, Englisch, Französisch, Japanisch, Russisch und Spanisch.

HÖCHSTE GELDSTRAFE FÜR EIN INTERNET-VERBRECHEN
Amerikanische Abtreibungsgegner, die eine Website unter dem Namen The Nuremberg Files betrieben, die „Fahndungs"-Listen mit den Namen und Anschriften der Ärzte enthielt, die Abtreibungen durchführen, wurden am 3. Februar 1999 zu einer Schadenersatzleistung von über 194,93 Mio. DM ver-

GRÖSSTE SUCHMASCHINE
AltaVista ist mit 150 Mio. registrierten Seiten die größte Suchmaschine. Ihr nächster Konkurrent ist Northern Light mit 125 Mio. Seiten. AltaVista ist auch die beliebteste Suchmaschine, monatlich verzeichnet sie weltweit 21 Mio. Nutzer und über 1 Mrd. Seitenrufe.

urteilt. Die Namen von vier Ärzten und zwei Krankenhausangestellten, die seit 1993 von den Gegnern getötet worden waren, wurden von der Liste gestrichen, die der Verwundeten grau markiert. Die Angeklagten waren zwölf Privatpersonen und Organisationen, die unter dem Namen „American Coalition of Life Activists and Advocates for Life Ministries" bekannt sind. Der Fall wird derzeit vor dem Berufungsgericht verhandelt.

GRÖSSTE PAPIEREINSPARUNG
Die Lieferfirma Federal Express hat berechnet, daß sie in den USA pro Jahr ungefähr 2 Mrd. Blatt Papier einspart, indem Versandformulare online verschickt werden.

GRÖSSTE FREIWILLIGE SICHERHEITSORGANISATION
Die im Juni 1995 von Colin Gabriel Hatcher (USA) gegründeten Cyber Angels (ein Zweig der Guardian Angels) haben bereits in mehr als 200 Fällen das Internet überwacht. Kürzlich wurden die Cyber Angels von der United Nations Educational Scientific and Cultural Organization (UNESCO) direkt mit der Überwachung des Internets betraut.

BELIEBTESTE FRAU IM INTERNET
Die Bilder von Cindy Margolis (USA) wurden schätzungsweise 7 Mio. Mal heruntergeladen. 1995 wurde Margolis in einem Badeanzug von einem Fernsehteam gefilmt und ein Bild von ihr ins Internet gestellt. In den ersten 24 Stunden luden 70.000 Menschen ihr Bild herunter. Ein nachfolgender Fernsehauftritt führte dazu, daß ihr Bild 48 Stunden lang alle zehn Sekunden einmal heruntergeladen wurde. 1998 bestätigte eine Umfrage der Zeitschrift Internet Life, *daß sie bereits im dritten Jahr die meistheruntergeladene Frau des Jahres im Internet ist. Margolis wirkte auch in mehreren Werbekampagnen und Fernsehshows mit, darunter* Baywatch *und* Married . . . With Children, *sowie in dem Film* Austin Powers: International Man Of Mystery *(USA, 1997), in dem sie eine der tödlichen, verführerischen Fembots spielte.*

 High-Tech

Internet 2

GRÖSSTER INTERNET-UMSATZ
E-Commerce in den USA wird 1999 geschätzte 30 Mrd. Umsatz an Gütern und Dienstleistungen erbringen — mehr als in jedem anderen Land.

GRÖSSTE INTERNET-SHOPPING-MALL
Die Internet Mall beherbergt 27.000 virtuelle On-Screen-Shops uns hat allein in England mehr als 1 Mio. Mitglieder. 65.000 Shops weltweit schaffen einen Service, der in mehr als 150 Ländern genutzt werden kann. Von Popcorn bis zu Autoversicherungen wird innerhalb von 24 Stunden alles geliefert.

MEISTE CYBERSTAR-MERCHANDISING-GEWINNE
1998 übertrafen die Dancing Baby-T-Shirt-Verkäufe in den USA 5 Mio. DM im Großhandel. Musik-CD-Verkäufe betrugen 750.000 DM, die Dancing Baby-Puppe erlöste 970.000 DM. Andere Merchandisingverkäufe in Europa und Asien erlösten 1,5 Mio. DM.

GRÖSSTES NETZWERK-ROLLENSPIEL

Mit zehn Servern, die jeweils 2.500 Spieler gleichzeitig verwalten können, ist *Ultima Online* der Firma Origin das größte Multiplayer-Netzwerk-Rollenspiel der Welt. Bis zu 14.000 Spieler spielen zur Zeit, viele davon jeden Tag für bis zu vier Stunden. In den ersten drei Monaten nach Markteinführung wurden 100.000 Spiele verkauft. Mit mehr als 32.000 interaktiven „Bewohnern", 15 Großstädten, neun Kultstätten und mindestens sieben Kerkern ist Britannia (das Szenario von *Ultima Online*) das größte parallele Universum im Internet. Mit täglich wachsenden Besucherzahlen und unendlich großen unentdeckten Gebieten ist es wahrscheinlich, daß Britannia noch wesentlich weiter wachsen wird.

 BELIEBTESTES CYBER-TIER
Mehr als 10 Mio. Menschen weltweit haben bisher MOPy aus dem Internet heruntergeladen. Der lebensechte Fisch-Bildschirmschoner wurde im Oktober 1997 erstmals im Internet zu Wasser gelassen. Er wurde von Global Beach, einer digitalen Kommunikations-Agentur, für Hewlett Packard entworfen. Es reagiert auf Pflege und Zuwendung des Benutzers und gedeiht bei regelmäßiger Fütterung, wird aber mürrisch, krank oder stirbt sogar, wenn er vernachlässigt wird.

GRÖSSTER CYBERSTORE
Amazon.com wurde 1994 von Jeff Bezos (USA) gegründet und hat mittlerweile Produkte an mehr als 5 Mio. Menschen in mehr als 160 Ländern verkauft. Der Katalog mit 4,7 Mio. Büchern, CDs und Audiobooks macht es zum größten Cyberstore der Welt.

GRÖSSTE INTERNET-AUKTION
Im Oktober 1996 bot Nick Nuttall 1.400 Exemplare östlicher Kunst im Internet an. Zu den Stücken gehörten japanische Holzschnitzereien, Bronzen und antike Möbel. Interessenten konnten Fragen zu den Objekten e-mailen, den Katalog bestellen und Gebote abgeben.

GRÖSSTE INTERNET-MUSIK-DATENBANK
ProMusicFind.Com, eine Website für neue und gebrauchte Musikinstrumente, Audio- und Elektronikequipment, neue und gebrauchte CDs, Videos und Bücher, bietet mehr als 1 Mio. Objekte in seiner Datenbank an.

GRÖSSTE MUSIKVERÖFFENTLICHUNG IM INTERNET
Im März 1998 veröffentlichte die britische Band Massive Attack ihr komplettes drittes Album *Mezzanine* mit einem Preview ihres Single-Videos online im Internet, drei Wochen vor dem Erstverkaufstag in den Plattenläden. Die Site erlangte 1.313.644 Hits, und die Musik wurde 101.673 heruntergeladen. Einen Monat nach dem Verkauf in Plattenläden wurden 1.602.658 Hits erreicht. Obwohl sie im Internet beziehbar war, wurde *Mezzanine* sofort der Nr.-1-Hit in den britischen Album-Charts.

MEISTE CYBERSTAR-VARIATIONEN
Es gibt ungefähr 2.000 Variationen von Dancing Baby, einem Cyberstar, der ursprünglich im Oktober 1996 von Kinetixals als ein animiertes 3D-Grafik-Modell entworfen worden war. Dancing Baby ist die einzige Internet-Figur, die vor ihrem Auftreten in den alten Medien eine Anhängerschaft erlangte. Das Internet trieb die Entwicklung neuer Variationen von Dancing Baby durch Amateur-Animations-Künstler auf hunderten von Websites voran. Dazu gehörten Kickbox Baby, Rasta Baby und Clinton Baby. Die offizielle Dancing Baby-Website hat durchschnittlich 55.000 monatliche Page-Views. Nachdem Dancing Baby 1998 in einer Episode der Fernsehshow *Ally McBeal* aufgetreten war, stieg die Quote auf 35.000 pro Tag, die inoffizielle Dancing Baby-Seite erhielt sogar 51.000 Page-Hits pro Tag.

GRÖSSTER ON-LINE-VIDEO-CYBERSTORE
Mit mehr als 100.000 Titeln im Angebot ist Reel.com der größte Online-Video-Cyberstore der Welt. Über das Netz kann man Filme leihen, die in verschiedenen Formaten wie VHS, Laserdisc und DVD angeboten werden. Außer Neuerscheinungen bietet der Cyberstore auch das größte Lager an Second-Hand-Videos und beschäftigt 30 Kritiker, die schriftliche Empfehlungen zu jedem Film im Lager anbieten.

HÖCHSTE INTERNET-WERBE-EINKÜNFTE
In den neun Monaten bis zum September 1998 beliefen sich die Einkünfte aus Internet-Werbung auf 2,3 Mrd. DM. Laut einem Bericht der Pricewaterhouse Coopers wurden im dritten Quartal 1998 den 870 Mio. DM umgesetzt, eine Steigerung von 116 % gegenüber dem dritten Quartal von 1997.

MEISTERWÄHNTE MENSCHEN
Die Suchmaschine AltaVista zählt 1,84 Mio. Querverweise auf Internetseiten mit US-Präsident Bill Clinton, was ihn zum meisterwähnten Menschen im Internet macht. „Clinton" und „Bill Clinton" zusammen erreichen monatlich 89.160 Hits beim Yahoo-Browser.

Die meisterwähnte Frau ist *Baywatch*-Schauspielerin und Model Pamela Anderson, auf die 1,54 Mio. Sites hinweisen. Sie verursacht 172.760 Hits im Monat beim Yahoo-Browser.

GRÖSSTE CYBER-DATING-AGENTUR
Match.com aus den USA berechnet seinen 1 Mio. Mitgliedern 23 DM pro Monat für Vermittlungen und wuchs um ca. 20.000 neue Mitglieder jede Woche. 1998 expandierte die Firma um 250 %. Sie scheint sich weiter zu vergrößern, zumal der Kinofilm *You've Got Mail* (USA, 1998) mit Tom Hanks und Meg Ryan Internet-Dating zum Thema hatte.

GRÖSSTE INTERNET-WERBER
Die Microsoft Corporation gab 1997 54 Mio. DM für Internetwerbung aus. Die IBM Corporation als zweitgrößter Internet-Werber gab im selben Jahr 35 Mio. DM aus.

POPULÄRSTE SUCHBEGRIFFE
Der meistgenutzte Suchbegriff bei Yahoo ist „sex", der jeden Monat ca. 1,55 Mio. Mal aufgerufen wird. An zweiter Stelle liegt „chat" mit 414.320 Suchaufträgen. Andere populäre Begriffe beziehen sich auf Netscape Software, Spiele, Prominente und das Wetter.

High-Tech
Computer

GEWINNBRINGENDSTES COMPUTERUNTERNEHMEN
Die Microsoft Corporation wurde im Mai 1999 mit 724 Mrd. DM bewertet. Das Jahreseinkommen beträgt mehr als 31,85 Mrd. DM. Die Gesellschaft entwickelt, verkauft und lizenziert Software und Online-Dienste für Computernutzer. Ihr Präsident, Bill Gates, der gegenwärtig rund 30 % von Microsoft besitzt, gründete die Gesellschaft 1975 mit Paul Allen und wurde durch sie zum reichsten Mann der Welt.

GRÖSSTER PC-HERSTELLER
Compaq – der Name leitet sich her von „Compatibility" und „Equality" – wurde von Rod Canion, Jim Harris und Bill Murto in Houston (USA) gegründet. Seit 1995 besitzt das Unternehmen den größten Anteil am weltweiten PC-Markt. 1998 verkaufte Compaq insgesamt 13.275.204 PCs – alle 2,38 Sekunden einen. Compaq wickelt überdies 75 % aller Kassentransaktionen und 60 % der Lotterien ab.

GRÖSSTE DIREKTMARKETING-COMPUTERFIRMA
Die Dell Computer Corporation, gegründet von Michael Dell im Jahr 1984, beschäftigt weltweit 17.800 Personen. Dells Einnahmen für das am 29. Januar 1999 endende Geschäftsjahr betrugen 32,94 Mrd. DM. Das ist ein Anstieg von 48 % im Vergleich zum Vorjahr. Im vierten Quartal kam Dell über ihre Website im Durchschnitt auf einen Umsatz von 25,34 Mio. DM pro Tag.

MEISTVERKAUFTE SOFTWARE
Seit dem Verkaufsbeginn des Betriebssystems *Windows '95* von Microsoft am 24. August 1995 wurden ungefähr 193 Mio. Stück verkauft und vom Update *Windows '98* seit Juni 1998 22,3 Mio. Stück. Damit ist es auf 90 % aller weltweit verkauften Desktop-Computer vorhanden. Übertroffen werden diese Verkaufszahlen nur vom Verkauf des Betriebssystems MS-DOS, das auf fast allen Desktop-Computern vorinstalliert ist.

SCHNELLSTE COMPUTER
Der schnellste Mehrzweck-Vektor-Parallel-Rechner ist der Cray Y-MP C90-Supercomputer. Mit einem Hauptspeicher von zwei Gigabyte und 16 CPU erreicht er eine Gesamtspitzenleistung von 16 Gigaflop.

Der schnellste Supercomputer wurde 1996 von Intel in den Sandia National Laboratories, Texas (USA), installiert. Der Rechner hatte 9.072 Intel-Pentium-Pro-Prozessoren mit je 200 MHz und einen Speicher von 608 Gigabyte. Dadurch erreichte er eine Spitzenleistung von rund 1,8 Tetraflop (1,8 Billiarden Operationen pro Sekunde).

„Massiv-Parallel"-Rechner haben eine theoretische Gesamtleistung, die die eines C-90 übersteigt. Die Leistung bei wirklichkeitsnahen Anwendungen ist oft geringer, da die Leistung vieler kleiner Prozessoren schwerer einzusetzen ist als die einiger großer.

Im September 1997 übertrug die amerikanische Defense Projects Research Agency (DARPA) dem Computerforscher John McDonald den Bau des ersten Pet-Ops-Supercomputers, einer Maschine, die 1.000 Billiarden Operationen pro Sekunde ausführen kann. DARPA gab 1,81 Mio. DM für die Finanzierung dieses Projektes aus. Der Computer soll der schnellste aller Zeiten werden. Mit dem System sollen Gefechte und Naturkatastrophen zu Übungszwecken simuliert werden.

DICHTESTE FESTPLATTE
Die IBM-Micro-Festplatte hat eine Kapazität von 2,5 Gigabyte und ist 6,45 cm² groß. Die Festplatte wurde im März 1999 von einem IBM-Team der Storage System's Division in San José (USA) präsentiert. Leichte Laufwerke mit hoher Schreibdichte verbrauchen weniger Energie. Dies ist besonders für die Entwickler tragbarer Computer wichtig.

KÜRZESTES HANDBUCH FÜR EINEN PC
Der Apple-iMac-PC kam im August 1997 in den USA auf den Markt und im darauffolgenden Monat in Großbritannien. Der unverwechselbare, einteilige Rechner mit durchsichtigem Gehäuse wird mit einem Handbuch ausgeliefert, das nur aus 6 Bildern und 36 Wörtern besteht, wodurch der Rechner der Werbung, der Anwender könne ihn einfach auspacken und anschließen, entspricht. Weltweit wurden bis April 1999 nahezu 2 Mio. iMac-Geräte verkauft, was Apples Gewinne ansteigen ließ, die seit mehreren Jahren zunehmend geschrumpft waren. Nachdem das Unternehmen zwischen 1995 und 1997 einen Verlust von fast 3,62 Mrd. DM verzeichnen mußte, ist es innerhalb von sechs aufeinanderfolgenden Quartalen wieder in die Gewinnzone gelangt.

Der Geschwindigkeitsrekord eines Supercomputers wurde im Dezember 1994 von einem Wissenschaftler-Team der Sandia National Laboratories in Zusammenarbeit mit der Intel Corporation aufgestellt. Sie schlossen zwei der größten Intel-Paragon-Parallelverarbeitungs-Maschinen aneinander an. Das System erreichte bei der Linpack-Bewertung eine Leistung von 281 Gigaflop. Der Massiv-Parallel-Superrechner erreichte 328 Gigaflop beim Laufen eines Programmes, das für die Berechnung von Radarerkennungen genutzt wird. Die Anlage verwendete 6.768 parallel arbeitende Prozessoren.

SCHNELLSTE VERBREITUNG EINES VIRUS
Melissa, ein Makrovirus, der Microsoft-*Word*-Dokumente infiziert und sich auf das Microsoft-*Outlook*-Paket auswirkt, wurde am 26. März 1999 entdeckt. Der Virus schreibt sich in die ersten fünfzig Adressen der befallenen Mailbox eines Rechners ein. Nach Berichten erzeugte der Virus in weniger als drei Stunden bis zu 500.000 E-mail-Nachrichten. Dies war ausreichend, um das Kommunikationssystem eines Unternehmens zu überschwemmen und zusammenbrechen zu lassen. Fachleute schätzen, daß *Melissa* die Kapazität besitzt, innerhalb von fünf Generationen über 312 Mio. PCs zu infizieren.

VIRUS MIT DER GRÖSSTEN PHYSISCHEN ZERSTÖRUNG
Der *CIH*-Virus hat seit seiner Auslösung am 26. April 1998, dem 12. Jahrestag der Kernkraftkatastrophe in Tschernobyl, UdSSR (heute Ukraine), 1 Mio. PC befallen. *CIH* zerstört die Information des auf die Hauptplatine eines Rechners gelöteten BIOS-Chip. Damit ist dieser Rechner nicht mehr einsatzfähig.

GRÖSSTE PRIMZAHL
Am 27. Januar 1998 entdeckte der 19 Jahre alte Student Roland Clarkson die Primzahl $2 3.021^{377}-1$. Diese Zahl ist ausgeschrieben 909.526 Stellen lang. Sie wurde mit Hilfe einer von George Woltman und Scott Kurowski programmierten Software ermittelt. Es ist die 37. bekannte „Mersenne-Primzahl". Clarkson, einer der vielen tausend Freiwilligen, die sich an der Great Internet Mersenne Prime Search (GIMPS) (Großen Internet-Suche nach der Mersenne-Primzahl) beteiligten, fand die Zahl auf seinem einfachen 200-MHz-Pentium-Desktop-Computer heraus.

GRÖSSTE ZERLEGTE ZAHL
Im April 1997 wurde bekannt, daß Computerforscher der Purdue-Universität, Indiana (USA), gemeinsam mit Forschern in der ganzen Welt versuchten, die zwei längsten Zahlen zu finden, die miteinander multipliziert einer bekannten Zahl mit 167 Stellen entsprechen ($3^{349}-1$)$\div 2$. Der Durchbruch kam nach 100.000 Stunden Rechenzeit. Die beiden Faktoren hatten 80 bzw. 87 Stellen. Der vorherige Rekord im Zerlegen von Faktoren war 162stellig.

„MENSCHENFREUNDLICHSTES" COMPUTERSYSTEM
Ein Rechner, auf dem das Programm *Albert* lief, erhielt den Loebner-Preis 1999 für das „anwenderfreundlichste" Computersystem. Der Programmierer des Systems, Robby Garner aus Giorgia (USA), gewann umgerechnet 3.620 DM. Der Nutzer kann *Albert* unter Verwendung der menschlichen Sprache bedienen. Die elf Juroren des jährlich vergebenen Loebner-Preises unterziehen die Anlagen einer eingeschränkten Version des Turing-Tests, des klassischen Tests zur Überprüfung der Intelligenz einer Maschine. *Albert One* gewann den Loebner-Preis 1997. Im Jahr 1998 erhielt Robby Garner den Preis für das Programm Sid.

KLEINSTER RECHNER
Die Hauptheinheit des von IBM Japan entwickelten Wearable PC hat ungefähr die Größe eines Walkman. Der „Bildschirm" ist ein 1,5 cm² großer Betrachter, der im Abstand von 3 cm vor dem rechten Auge getragen wird. Der Bildschirm vermittelt die Illusion einer normal großen Anzeige, ohne die Tiefenwahrnehmung oder die seitliche Sicht zu beeinträchtigen. Techniker können bei ihrer Arbeit komplexe Handbücher konsultieren, ohne die Aufmerksamkeit von den Händen abzuwenden.

High-Tech

Computerspiele

HIGH-TECH-SPIELKONSOLE

Bernard Stolar, der Präsident und Geschäftsführer der amerikanischen Niederlassung von SEGA, ist hier zu sehen, wie er SEGAs neue Spielekonsole Dreamcast vorführt. SEGA Dreamcast, die am 20. November 1998 in Tokio (J) auf den Markt kam, ist eine 128-bit/200 MHz-Spielekonsole mit einem 33,6 Kbps-Onboard-Modem. Ihre Grafikmaschine kann über 3 Mio. Polygone pro Sekunde und maximal 16,77 Mio. Farben gleichzeitig darstellen.

MEISTVERKAUFTE COMPUTERSPIELE
Super Mario Brothers von Nintendo wurde weltweit 40,23 Mio. Mal verkauft.

Die 26 Spiele mit Mario, der Figur, die erstmals 1982 in den *Donkey-Kong*-Arcade-Spielen auftauchte, wurden seit 1983 insgesamt über 152 Mio. Mal verkauft.

MEISTE VORBESTELLUNGEN FÜR EIN COMPUTERSPIEL
Über 325.000 Amerikaner leisteten Anzahlungen für eine Ausgabe von *The Legend of Zelda: Ocarina of Time*, ein Spiel für Nintendo 64, um sicher zu sein, am 23. November 1998, dem Herausgabetag, das Spiel zu bekommen.

BELIEBTESTES TRAGBARES SPIEL
Das beliebteste Videospiel-System der Welt ist der Nintendo Game Boy, von dem mehr als 80 Mio. Stück zwischen 1989 und 1999 verkauft wurden. Nintendo beherrscht zur Zeit mehr als 99 % des amerikanischen Marktes für tragbare Videospiele mit dem Game Boy, dem Game Boy Pocket und dem Game Boy Colour. Der Game Boy Colour verfügt über einen 8-Bit-Prozessor und einen LCD-Bildschirm, der gleichzeitig 56 von 32.000 Farben darstellen kann. An Spielen sind weltweit mehr als 1.000 Titel im Angebot.

SCHNELLSTE VERKÄUFE
Von *Myst*, das von Cyan entwickelt und 1993 von Broderbund herausgegeben wurde, wurden im ersten Jahr 500.000 Stück verkauft. Bis heute hat es Spitzenverkaufszahlen von 4 Mio. erreicht und erzielte damit über 181 Mio. DM Gewinn. *Myst* war die erste Unterhaltungs-CD-ROM, von der mehr als 2 Mio. Stück verkauft wurden. Von *Riven*, der Fortsetzung von *Myst*, das von Cyan entwickelt und im Dezember 1997 von Broderbund herausgegeben wurde, wurden bis Mai 1998 über 1 Mio. Stück verkauft, und es erzielte einen Umsatz von 79,09 Mio. DM. *Riven* enthält fünf CD-ROMs und hat im Vergleich zu *Myst* die dreifache Menge an Animationen.

ERFOLGREICHSTER HERSTELLER VON COMPUTERSPIELEN
Für das im März 1999 endende Geschäftsjahr verzeichnete Electronic Arts in Kalifornien (USA) einen Umsatz von 2,20 Mrd. DM und einen Gewinn von 132,13 Mio. DM. Das Unternehmen entwickelt, veröffentlicht und vertreibt PCs und Unterhaltungssysteme wie die Sony PlayStation und Nintendo 64.

MEISTVERKAUFTER FLUGSIMULATOR
MS Flight Simulator wurde im April 1992 von Microsoft veröffentlicht und hat sich bis Mai 1998 insgesamt 196.227 Mal verkauft, das entspricht einem Umsatz von 179,55 Mio. DM. In *Flight Simulator 2000* werden Fluggeräte wie die Concorde, Boeing 737-400 und 777-300, Learjet 45, der Bell 206B JetRanger-Hubschrauber und Sopwith Camel verwendet.

MEISTVERKAUFTE SPIELEKONSOLE
Von der PlayStation von Sony wurden bis März 1999 weltweit rund 54,52 Mio. Stück verkauft, womit es die meistverkaufte Spielekonsole der Welt ist. Die Sony Computer Entertainment Inc. gab über 543 Mio. DM für die Entwicklung der PlayStation aus, auf der Spitzenspiele wie *Tomb Raider* und *Final Fantasy VII* laufen. Bislang wurden ca. 430 Mio. Stück der PlayStation-Software verkauft.

GRÖSSTE VIDEOSPIELZENTREN
Sega Gameworks, eine Partnerschaft zwischen Sega, DreamWorks und dem Musik- und Unterhaltungsunternehmen MCA, hat in den USA und Guam elf Videounterhaltungszentren. Das größte, in dem von Steven Spielberg entworfene Sega-Titel und -Spiele angeboten werden, befindet sich in Las Vegas (USA) und hat eine Fläche von 4.180 m² sowie 300 Spielgeräte.

ERFOLGREICHSTE LIZENZVERGABE
Capcom Entertainments Franchising für *Resident Evil* hat weltweit über 362 Mio. DM eingebracht. Wegen seines Erfolges ist das Spiel ein beliebtes Lizenzprodukt, zudem wurden Verträge für einen Spielfilm, eine Serie von Actionpuppen und Comicbüchern abgeschlossen. Das im März 1996 veröffentlichte Spiel *Resident Evil* führte das „Survival-Horror-Genre" in der Spieleindustrie ein und wurde eines der höchstbezahlten Franchise-Produkte der PlayStation von Sony.

REALISTISCHSTE GRAFIKEN
Die von dem australischen Unternehmen SouthPeak Interactive entwickelte Video-Reality-Technologie verwendet eher Videofilme als mit Computer hergestellte Grafiken, so daß Einzelheiten im Hintergrund von Spielen zunehmen. SouthPeak verwendete seine Video-Reality-Technologie in dem Spiel *Temujin*, bei dem die Spieler durch ein Museum gehen, Geduldspiele und Rätsel lösen. Die Hintergründe wurden mit einem vor Ort installierten Gerät zur Herstellung von Videos gefilmt, bevor sie in den Computer übertragen wurden.

ERFOLGREICHSTE STRATEGIESPIELE
Die von Westwood Studios (USA) entwickelten Kriegsstrategiespiele *Command & Conquer* verkauften sich zwischen ihrer Veröffentlichung 1995 und Dezember 1998 über 10 Mio. Mal. Zu der Reihe gehören die ursprünglichen *Command & Conquer*-Spiele für MS-DOS, Windows, Macintosh, Sony PlayStation und Sega Saturn, *The Covert Operations* (Die geheimen Operationen) und das *Command & Conquer*-Spiel *Red Alert* (Roter Alarm), der Vorläufer von *Command & Conquer*.

MEISTVERKAUFTES FUSSBALLCOMPUTERSPIEL
Von der von EA Sports entwickelten FIFA-Spielserie wurden über 16 Mio. Stück verkauft. Am 27. November 1998 im PC-Format veröffentlicht, enthält FIFA 99 mehr Mannschaften und Spielmethoden als jedes andere Spiel sowie einen Pop-Soundtrack, unter anderem mit Rockafeller Skank von Fatboy Slim.

ANSPRUCHSVOLLSTES SPIEL
Das Jane's Combat-Simulationsspiel *688(I) Hunter/Killer* soll angeblich die realistischste Unterwasser-Simulation sein. Das Spiel basiert auf Unterwasser-Simulationen für die US-Navy. Die Spieler müssen ein Sonar und ein Waffensystem meistern, realistische Ziellösungen entwickeln und ein Boot mit den neuesten Waffen ausrüsten.

MEISTVERKAUFTES FITNESS-SPIEL
Von dem im März 1998 veröffentlichten Spiel *Pocket Pikachu* von Nintendo wurden in den ersten drei Monaten 1,5 Mio. Stück verkauft. Pikachu ist eine gelbe, einem Eichhörnchen ähnelnde Figur, die auf dem beliebten japanischen Zeichentrickfilm *Pocket Monsters* beruht. Ziel des Spiels ist es, Pikachus Wangen rosig zu halten, indem es regelmäßig ausgeführt wird. Pikachu wird in der Tasche getragen und beklagt sich, wenn es nicht genug bewegt wird.

BELIEBTESTES DJ-SIMULATIONSSPIEL
Bis Mai 1999 gab das japanische Unternehmen Konami 6.700 Stück des Spiels *Beatmania* (außerhalb Japans *Hiphopmania*) an Videospielzentren heraus.

Bei dem DJ-Simulationsspiel müssen die Spieler zwei Plattentische und einen „Effekte"-Knopf bedienen. Die Spieler werden dann danach bewertet, wie sie die zusätzlichen Soundeffekte wirksam mischen und zeitgerecht steuern.

STRENGSTE SOFTWAREBESTIMMUNGEN
Die deutschen Bestimmungen schreiben vor, daß Blut in Computerspielen grün dargestellt sein muß und daß „Opfer", die wahrscheinlich getötet werden, als „Zombies" dargestellt werden oder zumindest so, daß sie möglichst keine Ähnlichkeit mit Menschen haben.

BELIEBTESTE CYBERSTARS

Lara Croft, die Heldin aus *Tomb Raider*, wurde von Core Design geschaffen, und von den Spielen mit ihr wurden insgesamt 15 Mio. Stück verkauft. Außerdem trat sie in Werbekampagnen für SEAT-Wagen und für Lucozade auf, und im November 1998 erhielt sie vom britischen Ministerium für Handel und Industrie den Titel „Ambassador for Scientific Excellence". Die beliebteste männliche Figur ist Mario der Klempner, der Star aus Nintendos *Super Mario Brothers* (siehe „Meistverkaufte Computerspiele"). Mario und sein Bruder Luigi sind ebenfalls die Hauptfiguren in drei Zeichentrickfilmen und in dem Spielfilm *Super Mario Brothers* (USA, 1993), in dem er von Bob Hoskins gespielt wurde.

Roboter & künstliche Intelligenz

GRÖSSTER ROBOTER
1993 schuf die Steven Spielberg gehörende amerikanische Gesellschaft Amblin Entertainment einen 5,5 m großen, 14 m langen und 4.082 kg schweren *Tyrannosaurus-Rex*-Roboter für den Film *Jurassic Park*. Er bestand aus Latex, Schaumgummi und Urethan und war genauso groß wie der Originaldinosaurier.

KLEINSTER ROBOTER
Der von der Seiko Epson Corporation (J) 1992 entwickelte lichtempfindliche Mikroroboter Monsieur mißt weniger als 1 cm³ und wiegt 1,5 g. Er wurde aus 97 Uhren-Einzelteilen hergestellt. Im aufgeladenen Zustand bewegt er sich 5 Minuten mit einer Geschwindigkeit von 1,13 cm/Sekunde.

WIDERSTANDSFÄHIGSTER ROBOTER
Die britische Nuclear Fuels Ltd. entwickelte einen Roboter namens Commander Manipulator, der bei der Beseitigung der Verseuchung des Windscale-Reaktors 1 (heute Sellafield) in Cumbria (GB) helfen soll, wo sich 1957 einer der schwersten Atomunfälle ereignete. Die zur Zeit des Unfalls verfügbare Technologie eignete sich nicht für die extremen Bedingungen im defekten Reaktor des Werks, deshalb wurden die 15 Tonnen Uranbrennstoff aus dem Reaktor einfach unter meterdickem Beton vergraben. Der Roboter ist größtenteils resistent gegen die Strahlenwirkung, und sein mit hydraulischer Kraft betriebener, fünfgelenkiger Arm kann bis zu 127 kg schwere Gewichte bewegen.

BILLIGSTER ROBOTER
Ein 12,7 cm großer Roboter – genannt Walkman – wurde 1996 für ca. 3 DM aus den Teilen eines Sony-Walkmans im Staatlichen Laboratorium von Los Alamos, New Mexico (USA), gebaut. Wenn seine Beine festgehalten werden, versucht er, sich zu befreien, ohne dafür programmiert worden zu sein, wobei er keine Bewegung zweimal macht.

POPULÄRSTER INDUSTRIEROBOTER
Puma (Programmable Universal Machine for Assembly – Programmierbare Universal-Montagemaschine), der in den 70er Jahren von Vic Schienman entwickelt und von dem Schweizer Unternehmen Staubli Unimation gefertigt wurde, ist der in Universitätslabors und an Montagebändern am meisten verwendete Roboter.

SCHNELLSTER INDUSTRIEROBOTER
Im Juli 1997 entwickelte das japanische Unternehmen Fanuc den LR Mate 100I-Hochgeschwindigkeits-Beförderungsroboter, dessen Achsengeschwindigkeit ca. 79 % schneller ist als die früheren Modelle. Der Roboter kann Gegenstände bis zu 3 km weit tragen und sich innerhalb von 0,58 Sekunden 2,5 cm nach oben und unten sowie 30 cm rückwärts und vorwärts bewegen. Damit ist er wiederum 60 % schneller als die früheren Modelle.

MENSCHENÄHNLICHSTER ROBOTER
1997 brachte das japanische Unternehmen Honda den 1,6 m hohen P3-Roboter auf den Markt. P3, der eine dreidimensionale Sicht hat, kann seinen Kopf bewegen, über Hindernisse steigen, die Richtung wechseln und sein Gleichgewicht wiederherstellen. Er wurde von 150 Ingenieuren in über elf Jahren entwickelt und kostete insgesamt 144,8 Mio. DM. Der Roboter soll in der Krankenpflege und für Aufgaben, die für Menschen zu gefährlich oder anstrengend sind, eingesetzt werden.

GRÖSSTE MEERES-SIMULATION
Ein Mädchen gibt einem Roboter in Form einer Schildkröte auf der Expo 98 in Lissabon (P) die Hand. Die Ausstellung gab den Rahmen für die größte Meeres-Simulation virtueller Realität. Die „Taucher" konnten mit Hilfe eines VR-Kopfhörers und eines Onyx 2-Supercomputers den Atlantik, Pazifik, den Indischen Ozean und die Antarktis erforschen.

FORTSCHRITTLICHSTES SPIELZEUG
Die dänische Spielzeugfirma Lego brachte im Januar 1998 MindStorms heraus: „intelligente" Plastikbausteine, die in „denkende" Roboter verwandelt und von einem PC gesteuert werden können. Die Steine, an deren Entwicklung Professor Papert vom Massachusetts Institute of Technology (MIT), Cambridge (USA), über zehn Jahre gearbeitet hat, enthalten einen Mikrochip und Sensoren.

AM SCHNELLSTEN VERKAUFTES ROBOTERTIER
Aibo (japanisch „Partner") ist ein Roboterhund von Sony, der für 3.739 DM verkauft wird. Als Aibo am 31. März 1999 zum ersten Mal auf Sonys Website erschien, wurden innerhalb von 20 Minuten 3.000 Stück verkauft. Der 27,9 cm große Aibo erkennt seine Umgebung durch einen eingebauten Sensor. Er kann selbständig spielen oder programmiert werden, um Tricks auszuführen. Als am 1. Juni 1999 weitere 2.000 Aibos via Internet in den USA herausgebracht wurden, führte der erste Kaufansturm zu einem Zusammenbruch der Webserver.

HIGH-TECH-OPERATION
Dr. Robert Lazzara aus Seattle (USA) führt hier mit dem Zeus-Roboter der Firma Computer Motion Inc. an einem Thoraxmodell eine Bypass-Operation (einer Kranzarterie) durch. Der im Februar 1998 auf den Markt gebrachte Roboter ermöglicht es Chirurgen, Herz-Bypässe durch drei Bleistift-breite Einschnitte vorzunehmen. Hierbei werden dünne Instrumente benutzt, die in Schläuchen in den Körper des Patienten geführt werden. Computer Motion Inc. plant zur Zeit eine neue Version des Roboters, mit dem die Chirurgen über Hochleistungs-Telefonleitungen operieren können.

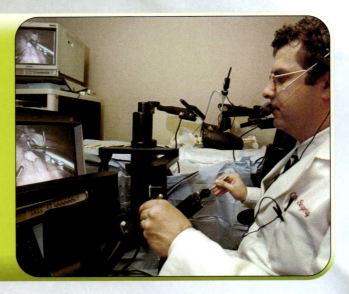

FORTSCHRITTLICHSTER ROBOTERARM
1997 entwickelte die amerikanische Firma Barret Technology einen 452.500 DM teuren Roboterarm mit Kabeln, die wie Sehnen arbeiten und in jeder Position Gewichte von 5 kg halten können. Der Arm besitzt sieben räderlose Arm- und Handgelenkverbindungen, die von Stromrichtermotoren angetrieben werden. Er kann einen Ball werfen oder Menschen beim Öffnen von Türen, der Zubereitung von Mahlzeiten und anderen Tätigkeiten helfen.

FORTSCHRITTLICHSTE FORM KÜNSTLICHER INTELLIGENZ
Der Schachcomputer von IBM RS/6000 SP, Deep Blue, schlug 1997 den Schachweltmeister Garri Kasparow mit $3^1/_2$ zu $2^1/_2$ Spielen. Er verfügt über schachspezifische Coprozessoren und kann 200 Mio. Züge pro Sekunde prüfen. Dies entspricht 50 Mrd. möglichen Zügen in drei Minuten (Schachwettkampfzeit pro Zug).

GRÖSSTES ROBOTERTELESKOP
Das größte Roboterteleskop, das sich auf La Palma, Kanarische Inseln (E), befindet, wurde vom Royal Observatory in Greenwich (GB) und dem Institut für Astrophysik der John-Moores-Universität, Liverpool (GB), gebaut. Das Teleskop wird durch eine Fernbedienung vom astrophysischen Labor der Universität aus gesteuert. Es hat eine 2 m große Blende, mit der die Forscher Schwarze Löcher, Rote Riesen und entfernte Galaxien beobachten können.

GRÖSSTER HERSTELLER KOMMERZIELLER ROBOTER
Der 1982 gegründete japanische Roboterhersteller Fanuc ist der größte Produzent kommerzieller Roboter. Fanuc Robotics in den USA hat über 1.100 Beschäftigte und 21.000 Roboter im Einsatz.

LAND MIT DEN MEISTEN INDUSTRIEROBOTERN
Seit 1991 wurden in Japan rund 325.000 Roboter der weltweit 580.000 installiert. Auf 10.000 Beschäftigte in der japanischen Industrie kommen heute 265 Roboter.

AUTOMATISIERTESTE FABRIK
Im März 1997 wurde das Montagewerk von Fanuc in Yamanashi (J) zur automatisiertesten Fabrik der Welt, als eine Reihe zweiarmiger intelligenter Roboter begann, Miniroboter zu montieren. Das Ergebnis war ein völlig automatisiertes Fertigungssystem.

WEITESTE REISE EINES ROBOTERS
Am 4. Juli 1997 startete der NASA-Erkundungsroboter Sojourner zur 129 Mio. km lange Reise zum Mars. Er landete auf dessen Oberfläche in Sichtweite der früheren Landekapsel Pathfinder. Der nur 17,55 kg schwere Roboter wurde von der Erde aus gesteuert und wanderte über den Mars, um wissenschaftliche Experimente durchzuführen. Aufgrund der Entfernung zu seinen Kontrolleuren dauerte es fast 20 Minuten, bis ihn Anweisungen erreichten.

INTELLIGENTESTER ROBOTER
Das Massachusetts Institute of Technology (MIT), Cambridge (USA), will mit seinem Cog-Projekt versuchen, die mannigfaltigen Bereiche von Robotern und künstlicher Intelligenz zusammenzuführen. Mit seiner Fertigstellung wird Cog (rechts abgebildet) die perfekte Verbindung von künstlicher Intelligenz und Robotern sein: Er wird denken, hören, fühlen, berühren und sprechen können.

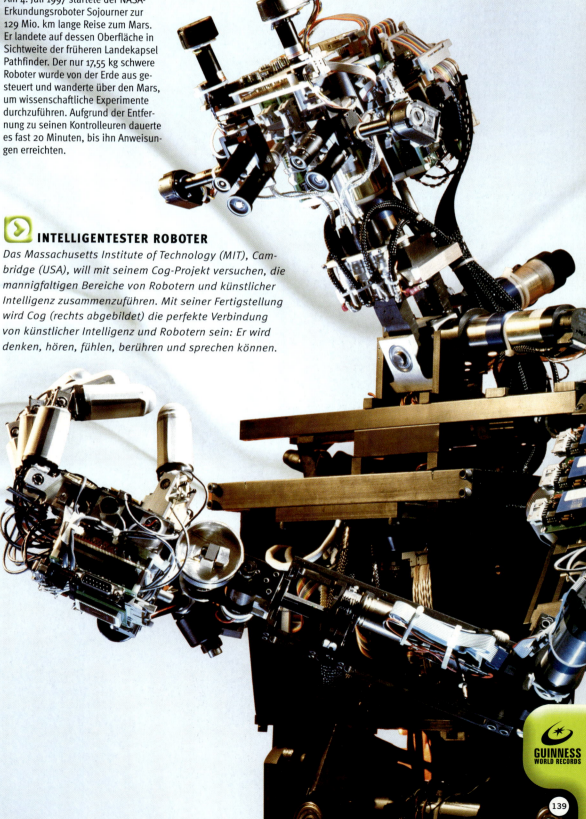

139

High-Tech
Telekommunikation

GRÖSSTE FUNK-REICHWEITE

Im Mai 1998 startete das Iridium Mobile Phone Network die letzten fünf Kommunikationssatelliten und vergrößerte ihre Satellitenflotte auf 66 Stück. Damit ist dies das größte Satelliten-Netzwerk, das jemals existierte. Das System, das von Motorola für Iridium unterhalten und gepflegt wird, bietet die größte Funkreichweite der Welt für Mobiltelefone. Die Telefone sind etwas größer als normal und ermöglichen den Nutzern das Telefonieren von jedem Ort auf diesem Planeten. Auf dem Foto nutzt eine Flüchtling aus dem Kosovo ein Iridium-Satellitentelefon in Makedonien, um Kontakt zu seinen Verwandten zu halten.

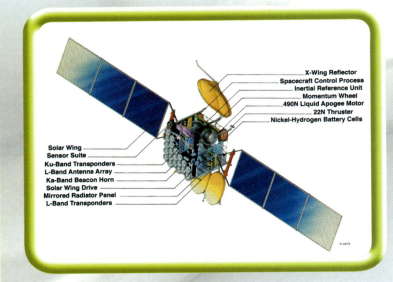

POPULÄRSTER SATELLIT

Der bestverkaufte Kommunikationssatellit der Welt ist der Satellit HS601 der Hughes Space and Communications mit 73 Bestellungen bis zum Ende 1998. Die Liste der Kunden des HS601 umfaßt auch die U.S. Navy und die NASA. Die Firma ICO Global Communication aus London besitzt allein zwölf Satelliten, wodurch sie zum größten einzelnen Nutzer des HS601 geworden ist.

HELLSTER, VON DER ERDE AUS SICHTBARER SATELLIT

Die Raumstation *Mir* ist das hellste von der Erde aus sichtbare Objekt. Nach der Einteilung der Astronomen leuchtet sie in der Zeroth-Größenordnung, womit ihre Leuchtkraft am Nachthimmel ungefähr so groß ist wie die von Alpha Centauri, dem Stern, der der Erde am nächsten ist.

AM WEITESTEN ENTFERNTES SICHTBARES OBJEKT

1998 führte ein Raumfahrzeug der NASA mit dem Namen *Near Earth Asteroid Rendezvous* (NEAR) einen Slingshot (Hinausschießen über die Mond- in eine Sonnenumlaufbahn) durch, um sich selbst zu dem riesigen Asteroiden Eros voranzutreiben. Im Januar war es dabei der Erde am nächsten und mit bloßem Auge sichtbar. Am 1. April fotografierte es der Astronom Gordon Garradd aus Loomberah (AUS). Mit einer Entfernung von 33,65 Mio. km von der Erde – das ist das 100fache der Entfernung zum Mond – war es das am weitesten entfernte künstliche Objekt, das von der Erde aus zu sehen war.

TEUERSTER SATELLITENFEHLER

Der teuerste Satellitenfehler der Welt ereignete sich am 12. August 1998, als eine Titan-4-Rakete der U.S. Air Force 41 Sekunden nach dem Start von Cape Canaveral, Florida (USA), explodierte, wobei ein an Bord befindlicher 1,87 Mrd. DM teurer Spionagesatellit zerstört wurde. Die Ursache des Versagens lag möglicherweise im Navigationssystem der Rakete.

GRÖSSTE ANNÄHERUNG EINES SATELLITEN AN DEN MOND

Der Fernmeldesatellit *HGS-1* wurde in einer unbrauchbaren elliptischen Umlaufbahn zurückgelassen, nachdem seine Rakete kurz nach dem Start 1998 einen Defekt hatte. Um die Umlaufbahn des Raumflugkörpers zu korrigieren, schleuderten die Kontrolleure der Mission den Satelliten in eine Mondumlaufbahn. Während dieses Manövers näherte sich der Satellit bis auf 6.212 km der Mondoberfläche, so dicht wie bisher noch kein kommerzieller Satellit zuvor.

LEISTUNGSFÄHIGSTER FERNMELDESATELLIT

Der Satellit *HS702* von Hughes Space and Communications kann Signale mit einer Stärke von 15 kW aussenden, womit er der leistungsfähigste kommerzielle Satellit ist. Um dies zu erreichen, stützt sich der Satellit auf hochleistungsfähige Zwillings-Solarzellen.

ÄLTESTER SATELLIT

Am 17. März 1958 wurde der amerikanische Satellit *Vanguard 1* gestartet. Er ist heute der älteste noch in der Umlaufbahn befindliche Satellit.

GRÖSSTE TRÜMMERSTÜCKE

Weltraummüll wie Raketenstufen, die von Raumfahrtmissionen im Orbit zurückgelassen werden, stellen ein wachsendes Problem für die Planer von Raumfahrtmissionen dar. Mit 3.173 Trümmern in der Erdumlaufbahn sind die USA der größte Weltraumschrott-Verursacher.

SCHWERSTER VON EINEM SPACE SHUTTLE AUSGESETZTER SATELLIT

Der schwerste Satellit, der je in die Erdumlaufbahn gebracht und von einem amerikanischen Space Shuttle ausgesetzt wurde, ist der *Compton Gamma Ray Observatory* (CGRO) mit einem Gewicht von 17,27 t. CGRO ist ein Astronomie-Satellit und untersucht bereits im achten Jahr kosmische Hochenergiestrahlen. Zur Zeit entwirft die NASA einen neuen Satelliten dieser Art unter dem Namen *Chandra X-Ray Observatory*. Er wird wahrscheinlich noch schwerer sein als der CGRO.

MEISTE SATELLITEN

Rußland und die Staaten der ehemaligen UdSSR schossen die Rekordanzahl von 1.337 Satelliten in den Orbit.

ERFOLGREICHSTER HERSTELLER VON FERNMELDESATELLITEN

Die Hughes Space and Communications Company mit Sitz in Los Angeles (USA) hat den Markt mit 137 Fernmeldesatelliten beliefert. Das sind fast 40 % aller gegenwärtig in Betrieb befindlichen Satelliten.

GRÖSSTE KOMMERZIELLE SATELLITENFABRIK

Mit einer Fläche von 56.000 m² für den Satellitenbau ist die Hughes Integrated Satellite Factory in El Segundo (USA) der größte Hersteller kommerzieller Satelliten. Die Fabrik ist gegenwärtig der Hauptproduktionsort für die Satelliten von Hughes Space and Communications.

GRÖSSTER TELEKOMMUNIKATIONSFEHLER

Die größte Unterbrechung eines Telekommunikationssystems ereignete sich im Mai 1998, als *Galaxy 4*, ein 479,6 Mio. DM teurer Satellit von Hughes Space and Communications, der von PanAmSat betrieben wurde, versagte. Infolge der Unterbrechung konnten schätzungsweise 41 Mio. Menschen in den USA ihren Funkrufempfänger zeitweise nicht nutzen.

 GRÖSSTES GEBILDE IM WELTALL

Die „International Space Station" ist das größte Gebilde im Weltall. Nach ihrer Vollendung im Jahr 2004 wird sie 79,9 m lang sein, eine Spannweite von 108,6 m haben und 456 t wiegen. 44 Starts sind nötig, um die Station fertigzustellen. Das größte internationale Space-Projekt vereinigt Teams aus den USA, Rußland, Kanada, Japan, Brasilien und elf europäischen Ländern.

GRÖSSTE RADIOSCHÜSSEL

Das größte Funkohr ins Universum ist das Arecibo Radio Observatory in Puerto Rico. Die Mammutschüssel des Teleskops hat einen Durchmesser von 305 m. Gegenwärtig wird es von Wissenschaftlern dazu benutzt, um das All nach flüchtigen Signalen außerirdischer Lebensformen abzusuchen. Das Arecibo Observatory erschien auch in den Filmen *Golden Eye* (GB/USA, 1995) und *Contact* (USA, 1997).

LEISTUNGSFÄHIGSTE SOLARZELLEN

Während Erd-Solarzellen aus Silikon hergestellt werden, bestehen die Solarzellen von Satelliten aus Galliumarsenid, einer Verbindung, die leichter ist als Silikon und widerstandsfähiger gegen Strahlung. Dies sind die leistungsfähigsten Solarzellen der Welt, da sie 27 % der Lichtenergie in Elektrizität umwandeln. Das ist fast doppel soviel wie bei früheren Bauarten.

GEBÜNDELTSTER LICHTLEITER

Physiker der Universität Bath (GB) haben den am dichtesten gebündelten Lichtwellenleiter der Welt hergestellt. Mit einer Ausdehnung von 10 km und Kernen, die nur 0,00000001 mm dick sind, ist das Längen-Breiten-Verhältnis jeder Faser ungefähr so, als würde der Kanaltunnel von der Erde zum Jupiter gestreckt.

High-Tech
Kultobjekte

KLEINSTES MOBILTELEFON
Das von der Nippon Telegraph and Telephone Corp. hergestellte PHS (Personal Handyphone System) ist ein Telefon in Form einer Armbanduhr, das auf ein herkömmliches Tastenfeld verzichtet. Die Nummern werden mit Hilfe von Spracherkennungsschaltkreisen gewählt. Das Gerät wiegt 70 g und hat die Maße 5,5 x 4 x 1,6 cm.

KLEINSTER FESTKÖRPERSPEICHER
Die SanDisk Multimedia Card, die von SanDisk und Siemens zur Verwendung in tragbaren Geräten wie Mobiltelefonen und digitalen Sprachrecordern entwickelt wurde, mißt 3,2 x 2,4 x 0,14 cm und hat einen Speicher von bis zu zehn Megabyte.

KLEINSTER VIDEORECORDER
Der EVO 220 Micro 8 mm von Sony wiegt 680 g und mißt 6 x 21,7 x 14,6 cm. Er verwendet 8-mm-Bänder und kann Aufnahmen bis zu fünf Stunden machen.

KLEINSTER BILDSENDER
Der VID1 von AE Inc. kann ein Bild zu einer 609 m entfernten Basisstation übertragen. Er mißt 1,5 x 2,28 x 0,76 mm und sendet sowohl PAL- als auch NTSC-codierte Bilder bei 900 MHz, wodurch die Notwendigkeit einer hohen Leistungsabgabe verringert wird. Er hat eine Kapazität von bis zu elf Stunden.

KLEINSTER TASCHENRECHNER
Wissenschaftler des IBM-Forschungslabors in Zürich (CH) haben einen Taschenrechner entwickelt, dessen Durchmesser weniger als 0,000001 mm beträgt.

KLEINSTER VIDEO-CD-PLAYER
Der kleinste Video-CD-Player mit eigenem Bildschirm ist der SL-DP70 von Panasonic. Er mißt 13 x 3,6 x 14,4 cm, läuft bis zu zwei Stunden mit sechs AA-Batterien und kostet ca. 955 DM.

KLEINSTER DVD-PLAYER-BILDSCHIRM
Der Panasonic PalmTheatre hat eine Fläche von 40,7 cm², ist 4,2 cm dick und wiegt 911 g ohne Batterie. Sein 14,73 cm großer LCD-Bildschirm hat 280.000 Pixel und kann 16:9- und 4:3-Bildformate darstellen. Das Gerät besitzt zudem Stereo-Lautsprecher und virtuellen Rundumklang.

TEUERSTER POWER-VERSTÄRKER
Der AudioNote Ongaku kostet 168.692 DM, womit er der teuerste Power-Verstärker der Welt ist. Der Ongaku hat einen Ventilverstärker mit einer Ausgangskonfiguration der Klasse A, wodurch auf Kosten der elektrischen Leistung Klangreinheit erreicht wird. Er ist vor allem deshalb so teuer, weil die Wicklungen für seine Ausgangstransformatoren aus massivem Silber sind (Silber ist bei Zimmertemperatur das leitfähigste Metall).

TEUERSTE 35-MM-SLR-SERIENKAMERA
Die Eos 1N-RS von Canon kostet 6950,40 DM, womit sie heute die teuerste seriengefertigte 35-mm-SLR-Kamera der Welt ist. Die 1N-RS hat eine Verschlußgeschwindigkeit von 1/8.000stel einer Sekunde bis zu 30 Sekunden, läßt Aufnahmegeschwindigkeiten von 25 bis 5.000 ASA zu und kann pro Sekunde bis zu drei Einzelbilder machen. Ihr Penta-Prisma-Sucher bietet 100 % der Ansicht, die auf dem Film zu sehen ist, und das Hauptgehäuse kann jedes Objektiv mit EF-Fassung von Canon aufnehmen.

RAFFINIERTESTE TOILETTE
Washlet Zoë des japanischen Herstellers Toto wurde erstmals 1997 verkauft. Ihr Sitz und Deckel heben sich automatisch, ein Spül-„Simulator" kann peinliche Geräusche überdecken. Der Sitz ist beheizt, und die Toilette kann den Benutzer waschen und abtrocknen. Die gesamte Anlage kann fernbedient werden und erneuert nach jeder Benutzung automatisch die Luft. Die Zoë kostet 1265,20 DM. Toto arbeitet auch an einer Toilette, die Urin analysiert, den Blutdruck mißt und diese Daten dann mittels eines eingebauten Modems an einen Arzt sendet.

KLEINSTER COMPUTER
Der kleinste tragbare Computer ist der Psion Series 5, der mit Batterien 345 g wiegt. Er besitzt eine Blindschreibtastatur und einen berührungsempfindlichen Bildschirm.

„INTELLIGENTESTER" STIFT
Der von der British Telecom entwickelte SmartQuill kann als Tagebuch, Kalender, Adreßdatenbank, Wecker, Notizbuch, Rechner, Funkruf- und E-Mail-Empfänger sowie Schreibstift benutzt werden. Er speichert bis zu zehn DIN-A4-Seiten, bevor die Informationen ausgedruckt werden. Siliziumstreifen messen die Schwerkraft gegen die Finger, deshalb erkennt der Stift die Handschrift des Besitzers, egal wie schlecht sie ist. Der SmartQuill soll 2001 zu einem Preis von ca. 566 DM auf den Markt kommen.

STOSSFESTER CD-PLAYER
Der PCD-7900 von Sanyo-Fisher ist der erste tragbare CD-Player der Welt, in den ein 40 Sekunden großer Anti-Stoß-Speicher eingebaut ist, der Fehler, die durch einen Stoß verursacht werden, ausgleicht. Die Stoßüberwachung macht es möglich, daß der Benutzer weiter Musik von der ursprünglichen CD hören kann, während er die CDs wechselt.

KLEINSTER CAMCORDER

Der CCD-CR1 Ruvi von Sony mißt 12,5 x 6,7 x 4,4 cm und kann bis zu 30minütige Aufnahmen speichern. Die Kamera hat einen 6,35 cm großen LCD-Bildschirm und ein optisches Zoom. Das Band befindet sich in einer Kassette zusammen mit den Aufnahme- und Abspielköpfen, die sich mit jeder neu eingelegten Kassette ein- und ausstöpseln.

 MEISTVERKAUFTER MP3-PLAYER
Von dem Diamond Rio PMP300 MP3-Player wurden zwischen seiner Erstauslieferung im November 1998 und Mai 1999 400.000 Stück verkauft. Das im Internet verfügbare MP3-Format ist eine digitale Methode zur Speicherung und zum Abspielen von Tondateien. Der PMP300 mißt 9 x 6,5 x 1,5 cm und speichert bis zu 60 Minuten in Digitalqualität. MP3-Player sind kleiner als Kassetten und besitzen keine beweglichen Teile, weshalb sie nichts überspringen.

 KLEINSTER MINIDISC-RECORDER
Der MZ-R55 von Sony ist 1,89 cm dick und wiegt 190 g einschließlich Lithium-Ionenbatterie und AA Alkalizellen. Er hat eine Spielzeit von bis zu 16 Stunden.

LEICHTESTER SCANNER MIT EINZELBLATTEINZUG
Der CanoScan 300S, der Canons LED InDirect-Belichtungstechnologie (LIDE) verwendet, wiegt nur 1,5 kg.

KLEINSTER REISSWOLF
Der PRO26 von Piranha mißt 17 x 6 x 4 cm und kann jedes Dokument zerreißen, indem er Teile abschneidet und sie in Schnipsel reißt.

KLEINSTES FAX-GERÄT
Das Zusatzgerät Smart Phone von Philips wird an das Philips PCS 1900 Digital Phone angeschlossen, um Faxe und E-Mails zu senden, den Internetzugang herzustellen und andere Kommunikationsdienste zu ermöglichen. Mit diesen Funktionen, einer Länge von 17 cm und einem Gewicht von 159 g ist das PCS 1900 das kleinste und leichteste Mobilfaxgerät.

BILLIGSTER GPS-EMPFÄNGER
Der billigste tragbare GPS (Global Positioning by Satellite)-Empfänger der Welt ist der GPS Pioneer von der Magellan Systems Corporation (USA). Der Pioneer ist der erste GPS-Empfänger, der weniger als 181 DM kostet und mit dem die Benutzer ihren Standort auf der Erde mit Hilfe von 24 geostationären Satelliten des NavStar-Netzes bestimmen können.

 MEISTVERKAUFTER „KUPPLER"
Der Lovegety von der japanischen Firma Erfolg wurde seit seiner Erstauslieferung im Februar 1998 über 1,3 Mio. Mal verkauft. Der handtellergroße Pieper kostet 39,82 DM und erkennt Signale, die innerhalb einer Reichweite von 4,6 m von einem Lovegety-Besitzer des anderen Geschlechts ausgesendet werden. Sein Erfinder, Takeya Takafuji, wollte ein Gerät entwickeln, „das die Gedanken des anderen lesen kann".

 Technik

Autos

SCHNELLSTER SERIENWAGEN
Die höchste von einem Fahrzeug aus normaler Serienproduktion erreichte Geschwindigkeit beträgt 349,21 km/h und wurde von dem britischen Formel-1-Renfahrer Martin Brundle am Steuer eines Jaguar XJ220 auf der Teststrecke von Nardo (I) am 21. Juni 1992 erreicht.

Die größte auf der Straße getestete Beschleunigung beträgt 3,07 Sekunden von 0 auf 96 km/h. Diese Leistung erreichte im Mai 1994 auf dem Testgelände von Millbrook (GB) ein von Graham Hathaway gesteuerter Ford RS200 Evolution.

NIEDRIGSTER BENZINVERBRAUCH
1989 fuhr der Auto-Journalist Stuart Bladon einen Citroën AX 14DTR auf der Autobahn M11 (GB) während einer von Lucas Diesel Systems organisierten Testfahrt mit 4,546 Litern 180,26 km weit.

Ein vom Team 1200 von Honda in Suzuka City (J) entwickeltes Fahrzeug erzielte am 1. September 1996 einen Verbrauch von 3.336 km/Liter bei dem Pisaralla-Pisimmälle-Kilometermarathon in Nokia (FIN).

GRÖSSTE REICHWEITE
Die größte mit einem Fahrzeug mit einer Standard-Tankfüllung zurückgelegte

STÄRKSTER WAGEN
Der stärkste Serienwagen der Welt ist gegenwärtig der McLaren F1 6.1, der eine Bremsleistung von über 627 entwickelt. Er beschleunigt auf 95,6 km/h in 3,2 Sekunden und erreicht eine Höchstgeschwindigkeit von über 370 km/h.

Entfernung beträgt 2.153,4 km, erreicht auf einem Audi 100 TDI-Dieselfahrzeug (Tankvolumen 80,1 Liter). Vom 26. bis 28. Juli 1992 fuhr Stuart Bladon zusammen mit Robert Proctor, einem Beobachter vom Royal Automobile Club, von John O'Groats nach Land's End und zurück nach Schottland.

DIE LÄNGSTE VON EINEM SERIENWAGEN MIT EINER FÜLLUNG GEFAHRENE STRECKE
Ein Solectria-Force-NiMH-Electric-Sedan stellte einen neuen Rekord auf, als er 1997 bei der Sustainable Energy Association (NESEA) American Tour De Sol 400,72 km mit einer einzigen Füllung fuhr. Der Wagen besaß hochmoderne Nickelhydridbatterien, hergestellt von der Batteriefirma Ovonic. Solectria brach ihren bestehenden Rekord von 392,67 km, den sie im Jahr 1996 bei der Tour De Sol aufgestellt hatte.

LÄNGSTER WAGEN

Jay Ohrberg aus Burbank (USA) entwarf eine 30,5 m lange, 26rädrige Limousine. Zu ihrer Ausstattung zählen u. a. ein Swimmingpool mit Sprungbrett und ein extra großes Wasserbett. Sie kann als starres Fahrzeug gefahren oder in der Mitte umgebogen werden. Die Konstrukteure solcher Limousinen versuchen sich gegenseitig nicht nur durch die Länge, sondern auch durch die Ausstattung der Fahrzeuge zu übertrumpfen. Der 20,73 m lange, 22rädrige Cadillac Hollywood Dream zum Beispiel verfügt über sechs Telefone, eine Satellitenschüssel, ein Golf-Feld und sogar über einen Hubschrauber-Landeplatz.

KLEINSTER SERIENWAGEN
Der Smart von Daimler-Benz ist zur Zeit der kleinste Serienwagen. Mit einer Länge von weniger als 2,50 m unterbietet er seinen Rivalen, den Rover Mini, um 55 cm. Der Zweisitzer verfügt über abnehmbare Verkleidungen aus Thermoplastik, mit denen der Besitzer die Farbe seines Fahrzeugs verändern kann.

HÖCHSTER KILOMETERSTAND EINES AUTOS
„Old Faithful", ein 1963er Volkswagen „Käfer" im Besitz von Albert Klein aus Pasadena (USA), erreichte einen Stand von 2,6 Mio. km, bevor er am 29. März 1997 verschrottet wurde.

GRÖSSTES AUTO
Das größte, je für den privaten Gebrauch hergestellte Auto war der Bugatti „Royale" Typ 41, der in Molsheim (F) von dem italienischen Konstrukteur Ettore Bugatti gebaut wurde. Er wurde erstmals 1927 produziert, besitzt einen Achtzylinder-Motor mit einem Hubraum von 12,7 Litern und ist über 6,7 m lang. Allein die Motorhaube ist 2,13 m lang.

BREITESTE AUTOS
Der Koenig Competition:2417, gebaut 1989, und der Koenig Competition Evolution:2418, gebaut 1990, beide in Deutschland, sind jeweils 2,195 m breit.

KLEINSTES AUTO
Der Peel P50, gebaut 1962 von der Peel Engineering Company in Peel, Isle of Man (GB), war 1,34 m lang, 99 cm breit und 1,34 m hoch. Er wog 59 kg.

LEICHTESTES AUTO
Das leichteste Auto der Welt wurde von Louis Borsi aus London (GB) gebaut und gefahren. Es wiegt 9,5 kg, hat einen 2,5-cm³-Motor und erreicht eine Höchstgeschwindigkeit von 25 km/h.

BILLIGSTES AUTO
Der Red Buck Buckboard von 1922, gebaut von der Briggs & Stratton Company, Milwaukee (USA), wurde für 125–150 Dollar verkauft, was 1998 einem Preis von 1.130–1.879 Dollar (ca. 1.989–3.291 DM) entsprach. Er hatte einen Radstand von 1,57 m und wog 111 kg. Frühe Modelle der in den USA produzierten King Midgets wurden 1948 als Bausatz für nur 100 Dollar verkauft, was 1998 einem Preis von ca. 842 Dollar (ca. 1.482 DM) entsprach.

LÄNGSTER SERIENMÄSSIG HERGESTELLTER WAGEN
Der Morgan 4/4, gebaut von der Morgan Motor Car Company aus Malvern (GB), feierte im Dezember 1998 seinen 63. Geburtstag. Gegenwärtig gibt es für den Wagen eine Warteliste zwischen sechs und acht Jahren.

MEISTVERKAUFTE SPORTWAGEN
Zwischen 1989 und 1998 fertigte Mazda 492.645 MX5-Sportwagen. Der Wagen, der in den USA Miata und in Japan Roadster heißt, war so erfolgreich, daß der Markt mit Zweisitzer-Sportwagen überflutet wurde.

SCHNELLSTES DIESEL-FAHRZEUG
Der Prototyp des Drei-Liter-Mercedes C 111/3 erreichte am 5.–15. Oktober 1978 auf dem Narado-Rundkurs in Süditalien über einen Zeitraum von zwölf Stunden eine Geschwindigkeit von 327,3 km/h. Dabei wurde die Rekord-Entfernung von insgesamt 3.773,5 km zurückgelegt.

SCHNELLSTES ELEKTRO-FAHRZEUG
Der Impact von General Motors erreicht die höchste Geschwindigkeit eines Elektro-Fahrzeugs mit 295,832 km/h. Clive Roberts aus Großbritannien erreichte diese Geschwindigkeit auf dem Fort Stockton Test Center in Texas (USA) am 11. März 1994.

TEUERSTER SERIENWAGEN
Der teuerste Serienwagen der Welt ist der Mercedes-Benz CLK/LM mit einem Preis von ca. 2,72 Mio. DM. Seine Spitzengeschwindigkeit liegt bei 320 km/h, und er beschleunigt in 3,8 Sekunden von 0–100 km/h.

 High-Tech

Zweiräder

GRÖSSTES FAHRRAD
Das größte Fahrrad der Welt nach dem Durchmesser der Räder ist das von Dave Moore aus Rosemead (USA) gebaute *Frankencycle*, das von Steve Gordon aus Moorpark (USA) erstmals am 4. Juni 1989 gefahren wurde. Sein Raddurchmesser beträgt 3,05 m und das Fahrrad selbst hat eine Höhe von 3,4 m.

LÄNGSTES FAHRRAD
Das längste Fahrrad, das ohne ein drittes Rad zur Stabilisierung gebaut wurde, ist 22,24 m lang und wiegt 340 kg. Das von Terry Thessman aus Pahiatua (NZ) entworfene und gebaute Fahrrad wurde am 27. Februar 1988 von vier Fahrern 246 m weit gefahren.

KLEINSTES FAHRRAD
Das kleinste fahrbare Fahrrad der Welt hat Räder mit einem Durchmesser von 1,9 cm und wurde am 25. März 1988 von seinem Konstrukteur Neville Patten aus Gladstone (AUS) über eine Strecke von 4,1 m gefahren.

HÖCHSTES EINRAD
Steve McPeak (USA) fuhr im Oktober 1980 in Las Vegas (USA) ein 31,01 m hohes Einrad über eine Entfernung von 114,6 m. Er wurde dabei durch ein Seil, das von einem Laufkran herabhing, gesichert.

GRÖSSTES DREIRAD
Das größte Dreirad der Welt wurde im Juli 1998 von 16 Studenten des Bay de Noc Gemeinde-Colleges, Escabana (USA), gebaut. Es hat einen Vorderraddurchmesser von 4,67 m, die Hinterräder haben einen Durchmesser von 2,23 m und die Gesamthöhe des Dreirads beträgt 7,13 m.

TEUERSTES MOTORRAD
Das teuerste in Serie produzierte Motorrad der Welt ist eine Morbidelli 850 V8 mit einem Verkaufspreis von 186.198 DM.

KLEINSTES EINRAD

Das kleinste Einrad ist 20 cm hoch, hat einen Raddurchmesser von 1,8 cm und besitzt keine Anbauten oder Zubehörteile. Es wurde von Signar Berglund (SWE) gebaut und mehrmals von Peter Rosendahl (SWE) gefahren. Die größte Strecke betrug 8,5 m in der Fernsehshow *Laß Dich überraschen* am 29. März 1998 in den ZDF Studios, Unterföhring (D).

KLEINSTES TANDEM
Jacques Puyoou aus Pau (F) hat ein Tandem mit einer Länge von 36 cm gebaut. Es wurde von ihm und seiner Frau gefahren.

TEUERSTES MOUNTAINBIKE
„The Flipper" ist mit einem Preis von 20.500 DM das teuerste im Einzelhandel erhältliche Mountainbike der Welt. Das von der britischen Firma Stif gebaute Rad wiegt nur 9,07 kg und ist für Gelände-Rennstrecken entworfen. Es enthält einige der teuersten Fahrradteile der Welt; die Bremsen, Pedale und die Gangschaltung kommen aus Japan, der Rahmen aus den USA, die Gabel und der Lenker sind in Großbritannien hergestellt und der Sattel ist aus Italien.

KLEINSTES MOTORRAD
Simon Timperley und Clive Williams von der Progressive Engineering Ltd, Ashton-under-Lyne (GB), entwarfen und bauten ein Motorrad mit einem Radabstand von 10,8 cm, einer Sitzhöhe von 9,5 cm und einem Raddurchmesser des Vorderrads von 1,9 cm und des Hinterrads von 2,4 cm. Das Motorrad wurde 1 m weit gefahren.

GRÖSSTER HERSTELLER VON KLAPPRÄDERN
Dahon California, Inc. (USA) ist der weltweit größte Hersteller von Klapprädern. Seit 1982 produzierte Dahon über 1,2 Mio. Räder. Sein erfolgreichstes Modell ist *Classic*, das weltweit mehr als 400.000 Mal verkauft wurde.

LÄNGSTES MOTORRAD
Douglas und Roger Bell aus Perth (AUS) entwarfen und bauten ein 7,6 m langes Motorrad mit einem Gewicht von fast 2 Tonnen.

GRÖSSTER MOTORRADHERSTELLER
Die Honda Motor Company aus Japan ist der größte Motorradhersteller der Welt. Sie besitzt 95 Produktionsstätten in 34 Ländern für Motorräder und Automobile. 1998 verkaufte Honda insgesamt 5,1 Mio. Fahrzeuge an Einzelhändler.

ERSTES MOTORRAD
Das erste Motorfahrrad mit einem Verbrennungsmotor war *Einspur*, eine im Jahr 1885 von Gottlieb Daimler in Bad Cannstatt (D) gebaute Maschine mit Holzrahmen, die erstmals von Wilhelm Maybach gefahren wurde. Sie

LEICHTESTES KLAPP-FAHRRAD

Das von der National Bicycle Industrial Co., der Matsushita Electric Industrial Co. sowie der East Japan Railway Co. in Japan gebaute Triancle 6500 B-PEHT23 wiegt nur 6,5 kg. Der Rahmen und die Vordergabel sind aus Titan. Das Fahrrad kann bequem in einem Zug mitgenommen werden und paßt leicht in ein Bahnhofsschließfach.

erreichte eine Höchstgeschwindigkeit von 19 km/h und entwickelte mit ihrem 264-cm³-Einzylinder-Viertaktmotor 0,5 PS bei 700 U/min.

LEISTUNGSFÄHIGSTER MOTORROLLER

Die Suzuki Bergman 400 cc hat die größte Leistung aller zur Zeit produzierten Motorroller. Ihre Nutzleistung beträgt 31,5 bhp bei 8.000 U/min, und das Drehmoment 14.46 lb ft² bei 6.000 U/min.

TEUERSTER SERIENGEFERTIGTER MOTORROLLER

Die Suzuki AN 400 ist mit 11.996 DM der teuerste seriengefertigte Motorroller, seine Zulassungsgebühr beträgt 825,36 DM.

ÄLTESTER MOTORROLLER-HERSTELLER

Der italienische Hersteller Vespa ist der älteste Produzent von Motorrollern der Welt. Im Dezember 1945 wurde der Prototyp der ersten Vespa getestet und zugelassen, die Produktion begann im April 1946. 1949 wurde das Unternehmen zum Hoflieferanten ernannt und belieferte den Duke of Edinburgh mit Motorrollern.

SCHNELLSTES SERIEN-MOTORRAD

Die Suzuki Hayabusa Gsx1300R erreicht Berichten nach Rekordgeschwindigkeiten von 312 km/h. Sie ist eine 1298 cc DOHC mit vier Auslaßventilen je Zylinder, einem Auslaßventilwinkel von 14° und elektronischer Kraftstoffeinspritzung mit Staudruck-Luft. Das Ergebnis ist ein leistungsstarkes Motorrad mit 175 PS bei 9800 U/min und einem Gesamtgewicht von 215 kg. „Hayabusa" ist das japanische Wort für Wanderfalke.

High-Tech
Flugzeuge & Schiffe

SCHNELLSTES SEGELSCHIFF

Am 26. Oktober 1993 erreichte der Trifoiler *Yellow Pages Endeavour* (unten abgebildet) bei einer Fahrt über eine Strecke von 500 m in Sandy Point nahe Melbourne (AUS) eine Geschwindigkeit von 46,52 Knoten (86,21 km/h), die höchste Geschwindigkeit, die je ein Schiff unter Segeln erreichte. Der Trifoiler hat ein 12 m hohes Segel, drei kurze Gleitschiffskörper und wurde von Lindsay Cunningham (AUS) entworfen, die auch die australischen Katamarane für den Little America's Cup entwarf. Während seiner rekordbrechenden Fahrt wurde es von Simon McKeon und Tim Daddo (beide AUS) gesteuert.

SCHNELLSTE VERKEHRSFLUGZEUGE

Die Tupolew Tu-144, erstmals 1968 geflogen, erreichte Berichten zufolge Mach 2,4 (2.575 km/h); ihre normale Reisegeschwindigkeit betrug jedoch Mach 2,2. Im Mai 1970 war sie das erste kommerzielle Transportmittel, das Mach 2 überschritt.

Die BAC/Aérospatiale Concorde wurde erstmals 1969 geflogen. Ihre Reisegeschwindigkeit beträgt bis zu Mach 2,2 (2.333 km/h). Sie ist damit das schnellste Überschall-Verkehrsflugzeug.

SCHNELLSTE FLUGZEUGE

Die Lockheed SR-71, ein Aufklärungsflugzeug der U.S. Air Force, war mit einer Geschwindigkeit von bis zu 3.529,56 km/h der schnellste je gebaute Düsenjet. In ihrer endgültigen Form wurde sie erstmals 1964 geflogen und erreichte eine Höhe von etwa 30.000 m. Sie war 32,73 m lang, hatte eine Spannweite von 16,94 m und ein Startgewicht von 77,1 Tonnen. Ihre Reichweite bei Mach 3 betrug 4.800 km bei einer Höhe von 24.000 m.

Das schnellste propellergetriebene Flugzeug war die sowjetische Tu-95/142, die vier 11.033-kW-Motoren (14.795 PS) mit achtblättrigen, entgegengesetzt rotierenden Propellern besaß. Sie erreichte eine Höchstgeschwindigkeit von Mach 0,82 oder 925 km/h.

Die höchste von einem Kolbenmotor-Flugzeug erreichte Geschwindigkeit über eine Strecke von 3 km beträgt 850,24 km/h. Lyle Shelton erreichte diese Geschwindigkeit im August 1989 in Las Vegas (USA) auf *Rare Bear*, einer modifizierten Grumman F8F Bearcat.

Der schnellste Doppeldecker war die italienische Fiat CR42B mit einem Daimler-Benz-DB601A-Motor mit 753 kW (1.010 PS) und einer Geschwindigkeit von 520 km/h (1941). Es handelte sich um eine Einzelanfertigung.

SCHNELLSTES FLUGBOOT

Die Martin XP6M-1 SeaMaster, ein von der US-Marine von 1955 bis 1959 geflogener vierstrahliger Minenleger, erreichte eine Höchstgeschwindigkeit von 1.040 km/h.

GRÖSSTE FLUGZEUGE

Das Düsenverkehrsflugzeug mit der größten Kapazität ist die Boeing 747-400, die 1989 erstmals in Dienst gestellt wurde. Sie hat eine Spannweite von 64,9 m, eine Reichweite von 13.340 km und faßt bis zu 566 Passagiere.

Das Verkehrsflugzeug mit dem größten Volumen ist der Airbus Super Transporter A300-600 ST Beluga, der einen Hauptladeraum von 1.400 m³, ein maximales Startgewicht von 150 Tonnen, eine Spannweite von 44,84 m und eine Gesamtlänge von 56,16 m hat. Die Länge des nutzbaren Frachtraums beträgt 37,7 m.

GRÖSSTE FLUGZEUGTRÄGER

Die Flugzeugträger der Nimitz-Klasse *USS Nimitz*, *Dwight D. Eisenhower*, *Carl Vinson*, *Theodore Roosevelt*, *Abraham Lincoln*, *George Washington* und *John C. Stennis* (die drei letztgenannten besitzen eine Verdrängung von 103.637 Tonnen) haben bei voller Ladung die höchste Verdrängung von allen Kriegsschiffen. Sie sind 332,9 m lang, besitzen ein 1,82 ha großes Flugzeugdeck und werden von vier atomgetriebenen 260.000 shp Dampfgetriebeturbinen betrieben. Sie können Geschwindigkeiten von über 30 Knoten (56 km/h) erreichen. Die Nimitz-Klasse besitzt vier Abschußrampen vom Typ C-13 Mod 1, die die Flugzeuge vom Deck aus antreiben. Diese können selbst das schwerste Flugzeug auf dem Flugzeugträger aus dem Stand auf Geschwindigkeiten von 273 km/h beschleunigen.

KLEINSTER DOPPELDECKER

Der kleinste Doppeldecker, der jemals abhob, war die von Robert Starr aus Tempe (USA) entworfene und gebaute Bumble Bee Two *(oben abgebildet). Die* Bumble Bee Two *konnte nur eine Person tragen, hatte eine Gesamtlänge von 2,69 m, eine Spannweite von 1,68 m und wog leer 179,6 kg. 1988 stürzte sie aus einer Höhe von 120 m ab und wurde völlig zerstört.*

GRÖSSTE FLÜGELSPANNWEITEN

Das 72,4 Mio. DM teure Flugboot Hughes H4 Hercules, auch bekannt unter dem Namen *Spruce Goose* (Geschniegelte Gans), hatte mit 97,51 m die größte Spannweite aller je gebauten Flugzeuge. Das 193 Tonnen schwere und 66,65 m lange Flugzeug erhob sich 1947 bei einem von dem amerikanischen Magnaten Howard Hughes durchgeführten Testflug über eine Strecke von 914 m vor Long Beach Harbor, Kalifornien (USA), 21,3 m hoch in die Luft. Seitdem ist es aber nie wieder geflogen worden.

Den Rekord für die größte Spannweite eines heute eingesetzten Flugzeugs hält mit 73,3 m die ukrainische Antonov An-124 Ruslan.

KLEINSTER EINDECKER

Der kleinste je geflogene Eindecker ist die von Donald Stits entworfene und gebaute *Baby Bird*. Er ist 3,35 m lang, hat eine Spannweite von 1,91 m und wiegt leer nur 114,3 kg. Er wurde erstmals 1984 geflogen und erreicht eine Höchstgeschwindigkeit von 177 km/h.

GRÖSSTES SERIENMÄSSIG HERGESTELLTES FLUGZEUG

Das in Serie hergestellte Flugzeug mit dem größten Volumen ist die ukrainische Antonov An-124 Ruslan (linke Abbildung), die einen Frachtraum mit einem nutzbaren Volumen von 1.014 m³ und ein maximales Startgewicht von 405 Tonnen hat. Die Schwertransport-Version der An-124, die An-225 Mriya, hat einen gestreckten Rumpf mit einem nutzbaren Volumen von 1.190 m³. Ihr Laderaum besitzt eine ununterbrochene Länge von 43 m und eine maximale Breite und Höhe von 6,4 m x 4,4 m.

KLEINSTES ZWEIMOTORIGES FLUGZEUG

Das kleinste zweimotorige Flugzeug der Welt war vermutlich die 1973 erstmalig geflogene kolumbianische MGI5 Cricri. Die Cricri hat eine Spannweite von 4,9 m, eine Gesamtlänge von 3,91 m und wird von zwei JPX-PUL-Motoren mit 11,25 kW (15 PS) angetrieben.

GRÖSSTES SEGELSCHIFF

Das größte gegenwärtig in Dienst befindliche Segelschiff ist die 109 m lange *Sedov*. Sie wurde 1921 in Kiel (D) gebaut und wird heute von der russischen Marine genutzt. Das 14,6 m breite Schiff hat eine Verdrängung von 6.300 t und eine Segelfläche von 4.192 m². Die *Sedov* erreicht Geschwindigkeiten von bis zu 17 Knoten (31 km/h) und hat eine Besatzung von 65 Kadetten und 120 auszubildenden Offizieren.

LÄNGSTES SEGELSCHIFF

Das längste Segelschiff der Welt ist die in Frankreich gebaute, 187 m lange *Club Med 1*, die fünf Aluminiummasten und 2.800 m² computergesteuerte Polyester-Segel besitzt. Das Schiff wird von dem Tourismusunternehmen Club Med als Kreuzfahrtschiff in der Karibik eingesetzt und kann 425 Passagiere aufnehmen.

GRÖSSTES FRACHTSCHIFF

Der Öltanker *Jahre Viking* (früher unter den Namen *Happy Giant* und *Seawise Giant* bekannt) ist 458,45 m lang und hat ein Ladegewicht von 564.763 t. Der Tanker hat einen Deckbalken von 68,8 m und einen Tiefgang von 24,61 m. Während des Krieges zwischen Iran und Irak wurde er fast vollständig zerstört, wurde dann aber in Singapur und den Vereinigten Arabischen Emiraten für 108,6 Mio. DM erneuert und im November 1991 unter seinem neuen Namen wieder in Dienst gestellt.

GRÖSSTES CONTAINERSCHIFF

Das größte gegenwärtig in Dienst befindliche Containerschiff ist die 1996 in Odense (DK) gebaute *Regina Maersk*. Sie hat ein Gewicht von 81.488 Bruttoregistertonnen und eine Kapazität von 6.000 TEU (20-Fuß-Einheiten).

GRÖSSTES TRAGFLÄCHENBOOT

Die 64,6 m lange *Plainview*, ein Tragflächenboot der US-Marine, wiegt bei voller Ladung 314 t. Es wurde am 28. Juni 1965 von der Lockheed Shipbuilding and Construction Co., Seattle (USA), vom Stapel gelassen. Die Reisegeschwindigkeit beträgt 92 km/h.

GRÖSSTE YACHTEN

Die Yacht *Abdul Aziz* des saudiarabischen Königshauses, die in Dänemark gebaut und im Juni 1984 bei Vospers Yard, Southampton (GB), fertiggestellt wurde, mißt 147 m.

Die größte, nichtkönigliche Yacht der Welt ist die 124 m lange *Savarona*. Sie wurde 1931 für den türkischen Präsidenten Mustafa Kemal Atatürk gebaut.

GRÖSSTE DSCHUNKE

Die Hochsee-Dschunke *Zheng He* hatte eine Verdrängung von 3.150 t und eine geschätzte Länge von 164 m. Das Flaggschiff von Admiral Zheng Hes 62 Schatzschiffen aus dem Jahr 1420 soll neun Masten gehabt haben.

SCHNELLSTES LUFTKISSENFAHRZEUG

Am 25. Januar 1980 erreichte ein 24 m langes, 110 Tonnen schweres Testluftkissenboot der US-Marine auf der Chesapeake-Bay-Teststrecke, Virginia (USA), eine Geschwindigkeit von 105,8 km/h.

ÄLTESTES DAMPFSCHIFF

Die *SS Great Britain* wurde 1843 in Bristol (GB) vom Stapel gelassen und war das erste schraubengetriebene Dampfschiff, das den Atlantik überquerte. Sie wurde auch auf der Route Großbritannien–Australien eingesetzt und beförderte 1855–56 Truppen in den Krimkrieg. Nachdem das Schiff 1884 vor Kap Hoorn in Schwierigkeiten geraten war, suchte es Schutz im Hafen von Port Stanley auf den Falklandinseln, wo es später als Lagerschiff genutzt wurde. 1970 wurde es vor den Falklandinseln geborgen und zurück nach Bristol gebracht. Dort wurde es wieder restauriert und in den Originalzustand versetzt.

KLEINSTES DÜSENFLUGZEUG

Das kleinste Düsenflugzeug der Welt ist die 1976 von Bob und Mary Ellen Bishop aus Aguila (USA) gebaute Silver Bullet (links abgebildet). Sie ist 3,7 m lang, hat eine Spannweite von 5,2 m und wiegt ca. 198 kg. Die *Silver Bullet* erreicht im Horizontal- und Geradeausflug eine Geschwindigkeit von 483 km/h.

High-Tech

Raketen

MEISTE STARTVERLUSTE

Auf dem Bild startet die *Ariane 5* von ihrer Startrampe in Kourou in Französisch-Guayana. Diese Weiterentwicklung der *Ariane 4*-Rakete kann einen 18-t-Satelliten in den erdnahen Orbit und eine Nutzlast von 5,9 t in den geostationären Orbit befördern. Der erste Flug von *Ariane 5* endete am 6. Juni 1996 mit einem Disaster, als der Bordcomputer 40 Sekunden nach dem Start versagte, was zu einem unkontrollierten Richtungswechsel führte. Eine Selbstzerstörungsautomatik sprengte die Rakete in die Luft. Die Rakete beförderte vier gleiche Cluster-Satelliten. *Ariane 5* gelangen seitdem zwei erfolgreiche Starts im Oktober 1997 und Oktober 1998.

GRÖSSTE RAKETE
Die amerikanische *Saturn V* war die größte Rakete mit einer Rekordhöhe von 110,6 m und dem *Apollo*-Spacecraft auf der Spitze. Sie wog am Startplatz 2.903 t.

KLEINSTE RAKETE
Der kleinste Satellitenträger war die *Pegasus*, eine 15 m lange, dreistufige Trägerrakete. Die erste *Pegasus*, die seitdem durch die *Pegasus XL*-Version ersetzt wurde, wurde 1990 von einem Flugzeug aus in die Luft gelassen.

TEUERSTE RAKETE
Die *Saturn V* wurde für das *Apollo*-Mondlandungsprogramm gebaut, das bis zum ersten Mondflug im Juli 1969 ungefähr 44 Mrd. DM gekostet hatte.

Kommerzielle Kunden zahlten insgesamt mehr als 211 Mio. DM für den Start von Kommunikationssatelliten in den Orbit durch die *Titan*-Rakete, die nicht mehr auf dem Markt ist.

BILLIGSTER SATELLITENTRÄGER
Pegasus war der billigste amerikanische Satellitenträger mit einem Budget von 80 Mio. DM und durchschnittlichen Kosten von 17 Mio. DM pro Start.

INTELLIGENTESTE RAKETEN
Start und Flug der Space Shuttles sind ab der neunten Minute vor dem Start und bis zur achten Minute im Orbit computergesteuert.

BESTES RAKETENTRIEBWERK
Das revolutionäre Aerospike-Triebwerk, mit dem die nächste Generation von Shuttles angetrieben werden wird, hat keine Ausstoßöffnung wie die konventionellen Raketen. Das ausgestoßene Gas fließt statt dessen über eine Rampe, die ihre Position während des Fluges verändern kann, um mehr Leistung und Effektivität zu erreichen. Prototypen des Aerospike werden schon in umgebauten SR-71-Spionageflugzeugen verwendet.

STÄRKSTES RAKETENTRIEBWERK
1980 wurde in der damaligen UdSSR von einer wissenschaftlich-industriellen Vereinigung von Triebwerksspezialisten die RD-170 mit einer Schubkraft von 806 t im All und 704 t auf der Erdoberfläche gebaut. Das Triebwerk arbeitet mit flüssigem Sauerstoff und Kerosin. Die RD-170 trieb das vierstufige *Energiya*-Triebwerk im Jahr 1987 an, bleibt aus Kostengründen jetzt aber auf dem Boden.

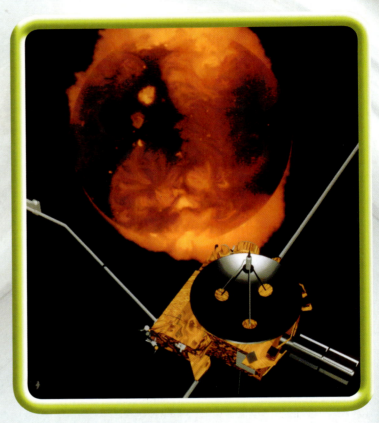

SCHNELLSTE ENTFERNUNG VON DER ERDE
Das ESA *Ulysses Spacecraft* passiert hier einen der Pole der Sonne. Das Raumfahrzeug erreichte, von einem IUS-PAM-Triebwerk beschleunigt, eine Rekordgeschwindigkeit von 54.614 km/h, nachdem es am 7. Oktober 1990 von der *Discovery* gestartet worden war. Die Informationen, die es zurück zur Erde sendet, haben den Wissenschaftlern dabei geholfen, ein dreidimensionales Bild der Sonne zu entwickeln.

AM WEITESTEN ENTWICKELTES HITZESCHILD
Das Hitzeschild des Space Shuttle, mit dem die Hitze des Wiedereintritts abgewehrt wurde, bestand bei den ersten Flügen aus 32.000 Quarz-Kacheln, die einzeln getestet und aufgeklebt werden mußten, eine schwierige, teure und zeitraubende Aufgabe. Verbesserungen bei der Konstruktion der Hitzeabwehr haben die Menge der nötigen Kacheln heute deutlich reduziert. Der Nachfolger des Shuttle, das „Reusable Launch Vehicle" der nächsten Generation, wird keine Kacheln benötigen, da es aus weiterentwickelten Graphit-Komponenten gebaut sein wird, die die Hitze auszuhalten in der Lage sind.

SPEKTAKULÄRSTER FEHLSTART
Ursprünglich als zentraler Faktor für die Landung auf dem Mond geplant, wurde die gigantische russische *N1*-Rakete nach ihrem dritten Fehlstart am 3. Juli 1969, weniger als zwei Wochen vor dem erfolgreichen Start der amerikanischen *Apollo 11*-Mission, stillgelegt. Der letzte Fehlstart der *N1* verursachte eine große Explosion auf dem Startgelände, bei der viele Menschen starben.

UNSICHERSTES STARTSYSTEM
Die russisch-ukrainische *Zenit*-Trägerrakete hatte 21 erfolgreiche und sieben mißlungene Starts seit 1985 — eine Erfolgsrate von 72 %.

DIENSTÄLTESTE TRÄGERRAKETE
Die *A2*, mit der die *Soyus* zur *Mir*-Station gestartet wird, ist eine fortgeschrittene Version der Rakete, mit der der

ZUVERLÄSSIGSTE STARTSYSTEME

Die Mission STS-78 des US Space Shuttle Columbia hebt hier am 20. Juni 1996 in Cape Kennedy, Florida (USA), ab. Zwischen April 1981 und Januar 1998 gelangen 89 Starts mit nur einem Versagen – eine Erfolgsrate von 98 %.
Die russische Soyus U-Serie flog seit 1973 781mal mit 766 erfolgreichen Starts, zweimal mit 100 erfolgreichen Starts in Folge.

Sputnik 1957 transportiert wurde. Erstmals in den 50ern als SS-6 zum Leben erweckt, war sie die erste sowjetische „Inter-Continental Ballistic Missile" (ICBM). Im Laufe der Jahre war sie an vielen spektakulären Starts – wie dem ersten Flug eines Tieres und eines Menschen in das All 1961 – beteiligt. Auch im sechsten Jahrzehnt wird sie eine wichtige Rolle dabei spielen, die neue internationale Raumstation zu versorgen.

KLEINSTES BEMANNTES RAUMFAHRZEUG

Die „Manned Manoeuvring Unit" (MMU), mit der Astronauten außerhalb des Space Shuttle arbeiten, ist 1,24 m hoch, 0,83 m breit, 1,12 m tief und wiegt nur 109 kg. Von Nitrogen angetrieben, wurde es zuerst bei der Shuttle-Mission STS-41-B eingesetzt, als Astronaut Bruce McCandless mehr als 100 m von der Challenger entfernt manövrierte.

GRÖSSTE SONNENANNÄHERUNG

Am 16. April 1976 näherte sich die Helios B mit amerikanischen und deutschen Instrumenten an Bord bis auf 43,5 Mio. km der Sonne.

ERFOLGREICHSTE AMATEUR-RAKETE

Die Halo-Rakete, von einer amerikanischen Gruppe namens HAL5 gebaut, erreichte am 11. Mai 1998 eine Höhe von 57,92 km. Halo wurde von einem Heliumballon auf 18,3 km Höhe gebracht und dann gestartet. Die erreichte Höhe liegt nur 22,5 km unter der offiziellen Definition der NASA für den Beginn des Weltalls.

Die größte Höhe, die von einer Amateur-Rakete nach einem Bodenstart erreicht wurde, liegt bei 36 km. Die Hyperion I-Rakete des Konstrukteurs Korey Kline wurde vom NASA-Gelände auf Wallops Island in Virginia (USA) am 7. Januar 1997 gestartet. Die 48 kg schwere Rakete erreichte dreifache Schallgeschwindigkeit mit einer Mischung aus festen und flüssigen Brennstoffen.

LAUTESTER START

Der Lärm beim Start der unbemannten Apollo 4 (rechts) am 9. November 1967 war so groß, daß die entstehenden Luftdruckwellen noch vom Lamont-Doherty Geological Observatory in 1.770 km Entfernung registriert wurden. Die Luftwellen ließen sogar das Dach der 4,8 km weit entfernten Pressestelle davonfliegen. Die späteren Saturn-V-Starts waren schallgedämpft, um die Geräuschentwicklung zu reduzieren.

Gefahr

Krisengebiete

HÖCHSTE MORDRATE
Das Land mit der höchsten Mordrate im Verhältnis zur Bevölkerung ändert sich von Jahr zu Jahr, aber Kolumbien hat während der neunziger Jahre eine gleichmäßig hohe Rate von 77,5 auf 100.000 Einwohner. Diese Zahl liegt neunmal höher als die der USA. In Kolumbien werden derzeit pro Jahr mehr als 27.000 Morde verübt.

Die Stadt mit der höchsten Mordrate im Verhältnis zu ihrer Einwohnerzahl ist die kolumbianische Hauptstadt Bogotá, wo Gewalt die Haupttodesursache für Männer zwischen 11 und 59 ist. Dort werden jährlich mehr als 8.600 Morde verübt (im Durchschnitt fast ein Mord pro Stunde).

MEISTE VERGEWALTIGUNGEN
Das Land mit der höchsten Vergewaltigungsrate ist Südafrika. Auf der Grundlage der Volkszählung von 1996 schätzt die südafrikanische Polizei für 1998 eine Vergewaltigungsrate von 116 auf 100.000 Einwohner.

MEISTE VERKEHRSTOTE
Indiens Straßen gelten als die gefährlichsten der Welt. Das Land besitzt nur 1 % aller Fahrzeuge der Welt, aber 6 % aller Verkehrsunfälle gehen auf sein Konto. Die Rate beträgt 34,6 Todesfälle auf 1.000 Einwohner. Südkorea folgt mit 30,4 Todesfällen auf 1.000 Einwohner.

Portugal verzeichnete 1996 eine Rate von 28,9 Todesfällen auf 1.000 Einwohner und hält damit den Rekord in Europa. Griechenland hat mit durchschnittlich 22,5 Todesfällen auf 1.000 Einwohner die zweithöchste Anzahl von Verkehrstoten in Europa.

MEISTE FLUGZEUGUNGLÜCKE
Die Anzahl von Menschen, die bei Flugzeugunglücken ums Leben kommen, verringerte sich seit 1988 deutlich, wo im Durchschnitt 175 Tote auf 1 Mio. Flüge kamen. Bis 1998 fiel die Zahl auf 75 Tote auf 1 Mio. Flüge.

Die Chance, bei einem Flugzeugunglück ums Leben zu kommen, ist in Afrika am höchsten, wo 1998 im Durchschnitt 190 Tote auf 1 Mio. Flüge kamen. Der zweitgefährlichste Kontinent ist Asien mit 160 Toten auf 1 Mio. Flüge.

TÖDLICHSTE SCHÜSSE
Gegenwärtig gibt es über 200 Mio. Waffen in den USA, wo einer von vier Erwachsenen eine Schußwaffe besitzt und pro Jahr ca. 40.000 Todesfälle durch Waffengebrauch verursacht werden. In den letzten zehn Jahren stieg die Zahl der Morde durch Waffen in den USA um 18 %.

HÖCHSTE PIRATERIEQUOTE
In den letzten zehn Jahren haben sich nach Berichten rund 1.500 Fälle von Piraterie in Südostasien ereignet. Die meisten Piraten der Region sind mit Maschinenpistolen bewaffnet und benutzen kleine Schnellboote, um auf die Schiffe „aufzuspringen". Die finanziellen Verluste aufgrund von Piraterie belaufen sich nach Schätzungen allein im Pazifik auf über 181 Mio. DM pro Jahr.

 MEISTE VERSEUCHTE NAHRUNG

Mitglieder einer Delegation besichtigen den „Sarkophag" des Atomkraftwerks in Tschernobyl, der nach der Explosion im April 1986 über dem zerstörten vierten Reaktor errichtet wurde. Die ehemalige Republik Weißrußland erlitt mehr Schaden durch die Katastrophe als jede andere Region, fast 99 % des Landes wurden bis zu einem Grad verseucht, der über den international anerkannten Werten liegt. Obwohl ein Drittel des Niederschlags landwirtschaftliche Nutzfläche traf, werden die dort produzierten Lebensmittel gegessen. Schätzungsweise 1,5 Mio. Menschen leiden unter negativen körperlichen Auswirkungen.

GRÖSSTE STADT, DIE VON EINEM ERDBEBEN BEDROHT IST
Kinder einer Tokioter Grundschule sind hier bei einer Erdbebenübung zu sehen. Seit die Region Tokio im Dezember 1854 von einem Erdbeben mit einem Ausmaß von 8,4 auf der Richterskala getroffen wurde, ereignen sich dort Tausende kleinerer Beben im Jahr. In dem wildwuchernden Stadtgebiet leben fast 30 Mio. Menschen, es gibt Wolkenkratzer, Hochschnellstraßen, und in den Tanks in der Bucht von Tokio werden Millionen von Tonnen Heizöl und giftiger Chemikalien gelagert. Die Wissenschaftler sagen für die Region Tokio ein weiteres Erdbeben voraus, das stärker sein wird als das Erdbeben, welches 1995 die japanische Stadt Kobe zerstörte.

MEISTE ENTFÜHRUNGEN
Die Familien von Entführungsopfern und Anhänger mehrerer Nichtregierungsorganisationen demonstrieren in den Straßen von Medellin (CO), um ein Ende der Entführungen zu fordern. Von den 8.000 Entführungen, die 1996 weltweit registriert wurden, fanden 6.500 in Lateinamerika statt und über 4.000 in Kolumbien, wo im Durchschnitt zehn Menschen pro Tag entführt werden. Das Verbrechen soll in dem Land angeblich pro Jahr 362 Mio. DM einbringen. In Kolumbien werden nur 3 % der Entführer verurteilt, in den USA sind es 95 %.

GEFÄHRLICHSTER ORT FÜR JOURNALISTEN
Der gefährlichste Ort der Welt für Journalisten ist Algerien, wo zwischen dem 23. Mai 1993 und 1998 über 70 Journalisten ermordet wurden. Bei ihrer Ankunft im Land werden die Journalisten nun von einem Schutzteam der Regierung empfangen.

Weltweit wurden 190 Journalisten und im Medienbereich Tätige zwischen 1995 und 1998 getötet: 46 in Europa und in den Republiken der ehemaligen Sowjetunion, 44 in Nord- und Südamerika, 62 in Afrika und 38 in Asien. Zwischen 1990 und 1994 wurden 370 Journalisten ermordet.

HÖCHSTE WAHRSCHEINLICHKEIT, VON WELTRAUMTRÜMMERN GETROFFEN ZU WERDEN
Seit 1970 wurden in der Antarktis rund 10.000 Meteoriten entdeckt, womit die Antarktis der Ort der Welt ist, wo man am ehesten von Weltraumtrümmern getroffen werden kann.

GRÖSSTE STADT, DER EIN VULKANAUSBRUCH DROHT
Der Vesuv bei Neapel (I) gilt als einer der gefährlichsten Vulkane der Welt. Innerhalb eines 10-km-Radius seines Kraters leben über 700.000 Menschen, und die Vororte Neapels liegen in einem Umkreis von 15 km von dem Kraterrand des Vulkanes. Die italienische Regierung schätzt, daß bei einer frühzeitigen Warnung mindestens 600.000 Menschen evakuiert werden können. Dies würde eine Woche dauern, während dieser die äußeren Vororte Neapels das gleiche Schicksal erleiden könnten wie Pompeji.

MEISTE SCHLANGENBISSE
Die Gefahr, durch einen Schlangenbiß zu sterben, ist in Sri Lanka am höchsten, wo pro Jahr im Durchschnitt 800 Menschen von Schlangen getötet werden.

ERDRUTSCH-GEBIET
Am 31. Mai 1970 wurden ungefähr 18.000 Menschen durch einen Erdrutsch an den Hängen des Huascaran im Gebiet von Yunghay in Peru getötet. Huascaran ist eine Berggegend in den Anden Westzentralperus, die stark von Erdrutschen bedroht ist. Im Jahr 1962 verursachte ein plötzliches Tauwetter das Abbrechen eines Teiles der steilen Nordkuppe, wodurch eine Lawine ausgelöst wurde, die mehrere Dörfer zerstörte und 3.500 Menschen tötete. Das Unglück von 1970 wurde durch ein Erdbeben ausgelöst, das zehn Dörfer und den größten Teil der Stadt Yungay unter sich begrub.

Gefahr
Naturkatastrophen

TEUERSTES JAHR
1995 war in bezug auf Naturkatastrophen das teuerste Jahr aller Zeiten mit Kosten in Höhe von 325,8 Mrd. DM, von denen ein Großteil dem Erdbeben in Kobe (J) zuzuschreiben sind. Die Zahlen werden alljährlich von der Münchner Rück, dem größten Rückversicherer der Welt, verglichen.

GRÖSSTER STROMAUSFALL
Als der Hurrikan George im September 1998 mit Windstärken von 177 km/h die Dominikanische Republik traf, wurden 100.000 Menschen obdachlos und nahezu die gesamte Bevölkerung (8 Mio.) war ohne Strom.

MEISTE OBDACHLOSE NACH ERDBEBEN
Am 4. Februar 1976 wurden in Guatemala in einem 1.310 km² großen Gebiet über 1 Mio. Menschen obdachlos, als entlang des Montagua-Bruches zwischen der karibischen und der nordamerikanischen Platte die Erde bebte. Die Sachschäden wurden auf 2,53 Mrd. DM geschätzt, und das Beben gilt als die verheerendste Naturkatastrophe in der Geschichte Mittelamerikas. Das Erdbeben von 1972 in Nicaragua, bei dem Managua verwüstet wurde, war mit materiellen Schäden in Höhe von 2,35 Mrd. DM ähnlich verheerend.

Ein Erdbeben in der japanischen Kanto-Ebene zerstörte am 1. September 1923 in Tokio und Yokohama 575.000 Häuser. Nach offiziellen Angaben wurden durch das Beben und die nachfolgenden Brände 142.807 Menschen getötet oder vermißt.

MEISTE TODESOPFER DURCH ERDBEBEN
Im Juli 1201 starben nach Schätzungen etwa 1,1 Mio. Menschen bei einem Erdbeben im östlichen Mittelmeergebiet. Die meisten Todesopfer gab es in den Gebieten des heutigen Ägypten und Syrien.

Das Erdbeben, das die chinesischen Provinzen Shaanxi, Shanxi und Henan am 2. Februar 1556 traf, tötete wahrscheinlich 830.000 Menschen.

Am 28. Juli 1976 wurden in Tangshan, Ostchina, bei einem Erdbeben nach ersten offiziellen Angaben 655.237 Menschen getötet. Diese Zahl wurde später auf 750.000 und dann auf 242.000 korrigiert.

MEISTE VERSCHÜTTETE DURCH LAWINEN
Insgesamt 240 Menschen starben und mehr als 45.000 wurden unter Lawinen verschüttet, als am 20. Januar 1951 mehrere Lawinen durch die Schweizer, österreichischen und italienischen Alpen donnerten. Die Lawinen waren durch das Zusammentreffen orkanartiger Winde und der Überlagerung von feuchtem Schnee auf Pulverschnee verursacht worden.

VERHEERENDSTER EISSTURM
Im Januar 1998 richtete ein Eissturm im Osten Kanadas und in Teilen der nordöstlichen USA große Verwüstungen an, so daß Flughäfen und Bahnhöfe eingeschlossen, Straßen blockiert und 3 Mio. Menschen von der Stromversorgung abgeschnitten waren. Nach zwei Wochen waren noch immer 1 Mio. Menschen ohne Strom, einige Gebiete blieben es sogar drei Wochen. Die Gesamtschäden wurden auf 1,1765 Mrd. DM geschätzt.

MEISTE ERDRUTSCH-OPFER
Am 31. Mai 1970 wurden an den Abhängen des Huascaran in der Region Yungay in Peru rund 18.000 Menschen durch einen Erdrutsch getötet. Zehn Dörfer und die Stadt Yungay wurden unter dem Erdrutsch begraben, den ein Erdbeben verursacht hatte. Was die Zahl der Toten betrifft, war dies eine der schwersten Katastrophen des 20. Jahrhunderts.

Am 16. Dezember 1920 tötete eine Serie von Erdrutschen, die durch ein einziges Erdbeben verursacht wurden, in der Provinz Gansu rund 180.000 Menschen.

MEISTE TOTE DURCH LAWINEN

Während des Ersten Weltkriegs wurden in den südlichen Tiroler Alpen in Österreich (heute Italien) wahrscheinlich zwischen 40.000 und 80.000 Männer durch Lawinen getötet, die das Geräusch von Gewehrfeuer ausgelöst hatte.
Am 23. Februar 1999 ereignete sich in Tirol ein weiteres Unglück (rechts), als in Galtür (A) 31 Menschen in einer von mehreren Lawinen starben, die über Dörfer und Skigebiete niedergingen. Im Februar 1999 starben in den Tiroler Alpen weitere sieben Menschen durch Lawinen, womit die Zahl der Todesopfer insgesamt 38 beträgt.

MEISTE OBDACHLOSE DURCH EINEN HURRIKAN
Hurrikan Mitch, der Ende 1998 über Mittelamerika hinwegfegte, verursachte 9.745 Todesopfer und zerstörte 93.690 Wohnungen. Nahezu 2,5 Mio. Menschen waren auf internationale Hilfe angewiesen.

MEISTE OPFER EINES VULKANAUSBRUCHES
Als im April 1815 der Vulkan Tambora in Sumbawa, Indonesien (damals Niederländisch-Indien), ausbrach, wurden 92.000 Menschen entweder direkt oder durch die folgende Hungersnot getötet.

MEISTE FLUTOPFER
Im Oktober 1887 trat der Huang He (Gelber Fluß) in Huayan Kou (CHN) über seine Ufer und tötete etwa 900.000 Menschen. Trotz jahreszeitbedingter Fluten leidet der Huang He unter Wasserknappheit und ist damit der größte Fluß, der austrocknen kann. Zudem verlängern sich die Trockenperioden des Flusses, wodurch 7 Mio. ha Ackerland und die Lebensgrundlagen von 52 Mio. Menschen gefährdet sind.

SCHWERSTER MONSUN
Monsunregen in Thailand töteten 1983 ca. 10.000 Menschen und verursachten Sachschäden in Höhe von 716,76 Mio. DM. Infolge der Trinkwasserverschmutzung erkrankten nach Schätzungen bis zu 100.000 Menschen, rund 15.000 Menschen mußten evakuiert werden.

VERHEERENDSTER ZYKLON
Nach Schätzungen starben zwischen 300.000 und 500.000 Menschen bei dem schwersten verzeichneten Zyklon, der Ostpakistan (heute Bangladesh) am 12. November 1970 heimsuchte. Winde mit Geschwindigkeiten von bis zu 240 km/h und eine 15 m hohe Flutwelle peitschten über die Küste, das Ganges-Delta und die vor der Küste liegenden Inseln Bhola, Hatia, Kukri Mukri, Manpura und Rangabali.

MEISTE TORNADO-OPFER
Am 26. April 1989 kamen ungefähr 1.300 Menschen ums Leben und 50.000 wurden obdachlos, als ein Tornado die Stadt Shaturia in Bangladesh traf.

MEISTE TAIFUN-OPFER
Rund 10.000 Menschen starben, als am 18. September 1906 ein Taifun mit Windgeschwindigkeiten von bis zu 161 km/h Hongkong heimsuchte.

MEISTE DÜRRE-OPFER
Eine Dürre in China von 1876 bis 1879 tötete zwischen 9 Mio. und 13 Mio. Menschen.

MEISTE OPFER EINES GEYSIRS
Im August 1903 wurden vier Menschen getötet, als der Geysir Waimangu in Neuseeland ausbrach. Die Opfer standen 27 m von ihm entfernt, ihre Körper wurden jedoch in einer Entfernung von bis zu 800 m gefunden. Ein Toter war in Felsen eingeklemmt, ein anderer hing an einem Baum.

MEISTE BLITZSCHLAG-OPFER
Am 8. Dezember 1963 wurde ein Flugzeug vom Typ Boeing 707 in der Nähe von Elkton (USA) von einem Blitz getroffen und stürzte ab, wobei 81 Passagiere ums Leben kamen.

TEUERSTE NATURKATASTROPHE
Das Erdbeben in Kobe im Januar 1995 verursachte einen Gesamtschaden in Höhe von 181 Mrd. DM, womit es die teuerste Naturkatastrophe ist, die je ein Land heimgesucht hat. Japan ist durch sein hohes Steueraufkommen und seine moderne Bautechnik relativ gut vorbereitet auf die unvermeidbaren Erschütterungen, denen es durch seine geographische Lage auf dem pazifischen „Feuerrand" ausgesetzt ist.

Gefahr
Umweltkatastrophen

GEFÄHRDETSTES ÖKOSYSTEM
Das westasiatische Küstengebiet ist aufgrund des Verschwindens der Korallenriffe und Wälder das anfälligste Ökosystem der Welt. In den 80er Jahren verlor die Region 11 % ihrer Wälder, und viele Länder leiden an Wassermangel. Zudem fließen pro Jahr rund 191 Mio. Liter Öl in den Persischen Golf.

VERSEUCHTESTER ORT
Tscheljabinsk in Rußland ist der am stärksten radioaktiv verseuchte Ort der Welt, und dies vermutlich seit 1940, als der Kernwaffenkomplex Mayak gebaut wurde. Seitdem gab es drei Atomunfälle in dem Gebiet, bei denen bis zu 500.000 Menschen mit Strahlungswerten ähnlich denen von Tschernobyl belastet wurden. Wissenschaftler bezeichneten 1992 diesen Ort als den am stärksten verseuchten der Erde.

GRÖSSTE GIFTMÜLLDEPONIE
Im Februar 1990 wurden in der Nähe des Seehafens Sihanoukville (K) 3.000 Tonnen Giftmüll gefunden. Der von der taiwanesischen Firma Formosa Plastics Corp. stammende Müll enthält gefährlich hohe Anteile an Quecksilber. Mehrere Dorfbewohner, die in dem Abfall herumstöberten, klagten anschließend über Übelkeit, Erschöpfung und Magenschmerzen.

GRÖSSTE GIFTWOLKE
In Ust Kamenogorsk (UdSSR, heute KZ) wurde im September 1990 durch ein Feuer in einer Fabrik, die Beryllium verarbeitet, eine Giftwolke freigesetzt, die sich bis zu der über 300 km entfernten chinesischen Grenze ausdehnte.

GRÖSSTE ATOMUNFÄLLE
Die größte Katastrophe in einem Kernreaktor ereignete sich 1986 im Reaktorblock Tschernobyl 4 in der UdSSR (heute UA). Die Verseuchung wurde auf einer Fläche von 28.200 km² nachgewiesen. Etwa 1,7 Mio. Menschen wurden unterschiedlich hohen Strahlungsdosen ausgesetzt. Insgesamt leben noch 850.000 Menschen in den verseuchten Gebieten.

Der größte Unfall durch Atommüll geschah 1957 bei Kyschtym (UdSSR, heute RUS), als ein überhitzter Atommüllbehälter explodierte und radioaktive Verbindungen freisetzte, die sich über 23.000 km² verteilten. Mehr als 30 Kleingemeinden im Umkreis von 1.200 km² wurden aus den Karten der UdSSR gestrichen, und über 17.000 Menschen wurden evakuiert. Über einen Beobachtungszeitraum von 32 Jahren starben 8.015 Menschen an den direkten Folgen des Unfalls.

GRÖSSTE ABNAHME DER OZONSCHICHT
Das größte „Loch" in der Ozonschicht befindet sich über der Antarktis. Auf der Südhalbkugel verschwindet jeden Frühling eine 23 km dicke Schicht Ozon auf einer Fläche, die der Größe der USA entspricht. Oberhalb dieser Höhe ist die Ozonschicht nicht betroffen, so daß das Ozonloch eigentlich eine „Ausdünnung" ist.

VERSCHMUTZTESTE METROPOLE
Die Werte für Schwefeldioxid, Kohlenmonoxid und andere suspendierte atmosphärische Partikel in Mexiko City, der Hauptstadt von Mexiko, liegen um mehr als das Doppelte über den von der Weltgesundheitsorganisation (WHO) festgesetzten Grenzwerten.

GRÖSSTE VERURSACHER VON TREIBHAUSGASEN
In den USA leben 4 % der Weltbevölkerung. Diese produzieren jedoch 25 % der jährlichen Emissionen von Kohlendioxid und anderen Treibhausgasen. Relativ gesehen ist Luxemburg der größte Verursacher von Kohlendioxid: pro Kopf sind die Emissionen dort um 18 % höher als in den USA.

VERHEERENDSTE BRÄNDE
1997 war das schlimmste Jahr der Umweltzerstörung, hauptsächlich durch gezielt zur Waldrodung gelegte Feuer, aber auch durch Brände, die infolge von Dürren verursacht wurden, die dem Naturphänomen El Niño im pazifischen Raum zuzurechnen sind. Die größten und zahlreichsten Brände entstanden in Brasilien, wo sich eine 1.600 km lange Flammenfront durchs Land zog. Das Bild zeigt Bewohner des Xingu-Reservats in Mato Grosso (BR) bei der Begutachtung der Schäden, die das Feuer in einem über 1.500 km² großen Gebiet des Staates angerichtet hat. Rund 30.000 km² des brasilianischen Regenwaldes werden zudem von Eigenbedarfsbauern und Großunternehmen vorsätzlich abgeholzt.

VERSEUCHTESTE STADT

Der nahe See, aus dem die hier gezeigten Fische stammen, ist der meistverseuchte der Welt. In Dserschinsk, einer russischen Stadt mit 287.000 Einwohnern, werden in Dutzenden Fabriken Chlorprodukte und Pestizide produziert. Die Kaprolaktam-Fabrik z. B. ist mit jährlich 600 Tonnen Vinylchlorid, einem krebserregenden Gas, eine der schlimmsten Giftschleudern. Laut Greenpeace ist Dserschinsk der mit Chemikalien verseuchteste Ort Rußlands. In Dserschinsk haben die Männer eine durchschnittliche Lebenserwartung von 42 Jahren, die Frauen von 47 Jahren.

SAUERSTER REGEN
1982 wurde über den Großen Seen in den USA und Kanada ein pH-Wert von 2,83 gemessen.

GRÖSSTE SCHWEFELDIOXID-VERSEUCHUNG
Der Kraftwerkskomplex Maritsa in Bulgarien leitet pro Jahr die Rekordmenge von 350.000 Tonnen des säurehaltigen Gases Schwefeldioxid in den Maritsa-Fluß. Schwefeldioxid ist einer der Hauptverursacher für sauren Regen.

VERHEERENDSTE LUFTVERSCHMUTZUNG
Über 6.300 Menschen starben an den Folgen einer Giftwolke aus Methyl-Isocyanat, die am 3. Dezember 1984 aus der Pestizidfabrik von Union Carbide nahe Bhopal (IND) austrat. Das Unternehmen zahlte Abfindungen in Höhe von 687,98 Mio. DM, um die Opfer und ihre Angehörigen zu entschädigen.

GRÖSSTE GEFAHR FÜR REGENWÄLDER
Etwa 80 % der Regenwälder wurden vor allem durch Unternehmen der Holz-Industrie zerstört. In den Regenwäldern leben 90 % der terrestrischen Tier- und Pflanzenarten, von denen bereits Millionen durch die Abholzung der Wälder ausgestorben sind. Insgesamt haben 76 Länder ihren gesamten Bestand an Regenwäldern verloren.

GRÖSSTE LANDVERSEUCHUNG
Von Februar bis Oktober 1994 liefen Tausende von Tonnen Rohöl in die arktische Tundra der Republik Komi (RUS). Schätzungsweise 100.000 Tonnen Öl bildeten einen bis zu 18 km langen Ölteppich.

GRÖSSTE ÖLVERSCHMUTZUNG IN EINEM JAHR
1979 wurde das Meer mit 608.000 Tonnen Öl verschmutzt. Die *Atlantic Empress* verursachte die größte Ölverseuchung in dem Jahr, als sie vor der Küste von Tobago in der Karibik mit der *Aegean Captain* kollidierte. Dadurch flossen 287.000 Tonnen Öl ins Meer.

GRÖSSTE ÖLSCHÄDEN AN EINER KÜSTE
Im März 1989 lief der Öltanker *Exxon Valdez* im Prinz-William-Sund, Alaska (USA), auf Grund. Dadurch liefen über 30.000 Tonnen Öl aus, die 2.400 km Küste verschmutzten. Das Unternehmen wurde zu 9,05 Mrd. DM Strafe verurteilt und hatte für die Säuberung 5,43 Mrd. DM zu bezahlen.

STÄRKSTE FLUSS-VERSCHMUTZUNG
Im November 1986 spülten Feuerwehrleute, die einen Brand in den Sandoz-Chemiewerken in Basel (CH) bekämpften, 30 Tonnen landwirtschaftlicher Chemikalien in den Rhein. Dadurch starben etwa 500.000 Fische.

STÄRKSTE MEERES-VERSCHMUTZUNG
Zwischen 1953 und 1967 hatte ein Kunststoffwerk in der Minimata Bay, Kyushu (J), Quecksilberabfälle ins Meer eingelassen. Bis zu 20.000 Menschen litten unter den Folgen, 4.500 erlitten ernsthafte Schäden und zwischen 43 und 800 Menschen starben.

Krankheiten & Epidemien

TÖDLICHSTE KRANKHEITEN
Die tödlichste Krankheit ist die Tollwut. Der einzige bekannte Überlebende der Tollwut war Matthew Winkler (USA), der 1970 von einem tollwütigen Tier gebissen worden war.

Man nahm an, daß AIDS (Acquired Immune Deficiency Syndrome) generell tödlich verläuft. Die Krankheit entsteht durch die Infektion mit dem HIV-Virus (Human Immunodeficiency Virus). Jüngste Untersuchungen ergaben jedoch, daß manche Menschen offenbar auch nach wiederholter Infektion mit dem Virus gesund bleiben.

Gelbfieber ist eine seltener werdende, von Moskitos übertragene Infektion, die hauptsächlich in der Karibik, Brasilien und Westafrika auftritt. Manchen Berichten nach kann man davon ausgehen, daß 90 % der mit Gelbfieber Infizierten sterben.

ÄLTESTE KRANKHEITEN
Von Lepra-Fällen wurde bereits 1350 v. Chr. im Alten Ägypten berichtet.

Tuberculosis schistosomiasi, eine Infektionskrankheit der Leber und Nieren, wurde in ägyptischen Mumien aus der 20. Dynastie (1250 bis 1000 v. Chr.) entdeckt.

JÜNGSTE ANSTECKENDE KRANKHEIT
Die jüngst entdeckte Krankheit, die den Menschen befällt, ist eine neue Art des Creutzfeldt-Jakob-Syndroms (CJS). Der Erreger, der einzigartig ist, da er kein genetisches Material besitzt, ist ein mißgebildetes Nervenprotein, das sich in den Gehirnzellen ausbreitet. Es verursacht eine auf den Menschen übertragbare Form von Spongiform Encephalitis, die als neue Variante der Creutzfeldt-Jakob-Krankheit (nvCJD) bekannt ist. 1999 traten 40 Fälle auf, von denen alle tödlich verliefen.

DRINGENDSTES GESUNDHEITSPROBLEM
Die Weltgesundheitsorganisation (WHO) schätzt, daß bis zum Jahr 2020 Krankheiten, die auf das Rauchen zurückzuführen sind, mehr Todesfälle verursachen werden als HIV, Tuberkulose, Verkehrsunfälle, Mord und Selbstmord zusammen. Dabei ist die Bevölkerung in den Entwicklungsländern am meisten gefährdet, da bis ca. 2025 85 % aller Raucher in den ärmeren Ländern leben werden. Die WHO schätzt weiter, daß nikotinbedingte Krankheiten in diesen Ländern bis 2030 7 Mio. Menschen töten werden.

HÄUFIGSTE TODESURSACHE BEI FRAUEN
Tuberkulose (TB) ist heute weltweit zur häufigsten einzelnen Todesursache bei Frauen geworden. Man schätzt, daß ein Drittel aller Frauen in Asien damit infiziert ist. Einige neue Arten des Virus sind gegen herkömmliche Antibiotika resistent.

ERFOLGREICHSTE IMPFKAMPAGNE
Am 1. Januar 1980 erklärte die WHO die Welt als pockenfrei. Pocken zählte früher zu den tödlichsten Seuchen (sie

SCHNELLSTE VERBREITUNG EINER KRANKHEIT
Nach dem AIDS-Bericht der UN vom Dezember 1998 waren in diesem Jahr 5,8 Mio. Menschen mit dem HIV-Virus infiziert. Die Zahl der Infizierten ist seit 1997 um 10 % auf 33,4 Mio. Menschen gestiegen. Indien hält mit 4 Mio. Infizierten den Rekord. Auf dem Bild sind Demonstranten beim Marsch durch die indische Hauptstadt Neu-Delhi zu sehen, die Arbeitsplätze und medizinische Einrichtungen für HIV-Infizierte und AIDS-Kranke fordern.

TÖDLICHSTE MALARIA-INFEKTION

Die tödlichste Malaria-Art ist *Plasmodium falciparum*, die eine bösartige, dreitägige Malaria auslöst. Sie kann das Gehirn angreifen und Anfälle, Koma oder sogar plötzlichen Tod auslösen. Die Frau auf diesem Foto ist eines von Tausenden von Opfern eines Malariaausbruchs in Kisii in Kenia. Nach einer ungewöhnlich langen, Monate dauernden Regenzeit — möglicherweise als Folge von El Niño — wurden weite Teile des Landes im Nordosten und Westen überschwemmt. Mehr als 14.000 Kenianer infizierten sich mit Malaria. Nach Angaben der Vereinten Nationen und des Oxfam Reports starben zwischen Dezember 1997 und Februar 1998 1.500 Menschen. Das Problem wurde durch die Tatsache verstärkt, das Kenia mehr Gift-resistente Mücken hat als jedes andere afrikanische Land.

verursachte Mitte der sechziger Jahre ca. 2 Mio. Todesfälle pro Jahr), konnte aber durch einen Impfstoff, der gegen alle Formen der Krankheit wirksam war, ausgerottet werden. Der letzte Todesfall durch Pocken trat im August 1978 auf, als sich ein medizinischer Fotograf in der Universität Birmingham (GB) mit einer für Forschungszwecke aufbewahrten Probe infizierte.

AM STÄRKSTEN WIEDER AUFTRETENDE KRANKHEITEN
Der Niedergang der gesundheitlichen und medizinischen Versorgung nach dem Zusammenbruch der Sowjetunion 1991 ist ein Hauptfaktor für die Ausbreitung von Diphtherie. Das Internationale Rote Kreuz schätzt, daß es 1997 150.000–200.000 Fälle in den Staaten der ehemaligen UdSSR gab – gegenüber 2.000 Fällen in der Sowjetunion 1991. Tuberkulose und Cholera sind ebenfalls auf dem Vormarsch.

TÖDLICHSTE SEUCHE
Ein Rattenfänger in Dan Phuong in Vietnam zeigt einige Beutestücke. Asiatische Wanderratten, mit Flöhen befallen, die mit Yersinia pestis-Bakterien infiziert waren, lösten die Pest aus – den „Schwarzen Tod" –, der im Europa des 14. Jahrhunderts mehr als die Hälfte der Bevölkerung tötete.

TÖDLICHSTER GRIPPEAUSBRUCH
1918 und 1919 fielen 21,64 Mio. Menschen der Grippe zum Opfer.

TÖDLICHSTER AUSBRUCH VON VOGELGRIPPE
Die Vogelgrippe, eine Grippeform, von der man annahm, daß sie nur Vögel befiele, verursachte 1997 in Hongkong (CHN) vier Todesfälle, nachdem sich 16 Menschen mit dem Virus – dem ersten direkt von Vögeln auf den Menschen übertragenen – infiziert hatten.

GRÖSSTER AUSBRUCH VON LEPRA
Das Land mit den meisten Lepra-Fällen ist Brasilien mit 160.000 Fällen pro Jahr; dies entspricht 10,2 Menschen pro 100.000 Einwohner. Lepra schädigt Haut und Nerven.

TÖDLICHSTE KOLIBAKTERIEN
20 Menschen starben und 500 erkrankten 1998 nach dem Verzehr von verseuchtem Fleisch aus einer Fleischerei in Wishaw (GB). Das Fleisch war mit Escherichia coli O157-H7 verseucht, der gefährlichen Form eines sonst harmlosen Bakteriums, das wahrscheinlich durch Nahrungsmittel übertragen wird.

Berichten nach traten im Sommer 1996 in Japan über 9.500 Fälle von Vergiftungen mit E. coli auf, elf Menschen starben durch die Infektion mit O157-H7.

TÖDLICHSTER EBOLA-AUSBRUCH
1995 führten in der Demokratischen Republik Kongo (früher Zaïre) 296 Infektionen mit dem Ebola-Virus zu 232 Todesfällen. Die Krankheit verursacht starke Blutungen und versetzt den Körper in Schock.

MEISTE TODESFÄLLE DURCH INFEKTIONEN
Die westafrikanische Inselrepublik São Tomé und Principe verzeichnet pro 100.000 Infizierte die Rekordanzahl von 241 Todesfällen im Jahr.

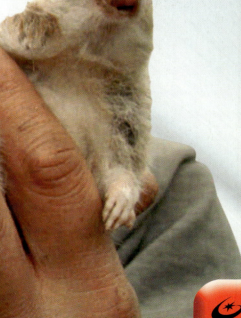

Gefahr
Tierattacken

GIFTIGSTES TIER
Giftpfeil-Frösche (*Dendrobates* und *Phyllobates*) in Süd- und Mittelamerika sondern einige der tödlichsten biologischen Giftstoffe auf der Welt ab. Die Hautsekrete des golden gefärbten Blattsteigers (*Phyllobates terribilis*) sind die giftigsten von allen – beim Umgang mit ihnen müssen Wissenschaftler dicke Handschuhe tragen.

GEFÄHRLICHSTER KLEINSÄUGER
Das für den Menschen gefährlichste Kleinsäugetier ist die Ratte. Sie kann mehr als 20 Krankheitserreger übertragen, darunter den Erreger der Beulenpest („Schwarzer Tod"). Sie überträgt auch Leptospirose (Weil-Krankheit), Lassafieber, Rattenbißfieber und Rattenfleckfieber, alles Krankheiten, die tödlich verlaufen können.

GEFÄHRLICHSTE VÖGEL
Die einzigen Vögel, von denen bekannt ist, daß sie Menschen in der Wildnis angegriffen und getötet haben, sind Strauße (*Struthio camelus*), Höckerschwäne (*Cygnus olor*) und die drei Kasuararten (Familie der *Casuariidae*). Normalerweise fressen die scharfschnabeligen Darwinfinken (*Geospiza difficilis*) auf den Galapagosinseln Samen. Seit 1964 wissen Wissenschaftler, daß diese Spezies auch große Seevögel, genannt Boobies, pickt und ihr Blut trinkt. Als sich einige Naturforscher 1983 an Kakteen die Haut verletzten, ließen sich die Finken auf ihren Armen und Beinen nieder, tranken das Blut und pickten ins Fleisch, um neue Wunden zu bilden.

FLEISCHFRESSENDE „VEGETARIER"
Die Vegetation auf Rhum, einer Insel der Inneren Hebriden, ist arm an Mineralien wie Calcium und Phosphor. Daher fällt das dort lebende Rotwild (*Cervus elaphus*) die Jungvögel von am Boden nistenden Seevögeln an, z.B. den

GRÖSSTER RAUBFISCH
Der größte Raubfisch ist der große weiße Hai (*Carcharodon carcharias*). Ausgewachsene Exemplare werden um die 4,5 m lang und wiegen bis zu 650 kg. Es gibt Hinweise darauf, daß einzelne Exemplare sogar bis zu 6 m lang werden können.

Manx-Sturmtauchern (*Puffinus puffinus*). Sie zerbeißen die Köpfe, um so die notwendigen Mineralien zu erhalten. Ähnlich verhalten sich die wilde Schafe auf der Shetlandinsel Foula. Sie beißen die Flügel und Beine junger Seevögel ab, wie z. B. die der Arktischen Seeschwalbe (*Sterna paradisaea*), und fressen dann die abgetrennten Gliedmaßen ihrer verstümmelten Opfer.

GEFÄHRLICHSTER BÄR
Die einzige Bärenart, die gezielt auf Menschenjagd geht, ist der Eisbär (*Ursus maritimus*). Die meisten Angriffe passieren nachts durch hungrige junge Männchen, die vermutlich wenig Jagderfahrung haben und daher leichter von größeren Bären von ihrer üblichen Beute vertrieben werden.

GEFÄHRLICHSTE BETRUNKENE
Tiere, die gegorene Früchte zu sich nehmen, können derart berauscht werden, daß sie eine Gefahr für den Menschen darstellen. Einer der jüngsten und dramatischsten Unfälle ereignete sich im Dezember 1997, als eine Herde von 25 asiatischen Elefanten in eine Destillerie in Dighakon, nahe Jamalpur (BD), eindrang. Nachdem sie den Alkohol getrunken hatten, randalierten sie, rissen alle Gebäude nieder und jagten die Einwohner vom Stamm der Gara in die Flucht.

GEFÄHRLICHSTE AFFEN
Überfälle von Affen sind in vielen Teilen der Welt ein ernstes Problem geworden. Im Januar 1998 wurden in dem japanischen Seebad Ito 30 Personen von einer Horde Makaken angegriffen. Acht Personen mußten im Krankenhaus behandelt werden. Im nordindischen Staat Punjab wurde wegen der Zunahme von Überfällen durch Affenbanden ein spezielles Gefängnis eingerichtet, um sie einzusperren.

GIFTIGSTE ECHSEN
Das Gila-Monster (*Heloderma suspectum*) in Mexiko und im Südwesten der USA sowie die mexikanische Krustenechse (*H. horridum*) an den Westküsten Mexikos haben, für Echsen ungewöhnlich, einen giftigen Biß. Mit dem Gift ihrer Drüsen können sie zwei erwachsene Menschen töten.

GEFÄHRLICHSTE KROKODILART
Das Leistenkrokodil (*Crocodylus porosus*) tötet jedes Jahr schätzungsweise 2.000 Menschen, die meisten dieser Todesfälle bleiben jedoch unverzeichnet. Man nimmt an, daß es die meisten Toten bei einem Angriff von Krokodilen in der Nacht vom 19. zum 20. Februar 1945, während des 2. Weltkrieges, gab. Alliierte Truppen nahmen Ramree Island vor der Küste von Burma (Myanmar) und schlossen zwischen 800 und 1.000 japanische Infanteristen in einem Mangrovensumpf ein. Am nächsten Morgen lebten nur noch 20 japanische Soldaten. Es wird vermutet, daß die meisten Infanteristen lebend von Krokodilen gefressen wurden.

GIFTIGSTER SKORPION
Der tunesische Dickschwanz-Skorpion (*Androctonus australis*) verursacht 80% der Verletzungen und 90% der Todesfälle nach Skorpionstichen in Nordafrika.

GIFTIGSTE SCHLANGEN
Die giftigste Schlange der Welt ist die Belchers-Seeschlange (*Hydrophis belcheri*) im Gebiet um das Ashmore-Riff vor Nordwest-Australien. Ihr Gift ist stärker als das Gift jeder Landschlange.

Die giftigste Landschlange ist die 1,7 m lange Giftnatter (*Oxyuranus microlepidotus*), die vereinzelt in Westaustralien vorkommt. Sie ist eng mit der Taipan verwandt. Ein Exemplar kann genug Gift produzieren, um 250.000 Mäuse zu töten.

GIFTIGSTE FISCHE
Der Kugelfisch oder Maki-maki (*Arothron hispidus*) des Roten Meeres und der indopazifischen Regionen enthält ein tödliches Gift, das Tetrodoxin, eines der stärksten nicht auf Proteinen aufbauenden Gifte. Weniger als 0,1 g des Giftes – das in Eileitern, Eiern, Blut, Leber, Eingeweiden und der Haut des Fisches enthalten ist – reicht aus, einen erwachsenen Menschen in nur 20 Minuten zu töten.

Der Steinfisch (*Synanceia horrida*), der in den tropischen Gewässern des Indopazifiks lebt, besitzt die größten Giftdrüsen aller bekannten Fische. Die Berührung seiner Flossenstacheln, die ein neurotoxisches Gift enthalten, kann für Menschen tödlich sein.

BISSIGSTER FISCH
Mit rasiermesserscharfen Zähnen greifen Piranhas der Gattungen *Serrasalmus* und *Pygocentrus* jedes Lebewesen an, das verletzt ist oder im Wasser eine Bewegung verursacht. Seine Größe spielt dabei keine Rolle. Es heißt, daß 1981 über 300 Menschen gefressen wurden, als ein mit Passagieren überladenes Lastboot in Obidos (BR) kenterte und sank.

Der Zitteraal oder Paroque (*Electrophorus electricus*) lebt in den Flüssen Brasiliens und Guayanas. In seinen Flanken befindliche Organe ermöglichen es ihm, vom Kopf bis zur Schwanzspitze ein elektrisches Potential bis zu 650 Volt zu erzeugen. Diese Spannung reicht aus, um eine Glühlampe zum Leuchten zu bringen oder einen erwachsenen Menschen zu betäuben.

GEFÄHRLICHSTE AMEISEN
Die aus Südamerika stammende Feuerameise (*Solenopsis invicta*) kam durch die Schiffahrt in den 30er Jahren in die USA. Im Mai 1998 starben auf einem 24 km langen Abschnitt des Flusses Guadalupe in Mitteltexas ca. 23.000 Regenbogenforellen durch Feuerameisen. Die Spezies wird von Stromquellen angezogen, beißt sich häufig durch Isolierungen und verursacht dadurch Stromausfälle und Feuer.

GEFÄHRLICHSTE BIENE
Das Gift der in Afrika angesiedelten Honigbiene (*Apis mellifera scutellata*), der sogenannten „Killer-Biene", ist nicht stärker als das anderer Bienen, doch die Anzahl der von ihr abgegebenen Stiche kann für Menschen tödlich sein.

GIFTIGSTE QUALLE
Das kardiotoxische Gift der australischen Seewespe oder Würfelqualle (*Chironex fleckeri*) hat den Tode von mindestens 70 Menschen im vergangenen Jahrhundert vor der Küste Australiens verursacht. Ist medizinische Hilfe nicht verfügbar, sterben manche Opfer innerhalb von vier Minuten.

 ### LÄNGSTE SCHLANGE
Der Netzschlange (*Python reticulatus*), die hier mit einem Pfleger des Londoner Zoos (GB) zu sehen ist, ist mit über 6,25 m die längste Schlange der Welt. Aufgrund dieser Länge können Pythonschlangen und die Anakonda- und Boaschlangen ihre Beute durch Umwinden mit ihrem Leib zu Tode drücken.

Ungewöhnliche Pflanzen

GRÖSSTER KAKTUS

Der größte Kaktus ist der Saguaro (*Cereus giganteus* oder *Carnegiea gigantea*), den man im Südwesten der USA findet. Der grüne, gefurchte Stamm wird von kerzenhalterartigen Ästen gekrönt, die bei einem am 17. Januar 1988 in den Maricopa-Bergen in Arizona (USA) gefundenen Exemplar 17,67 m in die Höhe ragten. Die typischen Stacheln, mit denen sich die Pflanzen vor Tieren schützen, sind eigentlich zurückgebildete Blätter.

GIFTIGSTE PFLANZEN

Die Rizinuspflanze (*Ricinus communis*), die weltweit zur Herstellung von Rizinusöl angebaut wird, enthält Ricin, das tödlichste Pflanzengift. Ein einzelner Samen mit einem Gewicht von 0,25 g reicht aus, um einen Menschen zu töten. Wenn das Gift injiziert wird, reicht ein Mikrogramm pro kg Körpergewicht, um den Tod herbeizuführen.

TÖDLICHSTE PILZE

Der Giftpilz *Galerina Sulcipes* ist der tödlichste Pilz der Welt mit einer Todesrate von 72 % für Menschen, die ihn verzehren.

Der gelb-olivenfarbene *Amanita Phaloides* wächst überall auf der Welt und ist für 90 % aller tödlichen Pilzvergiftungen verantwortlich. Sein toxischer Anteil liegt bei 7–9 mg Trockengewicht. Je nach Körpergewicht genügen 5–7 mg als tödliche Dosis für eine Menschen. Diese Menge ist in weniger als 50 g frischem Pilz enthalten. Diese Pilzart gehörte zu einer Gruppe von Pilzen, in der auch nicht-giftige Exemplare zu finden sind. Nach dem Verzehr folgen Übelkeit, Delirium, Kollaps und schließlich der Tod nach 6–15 Stunden.

GEFÄHRLICHSTE NESSELN

Der neuseeländische Nesselbaum (*Urtica ferox*) kann ein Pferd töten. Die harten, spitzen Brennhaare injizieren eine Mischung verschiedener starker Gifte. 1961 stolperte ein in den Bergen Neuseelands jagender Mann in die Pflanzen, die Symptome – Erblindung, Lähmung, Atemprobleme – begannen nach weniger als einer Stunde. Er wurde in ein Krankenhaus gebracht, wo er innerhalb von fünf Stunden starb.

Die australischen Nesselgewächse, die zum Schutz große, hohle Haare an den Blättern und Zweigen besitzen, sind ebenso gefürchtet wie der neuseeländische Nesselbaum. Das gefährlichste ist der Gympiestrauch (*Dendrocnide moroides*); er verursacht starke, stechende Schmerzen, die noch nach Monaten auftreten können.

GEFÄHRLICHSTE UNTERWASSERNESSEL

Die Giftstoffe der *Lyngbya majuscula*, einer haarfeinen, weltweit vorkommenden Meeresalge, verursachen einen schlimmen, verbrennungsähnlichen Ausschlag, der unter dem Namen „Seabather's Dermatitis" bekannt ist. In schweren Fällen bilden sich Blasen auf der Haut, sie pellt sich, und das Opfer leidet unter Reizungen der Augen, Nase und des Rachens sowie unter Kopfschmerzen und Müdigkeit. Schlimmstenfalls dauern die Beschwerden zwei Wochen lang an.

JUCKENDSTER KAKTUS

Opuntia robusta, ursprünglich aus Mexiko und in Amerika als Prickly Pear bekannt, hat Borsten, die mit bienenstachelähnlichen Dornen besetzt sind. Aus ihnen wird das juckendste Juckpulver der Welt hergestellt.

ERSTE BIOLOGISCHE WAFFE

Die Christrose (*Helleborus niger*) soll angeblich beim Sieg über die Belagerer von Kirra in Mittelgriechenland 600 v. Chr. eine Rolle gespielt haben. Die Angreifer vergifteten die Wasserversorgung der Stadt mit den Wurzeln der Christrose, wodurch eine schwere Diarrhöe bei den Verteidigern ausgelöst wurde, die sich schließlich ergeben mußten.

KLEINSTE PFLANZENFALLEN

Die in der Erde befindlichen Blätter von *Genlisea* fangen und verdauen im Erdreich lebende Einzeller. Von einem chemischen Köder angelockt, werden täglich Tausende von Mikroorganismen durch mikroskopisch kleine Schlitze in das hohle Innere des Blattes gedrückt, wo die Pflanze starke Verdauungssäfte produziert.

BESTE TIERIMITATOREN

Einige Orchideen imitieren auf wunderbare Weise die Bienen und Wespen, die sie bestäuben. Der beste Imitator ist *Drakaea glyptodon*, eine Drachenorchidee in Westaustralien, deren Blüten wie flügellose Wespenweibchen

aussehen und riechen. Hat ein Männchen ein Weibchen gefunden, greift er um dessen Taille und trägt sie fort. Wenn das Männchen versehentlich eine Drachenorchidee greift, wird es von der schwenkbaren Lippe der Blüte so heftig gegen die pollentragenden Geschlechtsorgane geschleudert, daß die Pollensäcke an ihm klebenbleiben. Versucht es das Männchen mit einer anderen Orchidee, liefert es die Säcke ab und bestäubt so die Blüte.

HEIMTÜCKISCHSTE BLÜTE
Die Kannenorchidee der amerikanischen Tropen (*Coryanthes macrantha*) lockt Bienen mit einem berauschenden Nektar zu ihrer kannenförmigen Blüte. Die betrunkenen Bienen fallen in die Kanne, schwimmen durch den Nektar und können sich retten, wenn sie sich durch einen kleinen Spalt schlängeln, der auf raffinierte Weise so angelegt ist, daß die Bienen bei ihrem Befreiungsversuch die Pollen aufnehmen.

UNGEWÖHNLICHSTE BESTÄUBUNG
Die Blüten von *Microloma sagittatum*, einem Schwalbenwurzgewächs in Südafrika, heften mittels einer Art blitzschnellen Schnappschlosses Pollen an die Zungenspitze des Sonnenvogels. Der Vogel trägt die Pollen in seinem Schnabel zur nächsten Blüte. Alle anderen Schwalbenwurzgewächse werden von Insekten bestäubt.

GRÖSSTE FLEISCHFRESSENDE PFLANZE
Die Pflanzen der Gattung Nepenthes besitzen 10 m lange Stämme. Sie fangen die größte Beute von allen Pflanzen, sogar Lebewesen in der Größe von Fröschen.

SCHNELLSTE PFLANZENFALLE
Die Unterwasserpflanze *Utricularia* saugt ihre Beute mit Geschwindigkeiten von 1/30 Sekunde in Blasen ein.

WIDERSTANDSFÄHIGSTE PFLANZE
Buella Frigida, eine in der Antarktis vorkommende Flechte, kann selbst in der Temperatur von flüssigem Nitrogen (–196°) überleben. Zusammen mit der südlichsten Pflanze der Welt, *Lecidea Cancriformis*, erträgt sie eine Temperaturspanne von 100°, zwischen –70° im Winter und 30° im Sommer. Diese robusten Flechten sind bei Temperaturen zwischen –20° und 20° zur Photosynthese fähig.

GEFÄHRLICHSTE BÄUME
Der Manchineel-Baum (*Hippomane mancinella*) wächst an der Karibik-Küste und in den Everglades in Florida (USA). Die spanischen Eroberer lernten ihn im 16. Jahrhundert kennen und fürchten. Der Baum sondert einen extrem giftigen und ätzenden Saft ab, der früher als Pfeilgift verwendet wurde. Ein Tropfen in das Auge läßt erblinden und ein Bissen der Früchte führt zu Ausschlag und heftigen Schmerzen. Beim geringsten Kontakt wirft die Haut Blasen.

Die meisten Opfer verzeichnet *Toxicodendron*, zu dessen Familie auch die Brennessel gehört. Das Gift Urushiol ruft Hautreizungen hervor, hat jedes Jahr Millionen Opfer in aller Welt und ist die Hauptursache für Verätzungen von Menschen, die unter freiem Himmel arbeiten.

HEIMTÜCKISCHSTE PFLANZE
Sarracenia leucophylla benutzt eine Reihe von Ködern, um Insekten einzufangen. An der Öffnung jeden Kelches produzieren eine Reihe von Drüsen einen süßlich-riechenden Nektar, der von glitzerndem Gewebe umgeben ist, das Insekten anlockt. Nach innen gebogene Haare im Inneren des Kelches machen es unmöglich, dem Gefängnis wieder zu entkommen. Durch vergebliche Fluchtversuche entkräftet, fallen die Insekten in ein Enzym-Bad, das sie lebendig verdaut.

Sport

Extremsport · Luft

WEITESTER BUNGEE-SPRUNG
Am 19. September 1997 machte Jochen Schweizer (D) einen Bungeesprung aus einer Höhe von 2,5 km über der Stadt Reichelsheim. Bei seinem Sprung aus einem SA-365-Dauphine-Hubschrauber benutzte Schweizer ein 284 m langes Bungee-Seil. Die erste Phase in freiem Fall, bei der er das Seil benutzte, betrug 380 m, das Seil hatte eine Eigenausdehnungslänge von über 95 m, die Gesamtlänge des Sprungs betrug 1,012 km. Vom Sprung aus dem Hubschrauber bis zum unteren Wendepunkt brauchte er 17 Sekunden. Schweizer trennte sich bei 1,7 km ab und fiel 16 Sekunden in freiem Fall. Seinen Fallschirm öffnete er in einer Höhe von 900 m.

HÖCHSTER BUNGEESPRUNG AM BODEN
David Kirke, ein Mitglied des Clubs für gefährliche Sportarten der Universität Oxford (GB), sprang 1980 von der Royal George Bridge, Colorado (USA). Die Distanz vom Absprungpunkt bis zum Boden betrug 315 m. Kirke benutzte bei seinem Versuch ein 126 m langes Bungee-Seil.

HÖCHSTER FLUG MIT SPIELZEUGBALLONS
Im September 1987 stellte der waghalsige Brite Ian Ashpole einen Höhenweltrekord beim Flug mit Spielzeugballons auf, als er eine Höhe von 3,05 km über Ross-on-Wye (GB) erreichte. Ashpole wurde mit dem Heißluftballon Mercier in die Zielhöhe gebracht. Dort trennte er sich von dem Heißluftballon und schnitt nacheinander alle 400 mit Helium gefüllten Spielzeugballons – Durchmesser 61 cm – ab, die ihn in der Luft hielten. Er fiel mit einer Geschwindigkeit von ca. 144 km/h im freien Fall, bevor er seinen Fallschirm öffnete.

HÖCHSTER BALANCEAKT
Mike Howard (GB) brach den Weltrekord für den höchsten Drahtseilakt in der Erfolgsshow *Guinness World Records* im US-Fernsehen am 28. Juli 1998. In einer Höhe von 5,73 km ging er zwischen zwei Heißluftballons über Marshall (USA) spazieren. Er benutzte dafür nur einen Balancestab und verzichtete auf die Hilfe von Sicherheitsnetzen.

MEISTE FORMATIONEN BEI EINEM FALLSCHIRMSPRUNG (ZU VIERT)
Thierry Boiteux, Marin Ferre, Martial Ferre und David Moy (F) bildeten am 27. Juni 1997 beim Coupe de France de Vol Relatif in Pujaut (F) im freien Fall 36 verschiedene Formationen.

MEISTE SKY-SURFER-SPRÜNGE
Eric Fradet aus Le Tignet (F) hat seit 1976 insgesamt 17.200 Sprünge, 4.700 Skysurfing-Sprünge und 500 Teamsprünge absolviert.

MEISTE FALLSCHIRMSPRÜNGE
Cheryl Stearns (USA) hält den Rekord für die meisten von einer Frau ausgeführten Fallschirmsprünge. Bis Mai 1996 sprang sie 10.900mal, hauptsächlich in den USA.

 GRÖSSTE FREIFALL-FORMATION
Am 26. Juli 1998 versammelten sich 246 Fallschirmspringer für 7,3 Sekunden über Ottawa (USA) und bildeten die größte Freifall-Formation der Welt.

HÖCHSTE FALLSCHIRMSPRÜNGE
Joseph Kittinger fiel am 16. August 1960 in Tularosa USA) 25,82 km von einem Ballon aus 31,33 km Höhe.

Elvira Fomitschewa (UdSSR) machte den längsten, verzögerten Fallschirmsprung einer Frau am 26. Oktober 1977 über Odessa (UdSSR, heute UA). Sie fiel 14,8 km.

LÄNGSTER FALLSCHIRM-SPRUNG
William Rankin fiel aufgrund der thermischen Verhältnisse am 26. Juli 1956 in North Carolina (USA) über den Rekordzeitraum von 40 Minuten.

HÖCHSTER BASE-FALLSCHIRMSPRUNG
Glenn Singleman und Nicholas Feteris sprangen am 26. August 1992 von einem 5,88 km hoch gelegenen Fenstersims des Great Trango Tower, Kaschmir.

GRÖSSTE PYRAMIDE VON FALLSCHIRMKAPPEN
Die weltgrößte Pyramide von Fallschirmkappen bildeten 53 Menschen aus mehreren Ländern in Kassel (D) im September 1996. Sie hielten die Pyramide sechs Sekunden lang.

MEISTE LOOPINGS
Am 9. August 1986 führte David Childs 2.368 Innenloopings in einer Bellanca Decathalon über dem Nordpol, Alaska (USA), aus.

208 Außenloopings flog Joann Osterud in einer „Supernova" Hyperbipe über North Bend (USA) am 13. Juli 1989.

GRÖSSTER MASSEN-BUNGEESPRUNG
Am 6. September 1998 sprangen 25 Menschen von einer 52 m hohen Plattform vor der Deutschen Bank in Frankfurt (D). Das Ereignis war von der Stadt Frankfurt organisiert und sollte auf die moderne Architektur der Stadt und ihr blühendes Geschäftsviertel aufmerksam machen. Die Springer waren Freiwillige, die den früheren Rekord eines Teams von 16 Frauen aus Mainz (D) überboten.

HÖCHSTER SPRUNG
Im Oktober 1998 sprang A. J. Hackett vom Sky Tower, dem höchsten Gebäude in Auckland (NZ), 180,1 m tief. Er befestigte sich an zwei Stahlseilen, um nicht an das Hochhaus zu stoßen. Er war ebenfalls der erste Mensch, der einen Bungeesprung vom Eiffelturm ausführte sowie aus einem Hubschrauber.

LÄNGSTER FLUG VERKEHRT HERUM
Der längste, verkehrt herum ausgeführte Flug betrug 4 Stunden 38 Minuten 10 Sekunden und führte Joann Osterud im Juli 1991 von Vancouver nach Vanderhoof (CDN).

HÖCHSTER MICROLIGHT-FLUG
Die höchste jemals mit einem Ultraleichtflugzeug erreichte Höhe beträgt 9,72 km. Diesen Rekord erzielte Serge Zin (F) 1994 über Saint Auban (F).

LÄNGSTER MICROLIGHT-FLUG
Die längste jemals in gerader Strecke geflogene Distanz mit einem Ultraleichtflugzeug betrug 1.627,78 km. Diesen Rekord stellte Wilhelm Lischak (A) am 8. Juni 1988 bei einem Flug von Volsau (A) nach Brest (F) auf.

LÄNGSTE GLEITSCHIRMFLÜGE
Den Rekord bei den Männern hält mit 289,63 km Will Gadd (USA), geflogen am 30. Mai 1998.

Die größte von einer Frau geflogene Entfernung beträgt 285 km, erreicht am 25. Dezember 1995 von Briton Kat Thurston von Kuruman (ZA) aus.

Richard und Guy Westgate flogen am 23. Dezember 1995 bei Kuruman (ZA) 200 km weit mit einem Tandem-Gleitschirm.

GRÖSSTE GLEITSCHIRMHÖHEN
Der Höhenrekord mit einem Gleitschirm beträgt 4,526 km, aufgestellt von dem Briten Robby Whittal im Brandvlei (ZA) am 6. Januar 1993.

Der Höhenrekord bei den Frauen beträgt 4,325 km. Ihn erzielte Kat Thurston (GB) in Kuruman (ZA) am 1. Januar 1996.

Der Höhenrekord mit einem Tandem-Gleitschirm beträgt 4,38 km. Ihn erzielten Richard and Guy Westgate (GB) in Kuruman (ZA) am 1. Januar 1996.

LÄNGSTER HÄNGEGLEITFLUG
Der Rekord für die längste Entfernung in gerader Linie mit einem festen Ziel beträgt 495 km und gelang Larry Tudor (USA) von Rock Springs (USA) aus am 1. Juli 1994.

Den Rekord für Frauen holte sich Tiki Mashy (USA) am 19. Juni 1998 mit 353,1 km.

GRÖSSTE HÖHENGEWINNE
Larry Tudor erreichte 1985 über Owens Valley (USA) eine Höhe von 4,343 km.

JÜNGSTE TANDEM-SPRINGERIN
Hannah Trense-Taubitz aus Hamburg (D) sprang 1998 im Alter von 8 Jahren mit einem Tandem-Fallschirm aus 4.000 m Höhe.

MEISTE DRACHENFLÜGE
Eric Fradet aus Le Tignet (F) führte während seiner Laufbahn als Drachenflieger mehr als 14.700 Sprünge aus.

MEISTE FALLSCHIRMSPRÜNGE
Don Kellner (USA) hält den Rekord für die meisten Fallschirmsprünge. Bis Mai 1996 hatte er seinen 22.000. Sprung vollendet. Man schätzt, daß der menschliche Körper 99% seiner Fall-Endgeschwindigkeit nach ungefähr 573 m erreicht.

Sport

Extremsport · Land

SCHNELLSTER STRASSEN-SCHLITTEN

Tom Mason (unten) aus Van Nuys (USA) stellte am 29. Mai 1998 am Mount Whitney (USA) mit 130,8 km/h einen neuen offiziellen Weltrekord im Straßenrodeln auf. Mason, der 1995 mit dem Sport begann, gelang der Rekord auf einem 10-kg-Brett. Zeitnehmer war Bob Pererya von der RAIL (Road Racing Association for International Luge). RAIL wurde 1990 gegründet und arbeitet in Los Angeles (USA).

WEITESTER SKATEBOARDSPRUNG
Tony Alva sprang 5,18 m weit über 17 Fässer während der World Professional Skateboard-Meisterschaft in Long Beach (USA) am 25. September 1977.

SKATEBOARD-HÖCHSTGESCHWINDIGKEITEN
Gary Hardwick aus Carlsbad (USA) erreichte am 26. September 1998 in Fountain Hills (USA) bei einem von Alternative International Sports, Phoenix (USA), veranstalteten Wettkampf die Rekordgeschwindigkeit von 100,66 km/h.

Am 15. März 1990 erzielte Roger Hickey (USA) bäuchlings auf einer Strecke in der Nähe von Los Angeles (USA) die Rekordgeschwindigkeit von 126,12 km/h.

Eleftherios Argiropoulos fuhr vom 4. bis 5. November 1993 in 36 Stunden 33 Minuten 17 Sekunden in Ekali (GR) 436,6 km.

SCHNELLSTER BUTTBOARDER
Darren Lott (USA) erreichte eine Rekordgeschwindigkeit von 105 km/h auf seinem Sitz-Board am 26. September 1998 in Fountain Hills (USA).

HÖCHSTE SKATEBOARDSPRÜNGE
Trevor Baxter aus Burgess Hill (GB) stellte am 14. September 1982 in Grenoble (F) mit 1,67 m den Skateboard-Hochsprungrekord auf.

Der Hochsprungrekord aus der Luft von einer Halfpipe beträgt 3,6 m und wurde von Sergie Ventura (USA) aufgestellt.

HÖCHSTE MOUNTAINBOARD-DREHUNG
Die erste 360°-Drehung in der Luft auf einem Mountainboard während eines Wettkampfs schaffte der Kapitän des Outback-Mountainboardteams Mike Reinoehl (USA) bei dem 1997 im Snow Valley Ski Resort, Big Bear (USA), stattfindenden „Dirt Duel". Reinoehl erreichte eine Höhe von ca. 2,135 m und fuhr über eine Strecke von 6,10 m.

SCHNELLSTER ROLLERSKATER RÜCKWÄRTS
Jay Edington (USA) erreichte eine Spitzengeschwindigkeit von 75,14 km/h, als er am 26. September 1998 in Fountain Hills (USA) rückwarts skatete.

HÖCHSTER SPRUNG AUF INLINERS
Randolph Sandoz (CH) schaffte am 15. Dezember 1996 in Amsterdam (NL) einen Sprung mit der Rekordhöhe von 2,7 m.

SCHNELLSTE STRASSENZEITEN
Eddy Matzger (USA) lief im Februar 1991 in Long Beach (USA) insgesamt 34,82 km in einer Stunde.

MEISTE MOUNTAIN-BOARDING-TITEL
Jason T. Lee (USA) gewann Titel beim Dirt Duel '97 und Dirt Duel '98, der Mountainboarding-Weltmeisterschaft. Lee erreichte bei beiden Gelegenheiten die schnellsten Qualifikationszeiten und – bis auf eine Ausnahme – die schnellsten Zeiten bei allen lokalen und nationalen Rennen in den letzten vier Jahren.

Jonathan Seutter (USA) lief am 2. Februar 1991 in Long Beach (USA) in zwölf Stunden über die Rekordentfernung von 285,86 km.

Kimberly Ames (USA) stellte einen 24-Stunden-Rekord auf, als sie am 2. Oktober 1994 in Portland (USA) 455,5 km lief.

HÖCHSTGESCHWINDIGKEITEN AUF INLINE-SKATES
Graham Wilkie und Jeff Hamilton (beide USA) erreichten am 26. September 1998 in Arizona (USA) bei einem von Alternative International Sports genehmigten Rekordversuch beide die Geschwindigkeit von 103,03 km/h.

HÖCHSTE BERGTOUR MIT INLINE-SKATES
Im Januar 1998 fuhren Eddy Matzger (USA) und Dave Cooper (USA) auf der Murango-Straße des Kilimandscharo, dem höchsten Berg Afrikas, hinauf und herunter. Es dauerte sechs Tage, den 5.895 m hohen Berg zu erklimmen. Sie konnten dabei ca. 30 % der Zeit rollen.

LÄNGSTE STRECKE
Im März 1996 begann Fabrice Gropaiz aus Frankreich von San Francisco (USA) aus einen 30.500 km langen Lauf auf Inline-Skates rund um die Welt. Nachdem er die USA durchquert hatte, lief er im August durch Mexiko und erreichte Anfang 1997 Europa. Im Oktober 1997 lief er von Paris (F) nach St. Petersburg (RUS), wo er seine Fahrt aufgrund der vereisten Straßen unterbrach und neue Sponsoren auftrieb. Im April 1998 durchquerte Gropaiz Australien, bevor er nach Rußland zurückkehrte, wo die Straßen nun befahrbar waren.

HÖCHSTE ROLLSKIGESCHWINDIGKEIT
Die höchste Geschwindigkeit auf einer abschüssigen öffentlichen Straße mit einem in einer Reihe mit Rädern versehenen Gestell bis maximal 1,07 m, das mittels Skibindung und -stiefeln an den Füßen befestigt war, beträgt 101 km/h. Sie wurde am 7. März 1998 von Douglas Lucht (USA) auf dem Golden Eagle Boulevard, Fountain Hills (USA), erzielt.

SCHNELLSTE ROLLSKISTAFFEL
Eine vierköpfige Mannschaft legte vom 23. bis 24. Mai 1998 in RAF Alconbury (GB) in 24 Stunden die Rekordentfernung von 488,736 km zurück.

MEISTE SIEGE BEI MEISTERSCHAFTEN IM ROLLSCHUHLAUFEN
Die argentinische Rollschuhläuferin Andrea González gewann im Oktober 1998 bei den IV. South American Games (ODESUR) in Cuenca (EC) 14 Goldmedaillen. Sie siegte bei den Frauen in jeder Disziplin (Schnelllauf und Langlauf).

MEISTE ROLLHOCKEY-SIEGE
Portugal gewann von 1947 bis 1993 insgesamt 14 Titel.

MEISTE WELTMEISTERSCHAFTSSIEGE IM SANDBOARDFAHREN
Marco Malaga (PE) gewann bei den Männern dreimal die von Dune Riders International veranstalteten Weltmeisterschaften im Sandboardfahren (1996, 1997 und 1998).

Julie Pilcic (USA) hält mit ebenfalls drei Weltmeisterschaftssiegen (1996, 1997 und 1998) den Rekord bei den Frauen.

HÖCHSTGESCHWINDIGKEITEN AUF SANDBOARDS
Nancy Sutton (USA) erreichte am 19. September 1998 in Sand Mountain (USA) die Rekordgeschwindigkeit von 71,94 km/h.

Marco Malaga (PE) erreichte am 26. November 1998 in Dumont Dunes (USA) bei den Männern die Rekordgeschwindigkeit von 71,13 km/h.

MOUNTAIN-BIKING-WORLD-CUP-SIEGE
Die meisten Cross-Country-World-Cup-Siege, nämlich 15, gelangen Thomas Frischknecht (CH, rechts) von 1991 bis 1998.

Extremsport · Wasser

GRÖSSTER SURFWETTBEWERB
Die G-Shock-US-Open im Surfen, die in Huntington Beach, Kalifornien (USA), stattfinden, gelten als der größte Surfwettbewerb der Welt. Der Wettbewerb ist Bestandteil der Weltmeisterschafts-Qualifikationsserie und hat seit seiner Einführung 1994 jährlich mehr als 200.000 Zuschauer und rund 700 Teilnehmer angezogen. Das Preisgeld beträgt insgesamt 280.550 DM, davon erhält der Sieger des Wettkampfes der Herren 181.000 DM und die Siegerin bei den Damen 27.150 DM.

MEISTE SIEGE BEI SERIENWETTKÄMPFEN DER PROFIS
Kelly Slater (USA) gewann sechsmal den Titel bei den Herren: 1992 und von 1994 bis 1998.

Bei den Damen gewannen je viermal den Profi-Titel: Frieda Zamba (USA), 1984–1986 und 1988; Wendy Botha (AUS, früher Südafrika), 1987, 1989, 1991 und 1992 und Lisa Anderson (AUS) von 1993 bis 1996.

MEISTE MEISTERSCHAFTSTITEL BEI DEN AMATEUREN
Michael Nowakow (AUS) gewann in der Disziplin Kneeboard die Rekordanzahl von drei Titeln: 1982, 1984 und 1986.

Die meisten Titel bei den Damen gewannen mit je zwei Joyce Hoffman (USA), 1965 und 1966, sowie Sharon Weber (USA), 1970 und 1972.

ERFOLGREICHSTE WAKEBOARDER
Tara Hamilton (USA, rechts) gewann 1998 bei den Damen die Weltmeisterschaft im Wakeboarding. Shaun Murray (USA) siegte im selben Jahr bei den Herren. Weltmeister wird derjenige Wakeboarder, der den angesehensten Wakeboard-Wettkampf einer Saison gewonnen hat. Wakeboarding ist eine Kombination aus Surfen, Skateboarding, Snowboarding und Wasserski. Das Brett ähnelt einem dicken Snowboard, an dem Bindungen befestigt sind.

MEISTE MEISTERSCHAFTSTITEL IM BODYBOARDING
Mike Stewart (USA) gewann neun Weltmeisterschaften, acht nationale Tourneetitel und elf Qualifikationsmeisterschaften. Er gewann jeden Bodyboarding-Wettkampf, an dem er in den letzten sieben Jahren teilnahm, sowie jede Leserumfrage des *Body-Boarding Magazine*.

LÄNGSTER WELLENRITT EINES BODYBOARDERS
Mike Stewart (USA) ritt am 19. Juli 1996 in Tahiti auf einer Welle, dann flog er nach Hawaii (USA) um sie wieder zu treffen. Ein drittes Mal surfte er in Kalifornien auf ihr und schließlich am 27. Juli in Alaska. Im Januar 1996 stellte Mike Stewart (USA) den Höhenrekord auf, indem er vor der Küste von Jaws, Hawaii (USA), auf einer 18,3 m hohen Welle ritt. Er hält auch den Rekord für die höchste Welle, auf der je gepaddelt wurde (15,25 m).

MEISTE KNEEBOARD-WELTMEISTERSCHAFTSSIEGE
Mario Fossa (YV), von seinen Fans „King of Dizzy" genannt, gewann von 1987 bis 1991 viermal hintereinander die Profi-Tour-Titel. Beim Kneeboarding vollführen die Teilnehmer ihre Tricks, während sie auf einem kurzen, niedrigen Brett knien.

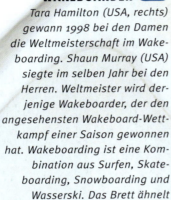

HÖCHSTGESCHWINDIGKEITEN BEIM BOARDSAILING
Thierry Bielak (F) erreichte 1993 in Camargue (F) mit 84,02 km/h die höchste Geschwindigkeit eines Boardsailers.

Bei den Damen stellte Elisabeth Coquelle aus Frankreich am 7. Juli 1995 in Tarifa (E) mit 74,74 km/h den Rekord auf.

MEISTE WASSERSKI-TITEL
Liz Allan-Shetter (USA) errang die Rekordanzahl von acht Titeln in Einzeldisziplinen. Sie ist auch die einzige Person, die in einem Jahr (1969 in Kopenhagen, DK) alle vier Titel – Slalom, Springen, Trick und Kombination – gewann.

BARFUSS-WASSERSKI-WELTMEISTERSCHAFTEN
Die Rekordanzahl von drei Titeln bei den Kombinations-Barfuß-Weltmeisterschaften gewannen bei den Herren Brett Wing (AUS, rechts) 1978, 1980 und 1982, und Ron Scarpa (USA) 1992, 1996 und 1998. Die meisten Titel bei den Damen errangen mit je vier Kim Lampard (Australien) 1980, 1982, 1985 und 1986, sowie Jennifer Calleri (USA) 1990, 1992, 1994 und 1996. Die USA gewann zwischen 1988 und 1998 sechsmal den Mannschaftstitel bei den Barfuß-Weltmeisterschaften. Diese Disziplin wird ohne Skier, Bretter oder Schuhe ausgeführt.

ERFOLGREICHSTER AQUABIKER
Seit 1997 organisiert die „Union Internationale Motonautique" mit Sitz in Monaco Weltmeisterschaften in drei Aquabike-Disziplinen. Marco Sickerling (D) nahm im Freistil teil und wurde UIM-Europameister und -Weltmeister im Jahr 1997 sowie UIM-Europameister im Jahr 1998.

Die USA gewann die Mannschaftsmeisterschaften von 1957 bis 1989 bei siebzehn aufeinanderfolgenden Wettkämpfen.

Patrice Martin (F) gewann fünfmal die Kombinations-Weltmeisterschaften, 1989, 1991, 1993, 1995 und 1997.

Die Rekordanzahl von je drei Siegen bei den Kombinations-Weltmeisterschaften der Damen erzielten Willa McGuire (USA) 1949, 1950 und 1955 sowie Liz Allan-Shetter (USA) 1965, 1969 und 1975.

HÖCHSTE WASSERSKI-GESCHWINDIGKEITEN
Die höchste Geschwindigkeit eines Wasserskiläufers erreichte mit 230,26 km/h Christopher Massey (AUS) am 6. März 1983 auf dem Hawkesbury River, Windsor (AUS).

Donna Patterson Brice (USA) stellte am 21. August 1977 in Long Beach (USA), mit 178,8 km/h den Rekord bei den Damen auf.

1948 bis 1960, Rüdiger Helm (DDR) von 1976 bis 1983 und Iwan Patzaichin (RO) von 1968 bis 1984.

HÖCHSTGESCHWINDIGKEITEN IM KANUFAHREN
Bei den Weltmeisterschaften von 1995 siegte die ungarische Mannschaft im Vierer über 200 m in 31,155 Sekunden mit einer Durchschnittsgeschwindigkeit von 23,11 km/h.

Bei den Olympischen Spielen in Atlanta (USA) legte der deutsche Viererkajak am 3. August 1996 die 1000 m in 2 Minuten 51,52 Sekunden mit einer Durchschnittsgeschwindigkeit von 20,98 km/h zurück.

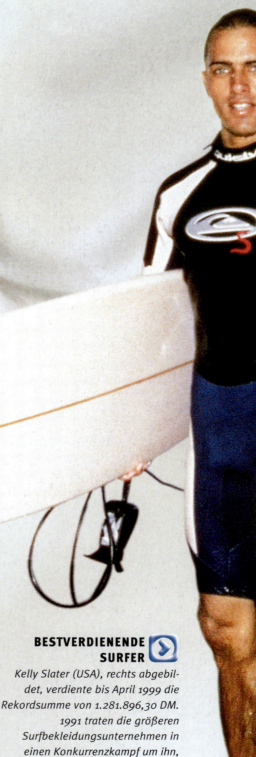

MEISTE WASSERSKILÄUFER AN EINEM BOOT
Am 18. Oktober 1986 waren 100 Läufer auf Doppelski über eine Seemeile (1,8 km) an dem Kreuzer Reef Cat in Cairns (AUS) vertaut. Dieses Ereignis wurde vom „Cairns and District Powerboating and Ski Club" organisiert.

MEISTE WELTMEISTERSCHAFTS- UND OLYMPIASIEGE IM KANUFAHREN
Birgit Schmidt gewann von 1979 bis 1998 die Rekordanzahl von 34 Weltmeisterschaftstiteln (einschließlich Olympiatiteln).

Den Rekord bei den Herren halten mit je 13 Titeln Gert Fredriksson (SWE) von

SCHNELLSTE KANALÜBERQUERUNG
Im Juli 1996 paddelten sieben Mitglieder des „Southern California Paddleboard Club" – Derek and Mark Levy, Craig Welday, Tim Ritter, Michael Lee, Charlie Didinger und John Matesich – in 6 Stunden 52 Minuten über den Ärmelkanal von Dover (GB) nach Cap Griz Nez in Frankreich.

ERFOLGREICHSTE NATION BEIM WILDWASSERKAJAK
Die erfolgreichste Nation im Wildwasserkajak ist Deutschland. Sie gewann die Eröffnungs-Weltmeisterschaften von 1991 in St. David's (GB) sowie 1995 in Augsburg (D).

BESTVERDIENENDE SURFER
Kelly Slater (USA), rechts abgebildet, verdiente bis April 1999 die Rekordsumme von 1.281.896,30 DM. 1991 traten die größeren Surfbekleidungsunternehmen in einen Konkurrenzkampf um ihn, den schließlich Quiksilver gewann. Den Rekord bei den Damen hält Pam Burridge (AUS), die in ihrer Karriere bis April 1999 489.197,75 DM verdiente.

Sport
Extremsport · Schnee

MEISTE X GAMES-SNOWBOARD-MEDAILLEN
Barrett Christy (USA) erlangte die meisten X Games-Snowboard-Medaillen einer Frau mit sechs Stück. Christy gewann die Goldmedaille im Big-Air-Event und die Silbermedaille in der Slopestyle-Disziplin bei den Winter-X Games 1999. Sie gewann beide Disziplinen auch bei den Eröffnungs-X Games und Silber in 1998. Die Winter-X Games wurden 1977 von ESPN eingeführt, Disziplinen sind Ice-Climbing, Snow-Mountain-Biking, Free-Skiing, Skiboarding, Snowboarding und Snowcross.

SNOWBOARD-CHAMPIONS
Karine Ruby (F; unten) hat elf World-Cup-Titel gewonnen. Sie gewann den Overall von 1996 bis 1998, den Slalom von 1996 bis 1998, den Riesenslalom von 1995 bis 1998 und den Snowboard-Cross 1997. Mike Jacoby (USA) gewann drei World-Cup-Titel der Männer: den Overall 1996 und den Riesenslalom 1995 und 1996.

MEISTE WELTMEISTERSCHAFTS-SNOWBOARD-TITEL
Karine Ruby (F) hält drei Weltmeisterschaftstitel (einschließlich olympischer Titel). Sie gewann den Riesenslalom 1996 und 1998 und den Snowboard-Cross 1997. Kein Mann hat bisher mehr als einen Weltmeisterschaftstitel gewonnen.

SCHNELLSTER SNOWBOARDER
Die höchste offizielle Geschwindigkeit eines Snowboarders liegt bei 201,907 km/h, die Daren Powell (AUS) in Les Arcs (F) am 1. Mai 1999 erreichte.

MEISTE HÖHENMETER MIT EINEM SNOWBOARD
Tammy McMinn fuhr am 20. April 1998 mehr als 15 Stunden mit einem Snowboard eine Strecke am Sloko Range in Kanada herab. Bei 101 Läufen fuhr sie 93,124 km bergab. Ein Hubschrauber brachte sie immer wieder zurück auf den Gipfel.

MEISTE HÖHENMETER AUF SKIERN
Edi Podivinsky, Luke Sauder, Chris Kent (alle CDN) und Dominique Perret (CH) halten den Rekord für die meisten „vertikalen Meter" auf Skiern an einem Tag. Am 29. April 1998 fuhren sie insgesamt 107,777 km in 14 Stunden 30 Minuten auf einem Hügel am Blue River in Kanada. 73mal brachte sie ein Hubschrauber zurück zum Gipfel.

Der Rekord für Frauen liegt bei 93,124 km. Jennifer Hughes (USA) gelang dies am Sloko Ridge in Kanada am 20. April 1998 zusammen mit Snowboarder Tammy McMinn (siehe oben).

MEISTE SKIBOARD-MEDAILLEN
Mike Nick (USA) gewann eine Goldmedaille während der ESPN-Winter-X Games 1998 im Skiboarding, Slopestyle und Silber in der Triple-Air-Disziplin bei den Games 1999. Die Winter-X Games 1998 gaben Skiboardern die erste Gelegenheit, an einem internationalen Skiboarding-Wettbewerb teilzunehmen.

MEISTE SNOW-MOUNTAIN-BIKING-MEDAILLEN
Cheri Elliott (USA) hat drei Snow-Mountain-Biking-Medaillen gewonnen, die Gold Speed-Medaille 1997, die Silber Speed- und die Silber-Difficulty-Medaille 1998.

MEISTE X GAMES-MEDAILLEN EINES SNOWBOARDERS
Shaun Palmer (USA; links) kämpft hier mit dem Norweger Tor Bruserud während der ISF Boardercross-World-Championships 1999 in Passo del Tonale (I). Palmer hat drei Goldmedaillen bei den Winter-ESPN-X Games in der Boarder-X-Disziplin errungen, seit 1997 in jedem Jahr. Zusätzlich erlangte er beim Snow-Mountain-Biking-Dual-Downhill-Wettbewerb der X Games 1997 Gold.

MEISTE RENNSCHLITTEN-TITEL
Stefan Krauße und Jan Behrendt (D) gewannen sechs Zweisitzer-Titel (1989, 1991–93, 1995 und 1998).

SCHNELLSTER RENNSCHLITTEN
Die höchste gemessene Geschwindigkeit erreichte mit 137,4 km/h Asle Strand (NOR) auf der Tandådalens Linbana-Bahn in Schweden am 1. Mai 1982.

KNAPPSTES RENNSCHLITTEN-ERGEBNIS
Das Finale der Frauen auf Rennschlitten bei den Olympischen Winterspielen 1998 in Nagano (J) wurde am 11. Februar 1998 durch einen Unterschied von 0,002 Sekunden entschieden. Silke Kraushaar (D) schlug ihre Teamkollegin Barbara Niedernhuber und gewann Gold in einer Zeit von 3 Minuten 23,779 Sekunden über vier Runden.

MEISTE SKI-BOB-TITEL
Die meisten Weltmeisterschaftstitel eines Mannes, nämlich drei, gewann im Ski-Bob Walter Kronseil (A) von 1988 bis 1990.

Petra Tschach-Wlezcek (A) gewann von 1988 bis 1991 vier Einzel-Weltmeisterschaften.

SCHNELLSTER SKI-BOB-FAHRER
Die Höchstgeschwindigkeit mit einem Ski-Bob liegt bei 173 km/h. Romuald Bonvin (CH) erreichte sie in Les Arcs (F) am 1. Mai 1999.

HÖCHSTER EISSEGEL-SPEED
Die höchste offizielle Geschwindigkeit beim Eissegeln liegt bei 230 km/h. John Buckstaff (USA) erreichte sie auf dem Lake Winnebago, Wisconsin (USA), 1938.

MEISTE EINZEL-RENNSCHLITTEN-TITEL
Georg Hackl (D) gewann die Rennschlitten-Weltmeisterschaften (inklusive olympischer Titel) 1989, 1990, 1992, 1994, 1997 und 1998. Steffi Walter (D) gewann zwei olympische Titel bei den Frauen 1984 und 1988. Margit Schumann (D) gewann zwischen 1973 und 1977 fünf Titel und damit die meisten Titel einer Frau in dieser Disziplin überhaupt.

MEISTE EISKLETTER-MEDAILLEN
Will Gadd (USA) gewann drei Eiskletter-Medaillen bei den X Games, die Gold Speed- und Difficulty-Medaille 1998 und die Gold Difficulty-Medaille 1999.

SCHNELLSTE OLYMPISCHE SKIFAHRT
Michel Pruefer (F) erreichte bei den Olympischen Winterspielen in Albertville (F) bei einer Demonstration eine Geschwindigkeit von 229 km/h.

Tatiana Fields (USA) erreichte auf Skiern bei den Red Bull-US-Speed-Skiing-Championships 1999 in Snowmass, Colorado (USA), eine Geschwindigkeit von 161 km/h. Sie war zu diesem Zeitpunkt erst zwölf Jahre alt.

MEISTE TITEL IM ORIENTIERUNGSLAUF
Ragnhild Bratberg (NOR) gewann vier Einzeltitel im Orientierungslauf, den Classic 1986 und 1990 sowie den Sprint 1988 und 1990.

Anssi Juutilainen aus Finnland gewann vier Titel (Classic 1984 und 1988, Sprint 1992) wie auch Nicolo Corradini aus Italien (Classic 1994 und 1996, Sprint 1994).

SCHNELLSTER MONOSKIER
David Arnaud (F) erreichte 196,507 km/h in Les Arcs (F) am 1. Mai 1999.

SCHNELLSTE SKIFAHRT
Die höchste gemessene Geschwindigkeit eines Menschen auf Skiern liegt bei 248,105 km/h. Harry Egger (A) erreichte sie in Les Arcs (F) am 1. Mai 1999. Den Weltrekord für Frauen hält Karine Dubouchet (F), die 234,528 km/h in Les Arcs (F) am 1. Mai 1999 erreichte.

Sport

Skisport

MEISTE WELTMEISTERTITEL

Bjørn Dæhlie (NOR, unten) gewann die Rekordanzahl von 18 Titeln (einschließlich Olympiatitel): zwölf Einzeltitel und sechs Staffeltitel in der nordischen Disziplin von 1991 bis 1998. Bei den Damen gewann Jelena Välbe (RUS) 17 Titel: zehn Einzel- und sieben Staffeltitel von 1989 bis 1998. Die meisten Titel im Skisprung errang Birger Ruud aus Norwegen mit fünf (1931 und 1932 und von 1935 bis 1937). Ruud ist der einzige Skisportler, der bei einer Olympiade sowohl in der alpinen als auch in der nordischen Disziplin gewann: 1936 im Skisprung und alpinen Abfahrtslauf.

MEISTE ALPINE WELTMEISTERTITEL

Christl Cranz (D) hält den Rekord mit zwölf Weltmeisterschaftstiteln im alpinen Ski. Sie gewann sieben Einzeltitel (vier im Slalom 1934 und 1937–39, sowie drei in der Abfahrt 1935, 1937 und 1939) und fünf Kombinationstitel 1934–35 und 1937–39. Cranz gewann auch die Goldmedaille in der Kombination bei den Olympischen Spielen 1936.

Die meisten Herrentitel gewann Toni Sailer (A) mit sieben: 1956 in allen vier alpinen Disziplinen (Riesenslalom, Slalom, Abfahrtslauf und in der nicht-olympischen alpinen Kombination) und 1958 im Abfahrtslauf, Riesenslalom und in der Kombination.

MEISTE WELTMEISTERTITEL IN NORDISCHEN DISZIPLINEN

Die meisten Medaillen in nordischen Disziplinen bei den Damen gewann mit 23 Raisa Petrowna Smetanina (UdSSR, später GUS), darunter sieben Goldmedaillen (1974–92).

MEISTE ALPINE WELTCUP-TITEL

Ingemar Stenmark (SWE) gewann zwischen 1974 und 1989 in alpinen Disziplinen von insgesamt 287 Läufen die Rekordanzahl von 86 Einzeltiteln (46 im Riesenslalom und 40 im Slalom). Dies beinhaltet auch den Herrenrekord von 13 Siegen in einer Saison (1978/79). Von diesen 13 waren zehn Teil eines weiteren Rekordes: 14 Siege hintereinander im Riesenslalom (März 1978 bis Januar 1980).

Franz Klammer (A) gewann von 1974 bis 1984 25 Abfahrtsläufe.

Annemarie Moser (A) gewann von 1970 bis 1979 bei den Damen die Rekordanzahl von 62 Einzeltiteln. Sie gewann außerdem von 1972 bis 1974 elf Abfahrtsläufe hintereinander.

MEISTE WELTCUP-TITEL IN NORDISCHEN DISZIPLINEN

Björn Dæhlie aus Norwegen hält den Rekord mit sechs Weltcup-Titeln im Langlauf (1992–93, 1995–97 und 1999).

Jelena Välbe (UdSSR, heute RUS) gewann bei den Damen die Rekordanzahl von vier Langlauftiteln (1989, 1991–92, 1995).

MEISTE WELTCUP-TITEL IM SKISPRUNG

Matti Nykänen (FIN) gewann die Rekordanzahl von vier Weltcup-Titeln im Skisprung (1983, 1985–86, 1988).

MEISTE OLYMPIATITEL

Katja Seizinger aus Deutschland (oben) ist eine von zwei Läuferinnen, die drei Olympiatitel und fünf Olympiamedaillen im alpinen Ski gewannen. Die andere ist Vreni Schneider (CH). Seizinger gewann 1994 und 1998 im Abfahrtslauf und 1998 in der Kombination, 1992 und 1998 errang sie im Super-Riesenslalom die Bronzemedaille. Außerdem gewann sie fünf Weltcup-Titel im Super-Riesenslalom (1993–96, 1998).

MEISTE FREISTIL-TITEL

Edgar Grospiron (F) errang die Rekordanzahl von drei Weltmeisterschaftstiteln im Freistil (1989, 1991 und 1995). 1992 gewann er auch eine olympische Medaille.

Eric Laboureix (F) gewann bei den Herren die Rekordanzahl von fünf Titeln im Gesamt-Weltcup (1986 bis 1988 sowie 1990 und 1991).

Die meisten Weltcup-Titel in allen Disziplinen gewann Connie Kissling (CH) mit zehn von 1983 bis 1992.

HÖCHSTE GESCHWINDIGKEITEN

Armin Assinger (A) erreichte am 15. März 1993 in der Sierra Nevada (E) die Rekordgeschwindigkeit von 112,4 km/h beim Weltcup-Abfahrtslauf.

Die höchste Geschwindigkeit bei einem olympischen Abfahrtslauf beträgt 107,24 km/h und wurde von Jean-Luc Cretier (F) am 13. Februar 1998 in Nagano (J) erreicht.

Die Rekordzeit im 50-km-Lauf bei einer wichtigen Meisterschaft erreichte mit 1 Stunde 54 Minuten 46 Sekunden Alexeij Prokurorow (RUS) 1994 in Thunder Bay (CDN). Seine Durchschnittsgeschwindigkeit betrug 26,14 km/h.

Die höchste Geschwindigkeit, die ein Mensch beim Skilaufen auf einem Bein je erreichte, betrug 185,567 km/h und wurde 1998 von Patrick Knaff (F) erzielt.

Klaus Spinka (A) erreichte am 24. September 1989 in Waldsassen (D) beim Rasen-Ski die Rekordgeschwindigkeit von 92,07 km/h.

LÄNGSTE RENNEN

Das längste Nordische Skirennen ist das 89 km lange jährliche Vasaloppet in Schweden. 1977 war die Rekordzahl von 10.934 Teilnehmern am Start.

Das längste Abfahrtsrennen ist das Inferno vom Gipfel des Schilthorns nach Lauterbrunnen (CH) mit 15,8 km. Urs von Allmen (CH) erzielte 1991 hier eine Rekordzeit von 13 Minuten 53,4 Sekunden.

LÄNGSTE PISTE

Die Piste des Weissfluhjoch-Küblis-Parsenn-Skigebiets bei Davos (CH) ist 12,23 km lang.

GRÖSSTES RENNEN

Das Finlandia-Skirennen führt 75 km von Hämeenlinna nach Lahti (FIN). Im Februar 1984 ging die Rekordanzahl von 13.226 Teilnehmern an den Start, von denen 12.909 durch das Ziel liefen.

MEISTE WELTCUP-SIEGE IN EINER SAISON
Vreni Schneider (CH) ist hier beim Super-Riesenslalom bei der Winterolympiade von 1988 zu sehen. Schneider hält den Rekord für die meisten Weltcup-Siege in einer Saison: 1988/89 gewann sie insgesamt 13 Einzeltitel und einen Kombinationstitel, darunter alle sieben Slalom-Rennen.

GRÖSSTE STRECKE
Seppo-Juhani Savolainen (FIN) lief vom 8. bis 9. April 1988 in 24 Stunden 415,5 km in Saariselkä (FIN).

Der 24-Stunden-Rekord bei den Damen beträgt 330 km und wurde vom 23. bis 24. März 1985 von Sisko Kainulaisen (FIN) in Jyväskylä (FIN) aufgestellt.

MEISTE WELTMEISTERTITEL IM RASENSKILAUFEN
Die Weltmeisterschaften im Rasenskilaufen finden seit 1979 alle zwei Jahre statt. Ingrid Hirschhofer (A) gewann zwischen 1979 und 1993 die meisten Titel (14).

Bei den Herren gewannen die meisten Titel mit je sieben Erwin Gansner aus der Schweiz (1981–87) und Rainer Grossman aus Deutschland (1985–93).

Nur zwei Läufer gewannen alle vier Titel in einem Jahr (Super-Riesenslalom, Riesenslalom, Slalom und in der Kombination): Rainer Grossman (D) 1991 und Ingrid Hirschhofer (A) 1993.

WEITESTE SKISPRÜNGE
Den weitesten bei einem Weltcup-Springen mit 214,5 m verzeichneten Skisprung erzielte Martin Schmitt (D; rechts abgebildet) am 19. März 1999 in Planica, Slowenien. Er erreichte diese Weite mit dem zweiten seiner beiden Wettkampf-Sprünge. Sein erster Sprung betrug 219 m, er stürzte jedoch, so daß die Weite nicht offiziell gewertet wurde. Am folgenden Tag erreichte Tommy Ingebrigsten (NOR) in der Qualifikationsrunde eine Weite von 219,5 m.

173

Eissport

BESTE EISSCHNELL-LÄUFERIN

Gunda Niemann-Stirnemann (D) hält den Rekord für die meisten Siege im Eisschnellauf der Frauen. Von 1991 bis 1993 und 1995 bis 1998 erlangte sie sieben Welt-Titel. Nach einem schlimmen Sturz bei den Olympischen Spielen 1994 kehrte sie in bester Form 1998 zu den Olympischen Spielen in Calgary in Kanada zurück, wo sie einen neuen 3.000 m-Rekord (4:01,67 Minuten) erreichte. Hier setzt sie gerade einen neuen 5.000 m-Rekord während der Eisschnelllauf-Weltmeisterschaft in Hamar (NOR) am 7. Februar 1999. Sie erreichte eine Zeit von 6:57,24 Minuten und einen Gesamtpunktestand von nur 161.479 Punkten.

SCHNELLSTER SPRINTER
Jeremy Wotherspoon (CDN) gelang am 20. Februar 1999 in Calgary (CDN) ein neuer 500 m-Rekord mit 34,76 Sekunden.

Der 500 m-Rekord der Frauen von 37,55 Sekunden wurde von Catriona Le May Doan (CDN) in Calgary (CDN) am 29. Dezember 1997 erreicht.

Jan Bos (NL) lief 1.000 m in 1 Minute 8,55 Sekunden in Calgary (CDN) am 21. Februar 1999.

Den 1.000 m-Rekord der Frauen hält Monique Garbrecht (D) mit 1 Minute 15,61 Sekunden in Calgary (CDN) am 21. Februar 1999.

MEISTE SCHNELLAUFSIEGE DER MÄNNER
Oscar Mathisen (NOR) gewann insgesamt fünf Titel 1908–09 und 1912–14, ebenso Clas Thunberg (FIN) 1923, 1925, 1928–29 und 1931.

MEISTE OLYMPIA-SCHNELLAUFSIEGE
Lidiya Pavlovna Skoblikova (UdSSR) gewann sechs olympische Goldmedaillen, zwei 1960 und vier 1964.

Clas Thunberg (FIN) gewann fünf Goldmedaillen 1924 und 1928, Eric Arthur Heiden (USA) fünf in Lake Placid (USA) 1980.

MEISTE EISKUNSTLAUF-TITEL
Ulrich Salchow (SWE) hat von 1901–05 und 1907–11 insgesamt zehn Einzel-Titel im Eiskunstlaufen der Männer gewonnen.

Sonja Henie gewann zwischen 1927 und 1936 ebenfalls zehn Einzeltitel.

Irina Rodnina gewann die meisten Titel im Paarlauf – vier mit Aleksey Nikolayevich Ulanov von 1969 bis 1972 und sechs mit ihrem Mann Aleksandr Gennadyevich Zaitsev von 1973 bis 1978.

HÖCHSTE EISKUNSTLAUF-WERTUNG
Jayne Torvill und Christopher Dean (GB) erreichten 29mal die höchstmögliche Wertung von 6 Punkten bei der Eiskunstlauf-Weltmeisterschaft in Ottawa (CDN) im März 1984. Diese Zahl setzt sich aus sieben in der Pflicht, einem perfekten Ergebnis von neun im Kurzprogramm und dreizehn in der Kür zusammen.

Siebenmal eine 6-Punkte-Wertung als Solisten erreichten Donald Jackson (CDN) bei den Weltmeisterschaften der Männer in Prag (CZ) 1962 und Midori Ito (J) bei der Weltmeisterschaft der Frauen in Paris (F) 1989.

SCHNELLSTE CRESTA-ZEIT
Der Cresta-Kurs in St. Moritz (CH) ist 1.212 m lang und hat ein Gefälle von 157 m. Die schnellste Zeit liegt bei 50,23 Sekunden, die Lord Clifton Wrottesley (GB) am 7. Februar 1998 erreichte. Seine Durchschnittsgeschwindigkeit lag bei 86,88 km/h.

MEISTE CRESTA-SIEGE
Die größte Anzahl von Siegen in der Cresta Run Grand National liegt bei acht. Der Olympiasieger aus dem Jahr 1948, Nino Bibbia (I), erreichte sie von 1960 bis 1964 und 1966, 1968 und 1973. Dies gelang ebenso Franco Gansser (CH) 1981, von 1983 bis 1986, von 1988 bis 1989 und 1991.

 MEISTE EISKUNSTLAUF-GRAND-SLAMS
Katarina Witt (DDR, jetzt D) gelang ein seltener „Grand Slam" im Eiskunstlaufen, als sie den Welt-, Olympischen und Europameisterschafts-Titel 1984 und 1988 gewann. Dies gelang außer ihr nur Karl Schäfer (A) und Sonja Henie (NOR) 1932 und 1936.

MEISTE ZWEIERBOB-TITEL
Die Schweiz gewann im Zweierbob rekordverdächtige 17mal (1935, 1947–50, 1953, 1955, 1977–80, 1982–83, 1987, 1990, 1992 und 1994). Darin enthalten sind auch olympische Siege 1948, 1980, 1992 und 1994.

Eugenio Monti (I) gewann elf Titel – acht Zweier-Titel von 1957 bis 1961 (davon fünf in Folge, auch ein Rekord) und 1963, 1966, 1968, sowie drei im Vierer-Bob (1960, 1961, 1968).

MEISTE VIERERBOB-TITEL
Bernhard Germeshausen (DDR, später D) gewann vier Titel (1976, 1977, 1980, 1981), ebenso Wolfgang Hoppe (DDR, später D, 1984, 1991, 1995, 1997).

MEISTE OLYMPISCHE BOB-TITEL
Die meisten olympischen Goldmedaillen als Einzelsportler im Bob gewannen Meinhard Nehmer und Bernhard Germeshausen (DDR, später D) 1976 im Zweier und 1976 und 1980 im Vierer.

Sieben Medaillen (1 Gold, 5 Silber, 1 Bronze gewann Bogdan Musiol (DDR, später D) von 1980 bis 1992.

ÄLTESTER BOB-CHAMPION
Franz Kapus (CH) war 46 Jahre 198 Tage alt, als er als Mitglied des Vierer-Teams bei den Olympischen Winterspielen in Cortina d'Ampezzo (I) 1956 Gold gewann.

JÜNGSTER OLYMPIASIEGER
William Guy Fiske war Mitglied des amerikanischen Fünferbob-Teams bei den Olympischen Winterspielen in St. Moritz (CH) 1928 im Alter von 16 Jahren und 260 Tagen.

MEISTE CURLING-WELTMEISTERTITEL
Kanada hat die meisten Weltmeistertitel im Curling mit insgesamt 25 Siegen inne. Dies gelang den Teams dieses Landes in den Jahren 1959–64, 1966, 1968–72, 1980, 1982–83, 1985–87, 1989–90, 1993–96 und 1998.

Der Rekord bei den Frauen liegt bei zehn Medaillen; den kanadischen Teams gelang das 1980, 1984–87, 1989, 1993–94, 1996 und 1997.

WEITESTER CURLING-WURF
Ein Curlingstein wurde von Eddie Kulbacki (CDN) im Park Lake, Manitoba (CDN), am 29 Januar 1989 über 175,66 m geworfen. Dies gelang ihm auf einem speziell präparierten Eisgelände.

SCHNELLSTES CURLING-SPIEL
Acht Curling-Spieler des Burlington Golf und Country Clubs spielten ein Spiel in der Rekordzeit von 47 Minuten 24 Sekunden, mit Zeitstrafen von 5 Minuten 30 Sekunden, in Burlington, Ontario (CDN), am 4. April 1986.

MEISTE SIEGE IM VIERER-BOB
Die Schweiz hat den Wettbewerb im Vierer-Bob 20mal gewonnen (1924, 1936, 1939, 1947, 1954–57, 1971–73, 1975, 1982–83, 1986–90 und 1993). In dieser Gesamtsumme sind fünf Olympiasiege enthalten (1924, 1936, 1956, 1972 und 1988). Das Schweizer Team – Marcel Rohner (Fahrer), Silvio Schaufelberger, Markus Nuessli und Beat Hefti des Teams Schweiz 1 – ist hier auf dem Weg zum zweiten Platz bei der Weltmeisterschaft in Cortina d'Ampezzo (I) im Februar 1999.

Sport

Eishockey

MEISTE SPIELE
Gordie Howe (CDN) spielte in 1.767 regulären Saisonspielen von 1946 bis 1971 in der National Hockey League (NHL) für die Detroit Red Wings und in der Saison 1979/80 für die Hartford Whalers. Von 1973 bis 1979 spielte er ebenfalls in der World Hockey Association (WHA) in 419 Spielen (und 78 Playoffs) für die Houston Aeros und die New England Whalers und erreichte somit die Rekordanzahl von 2.421 wichtigen Ligaspielen.

MEISTE TORE UND PUNKTE IN EINER KARRIERE
Wayne Gretzky hält mit 893 Toren und 1.959 Assists und der Zahl von 2.852 Punkten in 1.475 Spielen den NHL-Rekord für die regulären Saison- und die Playoff-Spiele.

MEISTE TORE UND PUNKTE IN EINER SAISON
Wayne Gretzky schoß in der Saison 1981/82 für die Edmonton Oilers die Rekordanzahl von 92 Toren. 1985/86 erreichte er die Rekordanzahl von 215 Punkten, einschließlich der Rekordanzahl von 163 Assists. Insgesamt erreichte er in der Saison 1981/82 238 Punkte (103 Tore, 135 Assists), einschließlich Stanley Cup-Playoffs und Spiele für Kanada bei der Weltmeisterschaft.

MEISTE TORE IN EINEM SPIEL
Joe Malone schoß 1920 in Québec City die Rekordanzahl von sieben Toren in einem Spiel für Québec gegen die Toronto St Patricks.

MEISTE ASSISTS IN EINEM SPIEL
Die höchste Zahl an Assists beträgt sieben, erreicht von Billy Taylor für Detroit gegen Chicago im März 1947 und Wayne Gretzky für Edmonton gegen Washington im Februar 1980, gegen Chicago im Dezember 1985 sowie gegen Québec im Februar 1986.

MEISTE PUNKTE IN EINEM SPIEL
Die meisten Punkte in einem wichtigen nordamerikanischen Ligaspiel erzielten mit je zehn Punkten Jim Harrison (drei Tore, sieben Assists) für Alberta, später Edmonton Oilers, am 30. Januar 1973 in einem WHA-Spiel, und Darryl Sittler (sechs Tore, vier Assists) für die Toronto Maple Leafs gegen die Boston Bruins am 7. Februar 1976 in einem NHL-Spiel in Toronto.

MEISTE TORE EINES TEAMS
Die meisten von einer Mannschaft in einem Weltmeisterschaftsspiel geschossenen Tore erzielte am 15. März 1987 in Perth (AUS) die australische Mannschaft mit 58:0 Toren gegen Neuseeland.

Die meisten von einer Mannschaft in einer Saison geschossenen Tore erzielten die Edmonton Oilers in der Saison 1983/84 mit 446 Toren. In der Saison schafften sie auch den Rekord von 1.182 gewerteten Punkten.

MEISTE PUNKTE EINES TEAMS
Die Montréal Canadiens erzielten 1976/77 in 80 Spielen den Rekord von 132 Punkten für eine Mannschaft (60 Siege, zwölf Unentschieden).

Ihr Ergebnis von acht verlorenen Spielen war auch das niedrigste in einer Saison mit 70 oder mehr Spielen.

MEISTE SIEGE EINER MANNSCHAFT
Die Detroit Red Wings gewannen 1995/96 die Rekordanzahl von 62 Spielen.

Der höchste Prozentsatz an gewonnenen Spielen in einer Saison betrug 86,3 %; ihn erreichten die Boston Bruins in der Saison 1929/30 mit 38 Siegen in 44 Spielen.

LÄNGSTE SPIELSERIE OHNE NIEDERLAGE
Die Philadelphia Flyers schafften es, vom 14. Oktober 1979 bis 6. Januar 1980 35 Spiele hintereinander ohne Niederlage zu spielen (25 Siege, zehn Unentschieden).

SCHNELLSTES TOR
Das schnellste Tor ab dem Zeitpunkt des Anpfiffs fiel bislang innerhalb von fünf Sekunden. Diese Rekordzeit erreichten Doug Smail für die Winnipeg Jets am 20. Dezember 1981, Bryan Trottier für die New York Islanders am 22. März 1984 und Alexander Mogilny für die Buffalo Sabres am 21. Dezember 1991.

MEISTE STANLEY CUP-PUNKTE
Die höchste Punktzahl in einem Spiel erreichten im April 1989 mit acht Punkten Mario Lemieux durch fünf Tore und drei Assists für Pittsburgh gegen Philadelphia und im April 1988 Patrik Sundström durch drei Tore und fünf Assists für New Jersey gegen Washington.

MEISTE STANLEY CUP-TORE
Die Rekordanzahl von fünf Toren in einem Spiel schossen Maurice Richard am 23. März 1944 für Montréal gegen Toronto, Darryl Sittler am 22. April 1976 für Toronto gegen Philadelphia, Reggie Leach am 6. Mai 1976 für Philadelphia gegen Boston und Mario Lemieux im April 1989 für Pittsburgh gegen Philadelphia.

Neunzehn Tore in einer Saison erzielten Reggie Leach im Jahr 1976 für Philadelphia und Jari Kurri 1985 für Edmonton.

MEISTE STANLEY CUP-ASSISTS
Sechs Assists in einem Spiel erreichten Mikko Leinonen am 8. April 1982 für New York gegen Philadelphia und Wayne Gretzky am 9. April 1987 für Edmonton gegen Los Angeles.

MEISTE OLYMPISCHE GOLDMEDAILLEN
Die Rekordanzahl von drei Goldmedaillen gewannen die sowjetischen Spieler Vitaliy Davydov, Anatoliy Firsov, Viktor Kuzkin und Aleksandr Ragulin (1964, 1968, 1972), Vladislav Tretyak (1972, 1976, 1984) und Andrey Khomutov (1984, 1988, 1992).

MEISTE SIEGE BEI DEN WELTMEISTERSCHAFTEN DER FRAUEN
Kanada gewann die ersten fünf Weltmeisterschaften der Frauen (1990, 1992, 1994, 1997 und 1999), ohne ein einziges Spiel zu verlieren.

MEISTE WELT- UND OLYMPIA-TITEL
Die UdSSR gewann 22 Titel (einschließlich der olympischen Titel 1956, 1964 und 1968) von 1954 bis 1990 sowie einen Titel als Rußland 1993. Weitere fünf olympische Titel gewann sie 1972, 1976, 1984, 1988 und 1992 (als CIS, mit einem russischen Gesamtteam) und erreichte so den olympischen Rekord von acht Titeln. Die UdSSR hält ebenso einen Rekord mit 47 ungeschlagenen Spielen in Folge bei Weltmeisterschaften. Kanada erlangte 21 Welt-Titel und die meisten Medaillen (Gold, Silber und Bronze) bei Weltmeisterschaften (42) und Olympischen Spielen (12). Das US-Eishockey-Team der Damen gewann den ersten olympischen Titel in Nagano 1998, als es den Erzrivalen Kanada mit 3:1 besiegte.

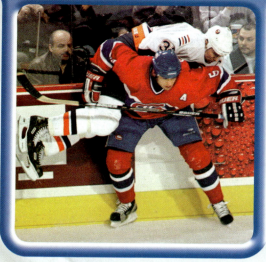

MEISTE STANLEY CUP-SIEGE

Die Montréal Canadiens halten den Rekord mit 24 Siegen (1916, 1924, 1930–31, 1944, 1946, 1953, 1956–60, 1965–66, 1968–69, 1971, 1973, 1976–79, 1986 und 1993) in 32 Finals. Joseph Henri Richard von den Canadiens spielte in rekordverdächtigen elf Cup-Sieger-Teams von 1956 bis 1973. Stephane Quintal von den Canadiens spielt hier gegen Trevor Linden von den New York Islanders.

STANLEY CUP-KARRIEREREKORDE

Wayne Gretzky (Edmonton Oilers, Los Angeles Kings, St. Louis Blues und New York Rangers) erreichte in Stanley Cup-Spielen 382 Punkte – 122 Tore und 260 Assists.

MEISTE NCAA-SIEGE

Michigan gewann die Rekordanzahl von neun NCAA-Meisterschaften 1948, 1951–53, 1955–56, 1964, 1996 und 1998.

ERFOLGREICHSTE TORWARTE

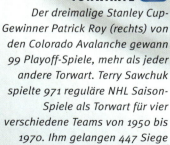

Der dreimalige Stanley Cup-Gewinner Patrick Roy (rechts) von den Colorado Avalanche gewann 99 Playoff-Spiele, mehr als jeder andere Torwart. Terry Sawchuk spielte 971 reguläre NHL Saison-Spiele als Torwart für vier verschiedene Teams von 1950 bis 1970. Ihm gelangen 447 Siege und rekordverdächtige 103 Shutouts. Jacques Plante hält den Rekord für die meisten Saisonsiege eines Goalies während einer professionellen Karriere mit 449 Siegen (434 in der NHL und 15 in der WHA).

Sport

Leichtathletik

MEISTE OLYMPIASIEGE
Die meisten Goldmedaillen gewann Raymond Ewry (USA). Seine zehn Siege stellen einen absoluten olympischen Rekord dar. Er gewann im Hochsprung aus dem Stand, den Weit-, Hoch- und Dreisprung 1900, 1904, 1906 und 1908.

Die meisten Goldmedaillen der Frauen, nämlich vier Stück, gewannen: Fanny Blankers-Koen (NL) 1948, im 100 m-, 200 m-, 80 m-Hürdenlauf und in der 4 x 100 m-Staffel; Betty Cuthbert (AUS) 1956 im 100 m-, 200 m-Lauf und in der 4 x 100 m-Staffel, 1964 auch im 400 m-Lauf; Bärbel Wöckel (ehem. DDR) im 200 m-Lauf und in der 4 x 100 m-Staffel 1976 und 1980; Evelyn Ashford (USA) 1984 im 100 m-Lauf und in der 4 x 100 m-Staffel 1984, 1988 und 1992.

MEISTE OLYMPIAMEDAILLEN
Die Höchstzahl an Medaillen beträgt zwölf (neunmal Gold, dreimal Silber), die der Langstreckenläufer Paavo Nurmi (FIN) 1920, 1924 und 1928 gewann.

Shirley de la Hunty (AUS) hält mit drei Gold-, einer Silber- und drei Bronzemedaillen 1948, 1952 und 1956 den Rekord für die meisten Medaillen bei weiblichen Athleten. Eine Prüfung des Zielfotos im 200 m-Endlauf 1948 zeigte sie als Dritte und nicht Vierte, wodurch sie inoffiziell acht Medaillen hält. Irena Szewinska (PL), die als einzige Athletin bei vier Spielen hintereinander Medaillen gewann, erlangte ebenfalls sieben Medaillen (dreimal Gold, zweimal Silber und zweimal Bronze 1964, 1968, 1972 und 1976), genau wie Merlene Ottey aus Jamaika mit zweimal Silber und fünfmal Bronze in 1980, 1984, 1992 und 1996.

MEISTE SIEGE BEI EINER OLYMPIADE
Die meisten Goldmedaillen, nämlich fünf, gewann Paavo Nurmi (FIN) 1924 (1.500 m, 5.000 m, 10.000 m-Geländelauf, 3.000 m-Mannschaft und Geländelauf-Mannschaft).

Die meisten Medaillen bei Einzeldisziplinen gewann mit vier Alvin Kraenzlein (USA) im Jahr 1900 (60 m, 110 m-Hürden, 200 m-Hürden und Weitsprung).

ÄLTESTER OLYMPIASIEGER
Der älteste Sieger bei einer Olympiade war Patrick „Babe" McDonald (USA), der mit 42 Jahren 26 Tagen den 25,4 kg-Weitwurf in Belgien im August 1920 gewann.

Die älteste weibliche Siegerin war Lia Manoliu (RO), die mit 36 Jahren 176 Tagen die Goldmedaille im Diskuswerfen 1968 in Mexiko gewann.

JÜNGSTE OLYMPIASIEGER
Barbara Jones (USA), ein Mitglied der siegreichen 4 x 100 m-Staffel in Helsinki (FIN) im Juli 1952, war 15 Jahre 123 Tage alt.

Bob Mathias (USA) war der jüngste männliche Sieger, als er 1948 in London (GB) den Zehnkampf mit 17 Jahren 263 Tagen.

MEISTE WELTMEISTER-SCHAFTS-MEDAILLEN
Merlene Ottey aus Jamaika hat von 1983 bis 1997 14 Medaillen erlangt (dreimal Gold, viermal Silber und siebenmal Bronze). Carl Lewis (USA) gewann zehn Medaillen: acht Goldmedaillen (100 m, Weitsprung, 4 x 100 m-Staffel 1983; 100 m, Weitsprung und 4 x 100 m-Staffel 1987; 100 m und 4 x 100 m-Staffel 1991), einmal Silber im Weitsprung 1991 und einmal Bronze im 200 m-Lauf 1993.

MEISTE WELTMEISTERSCHAFTS-GOLDMEDAILLEN EINER DISZIPLIN
Sergej Bubka (UA) gewann den Stabhochsprung bei sechs Meisterschaften von 1983 bis 1997 hintereinander.

MEISTE WELTMEISTERSCHAFTS-GOLDMEDAILLEN EINER FRAU
Jackie Joyner-Kersee (USA) gewann vier Goldmedaillen im Weitsprung 1987 und 1991 und im Siebenkampf 1987 und 1993.

ÄLTESTER UND JÜNGSTER REKORDBRECHER
Marina Styepanova (UdSSR) stellte 1986 einen 400 m-Hürdenrekord mit 52,94 Sekunden in Taschkent (UdSSR) im Alter von 36 Jahren 139 Tagen auf.

Wang Yan (CHN) stellte am 9. März 1986 in China den 5.000 m-Rekord der Frauen im Gehen von 21 Minuten 33,8 Sekunden im Alter von 14 Jahren 334 Tagen auf.

Thomas Ray (GB) siegte am 19. September 1879 im Stabhochsprung mit 3,42 m mit 17 Jahren 198 Tagen.

MEISTE REKORDE AN EINEM TAG
Jesse Owens (USA) stellte am 25. Mai 1935 in Ann Harbour (USA) sechs Rekorde in 45 Minuten auf. Er lief 100 Yards in 9,4 Sekunden um 13:15 Uhr, machte einen 8,13 m weiten Weitsprung um 15:25 Uhr, rannte 220 Yards (und 200 m) in 20,3 Sekunden um 15:45 Uhr und die 220 Yards (und 200 m) Niedrighürden in 22,6 Sekunden um 16 Uhr.

SCHNELLSTE 100 METER
Maurice Greene (USA) stellt auf dem Foto gerade einen neuen Weltrekord von 9,79 Sekunden im 100 m-Lauf der Männer am 16. Juni 1999 in Athen (GR) auf. Greene überbot damit den alten Rekord des Kanadiers Donovan Bailey bei den Olympischen Spielen von Atlanta (USA) 1996 um 0,05 Sekunden. Dieser war die größte Steigerung des 100 m-Rekords, seit in den 60er Jahren die elektronische Zeitmessung eingeführt wurde. Greene stellte damit auch die Leistung von Ben Johnson (CDN) aus dem Jahr 1988 ein, der wegen Dopings disqualifiziert worden war.

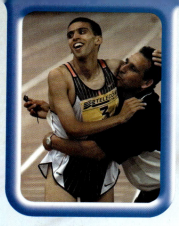

SCHNELLSTE 1.500 METER

Hicham el-Guerrouj (MA) brach am 14. Juli 1998 in Rom (I) den 1.500 m-Weltrekord. Seine Zeit von 3:26.00 Minuten verbesserte den alten Rekord von Noureddine Morceli aus Algerien um mehr als eine Sekunde.

MEISTE SIEGE IN FOLGE
Edwin Moses (USA) gewann die 400 m-Hürden zwischen August 1977 und Juni 1987 122mal hintereinander.

Iolanda Balas (RO) gewann 150 Hochsprungwettbewerbe hintereinander zwischen 1956 und 1967.

HÖCHSTER SPRUNG ÜBER DIE EIGENE KOPFHÖHE
Der 1,73 m große Franklin Jacobs (USA) übersprang am 27. Januar 1978 in New York (USA) 2,32 m und übertraf seine eigene Kopfhöhe um 59 cm.

Yolanda Henry (USA) übersprang in Sevilla (E) am 30. Mai 1990 2,00 m und bei dieser Gelegenheit die eigene Kopfhöhe um 32 cm.

HÖCHSTER SPRUNG AUS DEM STAND
Rune Almen (SWE) sprang in Karlstad (SWE) am 3. Mai 1980 aus dem Stand 1,9 m hoch.

Grete Bjørdalsbakka (NOR) erreichte 1984 die Höhe von 1,52 m aus dem Stand.

SCHNELLSTE MASSEN-STAFFEL
Die schnellste 100 x 100 m-Staffel brauchte für diese Distanz 19 Minuten 14,19 Sekunden. Am 23. September 1989 gelang dies einem Team in Antwerpen in Belgien.

Die schnellste Zeit für 160,9 km für eine Gruppe von 100 Läufern liegt bei 7 Stunden 35 Minuten 55,4 Sekunden. Dem kanadischen Milers Athletic Club gelang dies am 20. Dezember 1998 in Toronto (CDN).

Zehn Läufer des Puma Tyneside Running Clubs in Jarrow (GB) überbrückten im September 1994 in 24 Stunden die Entfernung von 487,343 km.

SCHNELLSTE FRAU
Florence Griffith Joyner, auch als Flo-Jo bekannt, sorgte für eine Sensation, als sie zwei Weltrekorde – über 100 m und 200 m der Frauen – im Juli 1988 überbot. Ihre 100 m-Zeit von 10,49 Sekunden ist weiterhin ungeschlagen, aber ihren 200-m-Rekord brach sie selbst zweimal während der Olympischen Spiele in Seoul (ROK), als sie im Halbfinale 21,56 Sekunden lief und am 29. September 1988 im Finale 21,34 Sekunden erreichte. Flo-Jo starb am 21. September 1998.

Golf

BESTE SCHLAGZAHL BEI DEN BRITISH OPEN
Die Rekordanzahl von 63 Schlägen in einer Runde erreichten: Mark Hayes (USA) 1977 in Turnberry (GB); Isao Aoki (J) 1980 in Muirfield (GB); Greg Norman (AUS) 1986 in Turnberry; Paul Broadhurst (GB) 1990 in St. Andrews (GB); Jodie Mudd (USA) 1991 in Royal Birkdale (GB); Nick Faldo (GB) 1993 in Royal St. George's (GB); und Payne Stewart (USA) ebenfalls 1993 in Royal St. George's.

Nick Faldo schaffte vom 16. bis 17. Juli 1992 die ersten 36 Löcher in Muirfield (GB) mit der Rekordanzahl von 130 Schlägen (66, 64).

BESTE SCHLAGZAHL BEI DEN US OPEN
Die Rekordanzahl von 63 Schlägen in einer Runde bei den US Open erreichten: Johnny Miller (USA) im Juni 1973 auf dem Par 71 Oakmont-Country-Club-Platz (6.328 m), Pennsylvania (USA), und Jack Nicklaus und Tom Weiskopf (beide USA) am 12. Juni 1980 im Baltusrol Country Club (6.414 m) in Springfield, New Jersey (USA).

Die Rekordanzahl von 134 Schlägen über zwei Runden erreichten Jack Nicklaus (USA) (63, 71) 1980 in Baltusrol; Chen Tze-chung aus Taiwan (65, 69) 1985 in Oakland Hills, Michigan (USA), und Lee Janzen (USA) (67, 67) im Juni 1993 in Baltusrol.

Den Rekord von 272 Schlägen über vier Runden erzielten Jack Nicklaus (63, 71, 70, 68) im Juni 1980 im Baltusrol Country Club, Springfield (USA), und Lee Janzen (USA) (67, 67, 69, 69) im Juni 1993 in Baltusrol.

ÄLTESTER US-OPEN-MEISTER
Der amerikanische Golfspieler Hale Irwin gewann am 18. Juni 1990 im Alter von 45 Jahren 15 Tagen die US Open. Irwin hatte 1974 und 1979 das Turnier gewonnen, nahm aber mehrere Jahre lang nicht mehr an dem Wettkampf teil und war nur durch eine Sondererlaubnis der USGA teilnahmeberechtigt. Zwar lag er niemals an der Weltspitze, war aber dennoch achtmal unter den amerikanischen Top-10-Preisgeldempfängern (1973 bis 1978, 1981 und 1990).

BESTE SCHLAGZAHL BEI DEN US MASTERS
Die Rekordanzahl von 63 Schlägen in einer Runde erreichten Nick Price (ZW) 1986 und Greg Norman (AUS) im Jahr 1996.

Raymond Floyd (USA) schaffte 1976 zwei Runden mit 131 Schlägen (65, 66).

BESTE SCHLAGZAHL BEI DER US-PGA
Die Rekordanzahl von 63 Schlägen pro Runde erzielten: Bruce Crampton (AUS) 1975 in Firestone (USA); Raymond Floyd (USA) 1982 in Southern Hills (USA); Gary Player (ZA) 1984 in Shoal Creek (USA); Vijay Singh (Fidschi) 1993 im Inverness Club, Toledo (USA), sowie Michael Bradley und Brad Faxon (beide USA) 1995 im Riviera Golf Club, Pacific Palisades (USA).

Die Rekordgesamtschlagzahl liegt bei 267, sie erreichten Steve Elkington (AUS) mit 68, 67, 68, 64 und Colin Montgomerie (GB) mit 68, 67, 67, 65, beide 1995 im Riviera Golf Club, Pacific Palisades (USA).

MEISTE TURNIERSIEGE
1945 gewann Byron Nelson (USA) die Rekordanzahl von 18 Turnieren sowie ein inoffizielles Turnier; er errang auch die Rekordanzahl von elf aufeinanderfolgenden Siegen.

Der amerikanische Golfspieler Sam Snead spielte ab 1934 als Profi und hatte bis 1965 81 offizielle US-PGA-Tour-Wettkämpfe gewonnen.

Kathy Whitworth (USA) stellte von 1959 bis 1991 mit 88 USLPGA-Siegen den Rekord bei den Damen auf.

MEISTE WORLD-CUP-SIEGE
Die US-Golfer Arnold Palmer (links) and Jack Nicklaus (rechts), im Bild mit Tom Watson, waren in sechs Siegerteams des World Cups erfolgreich: Palmer 1960, 1962–64 und 1966–67; Nicklaus 1963–64, 1966–67, 1971 und 1973. Nicklaus gewann außerdem die meisten Einzeltitel mit drei Siegen 1963–64 und 1971.

Die meisten Karrieresiege bei „European Order of Merit"-Turnieren erzielte von 1974 bis 1995 mit 55 der Spanier Severiano Ballesteros.

HÖCHSTER GEWINNVORSPRUNG
Jerry Pate (USA) siegte 1981 bei den Colombian Open mit einem Abstand von 21 Schlägen und erreichte insgesamt 262 Schläge.

JÜNGSTER UND ÄLTESTER LANDESMEISTER
Thuashni Selvaratnam gewann 1989 im Alter von 12 Jahren 324 Tagen in Sri Lanka die Amateur Open der Damen.

BESTE VIER RUNDEN BEI DEN US MASTERS

Eldrick „Tiger" Woods hält mit 270 Schlägen (70, 66, 65, 69) den Rekord für die besten vier Runden bei den US Masters von 1997. Gleichzeitig brach er bei dem Turnier den Rekord für Schläge unter Par (-18) und war mit 21 Jahren 104 Tagen der jüngste Spieler aller Zeiten, der ein Turnier gewann. Außerdem erreichte er den 1976 von Raymond Floyd aufgestellten 54-Loch-Rekord von 201 Schlägen. Woods wurde am 30. Dezember 1975 geboren und erreichte am 15. Juni 1997 im Alter von 21 Jahren 167 Tagen nach seiner 42. Woche als Profi die Spitze der Offiziellen Weltrangliste der Golfspieler, womit er als jüngster Golfspieler aller Zeiten die Nummer eins der Official World Golf-Hitliste wurde.

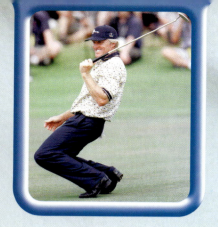

BESTE VIER RUNDEN
Greg Norman (AUS) ist Rekordhalter für den den besten Punktestand in vier Runden beim Open mit einer Gesamtzahl von 267 (66, 68, 69, 64) Punkten. Dies glang ihm auf dem Royal St. George's in Kent (GB) vom 15. bis 18. Juli 1993.

Pamela Fernando war am 17. Juli 1981 54 Jahre 282 Tage alt, als sie in Sri Lanka die Meisterschaften der Damen gewann.

MEISTE LÖCHER
Eric Freeman (USA) spielte 1997 im Glen Head Country Club, New York (USA), in 12 Stunden 467 Löcher und benutzte dabei einen Wagen. Der 9-Loch-Platz ist 2.992 m lang.

Ian Colston spielte 1971 im Bendigo Golf Club, Victoria (AUS), zu Fuß in 24 Stunden die Rekordanzahl von 401-PGA-Löchern (Par 73, 5.542 m).

Joe Crowley (USA) schaffte vom 23. bis 29. Juni 1996 im Green Valley Country Club, Clermont (USA), mit einem motorisierten Buggy 1.702 Löcher.

WEITESTER SCHLAG
Der weiteste eingelochte Schlag bei einem größeren Turnier betrug 100,6 m und wurde 1964 von Jack Nicklaus beim Turnier der Meister und von Nick Price auf der US-PGA-Tour von 1992 erreicht.

MEISTE BÄLLE IN EINER STUNDE
Sean Murphy aus Kanada schlug am 30. Juni 1995 auf dem Swifts Practice Range, Carlisle (GB), die Rekordanzahl von 2.146 Bällen über 91,5 m in ein Zielgebiet.

WEITESTER DIREKTSCHLAG
Robert Mitera lochte am 7. Oktober 1965 im Miracle Hills Golf Club, Nebraska (USA), den Ball direkt ins zehnte Loch ein (408 m). Mitera spielte mit einer Vorgabe von Handicap 2 und schlug den Treibball über 224 m. Eine Windböe von 80 km/h trug seinen Schlag über 265 m.

Bei den Damen stellte Marie Robie am 4. September 1949 im Furnace Brook Golf Club, Wollaston (USA), mit 359 m am ersten Loch den Rekord auf.

WEITESTER „DOG-LEG"
Der Weiteste beträgt 453 m und wurde am 24. Juli 1995 am 17. Loch von Shaun Lynch im Teign Valley Golf Club, Christow (GB), erzielt.

MEISTE LÖCHER NACHEINANDER MIT EINEM SCHLAG
Norman Manley gelang am 2. September 1964 im Del Valle Country Club, Saugus (USA), am siebten Loch, Par 4, 301 m, und am achten Loch, Par 4, 265 m, ein einzigartiger „Double Albatross".

BESTER WORLD-CUP-PUNKTESTAND
Fred Couples gelang der niedrigste Punktestand als Einzelspieler während des World Cups. Ihm gelangen 265 Punkte vom 10. bis 13. November 1994, als er und Davis Love III die USA bei dem Wettbewerb in Dorado in Puerto Rico vertraten. Couples und Love brachen ebenfalls den Rekord für den niedrigsten gemeinsamen Punktestand für 144 Löcher mit 536 Punkten. Die USA haben den World Cup insgesamt 21mal gewonnen.

Sport

Tennis

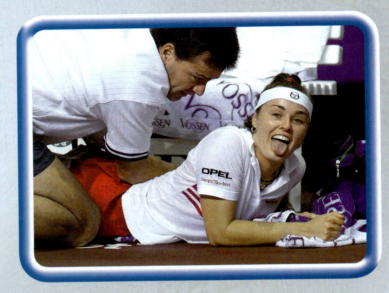

DIE MEISTEN GRAND-SLAM-SIEGE
Den Rekord von 24 Einzelsiegen bei Grand-Slam-Turnieren errang Margaret Court (AUS) zwischen 1960 und 1973: elf in Australien, fünfmal die US-Open, fünfmal in Frankreich und dreimal in Wimbledon.

Den Rekord von zwölf Einzelsiegen bei den Männern schaffte Roy Emerson (AUS) von 1961–67: sechs in Australien und je zwei in Frankreich, den US-Open und in Wimbledon.

20 Doppelsiege bei Grand-Slam-Turnieren gewannen Althea Brough und Margaret Du Pont (USA) von 1942 bis 1957: zwölfmal die US-Open, fünfmal Wimbledon und dreimal das französische Turnier; Martina Navratilova und Pam Shriver (USA) erzielten von 1981 bis 1989 ebenfalls 20: siebenmal Australien, fünfmal Wimbledon, viermal die French Open und viermal die US-Open.

DIE MEISTEN WIMBLEDON-SIEGE
Billie-Jean King (USA) gewann zwischen 1961 und 1979 die Rekordanzahl von 20 Titeln bei den Damen: sechs Einzel, zehn Frauen-Doppel und vier gemischte Doppel.

Martina Navratilova (USA) gewann neun Titel im Einzel der Damen von 1978–79, 1982–87 und 1990.

Elizabeth Montague Ryan (USA) gewann bis 1914 bis 1934 die Rekordanzahl von 19 Titeln im Doppel der Damen (zwölf Doppel der Damen, sieben beim gemischten Doppel).

Die meisten Titel bei den Herren gewann mit 13 Hugh Doherty (GB): fünf Titel im Einzel (1902–06) und einer Rekordanzahl von acht Siegen im Doppel Herren (1897–1901 und 1903–05) gemeinsam mit seinem Bruder Reginald.

Die meisten Einzelwettbewerbe der Herren seit der Abschaffung der Challenge Round im Jahr 1922 gewannen mit je fünf Björn Borg (SWE), 1976–80, und Pete Sampras (USA), 1993–95 und 1997–98. Sampras spielt noch immer in der Spitze mit.

JÜNGSTE UND ÄLTESTE WIMBLEDON-SIEGER
Lottie Dod (GB) war 15 Jahre und 285 Tage alt, als sie 1887 den Titel im Einzel der Damen gewann.

Margaret Du Pont (USA) war 44 Jahre und 125 Tage alt, als sie 1962 im gemischten Doppel gewann.

JÜNGSTER TENNIS-MILLIONÄR
1997 war Martina Hingis (CH) im Alter von 16 Jahren die jüngste Sportlerin, die 1 Mio. $ (ca. 1,8 Mio. DM) verdiente. Als sie 1998 bei den Italian Open das Viertelfinale gewann, war sie mit 17 Jahren 7 Monaten und 8 Tagen ebenfalls die jüngste Spielerin, die 6 Mio. $ (ca. 10,8 Mio. DM) verdiente. Zudem belaufen sich ihre Sponsorenverträge auf ca. 9,05 Mio. DM.

DIE MEISTEN SIEGE BEI DEN US-MEISTERSCHAFTEN
Margaret Du Pont (USA) gewann von 1941 bis 1960 25 Titel: die Rekordanzahl von 13 Damendoppel (zwölf mit Althea Brough, USA), neun gemischte und drei Titel im Einzel.

Sieben Damen-Einzeltitel wurden von Molla Mallory (USA), 1915–16, 1918, 1920–22 und 1926, sowie von Helen Newington Moody (USA), 1923–25, 1927–29 und 1931, erzielt.

Die Anzahl der meisten Titel bei den Herren beträgt 16 und wurde von Bill Tilden (USA), einschließlich sieben Einzel erreicht (1920–25, 1929). Sieben Titel im Einzel gewannen ebenfalls Richard Sears (USA): 1881–87 und William Larned (USA): 1901–02, 1907–11.

JÜNGSTE UND ÄLTESTE SIEGER BEI DEN US-MEISTERSCHAFTEN
Vincent Richards (USA) war 15 Jahre und 139 Tage alt, als er 1918 im Herrendoppel gewann.

Die älteste Siegerin war Margaret Du Pont (USA), die 1960 beim gemischten Doppel im Alter von 42 Jahren und 166 Tagen gewann.

MEISTE SIEGE BEI DEN AUSTRALISCHEN MEISTERSCHAFTEN
Margaret Court (AUS) gewann 21 Titel: elf Damentitel im Einzel (1960–66, 1969–71 und 1973), acht Titel im Doppel der Damen und zwei Titel im gemischten Doppel.

Roy Emerson (AUS) gewann sechs Titel im Einzel der Herren: 1961 und 1963–67.

GRÖSSTE ATP-TOUR-VERDIENER
Stefan Edberg (SWE), Boris Becker (D) und Pete Sampras (USA) verdienten bei der ATP-(Verband der Tennisprofis)Tour über 36,2 Mio. DM. Die ATP-Tour wurde 1990 ins Leben gerufen und bietet den Spielern eine Mitbeteiligung bei den Turniereinnahmen in Form von Preisgeldern. Sie trat an die Stelle des Men's Tennis Council, der die Berufs-Tennisspieler der Herren, ihre Turniere und die Weltrangliste organisierte. Edberg erregte die Aufmerksamkeit der Tenniswelt erstmals 1983, als er das Einzel bei den Junioren bei allen vier Grand-Slam-Turnieren eines Jahres gewann. Er setzte seine Karriere fort, indem er bei allen Grand-Slam-Turnieren, mit Ausnahme der French Open, den Sieg bei den Senioren errang.

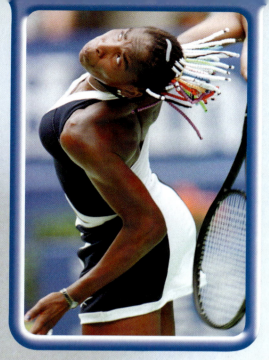

 SCHNELLSTER AUFSCHLAG
Den Rekord für den schnellsten Aufschlag bei den Damen stellte Venus Williams (USA) am 16. Oktober 1998 bei den Europäischen Hallenmeisterschaften in Zürich (CH) mit 205 km/h auf.
Der schnellste Aufschlag, der mit modernen Mitteln gemessen wurde, betrug mit 239,8 km/h und wurde von Greg Rusedski (GB) während des ATP Champions' Cup in Indian Wells (USA) am 14. März 1998 erzielt.

Adrian Quist (AUS) gewann zehnmal hintereinander beim Doppel der Herren: 1936 bis 1950 und drei im Einzel der Herren.

MEISTE SIEGE BEI DEN FRENCH OPEN
Margaret Court (AUS) gewann von 1962–1973 die Rekordanzahl von 13 Titeln: fünf im Einzel, vier im Doppel der Damen und vier im gemischten Doppel.

Der Rekord bei den Herren liegt bei neun Siegen und wurde von Henri Cochet (F) erzielt: vier Einzel, drei Doppel der Männer und zwei gemischte Doppel zwischen 1926–30.

Die Rekordanzahl von sieben Damentiteln im Einzel hält Chris Evert (USA): 1974–75, 1979–80, 1983 und 1985–86.

Björn Borg (SWE) siegte sechsmal im Einzel der Herren: 1974–1975 und 1978–1981.

MEISTE DAVIS-CUP-SIEGE
Die USA hat von 1900 bis 1997 31mal den Davis Cup gewonnen.

MEISTE SIEGE BEI DEN ATP-TOUR-MEISTERSCHAFTEN
Ivan Lendl (CSSR/USA) gewann insgesamt fünfmal: 1982, 1983, 1986 (zwei) und 1987.

JÜNGSTER SIEGER DES FEDERATION CUP
Anna Kournikowa (RUS) erregte 1996 mit 14 Jahren als jüngste Spielerin und Siegerin beim Federation Cup die Aufmerksamkeit, als sie Rußland zum 3:0-Sieg über Schweden verhalf. Seit 1995 Profi, erreichte sie 1997 das Halbfinale in Wimbledon und gewann 1998 mit Monica Seles das Doppel beim Princess Cup.

Fußball 1

TEUERSTER SPIELER
Die höchste je gezahlte Transfergebühr für einen Fußballer leistete mit 83,98 Mio. DM Inter Mailand an Lazio Rom (beide Italien) für Christian Vieri. Es war der neunte Transfer des italienischen Stürmers in zehn Saisons und steigerte sein Gehalt von 5,99 Mio. DM auf 9,30 Mio. DM.

TEUERSTER ABWEHRSPIELER
Im Mai 1998 unterzeichnete der niederländische Abwehrspieler Jaap Stam einen Vertrag mit Manchester United (GB) über eine Transfergebühr von 30,42 Mio. DM. Der Vertrag im Wert von 31,13 Mio. DM geht über sieben Jahre und beinhaltet diverse Prämien. Der 26jährige Star von PSV Eindhoven begann seine Profi-Karriere mit 19 Jahren und hatte sein internationales Debüt für die Niederlande im Jahr 1996.

MEISTE SPIELE
Der britische Torwart Peter Shilton nahm an 1.390 Spielen teil, darunter 1.005 Spiele der Nationalliga: 286 für Leicester City (1966–74), 110 für Stoke City (1974–77), 202 für Nottingham Forest (1977–82), 188 für Southampton (1982–87), 175 für Derby County (1987–92), 34 für Plymouth Argyle (1992–94), 1 für Bolton Wanderers (1995), 9 für Leyton Orient (1996–97); ein Playoff, 86 FA-Cup-Spiele, 102 Liga-Cup-Spiele, 125 internationale Spiele für England, 13 Unter-23-Spiele, 4 Spiele der Liga XI und 53 europäische und andere Klubspiele.

MEISTE TORE
Pelé (Edson Arantes do Nascimento) schoß vom 7. September 1956 bis 1. Oktober 1977 die Rekordanzahl von 1.281 Toren für Santos (BR), New York Cosmos (USA) und Brasilien.

Artur Friedenreich aus Brasilien schoß von 1909 bis 1935 in einer 26 Jahre andauernden Karriere in der ersten Liga 1.329 undokumentierte Tore.

Franz „Bimbo" Binder schoß zwischen 1930 und 1950 in 756 Spielen in Österreich und Deutschland 1.006 Tore.

MEISTE TORE IN EINEM SPIEL
Am 13. Dezember 1942 schoß Stephan Stanis für Racing Club de Lens gegen Aubry-Asturies in einem Meisterschaftsspiel in Lens (F) 16 Tore.

MEISTE AUFEINANDERFOLGENDE HATTRICKS
Masahi Nakayama von Jubilo Iwata hält mit vier den Rekord für die meisten aufeinanderfolgenden Ligaspiele in der Spitzenliga, in denen ein Spieler einen Hattrick erzielte: im April 1998 schoß er in der japanischen Liga fünf, vier, vier und drei Tore in aufeinanderfolgenden Spielen.

SCHNELLSTE TORE
Im Fußball der ersten Liga beträgt der Rekord für das schnellste Tor 6 Sekunden. Dies gelang Albert Mundy im Oktober 1958 für Aldershot gegen Hartlepool United in einem Spiel der vierten Division im Victoria Ground, Hartlepool

MEISTE EUROPA-CUP-SIEGE
Real Madrid (E) gewann den Europa-Cup, um den die Meister der verschiedenen Nationalligen Europas seit 1956 spielen, die Rekordanzahl von siebenmal: 1956–60, 1966 und 1998. Clarence Seedorf (links im Bild) wehrt Edgar Davids von Juventus Turin (I) beim Finale von 1998 ab, das Real mit 1:0 gewann.

(GB); Barrie Jones im März 1962 für Notts County gegen Torquay United in einem Spiel der dritten Division sowie Keith Smith am 12. Dezember 1964 für Crystal Palace gegen Derby County in einem Spiel der zweiten Division auf dem Baseball Ground, Derby (GB).

SCHNELLSTER HATTRICK
Die schnellste bestätigte Zeit, in der drei Tore geschossen wurden, beträgt 2 Minuten 13 Sekunden. Dies schaffte Jimmy O'Connor am 19. November 1967 für Shelbourne gegen Bohemians im Dallymount Park, Dublin (IRL).

Maglioni soll einen Hattrick in einer Rekordzeit von 1 Minute 50 Sekunden geschafft haben, als er am 18. März 1973 in Argentinien für Independiente gegen Gimnasia y Escrima de la Plata spielte.

HÖCHSTER SPIELSTAND
Am 5. September 1885 gewann Arbroath gegen Bon Accord in einem schottischen Meisterschaftsspiel mit 36:0.

GRÖSSTER TORABSTAND IM FINALSPIEL DER LANDESMEISTER
1935 siegte Lausanne-Sports im Finalspiel um den Schweizer Cup mit 10:0 über Nordstern Basel. Mit demselben Ergebnis wurde Lausanne im Finale um den Schweizer Cup von 1937 von Grasshopper (Zürich) besiegt.

MEISTE NATIONALE TITEL
CSKA Sofia (BUL) gewann nach dem 2. Weltkrieg die Rekordanzahl von 27 Ligatiteln, darunter zwei unter dem Namen CFKA Sredets (umbenannt in CSKA).

Dynamo Berlin aus der ehemaligen DDR gewann von 1979 bis 1988 zehn Meisterschaften hintereinander.

MEISTE SIEGE BEIM POKAL DER POKALSIEGER
Der spanische Klub FC Barcelona gewann viermal den Pokal der Pokalsieger, der zwischen 1960 und 1999 von den Siegern der nationalen Pokalausscheidungen in Europa ausgespielt wurde: 1979, 1982, 1989 und 1997. Bei Barcelona spielten viele internationale Stars wie Johan Cruyff (NL), Gary Lineker (GB) und die brasilianischen Stars Rivaldo (hintere Reihe, zweiter von rechts) und Ronaldo.

LÄNGSTE NATIONALE TITELSERIE
Der Klub Al Ahly aus Kairo hatte den nationalen Titel von der Saison 1948/49 bis zur Saison 1959/60 inne. 1952 wurden die Meisterschaften allerdings wegen der Revolution in Ägypten abgebrochen, und 1955 wurden die Ligaspiele nicht vollständig durchgeführt.

MEISTE COPA-LIBERTADORES-SIEGE
Independiente (Argentinien) gewann siebenmal die Copa Libertadores, die seit 1960 von den Meistern der südamerikanischen Ligen erkämpft wird: (1964–65, 1972–75 und 1984).

MEISTE WELTKLUBMEISTERSCHAFTSTITEL
Die Rekordanzahl von je drei Siegen bei den Weltklubmeisterschaften, die seit 1960 zwischen den Siegern des Europa-Cup und den Siegern der Copa Libertadores ausgetragen werden, erzielten: Peñarol aus Uruguay (1961, 1966 und 1982); Nacional aus Uruguay (1971, 1980 und 1988); und AC Mailand aus Italien (1969, 1989 und 1990).

MEISTE SIEGE BEIM POKAL DER LANDESMEISTER (AFRIKA)
Zamalek aus Ägypten gewann viermal den Pokal der Landesmeister, der seit 1964 von den Siegern der afrikanischen Nationalligen erkämpft wird: 1984, 1986, 1993 und 1996.

MEISTE SIEGE BEIM CUP DER POKALSIEGER (AFRIKA)
Al Ahly (ET) gewann viermal den Cup der Pokalsieger: 1984–86 und 1993.

ERFOLGREICHSTER TORWART
Abel Resino von Atlético Madrid (E) verhinderte 1991 in der Spitzenliga über 1.275 Minuten ein Tor.

MEISTE ZUSCHAUER
Am 15. April 1970 sahen im Hampden Park, Glasgow (GB), 136.505 Zuschauer das Halbfinalspiel um den Europapokal zwischen Celtic Glasgow und Leeds United.

WEITESTE ANREISE
Die größte Entfernung, die zwischen zwei Klubs in der Spitzenliga einer nationalen Profi-Fußballiga zurückgelegt wurde, beträgt 4.766 km. Sie wurde zwischen den heimischen Plätzen von LA Galaxy, Kalifornien, und New England Revolution, Massachusetts, für ein Spiel in der amerikanischen Oberliga zurückgelegt.

UNDISZIPLINIERTESTE SPIELER
Am 1. Juni 1993 wies der Schiedsrichter William Weiler bei einem Ligaspiel zwischen Sportivo Ameliano und General Caballero in Paraguay 20 Spieler vom Platz. Nachdem zwei Spieler von Sportivo einen Platzverweis erhalten hatten, kam es zu Tumulten und einem zehnminütigen Kampf. Weiler entließ weitere 18 Spieler, darunter den Rest der Mannschaft von Sportivo. Das Spiel wurde dann abgebrochen.

MEISTE TORE EINES TORWARTS
José Luis Chilavert, der für Paraguay und für Vélez Sarsfeld aus Argentinien spielt, schoß zwischen Juli 1992 und Mai 1999 44 Tore bei offiziellen Ligaspielen und internationalen Begegnungen. Er ist Elfmeter- und Freistoßspezialist und der einzige Torwart, der in einem Weltmeisterschafts-Qualifikationsspiel ein Tor schoß. Zudem ist er der einzige Torhüter, der zwei Tore in einem Spiel erzielte.

Fußball 2

GRÖSSTES STADION
Das Maracaña-Stadion in Rio de Janeiro (BR) besitzt 155.000 Sitze und kann 205.000 Zuschauer aufnehmen.

MEISTE ZUSCHAUER
Am 16. Juli 1950 sah die Rekordanzahl von 199.854 Zuschauern im Maracaña-Stadion, Rio de Janeiro (BR), das Weltmeisterschaftsendspiel zwischen Brasilien und Uruguay.

3.587.538 Zuschauer sahen die 52 Spiele der Weltmeisterschaften von 1994 in den USA.

MEISTE INTERNATIONALE SPIELE
Majed Abdullah Mohammed aus Saudi-Arabien spielte von 1978 bis 1994 die Rekordanzahl von 147 Spielen für die Nationalmannschaft.

MEISTE TORE IN INTERNATIONALEN SPIELEN
Die Rekordanzahl von zehn Toren in einem internationalen Spiel schossen Sofus Nielsen für Dänemark gegen Frankreich (17:1) bei der Olympiade 1908 und Gottfried Fuchs für Deutschland gegen Rußland (16:0) beim olympischen Turnier von 1912 in Schweden.

HÖCHSTE TORRATE
Am 30. Juni 1951 gewann England in Sydney (AUS) mit 17 Toren Differenz durch seinen 17:0-Sieg gegen Australien.

Iran gewann im Juni 1997 in Damaskus (SYR) mit 17:0 gegen die Malediven.

ERFOLGREICHSTER TORWART IN INTERNATIONALEN SPIELEN
Dino Zoff (I) verhinderte von September 1972 bis Juni 1974 in internationalen Spielen über 1.142 Minuten ein Tor.

SCHNELLSTER HATTRICK IN EINEM INTERNATIONALEN SPIEL
George Hall von den Tottenham Hotspur schoß am 16. November 1938 im Stadion Old Trafford, Manchester (GB), für England in einem Spiel gegen Irland in 3 Minuten drei Tore.

MEISTE WELTMEISTERSCHAFTSSIEGE EINES EINZELSPIELERS
Pelé (BRA) ist der einzige Spieler, der in drei Weltmeisterschafts-Siegermannschaften spielte: 1958, 1962 und 1970.

MEISTE TORE BEI WELTMEISTERSCHAFTEN
Gerd Müller (D) erzielte 14 Tore bei Weltmeisterschaften: zehn im Jahr 1970 und vier 1974.

Just Fontaine (F) schoß mit 13 Toren in sechs Spielen die meisten Tore in einem Turnier (1958).

Alcides Ghiggia (ROU, 1950) und Jairzinho (BR, 1970) sind die einzigen Spieler, die in jedem Spiel der Endrunde Tore schossen.

Brasilien hat seit 1930 in insgesamt 80 Spielen 173 Tore geschossen.

MEISTE EUROPAMEISTERSCHAFTSSIEGE
Die Bundesrepublik Deutschland gewann dreimal die Europameisterschaft: 1972 und 1980 sowie 1996. Jürgen Klinsmann (Mitte) ist hier nach dem Finale von 1996 im Wembley-Stadion, London (GB), zu sehen. Deutschland schlug die Tschechische Republik mit 2:1, es war das erste wichtigen Endspiel, das durch ein „Golden Goal" entschieden wurde.

MEISTE TORE IN EINEM WELTMEISTERSCHAFTSSPIEL
Der Rekord für die meisten Tore in einem Endrundenspiel sind elf Tore. Er wurde dreimal erreicht: am 5. Juni 1938 in Italien, als Brasilien mit 6:5 über Polen siegte; am 20. Juni 1954 in der Schweiz durch Ungarns 8:3-Sieg über Deutschland; und am 15. Juni 1982 in Spanien, wo Ungarn El Salvador mit 10:1 schlug.

Oleg Salenko schoß am 28. Juni 1994 für Rußland im Spiel gegen Kamerun fünf Tore, ein Rekord für einen einzigen Spieler in einem Spiel.

MEISTE TORE IN EINEM WELTMEISTERSCHAFTSFINALE
Am 29. Juni 1958 fielen in Stockholm (SWE) im Endspiel sieben Tore, als Brasilien mit 5:2 über Schweden siegte.

Geoff Hurst schoß am 30. Juni 1966 im Wembley-Stadion, London (GB), für England im Spiel gegen Deutschland drei Tore (4:2) und erzielte so den einzigen Hattrick eines Endspiels.

SCHNELLSTE WELTMEISTERSCHAFTSTORE
Bryan Robson (GB) schoß am 16. Juni 1982 in Bilbao (E) im Spiel gegen Frankreich nach 27 Sekunden ein Tor.

Nach Auswertung eines Films schoß der Tschechoslowake Vaclav Masek 1962 im Spiel gegen Mexiko in Viña del Mar (RCH) nach 15 Sekunden ein Tor.

MEISTE WM-AUFTRITTE
Die Rekordanzahl von fünf WM-Turnieren erreichten: Antonio Carbajal (MEX) (1950, 1954, 1958, 1962 und 1966); und Lothar Matthäus (D) (1982, 1986, 1990, 1994 und 1998). Matthäus hält mit 25 auch den Rekord für die meisten Spiele.

MEISTE HATTRICKS BEI WELTMEISTERSCHAFTEN
Vier Spieler erzielten bei Weltmeisterschaftsturnieren je zwei Hattricks: Sandor Kocsis (H) 1954 in der Schweiz; Just Fontaine (F) 1958 in Schweden; Gerd Müller (D) 1970 in Mexiko; und Gabriele Batistuta (RA, abgebildet) in seinem Weltmeisterschaftsdebüt in den USA 1994 gegen Griechenland und 1998 in Frankreich gegen Jamaika.

**JÜNGSTER SPIELER
BEI WELTMEISTERSCHAFTEN**
Norman Whiteside spielte im Juni 1982 im Alter von 17 Jahren und 41 Tagen für Nordirland gegen Jugoslawien.

**ÄLTESTER SPIELER
BEI WELTMEISTERSCHAFTEN**
Roger Milla spielte am 28. Juni 1994 mit 42 Jahren und 39 Tagen für Kamerun gegen Rußland.

MEISTE OLYMPISCHE SIEGE
Das olympische Fußballturnier gewannen je dreimal Großbritannien (1900, 1908 und 1912) und Ungarn (1952, 1964 und 1968).

MEISTE COPA-AMERICA-SIEGE
Die Rekordanzahl von 14 Siegen bei der Copa America (bis 1974 die Südamerikanischen Meisterschaften) erzielten Uruguay (1916–17, 1920, 1923–24, 1926, 1935, 1942, 1956, 1959, 1967, 1983, 1987 und 1995) und Argentinien (1921, 1925, 1927, 1929, 1937, 1941, 1945–47, 1955, 1957, 1959, 1991 und 1993).

MEISTE CONCACAF-GOLD-CUP-SIEGE
Costa Rica gewann zehnmal den CONCACAF Gold Cup (bis 1990 die CONCACAF-Meisterschaften): 1941, 1946, 1948, 1953, 1955, 1960, 1961, 1963, 1969 und 1989.

MEISTE ASIAN-CUP-SIEGE
Den Asian Cup (seit 1956) gewannen je dreimal Iran (1968, 1972 und 1976) und Saudi-Arabien (1984, 1988 und 1996).

**MEISTE SIEGE BEIM
AFRIKANISCHEN NATIONENCUP**
Das Turnier um den Afrikanischen Nationencup wurde erstmals 1957 ausgetragen. Je viermal gewannen: Ghana, 1963, 1965, 1978 und 1982; sowie Ägypten, 1957, 1959, 1986 und 1998.

**MEISTE SIEGE BEI DEN WELT-
MEISTERSCHAFTEN DER FRAUEN**
Die Weltmeisterschaften der Frauen fanden erstmals 1991 statt und werden alle vier Jahre ausgetragen. 1991 gewannen die USA und 1995 Norwegen.

**MEISTE TORE BEI INTERNATIONALEN
SPIELEN DER FRAUEN**
Das Rekordergebnis von 21:0 erzielten: China gegen die Philippinen bei den Asiatischen Meisterschaften in Malaysia; Kanada gegen Puerto Rico im Centennial Park, Toronto (CDN), am 28. August 1998; Australien gegen Amerikanisch-Samoa im Mt.-Smart-Stadion, Auckland (NZ), am 9. Oktober 1998; und Neuseeland gegen Samoa, am selben Datum und Ort.

Die meisten Tore in einem Endrundenspiel der Frauen-Weltmeisterschaften erzielten mit 8:0 Schweden gegen Japan am 19. November 1991 in Foshan (CHN) sowie Norwegen gegen Nigeria am 6. Juni 1995 in Karlstad (SWE).

**MEISTE GEWINNE
DER WELTMEISTERSCHAFT**
Brasilien gewann viermal die Weltmeisterschaft (1958, 1962, 1970 und 1994); Romario hält hier die Trophäe nach dem jüngsten Sieg in den Händen. Brasilien ist die einzige Mannschaft, die an allen 16 Endrundenturnieren teilnahm, außerdem gewann sie die Rekordanzahl von 53 aus insgesamt 80 Endrundenspielen.

Sport

Basketball

MEISTE PUNKTE (NBA)

Michael Jordan, der sich am 13. Januar 1999 vom Spiel zurückzog, stellte bei den Chicago Bulls 21 NBA-Rekorde auf, darunter den höchsten Punktedurchschnitt pro Spiel (31,5), die meisten Saisons mit der höchsten Anzahl von Körben aus dem Feld (zehn) und die meisten Saisons mit der höchsten Anzahl von Versuchen für Körbe aus dem Feld (zehn). Am 20. April 1986 erzielte er 63 Punkte in einem Playoff-Spiel für die Boston Celtics, ein Rekord für einen Einzelspieler in einem Playoff-Spiel der NBA. 1984 und 1992 spielte er bei der Olympiade in der US-Siegermannschaft. Jordan besitzt ein Restaurant, moderierte die Fernsehshow *Saturday Night Live* und spielt in dem Film *Space Jam* mit Zeichentrickfiguren Basketball. Er hat mehr mit Sponsoring-Verträgen verdient als jeder andere Spieler.

MEISTE WELTMEISTERTITEL
Jugoslawien hält mit vier Weltmeistertiteln bei den Männern (1950 eingeführt) den Rekord: 1970, 1978, 1990 und 1998.

Bei den Frauen teilen sich die USA und die UdSSR mit je sechs Weltmeisterschaftstiteln den Rekord.

HÖCHSTE INTERNATIONALE PUNKTZAHL
Bei den Asian Games in Neu-Dehli (IND) im November 1982 siegte in einem internationalen Spiel der Senioren Irak über Jemen mit 251:33.

MEISTE NBA-TITEL
Die Boston Celtics gewannen 16 NBA-Titel (National Basketball Association): 1957, von 1959 bis 1966, 1968, 1969, 1974, 1976, 1981, 1984 und 1986.

HÖCHSTE NBA-PUNKTZAHLEN
Die höchste Gesamtpunktzahl in einem Spiel betrug 370, als die Detroit Pistons die Denver Nuggets am 13. Dezember 1983 in Denver (USA) 186:184 schlugen. Nach dem 145:145-Unentschieden in der regulären Spielzeit ging das Spiel in die Verlängerung.

Die höchste, während der regulären Spielzeit erreichte Gesamtpunktzahl betrug 320, als die Golden State Warriors die Denver Nuggets am 2. November 1990 in Denver (USA) mit 162:158 schlugen.

Der Einzelspieler mit der höchsten Punktzahl in einem NBA-Spiel ist Wilt Chamberlain, der am 2. März 1962 in Hershey (USA) für die Philadelphia Warriors die Rekordanzahl von 100 Punkten in einem Spiel gegen die New York Knicks erreichte. Dieser Rekord umfaßte 36 Körbe aus dem Feld und 28 Freiwürfe von 32 Versuchen sowie 59 Punkte während einer Halbzeit.

Chamberlains Freiwurfrekord wurde im Januar 1984 von Adrian Dantley für Utah gegen Houston in Las Vegas (USA) wiederholt.

GRÖSSTER PUNKTABSTAND ZUM SIEG IN DER NBA
Am 17. Dezember 1991 siegten die Cleveland Cavaliers mit einem Rekordabstand von 68 Punkten 148:80 über Miami Heat.

MEISTE TITEL ALS VERTEIDIGER (NBA)
Dikembe Mutombo (Nummer 55, unten links im Bild) von den Atlanta Hawks erhielt im Mai 1998 seinen dritten NBA-Titel als „Verteidiger des Jahres". Erstmals gewann er den Titel in der Saison 1994/95 bei den Denver Nuggets, dann in der Saison 1996/97 bei Atlanta. Er ist hier zu sehen, wie er gerade einen Rebound in einem Spiel gegen die LA Lakers vorbereitet.

MEISTE NBA-SPIELE
Robert Parish spielte in 1.611 regulären Saisonspielen während 21 Saisons: für die Golden State Warriors (1976–80), die Boston Celtics (1980–94), die Charlotte Hornets (1994–96) und die Chicago Bulls (1996–97).

Wilt Chamberlain spielte in der Saison 1961/62 für Philadelphia die Rekordanzahl von 79 vollständigen Spielen. Während dieses Zeitraums war er insgesamt 3.882 Minuten auf dem Feld.

A. C. Green spielte vom 19. November 1986 bis 4. Mai 1999 die Rekordanzahl von 1.028 Spielen hintereinander: für die LA Lakers, Phoenix Suns und Dallas Mavericks.

MEISTE NBA-PUNKTE
Während seiner Karriere erreichte Kareem Abdul-Jabbar die Rekordanzahl von insgesamt 38.387 Punkten, was einem Durchschnitt von 24,6 Punkten pro Spiel entspricht. Darunter waren 15.837 Körbe aus dem Feld und 5.762 Punkte in regulären Saisonspielen sowie 2.356 Körbe aus dem Feld in Playoff-Spielen.

MEISTE PUNKTE IN EINER NBA-SAISON
1961/62 erzielte Wilt Chamberlain für Philadelphia die Rekordanzahl von 4.029 Punkten, das sind 50,4 Punkte pro Spiel und 1.597 Körbe aus dem Feld.

JÜNGSTER NBA-SPIELER
Jermaine O'Neal war am 5. Dezember 1996 bei seinem Debüt für die Portland Trail Blazers gegen die Denver Nuggets 18 Jahre und 53 Tage alt.

MEISTE NBA-ZUSCHAUER
Tyrone Corbin, der Stürmer der Atlanta Hawks (rechts im Bild), läuft vorbei an Ron Harper, dem Verteidiger der Chicago Bulls. Am 27. März 1998 besiegten die Bulls in Atlanta (USA) die Hawks mit 89:74 vor 62.046 Zuschauern, ein Rekord bei einem NBA-Spiel.

MEISTE NBA-SIEGE IN EINER SAISON
Die Chicago Bulls halten mit 72 NBA-Siegen in der Saison 1995/96 den Rekord.

LÄNGSTE NBA-GEWINNSERIE
Die Los Angeles Lakers gewannen vom 5. November 1971 bis 7. Januar 1972 die Rekordanzahl von 33 Spielen hintereinander.

ÄLTESTER REGULÄRER NBA-SPIELER
Robert Parish von den Chicago Bulls war bei dem Spiel am 19. April 1997 mit 43 Jahren und 231 Tagen der älteste reguläre Spieler der NBA.

HÖCHSTE ZUSCHAUERZAHL
Am 4. April 1968 versammelte sich die Rekordanzahl von 80.000 Menschen im Olympiastadion von Athen (GR), um das Finale um den Pokal der europäischen Pokalsieger zwischen AEK Athen und Slavia Prag zu sehen.

WEITESTER KORBWURF
Christopher Eddy warf am 25. Februar 1989 in Erie (USA) für die Fairview High School gegen die Iroquois High School einen Korb aus 27,49 m im Feld. Der Wurf wurde in der Verlängerung ausgeführt, und Fairview gewann das Spiel 51:50.

GRÖSSTE SPRUNGHÖHE FÜR EINEN TREFFER
Sean Williams und Michael Wilson, beide bei den Harlem Globetrotters, versenkten am 16. September 1996 in den Disney-MGM-Studios, Orlando (USA), einen Basketball bei einer Ringhöhe von 3,58 m.

GRÖSSTE WURFGESCHWINDIGKEITEN
John Connolly warf am 12. Oktober 1998 an der St. Peter's School, Pacifica (USA), innerhalb von 10 Minuten 280 Körbe und einen Rebound bei 326 Versuchen.

Jeff Liles erzielte am 8. Mai 1997 beim YMCA in Carthage (USA) 53 Punkte in einer Minute, wobei er gemäß den Guinness-Rekordregeln aus sieben Positionen warf.

Innerhalb von 24 Stunden vom 29. bis 30. September 1990 versenkte Fred Newman in Caltech (USA) 20.371 Freiwürfe bei insgesamt 22.049 ausgeführten Würfen (eine Erfolgsquote von 92,39 %).

Ted St. Martin versenkte am 28. April 1996 in Jacksonville (USA) 5.221 Freiwürfe hintereinander.

MEISTE OLYMPIATITEL
Die USA gewannen elf Olympiatitel der Männer, seit 1936 siegten sie in 100 Spielen und verloren nur zwei. Als die Regeln über den Amateursport gelockert wurden, machten NBA-Starspieler wie Shaquille O'Neal (auf dem Bild mit der Schauspielerin Meagan Good), Michael Jordan, Magic Johnson und Charles Barkley die „Dream Teams" von 1992 und 1996 noch stärker. Der Titel der Frauen wurde dreimal gewonnen: von der UdSSR 1976, 1980 und 1992 (1992 von der vereinigten Mannschaft der ehemaligen Sowjetrepubliken), und von den USA 1984, 1988 und 1996.

Sport

Autosport

ERFOLGREICHSTE GRAND-PRIX-FAHRER
Juan-Manuel Fangio (RA) gewann fünfmal die Weltmeisterschaft, 1951 und 1954–1957. Als Fangio 1958 zurücktrat, hatte er 24 Grand-Prix-Rennen (zweimal gemeinsam) aus 51 Teilnahmen gewonnen.

Zwischen 1980 und 1983 errang Alain Prost (F) 51 Siege aus insgesamt 199 Rennen. Während seiner Karriere sammelte er die Rekordanzahl von 798,5 Grand-Prix-Punkten.

Die meisten Pole-Positions erzielte mit 65 aus 161 Rennen (41 Siege) der verstorbene Ayrton Senna (BR) zwischen 1985 bis 1994.

Die meisten Teilnahmen an Grand-Prix-Rennen erreichte Ricardo Patrese (I) zwischen 1977 bis 1993 mit 256.

Mit neun Grand-Prix-Siegen in einem Jahr halten Nigel Mansell (GB) in 1992 und Michael Schumacher (D) in 1995 den Rekord.

MEISTE GRAND-PRIX-HERSTELLER-SIEGE
Am Ende der Grand-Prix-Saison 1998 gelang Ferrari der 119. Hersteller-Sieg. Mit Ausnahme des 500-Meilen-Rennens von Indianapolis, das zu der Zeit Teil der Weltmeisterschaft war, gewann Ferrari alle sieben Rennen im Jahr 1952 und die ersten acht (von neun) im Jahr 1953.

Williams hat neun Grand-Prix-Weltmeisterschaften gewonnen und hält damit den Rekord (1980–81, 1986–87, 1992–94 und 1996–97).

Das McLaren-Team gewann 15 von 16 Grand-Prix-Rennen der Saison 1988: Ayrton Senna errang acht Siege und Alain Prost sieben.

ENGSTES GRAND-PRIX-FINISH
Im Jahr 1971 schlug Peter Gethin (GB) Ronnie Peterson (SWE) um 0,01 Sekunden beim Großen Preis von Italien.

SCHNELLSTES GRAND-PRIX-RENNEN
Peter Gethin (GB) fuhr 1971 in Monza beim Großen Preis von Italien in einem BRM mit einer Durchschnittsgeschwindigkeit von 242,623 km/h.

SCHNELLSTE QUALIFIKATIONSRUNDE BEI EINEM GRAND PRIX
Beim britischen Grand Prix in Silverstone 1985 stellte Keke Rosberg (FIN) einen Rekord von 1 Minute 5,59 Sekunden auf einem Williams-Honda auf. Seine Durchschnittsgeschwindigkeit betrug 258,802 km/h.

ÄLTESTE UND JÜNGSTE GRAND-PRIX-FAHRER
Der älteste Grand-Prix-Fahrer war Louis Alexandre Chiron (MC), der am 22. Mai 1955 beim Großen Preis von Monaco im Alter von 55 Jahren und 292 Tagen als Sechster durchs Ziel ging.

Der jüngste Fahrer war Michael Thackwell (NZ), der am 28. September 1980 beim Großen Preis von Kanada 19 Jahre und 182 Tage zählte.

Der älteste Sieger eines Grand-Prix-Rennens war Tazio Nuvolari (I), der mit 53 Jahren und 240 Tagen am 14. Juli 1946 in Albi (F) das Rennen für sich entschied.

Der jüngste Sieger war Bruce McLaren (NZ), der im Alter von 22 Jahren und 104 Tagen den US-Grand-Prix 1959 in Sebring (USA) gewann.

Troy Ruttman (USA) war 22 Jahre und 80 Tage alt, als er am 30. Mai 1952 das 500-Meilen-Rennen von Indianapolis, das Teil der Weltmeisterschaften war, gewann.

 ### ERFOLGREICHSTE FIA-GT-WELTMEISTERSCHAFTSWAGEN
Der Mercedes-Benz CLK-LM gewann 1988 alle zehn Rennen (Sieger der ersten beiden Rennen in der Klasse CLK-GT) der FIA-GT-Weltmeisterschaft. Die zwei konkurrierenden CLK-LM-Wagen belegten bei allen zehn Rennen dieser Weltmeisterschaftssaison die Doppel-Pole-Position (Plätze eins und zwei beim Start).

ERFOLGREICHSTE FAHRER DES 500-MEILEN-RENNENS
Drei Fahrer haben das 500-Meilen-Rennen von Indianapolis insgesamt jeweils viermal gewonnen: A. J. Foyt jr. (USA): 1961, 1964, 1967 und 1977; Al Unser sr. (USA): 1970, 1971, 1978 und 1987 sowie Rick Ravon Mears (USA) 1979, 1984, 1988 und 1991.

SCHNELLSTES 500-MEILEN-RENNEN VON INDIANAPOLIS
Arie Luyendyk aus den Niederlanden siegte am 27. Mai 1990 in 2 Stunden 41 Minuten 18,404 Sekunden auf einem Lola-Chevrolet. Seine Durchschnittsgeschwindigkeit betrug 299,307 km/h.

BESTE STARTSTATISTIK DES 500-MEILEN-RENNENS
A.J. Foyt jr. startete in 35 Rennen zwischen 1958 und 1992.

Rick Mears startete sechsmal aus der Pole Position und hält damit den Rekord (1979, 1982, 1986, 1988, 1989 und 1991).

SCHNELLSTE QUALIFIKATIONSRUNDEN BEIM 500-MEILEN-RENNEN
Die höchste Durchschnittsgeschwindigkeit für die vier Qualifikationsrunden beträgt 381,392 km/h, erreicht von Arie Luyendyk (NL) auf einem Reynard-Ford Cosworth am 12. Mai 1996. Dies schloß einen Ein-Runden-Rekord von

MEISTE RALLYE-WM-TITEL HINTEREINANDER
Tommi Makinen und sein Beifahrer Risto Mannisenmaki (FIN) wurden im November 1998 zum dritten Mal hintereinander Rallye-Weltmeister. Auf dem Foto rechts fahren sie die erste Etappe der 18. Rallye in Cordoba in Argentinien am 21. Mai 1998. Daneben feiern sie ihren Sieg bei der 67. Rallye Monte Carlo am 20. Januar 1999, durch den ein vierter Titelgewinn möglich wird. Sie stehen auf ihrem Mitsubishi Lancer, mit dem sie den Rekord anstreben.

382,216 km/h ein. Am 9. Mai 1996 stellte Luyendyk auch den inoffiziellen Bahnrekord von 385,051 km/h auf.

HÖCHSTE PREISGELDER DES 500-MEILEN-RENNENS

Der Rekord für den größten Preispool beträgt umgerechnet ca. 14,7 Mio. DM, ausgezahlt 1996.

Der größte individuelle Preis betrug umgerechnet ca. 2,5 Mio. DM, gewonnen 1994 von Al Unser jr.

MEISTE LE-MANS-SIEGE

Die meisten Erfolge eines Fahrers erreichte mit sechs Siegen Jacky Ickx (B): 1969, 1975–77 und 1981–82.

Auf Wagen der Marke Porsche wurde das Rennen von Le Mans (F) 16mal gewonnen: 1970–71, 1976–77, 1979, 1981–87, 1993, 1996–98.

SCHNELLSTE RUNDEN IN LE MANS

Die beste Zeit für die je in einem 24-Stunden-Rennen von Le Mans gefahrene Runde ist 3 Minuten 21,27 Sekunden, erreicht von Alain Ferté (F) auf einem Jaguar XJR-9 am 10. Juni 1989. Seine Geschwindigkeit auf der 13,536 km langen Runde betrug durchschnittlich 242,093 km/h.

Hans Stuck (D) hält den Rekord für die schnellste Trainingsrunde. Am 14. Juni 1985 erreichte er eine Geschwindigkeit von 251,664 km/h.

GRÖSSTE ENTFERNUNG

Dr. Helmut Marko (A) und Gijs van Lennep (NL) legten vom 12. bis 13. Juni 1971 auf ihrem 4907-cc-Flat-12-Porsche-917K-Gruppe-5-Rennwagen 5.335,302 km zurück.

Die längste auf der heutigen Strecke zurückgelegte Entfernung beträgt 5.331,998 km, gefahren von Jan Lammers (NL), Johnny Dumfries und Andy Wallace (beide GB) auf einem Jaguar XJR-9 vom 11. bis 12. Juni 1988. Ihre Durchschnittsgeschwindigkeit betrug 222,166 km/h.

LÄNGSTE RALLYE

Die Singapore-Airlines-London-Sydney-Rallye ging über 31.107 km, Start war 1977 in Covent Garden, London (GB). Ihr Ziel war Sydney (AUS). Sieger dieser Rallye waren Andrew Cowan, Colin Malkin und Michael Broad (GB) auf einem Mercedes 280E.

MEISTE SIEGE DER MONTE-CARLO-RALLYE

Die Rallye MonteCarlo gewannen je viermal Sandro Munari (I), 1972 und 1975 bis 1977, sowie Walter Röhrl (D) mit Copilot Christian Geistdorfer, 1980 und 1982 bis 1984.

MEISTE SIEGE BEI RALLYE-WELTMEISTERSCHAFTEN

Juha Kankkunen (FIN) siegte viermal: 1986, 1987, 1991 und 1993.

Carlos Sainz (E) hält den Rekord mit 22 Weltmeisterschaftssiegen.

MEISTE RAC-RALLYE-SIEGE

Hannu Mikkola (FIN) und sein Copilot Arne Hertz (SWE) siegten viermal: 1978 und 1979 auf einem Ford Escort und 1981 und 1982 auf einem Audi Quattro.

DIE ERFOLGREICHSTE GRAND-PRIX-FAMILIE

Graham Hill (GB) wurde 1962 und 1968 Weltmeister sowie dreimal Zweiter. Im November 1975 kam er in Middlesex (GB) als Pilot beim Absturz eines Zeugs ums Leben. Sein Sohn Damon (rechts) wurde am 13. Oktober 1996 nach der Endrunde in Suzuka (J) zum Formel-I-Weltmeister gekrönt. Gegenwärtig fährt er für das Arrows-Team.

Sport

Zweiradsport

MEISTE OLYMPIATITEL
Den Rekord von drei Goldmedaillen bei olympischen Radsportwettkämpfen halten Paul Masson (F), 1896; Francisco Verri (I), 1906; Robert Charpentier (F) 1936. Zwei Titel holte Daniel Morelon (F), 1968 und 1972. Außerdem gewann Morelon bei den Olympischen Spielen von 1976 eine Silber- und 1964 eine Bronzemedaille.

MEISTE WM-TITEL
Sieben Amateurtitel bei den Männern gewannen Daniel Morelon (F) im Sprint (1966, 1967, 1969–71, 1973 und 1975) und Leon Meredith (GB) (1904–05, 1907–09, 1911 und 1913) über 100 km mit Schrittmacher.

Koichi Nakano (J) gewann im Profisprint zwischen 1977 und 1986 zehn Titel.

MEISTE TOUR-DE-FRANCE-SIEGE
Fünf Siege gelangen Jacques Anquetil (F) 1957 und von 1961–1964, Eddy Merckx (B) von 1969–1972 und 1974, Bernard Hinault (F) von 1978–1979, 1981–1982 und 1985, und Miguel Induráin (E) von 1991 bis 1995.

SCHNELLSTE TOUR DE FRANCE
Die höchste Durchschnittsgeschwindigkeit bei der Tour de France betrug 39,504 km/h, 1992 von Miguel Induráin (E) erzielt. Induráin gewann fünfmal hintereinander die Tour de France und siegte sowohl 1992 als auch 1993 beim Giro d'Italia und bei der Tour de France.

Er trat Ende 1996 zurück; beim bedeutendsten Rennen seines Heimatlandes, der Vuelta a España, hatte Induráin niemals gewonnen.

LÄNGSTES EINTAGES-RADRENNEN
Die 551–620 km von Bordeaux nach Paris (F) haben die höchste Durchschnittsgeschwindigkeit von 47,186 km/h. Sie erzielte 1981 Herman van Springel (B). Er legte die Distanz von 584,5 km in 13 Stunden 35 Minuten 18 Sekunden zurück.

ERFOLGREICHSTE MOTORRADRENNFAHRER
Giacomo Agostini (I) gewann 15 Weltmeisterschaften: Sieben in der 350-cm^3-Klasse von 1968 bis 1974 und acht in der 500-cm^3-Klasse von 1966 bis 1972. Agostini ist zudem der einzige Fahrer, der in fünf aufeinanderfolgenden Jahren zwei Weltmeisterschaften gewann, die Titel in der 350-cm^3-Klasse und 500-cm^3-Klasse von 1968 bis 1972. Er gewann 122 Rennen (68 in der 500-cm^3-Klasse und 54 in der 500-cm^3-Klasse) bei den WM-Serien zwischen dem 24. April 1965 und dem 25. September 1977, darunter 19 Rennen im Jahr 1970. Mit diesen Gesamtsiegen erreichte er den von Mike Hailwood (GB) 1966 aufgestellten Rekord.

MEISTE SUPERCROSS-SIEGE
Jeremy McGrath (USA) gewann die Rekordanzahl von fünf Supercross-Titeln in der 250-cm^3-Klasse: 1993, 1994, 1995, 1996 und 1998. McGrath ist zugleich Sieger der Supercross-WM von 1994 und 1995.

MEISTE TOURIST-TROPHY-SIEGE
Den Rekord von 23 Siegen beim Isle-of-Man-TT-Rennen schaffte Joey Dunlop (IRL) zwischen 1977 und 1998.

Vier Siege (Formel 1, Junior, Senior und Produktion) gelangen Philip McCallen (IRL) im Jahr 1996.

HÖCHSTE TOURIST-TROPHY-GESCHWINDIGKEITEN
Der Isle-of-Man-TT-Streckenrekord beträgt 198,92 km/h, aufgestellt von Carl Fogarty am 12. Juni 1992.

Am 12. Juni 1992 stellte Steve Hislop beim Gewinn des Senior-TT auf einer Norton den Geschwindigkeitsrekord von 1 Stunde 51 Minuten 59,6 Sekunden auf. Das entspricht einer Durchschnittsgeschwindigkeit von 195,17 km/h.

Den Rekord für die schnellste von einer Frau auf der „Gebirgs"-Rennbahn erzielte Durchschnittsgeschwindigkeit liegt bei 181,92 km/h: Sandra Barnett gelang dies am 4. Juni 1997 bei den Junioren-TT.

MEISTE TRIAL-SIEGE
Jordi Tarrès (E) siegte siebenmal bei Weltmeisterschaften: 1987, 1989–1991 und 1993–1995. Er gewann seine erste Weltmeisterschaft im Alter von 20 Jahren und wurde außerdem zweimal Zweiter.

JÜNGSTER WM-SIEGER
Der jüngste Sieger eines WM-Wettkampfes ist Marco Melandri (I). Er gewann im Alter von 15 Jahren und zehn Monaten auf einer 125-cm^3-Matteoni den TT-Grand-Prix von Holland in Assen im Juni 1997 für das Benetton-Team.

GRÖSSTES STRANDRENNEN

Mehr als 250.000 Motorrad-begeisterte Zuschauer kamen am 22. Februar 1998 zum Le-Touquet-Strandrennen (F). Bei dem seit 1975 jährlich stattfindenden Rennen nehmen 800 Fahrer den Kampf gegen den Le-Touquet-Strand auf. 1997 schafften es nur 100 Fahrer bis ins Ziel. Strandrennen ist ein Ableger des Motocross-Rennens. Der angesehenste internationale Motocrosswettkampf der Welt ist der „Motocross der Nationen", bei dem die weltbesten Fahrer ihre Länder in einem zweitägigen Wettkampf um die Krone für die beste Motocross-Nation der Welt vertreten. Dieser Weltcup findet jedes Jahr in einem anderen Land statt, und regelmäßig nehmen Fahrer aus 30 Ländern daran teil.

VERFOLGUNGSFAHREN

Seit der Einführung des Verfolgungsfahrens 1974 gewann das australische Team die 4000-Meter-Verfolgungsjagd fünfmal. Es hält ebenfalls den Spiele-Rekord von 4 Minuten 03,84 Sekunden, den es 1994 bei den Victoria-Spielen aufstellte. Den Weltrekord hält zur Zeit Italien mit einer Zeit von 4 Minuten 00,94 Sekunden, gefahren auf dem Manchester Velodrome im Jahr 1996.

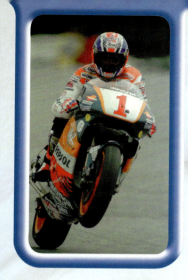

MEISTE 500-CC-SIEGE
Michael Doohans (AUS) Sieg beim Grand Prix von Australien am 4. Oktober 1998 war sein fünfter Titel hintereinander in der 500-cm³-Klasse bei einer Motorrad-WM. Doohans zwölf Siege im Jahr 1997 verschafften ihm ebenfalls den Rekord für die meisten Siege einer Saison in einer einzelnen Klasse.

LÄNGSTE MOTORRADRENNSTRECKE
Auf der 59,8 km langen „Gebirgs"-Strecke auf der Isle of Man wurden seit 1911 die wichtigsten TT-Rennen ausgetragen. Sie besitzt 264 Kurven und ist die längste Strecke, die für Motorradrennen genutzt wird.

SCHNELLSTE MOTORRADRENNSTRECKE
Die höchste Durchschnittsgeschwindigkeit, die je mit einem Motorrad auf einer geschlossenen Strecke erreicht wurde, beträgt 257,958 km/h und wurde von Yvon du Hamel (CDN) auf einer umgebauten 903-cm³-vier-Zylinder-Kawasaki Z1 auf dem 4,02 km langen Daytona International Speedway in Florida (USA) im März 1973 erreicht. Seine Rundengeschwindigkeit betrug 56,149 Sekunden.

MEISTE TITEL BEI FRAUEN-STRASSENRENNEN
Jeannie Longo-Ciprelli (F) gewann zehn Titel im Verfolgungsrennen (1986 und 1988–89), im Straßenrennen (1985–87, 1989 und 1995), im Punktefahren (1989) und im Zeitfahren (1995 und 1996). Zusätzlich zu ihren Welttiteln hat Longo unzählige Weltrekorde aufgestellt, darunter die gegenwärtige 1-Stundenmarke. Im Jahr 1996 gewann sie außerdem Olympiagold.

193

Schwimmen & Tauchen

MEISTE OLYMPISCHE MEDAILLEN
Mit fünf Goldmedaillen in Einzeldisziplinen gewann Krisztina Egerszegi (H) die meisten Goldmedaillen, beim 100-m-Rückenschwimmen 1992, beim 200-m-Rückenschwimmen 1988, 1992 und 1996 und bei den 400-m-Lagen 1992.

Vier Goldmedaillen sind der Rekord für Männer in Einzeldisziplinen, sie gewannen: Charles Daniels (USA) über 100-m-Freistil 1906 und 1908, über 200-yd-Freistil 1904 und 440-yd-Freistil 1904; Roland Matthes (ehemalige DDR) jeweils über 100-m- und 200-m-Rücken 1968 und 1972; Tamás Daryni (H) über 200-m- und 400-m-Lagen 1988 und 1992; Alexander Popow (RUS) über 50-m- und 100-m-Freistil 1992 und 1996; sowie Mark Spitz (siehe unten).

Die Rekordanzahl von neun Goldmedaillen gewann Mark Spitz (USA): über 100-m- und 200-m-Freistil 1972, über 100-m- und 200-m-Schmetterling 1972, in der 4 x 100-m-Freistil-Staffel 1968 und 1972, in der 4 x 200-m-Freistil-Staffel 1968 und 1972 und in der 4 x 100-m-Lagen-Staffel 1972. In allen Disziplinen, bis auf die 4 x 200-m-Freistil-Staffel 1968, stellte er den Weltrekord auf.

Sechs Goldmedaillen gewann Kristin Otto (ehemalige DDR) im Jahr 1988: über 100-m-Freistil, Rücken und Schmetterling, über 50-m-Freistil, 4 x 100-m-Freistil und über 4 x 100-m-Lagen.

Mark Spitz gewann insgesamt elf Medaillen: eine Silbermedaille (100-m-Schmetterling) und eine Bronzemedaille (100-m-Freistil) 1968 sowie seine neun Goldmedaillen. Diesen Rekord erreichte ebenfalls Matt Biondi (USA) mit einer Goldmedaille 1984, fünf Goldmedaillen, einer Silbermedaille und einer Bronzemedaille im Jahr 1988 sowie zwei Goldmedaillen und einer Silbermedaille 1992. Spitz' Rekord von sieben Medaillen bei einer Olympiade (1972) erreichte Biondi im Jahr 1988.

Dawn Fraser (AUS) gewann die Rekordanzahl von acht Medaillen: vier Gold- und vier Silbermedaillen von 1956 bis 1964. Kornelia Ender (ehemalige DDR) errang vier Gold- und vier Silbermedaillen von 1972 bis 1976 und Shirley Babashoff (USA) zwei Gold- und sechs Silbermedaillen von 1972 bis 1976.

MEISTE SIEGE IN EINER DISZIPLIN
Zwei Schwimmerinnen gewannen dreimal in der gleichen Disziplin: Dawn Fraser (AUS) über 100-m-Freistil (1956, 1960, 1964) und Krisztina Egerszegi (H) über 200-m-Rücken (1988, 1992, 1996).

MEISTE WM-MEDAILLEN
Michael Gross (D) gewann von 1982 bis 1990 13 Weltmeisterschaftsmedaillen (fünf Gold-, fünf Silber- und drei Bronzemedaillen).

Kornelia Ender (ehemalige DDR) gewann acht Gold- und zwei Silbermedaillen.

James Montgomery (USA) gewann sechs Medaillen (zwei in Einzeldisziplinen und vier in der Staffel).

TIEFSTER SPRUNG MIT KONSTANTEM BALLAST
Am 30. November 1998 stellte Tanya Streeter (Kaimaninseln) in Florida (USA) mit 56,39 m den Weltrekord im Sinklochtauchen auf. Bei einem Tauchgang mit konstantem Ballast trägt der Taucher sowohl beim Ab- wie beim Auftauchen die Gewichte. Streeter hält ebenfalls den Rekord im Freitauchen mit einem Ballon: Am 9. Mai 1998 erreichte sie eine Tiefe von 122,77 m. Sie bewältigte diesen Tauchgang mit einem einzigen Atemzug und einem beschwerten Schlitten. Die Kaimaninseln haben wegen der einzigartigen Tauchmöglichkeiten und der phantastischen Wasserqualität einige der weltbesten Taucher hervorgebracht.

SCHNELLSTER SCHWIMMER IM SCHMETTERLINGSSTIL

James Hickman (GB) hält gegenwärtig zwei Weltrekorde im Schmetterlingsstil: Den ersten holte er am 28. März 1998 in Paris über 200-m-Schmetterling in 1 Minute 51,76 Sekunden. Am 13. Dezember 1998 brach er Michael Klims Rekord über 100-m-Schmetterling mit einer Zeit von 51,02 Sekunden, d.h. er war 0,02 Sekunden schneller. Hickman, 22 Jahre alt, war bei den Kurzbahn-Europameisterschaften in Sheffield in Höchstform. Er gewann sowohl über 200-m-Schmetterling als auch in der 200-m-Lagen-Einzelstaffel, außerdem gewann er eine Bronzemedaille in der 100-m-Lagen-Einzelstaffel. Schmetterlingsschwimmen entwickelte sich aufgrund einer Lücke in den Regeln über das Brustschwimmen und wurde 1952 offiziell als individueller Stil anerkannt.

Matt Biondi (USA) gewann 1986 sieben Medaillen bei einer einzigen Meisterschaft: drei Gold-, eine Silber- und drei Bronzemedaillen.

MEISTE WELTREKORDE
Arne Borg (SWE) erzielte zwischen 1922 und 1929 32 Rekorde.

Ragnhild Hveger (DK) erzielte zwischen 1936 und 1942 42 Rekorde.

Mark Spitz (USA) erzielte zwischen 1967 und 1972 26 Rekorde.

Kornelia Ender (ehemalige DDR) erzielte zwischen 1973 und 1976 23 Rekorde.

Die meisten in einem einzigen Becken geschwommenen Weltrekorde wurden mit 86 im North Sydney Pool, New South Wales (AUS), zwischen 1955 und 1978 aufgestellt. Dazu zählen auch 48 Rekorde in Königsdisziplinen.

LÄNGSTE GESCHWOMMENE STRECKEN
Die längste Strecke, die je im Ozean geschwommen wurde, beträgt 207,3 km. Walter Poenisch sr. (USA) schwamm vom 11. bis 13. Juli 1978 in 34 Stunden 15 Minuten von Havanna (Kuba) nach Little Duck Key, Florida (USA).

Fred Newton schwamm vom 6. Juli bis 29. Dezember 1930 2.938 km den Mississippi (USA) zwischen Ford Dam und Carrollton Ave, Louisiana, flußabwärts. Er war insgesamt 742 Stunden im Wasser.

Die längste in 24 Stunden geschwommene Strecke beträgt 101,9 km und wurde von Anders Forvass (SWE) vom 28. bis 29. Oktober 1989 im Linköping-Schwimmbad (SWE) geschwommen.

Die längste Strecke, die eine Frau in 24 Stunden schwamm, beträgt 95,657 km und wurde von Kelly Driffield im Juni 1997 im 50-m-Becken des Mingara-Freizeitzentrums in Tumbi Umbi, New South Wales (AUS), erzielt.

Die längste unter Wasser geschwommene Strecke beträgt 78,92 km in 24 Stunden. Diesen Rekord erzielten 1985 Paul Cryne (GB) und Samir Sawan al Awami (Q) von Doha nach Umm Said (Q) und wieder zurück.

Die längste, von einer Staffelmannschaft unter Wasser geschwommene Strecke beträgt 151,987 km und wurde

1987 von sechs Personen in einem Becken in der Tschechoslowakei (heute Tschechien) erzielt.

LÄNGSTE STAFFELN
Die 20 Mann starke Nationalstaffel Neuseelands schwamm in Lower Hutt (NZ) vom 9. bis 10. Dezember 1983 in 24 Stunden einen Rekord von 182,807 km.

GRÖSSTE STAFFEL
Am 1. April 1998 nahm die Rekordteilnehmerzahl von 2.454 an einer eintägigen Schwimmstaffel im Karosa-Schwimmclub in Vysoké Myto (CZ) teil. Jeder Teilnehmer schwamm eine Staffellänge.

MEISTE OLYMPIAMEDAILLEN IM TURMSPRINGEN
Jeweils fünf Olympiamedaillen im Turmspringen gewannen Klaus Dibiasi (I) mit drei Gold- und zwei Silbermedaillen von 1964 bis 1976 sowie Greg Louganis (USA) mit vier Gold- und einer Silbermedaille 1976, 1984 und 1988. Dibiasi ist auch der einzige Springer, der dreimal hintereinander bei Olympischen Spielen in der gleichen Disziplin (Turmspringen) gewann (1968, 1972 und 1976).

MEISTE WELTMEISTERSCHAFTSTITEL IM TURMSPRINGEN
Greg Louganis (USA) hat fünf Weltmeisterschaftstitel gewonnen (Turmspringen 1978 und Turm- und Kunstspringen 1982 und 1986).

Die meisten Goldmedaillen in einer Einzeldisziplin gewann Philip Boggs (USA) 1973, 1975 und 1978 im Kunstspringen sowie im Kunstspringen bei der Olympiade 1976.

JÜNGSTE MEISTER IM TURMSPRINGEN
Alexandre Despatie (CDN) gewann im Alter von 13 Jahren und 104 Tagen die Goldmedaille beim Turmsprung-Finale der Commonwealth-Spiele in Kuala Lumpur (MAL). Er war der jüngste männliche Sieger eines internationalen Sprungwettkampfes. Die jüngste weibliche Siegerin ist Fu Mingxia (CHN). Sie gewann 1991 im Alter von 12 Jahren und 141 Tagen die Weltmeisterschaften in Australien.

Sport
Kampfsport

ERFOLGREICHSTE SUMO-RINGER
Yokozuna (Großmeister) Sadaji Akiyoshi alias Futabayama hält den Rekord von 69 aufeinanderfolgenden Siegen (1937–39).

Der *Yokozuna* Koki Naya alias Taiho (Großer Vogel) gewann den Emperor's Cup 32mal, bis er 1971 in Ruhestand ging.

Der *Ozeki* (zweithöchster Rang) Tameemon Torokichi alias Raiden gewann in 21 Jahren 254 Wettkämpfe und verlor nur zehn, womit er die höchste Siegesquote von 96,2 % erlangte.

ERFOLGREICHSTE SUMO-BRÜDER
Ozeki Wakanohana wurde, nachdem er 1998 das Natsu (Sommer) Basho gewonnen hatte, der Rang eines *Yokozuna* verliehen, den sein Bruder Takanohana seit 1994 besitzt. Zum ersten Mal in der 1.500jährigen Geschichte dieses Sports haben zwei Brüder den *Yokozuna*-Rang erreicht.

DIE MEISTEN SUMO-SIEGE
Yokozuna Mitsugu Akimoto alias Chiyonofuji gewann acht Jahre hintereinander (1981–88) das Kyushu Basho (eines der sechs jährlichen Turniere). Er hält auch den Rekord für die meisten Siege einer Karriere (1.045) und die meisten Makunouchi-Siege (807 in der höchsten Liga).

LÄNGSTE KUNG-FU-TV-SERIE
Die Warner-Bros-Serie Kung Fu *wurde von 1972 bis 1975 in 62 Episoden mit David Carradine als Kwai Chang Caine ausgestrahlt. Zwischen 1992 und 1996 wurde eine neue Serie mit Carradine als Enkel des ursprünglichen Caine produziert, die über vier Staffeln und 88 Episoden lief.*

MEISTE RINGER-WETTKÄMPFE IN DER HÖCHSTEN LIGA
Der Sumo-Ringer Jesse Kuhaulua (USA) nahm an 1.231 Wettkämpfen hintereinander teil (1981). Er war auch der erste Ausländer, der ein offizielles Turnier in der höchsten Liga (1972) gewann.

Die meisten Wettkämpfe in Folge in allen sechs Ligen bestritt Yukio Shoji alias Aobajo mit 1.631 Wettkämpfen zwischen 1964 bis 1986.

Den Rekord mit 1.891 Wettkämpfen hält Kenji Hatano (Oshio) von 1962 bis 1988.

MEISTE OLYMPIA-TITEL IM RINGEN
Drei Goldmedaillen holten sich: Carl Westergren (SWE), 1920, 1924 und 1932; Ivar Johansson (SWE), 1932 (zwei) und 1936; Aleksander Medved (UdSSR), 1964, 1968 und 1972; und Aleksander Karelin (RUS), 1988, 1992 und 1996.

MEISTE OLYMPIA-MEDAILLEN IM RINGEN
Vier olympische Medaillen gewannen: Eino Leino (FIN) im Freistil von 1920 bis 1932; Imre Polyák (H) im griechisch-römischen Stil von 1952 bis 1964 und Bruce Baumgartner (USA) im Freistil von 1984 bis 1996.

MEISTE WELTMEISTERSCHAFTSTITEL IM GRIECHISCH-RÖMISCHEN STIL
Aleksander Karelin (RUS) gewann 1988–98 elf Titel in der 130-kg-Klasse.

LÄNGSTER RINGKAMPF
Der längste jemals ausgetragene Ringkampf dauerte 11 Stunden 40 Minuten, als Martin Klein (EST, am Start für RUS) Alfred Asikáinen (FIN) in der 75-kg-Klasse im griechisch-römischen Stil bei den Olympischen Spielen 1912 schlug.

LÄNGSTER AMTIERENDER BOXWELTMEISTER
Joe Louis (USA) war 11 Jahre und 252 Tage Weltmeister im Schwergewicht von 1937 bis zu seinem Rücktritt 1949.

Rocky Marciano (USA) ist der einzige Weltmeister, der in einer Gewichtsklasse alle Kämpfe seiner Profikarriere gewann (49 Kämpfe von 1947 bis 1955).

LÄNGSTER BOXKAMPF
Der längste WM-Titelkampf nach Queensberry-Regeln fand zwischen den Leichtgewichten Joe Gans und Oscar Nelson (beide USA) am 3. September 1906 in Goldfield (USA) statt. Der Kampf wurde nach der 42. Runde beendet, als Gans wegen eines Fouls zum Sieger erklärt wurde.

KÜRZESTER BOXKAMPF
Der kürzeste Weltmeisterschaftskampf dauerte 20 Sekunden, als Gerald McClellan (USA) Jay Bell in Puerto Rico am 7. August 1993 in einem WBC-Mittelgewichtskampf schlug.

LÄNGSTE BOXKAMPFKARRIERE OHNE NIEDERLAGE
Am 13. November 1998 errang Ricardo Finito Lopez aus Mexiko in Las Vegas (USA) einen Punktsieg über Rosendo Alvarez und behielt damit seinen WBA-Titel im Superleichtgewicht. Lopez blieb während seiner gesamten Profikarriere unbesiegt. Sie dauerte 13 Jahre und 11 Monate (48 Kämpfe).

MEISTE JUDOTITEL
Yasuhiro Yamashita (J) gewann eine olympische Goldmedaille und vier Weltmeisterschaftstitel: in der Klasse über 95 kg 1979, 1981 und 1983, in der Allkategorie 1981 und in der olympischen Allkategorie 1984. Nach insgesamt 203 aufeinanderfolgenden Siegen trat er ungeschlagen zurück (1977–85).

Vier Weltmeisterschaften gewannen auch Shozo Fujii (J) in der Klasse unter 80 kg 1971, 1973 und 1975 und in der Klasse unter 78 kg 1979 und Naoya Ogawa (J) in der Allkategorie 1987, 1989 und 1991 und in der Klasse über 95 kg 1984.

Ingrid Berghmans (B) gewann sechs WM-Titel bei den Frauen: in der Allkategorie 1980, 1982, 1984 und 1986 und in der Klasse unter 72 kg 1984 und 1989.

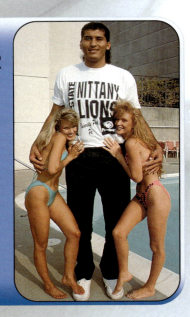

GRÖSSTER RINGER
Jorge Gonzalez aus Argentinien ist 2,29 m groß und wiegt 195 kg. Ursprünglich Basketballspieler, machte Gonzalez von 1990 bis 1994 in den USA Karriere als Profiringer. Unter dem Namen „El Gigante" (der Riese) trat er bei WWF-, WCW- und New-Japan-Pro-Ringkämpfen während der Jahre des Aufschwungs dieses Sports auf. In dem Fernsehfilm *Herkules in der Unterwelt* (USA, 1994) spielte er den Boxer Eryz.

SCHWERSTER SUMO-RINGER
Der auf Hawaii geborene Salevaa Atisance, genannt Konishiki, brachte als Höchstgewicht 274 kg auf die Waage. Er trat im Mai 1998 zurück und arbeitet jetzt unter dem Namen Sanoyama als Oyakata (Stallmeister). Wegen ihrer Größe haben Sumo-Ringer oft Herzprobleme und andere Beschwerden.

MEISTE ZERSCHLAGENE ZIEGEL
Bruce Haynes zerschlug am 22. März 1998 in Sydney (AUS) 15 Zementziegel mit einem Gesamtgewicht von 310 kg. Haynes, der unbestrittene Tamashiwari-Weltmeister (jemand, der Gegenstände mit einem Schlag seiner bloßen Hand zerbricht), besitzt den siebten Schwarzgurt-Dan und war achtmal Weltmeister des Internationalen Karateverbands.

Sie gewann ebenfalls vier Silber- und eine Bronzemedaille. Als Judo 1988 als Demonstrationssport eingeführt wurde, gewann Berghmans den olympischen Titel in der 72 kg-Klasse.

ERFOLGREICHSTE TAEKWONDO-KÄMPFER
Juan Moreno (USA) gewann 1988 bei den Oympischen Spielen in Seoul (ROK) und 1992 in Barcelona (E) eine Silbermedaille in der leichtesten Klasse und war damit erfolgreichster Taekwondo-Kämpfer. Während bei diesen Olympischen Spielen Taekwondo noch Demonstrationssport war, wird es bei den Olympischen Spielen im Jahr 2000 in Sydney (AUS) offizieller Wettkampf sein.

Chen Yi-an (RC) ist die erfolgreichste Taekwondokämpferin. 1988 gewann sie in der 51 kg-Klasse in Seoul eine Goldmedaille, ebenso 1992 in Barcelona in der 60 kg-Klasse.

MEISTE WM-KARATE-TITEL
Großbritannien kann bei der Mannschaftswertung für Kumite die Rekordanzahl von sechs Weltmeisterschaftstiteln aufweisen: 1975, 1982, 1984, 1986, 1988 und 1990.

Den Rekord für die meisten Titel in der Einzelwertung der Männer teilen sich vier Wettkämpfer: Pat McKay (GB) gewann 1982 und 1984 in der Klasse unter 80 kg; Emmanuel Pinda (F) 1984 in der Allkategorie und 1988 in der Klasse über 80 kg; Thierry Masci (F) 1986 und 1988 in der Klasse unter 70 kg und José Manuel Egea (E) 1990 und 1992 in der Klasse unter 80 kg.

Sport

Ausdauersport

WEITESTES RENNEN
Das weiteste Rennen erstreckte sich 1929 über 5.898 km von New York City (USA) nach Los Angeles (USA). Der in Finnland geborene Johnny Salo gewann in 79 Tagen und einer Laufzeit von 525 Stunden 57 Minuten 20 Sekunden mit einer Durchschnittsgeschwindigkeit 11,21 km/h.

MEISTE MARATHON-ZIELANKÜNFTE
Beim Marathon-Jahrhundertlauf in Boston (USA) kamen am 15. April 1996 bestätigte 38.706 Läufer ins Ziel.

HÖCHSTER MARATHON
Der alle zwei Jahre stattfindende Everest Marathon, erstmalig am 27. November 1987 durchgeführt, ist der höchste Marathon weltweit. Er startet auf 5.212 m Höhe am Gorak Shep und endet bei 3.444 m am Namche Bazar.

MEISTE MARATHONS
Horst Preisler (D) lief 631 Rennen über 42,195 km von 1974 bis zum 29. Mai 1996.

Henri Girault (F) lief insgesamt 330 100-km-Rennen zwischen 1979 und Juni 1996 und lief auf jedem Kontinent außer der Antarktis.

SCHNELLSTER DREIFACHER MARATHON IN DREI TAGEN
Den schnellsten kombinierten Marathon über drei Tage lief Raymond Hubbard in 8 Stunden, 22 Minuten und 31 Sekunden; (Belfast [GB] 2 Stunden 45 Minuten 55 Sekunden, London [GB] 2 Stunden 48 Minuten 45 Sekunden und Boston [USA] 2 Stunden 47 Minuten 51 Sekunden) vom 16. bis zum 18. April 1988.

SCHNELLSTER RÜCKWÄRTS-MARATHON
Timothy „Bud" Badyna (USA) lief am 24. April 1994 in Toledo (USA) einen Marathon in 3 Stunden 53 Minuten 17 Sekunden rückwärts.

SCHNELLSTER DREIBEINIGER MARATHON
Die Zwillinge Nick und Alastair Benbow (GB) liefen am 26. April 1998 beim London Marathon (GB) dreibeinig in 3 Stunden 40 Minuten 16 Sekunden. Sie waren an der Hüfte zusammengebunden und liefen in einer dreibeinigen Trainingshose.

ÄLTESTE MARATHON-LÄUFER
Dimitrion Yordanidis (GR) war 98 Jahre alt, als er im Oktober 1976 in Athen (GR) einen Marathon in 7 Stunden 33 Minuten lief.

Die älteste Frau, die einen Marathon beendete, war Thelma Pitt-Turner (NZ), die mit 82 Jahren 1985 einen Marathon in 7 Stunden 58 Minuten lief.

MEISTE FÜNFKAMPF-WELTTITEL
András Balczó (H) gewann sechs Einzel- und sieben Mannschafts-Titel im modernen Fünfkampf von 1960 bis 1972.

Die UdSSR gewann 18 Mannschaftskämpfe.

SCHNELLSTER HALB-MARATHON
Die schnellste Zeit für einen Halb-Marathon liegt bei 59 Minuten 17 Sekunden. Paul Tergat (oben) aus Kenia lief ihn in Mailand (I) am 4. April 1998. Der offizielle Rekord für Frauen liegt bei 66 Minuten 43 Sekunden, aufgestellt von Masako Chika (J) in Tokio (J) am 19. April 1997. Ingrid Kristiansen (NOR) lief in Sandness (NOR) am 5. April 1987 unbestätigte 66 Minuten 40 Sekunden.

Eva Fjellerup aus Dänemark gewann fünf Weltmeisterschaften bei den Frauen 1990, 1991, 1993 und 1994.

Polen gewann acht Mannschaftstitel bei den Frauen (1985, 1988–92, 1995 und 1998).

MEISTE OLYMPISCHE FÜNFKAMPF-SIEGE
Der Rekord für die meisten olympischen Goldmedaillen beträgt drei. András Balczó aus Ungarn gewann 1960 und 1968 in der Mannschaft und 1972 den Einzeltitel.

SCHNELLSTER MARATHON

Die schnellste Zeit für einen Marathon gelang in 2 Stunden 6 Minuten 5 Sekunden Ronaldo da Costa aus Brasilien (rechts) in Berlin (D) am 20. September 1998. Der Rekord der Frauen wurde von Tegla Loroupe (EAK) in Rotterdam (NL) am 19. April 1998 mit einer Zeit von 2 Stunden 20 Minuten 7 Sekunden aufgestellt. Der Marathon geht wahrscheinlich auf die Legende von dem Boten Pheidippides zurück, der im Jahr 490 vor Christus die Botschaft des Sieges der Athener über die Perser überbrachte. Das Rennen war seit den ersten olympischen Spielen der Moderne 1896 in Athen (GR) Teil der Olympiade, aber die Rennstrecke variierte bis 1924, als sie auf 42,195 km festgelegt wurde. Allgemein erwartet man, daß in den nächsten Jahren eine Marathonzeit unter 2 Stunden 5 Minuten möglich sein wird.

SCHNELLSTE IRON MAN-ZEIT
Das schnellste Iron Man-Rennen — 3,8 km Schwimmen, 180 km Radfahren und ein Marathon von 42,195 km — lief in 7 Stunden 50 Minuten 27 Sekunden Luc van Lierde aus Belgien (links) in Roth (D) am 13. Juli 1997.

Lars Hall (SW) gewann zwei Medaillen im Einzel 1952 und 1956.

Pavel Lednev (UdSSR) gewann sieben Medaillen (zweimal Mannschafts-Gold, einmal Mannschafts-Silber, einmal Einzel-Silber und dreimal Einzel-Bronze) von 1968 bis 1980.

MEISTE BIATHLON-SIEGE
Frank Ullrich (ehem. DDR) gewann sechsmal im Einzel: vier Siege holte er über 10 km von 1978 bis 1981 und zwei über 20 km 1982 und 1983.

Von 1968 bis 1980 war Aleksandr Tikhonov (UdSSR) Mitglied von zehn siegreichen Staffel-Teams seines Landes und gewann vier Einzeltitel.

Petra Schaaf (D) holte vier Titel: über 5 km 1988 und 15 km 1989, 1991 und 1993.

MEISTE TRIATHLON-SIEGE
Die Triathlon-Weltmeisterschaft besteht aus 1,5 km Schwimmen, 40 km Radfahren und 10 km Laufen. Simon Lessing (GB) gewann viermal (1992, 1995, 1996 und 1998).

Michelle Jones (A) gewann zwei Triathlons für Frauen 1992 und 1993, Karen Smyers (USA) gewann zweimal 1990 und 1995.

Bis 1989 wurde ein Rennen in Nizza (F) als die inoffizielle Weltmeisterschaft angesehen. Mark Allen (USA) gewann zehn Titel von 1982 bis 1986 und von 1989 bis 1993.

SCHNELLSTE TRIATHLON-ZEIT
Miles Stewart (A) lief 1991 den Triathlon der Männer in 1 Stunde 48 Minuten 20 Sekunden.

Die beste Triathlon-Zeit für Frauen liegt bei 1 Stunde 59 Minuten 22 Sekunden, gelaufen von Emma Carney (AUS) 1997.

LÄNGSTES TRIATHLON
David Holleran (AUS) vollendete ein 2.542 km langes Triathlon aus 42 km Schwimmen, 2.000 km Radfahren und 500 km Laufen in 17 Tagen, 22 Stunden 50 Minuten vom 21. März bis zum 8. April 1998.

GRÖSSTE STRECKE IN 24 STUNDEN
Yiannis Kouros (AUS) lief in Adelaide (AUS) vom 4. bis zum 5. Oktober 1997 in 24 Stunden 303,506 km weit.

Yelena Siderenkova (RUS) hält den Rekord für Frauen, den sie im Februar 1996 mit 248,9 km in einer Halle aufstellte.

MEISTE FÜNFKAMPF-SIEGE
Schweden hat neun Goldmedaillen im modernen Fünfkampf gewonnen. Schwedische Athleten holten auch sieben Silber- und fünf Bronzemedaillen. Aleksandr Parygin aus Kasachstan (unten) ist der aktuelle Olympiasieger.

Sport

Gymnastik & Gewichtheben

MEISTE WELTMEISTERSCHAFTSTITEL IM TURNEN
Vitalij Scherbo (BY) gewann bei den Männern zwischen 1992 und 1995 die Rekordanzahl von 13 Einzeltiteln. Scherbo errang 1992 auch eine Goldmedaille in der Mannschaftswertung.

Die UdSSR gewann zwischen 1952 und 1992 die Rekordanzahl von 13 Mannschaftstiteln (acht Weltmeisterschafts- und fünf Olympiatitel).

Die meisten Titel bei den Frauen errang zwischen 1954 und 1964 mit 18 (zwölf Einzel- und sechs Mannschaftstitel) Larisa Semjonowna Latynina (UdSSR).

Bei den Frauen gewann die UdSSR die Rekordanzahl von 21 Mannschaftstiteln (elf Weltmeisterschafts- und zehn Olympiatitel).

JÜNGSTE SIEGER BEI WELTMEISTERSCHAFTEN
Aurelia Dobre (RO) gewann am 23. Oktober 1987 im Alter von 14 Jahren 352 Tagen in Rotterdam (NL) den Weltmeisterschaftstitel in allen Disziplinen.

Daniela Silivas (RO) gab 1990 bekannt, daß sie ein Jahr später geboren wurde, als sie ursprünglich behauptet hatte. Demnach gewann sie ihre Goldmedaille am Schwebebalken im Jahr 1985 im Alter von 14 Jahren 185 Tagen.

Dmitrij Biloserschew (UdSSR) gewann am 28. Oktober 1983 in Budapest (H) im Alter von 16 Jahren 315 Tagen die Weltmeisterschaften in allen Disziplinen.

MEISTE OLYMPIATITEL IM TURNEN
Den Rekord für die meisten Goldmedaillen in der Einzelwertung halten bei den Männern mit je sechs Boris Schaklin (UdSSR), 1956 (1), 1960 (4) sowie 1964 (1), und Nikolaij Andrianow (UdSSR), 1972 (1), 1976 (4) und 1980 (1).

Den Mannschaftstitel bei den Männern gewannen je fünfmal Japan (1960, 1964, 1968, 1972 und 1976) sowie die UdSSR (1952, 1956, 1980, 1988 und 1992, im letzten Jahr als vereinigte Mannschaft).

MEISTE OLYMPIAMEDAILLEN IM TURNEN BEI DEN MÄNNERN
Nikolaij Andrianow (UdSSR) gewann von 1972 bis 1980 die Rekordanzahl von 15 Olympiamedaillen (sieben Gold-, fünf Silber- und drei Bronzemedaillen).

Alexander Ditjatin (UdSSR) gewann bei der Olympiade von 1980 in Moskau (RUS, damals UdSSR) die Rekordanzahl von drei Gold-, vier Silber- und einer Bronzemedaille.

MEISTE OLYMPIATITEL BEI DEN FRAUEN
Vera Caslavska-Odlozil (ehemalige CSSR) hält mit sieben Einzeltiteln bei den Frauen den Rekord: 1964 (3) und 1968 (4, davon einen gemeinsamen).

MEISTE OLYMPIAMEDAILLEN BEI DEN FRAUEN
Larisa Latynina (UdSSR) errang von 1956 bis 1964 sechs Goldmedaillen

MEISTE OLYMPIATITEL IM TURNEN BEI DEN FRAUEN
Bei den Frauen gewann die UdSSR zehnmal den Titel (von 1952 bis 1980 sowie 1988 und 1992). 1992 gewann die vereinigte Mannschaft der Republiken der ehemaligen UdSSR den Titel. Das Bild zeigt Swetlana Korkina, ein Mitglied der russischen Mannschaft, die 1998 beim World Cup in Sabae (J) die Goldmedaille gewann.

in der Einzelwertung und drei Goldmedaillen in der Mannschaftswertung. Sie gewann außerdem fünf Silber- und vier Bronzemedaillen, womit sie mit insgesamt 18 Medaillen einen olympischen Rekord aufstellte.

MEISTE WORLD-CUP-TITEL IM TURNEN
Li Ning (China), Nikolaij Andrianow, Alexander Ditjatin und Maria Jewgenjewna Filatowa (alle UdSSR) gewannen jeweils zwei World-Cup-Titel in allen Disziplinen.

MEISTE MANNSCHAFTSTITEL IN RHYTHMISCHER GYMNASTIK
Bulgarien gewann bei Weltmeisterschaften die Rekordanzahl von neun Mannschaftstiteln: 1969, 1971, 1981, 1983, 1985, 1987, 1989 (gemeinsam), 1993 und 1995.

MEISTE PUNKTE IN RHYTHMISCHEN DISZIPLINEN
Bei der Olympiade von 1988 in Seoul (ROK) gewann Marina Lobach (UdSSR) den Titel in Rhythmischer Gymnastik in allen sechs Diziplinen mit voller Punktzahl.

JÜNGSTER INTERNATIONALER TURNER
Pasakevi „Voula" Kouna (GR) war bei Beginn der Balkan-Spiele in Serres (GR) im Jahr 1981 erst 9 Jahre 299 Tage alt.

MEISTE TITEL IM GEWICHTHEBEN BEI DEN MÄNNERN
Naim Suleymanoglü (TR; rechts abgebildet) errang zehn Weltmeisterschaftstitel (einschließlich Olympiatitel): 1985, 1986, 1988, 1989 und von 1991 bis 1996. Er war gerade 16 Jahre 62 Tage alt, als er am 26. März 1983 in Allentown (USA) in der 56-kg-Klasse die Weltrekorde im Reißen und Stoßen (160 kg) sowie im Zweikampf (285 kg) aufstellte. Der in Bulgarien geborene Türke war gezwungen, eine bulgarische Schreibweise seines Nachnamens anzunehmen und trat deshalb als Suleimanow an, bis er sich 1986 in die Türkei absetzte. Danach war Suleymanoglü ein Jahr lang für internationale Wettkämpfe gesperrt, kämpfte dann aber bis zu seinem Rücktritt 1997 für die Türkei.

MEISTE TITEL IM TRAMPOLINTURNEN
Die Rekordanzahl von fünf Titeln im Trampolinturnen bei den Männern gewannen: Alexander Moskalenko aus Rußland: drei Einzeltitel von 1990 bis 1994 sowie 1992 und 1994 im Paarturnen; und Brett Austine aus Australien: fünf Einzeltitel von 1982 bis 1986.

Judy Wills (USA) gewann bei den Frauen die Rekordanzahl von neun Titeln: fünf Einzeltitel von 1964 bis 1968, zwei im Paarturnen 1966 und 1967 sowie zwei in Bodenakrobatik 1965 und 1966.

SCHNELLSTE VORWÄRTSROLLEN
Am 30. April 1986 schaffte Ashrita Furman (USA) von Lexington nach Charleston (USA) 19,67 km in 10 Stunden 30 Minuten mit 8.341 Vorwärtsrollen.

Am 21. Juli 1996 machte Ashrita Furman in Edgewater Park, Cleveland (USA), Vorwärtsrollen über eine Entfernung von 1,6 km in der Rekordzeit von 19 Minuten 38 Sekunden.

Am 31. August 1995 machte Vitalij Scherbo (BY) in Chiba (J) Rückwärtsrollen über eine Entfernung von 50 m in 10,22 Sekunden.

MEISTE MEDAILLEN IM GEWICHTHEBEN (MÄNNER)
Norbert Schemansky (USA) gewann die Rekordanzahl von vier Olympiamedaillen: Gold in der Mittel-Schwergewichtsklasse im Jahr 1952, Silber im Schwergewicht 1948 und Bronze im Schwergewicht 1960 und 1964.

MEISTE MEDAILLEN IM GEWICHTHEBEN (FRAUEN)
Li Hongyun (CHN) gewann von 1992 bis 1996 in der 60/64-kg-Klasse insgesamt 13 Medaillen.

ÄLTESTER WELTREKORDBRECHER IM GEWICHTHEBEN
Norbert Schemansky (USA) war 37 Jahre 333 Tage alt, als er 1962 in Detroit (USA) das Rekordgewicht von 164,2 kg in der damals unbegrenzten Schwergewichtsklasse hob.

MEISTE WELTMEISTERSCHAFTSTITEL IM POWERLIFTING
Hideaki Inaba (J) gewann bei den Männern in der 52-kg-Klasse die Rekordanzahl von 17 Weltmeisterschaftstiteln: von 1974 bis 1983 und 1985 bis 1991.

Bei den Frauen errangen die Rekordanzahl von sechs Titeln: Beverley Francis aus Australien (1980 und 1982 in der 75-kg-Klasse sowie 1981 und von 1983 bis 1985 in der 82,5-kg-Klasse); Sisi Dolman aus den Niederlanden (1985 und 1986 sowie von 1988 bis 1991 in der 52-kg-Klasse); und Natalia Rumjantsewa aus Rußland (von 1993 bis 1998 in der 82,5-kg-Klasse).

GRÖSSTES GEWICHT IM DEADLIFT
Vom 3. bis 4. Mai 1997 stellte eine zehnköpfige Mannschaft im Sport- und Freizeitzentrum Pontefract, West Yorkshire (GB), einen Deadlift-Rekord auf, indem sie in 24 Stunden 3.137.904 kg hob.

MEISTE WELTMEISTERSCHAFTSTITEL IN RHYTHMISCHER SPORTGYMNASTIK
Die Rekordanzahl von drei Einzeltiteln in allen Disziplinen gewannen zwei bulgarische Turnerinnen: Maria Gigowa in den Jahren 1969, 1971 und 1973 sowie Maria Petrowa (rechts abgebildet) 1993, 1994 und 1995.

Zahlen · Daten · Fakten

Angeln

SÜSSWASSER UND SALZWASSER
Eine Auswahl von Rekorden mit Angelgeräten, die von der International Game Fish Association im Januar 1999 zugelassen waren.

Großer Pfeilhecht: 38,55 kg
John W. Helfrich, Christmas Island,
11. April 1992
Streifenbarsch: 35,60 kg
Albert R. McReynolds
Atlantic City (USA),
21. September 1982
Flachkopf-Katzenfisch: 55,79 kg
Ken Paulie
Elk City Reservoir, Independence (USA),
14. Mai 1998
Atlantik-Kabeljau: 44,79 kg
Alphonse J. Bielevich
Isle of Shoals, New Hampshire (USA),
8. Juni 1969
Meeraal: 60,44 kg
Vic Evans, Berry Head (GB),
5. Juni 1995
Pazifik-Heilbutt: 208,2 kg
Jack Tragis
Dutch Harbor, Alaska (USA),
11. Juni 1996
Königsmakrele: 40,82 kg
Norton I. Thomton
Key West, Florida (USA),
16. Februar 1976

Schwarzer Marlin: 707,61 kg
Alfred C. Glassell jr.
Cabo Blanco (PE),
4. August 1953
Nordischer Hecht: 25 kg
Lothar Louis
Grefeernsee (D),
16. Oktober 1986
Pazifischer Seglerfisch: 100,24 kg
C. W. Stewart
Santa Cruz (EC),
12. Februar 1947
Atlantischer Lachs: 35,89 kg
Henrik Henriksen
Tana River (NOR), 1928
Hammerhai: 449,5 kg
Allen Ogle
Sarasota (USA),
30. Mai 1982
Heringshai: 230 kg
Christopher Bennett
Pentland Firth (GB),
9. März 1993
Fuchshai: 363,8 kg
Dianne North
Tutukaka (NZ),
8. Februar 1981
Weißer Hai: 1.208,38 kg
Alfred Dean
Ceduna (AUS),
21. April 1959
Weißer Stör: 212,28 kg
Joey Pallotta III.
Benicia (USA),
9. Juli 1983

Schwertfisch: 536,15 kg
L. Marrón
Iquique (RCH),
7. Mai 1953
Bachforelle: 6,58 kg
Dr. W. J. Cook
Nipigon River, Ontario (CDN),
Juli 1916
Braune Forelle: 18,26 kg
Howard L. Collins
Heber Springs (USA),
9. Mai 1992
Seeforelle: 30,16 kg
Rodney Harback
Great Bear Lake (CDN),
19. Juli 1991
Regenbogenforelle: 19,10 kg
David Robert White
Bell Island, Alaska (USA),
22. Juni 1970
Blauflossen-Thunfisch: 679 kg
Ken Fraser
Aulds Cove, Neuschottland (CDN),
26. Oktober 1979

Badminton

MEISTE WELTMEISTERSCHAFTEN
Die meisten Weltmeisterschaften der Männer um den Thomas Cup (1948 eingeführt) gewann Indonesien mit elf Siegen (1958, 61, 64, 70, 73, 76, 79, 84, 94, 96 und 98).

Die meisten Weltmeisterschaften der Frauen um den Uber Cup (1956 eingeführt) gewann die Volksrepublik China mit sechs Siegen (1984, 86, 88, 90, 92 und 98).

Bogenschießen

MÄNNER (FITA-EINZELRUNDEN)
FITA: Oh Kyo-moon (ROK) erzielte 1995 1.368 von 1.440 möglichen Punkten.
90 m: Jang Yong-ho (ROK) erzielte 1999 331 von 360 möglichen Punkten.
70 m: Jackson Fear (AUS) erzielte 1997 345 von 360 möglichen Punkten.
50 m: Kim Kyung-ho (ROK) erzielte 1997 351 von 360 möglichen Punkten.
30 m: Han Seuong-hoon (ROK) erzielte 1994 die maximalen 360 von 360 möglichen Punkten.

Mannschaft: Südkorea (Oh Kyo-moon, Lee Kyung-chul, Kim Jae-pak) erzielte 1995 4.053 von 4.320 möglichen Punkten.

FRAUEN (FITA-EINZELRUNDEN)
FITA: Kim Jung-rye (ROK) erzielte 1995 1.377 von 1.440 möglichen Punkten.
70 m: Chung Chang-sook (ROK) erzielte 1997 341 von 360 möglichen Punkten.
60 m: Kim Jo-sun (ROK) erzielte 1998 350 von 360 möglichen Punkten.
50 m: Kim Moon-sun (ROK) erzielte 1996 345 von 360 möglichen Punkten.
30 m: Ha Na-young (ROK) erzielte 1998 die maximalen 360 von 360 möglichen Punkten.
Mannschaft: Südkorea (Kim Soo-nyung, Lee Eun-kyung, Cho Yuon-jeong) erzielte 1992 4.094 von 4.320 möglichen Punkten.

HALLE (18 M)
MÄNNER
Magnus Pettersson (SWE) erzielte 1995 596 von 600 möglichen Punkten.
FRAUEN
Lina Herasymenko (UA) erzielte 1996 591 von 600 möglichen Punkten.
HALLE (25 M)
MÄNNER
Magnus Pettersson (SWE) erzielte 1993 593 von 600 möglichen Punkten.
FRAUEN
Petra Ericsson (SWE) erzielte 1991 592 Punkte von 600 möglichen Punkten.

Darts

24 STUNDEN
MÄNNER
(8 Spieler): 1.722.249 Punkte, Broken Hill Darts Club, Broken Hill (AUS), 28.–29. September 1985.
2.104.171 Punkte, Electronic Dart Club Top Bulls, Wiesbaden (D),
30.–31. Januar 1998.
FRAUEN
(8 Spielerinnen): 830.737 Punkte, Cornwall Inn, Killurin (IRL), 1.–2. August 1996.
Einzel: 567.145 Punkte von Kenny Fellowes in The Prince of Wales, Cashes Green (GB), 28.–29. September 1996.
Bulls und 25 (8 Spieler): 526.750 Punkte durch ein Team im George Inn, Morden (GB), 1.–2. Juli 1994.
10 STUNDEN
Meiste Dreier: 3.056 (von 7.992 Darts) von Paul Taylor in der Woodhouse Tavern, London (GB), 19. Oktober 1985.
Meiste Zweier: 3.265 (von 8.451 Darts) von Paul Taylor in der Lord Brooke, London (GB), 5. September 1987.

Alfred C. Glassell jr. mit seinem 707,61 kg schweren Schwarzen Marlin.

Der Bogenschütze Oh Kyo-moon, ein Mitglied der südkoreanischen Mannschaft des Jahres 1995.

High Score: 465.919 Punkte von Jon Archer und Neil Rankin im Royal Oak, Cossington (GB), 17. November 1990.
Bulls (Einzel): 1.321 von Jim Damore (USA) im Parkside Pub, Chicago (USA), 29. Juni 1996.
6 STUNDEN
MÄNNER: 210.172 Punkte von Russell Locke im Hugglescote Working Men's Club, Coalville (GB), 10. September 1989.
FRAUEN: 99.725 Punkte von Karen Knightly im Lord Clyde, London (GB), 17. März 1991.
Million and One Up
MÄNNER (8 Spieler): 36.583 von einem Team im Buzzy's Pub and Grub, Lynn (USA), 19.–20. Oktober 1991.
FRAUEN: (8 Spielerinnen) 70.019 Darts vom „Delinquents"-Team im Top George, Combe Martin (GB), 11.–13. September 1987.

 **Eisschnellauf**

WELTREKORDE IM EISSCHNELLAUF
MÄNNER
500 m: 34,76
Jeremy Wotherspoon (CDN)
Calgary, (CDN), 20. Februar 1999
1.000 m: 1:08,55
Jan Bos (NL)
Calgary, (CDN), 21. Februar 1999
1.500 m: 1:46,43
Ådne Søndrål (NOR)
Calgary, (CDN), 28. März 1998
3.000 m: 3:45,23
Steven Elm (CDN)
Calgary, (CDN), 19. März 1999
5.000 m: 6:21,49
Gianni Romme (NL)
Calgary, (CDN), 27. März 1998

10.000 m: 13:08,71
Gianni Romme (NL)
Calgary, (CDN), 29. März 1998
FRAUEN
500 m: 37,55
Catriona Le Mai Doan (CDN)
Calgary, (CDN), 29. Dezember 1997
1.000 m: 1:14,61
Monique Garbrecht (D)
Calgary, (CDN), 21. Februar 1999
1.500 m: 1:55,50
Annamarie Thomas (NL)
Calgary, (CDN), 20. März 1999
3.000 m: 4:01,67
Gunda Niemann-Stirnemann (D)
Calgary, (CDN), 27. März 1998
5.000 m: 6:57,24
Gunda Niemann-Stirnemann (D)
Hamar, (NOR), 7. Februar 1999

WELTREKORDE – KURZSTRECKE
MÄNNER
500 m: 41,938
Nicola Franceschina (I)
Bormio (I), 29. März 1998
1.000 m: 1:28,23
Marc Gagnon (CDN)
Seoul, (ROK), 4. April 1997
1.500 m: 2:15,50
Kai Feng (CHN)
Habin, (CHN), 11. November 1997
3.000 m: 4:53,23
Kim Dong-sung (ROK)
Szekesfehervar (H), 8. November 1998
5.000-m-Staffel: 7:00,042
Südkorea
Nagano (J), 30. März 1997

 **Gewichtheben**

Am 1. Januar 1998 führte die International Weightlifting Federation (IWF) neue Gewichtsklassen ein, die existierende Rekorde aufhob. Die folgende Liste entspricht dem neuen, weltweiten Standard.

Rekorde von IWF-anerkannten Veranstaltungen, die den Weltrekord um 0,5 kg im Reißen oder Stoßen und 2,5 kg im Zweikampf übertreffen, sind als Rekord anerkannt.

MÄNNER
56 kg
Reißen: 135,5 kg
Halil Mutulu (TR)
La Coruna (E), 14. April 1999
Stoßen: 165,5 kg
Lan Shizang (CHN)
Szekszárd (H), 9. Mai 1998
Zweikampf: 300 kg
World Standard
62 kg
Reißen: 147,5 kg
Leonidas Sabanis (GR)
Lahti (FIN), 11. November 1998
Stoßen: 180 kg
World Standard
Zweikampf: 325 kg
World Standard
69 kg
Reißen: 160 kg

Ådne Søndrål (Norwegen) hält im Eisschnellauf über 1.500 m den Weltrekord.

Plamen Jeliazkov (BG)
Lahti (FIN), 12. November 1998
Stoßen: 187,5 kg
Zhang Guozheng (CHN)
Chiba (J), Mai 1999
Zweikampf: 352,5 kg
Galabin Boevski (BG)
La Coruna (E), 16. April 1999
77 kg
Reißen: 168 kg
Georgi Asanidze (GE)
Lahti (FIN), 12. November 1998
Stoßen: 205 kg
World Standard
Zweikampf: 372,5 kg
World Standard
85 kg
Reißen: 180 kg
Georgi Gardev (BG)
La Coruna (E), 17. April 1999
Stoßen: 218 kg
Zhang Yong (CHN)
Tel Aviv (IL), 24. April 1998
Zweikampf: 395 kg
World Standard
94 kg
Reißen: 187,5 kg
World Standard
Stoßen: 230 kg
World Standard
Zweikampf: 417,5 kg
World Standard
105 kg
Reißen: 197,5 kg
World Standard
Stoßen: 242,5 kg
World Standard
Zweikampf: 440 kg
World Standard
+105 kg
Reißen: 205,5 kg
Ronny Weller (D)
Riesa (D), 3. Mai 1998
Stoßen: 262,5 kg
World Standard
Zweikampf: 465 kg
Ronny Weller (D)
Riesa (D), 3. Mai 1998

Ronny Weller hält zwei Weltrekorde in der Gewichtsklasse +105 kg.

FRAUEN
48 kg
Reißen: 83,5 kg
Liu Xiuhua (CHN)
Bangkok (THA), 7. Dezember 1998
Stoßen: 112,5 kg
Li Xuezhao (CHN)
Tel Aviv (IL), 24. April 1998
Zweikampf: 192,5 kg
Li Xuezhao (CHN)
Tel Aviv (IL), 24. April 1998
53 kg
Reißen: 97,5 kg
Meng Xianjuan (CHN)
Chiba (J), 1. Mai 1999
Stoßen: 120 kg
Yang Xia (CHN)
Bangkok (THA), 8. Dezember 1998
Meng Xianjuan (CHN)
Chiba (J), 1. Mai 1999
Zweikampf: 217,5 kg
Meng Xianjuan (CHN)
Chiba (J), 1. Mai 1999
58 kg
Reißen: 97,5 kg
Zhijuan Song (CHN)
Chiba (J), 1. Mai 1999
Stoßen: 125 kg
Ri Song-hui (Nordkorea)
Bangkok (THA), 9. Dezember 1998
Zhijuan Song (CHN)
Chiba (J), 1. Mai 1999
Zweikampf: 222,5 kg
Zhijuan Song (CHN)
Chiba (J), 1. Mai 1999
63 kg
Reißen: 110 kg
Lei Li (CHN)
Chiba (J), 2. Mai 1999
Stoßen: 128,5 kg
Hou Kang-feng (CHN)
Sofia (BG), 21. Mai 1998
Zweikampf: 237,5 kg
Lei Li (CHN)
Chiba (J), 2. Mai 1999
69 kg
Reißen: 111 kg
Sun Tianni (CHN)
Bangkok (THA), 11. Dezember 1998
Stoßen: 135,5 kg
Milena Trendafilova (BG)
La Coruna (E), 16. April 1999
Zweikampf: 245 kg
Sun Tianni (CHN)
Bangkok (THA), 11. Dezember 1998
75 kg
Reißen: 115 kg
Wai Xiangying (CHN)
Bangkok (THA), 12. Dezember 1998
Stoßen: 140 kg
Tang Weifang (CHN)
Chiba (J), 3. Mai 1999
Zweikampf: 250 kg
World Standard
+75 kg
Reißen: 120,5 kg
Agata Wrobel (PL)
La Coruna (E), 18. April 1999
Stoßen: 155,5 kg
Tang Gonghong (CHN)
Tel Aviv (IL), 24. April 1998
Zweikampf: 275 kg
Ding Meiyuan (CHN)
Chiba (J), Mai 1999

Der legendäre Jack Nicklaus hat mehr als 20 wichtige Titel gewonnen.

Zahlen · Daten · Fakten

Golf

Meiste wichtige Golf-Siege
The Open: 6
Harry Vardon 1896, 1898–89, 1903, 11, 14
The Amateur: 8
John Ball 1888, 90, 92, 94, 99, 1907, 10, 12
US Open: 4
Willie Anderson 1901, 03–05
Bobby Jones Jr 1923, 26, 29–30
Ben Hogan 1948, 50–51, 53
Jack Nicklaus 1962, 67, 72, 80
US Amateur: 5
Robert Jones Jr 1924–25, 27–28, 30
US PGA: 5
Walter Hagen 1921, 24–27
Jack Nicklaus 1963, 71, 73, 75, 80
US Masters: 6
Jack Nicklaus 1963, 65–66, 72, 75, 86
US Open der Frauen: 4
Betsy Earle-Rawls 1951, 53, 57, 60
Mickey Wright 1958–59, 61, 64
US Amateur der Frauen: 6
Glenna Collett Vare 1922, 25, 28–30, 35
British Open der Frauen: 4
Charlotte Pitcairn Leitch 1914, 20–21, 26
Joyce Wethered 1922, 24–25, 29

Jack Nicklaus hat als einziger fünf wichtige Golf-Siege zweimal (The Open, US Open, Masters, PGA und US Amateur) und insgesamt 20 errungen (1959–86). 1930 gelang Bobby Jones ein einzigartiger „Grand Slam" mit dem US-, dem British Open- und dem Amateur-Titel.

Hockey

WORLD CUP
Siege von Frauen: 5
Niederlande: 1974, 1978, 1983, 1986 und 1990.
Siege von Männern: 4
Pakistan: 1971, 1978, 1982 and 1994.

OLYMPISCHE SPIELE
Indien war seit der Wiedereinführung von Hockey als olympischer Disziplin 1928 bis 1960 Olympiasieger. 1980 gewann Indien zum achten Mal. Von den sechs Indern, die mit dem olympischen Team Goldmedaillen gewannen, errangen zwei auch die Silbermedaille — Leslie Walter Claudius 1948, 1952, 1956 und 1960 (Silber) und Udham Singh 1952, 1956, 1964 und 1960 (Silber).

1980 wurde der Wettbewerb für Frauen eingeführt, den Australien 1988 und 1996 gewannen.

CHAMPIONS' TROPHY
Deutschland errang mit sieben Siegen die meisten Titel, nämlich 1986–87 (als Westdeutschland), 1991–92, 1995 und 1997.

Die erste Champions' Trophy für Frauen wurde 1987 eingeführt. Australien gewann 1991, 1993, 1995 und 1997.

Leichtathletik

STADION-REKORDE DER HERREN
Stadion-Weltrekorde, die von der International Amateur Athletic Federation zusammengestellt wurden. Für Disziplinen von bis zu 400 m ist vollständig elektronische Zeitmessung obligatorisch.

LAUFEN
100 m: 9,79
Maurice Greene (USA)
Athen (GR), 16. Juni 1999
200 m: 19,32
Michael Johnson (USA)
Atlanta (USA), 1. August 1996
400 m: 43,29
Harry Lee „Butch" Reynolds jr. (USA)
Zürich (CH), 17. August 1988
800 m: 1:41,11
Wilson Kipketer (DK)
Köln (D), 24. August 1997
1.000 m: 2:12,18
Sebastian Coe (GB)
Oslo (NOR), 11. Juli 1981
1.500 m: 3:26,00
Hicham El Guerrouj (MA)
Rom (I), 14. Juli 1998
1 Meile: 3:44,39
Noureddine Morceli (DZ)
Rieti (I), 5. September 1993
2.000 m: 4:47,88
Noureddine Morceli (DZ)
Paris (F), 3. Juli 1995
3.000 m: 7:20,67
Daniel Komen (EAK)
Rieti (I), 1. September 1996
5.000 m: 12:39,36
Haile Gebreselassie (ETH)
Helsinki (FIN), 13. Juni 1998
10.000 m: 26:22,75
Haile Gebreselassie (ETH)
Hengelo (NL), 1. Juni 1998
20.000 m: 56:55,6
Arturo Barrios (Mexiko, heute USA)
La Flèche (F), 30. März 1991
25.000 m: 1:13:55,8
Toshihiko Seko (J)
Christchurch (NZ), 22. März 1981
30.000 m: 1:29:18,8
Toshihiko Seko (J)
Christchurch (NZ), 22. März 1981
1 Stunde: 21.101 m
Arturo Barrios (Mexiko, heute USA)
La Flèche (F), 30. März 1991
110 m Hürden: 12,91
Colin Jackson (GB)
Stuttgart (D), 20. August 1993
400 m Hürden: 46,78
Kevin Young (USA)
Barcelona (E), 6. August 1992
3.000 m Hindernislauf: 7:55,72
Bernard Barmasai (EAK)
Köln (D), 24. August 1997
4 x 100 m: 37,40
USA (Michael Marsh, Leroy Burrell, Dennis A. Mitchell, Carl Lewis)
Barcelona (E), 8. August 1992
und: USA (John A. Drummond jr., André Cason, Dennis A. Mitchell, Leroy Burrell)
Stuttgart (D), 21. August 1993
4 x 200 m: 1:18,68
Santa Monica Track Club (USA) (Michael Marsh, Leroy Burrell, Floyd Wayne Heard, Carl Lewis)
Walnut, Kalifornien (USA), 17. April 1994
4 x 400 m: 2:54,20
USA (Jerome Young, Antonio Pettigrew, Tyree Washington, Michael Johnson)
New York (USA), 22. Juli 1998
4 x 800 m: 7:03,89
Großbritannien (Peter Elliott, Garry Cook, Steve Cram, Sebastian Coe)
London (GB), 30. August 1982
4 x 1.500 m: 14:38,8
Bundesrepublik Deutschland (Thomas Wessinghage, Harald Hudak, Michael Lederer, Karl Fleschen)
Köln (D), 17. August 1977

SPRUNG- UND WURFDISZIPLINEN
Hochsprung: 2,45 m
Javier Sotomayor (C)
Salamanca (E), 27. Juli 1993
Stabhochsprung: 6,14 m
Sergej Nasarowich Bubka (UA)
Sestriere (I), 1. Juli 1994
Weitsprung: 8,95 m
Mike Powell (USA)
Tokio (J), 30. August 1991
Dreisprung: 18,29 m
Jonathan Edwards (GB)
Göteborg (SWE), 7. August 1995
Kugelstoßen: 23,12 m
Randy Barnes (USA)
Los Angeles (USA), 20. Mai 1990
Diskuswerfen: 74,08 m
Jürgen Schult (ehemalige DDR)
Neubrandenburg (D), 6. Juni 1986
Hammerwerfen: 86,74 m
Juri Georgiewitsch Sedikh (UdSSR, heute RUS),
Stuttgart (D), 30. August 1986
Speerwerfen: 98,48 m
Jan Zelezny (CZ)
Jena (D), 25. Mai 1996
Zehnkampf: 8.891 Punkte
Dan Dion O'Brien (USA)
Talence (F),
4.–5. September 1992
Tag 1:
100 m: 10,43 Sekunden;
Weitsprung: 8,08 m;
Kugelstoßen: 16,69 m;

Mike Powell (USA) hält seit 1991 den Weltrekord im Weitsprung.

Die Niederlande haben die meisten Frauen-Hockey-World-Cups gewonnen.

Hochsprung: 2,07 m;
400 m: 48,51 Sekunden
Tag 2:
110 m Hürden: 13,98 Sekunden;
Diskuswerfen: 48,56 m;
Stabhochsprung: 5,00 m;
Speerwerfen 62,58 m;
1.500 m: 4:42,10 Sekunden

STADION-WELTREKORDE DER DAMEN
Stadion-Weltrekorde der Damen, zusammengestellt von der International Amateur Athletic Federation. Für Disziplinen von bis zu 400 m ist vollständig elektronische Zeitmessung obligatorisch.

LAUFEN
100 m: 10,49
Florence Griffith Joyner (USA)
Indianapolis (USA), 16. Juli 1988
200 m: 21,34
Florence Griffith Joyner (USA)
Seoul (ROK), 29. September 1988
400 m: 47,60
Marita Koch (ehemalige DDR)
Canberra (AUS), 6. Oktober 1985
800 m: 1:53,28
Jarmila Kratochvílová (ehemalige CSSR),
München (D), 26. Juli 1983
1.000 m: 2:28,98
Swetlana Masterkowa (RUS)
Brüssel (B), 23. August 1996
1.500 m: 3:50,46
Qu Yunxia (CHN)
Peking (CHN), 11. September 1993
1 Meile: 4:12,56
Swetlana Masterkowa (RUS)
Zürich (CH), 14. August 1996
2.000 m: 5:25,36
Sonia O'Sullivan (IRL)
Edinburgh (GB), 8. Juli 1994
3.000 m: 8:06,11
Wang Junxia (CHN)
Peking (CHN), 13. September 1993
5.000 m: 14:28,09
Jiang Bo (CHN)
Peking (CHN), 23. Oktober 1997
10.000 m: 29:31,78
Wang Junxia (CHN)
Peking (CHN), 8. September 1993
20.000 m: 1:06:48,8
Isumi Maki (J)

Amagasaki (J), 20. September 1993
25.000 m: 1:29:29,2
Karolina Szabo (H)
Budapest (H), 23. April 1988
30.000 m: 1:47:05,6
Karolina Szabo (H)
Budapest (H), 23. April 1988
1 Stunde: 18.340 m
Tegla Loroupe (EAK)
Borgholzhausen (D), 7. August 1998
100 m Hürden: 12,21
Jordanka Donkowa (BG)

Die Australierin Emma George trat im Zirkus auf, bevor sie mit dem Speerwerfen begann.

Stara Zagora (BG), 20. August 1988
400 m Hürden: 52,61
Kim Batten (USA)
Göteborg (SWE), 11. August 1995
4 x 100 m: 41,37
ehemalige DDR (Silke Gladisch, Sabine Rieger, Ingrid Auerswald, Marlies Göhr)
Canberra (AUS), 6. Oktober 1985
4 x 200 m: 1:28,15
ehemalige DDR (Marlies Göhr, Romy Müller, Bärbel Wöckel, Marita Koch)
Jena (D), 9. August 1980
4 x 400 m: 3:15,17
ehemalige UdSSR (Tatjana Ledowskaja, Olga Nasarowa, Maria Pinigina, Olga Brysgina)
Seoul (ROK), 1. Oktober 1988
4 x 800 m: 7:50,17
ehemalige UdSSR (Nadezhda Olisarenko, Gurina Ljubowa, Ljudmilla Borisowa, Irina Podjalowskaja)
Moskau (ehemalige UdSSR), 5. August 1984

SPRUNG- UND WURFDISZIPLINEN
Hochsprung: 2,09 m
Stefka Kostadinowa (BG)
Rom (I), 30. August 1987
Stabhochsprung: 4,60 m
Emma George (AUS)
Sydney (AUS), 20. Februar 1999
Weitsprung: 7,52 m
Galina Chistjakowa (ehem. UdSSR)
Leningrad (ehem. UdSSR), 11. Juni 1988

Dreisprung: 15,50 m
Inessa Krawets (UA)
Göteborg (SWE), 10. August 1995
Kugelstoßen: 22,63 m
Natalja Wenediktowna Lisowskaja (ehem. UdSSR), Moskau (ehem. UdSSR), 7. Juni 1987
Diskuswerfen: 76,80 m
Gabriele Reinsch (ehemalige DDR)
Neubrandenburg (D), 9. Juli 1988
Hammerwerfen: 73,14 m
Mihaela Melinte (RO)
Poiana Brasov (RO), 16. Juli 1998
Speerwerfen: 80,00 m
Petra Felke (ehemalige DDR)
Potsdam (D), 9. September 1988
Siebenkampf: 7.291 Punkte
Jackie Joyner-Kersee (USA)
Seoul (ROK), 23.–24. September 1988
100 m Hürden: 12,69 Sekunden;
Hochsprung: 1,86 m; Kugelstoßen: 15,80 m; 200 m: 22,56 Sekunden;
Weitsprung: 7,27 m; Speerwerfen: 45,66 m; 800 m: 2:08,51

HALLENREKORDE DER HERREN
LAUFEN
In Runden durchgeführte Laufdisziplinen müssen auf einer Bahn mit einem Umfang stattfinden, der nicht über 200 m liegt.
50 m: 5,56*
Donovan Bailey (CDN)
Reno (USA), 9. Februar 1996
und:
Maurice Greene (USA)
Los Angeles (USA), 13. Februar 1999
60 m: 6,39
Maurice Greene (USA)
Madrid (E), 3. Februar 1998
200 m: 19,92
Frankie Fredericks (NAM)
Liévin (F), 18. Februar 1996

Gabriela Szabo ist hier nach ihrem Hallenrekord über 5.000 m abgebildet.

400 m: 44,63
Michael Johnson (USA)
Atlanta (USA), 4. März 1995
800 m: 1:42,67
Wilson Kipketer (DK)
Paris (F), 9. März 1997
1.000 m: 2:15,26
Noureddine Morceli (DZ)
Birmingham (GB), 22. Februar 1992
1.500 m: 3:31,18
Hicham El Gerrouj (MA)
Stuttgart (D), 2. Februar 1997
1 Meile: 3:48,45
Hicham El Gerrouj (MA)
Ghent (B), 12. Februar 1997
3.000 m: 7:24,90
Daniel Komen (EAK)
Budapest (H), 6. Februar 1998
5.000 m: 12:50,38
Haile Gebreselassie (ETH)
Birmingham (GB), 14. Februar 1999
50 m Hürden: 6,25
Mark McKoy (CDN)
Kobe (J), 5. März 1986
60 m Hürden: 7,30
Colin Jackson (GB)
Sindelfingen (D), 6. März 1994
4 x 200 m: 1:22,11
Großbritannien (Linford Christie, Darren Braithwaite, Ade Mafe, John Regis)
Glasgow (GB), 3. März 1991
4 x 400 m: 3:03,05
Deutschland (Rico Lieder, Jens Carlowitz, Karsten Just, Thomas Schönlebe)
Sevilla (E), 10. März 1991
5.000 m Gehen: 18:07,08
Michail Schtschennikow (RUS)
Moskau (RUS), 14. Februar 1995

* Ben Johnson (CDN) lief am 31. Januar 1987 in Ottawa (CDN) die 50 m in 5,55 Sekunden, diese Zeit wurde jedoch nach seiner Disqualifikation bei den Olympischen Spielen 1988 durch sein Eingeständnis, Medikamente genommen zu haben, ungültig.

Zahlen · Daten · Fakten

SPRUNG- UND WURFDISZIPLINEN
Hochsprung: 2,43 m
Javier Sotomayor (C)
Budapest (H), 4. März 1989
Stabhochsprung: 6,15 m
Sergeij Nasarowitsch Bubka (UA)
Donezk (UA), 21. Februar 1993
Weitsprung: 8,79 m
Carl Lewis (USA)
New York (USA), 27. Januar 1984
Dreisprung: 17,83 m
Alliacer Urrutia (C)
Sindelfingen (D), 1. März 1997
Kugelstoßen: 22,66 m
Randy Barnes (USA)
Los Angeles (USA), 20. Januar 1989
Siebenkampf: 6.476 Punkte
Dan Dion O'Brien (USA)
Toronto (CDN), 13.–14. März 1993
60 m: 6,67 Sekunden; Weitsprung: 7,84 m; Kugelstoßen: 16,02 m; Hochsprung: 2,13 m; 60 m Hürden: 7,85 Sekunden; Stabhochsprung 5,20 m; 1.000 m: 2:57,96

HALLENWELTREKORDE DER DAMEN
LAUFEN
50 m: 5,96
Irina Privalowa (RUS)
Madrid (E), 9. Februar 1995
60 m: 6,92
Irina Privalowa (RUS)
Madrid (E), 11. Februar 1993
200 m: 21,87
Merlene Ottey (JA)
Liévin (F), 13. Februar 1993
400 m: 49,59
Jarmila Kratochvílová (ehem. CSSR)
Mailand (I), 7. März 1982
800 m: 1:56,36
Maria Lurdes Mutola (MOC)
Liévin (F), 22. Februar 1998
1.000 m: 2:30,94
Maria Lurdes Mutola (MOC)
Stockholm (SWE), 25. Februar 1999
1.500 m: 4:00,27
Doina Melinte (RO)
East Rutherford (USA), 9. Februar 1990
1 Meile: 4:17,14
Doina Melinte (RO)
East Rutherford (USA), 9. Februar 1990
3.000 m: 8:33,82
Elly van Hulst (NL)
Budapest (H), 4. März 1989
5.000 m: 14:47,35
Gabriela Szabo (RO)
Dortmund (D), 13. Februar 1999
50 m Hürden: 6,58
Cornelia Oschkenat (ehemalige DDR)
Berlin (D), 20. Februar 1988
60 m Hürden: 7.69*
Ljudmilla Narosilenko (RUS)
Tscheljabinsk (RUS), 4. Februar 1993
4 x 200 m: 1:32,55
S.C. Eintracht Hamm (Bundesrepublik Deutschland – Helga Arendt, Silke-Beate Knoll, Mechthild Kluth, Gisela Kinzel)
Dortmund (D), 19. Februar 1988
und:
LG Olympic Dortmund
(D – Esther Moller, Gabi Rockmeier, Birgit Rockmeier, Andrea Phillip)
Karlsruhe (D), 21. Februar 1999
4 x 400 m: 3:26,84
Rußland (Tatjana, Tschebikina, Olga Goncharenko, Olga Kotljarowa, Tatjana Alexeijewa)
Paris (F), 9. März 1997
3.000 m Gehen: 11:40,33
Claudia Iovan (RO)
Bukarest (RO), 30. Januar 1999

SPRUNG- UND WURFDISZIPLINEN
Hochsprung: 2,07 m
Heike Henkel (D)
Karlsruhe (D), 9. Februar 1992
Stabhochsprung: 4,55 m
Emma George (AUS)
Adelaide (AUS), 26. März 1998
Weitsprung: 7.37 m
Heike Drechsler (DDR)
Wien (A), 13. Februar 1988
Dreisprung: 15,16 m
Ashia Hansen (GB)
Valencia (E), 28. Februar 1998
Kugelstoßen: 22,5 m
Helena Fibingerová (ehemalige CSSR)
Jablonec (ehemalige CSSR), 19. Februar 1977
Fünfkampf: 4.991 Punkte
Irina Belowa (RUS)
Berlin (D), 14.–15. Februar 1992
60 m Hürden: 8,22 Sekunden; Hochsprung: 1,93 m; Kugelstoßen: 13,25 m; Weitsprung: 6,67 m; 800 m: 2:10,26

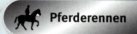
Pferderennen

Bedeutende Rennrekorde
1000 GUINEAS (GB)
Rekordzeit: 1:36,71, Las Meninas 1994
Meiste Siege (Jockey): 7
George Fordham 1859, 61, 65, 68, 69, 81, 83
Meiste Siege (Trainer): 9
Robert Robson 1818, 19, 20, 21, 22, 23, 25, 26, 27
Meiste Siege (Halter): 8
Duke of Grafton 1819, 20, 21, 22, 23, 25, 26, 27

2000 GUINEAS (GB)
Rekordzeit: 1:35,08
Mister Baileys 1994
Meiste Siege (Jockey): 9
Jem Robinson 1825, 28, 31, 33, 34, 35, 36, 47, 48
Meiste Siege (Trainer): 7
John Scott 1842, 43, 49, 53, 56, 60, 62
Meiste Siege (Halter): 5
Duke of Grafton 1820, 21, 22, 26, 27
Earl of Jersey 1831, 34, 35, 36, 37

CHAMPION HÜRDENRENNEN (GB)
Rekordzeit: 3:48,4
Make A Stand 1997
Meiste Siege (Jockey): 4
Tim Molony 1951, 52, 53, 54
Meiste Siege (Trainer): 5
Peter Easterby 1967, 76, 77, 80, 81

Meiste Siege (Halter): 4
Dorothy Paget 1932, 33, 40, 46

CHELTENHAM GOLD CUP (GB)
Rekordzeit: 6:23,4
Silver Fame 1951
Meiste Siege (Jockey): 4
Pat Taaffe 1964, 65, 66, 68
Meiste Siege (Trainer): 5
Tom Dreaper 1946, 64, 65, 66, 68
Meiste Siege (Halter): 7
Dorothy Paget 1932, 33, 34, 35, 36, 40, 52

DERBY (GB)
Rekordzeit: 2:32.31
Lammtarra 1995
Meiste Siege (Jockey): 9
Lester Piggott 1954, 57, 60, 68, 70, 72, 76, 77, 83
Meiste Siege (Trainer): 7
Robert Robson 1793, 1802, 09, 10, 15, 17, 23
John Porter 1868, 82, 83, 86, 90, 91, 99
Fred Darling 1922, 25, 26, 31, 38, 40, 41
Meiste Siege (Halter): 5
Earl of Egremont 1782, 34, 1804, 05, 07, 26
Aga Khan III 1930, 35, 36, 48, 52

GRAND NATIONAL (GB)
Rekordzeit: 8:47.8
Mr. Frisk 1990
Meiste Siege (Jockey): 5
George Stevens 1856, 63, 64, 69, 70
Meiste Siege (Trainer): 4
Fred Rimell 1956, 61, 70, 76
Meiste Siege (Halter): 3
James Machell 1873, 74, 76
Sir Charles Assheton-Smith 1893, 1912, 13
Noel Le Mare 1973, 74, 77

IRISH DERBY (IRL)
Rekordzeit: 2:25,60, St. Jovite 1992
Meiste Siege (Jockey): 6
Morny Wing 1921, 23, 30, 38, 42, 46
Meiste Siege (Trainer): 6
Vincent O'Brien 1953, 57, 70, 77, 84, 85
Meiste Siege (Halter): 5
Aga Khan III. 1925, 32, 40,48, 49

KENTUCKY DERBY (USA)
Rekordzeit: 1:59,4
Secretariat 1973
Meiste Siege (Jockey): 5
Eddie Arcaro 1938, 41, 45, 48, 52
Bill Hartack 1957, 60, 62, 64, 69
Meiste Siege (Trainer): 6
Ben Jones 1938, 41, 44, 48, 49, 52
Meiste Siege (Halter): 8
Calumet Farm 1941, 44, 48, 49, 52, 57, 58, 68

KING GEORGE VI. UND QUEEN ELIZABETH DIAMOND STAKES (GB)
Rekordzeit: 2:26,98
Grundy 1975
Meiste Siege (Jockey): 7
Lester Piggott 1965, 66, 69, 70, 74, 77, 84
Meiste Siege (Trainer): 5
Dick Hern 1972, 79, 80, 85, 89
Meiste Siege (Halter): 3
Sheikh Mohammed 1990, 93, 94

OAKS (GB)
Rekordzeit: 2:34,19
Intrepidity 1993
Meiste Siege (Jockey): 9
Frank Buckle 1797, 98, 99, 1802, 03, 05, 17, 18, 23
Meiste Siege (Trainer): 12
Robert Robson 1802, 04, 05, 07, 08, 09, 13, 15, 18, 22, 23, 25
Meiste Siege (Halter): 6
Duke of Grafton 1813, 15, 22, 23, 28, 31

Bart Cummings (rechts) hat zehn Melbourne-Cup-Siege trainiert.

* Narosilenko erreichte am 4. November 1993 in Sevilla (E) eine Zeit von 7,63 Sekunden, sie wurde aber nach einem positiven Test auf Medikamente disqualifiziert.

207

PRIX DE L'ARC DE TRIOMPHE (F)
Rekordzeit: 2:24,6
Peintre Célèbre 1997
Meiste Siege (Jockey): 4
Jacques Doyasbère 1942, 44, 50, 51
Frédéric Head 1966, 72, 76, 79
Yves St.-Martin 1970, 74, 82, 84
Pat Eddery 1980, 85, 86, 87
Meiste Siege (Trainer): 4
Charles Semblat 1942, 44, 46, 49
Alec Head 1952, 59, 76, 81
François Mathet 1950, 51, 70, 82
Meiste Siege (Halter): 6
Marcel Boussac 1936, 37, 42, 44, 46, 49

ST. LEGER (GB)
Rekordzeit: 3:01,6
Coronach 1926 und Windsor Lad 1934
Meiste Siege (Jockey): 9
Bill Scott 1821, 25, 28, 29, 38, 39, 40, 41, 46
Meiste Siege (Trainer): 16
John Scott 1827, 28, 29, 32, 34, 38, 39, 40, 41, 45, 51, 53, 56, 57, 59, 62
Meiste Siege (Halter): 7
9. Duke of Hamilton 1786, 87, 88, 92, 1808, 09, 14

VRC MELBOURNE CUP (AUS)
Rekordzeit: 3:16,3
Kingston Rule 1990
Meiste Siege (Jockey): 4
Bobby Lewis 1902, 15, 19, 27
Harry White 1974, 75, 78, 79
Meiste Siege (Trainer): 10
Bart Cummings 1965, 66, 67, 74, 75, 77, 79, 90, 91, 96
Meiste Siege (Halter): 4
Etienne de Mestre 1861, 62, 67, 78

Radsport

Diese Rekorde sind von der Union Cycliste Internationale (UCI) anerkannt. Seit dem 1. Januar 1993 unterscheidet ihre Liste nicht mehr zwischen Professionellen und Amateuren, Indoor- und Outdoor-Rekorden oder Rekorden, die auf Meeresspiegelhöhe beziehungsweise in größeren Höhen erlangt wurden.

MÄNNER
Stehender Start ohne Schrittmacher
1 km: 1:00.613 Minuten
Shane Kelly (AUS)
Bogotá (CO), 26. September 1995
4 km: 4:11.114 Minuten
Chris Boardman (GB)
Manchester (GB), 29. August 1996
4 km Team: 4:00.958 Minuten, Italien
Manchester (GB), 31. August 1996
1 Stunde: 56,3759 km
Chris Boardman (GB)
Manchester (GB), 6. September 1996
Fliegender Start ohne Schrittmacher
200 m: 9,865 Sekunden
Curtis Harnett (CDN)
Bogotá (CO), 28. September 1995

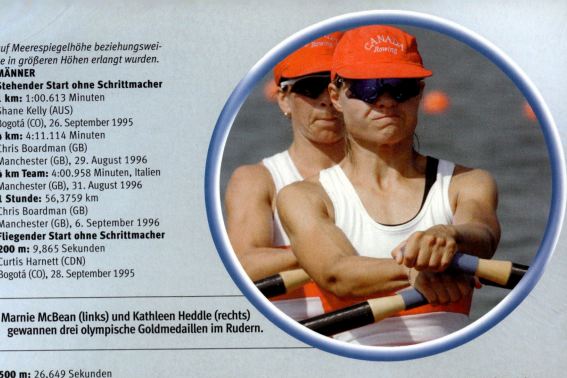

Marnie McBean (links) und Kathleen Heddle (rechts) gewannen drei olympische Goldmedaillen im Rudern.

500 m: 26,649 Sekunden
Aleksandr Kiritchenko (ehem. UdSSR)
Moskau (ehem. UdSSR), 29. Oktober 1988
FRAUEN
Fliegender Start ohne Schrittmacher
500 m: 34,017 Sekunden
Felicia Ballanger (F)
Bogotá (CO), 29. September 1995
3 km: 3:30.974 Minuten
Marion Clignet (F)
Manchester (GB), 31. August 1996
1 Stunde: 48,159 km
Jeanie Longo-Ciprelli (F)
Mexico City (MEX), 26. Oktober 1996
Fliegender Start ohne Schrittmacher
200 m: 10,831
Olga Slyusareva (RUS)
Moskau (RUS), 25 April 1993
500 m: 29.655
Erika Salumäe (ehem. UdSSR)
Moskau (ehem. UdSSR), 6. August 1987

Rudern

MEISTE OLYMPISCHE GOLDMEDAILLEN
Steven Redgrave (GB) errang die Rekordanzahl von vier olympischen Goldmedaillen im Rudern: im Vierer mit Steuermann (1984) sowie im Zweier ohne Steuermann (1988, 92 und 96).

Die Rekordanzahl von drei Goldmedaillen bei den Frauen errangen Kathleen Heddle und Marnie McBean (beide CDN): im Zweier ohne Steuermann 1992, im Achter 1992 sowie im Zweier 1996.

WELTMEISTERSCHAFTEN
Weltmeisterschaften im Rudern im Unterschied zu den Olympischen Spielen gibt es seit 1962, zunächst alle vier Jahre, von 1974 an jährlich, mit Ausnahme der olympischen Jahre. Steven Redgrave gewann bei Weltmeisterschaften und Olympischen Spielen insgesamt zwölf Goldmedaillen; er gewann 1986 den Titel im Zweier mit Steuermann, 1987, 1991, 1993–95 im Zweier ohne Steuermann und 1997–98 im Vierer ohne Steuermann. Francesco Esposito (I) gewann neun Titel: im Zweier ohne Steuermann, 1980–84, 1988, 1994; und im Vierer ohne Steuermann, 1990 und 1992. Bei den Frauen gewann Jelena Tereschina (ehem. UdSSR) die Rekordanzahl von sieben Goldmedaillen im Achter: 1978–1979, 1981–83, 1985–86. Die Rekordanzahl von fünf Titeln im Einer errangen: Peter-Michael Kolbe (D), 1975, 1978, 1981, 1983 und 1986; Pertti Karppinen (FIN), 1976, 1979–80, 1984–85; Thomas Lange (ehem. DDR/D), 1987–89, 1991–92; und bei den Frauen Christine Hahn (geb. Scheiblich) (ehem. DDR), 1974–78.

SCHNELLSTE ZEIT (MANNSCHAFT/M)
Die Rekordzeit für 2.000 m im gezeitenfreien Wasser erreichte mit 5:23,90 Minuten am 19. Mai 1996 die holländische Nationalmannschaft im Achter in Duisburg (D).

SCHNELLSTE ZEIT (MANNSCHAFT/F)
Bei den Frauen errang Rumänien über 2.000 m im gezeitenfreien Wasser am 18. Mai 1996 in Duisburg (D) mit 5:8,50 Minuten den Rekord.

SCHNELLSTE ZEIT (MÄNNER)
Im Einer errang Juri Jaanson (Estland) am 9. Juli 1995 in Luzern (CH) mit 6:37,03 (18.13 km/h) den Rekord.

SCHNELLSTE ZEIT (FRAUEN)
Bei den Frauen stellte Silken Laumann (CDN) im Einer am 17. Juli 1994 in Luzern (CH) mit 7:17,09 (16.47 km/h) den Rekord auf.

Schießen

Diese Rekorde sind von der International Shooting Sport Federation (ISSF) anerkannt. Der Höchststand ist für die jeweiligen Schüsse in Klammern plus der zusätzlichen Endrunde aufgelistet.

MÄNNER
Freigewehr 50 m 3 x 40 Schüsse
1.287,9 (1.186 + 101,9)
Rajmond Debevec (Slowenien)
München (D), 29. August 1992
Freigewehr 50 m 60 Schüsse liegend
704,8 (600 + 104,8)
Christian Klees (D)
Atlanta (USA), 25. Juli 1996
Luftgewehr 10 m 60 Schüsse
700,6 (598 + 102,6)
Jason Parker (USA)
München (D), 23. Mai 1998
Freie Pistole 50 m 60 Schüsse
675,3 (580 + 95,3)
Taniu Kiriakov (BG)
Hiroshima (J), 21. April 1995
Schnellfeuerpistole 25 m 60 Schüsse
699,7 (596 + 107,5)
Ralf Schumann (D)
Barcelona (E), 8. Juni 1994

Felicia Ballanger

Zahlen · Daten · Fakten

Luftpistole
10 m 60 Schüsse
695,1 (593 + 102,1)
Sergeij Pizhjanov (ehem. UdSSR)
München (D), 13. Oktober 1989
Bewegliches Ziel
10 m 30/30 Schüsse
687,9 (586 + 101,9)
Ling Yang (CHN)
Mailand (I), 6. Juni 1996
Trap 125 Ziele
150 (125 + 25)
Marcello Tittarelli (I)
Suhl (D), 11. Juni 1996
Skeet 125 Ziele
150 (125 + 25)
Ennio Falco (I)
Lonato (I), 19. April 1997
Jan Henrik Heinrich (D)
Lonato (I), 5. Juni 1996
Andrea Benelli (I)
Suhl (D), 11. Juni 1996
Harald Jensen (NOR)
Kumamoto City (J), 1. Juni 1999
Double Trap 150 Ziele
193 (145 + 48)
Richard Faulds (GB)
Atlanta (USA), 15. Mai 1998

FRAUEN
Standardgewehr
50 m 3 x 20 Schüsse
689,7 (591 + 98,7)
Wang Xian (CHN)
Mailand (I), 29. Mai 1998
Luftgewehr 10 m 40 Schüsse
503,5 (398 + 105,5)
Gaby Bühlmann (CH)
München (D), 24. Mai 1998
Sportpistole 25 m 60 Schüsse
696,2 (594 + 102,2)
Diana Jorgowa (BG)
Mailand (I), 31. Mai 1994
Luftpistole 10 m 40 Schüsse
493,5 (390 + 103,5)
Ren Jie (CHN)
München (D), 22. Mai 1999
Skeet 100 Ziele
99 (75 + 24)
Swetlana Demina (RUS)
Kumamoto City (J), 1. Juni 1999
Trap 100 Ziele
95 (71 + 24)
Satu Pusila (FIN)
Nikosia (CY), 13. Juni 1998
Double Trap 120 Ziele
149 (111 + 38)
Deborah Gelisio (I)
München (D), 3. September 1995

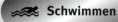 **Schwimmen**

Weltrekorde (50-m-Bahn)
MÄNNER
Freestyle
50 m: 21,81 Sekunden
Tom Jager (USA)
Nashville (USA), 24. März 1990
100 m: 48,21 Sekunden
Aleksandr Popov (RUS)
Monte Carlo (MC), 18. Juni 1994

200 m: 1:46,67 Minuten
Grant Hackett (AUS)
Brisbane (AUS), 23. März 1999
400 m: 3:438 Minuten
Kieren John Perkins (AUS)
Rom (I), 9. September 1994
800 m: 7:46 Minuten
Kieren John Perkins (AUS)
Victoria (CDN), 24. August 1994
1.500 m: 14:41.66 Minuten
Kieren John Perkins (AUS)
Victoria (CDN), 24. August 1994
4 x 100 m: 3:15.11 Minuten
USA (David Fox, Joe Hudepohl,
Jon Olsen, Gary Hall)
Atlanta (USA), 12. August 1995
4 x 200 m: 7:11.86 Minuten
Australien (Ian Thorpe,
Daniel Kowlaski, Matthew Dunn,
Michael Klim)
Kuala Lumpur (MAL), 13. September 1998
Brustschwimmen
100 m: 1:00.60 Minuten
Frédéric Deburghgraeve (B)
Atlanta (USA), 2o. Juli 1996
200 m: 2:10.16 Minuten
Michael Ray Barrowman (USA)
Barcelona (E), 29. Juli 1992
Schmetterling
100 m: 52,15 Sekunden
Michael Klim (AUS)
Brisbane (AUS), 9. Oktober 1997
200 m: 1:55.22 Minuten
Denis Pankratov (RUS)
Paris (F), 14. Juni 1995
Rücken
100 m: 53,86 Sekunden
Jeff Rouse (USA)
Barcelona (E), 31. Juli 1992

200 m: 1:56.57 Minuten
Martin López-Zubero (E)
Tuscaloosa (USA), 23. November 1991
Lagen
200 m: 1:58.16 Minuten
Jani Nikanor Sievinen (FIN)
Rom (I), 11. September 199
400 m: 4:12.30 Minuten
Tom Dolan (USA)
Rom (I), 6. September 1994
4 x 100 m: 3:34.84 Minuten
USA (Gary Hall Jr, Mark Henderson,
Jeremy Linn, Jeff Rouse)
Atlanta (USA), 26. Juli 1996

FRAUEN
Freistil
50 m: 24,51 Sekunden
Le Jingyi (CHN)
Rom (I), 11. September 1994
100 m: 54,01 Sekunden
Le Jingyi (CHN)
Rom (I), 5. September 1994
200 m: 1:56.78 Minuten
Franziska van Almsick (D)
Rom (I), 6. September 1994
400 m: 4:03.8 Minuten
Janet Evans (USA)
Seoul (ROK), 22. September 1988

800 m: 8:16.22 Minuten
Janet Evans (USA)
Tokio (J), 20. August 1989
1.500 m: 15:52.10 Minuten
Janet Evans (USA)
Orlando (USA), 26. März 1988
4 x 100 m: 3:37.91 Minuten
China (Le Jingyi, Shan Ying,
Le Ying, Lu Bin)
Rom (I), 7. September 1994
4 x 200 m: 7:55.47 Minuten
ehemalige DDR
(Manuela Stellmach, Astrid Strauss,
Anke Möhring, Heike Friedrich)
Straßburg (F), 18. August 1987
Brustschwimmen
100 m: 1:07.02 Minuten
Penelope Heyns (ZA)
Atlanta (USA), 21. Juli 1996
200 m: 2:24.76 Minuten
Rebecca Brown (AUS)
Brisbane (AUS), 16. März 1994
Schmetterling
100 m: 57,93 Sekunden
Mary Terstegge Meagher (USA)
Brown Deer (USA), 16. August 1981
200 m: 2:05.96 Minuten
Mary Terstegge Meagher (USA)
Brown Deer (USA), 13. August 1981
Rücken
100 m: 1:00.16 Minuten
He Cihong (CHN)
Rom (I), 10. September 1994

Frédéric Deburghgraeve gewann 1996 die olympische Goldmedaille im 100-m-Brustschwimmen und setzte gleichzeitig einen neuen Weltrekord.

Jenny Thompson hält den 100-m-Lagen-Weltrekord auf der Kurzbahn.

200 m: 2:06.62 Minuten
Krisztina Egerszegi (H)
Athen (GR), 25. August 1991
Lagen
200 m: 2:09.72 Minuten
Wu Yanyan (CHN)
Shanghai (CHN), 17. Oktober 1997
400 m: 4:34.79 Minuten
Chen Yan (CHN)
Shanghai (CHN), 17. Oktober 1997
4 x 100 m: 4:01.67 Minuten
China
(He Cihong, Dai Guohong,
Liu Limin, Le Jingyi)
Rom (I), 10. September 1994

Kurzstrecke (25-m-Becken)
MÄNNER
Freistil
50 m: 21,31 Sekunden
Mark Foster (GB)
Sheffield (GB), 13. Dezember 1998
100 m: 46,74 Sekunden
Aleksandr Popov (RUS)
Gelsenkirchen (D), 19. März 1994
200 m: 1:43.28 Minuten
Ian Thorpe (AUS)
Hongkong (CHN), 1. April 1999
400 m: 3:35.01 Minuten
Grant Hackett (AUS)
Hongkong (CHN), 2. April 1999
800 m: 7:34.90 Minuten
Kieren Perkins (AUS)
Sydney (AUS), 25. Juli 1993
1.500 m: 14:19.55 Minuten
Grant Hackett (AUS)
Perth (AUS), 27. September 1998
4 x 50 m: 1:26.99 Minuten
Niederlande
Sheffield (GB), 13. Dezember 1998
4 x 100 m: 3:10.45 Minuten
Brasilien
Rio de Janeiro (BR),
20. Dezember 1998
4 x 200 m: 7:02.74 Minuten
Australien
Gothenburg (SWE), 18. April 1997
Rückenschwimmen
50 m: 24,13 Sekunden
Thomas Rupprath (D)
Sheffield (GB), 11. Dezember 1998

100 m: 51,43 Sekunden
Jeff Rouse (USA)
Sheffield (GB), 12. April 1993
200 m: 1:52.51 Minuten
Martin Lopez-Zubero (E)
Gainesville (USA),
10. April 1991
Brustschwimmen
50 m: 26,97 Sekunden
Mark Warnecke (D)
Sheffield (GB),
11. Dezember 1998
100 m: 58,79 Sekunden
Frédéric Deburghgraeve (B)
College Station, Texas (USA),
3. Dezember 1998
200 m: 2:07.79 Minuten
Andrey Korneev (RUS)
Paris (F), 28. März 1998
Schmetterling
50 m: 23,35 Sekunden
Denis Pankratov (RUS)
Paris (F), 8. Februar 1997
100 m: 51,02 Sekunden
James Hickman (GB)
Sheffield (GB),
13. Dezember 1998
200 m: 1:51.76 Minuten
James Hickman (GB)
Paris (F), 28. März 1998
Lagen
100 m: 53,10 Sekunden
Jani Nikanor Sievinen (FIN)
Malmö (SWE),
30. Januar 1996
200 m: 1:54.65 Minuten
Jani Sievinen (FIN)
Kuopio (FIN), 21. Januar 1994
400 m: 4:05.41 Minuten
Marcel Wouda (NL)
Paris (F), 8. Februar 1997
4 x 50 m: 1:35.51 Minuten
Deutschland
Sheffield (GB),
13. Dezember 1998

4 x 100 m: 3:28.88 Minuten
Australien
Hongkong (CHN), 4. April 1999
FRAUEN
Freistil
50 m: 24,23 Sekunden
Le Jingyi (CHN)
Palma de Mallorca (E),
3. Dezember 1993
100 m: 53,01 Sekunden
Le Jingyi (CHN)
Palma de Mallorca (E),
2. Dezember 1993
200 m: 1:54.17 Minuten
Claudia Poll (CR)
Gothenburg (SWE),
18. April 1997
400 m: 4:00.03 Minuten
Claudia Poll (CR)
Gothenburg (SWE),
19. April 1997
800 m: 8:15.34 Minuten
Astrid Strauss (ehem. DDR)
Bonn (D), 6. Februar 1987
1.500 m: 15:43.31 Minuten
Petra Schneider (ehem. DDR)
Gainesville (USA), 10. Januar 1982
4 x 50 m: 1:39.56 Minuten
Deutschland
Sheffield (GB), 13. Dezember 1998
4 x 100 m: 3:34.55 Minuten
China
Gothenburg (SWE), 19. April 1997
4 x 200 m: 7:51.70 Minuten
Schweden
Hongkong (CHN), 1. April 1999
Rückenschwimmen
50 m: 27,27 Sekunden
Sandra Völker (D)
Sheffield (GB),
13. Dezember 1998
100 m: 58,50 Sekunden
Angel Martino (USA)
Palma de Mallorca (E),

3. Dezember 1993
200 m: 2:06.09 Minuten
He Cihong (CHN)
Palma de Mallorca (E),
5. Dezember 1993
Brust 50 m: 30,77 Sekunden
Han Xue (CHN)
Gelsenkirchen (D),
2. Februar 1997
100 m: 1:05.70 Minuten
Samantha Riley (AUS)
Rio de Janeiro (BR),
2. Dezember 1995
200 m: 2:20.22 Minuten
Masami Tanaka (J)
Hongkong (CHN),
2. April 1999
Schmetterling
50 m: 26,05 Sekunden
Jenny Thompson (USA)
College Station (USA),
2. Dezember 1998
100 m: 56,90 Sekunden
Jenny Thompson (USA)
College Station (USA),
1. Dezember 1998
200 m: 2:05.65 Minuten
Susan O'Neill (AUS)
Malmö (SWE), 17. Februar 1999
Lagen
100 m: 59,30 Sekunden
Jenny Thompson (USA)
Hongkong (CHN),
2. April 1999
200 m: 2:07.79 Minuten
Allison Wagner (USA)
Palma de Mallorca (E),
5. Dezember 1993
400 m: 4:29 Minuten
Dai Gouhong (CHN)
Palma de Mallorca (E),
2. Dezember 1993
4 x 50 m: 1:52.13 Minuten
Deutschland
Sheffield (GB)
13. Dezember 1998
4 x 100 m: 3:57.62 Minuten
Japan
Hongkong, (CHN),
3. April 1999

Krisztina Egerszegi ist Weltrekordlerin im 200 m-Rückenschwimmen.

210

Zahlen · Daten · Fakten

Segelfliegen

Einsitzer-Weltrekord
Freier Streckenflug: 1.460,8 km
Hans-Werner Grosse (D), Lübeck (D)
nach Biarritz (F), am 25. April 1972
Zielstreckenflug: 1.383 km
Jean Nöel Herbaud (F), Vinon (F) nach
Fes (MA), am 14. April 1992
Gérard Herbaud (F), Vinon (F)
nach Fes (MA), 17. April 1992
**Zielflug mit Rückkehr
zum Startpunkt:** 1.646,68 km
Thomas L. Knauff (USA)
Gliderport nach Williamsport
(USA), 25. April 1983
Absolute Höhe: 14.938 m
Robert R. Harris (USA)
Kalifornien (USA),
17. Februar 1986
Höhengewinn: 12.894 m
Paul F. Bikle (USA)
Mojave, Lancaster (USA),
25. Februar 1961
**Geschwindigkeit
bei Dreiecksstreckenflug**
100 km: 217,41 km/h
James Payne (USA)
Kalifornien (USA),
4. März 1997
300 km: 176,99 km/h
Beat Bünzli (CH)
Bitterwasser (NAM),
14. November 1985
500 km: 171,7 km/h
Hans-Werner Grosse (D)
Mount Newman (AUS),
31. Dezember 1990
750 km: 161,33 km/h
Hans-Werner Grosse (D)
Alice Springs (AUS),
10. Januar 1988
1.250 km: 143,46 km/h
Hans-Werner Grosse (D)
Alice Springs (AUS),
10. Januar 1987

Skisport

**MEISTE OLYMPIATITEL
MÄNNER**
Alpin: 3
Toni Sailer (A)
Abfahrt, Slalom, Riesenslalom 1956
Jean-Claude Killy (F)
Abfahrt, Slalom, Riesenslalom 1968
Alberto Tomba (I)
Slalom, Riesenslalom 1988;
Riesenslalom 1992
Nordisch: 8
Bjørn Dæhlie (NOR)
15 km, 50 km, 4 x 10 km 1992;
10 km, 15 km 1994;
10 km, 50 km, 4 x 10 km 1998
Skisprung: 4
Matti Nykänen (FIN)
70-m-Schanze 1988;
90-m-Schanze 1984, 1988;
Mannschaft 1988

FRAUEN
Alpin: 3
Vreni Schneider (CH)
Riesenslalom, Slalom 1988;
Slalom 1994

Katja Seizinger (D)
Abfahrt 1994;
Kombination, Abfahrt 1998
Deborah Campagnoni (I)
Super-Riesenslalom 1992; Riesen-
slalom 1994; Riesenslalom 1998
Nordisch: 6
Ljubow Jegorowa (RUS)
10 km, 15 km, 4 x 5 km 1992;
5 km, 10 km, 4 x 5 km 1994

MEISTE MEDAILLEN
12 (Männer): Bjørn Dæhlie (NOR)
gewann acht Gold- und vier Silbermedaillen in nordischen Disziplinen
von 1992-98.

10 (Frauen): Raisa Smetanina
(ehem. UdSSR/CIS), vier Gold-, fünf
Silber- und eine Bronzemedaille in
nordischen Disziplinen von 1976-92.

Im alpinen Ski liegt der Rekord bei
fünf:
Alberto Tomba (I) gewann drei Goldmedaillen sowie Silbermedaillen
im Slalom, 1992 und 1994;
Vreni Schneider (CH) gewann drei
Goldmedaillen, Silber in der Kombination und Bronze im Riesenslalom
1994;
Katja Seizinger (D) gewann drei Goldmedaillen und Bronze im Super-
Riesenslalom 1992 und 1998; und
Kjetil André Aamodt (NOR) gewann
eine Goldmedaille (Super-Riesenslalom 1992), zwei Silbermedaillen
(Abfahrt, Kombination 1994) und
zwei Bronzemedaillen (Riesenslalom
1992, Super-Riesenslalom 1994).

**MEISTE WORLD-CUP-SIEGE
MÄNNER**
Alpin
Kombination: 5
Marc Girardelli (L), 1985-86, 1989,
1991, 1993
Abfahrt: 5
Franz Klammer (A), 1975-78, 1983
Slalom: 8
Ingemar Stenmark (SWE), 1975-81,
1983
Riesenslalom: 7
Ingemar Stenmark (SWE), 1975-76,
1978-81, 1984
Super-Riesenslalom: 4
Pirmin Zurbriggen (CH) 1987-90
Zwei Männer gewannen vier Titel in
einem Jahr: Jean-Claude Killy (F) gewann
1967 in allen vier Disziplinen (Abfahrt,
Slalom, Riesenslalom und Kombina-
tion); und Pirmin Zurbriggen (CH) ge-
wann 1987 in vier der fünf Disziplinen
(Abfahrt, Riesenslalom, Super-Riesen-
slalom [ab 1986] und Kombination).
**Nordisch
Langlauf:** 6
Bjørn Dæhlie (Norwegen), 1992-93,
1995-97, 1999
Skisprung: 4
Matti Nykänen (FIN), 1983, 1985-86,
1988

FRAUEN
Alpin
Kombination: 6
Annemarie Moser-Pröll (A), 1971-75,
1979
Abfahrt: 7
Annemarie Moser-Pröll (A), 1971-75,
1978-79

Slalom: 6
Vreni Schneider (CH) 1989-90,
1992-95
Riesenslalom: 5
Vreni Schneider (CH), 1986-87,
1989, 1991, 1995
Super-Riesenslalom: 5
Katja Seizinger (D), 1993-96, 1998
**Nordisch
Langlauf:** 4
Jelena Välbe (ehem. UdSSR/RUS),
1989, 1991-92, 1995

WELTMEISTERSCHAFTEN
Die Rekordanzahl von sechs Mannschaftstiteln errangen:
Australien 1967, 1969, 1971, 1973,
1989 und 1991; sowie

Deborah Campagnoni gewann drei
Olympiatitel im alpinen Ski, ein Rekord,
den sie sich mit zwei anderen Frauen teilt.

Pakistan 1977, 1981, 1983, 1985,
1987 und 1993.

Bei den Frauen gewann Australien
sechsmal: 1981, 1983, 1992, 1994,
1996 und 1998.

Jansher Khan (PE) gewann acht Titel
bei den World Open (seit 1976): 1987,
1989-90, 1992-96.

Jahangir Khan (PE) gewann sechs
World-Open-Titel (1981-85 und 1988)
und den Einzeltitel der International
Squash Rackets Federation (früher
Amateur-Weltmeisterschaften, seit
1967): 1979, 1983 und 1985.

Geoffrey B. Hunt (AUS) gewann vier
World-Open-Titel, 1976-77 und
1979-80 sowie drei Titel bei den
Amateur-Weltmeisterschaften, 1967,
1969 und 1971.

Bei den Frauen gewann Susan Devoy
(NZ) die Rekordanzahl von vier
World-Open-Titeln: 1985, 1987, 1990
und 1992.

Deutschsprachige Rekorde

Auf den folgenden Seiten sind alle Rekorde aus Deutschland, Österreich und der Schweiz versammelt, die vom 1.4.1998 bis 1.4.1999 von der Redaktion anerkannt wurden.

Nicolas **Aeby** aus Plaffeien (CH) zeichnete von Hand einen Stadtplan von 22 m Länge und 1 m Breite.

Teilnehmer des missiocamps 1998 der **AG Soldatenseelsorge** und des **Bibel-PROjekt** produzierten am 14. August 1998 in Bischofsheim (D) eine 504 m lange Bibel. 1.200 DIN-A3-Seiten mit Bibeltexten und Illustrationen wurden dafür aneinander geklebt.

Die **Agentur Balltick** organisierte zum Tummulum Rekordfestival in Flensburg am 11. Juli 1998 eine Fußballkette von 1.040 m, bei der sich 208 Menschen im Abstand von jeweils 5 m einen Fußball zukickten.

Der am längsten auf dem Markt befindliche Schwarz-Weiß-Entwickler ist Rodinal von **Agfa**. Er wird seit über hundert Jahren eingesetzt. Rodinal wurde am 27. Januar 1891 patentiert.

Beim 24-Stunden-Luftgewehrschießen (stehend aufgelegt, 10 m) erreichte die Schützengesellschaft **Ahlten** (D) 394.285 Ringe mit 47.060 Schuß.

Ein Streckenflug von 17,40 m mit einem Papierflugzeug aus einem Stück DIN-A4-Papier gelang der **Air BP** aus Hamburg (D) am 25. März 1999 in einer Sporthalle in Timmendorf.

Stefan **Albarus** aus Norden (D) schoß am 30. Juni 1996 beim alt-ostfriesischen Klootschießen in Grossheide (D) eine 475 g schwere Holzkugel 106,2 m weit.

Toni **All** aus Hannover (D) zeichnete 1998 in 134 Tagen 1.656 Pastell-Portraits des gleichen Models.

350 Musiker bildeten am 5. Juli 1998 auf dem Nebelhorn im Allgäu in 1932 m Höhe das höchste Blasorchester. Der **Allgäu-Schwäbische Musikbund** organisierte dieses luftige Konzert.

Das schwerste Alu-Gußstück mit 7.300 kg erstellten die Mitarbeiter der Firma **Alu Menziken Guss** AG (CH).

Am 11. Juli 1998 tanzten 767 Tänzerinnen und Tänzer in Berlin (D) eine Line-Dance-Formation. Organisiert wurde die Veranstaltung von **American Tie**.

Franziska **Anschütz** aus Erfurt (D) sammelte mehr als 3.000 Trinkdeckelverschlüsse.

Am 10. Oktober 1998 absolvierten 1.000 Schüler der **Bettina-von-Arnim-Schule** in Berlin (D) einen 84,3 Kilometer-Staffellauf nach Felchow.

9.983 Unterschriften plazierten Mitarbeiter der **Audi** AG in Neckarsulm (D) auf einer Audi A-6-Karosserie.

17 Mitglieder des **Auricher Hafen Chors** (D) sangen bei 402 km/h ein eigens für diesen Zweck gedichtetes Lied auf der Teststrecke des Transrapid im Emsland.

Der Förderverein **Bärenburg** Grimma e.V. (D) errichtete am 16. Mai 1998 die längste Teddy-Reihe. 1.238 verschiedene Teddys wurden rund um das Bärengehege in Grimma aufgestellt. Dies ergab eine Länge von 255,2 m.

Der Studentenclub **Bärenzwinger** e. V. aus Dresden (D) veranstaltete ein Sackhüpfen-Marathon von 42,195 km.

TREKKING
Reinhold Bauböck und Matthias Buchegger (A) fuhren mit ihren Mountainbikes durch alle 13 Länder Südamerikas. Vom 27. Januar 1997 bis zum 18. Oktober 1997 legten sie 17.808 km nur auf dem Landweg quer durch Dschungel, Wüsten und Andengebirge zurück.

422 als Weihnachtsmänner verkleidete Teilnehmer liefen jeweils 100 m der Strecke.

Herr Rudolf **Bäulke** aus Moringen (D) besitzt eine Sammlung von 1.000 verschiedenen Versionen des Jazz-Standards *Sweet Georgia Brown*.

Am 31. Mai 1998 tanzten unter Anleitung der Tanzschule **Bäulke** im Frankfurter Waldstadion (D) 35.757 Tänzer einen Samba-Formationstanz. Die Gruppe setzte sich aus Fans des Footballclubs Frankfurt Galaxy und 493 Tanzschülern zusammen.

Hans-Joachim **Balbach** aus Warin (D) sammelte 5.143 verschiedene Skatkartenspiele mit Werbemotiven.

Martin **Bals** aus Hittisau (A) hobelte am 2. Mai 1998 von Hand den längsten Hobelspan in einem Stück mit einer Länge von 1.402,28 m.

GRÖSSTE PACKUNG

Die Bayer AG in Leverkusen (D) feierte den 100. Geburtstag von *Aspirin* am 6. März 1999 gleich mit drei Rekorden: Ein 120 m hohes Bürogebäude wurde mit 22.500 m² Netzgewebe umhüllt und so zur größten Aspirinpackung der Welt. 12.000 Haltegurte und 30.000 Karabiner waren notwendig, um das 65 m breite Gebäude komplett einzufassen. Die 32 Gewebebahnen wurden mit den längsten Reißverschlüssen der Welt von jeweils 120 m Länge verbunden. Und 50 stützende Luftschläuche von je 70 cm Durchmesser mit einer Rekordlänge von je 120 m sorgten für die notwendige Stabilität.

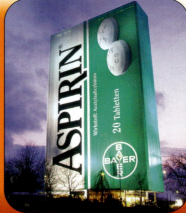

Die längsten Beine Deutschlands mit 123 cm hat Ulrike **Bandholz** aus Lübeck (D).

Vladimir **Bannikov** aus Bad Teinach-Zavelstein (D) züchtete 1997 das kleinste Schweinchen. Es wiegt 6,3 kg und ist 30 cm hoch.

Das größte Graffiti sprühte Niko **Bardowicks** aus Niedernhausen (D) 1997. Auf 5.909,8 m² und 110 m Höhe wird ein Drachen dargestellt.

Amadeus **Barthoni** sang im September 1997 auf einem Ball in Köln über fünf Oktaven.

Am 27. Juni 1998 fuhren Alexander **Bartsch**, Sandra **Weihs** und Dr. Hans-Georg **Kremer** von der Universität Jena (D) auf Tretrollern 168,3 km in einem Stück.

Horst **Bassing** und Mario **Hoydan** aus Dresden (D) konstruierten am 19. Januar 1999 das größte Wasserbett. Es mißt 23 m² und ist mit 3.500 Litern Wasser gefüllt.

Max **Batt** aus Münsingen (CH) verbrauchte von Juli bis September 1998 auf der Fahrt Bern–St. Petersburg–Nordkap–Amsterdam–Bern mit seinem LEM TWIKE E-Mobil trotz zwei Personen und Gepäck auf 11.590 km nur 1.132 Ah/739 kWh.

3.062 Höhenmeter in einer Stunde schaffte Achim **Bauer** aus Dottingen (D) auf dem Step-Gerät.

Georg **Bauer** aus St. Wolfgang (D) ist noch mit 80 Jahren als Braumeister in einer gewerblichen Kleinbrauerei aktiv.

1.300 km von Buochs nach Hamburg legte Hugo **Baumgartner** (CH) in 19 Tagen in einem Zweierkajak zurück. Die Tagesleistung lag bei 68 km.

Der Schüler Nino **Baur** aus Kreuzlingen (CH) faltete am 10. März 1999 eine Papierente mit den Maßen 8 x 8 mm.

200 Mitgliedern des Stenografenvereins **Bayer Leverkusen** e. V. gelangen vom 2. bis zum 6. Oktober 1998 in 96 Stunden 1.546.502 Anschläge auf Computertastaturen.

Über 18.200 handsignierte Exponate von Zeitzeugen hat Manfred **Beck** aus Friedrichshafen (D) bisher gesammelt.

Die meisten Briefe geschrieben hat ebenfalls Manfred **Beck** aus Friedrichshafen (D): 143.350 Stück.

26 Wasserskifahrer des Skiclubs **Beckenried-Klewenalp** (CH) ließen sich am 11. Juli 1998 in 257 Sekunden gleichzeitig von einer Autofähre über eine Strecke von 750 m ziehen.

Hubert **Becker** aus Ferna (D) besitzt die größte und längste Schrotsäge. Sie ist voll funktionsfähig, 8 m lang und 60 cm breit.

Die Firma **Belalp Tourismus** aus Blatten (CH) brachte im Februar 1999 zwei Kamele für zwei Wochen auf 2.100 m ü. M. Trotz mehr als 4 m Schneehöhe hatten die beiden Tiere ihren Spaß.

Die Freiwillige Feuerwehr **Berg** (A) überwand mit zwölf Tragkraftspritzen über eine Gesamtlänge von rund 2.500 Metern einen Höhenunterschied von mehr als 500 Metern bei der Förderung von Löschwasser. Insgesamt wurden 120 B-Schläuche und vier C-Schläuche ausgelegt.

Anläßlich des Berliner Trimm-Festivals organisierte der **Berliner Turnerbund** eine Seniorenschwimmstaffel. 50 Teilnehmer mit einem Mindestalter von 50 Jahren schwammen in einer Gesamtzeit von 56:45,43 Minuten jeweils 50 Meter.

Die größte Whiskybar hat das Hotel Waldhaus am See in St. Moritz (CH). Claudio **Bernasconi** bietet dort 2.500 verschiedene Whiskysorten an.

Den längsten Heurigentisch konnten Besucher des **Berndorfers** Weinfestes (A) am 5. September 1998 bewundern. Die Länge betrug 89,76 m.

Joachim **Bernhard** aus Berlin (D) modellierte im Dezember 1996 in einem ausgehöhlten Senfkorn (2,2 mm Umfang, 2 mm Tiefe) eine Krippe. Die Figuren darin sind 1,7 mm hoch und wurden mit einem Skalpell gedrechselt.

30 Schüler der **Berufsschule für Werbung** aus Lohhof (D) bewegten am 12. September 1999 permanent 30 Schaukelstühle 24 Stunden lang.

Dieter **Berwing** aus Wiehl (D) fährt seit 14 Jahren in der Adventszeit einen Weihnachtsbaum auf seinem Autodach spazieren. Der Baum ist jedesmal geschmückt und hält einer Geschwindigkeit bis zu 120 km/h stand.

111 Nägel wurden von dem Dachdecker Thomas **Besser** aus Nordhausen (D) am 12. Dezember 1994 ohne Hilfsmittel auf dem Kopf eines stehenden Nagels plaziert.

Patrick **Bethke** aus Sersheim (D) fuhr vom 13.–15. März 1999 mit dem Wochenendticket der Deutschen Bahn 3.357 km durch Deutschland.

MEISTE SCHAUFENSTERPUPPEN

Am 12. September 1998 präsentierte das CentrO in Oberhausen (D) 372 lebende Schaufensterpuppen. In den Schaufenstern des gesamten Einkaufszentrums verteilt, stellten sich die individuell verkleideten Teilnehmer durch Slapstick, Pantomime und Kleinkunstdarbietungen dar. Die Besucher des CentrO stimmten über die beste Schaufensterpuppe ab; mit mehr als 4.000 Stimmen wurde der lebende Roboter Stefan Rau Sieger und strich die Prämie von 10.000 DM ein.

Deutschsprachige Rekorde

B-C

GRÖSSTE MILCHPACKUNG

Die größte Milchpackung der Welt mit 11 m Höhe und 3,70 x 2,90 m Tiefe produzierte bis zum 29. April 1999 die Firma Friesland Deutschland GmbH aus Kalkar (D). Zum „internationalen Tag der Milch" im Mai 1999 wurde sie im CentrO Oberhausen auch wirklich mit Milch gefüllt.

Am 7. Februar 1998 überbot der Italiener Nino **Bibbia** seinen eigenen Rekord aus dem Jahr 1948 im Cresta Run auf der Strecke in St. Moritz (CH) um 1,9 Sekunden. Er brauchte 50 Jahre später nur noch 45,7 Sekunden.

Der Heimatverein Club 22 **Bieberbach** e.V. aus Egloffstein (D) hat am 1. April 1999 einen Osterbrunnen mit 10.000 handbearbeiteten Hühner-Enten- und Gänse-Eiern geschmückt.

Die Werbeagentur **Bierstorfer** aus Heilbronn (D) schaffte es, am 12. September 1998 31 Kinder in einem Ford KA unterzubringen.

Arnulf **Bietsch** aus Bolsterlang (D) besitzt 20.690 Zollstöcke aus 35 verschiedenen Ländern.

Das größte gedrehte Zuckerwaffelhörnchen, also eine Eistüte, wurde in Gudensberg (D) von der Firma **Big Drum** GmbH hergestellt. Es hatte ein Füllvolumen von 730 Litern, eine Schenkellänge von 155 cm und ein Gewicht von 75 kg.

Gunhild **Bijnen** aus Windeck (D) machte als jüngste Busfahrerin mit 22 Jahren am 22. Juni 1966 ihren Busführerschein.

Barbara **Binner** aus Wuppertal (D) hatte vom 4. Dezember 1996 bis zum 23. März 1999 eine Nordmann-Tanne seit 839 Tagen im Wohnzimmer stehen. Der Weihnachtsbaum ist nicht präpariert und hat immer noch ansehnlich viele Nadeln.

Der älteste Wellensittich Deutschlands lebt bei Ilse und Fritz **Birk** in Eschweiler (D). Er ist 19 Jahre alt und trägt die Zuchtnummer NW 7/80 539.

Die Feuerwehr von Bietigheim **Bissingen** (D) hat im April 1999 eine Wasserwand aus 280 Strahlrohren errichtet. Dazu waren 500 Feuerwehrleute im Einsatz.

Die größte Holzkonstruktion in Zeltform entwarf der Österreicher Adolf **Blauensteiner** aus Gföhl (A). Die Firma Klement baute danach das 28 x 31 m große und 20 m hohe Indianerzelt.

Eine Ausstellung mit insgesamt 22.000 Kinderzeichnungen organisierte die **blend-a-med**-Forschung in Wien (A) vom 20. bis zum 23. Oktober 1998.

In einem Zeitraum von 10 Minuten schälte Karl Heinz **Block** aus Löningen (D) 3.245 g Kartoffeln.

Das **Blumenerdenwerk Stender** aus Schermbeck (D) pflanzte am 25. Mai 1998 600 Meter Balkonbepflanzung.

Jürgen **Böhm** aus Puchheim (D) schaffte 1.111 Überschläge auf einer Schiffsschaukel auf dem Münchener Oktoberfest 1988.

Andreas **Bogensee** aus Langenhorn (D) erbaute einen Bernstein-Altar von 3,20 m Höhe und 1,55 m Breite. In drei Jahren verwendete er dafür 12 kg Bernsteinabfall mit ca. 5 Mio. einzelnen Bernsteinteilen.

Sieben Mitglieder des Altenauer Clubs Bundy (CH) um Daniel **Braun** bewältigten am 8. August 1998 in Engelberg 1.500 Meter Höhendifferenz auf Stelzen in einer Zeit von 5 Stunden 20 Minuten.

Am 27. Juni 1997 stellte der Chefkoch Klaus Steinhauser unter Mithilfe von fünf Untersulmetinger Vereinen und der Organisation von Wolfgang **Braig** 482 kg Kässpätzle her.

Die größte Sammlung von Bieretiketten (467.839 Stück) besitzt Sabrina **Breuer** aus Würselen (D).

Das längste Hochzeitsspalier bildeten 6.888 Flensburger am 20. Juni 1998. Oliver und Bianka **Briehn** aus Flensburg (D) durchschritten ein Spalier von 563 m Länge aus 3.444 Schleiern.

Der längste Kanon wurde am 5. September 1998 in 7:09 Stunden ohne Unterbrechung von 139 Musikern der Kreismusikjugend Hochsauerland aus **Brilon** (D) gespielt.

Eine Sortensammlung von 10.728 vollen Bierflaschen aus 136 Ländern und 2.210 verschiedenen Brauereien besitzt Peter **Broeker** aus Geesthacht (D).

Der Hotelkaufmann Kai **Bruchmann** aus Hamburg (D) befuhr am 11. Juni 1998 das gesamte Streckennetz der Hamburger Hochbahn. 101 km Strecke und 89 Bahnhöfe passierte er mit seiner Frau Fris in 4 Stunden 12,5 Sekunden.

Die Münzsammlung von Steffen **Brückners** aus Coswig (D) umfaßt 11.5296 Münzen: 81.384 Pfennige, 3.751 Fünfpfennigstücke, 2.363 Zehnpfennigstücke, 1.328 Zwanzigpfennigstücke, 333 Fünfzigpfennigstücke, 810 Markstücke, 328 Zweimarkstücke, 11.930 internationale Münzen, 9.428 Münzen älter als 1945 sowie 3.641 Münzen anderer Art. Sie sind alle in einem Schankraum an den Wänden aufgeklebt.

Das kleinste Wohnmobil Deutschlands findet man bei Herman **Brüning** aus Butjadingen (D). Sein Solyto-Dreirad ist 2,45 m lang, 1,10 m hoch und 1,03 m breit. Es erreicht eine Höchstgeschwindigkeit von 64 km/h und verfügt über alle Einrichtungen eines normalen Wohnmobils.

Marie **Brüning** aus Bremen (D) sammelte 136 verschiedene Badeperlen.

Das kleinste, aber nicht das leichteste ferngesteuerte U-Boot hat Dirk **Brunner** aus München (D) gebaut. Es ist 82 mm lang, 44 mm breit, 50 mm hoch und hat ein Gewicht von 72 g. Das leichteste baute Thorsten Feuchter.

Karl-Heinz **Brunner** aus Quedlinburg (D) baute im Oktober 1998 eine 33 m lange Couch, die in einem Stück mit Möbelstoff überzogen ist. Das Möbelstück steht auf 78 Metallfüßen. Federkern in den Sitzpolstern sorgt für ein angenehmes Sitzgefühl. 66 Personen finden auf dem Sofa Platz.

Herbert **Bruns** aus Aurich (D) schlug am 17. Oktober 1998 in Wilhelmshaven (D) mit den Fingerspitzen des rechten Zeige-, Mittel- und Ringfingers zehn Tondachpfannen durch.

Alfred **Brunschütz** aus Marchtrenk (A) sammelte bisher 60.400 „Edmonsonsche Fahrkarten", Eisenbahn-Kartonfahrkarten aus ganz Europa aus dem Zeitraum von 1883 bis 1980.

Wolfgang **Buuck** aus Wedemark (D) erlangte am 15. Februar 1999 in 11 Stunden 40 Minuten 40mal das goldene Bundes-Kegel-Sportabzeichen, indem er 4.000 Kugeln in Folge spielte.

Acht Mitglieder der **Bulls Darter Olfen** (D) haben am 28. November 1998 an acht Geräten im 24-Stunden-Darten eine Punktzahl von 2.338.943 erreicht.

MINI-STOCK-TURNIER

Unter der Leitung von Georg Köglmeier aus Mengkofen (D) fand am 17. Januar 1999 ein Stockturnier statt. Besonders klein waren dabei die Sportgeräte: Im Einsatz waren Eisstöcke von nur 8,2 cm Größe. Elf Mannschaften spielten nach den international gültigen Regeln.

Alfons **Bunne** aus Berlin (D) ist im Besitz der größten antiquarischen Märchenbuchsammlung. Die 911 Exemplaren bestehen aus 47 Grimms Märchen, 144 Hauff-, 191 Andersen-, 71 Bechstein- und 34 Musäus-Sammlungen.

Die größte private Sammlung rund um die Sesamstraße besitzt mit 351 verschiedenen Exponaten Uwe **Bures** aus Bremen (D).

Der höchste Maibaum mit 46 m Länge wurde am 1. Mai 1998 von der **Burschenschaft Grafendorf** aus Gundersheim (A) errichtet.

Willi **Buselmeier** aus Weisweil (D) legte mit seinem Heimtrainer in 31 Jahren 40.075.719,90 m zurück.

Hasan **Cagdas** aus Reutlingen (D) hat 1.266 Gedichte in kurdischer und türkischer Sprache verfaßt.

Antonio **Calvagno** aus Bad Homburg (D) zeichnete und färbte bis zum März 1999 mehr als 300 Fahnen aus aller Welt.

Vom 23.–24. Mai 1998 wurde in Neubrandenburg (D) unter Mitwirkung von Frank **Caselowsky** und seinen Sportsfreunden sowie der Anwesenheit des Ligakoordinators Frank Porod an vier Dartautomaten mit acht Spielern 24 Stunden gedartet. Dabei wurde ein neuer Rekord von 2.005.138 Punkten erreicht. Es wurde American Dart nach American-Dart-Regeln gespielt.

Das größte gefüllte Bonbon der Welt präsentierte die Firma **Cedrinca** aus Salo am Gardasee (I). Mario Cesarini leitete die Herstellung vom 27.–30. April 1998. Das Bonbon in Form einer Muschel war 1,35 m lang, 1,10 m breit und 0,73 m hoch und wog 1.003 kg.

Die Pizzabäcker Luigi Cioffi, Franco Castiglione und Gianni Chiffi aus Gevelsberg (D) backten am 1. Oktober 1998 in 535 Minuten in einem Pizzaofen 3.875 Pizzen.

Terry **Cole** zerschlug während des Tummulum Rekordfestivals in Flensburg 1998 in 33,3 Sekunden 90 Dachziegel mit der Hand.

Am 13. Juli 1998 bauten die Handwerker der Firma **Concepta** Haus GmbH aus Brandenburg (D) ein Massivhaus bis zum Dachstuhl in 5 Stunden 36 Minuten Stein auf Stein.

Die größte Sammlung an Luftkrankheitsbeuteln besitzt Oliver **Conradi** aus Hamburg (D). Die Sammlung umfaßt 2.398 Exemplare von 1.325 verschiedenen Fluglinien.

Georges **Christen** aus Luxemburg zerriß auf dem Flensburger Tummulum Rekordfestival am 10. Juli 1998 ein Telefonbuch mit 7.825 Seiten in zehn Teile.

4.000 Jugendliche des Verbandes **Christlicher Pfadfinder** sangen vom 31. Juli–8. August 1998 im Bundeslager in Rheinsberg (D) 215 Stunden am Stück. Es wurde abwechselnd gesungen.

Herbert **Christophersen** aus Sterup (D) rollte ein Bierfaß in 19,87 Sekunden 50 m weit.

Am 5. Juli 1998 saugte sich der Vo-Dao-Meister Chu Tan **Cuong** im Motorpark Oschersleben (D) per Atemtechnik eine Reisschüssel an den Bauch fest, befestigte daran ein Abschleppseil und stellte sich auf einen 1,5 t schweren Kleintransporter. Ein Ferrari schleppte Cuong und Transporter dann mit 60 km/h ab.

MEISTE WASSER-RUTSCHENFAHRTEN

Neun Personen aus Herten (D) um Marco Stepinak rutschten am 11. September 1998 24 Stunden auf einer 95 m langen Wasserrutsche. Sie schafften 5.258 Durchgänge, das ergab 56,669 km/Person und eine Gesamtleistung von 510,25 km.

Deutschsprachige Rekorde

C-E

GRÖSSTER PILZ

Georg Sulewski aus Baden-Württemberg (D) fand am 11. Oktober 1998 in einem Wald in Maitis einen Pilz mit einer Höhe von 24 cm und einem Gewicht von 840 g. Der Durchmesser des Pilzhutes betrug 18,5 cm.

Am 27. Oktober 1998 saugten die Brüder Chu Tan **Cuong** und Chu Tan **Chauje** Reisschüsseln per Atemtechnik an ihren Bäuchen fest und verbanden sich mit einem Seil. Cuong stand in einem mit 22 Personen besetzten Boot und wurde von Chauje in einem zweiten, mit 24 Ruderern besetzten Boot 2 Minuten 50 Sekunden lang 222 m weit die Elbe bei Dresden (D) hinaufgezogen.

Das größte Mensch-ärgere-Dich-nicht-Spiel mit 400 m² baute der **CVJM** Dielingen Haldem (D) im Juli 1998. Die einzelnen Figuren sind 1,70 m groß und ca. 3 kg schwer.

Die meisten Probefahrten verzeichneten 350 **DAEWOO**-Autohändler in Deutschland am 19. und 20. März 1999. Nach einer bundesweiten Werbeaktion kamen 16.829 Interessierte, um in einem DAEWOO eine Runde zu drehen.

Am 15. Januar 1999 tanzten unter der Organisation von Rene **Dall** 45 Personen 24 Stunden den Guildo-Horn-Tanz in der Tanzschule Werner Jobmann in Rheine (D).

Zwölf Taucher der Tauchschule **Delphin** aus Oschatz (D) spielten am 17. und 18. Oktober 1998 im Erlebnisbad Platsch 24 Stunden Unterwasserskat.

Die Idee zur Errichtung eines riesigen Holzpferdes hatte Franz **Derler** aus Oberfeistritz (A). Die Firma Holz Bau Weiz GmbH baute das Pferd mit 20,84 m Länge, 17 m Höhe, 5 m Breite und einem Fundament von 52 m². Es bietet als Aussichtsplattform 40 Personen Platz.

497 Partien 301-S.O.-Dart in zwölf Stunden gelangen Christian **Diezig** aus Naters (CH). Er lief dabei 15,1 km und warf mit 9.064 Darts 149.597 Punkte.

Die **Deutsche Immobilien Fonds** AG aus Hamburg (D) errichtete am 10. September 1998 die größte Schraubzwinge (10 m hoch, 3,85 m breit). Die **Deutsche Pfadfinderschaft St. Georg** baute am 4. April 1998 in Bullay (D) ein 4,04 m langes Streichholz mit einem Querschnitt von 5,5 x 7,5 cm, das sich mit einer Reibfläche entzünden ließ.

30 Schwimmer des **Deutschen Roten Kreuzes** vom Landesverband Brandenburg e.V. (D) zogen am 5. Juli 1998 das Fahrgastschiff MS Santa Barbara über eine Zeit von 3 Minuten. Die gewertete gezogene Strecke ergab 60,95 Meter. Das Schiff wiegt 80 Tonnen, hat eine Länge von 22,5 m und eine Breite von 5 m.

Maik **Dietrich** aus Falken (D) ist im Besitz von 749 selbstaufgenommenen Western-Filmen. Sie haben eine Spielzeit von 67.584 Minuten.

Jürgen **Dietz** aus Hamburg (D) hat bis zum März 1999 50 Aus- und Weiterbildungslehrgänge absolviert.

1.110 Pins mit Porsche-Modellen hat Ekkehard **Diez** aus Ammerbuch (D) gesammelt.

Der **DLW** Aktiengesellschaft aus Bietigheim-Bissingen (D) gelang die größte aus Linoleum geschnittene Wandintarsie (15 x 3,4 m). Die Linoleum-Einlegearbeit schmückte 1998 eine Ausstellungshalle des Architektenforums in Moskau.

Die Konditoren und Gastronomen des Hotel- und Gaststättenverbandes Überwald (D) um Hans **Dörsam** backten am 16. Oktober 1998 die größte Apfelweintorte mit einer Länge von 22,95 m, einer Breite von 0,40 m und einem Gewicht von 474,4 kg.

Das erste und größte magnetisch schwebende Science-fiction-Modell konstruierte 1999 Hans **Dokoupil** aus Bad Ditzenbach (D) mit Hilfe eines Revell-Bausatzes. Es hat eine Spannweite von 270 mm, wiegt 465 g und schwebt in einer Höhe von ca. 146 mm über einer Modell-Mondlandschaft.

Die **Dorfgemeinschaft Unterried-Haberbühl-Maisau** (D) baute am 9. August 1998 ein 212 m langes Milchproduktbüfett auf. Es bestand aus 50 m Käseplatten, 80 m Salaten, Brotaufstrichen etc. und über 80 m Kuchen, Torten, Shakes und Desserts. 100 Haushalte waren beteiligt, 1 Tonne Milchprodukte, 100 kg Zucker und 500 Eier wurden verarbeitet.

Wolfram **Dorn** aus Bonn (D) übte 62 Jahre 11 Monate 19 Tage eine parlamentarische Tätigkeit aus. Davon 14 Jahre 1 Tag im Stadtparlament Werdohl, 15 Jahre 7 Monate 14 Tage im Kreisparlament Altena, 22 Jahre 2 Monate 17 Tage im Landtag Nordrhein-Westfalen und 11 Jahre 1 Monat 17 Tage im Deutschen Bundestag.

Karl **Draeger** aus Wiesbaden (D) bemalte bis zum April 1998 eine 78 m lange und 20 cm breite Telexrolle mit expressionistischen Zeichnungen. Tihomir **Dragutinovic** hat am 28. März 1998 anlässlich der Ersten Offenen Deutschen GfG-Meisterschaft in München (D) 600 Binär-Ziffern in 30 Minuten fehlerfrei gelernt.

Gerhard **Draxler** aus Köln (D) hat am 25. April 1998 zehn Flaschen innerhalb einer Minute geöffnet. Er benutzte einen Korkenzieher Leverpull von Screwpull.

Rainer **Drechsler** aus Leukersdorf (D) erstellte am 2. Dezember 1998 ein 30 m langes Brett (0,50 m breit und 6–7 cm stark).

2.112 Schüler **Duisburger** Schulen putzten sich am 25. September 1998 zeitgleich die Zähne. Diese Veranstaltung wurde organisiert von der Zahnärzte-Initiative Duisburg e.V. (Organisator Klaus Peter Haustein).

Der kleinste Grill ist 8,2 cm hoch, 4,5 cm breit und 4 cm tief. Konstruiert wurde der autogen geschweißte und hartgelötete Grill von Peter **Dunkel** aus Köthen (D).

Die Schüler Jan **Dziobaka** und Dominik **Hölz** aus Arnsberg (D) entwickelten 1997 das umfangreichste und leistungsfähigste Galilei-Thermometer. Es hat einen Temperaturbereich von 5 °C bis 95 °C und ist 123 cm hoch.

Die Gruppe Pfadi **Effretikon** (CH) baute am 6./7. Juni 1998 ein Bahnhofsgebäude aus ca. 20.000 Kartonrollen.

Wolfgang **Eger** und Rolf **Gerke** aus Wertheim (D) bauten vom 15.–19. März 1999 ein 2,15 m hohes Galileo-Galilei-Thermometer. Fünf Schwebekörper zeigen sechs Temperaturen im Bereich von 16 bis 26 °C an, das Rohr ist 31,5 cm lang, 50 cm breit und wiegt 240 kg.

Martin **Egetemeyer** aus Unterschneidheim (D) schrieb am 26. Dezember 1998 14.248 Nullen auf ein normales DIN-A4-Blatt.

SCHNELL DURCH AUSTRALIEN

Die 4.066 km lange Strecke quer durch Australien von Perth nach Sydney legte Wolfgang Fasching aus Deutsch Goritz (A) in 7 Tagen 19:47 Stunden zurück. Er unterbot die alte Bestleistung von Hubert Schwarz aus Roth (D) um 17:03 Stunden, dabei befuhr eine 149 km kürzere Strecke.

MEISTE GROSSE IM TRABANT

Elf Mitglieder des Klubs der Großen in Deutschland e.V. aus Dresden (D) unter der Leitung von Maik Hoffmann schafften es am 4. Juni 1998, gleichzeitig in einem Trabant mitzufahren. Bedingung war, daß die Türen des Wagens geschlossen waren und keine Umbauten vorgenommen wurden. Jeder der Teilnehmer mußte eine Mindestkörpergröße von 2 Metern haben.

Mr. Snakeboy (alias Gunnar **Ehmsen**) steckte sich am 20. September 1998 in Limburgerhof (D) 601 Spieße in 85 Minuten unter die Haut.

Das älteste Doppel-Schrammel-Orchester unter der Leitung von Josef **Einberger** kommt aus Kößlarn (D) und hat acht Mitglieder mit einem Durchschnittsalter von 74 Jahren. Es spielt seit über 21 Jahren jeden Montag kostenlos für die Gemeinde. Das älteste Mitglied ist 87 Jahre alt.

Die Friseurmeister Kai und Nicole **Einfeldt** aus Bopfingen (D) kreierten am 11. Oktober 1998 die höchste Hochsteckfrisur mit einer Höhe von 1,38 m. In 3 Stunden 30 Minuten wurden 20 m Kunsthaar und 1 m Naturhaar verarbeitet.

23 Mitglieder des Schützenvereins Jägerzug „**Eintracht**" aus Willich (D) reisten auf Einladung eines Vereins aus Adelaide (AUS) 38.000 km weit zu einem Schützenfest an.

Oliver **Elsayed** aus Wien (A) ist neun Jahre alt und kann das komplette Verkehrsnetz Wiens mit seine 10.882 Haltestellen und 382 Linien memorieren.

Die Autogramm-, Foto- und Brief-Sammlung von Werner **Elsner** aus Leonberg (D) umfaßt ca. 65.000 Stück. Es handelt sich hauptsächlich um gewidmete und signierte Fotos, handgeschriebene Briefe und historische Dokumente. In 1.200 Alben sammelt er aus den Bereichen Sport, Politik, Film, Musik, Wissenschaft und Autoren.

7.320 DIN-A4-Seiten mit Zeitungsberichten und Fotos, 291 Autogrammkarten und Poster seines Lieblingsvereins 1. FC Köln besitzt Jörg **Engel** aus Hirzenhain (D).

17.856 unterschiedliche Radiergummis aus 92 Ländern sammelte Petra **Engels** aus Viersen (D).

Das Autohaus **Erdmann & Domke** aus Bielefeld (D) ließ am 31. Oktober 1998 525 Be-Sitzer in 24 Stunden in einem Ford Focus Platz nehmen.

Der LTV **Erfurt** e.V. (D) und SV Glückauf **Sondershausen** haben am 12. Dezember 1998 mit 105 Läufer/innen in einem Kali-Schacht in 700 m Tiefe einen Volkslauf über 10,5 km durchgeführt.

Die Schüler der Real- und Hauptschule **Ettenheim** (D) fertigten am 22. Juli 1998 2.800 Einlinienzeichnungen an, die an einer 800 Meter langen Schnur befestigt sind.

Seit 1979 richtet die **Europa-Hauptschule** in Wien (A) ein Tischtennisturnier aus. 373 Turniere sind bis zum Februar 1999 schon gespielt worden, 579 Spieler haben sich beteiligt.

Mitglieder der 1. **Europäischen Sammlerakademie** haben von April bis September 1998 in ganz Deutschland ca. 85.000 Bücher gesammelt. 31,2 t Bücher wurden in einem 1.463 m langen Regal aufgestellt.

Das größte Labyrinth der Welt bestand in Wien (A) vom 18. Juli bis zum 27. September 1998 auf einem Maisfeld von 30.000 m². Der Rekord wurde von **event management austria** initiiert.

Wolfgang **Exner** aus Kelbra (D) stapelte am 3. Oktober 1998 50 Liter Alu-Bierfässer zu einer 10,2 m hohen Pyramide.

TOLLE BRILLE

Frank Poersch aus Bergisch Gladbach (D) entwickelte 1994 eine Cyber-View-Brille, die per Prismenverschiebung rechnerisch über 46 Milliarden Sehstrahlen bzw. individuelle Bildzustände herstellen kann.

Deutschsprachige Rekorde

F-G

In 24 Stunden legte das vierköpfige Team der Indoor-Go-Kart-Bahn **Falkenhain** (D) am 6./7. März 1998 mit zwei Go-Karts 1.652 km in 7.333 Runden zurück.

In ein mit 10 Tonnen Wackelpudding gefülltes Becken sprang die Schülerin Carina **Falkensteiner** aus Schönbühel (A) am 9. November 1998 in Hagenbrunn bei Wien (A).

Die Fahnenschwinger des **Fanfarenzugs der Niederburg** aus Konstanz (D) absolvierten am 25. Juli 1998 in 10 Stunden 30 Minuten 10 Sekunden 50 Kilometer im Gleichschritt.

In 48 Monaten holte sich der Eishockey-Verein VEU **Feldkirch** (A) neun Meisterpokale. Er wurde fünfmal in Folge österreichischer Meister, dreimal Alpenligameister und einmal Euroligachampion.

120 Läuferinnen und Läufer der **Feldschlösschen** AG aus Rheinfelden (CH) absolvierten am 8. Mai 1998 eine Laufstrecke von 153,2 km. Paarweise wurde zwischen 0,9 und 5 km gelaufen.

Oliver **Fellinghauer** aus Hamburg (D) konstruierte ein mit 25 g Gummi angetriebenes Fahrzeug, das am 24. Juli 1998 eine Distanz von 5.208 m zurücklegte.

Das leichteste, aber nicht das kleinste ferngesteuerte U-Boot-Modell mit 38 g Gewicht, 71,5 mm Länge und 58 mm Breite hat Thorsten **Feuchter** aus Uelzen aus einem Kinder-Überraschungsei im Januar 1999 gebaut. Das kleinste baute Dirk Brunner.

Den kleinsten Rasenmäher der Welt baute David **Fichtmüller** aus Jüterbog (D) bis zum 28. Dezember 1998. Er hat eine Länge von 4,9 cm, eine Breite von 3,0 cm, eine Höhe von 4,7 cm. Die voll funktionsfähige Mähmaschine hat ein Gewicht vom 41 g.

Friedrich-Wilhelm **Figge** aus Plettenberg (D) leitete 50 Jahre berufsmäßig ein und denselben Chor in Herscheid/Rärin – Sauerland. Seine Tätigkeit begann er am 30. Oktober 1949.

Im **Fit + Fun Fitnessclub** in Schweinfurt (D) erreichten am 27./28. März 1999 in 24 Stunden knapp 100 Beteiligte eine Leistung von insgesamt 9000 km im Dauerspinning.

Der Schüler Kim **Flatow** aus Flensburg (D) warf am 11. Juli 1998 während des Tummulum Rekordfestivals in Flensburg eine CD 66,75 m weit.

Paul **Fleischmann** aus Graz (A) und Andreas **Trink** aus Wien (A) bestiegen am 2. September 1998 die Jungfrau (4.158 m) in der Schweiz und liefen am 5. September 1998 den gleichnamigen Jungfrau-Marathon von Hinterlaken bis zum Kleinen Scheidegg mit 1.823 Höhenmetern.

300 Schüler der Handelslehranstalt aus **Flensburg** (D) bastelten am 2. Juli 1998 eine 1.998 Meter lange Papierschlange aus einzelnen Zeitungen, die sich durch die Innenstadt zog.

Eine Formation von acht Antonows A2, des größten Doppeldeckers der Welt, flog auf der Internationalen Luft- und Raumfahrtausstellung in Berlin-Brandenburg am 23. Mai 1998 eine Doppel-Diamond-Box, einen zweifachen Rhombus. Darüber berichtete die Fliegerrevue.

Mitglieder der Jugendfeuerwehren aus **Flumserberg** (CH) haben 156 Feuerwehrstahlrohre gleichzeitig in Betrieb gehabt. Die Wasserversorgung erfolgte durch zehn Tanklöschfahrzeuge und fünf Motorspritzen, die das Wasser aus einem Bergbach bezogen.

Die Wirtsleute Annemarie und Max **Fraunholz** aus Abensberg (D) bereiteten am 26. Juni 1998 in 1 Stunde 10 Minuten ein Spargelessen für 1.300 Personen zu.

Hans **Frei** aus Niedglatt (CH) lenkte einen Lastzug (zwei Achsmotorwagen und zwei Achsanhänger) zweimal die Kurzanbindung rückwärts ohne anzuhalten auf dem Nürburgring (Grand-Prix-Kurs). Die Strecke betrug 6,086 km.

Der Verein „Entschieden für Christus" um Daniel **Frenzel** aus Bretnig (D) spielte am 15. Mai 1998 mit 20 Teilnehmern 24 Stunden lang Volleyball.

Eine 100 x 1000 m-Laufstaffel absolvierte der TSV **Friedberg**-Fauerbach (D) am 29. August 1998 in 5:19:21 Stunden.

Katrin **Fritsche** aus Husum und Frank **Forche** aus Simonsberg (D) stellten die größte Pharisäertasse mit einem Durchmesser von 58 cm, einer Höhe von 1,05 m und einem Gewicht von 62,7 kg her. Der Inhalt umfaßte 120 l Kaffee, Rum und 15 l geschlagene Sahne.

 LÄNGSTE INLINE-SKATING-STRECKE

Die salaction public relation GmbH initiierte am 6. und 7. Juni 1998 in der Eisschnellaufhalle in Berlin-Hohenschönhausen (D) einen Streckenrekord im Inline-Skating. 64 Skater fuhren 17.548,8 km in 24 Stunden.

Der Coiffeur „Blitzfritz" Ernst **Fritz** aus Wien (A) ist der schnellste Mann mit der Rasierklinge. Mit einem Einweg-Sicherheitsrasierer brauchte er im April 1998 sagenhafte 8 Sekunden für eine komplette Gesichtsrasur.

Die Musikschule **Fröhlich** aus Oschatz (D) backte am 19. Juli 1998 eine Melodika (Tasten-Blas-Instrument) mit einer Länge von 10,60 Metern.

Die Musikschule **Fröhlich** aus Eschenburg (D) versammelte am 1. Mai 1998 in Leipzig (D) das größte Akkordeonorchester der Welt mit 1.480 Mitwirkenden.

Detlef **Frohn** aus Lübeck (D) baute die größte Modellmühle. Sie besitzt Feinheiten wie Fenster, Türen und Blumenkästen, ist 3,90 m hoch (Flügelspitze), 2,70 m breit und hat eine Flügellänge von 1,20 m.

Der Eishockey-Verein **Frohnleiten** (A) spielte am 11. September 1998 mit 28 Spielern (24 Feldspieler und 4 Tormänner) 24 Stunden Streethockey auf einer Platzgröße von 40 x 30 m.

Die Firma **Fructus** aus Wädenswil (CH) stellte im Oktober 1998 auf der Nationalen Obstsortenschau in Burgdorf 1.001 Kernobstsorten aus und ebenso viele Sorten Obstbranntwein her.

Der Fußballclub **Frutigen** (CH) organisierte ein Fußballspiel mit 1.063 Spieler/innen auf einem 560 x 130 m großen Spielfeld. Gespielt wurde mit 20 Bällen, 20 Schiedsrichtern auf 29 m breite Tore. Das Spiel dauerte 30 Minuten und endete 26:24.

Johannes **Fuchs** aus Innsbruck (A) fuhr vom 1. bis 19. November 1998 (203 Tage) mit seinem Mountain-Bike über 502.150 Höhenmeter.

Elemer **Fuchs** aus Balingen (D) hat bisher 1.420 Aschenbecher gesammelt.

GRÖSSTES PILSGLAS

Thomas Tremml aus Unterschleißheim (D) formte auf dem Hochplateau Salastrains bei St. Moritz (CH) vom 28. bis 30. Januar 1999 aus 30 t Eis ein 6 m hohes Pilsglas. Unterstützt wurde das Projekt vom Kur- und Verkehrsverein St. Moritz und von der König Brauerei in Duisburg. Das Bier in diesem Pilsglas wäre zweifelsohne gut gekühlt gewesen.

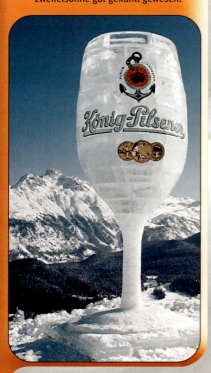

Heide **Fürböck** und Wolfgang **Schober** aus Oberndorf (A) fuhren vom 16. Mai bis 23. Oktober 1998 mit einem Oldtimer-Ackerschlepper mit einem Durchschnittstempo von 15 km/h von Österreich durch Deutschland, Frankreich, Spanien, Portugal und zurück.

Die Firma Sachsenbau mit Dieter **Füsslein** aus Chemnitz (D) verzeichnete am 11. September 1998 in 24 Stunden 100.000 Besucher in einer 11.400 m² großen Baugrube.

Helmut **Gärtner** aus Leipzig (D) errechnete ein handgeschriebenes magisches Quadrat aus der Reihe 6²; 10²; 14²; 18²; 22²; 26²; 30² usw. Die bisher größte Ausfertigung: 38 x 38 Felder mit dem Einsatz der Zahlen von 1 bis 1444 mit der Summe 27.455 waagerecht, senkrecht und diagonal.

Am 14. Juni 1998 bildeten 280 Kinder und Erwachsene des Bürgerturnvereins **St. Gallen** (CH) eine Menschenpyramide.

Fredy **Gassner** aus Schaan (D) und sein Team backten am 19. März 1998 eine 628,33 m lange Nußschnitte, die aus Einzelstücken zusammengesetzt wurde.

Die **GdW**-Genossenschaft der Werkstätten f. Behinderte eG aus Sindelfingen (D) produzierte am 26. Mai 1998 ein 1.020 m langes Polsterkissen. Es bestand aus 3.400 Einzelpolstern mit einer Einzellänge von 30 cm. Das Kissen war mit verschredderten Altakten gefüllt.

Lukas **Gehring** aus Wiezikon (CH) wurde am 8./9. August 1998 mit 18 Jahren jüngster Gewinner des 24 h-Mountain-Bike-Rennens in Balterswil (CH). Gleichzeitig erreichte er mit 372,6km/46 Runden die meisten Kilometer.

Hans **Genthe** aus Hamburg (D) produzierte das größte Telefonbuch mit 9,2 m Höhe, 6,5 m je Seitenbreite (aufgeklappt 13 m) und 28 t Gesamtgewicht. Das Fundament ist mit 15.000 l Wasser gefüllt.

Karl **Gerster** aus Attenweiher (D) fuhr am 10. Mai 1998 ein achtspänniges Ziegengespann.

Lothar Schulz vom Pferde-**Gestüt Ganschow** (D) lenkte einen 25-Spänner 24 km weit. Die Leinen waren 315 m lang und hatten 758 einzustellende Schnallen.

Die „**Gesunde Runde**" um Dr. Reinhard Nowak aus Schwäbisch Gmünd (D) umrundete mit 2.400 Beteiligten im Alter von 6–80 Jahren vom 6.–14. November 1998 auf 50 Ergometern die Erde – zumindest wurde diese Distanz zurückgelegt.

Der **Gewerbeverein Brig-Glis** (CH) schmückte im November und Dezember 1998 einen Weihnachtsbaum mit 3.179 gebastelten Weihnachtsfiguren.

116 Tage lang tanzte Rainer **Giebel** aus Kropp (D) an jedem Tag auf einer offiziellen Veranstaltung Square-Dance. Vom 2. August bis zum 25. November 1998 war er unterwegs.

HÖCHSTES ALPHORNKONZERT

Das höchste Alphornkonzert in 3.368 m ü. M. veranstalteten die Tauferer Alphornbläser aus Taufers (I) am 26. Juli 1998 auf dem Schwarzenstein. Ihre Instrumente mußten sie selbst bergauf schleppen.

Michael **Gieger** aus Rostock (D) hat in zehn Jahren 195 Quartettspiele gesammelt.

Die größte Mokkatassensammlung (187 Stück) besitzt Rosemarie **Gieseler** aus Golzow (D).

Das längste Tischtuch wurde anläßlich der Veranstaltung zum Abschluß des Jubiläums der Stadt **Gießen** (D) am 28. Juni 1998 präsentiert. Auf dem Tuch mit 219,12 m Länge wurden Gerichte aus verschiedenen Epochen angeboten.

Hermann **Gillmann** (* 1926) aus München (D) hat trotz einer Amputation des linken Beines ca. 60.000 km auf Skiern zurückgelegt. Er befuhr unter anderem die höchste und die am tiefsten gelegene Piste der Welt und ebenfalls fast alle Olympia-Pisten.

GRÖSSTES GRUPPENFOTO

Das größte Gruppenfoto mit 1.005 erkennbar abgebildeten Personen gelang der Gemeinde Nußbach (A) am 8. 8. 1998. Organisator war Johann Weigerstorfer.

Deutschsprachige Rekorde

G-H

GRÖSSTER GUINNESS-PROST
Die Guinness GmbH in Essen (D) organisierte den größten Prost Deutschlands. Am 4. Dezember 1998 um 23 Uhr prosteten sich 41.047 Menschen in mehr als 1.000 Gaststätten und Kneipen quer durch Deutschland zu.

Toni **Glozbach** aus Neuhof (D) baute am 9. August 1998 den größten fahrbaren Kugelschreiber: Länge 13,90 m, Außendurchmesser 2,78 m.

Patrick **Göb** aus Veithöchsheim (D) kann bis auf das Gramm genau trinken. Anläßlich einer Fernsehsendung verschluckte er sich 1998 bei vier Versuchen nur einmal um 1 Gramm.

Das kleinste Diorama, einen Engel auf einer Wolke mit den Maßen 47 x 33 mm, baute Günter Werner **Götz** aus Giengen (D) im Januar 1999.

Die **Goldhaubengruppe Schörfling** am Attersee (A) fertigte für einen Festzug im Juni 1999 eine Goldhaube (einen traditionellen oberösterreichischen Frauen-Kopfschmuck) von 1,1 m Höhe und 1 m Durchmesser. Das 70 cm breite bestickte Band ist 6 m lang. Unter anderem wurden 2.200 Stück Flitter mit Perlen, 48 m Seidenrüschen, Blumen, Goldborte und 160 Knöpfe vernäht.

Herr Werner **Goros** aus Gloggnitz (A) besitzt 33.000 Ansichtskarten aus 193 Ländern.

Der Kegelclub „Die ruhige Kugel" aus **Gransee** (D) legte am 12. September 1998 mit 24.413 leeren Kümmerlingflaschen auf einer Fläche von 30 x 16 m einen Trinkspruch aus.

Das größte Keyboard-Orchester mit 307 Teilnehmern der Kreismusikschule Gebrüder **Graun** spielte am 14. November 1998 synchron in Elsterwerda (D).

Von 1996–1999 sammelte der Schüler Ole **Griebenow** aus Tasdorf (D) 4.158 Toilettenpapierrollen.

Der ausdauerndste *Brandstätterkogel*-Besteiger ist Peter **Grillitsch** aus Zeltweg (A). Er wanderte in 13 Jahren 600mal auf den *Brandstätterkogel* (2.234 m) und überwand dabei 539.000 Höhenmeter.

Die meisten Hörerwünsche erfüllte vom 27. November bis 9. Dezember 1998 Radio **Grischa** (CH): In 294 Stunden Tag und Nacht 8.815 Stück.

Der Carnevals Club FCC aus **Großfurra** (D) eröffnete seine Saison am 11. November 1998 um 11 Uhr 11 Sekunden in einem Kali-Schacht in 670 m Tiefe.

Stefan **Gruber** sortierte am 28. März 1998 anläßlich der Ersten Offenen Deutschen GfG-Meisterschaft in München (D) 52 Karten in 55 Sekunden.

Michele Thompson **Gruber** aus Unna (D) zerschlug 389 Dachziegel in 3 Minuten mit dem Fuß und zertrümmerte 25 übereinandergestapelte, 28 kg schwere Betonplatten mit einem Fußtritt.

Franz **Gruss** aus Großwelka (D) hat in 20 Jahren 82 Saurierplastiken und 60 Urmenschen als Stahlgeflecht-Betonkonstruktionen hergestellt. Die Plastiken stehen im Saurierpark Kleinwelka.

Volker **Güntert** aus Berlin (D) sammelte bis März 1999 750 Einkaufswagen-Chips.

Steffi **Günther** aus Radeberg (D) sammelte bis März 1998 4.626 Visitenkarten.

Robin Vincentz aus Celle (D) gelangen am 25./26. Oktober 1997 im „GYM" Fitness in Celle 66.002 Situps.

Ulrich **Haas** aus Handewitt (D) wechselte am 11. Juli 1998 in 5 Minuten 8 Sekunden vier Reifen eines Lastwagens nur mit mechanischem Werkzeug. Vor Beginn war der Lastwagen nicht aufgebockt, danach berührten alle Räder den Boden.

179.555 Aufkleber aus aller Welt sammelte Paul M. **Haase** aus Neu-Isenburg (D).

Reiner **Habermalz** aus Heldrungen (D) wickelte am 16. September 1998 die längste Zwiebelrispe (Zwiebelzopf) mit einer Länge von 8,32 m.

Marcel **Häberli** und Philip **Schlegel** aus Münsingen (CH) schafften am 17. März 1999 1.273 Ballwechsel in 35 Minuten beim Badminton. Sie beachteten dabei exakt die Spielregeln.

Lutz **Härterich** aus Schwäbisch Hall (D) sammelte zwischen 1998 und 1999 1.240 Luftballons.

Am 19. Mai 1998 faltete Monika **Häuslaigner** aus Gars am Inn (D) aus einem 1 x 1 cm großen Papierstück einen Papier-Dampfer.

Am 12. Februar 1999 übertrug Astrid **Haibel** aus Köln (D) ein Signal mit Radarwellen mit elffach überlichtschneller Signalgeschwindigkeit.

Ralf **Haje** aus Brunsbüttel (D) rollte am 18. Juli 1998 in 65 Minuten ein 50-l-Bierfaß von der Dithmarscher Brauerei Hinz in Marne bis zur Gaststätte Op'n Diek in Neufeld 6.000 m weit.

Am 10. Oktober 1998 veranstaltete der **Hallertauer** Rock'n'Roll Club e.V. Abensberg (D) ein 12-Stunden-Dauertanzen. Zwölf Paare ließen die Sohlen glühen.

Am 6. November 1998 tanzte Erwin **Hansen** aus Hamburg (D) nach genau 50 Jahren sein 700. Tanzturnier. Sein erstes Tanzsportturnier bestritt er am 6. November 1948.

Manfred **Hansmann** aus Oberkirch (D) kreierte bis 1999 eine Salatkarte mit 50 verschiedenen Salaten.

Michael **Hartmann** aus Paderborn (D) hat 1.705 Fahrpläne des ÖPNV gesammelt.

Im Laufe von 45 Jahren bemalte Rudi **Hartmann** aus Halle (D) 100.000 Zinnfiguren mit Ölfarbe. Seit 1956 verschönert er so pro Tag durchschnittlich sechs kulturhistorische Zinnfiguren.

Am 11. Juli baute die **Harzer** Uhrenfabrik GmbH aus Gernrode (D) ein Wetterhaus von 9,80 m Höhe und 5,20 m Breite. Dazu gehören zwei aus Lindenholz geschnitzte Figuren, ein Barometer, ein Thermometer und ein Wasserrad.

MEISTE NATIONALITÄTEN IN EINEM FLUGZEUG
Einen „Flug der Nationen" organisierte Detlef Krebs aus Neuss (D). Menschen aus 70 verschiedenen Nationen flogen am 22. Januar 1999 in einer Maschine der Fluggesellschaft Air Alfa von Düsseldorf (D) nach Istanbul (TR).

Rudolf Müllner aus Unterwölbling (A) erstellte am 29./30. August 1998 mit der **Hauer-Gemeinschaft** eine 1.998 kg schwere Weintraube aus 998 kg echten Trauben auf einem 6 m hohen Holzgestell.

Johann Traber aus Vogtsburg (D) fuhr am 12. September 1998 auf einem Motorrad vom Typ 660 Mastiff mit Beiwagen auf einer Loopingbahn einen 30 m-Looping im **Heide** Park, Soltau (D).

Die Stadt **Heidenreichstein** (A) baute am 8. August 1998 eine Sandburg aus 15 m³ Sand.

Europas erster Rapsöl-Brummi fährt seit 1990 mit Biodiesel (100 Prozent Rapsölmethylester) für Willi **Heineking**, Spediteur aus Landesbergen (D). Am 26. März 1999 hatte der 360 PS starke MAN-Büssing-Lkw Typ 19360 exakt 1.333.333 km hinter sich.

Erik **Heinen** aus Dormagen (D) besitzt 557 Feuerwehrabzeichen aus Stoff mit besticktem Aufdruck.

Am 13. November 1998 legte Thomas **Heinle** aus Lorch (D) in Schwäbisch Gmünd 542 km in 24 Stunden auf einem Ergometer zurück.

FLASCHENSCHUH

Heins Plate aus Bad Salzuflen (D) nähte einen Buddelschuh in einer Flasche. Der Schuh besteht hauptsächlich aus Leder, hat die Größe 7, wiegt 59 Gramm und wurde durch den Flaschenhals (27 mm) mit Spezialwerkzeug genäht. Eine Anprobe war höchstwahrscheinlich nicht möglich.

Roman und Valentin **Heinrichs** aus Salurn (I) entdeckten im Sommer 1998 einen 86,5 cm langen Löwenzahn.

Walter **Heinrichs** aus Simmerath (D) schmiedete am 11. November 1998 einen 508 cm langen Nagel.

Den größten Streuselkuchen aus einem Stück backte die Firma Haus **Hellersen** am 18. September 1998 aus Lüdenscheid (D). Er hat die Maße 12,60 m x 50 cm.

Der Verein Oberfränkisches Textilmuseum e. V. aus **Helmbrechts** (D) produzierte in zwei Jahren den längsten handgewebten Schal mit einer Länge von 3.300,82 m.

101 Kinder radelten am 11. Juli 1998 für die Rumänien-Arbeitsgruppe **Hemmingen** auf Einrädern auf dem Rathausplatz in Hemmingen (D).

Die Fahrschule Ing. Alfred **Henke** aus Scheibbs (A) füllte am 13. Dezember 1997 einen VW Polo mit 5.180 Red Bull-Dosen. Im Fahrzeug saß trotzdem noch ein 1,75 m großer und 70 kg schwerer Fahrlehrer.

Heinz **Hensel** aus Mönchengladbach (D) stickte über zwei Jahre in 6.000 Arbeitsstunden einen 415 x 410 cm großen astrologischen Teppich, auf dem zwölf Sternbilder abgebildet sind.

322 Teilnehmer folgten am 5. Juli 1998 dem Aufruf der Firma **Herlitz Falkenhöh** aus Berlin (D), die längste Modelleisenbahnstrecke mit Schienen zu legen. Mehr als 2.800 Schienenteile wurden gesammelt. Das Ergebnis war eine 510 Meter lange Schienenstrecke.

Wolfgang **Hermann** aus Ruhstorf (D) hat von 1996–1997 trotz Blindheit ein Haus gebaut. Vom Mauerbau bis zur Dachbedeckung (600 m³) gelang ihm dies ohne fremde Hilfe. Seine Werkzeuge sind speziell auf seine Bedürfnisse zugeschnitten.

Beim Kirschkernspucken gelang Harald **Herrmann** aus Offenburg (D) am 20. Juli 1998 mit drei Versuchen die Rekordweite von insgesamt 33,62 m.

Die schnellste Nord-Süd-Durchquerung auf Europas Schienennetz schaffte der Student Frank **Hessler** aus Biebergemünd (D). Vom 2.–5. Oktober 1998 fuhr er in nur 67 Stunden 15 Minuten von Narvik (N) bis Pozzalo (I–Südspitze Siziliens).

Christa **Hettinger** aus Mannheim-Blumenau (D) hat bis März 1999 genau 500 Sammel-Gedecke gesammelt, die jeweils aus einem Kuchenteller, einer Untertasse und einer Tasse bestehen.

Der Coca-Cola-Sammler Franz-Herbert **Heydt** aus Osnabrück (D) besitzt eine Cola-Flasche, die auf der Weltraumstation MIR 198 Tage mitgeflogen ist. Somit legte diese Flaschenpost eine Strecke von 132,3 Mio. km zurück. Bei der Flasche handelt es sich um einen Coca-Cola-Prototyp aus dem Jahre 1915.

Hans **Hick** aus Edemissen-Wipshausen (D) ist im Besitz von 47.050 Fotos, die alle „das menschliche Gesicht" zeigen. Diese Sammlung entstand im Zeitraum von 1987 bis 1999.

Den kleinsten Rasenmäher mit Verbrennungsmotor baute Peter **Hildebrandt** aus Weiden (D) bis zum 26. Januar 1999. Der Mäher ist 88 mm lang, 79 mm breit, 77 mm hoch und wiegt 450 g. Seine Schnittbreite beträgt 42 mm und er hat eine Leistung von 0,52 kW.

Der Showzeichner und Porträtkarikaturist Gero **Hilliger** aus Berlin (D) zeichnete am 12. Juli 1998 das Porträt eines ihm zuvor Unbekannten in 5,19 Sekunden.

Dr. med. Georg **Hiltner** aus Murnau (D) hat sich vom Schmied zum dreifachen Facharzt weitergebildet. Er ist praktischer Arzt, Anästhesist und Neurochirurg. Seine Karriere begann 1951. 1997 absolvierte er seine letzte Facharztprüfung.

Die Bäckerei Heinz **Hintelmann** aus Hamburg (D) backte am 27. Juni 1998 einen Kopenhagener Rosenkuchen mit den Maßen 1,825 x 2,405 m.

Einen Feuerlauf über 30 m glühende Kohlen absolvierte eine Gruppe von 28 Läufern um den Organisator Dieter M. **Hörner** am 12. September 1998 in Miesbach (D).

Frau Käthe **Hofbauer** aus Bad Neuenahr-Ahrweiler (D) war von 1970 bis 1998 ehrenamtlich in der öffentlichen Bibliothek tätig. Sie legte die Arbeit mit 101 Jahren 10 Monaten nieder.

Die Schülerin Claudia **Hoffmann** aus Hofheim (D) sammelte in fünf Jahren 15.000 Kaugummihüllen.

Juliane **Hohenwarter** aus Köniz (CH) faltete am 10. April 1998 den kleinsten Frosch aus Papier. Er ist nur 1 cm lang und 0,5 cm breit.

Inge **Holweg** aus Freudenstadt (D) züchtete im Jahre 1997 eine Zitrone mit einem Umfang von 30,6 cm, einer Länge von 33,8 cm und einem Gewicht von 495,5 g.

Rainer **Holze** aus Berlin (D) vom Fitnesscenter Vital'Inn organisierte am 2. Juli 1998 im Einkaufscenter Alleecenter mit vier Ergometern ein 24 Stunden-Fahren. Beteiligt waren 86 Besucher der Laufkundschaft. Jeder Akteur radelte ca. 15 Minuten, dabei kamen 2278,3 km zusammen.

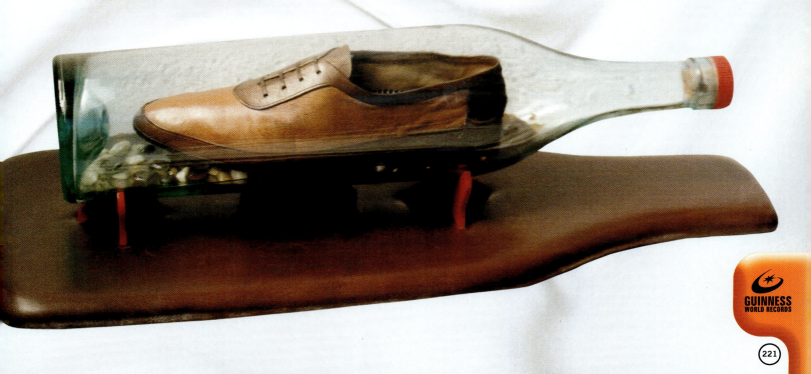

Deutschsprachige Rekorde

H–K

Eine 4 km lange Kette aus Biertisch-Bänken stellte der **Hopfenpflanzerverband Tettnang e.V.** (D) am 23. August 1998 auf dem Tettnanger Hopfenpfad zu einer „Bierbank" auf.

Das kleinste Fernrohr, das in Serie hergestellt und verkauft wird, ist 1998 von Klaus **Hünig** aus Würzburg (D) entwickelt worden. Zusammengeklappt ist es 66 x 42 x 7 mm groß und vergrößert zweifach mit zwei Linsen.

Das DRK Kita aus Gronau (D) hat am 21. November 1998 unter der Leitung von Birgit **Hüsing** einen Choco Crossie mit einem Gesamtgewicht von 520 kg gefertigt. Er ist 2,47 m lang, 88 cm breit und 76 cm hoch. Unter anderem wurden 1.500 Tafeln Vollmilch-, 1.000 Tafeln Zartbitter-Schokolade und 150 kg Cornflakes verwendet.

Im Mai 1998 eröffnete der größte Schmetterlingspark Deutschlands. Der „**idea** Schmetterlings-Paradies Neuenmarkt" (D) hat ein Raumvolumen von 3.262,95 m³, in dem Hunderte von verschiedenen Schmetterlingsarten Platz finden.

Besucher des Einrichtungshauses **Ikea** in Günthersdorf (D) bildeten am 29. August 1998 eine Menschenkette mit 2.300 Menschen.

Der **Imkerverein** Redwitz a. d. Rodach (D) stellte im April 1994 die größte Kerze aus reinem Bienenwachs her. Sie hat eine Höhe von 190 cm, einen Durchmesser von 30 cm und ein Gewicht von 135 kg.

Das tiefste Seminar fand 407,6 m unter der Erde statt. Die **Industriegewerkschaft** Bergbau, Chemie, Energie aus Magdeburg (D) führte am 26. September 1998 ein Arbeitsrechtseminar im Kali & Salzwerk Bernburg durch. 24 Personen nahmen daran teil.

Die **Interessengemeinschaft** Heider Firmen schoß am 28. August 1998 in Heide (D) das größte Einschulungsfoto mit 579 beteiligten Kindern.

Die **Iserlohn** Kulinarisch GbR, vertreten durch den Gastwirt Fred Auer, stellte am 5. September 1997 die längste „Potthucke", ein westfälisches Kartoffelteig-Gericht, her. Sie hatte eine Länge von 101,85 m.

Dieter **Jägers** aus Schwalmtal (D) kontrollierte als Fluglotse am 27. September 1998 alleine über 600 Ab- und Anflüge auf einem Landeplatz, der eigens für das alljährliche Autorennen am Nürburgring eingerichtet worden war.

Gero **Janovsky** aus Daetgen (D) sammelte bis Juni 1998 über 500 Blockflöten.

Die Agentur **Jannys Art** aus Berlin (D) verzierte eine 8,70 m lange Limousine mit einer künstlerischen Bemalung. 12 l Klarlack wurden in 1.000 Stunden für die Vorbereitung und Bemalung verwendet.

Im Juni 1998 bastelten 176 Schüler der 1.–4. Klasse der Grundschule Jawaharlal-Nehru-Schule aus Neustrelitz (D) 189 Trolle aus Naturmaterialien in 3,5 Stunden.

Das schnellste Tor beim Streethockey erzielte Mike **Jenschke** aus Hamm (D). Es fiel im letzten Drittel des Spiels 3 Sekunden nach Anpfiff am 11. Oktober 1997 in der Sportanlage des TUS Nord Düsseldorf e.V.

FLIEGENDES RESTAURANT

Axel Ockelmann aus Buchholz (D) betreibt eine Schank- und Speisewirtschaft von nur 1,55 x 2,15 m Größe in luftiger Höhe: Nur bei Heißluftballon-Fahrten darf er im Korb des Ballons servieren.

Den längsten Hefezopf mit 684 Metern backte im Juni 1998 der Bäckermeister Heinrich **Jessen** und sein Team aus Wenningstedt/Sylt (D).

Martin **Jentzsch** aus Audenhain (D) erntete am 15. Oktober 1998 die größte Futterrübe der Sorte „Brigadier". Die Rübe hatte eine Länge von 40 cm und einen maximalen Umfang von 75 cm. Das Gewicht betrug am Erntetag 12,8 kg.

Heiko **Jessen** aus Flensburg (D) warf am 11. Juli 1998 auf dem Tummulum Rekordfestival in Flensburg ein Handy 63 Meter weit.

Im **Johannesbad** in Bad Füssing (D) sangen am 17. Mai 1998 3.262 Menschen im Thermalwasserbecken. 527 Paare tanzten außerdem im Wasser Walzer.

Die **Johanniter** des Kreisverbands Wetterau (D) führten am 19. März 1999 mit 240 Teilnehmern in der Sporthalle des Wetteraukreises Bad Nauheim gleichzeitig eine Herz-Lungen-Wiederbelebung durch.

Karl-Heinz **Jost** aus Kiel (D) erreichte im Dreifach-Ultra-Triathlon in Lensahn am 27. Juli 1997 in den Disziplinen 11,4 km Schwimmen/540 km Radfahren/126,6 km Laufen eine Zeit von 57:00:45 Stunden.

Das kleinste Ölgemälde malte der Maler Georg **Juen** aus Fiss (A) am 24. August 1998. Es ist nur mit dem Mikroskop erkennbar und hat eine Größe von 1 x 1 mm. Als Pinsel diente eine Stecknadel, die an einem Stift befestigt wurde.

Die längste Radstaffel fuhr die **Jugendabteilung** des Radsport-Verbands Rheinland aus Winningen (D) am 5. September 1997 mit 141 Teilnehmern. Die Strecke ging über 448 km von Bad Marienberg bis zur Porta Nigra in Trier.

Das **Jugendrotkreuz** des DRK-Kreisverbandes Altenkirchen (D) stellte am 10. Mai 1998 ein Bild aus 28.282 handgemalten DIN-A-4-Einzelbildern her, die auf einer Fläche von 42 x 42 Metern zusammengeklebt wurden.

Einen Flaschenöffner von 3,04 m Länge und 1 m Breite baute das **Jugendsozialwerk Nordhausen e.V.** im April 1997 in Nordhausen (D).

80 Jugendliche der **Jungwacht Entlebuch** legten sich am 13. Juli 1998 in Brigels (CH) immer wieder neben-

MOTORRAD-BUNGEE

Jochen Schweizer aus München (D) gelang am 15. Januar 1997 der erste Bungeesprung mit einem Motorrad vom Hamburger Fernsehturm aus 130 m Höhe. Der Stuntmann stürzte sich mit einer 100 kg schweren 125 cm³-Suzuki-Cross-Maschine in die Tiefe.

222

JÜNGSTE FALLSCHIRMSPRINGERIN
Hannah Trense-Taubitz aus Hamburg (D) sprang im Alter von 8 Jahren mit einem Tandem-Fallschirm aus 4.000 m Höhe.

einander auf die Straße, so daß einer von ihnen auf einer 2,117 km langen „Menschenstraße" spazierengehen konnte.

Das blumigste Brautkleid trug am 9. Januar 1999 Bärbel **Jung** aus Siegen-Eisern (D). 4.479 frische Rosen wurden verarbeitet.

Einen Hammer von 6,37 m Länge, 2,30 m Höhe und ca. 1 t Gewicht baute am 27. Februar 1999 Gerd **Junghans** aus Zeulenroda (D).

Die **Jungscharen** von Nerftenbach (CH) legten am 31. Mai 1998 mit 160 Personen auf einem 92 m langen Grasski 9,20 m zurück.

Die **Jungschargruppen** der evangelisch-methodistischen Kirche aus Grötzingen (D) sammelte 241.570 Kronkorken und lackierten sie bunt. Am 27. Juni 1998 legten sie dann die einzelnen Teile auf dem Rathausplatz zu einem 14 x 14 m großen Mosaik zusammen.

Die größte Pfennigpyramide aus 49.000 Zwei-Pfennig-Münzen schichtete Alexander **Kainz** mit Hilfe von Manuel **Menig** aus Leutkirch-Gebrazhofen (D) am 25. Oktober 1998 auf.

Richard **Kalbfuß** aus Undenheim (D) ist mit 97 Jahren noch aktiver Sportler. Im Juni 1998 startete er in München (D) als Wettkämpfer in den Disziplinen Vollballwurf (1 kg), Kugelstoßen (4 kg), Standweitsprung und 50-Meter-Lauf.

Werner **Kamlade** aus Quakenbrück (D) errang am 28. März 1999 im Alter von 74 Jahren zum 6.000 Mal das Bundeskegelsportabzeichen in Gold.

Markus **Kammermann** aus Rubigen (CH) gelangen am 12./13. März 1999 in der Freizeitanlage in Rubigen 207 Bowlingspiele in 24 Stunden. Insgesamt warf er 3.625 Kugeln und bewegte dabei ca. 18.000 kg.

Am 18. Juli 1998 kamen auf dem Treff des **Karmann Ghia Club e.V.** aus Karlsruhe (D) dreißig Karmann Ghias des Typs 34 zusammen.

Die Firma **Karussell**/Polygram aus Hamburg (D) präsentierte am 25. Juni 1998 auf dem Schiff *Cap San Diego* im Hamburger Hafen die größte Musikkassette. Sie ist 2,50 m hoch, 1,60 m breit, 0,40 m tief.

Heimo **Katzbauer** aus Eisenerz (A) bezwang am 20. September 1998 dreimal den *Großglockner*. In fünf Stunden 31 Minuten lief er zunächst, fuhr dann mit einem Einrad und schließlich mit einem Rennrad auf den Gipfel. Die Gesamtkilometer betrugen 51 km, die Gesamthöhenmeter ca. 5.100 m.

Hakan **Kaya** aus Neuss (D) balancierte am 14. März 1998 13 Hühnereier auf seiner Handoberfläche.

Der älteste bestehende **Kegelclub** ist der Freizeitkegelclub „Gemütlichkeit" aus Löningen (D). Er wurde am 6. Mai 1914 gegründet und besteht aus 13 aktiven Keglern.

Harald **Keil** und die „Tischlerhasen" aus Reichelsheim (D) bauten im April 1998 einen beweglichen Hampelmann von 12 m Höhe und 6 m Breite.

Einen 26eckigen Adventsstern mit einem Durchmesser von 26 mm baute Gunter **Kempe** aus Annaberg-Buchholz (D) im Februar 1999. Der rote Stern ist mit einer 12-Volt-Lampe beleuchtet.

Ein Gewicht von 810 kg hob Stefan **Kendler** aus Hofstetten Mainburg (D) am 19. Juli 1998 auf einem Gerüst stehend mit beiden Händen an.

Die Mitglieder des Eisenbahn-Club **Kenzingen** (D) durchfuhren am 27. und 28. März 1999 in 23 Stunden und 15 Minuten alle Distrikte Dänemarks mit fahrplanmäßigen Zügen, wobei mindestens ein Halt pro Distrikt gemacht wurde.

Daniel **Kappner** aus Itzgrund (D) gelang ein Hattrick mit drei Treffern in 4 Minuten während des Fußballspiels zwischen dem SV Schottenstein und dem TSV Pfaffendorf.

Ein Mini-Solarmobil von 22,5 x 8,5 mm baute Oliver **Kessler** aus Stuttgart (D) im Oktober 1998. Ein Solargenerator treibt den winzigen Elektromotor an.

Einen Sandkasten von 552,96 m² baute die Firma Heinz **Kettler** GmbH am 12. Juli 1998 auf dem Messegelände Hannover im Rahmen eines Kinderfestes des Fernsehsenders ARD auf.

1.636 Schraubdeckel für Konservengläser hat Rainer **Kießling** aus Brandenburg (D) seit 1991 gesammelt.

Einen Holzdruck von 12,50 x 22,50 m Größe fertigte Thomas **Kilpper** aus Frankfurt am Main (D) im Sommer 1998. Im Camp King in Oberursel schmückte er damit eine Basketballhalle.

Ein ferngesteuertes Modell eines A-Klasse Mercedes im Maßstab 1:87 mit einem Mikro-Glockenankermotor bauten Georg **Kinzy** und Oliver **Kessler** aus Stuttgart (D) im März 1999.

Ein zusammengelegtes Matjesbrot mit 2.500 Matjesfilets und einer Gesamtfläche von 12,51 m² präsentierte der **Kawanis Club** aus Lübeck (D) am 13. Juni 1998.

Die **Kinderhilfe Chillan Lebach e.V.** aus Lebach (D) legte während des Lebacher Stadtfestes vom 26.–28. Juni 1998 einen Münzteppich von 454,04 m² und einem Gewicht von ca. 3,5 t aus.

Klax e.V. aus Berlin (D) organisierte vom 11.–16. August 1998 eine 520 m lange Malwand aus Stoff, an der ca. 700 Kinder auf jeweils 50 m Bahnen malten. Die Bahnen wurden dann auf eine Leine aufgezogen.

223

Deutschsprachige Rekorde

K-L

LEICHTESTES ELEKTRO-BIKE
Das Elektro-Bike Volta Montanera mit einem Gewicht von nur 9.740 g (ohne Akku) konstruierte Jean-Pierre Schiltknecht aus Zollikerberg (CH) im September 1998.

Frederike **Klenner** und Swantje **Heins** aus Buxtehude (D) haben sich bis zum 5. Juni 1998 innerhalb eines Jahres 2.490 DIN-A4-Seiten als Briefe geschrieben.

Das kleinste Motorrad mit einem Verbrennungsmotor baute Joachim **Klindt** aus Glückstadt (D) am 28. März 1999. Das nur 3,9 cm lange Gefährt hat eine Leistung von 0,29 PS und eine Höchstgeschwindigkeit von 45 mm in der Sekunde.

Das Tauchteam des **Klinikums Rodach** spielte 24 Stunden Schafkopf – allerdings unter Wasser. 16 Personen spielten im Hallenbad „Aquaria" in Coburg (D) am 5. September 1998 an zwei Vierertischen.

Hans-Dieter **Kloß** aus Chemnitz (D) baute 1998 einen 25 mm kleinen funktionsfähigen Räuchermann als Teil einer multifunktionalen Spieldose.

27 Kinder zwischen acht und 13 Jahren von der Ferienfreizeit Rothleimmühle (D) um den Organisator Andreas **Knuhr** quetschten sich am 20. August 1998 erfolgreich in einen Trabant.

Eine Harzer Holzfackel mit einem Durchmesser von 14 cm und einer Länge von 3,39 m schwenkte Oliver **Knyrim** aus Wildemann (D) am 3. April 1999 beidarmig mehrmals um den eigenen Kopf.

Einen riesigen Teebeutel mit Pfefferminzgeschmack stellte die Stadtverwaltung **Kölleda** (D) her: 2,80 m hoch, 2 m breit, gefüllt mit 15 kg Pfefferminztee.

Kurt **König** lief 1997 die Treppe des Empire State Building in New York (USA) in 10 Minuten 18 Sekunden hinauf und bewältigte dabei 86 Stockwerke.

7.493 Teddyliebhaber brachten ihre Teddybären zu einem Picknick zugunsten der Deutschen Kinder-Krebshilfe am 22. und 23. August 1998 zum Winzerfestplatz in Klingenberg (D). Organisiert wurde das Ereignis von Wolfgang **König**.

Dem Polizei-Sportverein **Königsbrunn** (D) gelangen 256.547 Badminton-Ballwechsel in 24 Stunden. Am 20./21. Februar 1999 spielten zwei Teams aus jeweils vier Männern und zwei Frauen auf zwei Plätzen in Königsbrunn.

Jan van **Koningsveld** aus Emden (D) kann die Zahl Pi mit 2.770 Dezimalstellen auswendig aufsagen.

Friedrich **Konrad** aus Frankenmarkt (A) stemmte am 19. Juli 1998 in Bettborn in Luxemburg ein Bierfaß mit einem Gewicht von 158 kg.

Einen Billardqueue warf Dan **Kornblum** aus Benzheim (D) während des Flensburger Tummulum Rekordfestivals am 11. Juli 1998 exakt 43,10 m weit.

Harold **Krämer** aus Siegen (D) hat in zwei privaten Wohnräumen das kleinste öffentlich zugängliche Beatles-Museum auf 27 m² eingerichtet.

Der Pyrotechniker Thomas **Krebs** aus Sontheim (CH) schrieb am 12. September 1998 eine Lichterschrift mit dem Wort AAR-GRANDISSIMO in den Himmel. Sie war 65 m breit und 5 m hoch.

180 Liter Pina Colada wurden am 11.12.98 von 20 Personen zusammen mit dem Gastwirt Michael **Kremser** in 155 Minuten gemixt.

Die **Kremser Kaufmannschaft** (A) präsentierte am 7. November 1998 eine 510,5 m lange Schokoladen-Waffel in der Kremser Fußgängerzone.

Der S.C. Schwarz-Weiss e. V. Bad **Kreuznach** (D) veranstaltete am 30. Mai 1998 das größte Freiluft-Jugend-Fußball-Turnier mit 128 teilnehmenden Mannschaften.

Die längste Straßenbahnfahrt erlebten Thomas **Bergmann** und Patrick **Krienke** aus Berlin (D) auf dem Streckennetz der Berliner Verkehrsbetriebe (BVG). Am 23. Okober 1998 befuhren sie von 8.08–18.50 Uhr eine Strecke von 136,011 km. Die Gesamtfahrzeit betrug 10 Stunden 42 Minuten, die reine Fahrzeit 9 Stunden 18 Minuten.

Brigitta **Kriwitz** aus Hamburg (D) meldete das kleinste Zwerghuhnei von 24 mm Größe und einem Gewicht von 8 Gramm, das ihre Henne am 16. Februar 1999 gelegt hat.

Der Gärtnermeister Klaus **Krohme** züchtete mit viel Pflege die längsten Petunien. Sie rankten im Sommer 1998 mit 2,70 m Länge im Lehrgarten des Kreises Steinfurt (D).

Norbert **Kubis** aus Berlin (D) ist mit 1.023 Stück im Besitz der größten Blechbüchsensammlung.

Die Kneipe **Kuckucksnest** in Chemnitz (D) präsentierte am 26. November 1998 einen Bierdeckel mit einer Seitenlänge von 150 cm.

Den größten Stimmumfang einer Frau hat Marta **Kupeczik** aus Esslingen (D). Ihr Repertoire reicht vom B bis hin zum viergestrichenen D.

1.000 Akkordeonspieler aus der ganzen Welt spielten während des Internationalen Akkordeon-Festivals in Innsbruck (A) am 24. Mai 1998 einen eigens komponierten Titel. Arnold **Kutzli** vom Deutschen Harmonika Verband hatte das Ereignis organisiert.

Die **Landesmusikschule Laakirchen** (A) präsentierte am 20. Juni 1998 ein 1.640 m langes Notenblatt, auf dem 820 Beteiligte jeweils vier Takte lang komponiert hatten.

Franz **Langer** aus Fulda (D) konstruierte bis zum 5. Dezember 1998 ein Einzylinder-Motorrad mit einem 1.000 cm³-Motor.

GRÖSSTES SCHAUKELPFERD
Das größte Schaukelpferd baute der Zimmermann Norbert Kinzner aus Kematen (A) im Februar 1998: Es ist 6,50 m hoch, 10,51 m lang und 3,40 m breit. Die Holzkonstruktion im Maßstab 1:10 war Teil eines Fasnachtsumzuges. Ob damit Kinder geschaukelt haben, blieb ungeklärt.

1.000 km nonstop auf einem Laufband legten 60 Läufer um Thomas **Langthaler** aus Sontheim (D) vom 23. bis 27. März 1999 im Fitness-Studio Sontheim zurück.

Das kleinste Papierschiff mit einer Länge von 1 mm und einer Breite von 0,5 mm faltete Hans Peter **Lau** aus Neubeckum (D).

Die längste Homepage im Internet erstellte Ralf **Laue** aus Leipzig (D) während der CeBit 99 in Hannover. Auf der Webseite von 563,62 km Länge wurden Informationen über ungewöhnliche Weltrekorde präsentiert.

Aus 100 bereits aufgeblasenen Modellierballons formte am 10. Juli 1998 Ralf **Laue** aus Leipzig (D) in 15:35 Minuten 100 Hundefiguren.

Das Modellboot von Werner A. **Layes** aus Vejen (DK) legte am 29. August 1998 in 6 Stunden 50 Minuten eine Strecke von 75 km auf dem Nord-Ostsee-Kanal zurück.

Ein 3,85 x 5,30 m großes Fotoalbum präsentierte der **Leipzig Tourist Service e.V.** am 8. März 1999 auf der Internationalen Tourismus-Börse Berlin. Das 3.000 kg schwere Album zeigte Leipzig-Motive aus einem Fotowettbewerb.

Andreas **Lehmann** und Phillip **Müller** aus Neustadt (D) haben vom 3. März 1995 bis zum 22. März 1999 zusammen 2.777 Bonbonpapiere gesammelt.

Uwe **Lenhardt** aus Speyer (D) hat am 30. August 1998 in zehn Stunden 2.228 Ballonmäuse modelliert. Alle Ballons blies er selbst mit dem Mund auf.

Das größte Tannenbaum-Mobile bauten Anke und Karl Ewald Kälin-**Lehnhoff** aus Nordstemmen (D) am 21. November 1998. 40 Bäume wurden mit einem Kran auf drei Ebenen hochgezogen. Den 30 m hohen Tannenbaum schmückte eine 45 m lange Lichterkette.

462 Schüler aus Leipzig (D) paßten am 27. März 1999 in eine 27 m lange Straßenbahn vom Typ NGT8 der **Leipziger Verkehrsbetriebe**.

Die Firma City **Leipzig Management** präsentierte am 20. Juni 1998 auf dem Marktplatz der Stadt Leipzig (D) das größte Reklamegemälde mit 2.100 m².

Das aufwendigste Geburtstagsbillett wurde Dr. Klaus Neckam aus Linz (A) am 9. Juli 1998 durch die Lehrerin Helga **Leitner** überreicht. Es ist 4,31 m lang, 47 cm breit und enthält 18.263 Kästchen, die durch handgezogene, verschiedenfarbige Linien entstanden sind und die einzelnen Lebenstage symbolisieren.

Heinz **Lengauer** aus Steyregg (A) stellte am 16. Mai 1998 die längste Spaghetti her. Sie mißt 102,4 m und ist aus einem Stück.

Einen Haarzopf mit einer Länge von 7,20 m flechtete die Friseurmeisterin Gertraud **Lener** aus Hall (A) am 18. Oktober 1998 aus dem Haar von 24 Personen.

Gerhard **Lessig** (* 1912), Siegmund **Regel** (* 1913) und Bernhard **Polleschner** (D) (* 1914), zur Rekordzeit insgesamt 253 Jahre alt, liefen beim Mannschaftscrosslauf in Dresden (D) 1998 über eine Strecke von 6,3 km in einer Zeit von 62:38 Minuten als erste durchs Ziel.

Simon **Lindecke** und Matthias **Bräuer** aus Düsseldorf (D) ruderten am 6. Juni 1998 auf dem Rhein in einem Gig-Doppelzweier in 19:55 Stunden eine Strecke von 241,4 km.

KRAFTMEIER
Während des Tummulum Rekordfestivals in Flensburg bewies George Olesen aus Barrit (DK) am 11. Juli 1998 wieder seine enormen Körperkräfte. Er stemmte ein 63-kg-Bierfaß in 28,43 Sekunden 13mal über den Kopf, zog einen 9.000-kg-LKW mit einem Finger 15,20 m weit, hob eine 323 kg schwere Harley-Davidson mit einem Finger an und liftete zwei jeweils 302,5 kg schwere Körbe an einer Eisenstange vom Boden.

Deutschsprachige Rekorde

L-M

Arno **Linder** aus Hohenems (A) bemalte am 13. September 1998 50 Personen in 5 Stunden 43 Minuten und fügte diese zu einem kompletten Bild, einem Sonnenuntergang am Meer, zusammen.

18.836 Streichholzschachteln und 13.607 Streichholzbriefchen aus 154 verschiedenen Ländern sammelte Friedrich **Lindner** aus Hersbruck (D).

Kinder der evangelischen Kirchengemeinde aus **Linthal** (CH) stellten einen 25 Meter langen Riesentatzelwurm her. Sie verbrauchten im April 1998 exakt 255 kg Wolle. Der Wurm besteht aus 130 Zotteln und einem 30 kg schweren Kopf.

MINIATUR-MODELLE

Franz Stellmaszyk aus Köln (D) stellte 1998 eine Bierflasche von 19 mm Höhe mit einem Durchmesser von 5 mm und einem maximalen Inhalt von 0,08 ml her. Außerdem eine 19 mm x 14 mm große Aktentasche, einen Stacheldrahtzaun im Maßstab 1:22,5 und einen Wagenheber von 43,7 mm Höhe. Alle Teile sind funktionstüchtig und gehören als Bestandteile zu seiner Modelleisenbahn.

Die längste Modenschau ohne Unterbrechung veranstaltete die Firma **LIVE Events & Congress** aus St. Marien (A). Am 2. Mai 1998 präsentierten 15 Models von 17 Uhr bis 5 Uhr früh Mode für jeden Geschmack.

2.800 Limericks in deutscher und englischer Sprache verfaßte Rolf **Löschner** aus Bonn (D).

Eine Luftballontraube mit 17.000 Ballons wurde am 20. September 1998 in Demmin (D) in den Himmel gelassen. Nach zehn Metern Flug löste sich die Traube auf. Organisatoren dieser Aktion waren Siegfried und Ingrid **Logall** und Ursela **Wirbel** vom Europäischen Kinder- und Jugendinfozentrum.

Ein über 4 m großes Stoffpferd nähte Stefanie **Ludwig** aus Hagen (D). 4,20 m lang und 1,70 m breit stand es auf dem Jugendreiterfestival im Juli 1998.

Coca-Cola-Pins aus über 100 verschiedenen Ländern sammelt Hans-Dieter **Ludwig** aus Neumünster (D). Bis zum 15. Januar 1999 waren es 10.177 Stück.

Ein 7,85 m langes Mobile aus 1.002 gefalteten Papierkranichen bauten Schüler der Förderschule **Lützschena** aus Leipzig (D) am 12. Januar 1999.

Einen Saurier aus Eisen baute Karl **Mader** aus Tittling (D) im Jahr 1997. Die Skulptur ist 20 m lang, 5,50 m hoch und wiegt 1,8 t.

2.753 verschiedene Sterbebilder sammelte Johann **Mader** aus Windischgarsten (A) bis zum 10. November 1998.

Den Motor eines VW Käfers wechselten vier Mitglieder des 1. **Magdeburger Käferclubs** am 20. März 1999 in Magdeburg (D) in nur 96 Sekunden.

10.000 Menschen bildeten am 1. Januar 1999 vor der Europäischen Zentralbank in Frankfurt am Main (D) das Euro-Logo. Die Firma **Maleki** und **Hit Radio FFH** organisierten den Event.

Die Firma **Marinus** aus Freiburg (D) produziert die kleinste Zündholzschachtel mit den Maßen 22,5 x 14 x 9 mm.

Christoph **Marli** und das Älpler-Team Krauchtal produzierten am 20. Juni 1998 einen Alpkäse aus 1.435 l Rohmilch. Der Käse entstand 1.500 m ü. M. auf der Alp Krauchtal, Matt (CH).

🔸 LÄNGSTES PONYGESPANN

Christoph Lenk aus Thierbach (A) lenkte am 26. Juli 1998 auf dem Ponysportplatz in Auma 24 Reitponys, die in Zweierformation vor eine Kutsche gespannt waren.

Die Kuh-Sammlung von Torsten **Martens** aus Seesen (D) umfaßt bis zum März 1999 genau 338 verschiedene Gegenstände rund um die Rindviecher.

Peter **Martin** aus Stuttgart (D) organisierte vom 28. November bis zum 23. Dezember 1998 die Verhüllung eines Autohauses mit 2.800 m² Stoff als „größte Geschenkverpackung".

Paul **Marty** aus Arth (CH) hat die größte Erdbeere der Schweiz gezüchtet. Sie wog am 12. Juni 1998 genau 128 Gramm und hatte einen Durchmesser von 10,3 cm.

Ronald **Martzloff** aus Bahlingen (D) erreichte am 1./2. August 1998 in 24 Stunden mit dem Fahrrad auf einem Rundkurs in Baden-Württemberg eine Gesamtkilometerleistung von 608,4 km.

2.500.000 Witze in Büchern, Heften, auf Schallplatten und Kassetten sammelte Anton **Maschek** aus Wittlich (D) in mehr als 50 Jahren.

Einen Weinkeller in 2.030 m ü. M. betreibt die **Mathier Nouveau Salquenen** AG aus Salgesch (CH). Vom Oktober 1998 bis zum Juni 1999 reift dort Dessertwein bei einer konstanten Temperatur von 0 bis −4 °C.

Die Firma **Mattel** (D) feierte in Zusammenarbeit mit Dr. Wolfram Metzger am 9. März 1999 Barbies 40. Geburtstag im gesamten Barockschloß Bruchsal auf einer Spielfläche von 2.200 m² mit 1.174 Kindern und über 2.000 Barbie-Ankleidepuppen und Zubehör.

Einen Sprintweltrekord über 100 m im Skilanglauf (Freie Technik) stellte Marc **Mayer** aus Radstadt (A) mit 12,48 Sekunden am 31. Januar 1999 anläßlich des zweiten internationalen Nachtlanglaufsprints in Irdning auf.

MCF-Racing (D) hat unter der Leitung von Peter Schulz am 26. September 1998 auf der Rennstrecke Tor Poznan ein Mega-Burn-out durchgeführt. 50 Motorradfahrer ließen im Stand die Hinterräder ihrer Maschinen durchdrehen, ohne ihre Standposition zu verändern.

Eine zusammengesetzte Zigarettenschachtel aus 120.000 leeren Zigarettenschachteln (9,16 m hoch, 6 m breit, 2,20 m tief) bauten Marcus und Karsten **Malsch** mit Rene **Rommel** am 22. August 1998 in Steinbach (D).

Bis zu 800 Personen nahmen an verschiedenen Veranstaltungen des **Merseburger Mittelschultreffens**

POLIZEILICHE SPARMASSNAHMEN 🔸

50 Polizisten/innen der Motorradsportgruppe Berlin fuhren am 14. Juni 1998 in Berlin-Ruhleben auf einer BMW R 67/2 eine Strecke von 75 m. Der Fahrer dieser Pyramide war der 64jährige Polizeihauptkommissar a.D. Georg Franke anläßlich des Jubiläumsfestes 150 Jahre Berliner Schutzmannschaft.

vom 25. bis zum 27. September 1998 in Merseburg (D) teil.

Kristin **Merten** aus Chemnitz (D) sammelte bis zum 3. März 1999 genau 719 internationale und nationale Telefonkarten.

Die Musikgruppe **Mery-Güüger** aus Merenschwand (CH) baute am 9. Januar 1999 eine Holzmaske mit den Maßen 9,95 x 9,15 m.

Wolf-Dietrich **Michel** aus Kaarst (D) initiierte eine Knochenmarkspendenaktion, bei der ein Oldtimer-Tankwagen mit einem Fassungsvermögen von 12.500 l seit Juni 1998 als Riesen-Sammelbüchse durch Deutschland fuhr, um Geldspenden zu sammeln, die von oben in den Tank geworfen werden.

Edeltraut **Mielitz** aus Potsdam (D) hat bis zum 20. März 1999 exakt 35.806 Papierservietten, 673 Platzdeckchen, 76 Papierkinderlätzchen und 5.031 Tropfdeckchen gesammelt.

15.120 Getränkedosen aus 91 Ländern und 1.850 Cola-Dosen aus 56 Ländern besitzen Katja und Andreas **Mild** aus Lohr-Steinbach (D).

David **Miro** aus Berlin (D) zeichnete am 15. Oktober 1998 in Stade in 60 Minuten 504 Portraits.

Die längste Murmelbahn baute die **Missione Popolare** in Giabiasco (CH) am 19. September 1998 über eine Strecke von 7.899,90 m aus 67.000 WC-Rollen. Die Murmel schaffte 6.049 m des Tunnels in 32 Minuten.

Fritz **Modreiter** aus St. Johann (A) backte am 25. März 1999 den schwersten Kornspitz in einem Stück. Er ist 4 m lang und 1,20 m breit und 200 kg schwer.

Die **Mörsdorfer Landhof Fleischerei** GmbH organisierte am 4. April 1999 auf dem Thüringer Bauernmarkt in Laasdorf (D) ein Bratwurststopfen. Dabei wurden 5.000 Meter Bratwurst an einem Stück gestopft.

Helmut **Möller** aus Ohrdruf (D) sammelte bis zum April 1999 über 10.000 Sprichwörter und Lebensweisheiten.

Rupert **Mörth** aus Dörfla/Gössendorf (A) bog am 26. November 1998 elf Eisenstangen mit 12 mm Durchmesser und vier Eisenstangen mit 14 mm Durchmesser in 31,6 Sekunden in U-Form.

Die **Molkereigenossenschaft Schwarza e.G.** aus Schwarza (D) präsentierte am 24. Juli 1998 einen mit 100 l Fruchtjoghurt gefüllten Joghurtbecher. In 17 Minuten und 21, 29 Sekunden wurde der Joghurt in 554 Becher gefüllt und verzehrt.

Dominikus **Morandel** aus Kaltern (I) betreibt eine Wein-Pipeline von 1.407 m Länge. Fertiggestellt wurde sie am 14. August 1997.

Peter **Moreno** aus Mainhausen (D) ließ am 10. Juli 1998 während des Tummulum Rekordfestivals in Flensburg zehn Personen mit zehn verschiedenen Bauchstimmen reden.

Der Sensationsdarsteller Hans **Moretti** aus Dillingen (D) befreite sich während des Tummulum Rekordfestivals in Flensburg am 12. Juli 1998 in 90 Sekunden von Fesseln und rettete sich somit vor der Bedrohung durch auf ihn zielende Armbrüste. Ebenfalls ließ er seine Frau auf einer Zeitungspalme schweben. Am 20. August 1998 überbot er seinen eigenen Tummulum-Rekord, als er einen PKW – mit verbundenen Augen – ca. 4 km durch Dillingen (D) chauffierte. Dabei ließ er sich durch ein Medium leiten.

Rebecca **Müller** strickte am 9. September 1998 in der Hauptschule in Wittelsbach (D) 109,50 Meter weit mit den Fingern.

Gerriet **Müller** aus Moormerlund (D) konstruierte bis zum 4. März 1999 den kleinsten funktionstüchtigen Heißluftmotor, einen luftgekühlten Stirlingmotor, bei dem der Verdrängerkolben und der Arbeitskolben (Durchmesser 8,01 mm) in einem Zylinderrohr arbeiten. Die Länge des Zylinderrohres beträgt 68,6 mm, der Innendurchmesser 8,02 mm.

Wolfgang **Müller** aus Dresden (D) sammelte bis zum 15. März 1999 genau 513 Vorsilben-Variationen des Namens „Müller", wie z.B. „Hammermüller, Winkelmüller" etc.

Seit dem 19. September 1976 läuft täglich der Film *The Rocky Horror Picture Show* in Münchens **Museum** Lichtspielen und hat damit die längste Laufzeit in deutschen Kinos.

Das **Westfälische Museum für Naturkunde** in Münster (D) präsentierte am 12. September 1998 einen 5,60 m großen Teddybären. Er wurde vom Museumsmitarbeiter Michael Böckmann anläßlich einer Sonderausstellung gefertigt.

Die MORSA Wachsfabrik Sallinger GmbH aus Krumbach (D) fertigte am 30. Dezember 1998 eine 360 m lange Kerze.

Das Restaurant **Movie** aus Zürich (CH) präsentierte am 4. Februar 1999 die größte elektronische Barkarte der Welt mit 1.111 Drinks und Cocktails.

Die Interessengemeinschaft Junges **Mureck** (A) sammelte Transparent-Teilstücke, die von 30.000 Jugendlichen eingesandt worden waren, und spannte sie am 31. Juli 1998 auf ein 8,814 km langes Seil.

KLEINSTES MIKROSKOP

Das kleinste Modell eines optischen Zeiss-Mikroskopes aus dem Jahr 1921 im Maßstab 1:6 hat Gerhard Lehner aus Wien (A) aus vergoldetem Messing in Handarbeit hergestellt. Sämtliche optischen und mechanischen Einstellungsmöglichkeiten entsprechen dem Original, es verfügt über eine 55fache Vergrößerung, ist 20 x 30 x 55 mm groß und wiegt 32 g.

Deutschsprachige Rekorde

N-P

Manfred **Nagel** hat am 30. April 1998 in Bad Berka (D) einen Nagel mit 3,45 m Länge und 210 kg Gewicht durch die Wand seiner Gaststätte „Zum Nagel" geschlagen.

Der Förderverein **Najubria 98** e.V. hat am 13. Juni 1998 in der Fußgängerzone in St. Ingbert (D) auf einer 1.137,9 m langen Wäscheleine Briefmarken aufgehängt.

Der Motoradclub **Nendingen** (D) präsentierte in Nendingen am 16. Januar 1999 einen 30,24 m langen Schlitten, mit dem 105 Erwachsene fuhren.

Die Bürger von Bad **Nenndorf** (D) animierten am 13. September 1998 im Kurpark von Bad Nenndorf 289 Teilnehmer dazu, Hula-Hopp-Reifen um die Hüfte rotieren zu lassen.

Johannes **Nerz** aus Hechingen-Beuren (D) hat bis zum März 1999 1.007 Kaffeetassen und -becher aus 24 Ländern gesammelt.

Als Auftakt zur **Neuenburger** Kunstwoche wurde am 30. Mai 1998 in Neuenburg (D) ein 2.245 m² großes Straßenkreidebild gemalt.

Richard **Neugebauer** erreichte am 22. Mai 1998 in Ingolstadt (D) nach 24 Stunden Kegeln 3.470 Schub und 19.023 Holz.

Die Stadt **Neuruppin** (D) stellte am 13. Juni 1998 in Neuruppin eine Märkische Landtafel mit Märkischen Gerichten aus dem Ruppiner Land mit einer Länge von 557,90 m auf.

Bei einer Spendenaktion für die Region um Tschernobyl wurde von der Festvereinigung **Neustift** (A) am 31. Mai 1998 in Neustift eine Eierspeise aus 14.030 Eiern hergestellt.

Gunther **Niederlein** aus Saalfeld (D) stapelte auf dem Marktplatz von Saalfeld am 23. Mai eine 5,20 Meter hohe Ananaspyramide.

Anja **Nierling** hat am 26. September 1998 bei den Disco-Fox-Meisterschaften in Erharth (D) 1.547 Daumendrehungen nonstop durchgeführt.

Udo Beier und Freunde aus **Niedernhausen** (D) bauten im Oktober 1997 die längste fahrbare 8-Sitzer Baumstamm-Zapfanlage. Sie wird von einem Traktor gezogen, an acht Stellen kann gleichzeitig gezapft werden.

Christine **Nikowitz** aus Laase (A) sammelte von 1971 bis zum März 1999 2.518 Zierlöffel aus aller Welt.

Hans **Noack** und Gerhard **Stolz** legten am 16. August 1998 in Cottbus (D) in 24 Stunden auf einer Radrennbahn 650,233 km in 1.950 Runden mit Rennrädern zurück.

Freddy **Nock** aus der Schweiz balancierte im Sommer 1998 730 Meter in einer Höhe von 80 Metern in einer Stunde auf dem Seil der Bergbahn St. Moritz. Als Gewichtsausgleich trug er eine 30 Kilo schwere Stange.

Der **Norddeutsche Rundfunk** sammelte während der Sendung *Deutschland für Guildo* am 1. Mai 1998 von 19:15 bis 21:45 Uhr auf dem Hauptplatz in Trier (D) ein Poesiealbum mit 868 Einträgen. Die Einträge (unter anderem Faxe und E-Mails) wurden eingeklebt.

Sascha **Nordhausen** aus Eystrup (D) besitzt 1.561 Fotos von Autokennzeichen, deren Buchstabenfolge ein Wort ergeben.

Andreas **Nowitzki** aus Berlin (D) sammelte seit 1992 bis zum 15. Mai 1998 1.494 verschiedene Automobil-Prospekte.

Manfred **Nüscheler** erreichte am 24. Oktober 1998 mit dem Rennvelo auf der Radrolle im Schaufenster der Firma LOEB in Bern (CH) eine Geschwindigkeit von 160,4 km/h. Außerdem fuhr er am 15. August 1997 500 m in 14,36 Sekunden und am 8. August 1998 1.000 m in 32,48 Sekunden. Am 13. Mai 1998 betrieb er in Bergisch Gladbach (D) eine Minute lang mit durchschnittlich 1.020 Watt 100 Rasierapparate.

Andreas **Nußbauer**, Robert Fuchsberger, Wolfgang Fürst, Harald Hartl, Peter Mühlböck, Reini Rumpler, Norbert Stuckheil und Rainer Sturm erreichten am 18. Juli 1998 in Wallsee (A) Million + 1 Punkte mit 29.185 Darts.

Die Gemeinde **Nußdorf** stellte am 18. Oktober 1998 unter Leitung von Anneliese Ueffing in Nußdorf (D) eine 2,01 m lange Buttercreme-Roulade her.

Die Musikgruppe **Norbert und die Feiglinge** präsentierte im Herbst 1998 in Hamburg (D) eine Single-CD mit der rekordverdächtigen Spieldauer von 79,10 Minuten.

Einen 35 m langen und am oberen Rand 6 m breiten handgestrickten Strumpf aus ca. 15 Mio. Maschen präsentierte die Stadt **Oberlungwitz** (D) am 14. Mai 1998. 416 Frauen und ein Mann hatten daran gestrickt.

Dominic **O'Brien** memorierte während des Tummulum Rekordfestivals in Flensburg (D) am 10. Juli 1998 exakt 68 Ziffern einer 90stelligen Zahl.

Helmut **Oelschläger** aus Wilhelmsfeld (D) bewarb sich vom August 1996 bis zum 31. März 1999 exakt 794mal bei verschiedenen Arbeitgebern um neue Arbeit.

MEISTE WEIHNACHTSMÄNNER AM HOLSTENTOR
Die Lübeck und Travemünde Tourismus Zentrale versammelte am 12. Dezember 1998 am Holstentor in Lübeck (D) 453 Weihnachtsmänner.

MEISTE TANDEMS

Anläßlich einer Großveranstaltung der Touristikgemeinschaft im Tal der Loreley aus St. Goar (D) versammelten sich dort am 28. Juni 1998 78 Tandems. Auch die Loreley hätte ihren Spaß an dieser Aktion gehabt.

GRÖSSTER HOLZFEITEL

Erwin Schachinger hat in Altheim (A) einen Holzfeitel mit Metallklinge konzipiert, dessen Schaftlänge 4,01 m, der Umfang am stärksten Teil 1,33 m und die Klingenlänge 4 m beträgt.

Am 5. September 1998 versammelte Hartmut **Offermann** als Organisator 687 Gitarristen zu einem Konzert in Jülich (D). Acht Lieder wurden gemeinsam geübt und aufgeführt.

Die **Oskar-von-Miller-Realschule** in Rothenburg ob der Tauber (D) baute am 10. Dezember 1998 eine Matrioschka von 4,25 m Höhe und einem maximalen Durchmesser von 1,70 m.

Der **Osnabrücker Verein** zur Hilfe für seelisch Behinderte e.V. „Hügelhaus" (D) schmückte am 5. Juli 1998 ein Haus mit einem Schachtelkranz aus 5.244 Schachteln, die auf 310 m Länge hintereinander geknüpft waren.

Einen Zigarettenschachtelturm von 9,10 m Höhe errichteten Robert **Otter** und Walter **Eder** aus Gars (D) vom 10. bis zum 13. April 1998 aus 14.000 leeren Zigarettenschachteln.

Das **Otter-Zentrum Hankensbüttel** (D) füllte am 30. November 1997 einen 5 m hohen Nikolaussack mit 1.257 kg Gebäck.

Enzo **Paolo** aus Mannheim (D) stapelte am 18. Oktober 1998 20 Würfel aufeinander.

Jeannette **Passow** aus Viteuse (D) fertigte vom 5. Oktober 1998 bis zum 20. März 1999 einen 6,17 m langen und 14 kg schweren Kelly-Family-Fanbrief.

Am 4. Oktober 1998 organisierte Marten August **Paulsen** aus Bohmstedt (D) den Bau einer Erntekrone mit einem Durchmesser von 5,60 m und einer Höhe von 5,00 m. 1/4 ha Roggenstroh wurde dabei verarbeitet.

Patrice **Paulus** aus Gersweiler (D) hat am 5. Juni 1998 in Fürstenhausen eine Galette (Crêpe) mit einem Durchmesser von 3 m gebacken.

Eine Schneekugel von 9 m Durchmesser und 6 m Höhe mit Dekoration und Schnee-Effekt baute Markus **Peter** aus Würzburg (D) am 21. Oktober 1998.

Erich **Petersson** aus Berlin (D) hat seit 1950 mehr als 6.000 Post- und Ansichtskarten zu einem Urlaubstagebuch über Familienbegebenheiten verarbeitet.

Wolfgang **Petry** (D) ist bis zum 22. Juni 1998 mit seiner Single „Die längste Single der Welt" 81 Wochen in den Mediacontrol Top 100 vertreten gewesen.

Giovanni **Perrone** aus Pirmasens (D) hat am 24. Juli 1998 in Pirmasens ein 6 m langes Parmigiana (Schnitzel mit Spaghetti und Tomatensauce überbacken) hergestellt.

Die **Pestalozzischule** für Lernhilfe in Wolfsburg (D) bedruckte am 25. Februar 1999 eine 604,73 m lange Tapete mit einem New-Beetle-Motiv.

Alfred **Pfattner** aus Klausen (CH) erwanderte mit Turnschuhen am 6. Oktober 1998 7.740 Höhenmeter in 12 Stunden. Barfuß kam er am 28. Oktober 1998 in 12 Stunden auf 8.005 Höhenmeter.

Christian **Pfeiffer** hat am 12. April 1998 in Bernbeuren (D) mit einem Motorrad 13 Kreise auf dem Hinterrad (Wheely) in 30 Sekunden gedreht.

Helmut **Pfister** initiierte im Juli 1998 im Sauna Park in Bürgel (D) das größte Solebad (Wasser mit Salz aus dem Toten Meer) mit 40.000 Litern für bis zu 19 Personen.

Die Mal- und Zeichengruppe in der Justizvollzugsanstalt **Pforzheim** (D) baute am 23. Juni 1998 den größten Poststempel mit einem Durchmesser von 70,4 cm und einem Gewicht von 20,4 kg.

Der **Pforzheimer Schnäuz Club der Bartfreunde** stellte am 6. September 1998 in Pforzheim (D) die längste Vollkinnbartkette mit einer Länge von 15,37 m aus 21 Bartträgern zusammen. Die längste Schnurrbartkette war 7,09 m lang und bestand aus 25 Bartträgern.

Der **Pfälzer** Drehorgel-Stammtisch (D) initiierte am 30. August 1998 ein Drehorgel-Straßenfest. Über eine Distanz von rund 80 km spielten in 40 Orten entlang der Weinstraße Drehorgelspieler.

Den stärksten und den schwersten Fördergurt sowie die stärkste Fördergurtverbindung fertigt die Firma **Phoenix** aus Hamburg (D). Der stärkste hält 8,200 N/mm aus, der schwerste wiegt 52 t und die stärkste Verbindung trägt 3,400 N/mm bei einer 20 km langen Förderstrecke.

Adolf **Pichler** aus Straß (A) wanderte von 1974 bis 1987 von Pristina im Kosovo über Österreich, Deutschland, Dänemark, Schweden und Norwegen zum Nordkap.

Roswita **Pomaska Gröppmair** aus Leutkirch (D) besitzt 1.000 gemalte und aus Tonpapier gefertigte Bilder, die sie vom 13. Oktober 1998 bis zum 30. November 1998 erstellte.

Hermann **Popp** aus Schweinfurt (D) baute den größten Tennisschläger mit einer Länge von 1,96 m, einer Breite von 90 cm und einem Gewicht von 4,1 kg für seine Schwägerin Else Popp 1992.

Die Firma Toni **Potratz** hat am 12. Juli 1998 in Flensburg (D) einen Turm aus 250 Flensburger Bierkästen gebaut. Er erreichte eine Gesamthöhe von 55 m und stand 4,94 Sekunden.

Die Firma **Power Generation** initiierte am 29. August 1998 in Villach (CH) ein Puckstapeln. 692 Pucks wurden 3 m hoch gestapelt.

Zwölf Mitglieder des **Powerhouse Racing Teams** aus Bielefeld (D) fuhren am 8. August 1998 auf der ovalen Radrennbahn des RC Zugvogel in Bielefeld in 24 Stunden mit drei Karts 1.871,1 km weit.

Schüler der **Primarschule** in Büren (CH) erstellten am 4. Februar 1999 eine 3.865 m lange Girlande aus Papier und Klammern.

Das **Progymnasium Dornstetten** (D) zeichnete im Februar 1999 den „Teppich von Bayeux". Der 70 m lange Teppich zog sich als großes Kunstwerk in Form gemalter aneinandergereihter Bilder durch die Flure der Schule.

Vier Golflehrer vom **Pro Konzept Golf-Gut Clarenhof** (D) schlugen im Juli 1998 im Rahmen einer Wohltätigkeitsveranstaltung in einer Stunde 4.792 Bälle. Jeder Schlag ging über 100 Meter.

Werner **Puchas** aus Hartenberg (A) steuerte am 28. März 1998 auf der Rennbahn in der Messehalle Oberwart 24 Stunden ein funkgesteuertes Modellauto und legte damit 656,85 km zurück.

Rainmund **Puck** aus Fohnsdorf (A) besitzt eine 1.000 Stück große Sammlung aus Renn- und Sportkappen.

Jürgen **Punge** aus Bochum (D) sammelte bis zum 7. März 1999 2.930 Golfbälle mit verschiedenen Logos.

229

Deutschsprachige Rekorde

R-S

Ivo **Radakovich** aus Neumarkt (I) baut seit 1972 eine Stadt im Maßstab 1:25 aus 4 mm Pappelsperrholz. Mit einer Handsäge fertigte er die 3,33 m x 1,89 m große Stadt mit ca. zehn Gebäuden.

Franz und Christian **Radinger** aus Mannersdorf (A) haben bis zum Februar 1999 372 Pfeffermühlen aus verschiedenen Materialien und Ländern gesammelt.

Sepp **Rankl** aus Zwiesel (D) stellte am 17. Oktober 1998 in der Glashütte des Stephan Freiherrn von Poschinger in Frauenau ein 69,7 cm langes und 45,7 cm breites Schnupftabakglas her.

Eine erzgebirgische Stufenpyramide von 14,62 cm Höhe erbaute die **Raum- und Tafelschmuck GmbH** aus Gahlenz/Freiberg (D) am 30. November 1997. Auf einem Grundgestell mit 5,50 m Durchmesser standen 6 Etagen sowie eine Kuppel.

Das größte in Serie gefertigte Puzzle stammt vom **Ravensburger Spieleverlag** in Ravensburg (D). Es hat 12.000 Teile, ist fast 7 kg schwer, 4 m² groß und zeigt die Skyline der Stadt New York (USA).

Zwölf Schüler/innen und ein Lehrer des **Recknitz-Gymnasium** aus Laage (D) bastelten in 24 Stunden 4.175 Papierkraniche in original japanischer Origami-Faltkunst.

Gottfried **Recnik** aus Penk (CH) vollendete am 24. Juli 1998 eine 6 kg schwere bespielbare Panflöte aus Marmor.

Heinz **Reglin**, Edgar **Hilke**, Dieter **Winkelmann**, Wilfried **Winkelmann** und Siegfried **Züge** aus Soltendieck (D) sind seit 40 Jahren Mitglieder im Feuerwehrverein Kattien.

Im **Rehafit-Fitness Center** in Ammerbuch (D) traten am 20. und 21. Februar 1999 acht Männer und zwei Frauen 24 Stunden lang mit neun Rädern beim Spinracing in die Pedalen.

Gerd **Rehbein** und Wolf **Tiemeier** aus Essen (D) stürzten sich am 17. September 1998 von einem Free-Fall-Tower im Holiday Park in Hassloch 370mal aus 70 m Höhe in die Tiefe. Insgesamt fielen sie also 25,9 km mit einer Höchstgeschwindigkeit von ca. 100 km/h.

Frank **Rehder** aus Groß Nordende (D) machte am 26. März 1999 in 30 Minuten 700 Liegestütze auf dem rechten Arm.

Die Yorkshire-Terrier-Dame „Kessy" aus Halle ist 12,5 cm hoch und 18 cm lang und wiegt 620 g. Besitzerin ist Manuela **Reschauer**.

Die größte Sammlung von Radkappen besitzt Marko **Reich** aus Oelsnitz/Erz (D) mit 2.630 Exemplaren.

Rechtsanwalt Günter **Reinhold** aus Leipzig (D) betreut einen rekordverdächtigen Erbfall: 78 Erbberechtigte und 106 Nacherben haben Anrecht auf einen Erbanteil, der bei einzelnen Fällen nur noch 0,0010288 % der Erbsumme ausmacht. Dies wären dann noch imposante 74,07 DM.

Schülerinnen und Schüler der zehnten Klassen der **Rektor-Siemonsen-Schule** in Husum (D) haben eine Laterne mit einer Länge von 3 m und einem Durchmesser von 1,35 m zum St. Martinstag 1998 gebaut und dort präsentiert.

Der Ort **Retzelfembach** (D) präsentierte sich im Dezember 1998 als riesiger Adventskalender. Von Maxi Schmitt initiiert, wurde jeden Tag neu das Fenster eines anderen Hauses als Adventskalenderblatt dekoriert und den Dorfbewohnern vorgestellt.

Der Verkehrsbetrieb Stadtbus **Rheine** (D) füllte am 15. September 1998 einen seiner Standard-Linienbusse mit 223 Freiwilligen aus Rheine bis auf den letzten Quadratzentimeter.

MEISTE TITANIC-BESUCHE
150mal sah die neunzigjährige Henriette Oehlering aus Düsseldorf (D) bis zum 18. Februar 1999 den Film Titanic im UFA-Kino in Düsseldorf.

GRÖSSTE EISGROTTE

Mehr als 7.500 Besucher bewunderten bis April 1998 den Eispavillon Mittelallalin oberhalb von Saas-Fee (CH) in 3.500 m ü. M. mit seiner größten und höchsten Eisgrotte von über 5.000 m³ Umfang. Besonders attraktiv sind der hautnahe Eiskontakt und der gefahrlose Zugang zur Gletscherspalte.

Die Bevölkerung von **Richterswil-Samstagern** (CH) veranstaltete am 14. November 1998 ein Räbechilbi, das ist ein Lichterumzug, mit 24 t ausgehöhlten Herbstrüben und 40.000 Kerzen.

Erika-Ricky **Riemer** aus Gratkorn (A) hat von Oktober 1998 bis Januar 1999 in 16 Büchern 11.600 handgeschriebene Kinder-Gedichte, -Sprüche, -Reime etc. festgehalten.

Gerhard **Riemke** aus Hamburg (D) hat bis Oktober 1998 insgesamt 4.719 Postkarten gesammelt, die seit 1960 aus der ganzen Welt an ihn persönlich per Post geschickt worden sind.

Einen Wein-Paß hat der Lebensmittelchemiker Dr. Wilhelm **Rieth** aus Mainz (D) von Juli 1996 bis März 1998 mit 117 Eintragungen aus 25 Ländern in 23 verschiedenen Sprachen gefüllt. 173.244 Flugkilometer legten Dr. Rieth und sein Wein-Paß rund um den Globus dabei zurück.

Brian **Richards** aus Bornlitz (D) wurde als erster EU-Ausländer am 15. September 1996 durch ein Direktmandat Ratsmitglied in der Gemeinde Bornlitz und zog außerdem am 1. April 1998 als Nachrücker in den Kreistag Soltau-Fallingbostel ein.

Karl **Röske** aus Neckarsulm (D) befreite sich am 14. August 1998 in 5 m Meerestiefe vor Mallorca (E) von einer Zwangsjacke und schwamm nach 16 Sekunden wieder an die Oberfläche.

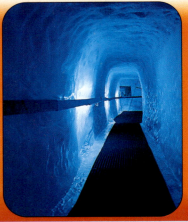

Antje und René **Rößner** aus Eisenach (D) besitzen eine Sammlung von 1.540 Nilpferde-Objekten.

Andreas Egil, Urs Graf, Gerhard Haller und Urs Rauber vom FC **Roggwil** (CH) erreichten vom 21. bis 22. August 1998 an vier Bull-Shooter-Dartgeräten in 24 Stunden 1.120.427 Punkte.

Die evangelische Kirchengemeinde **Rosbach** (D) ließ am 29. August 1998 1.003 Wunderkerzen hintereinander abrennen. Über eine Strecke von 90 m zündete eine Kerze selbständig die nächste an. Bis zum Abbrennen der letzten Kerze vergingen 1 Stunde 17 Minuten.

Einen Klappstuhl aus Platin mit den Mini-Maßen 8,5 mm Höhe und 5,5 mm Breite baute Franz **Rosenberger** aus Preding (A).

Holger **Rothmann** aus Büttelborn (D) gelang am 11. Oktober 1998 beim Fußballspiel zwischen dem SG Egelsbach und dem DJK/SSG Darmstadt ein Hattrick mit drei Foulelfmetern in 18 Minuten.

Eine 20 m lange Kohlroulade servierten die Mitarbeiter von **Rügen** Produkte e.V. aus Zirkow (D) am 11. Oktober 1998.

Die 14jährige Tatiana **Ruoss** aus Schemmerhofen stapelte im Oktober 1998 37 Bierkisten aufeinander und erklomm anschließend den von ihr erbauten Kisten-Turm.

Die längste Holzkette aus einem Stück Lindenholz fertigte Karl **Ruscha** aus Drosendorf (D). Sie ist 36,2 m lang und hat 653 Glieder.

Der Tourismusverband **Russbach** (A) und Bäuerinnen aus der Region fertigten am 3. Oktober 1998 600 Portionen Wuzelnudeln per Hand. Dabei wurden insgesamt ca. 200.000 Nudeln aus dem Teig durch Reiben zwischen Handfläche und Daumen hergestellt.

Salvatore **Sabbatino** aus Hamburg (D) modellierte im Juli 1998 in einer Stunde aus 296 Ballons 265 Figuren.

Das Hotel **Sacher** in Wien (A) produzierte am 19. November 1998 eine Sacher-Torte mit einem Durchmesser von 2,50 m.

Heinz **Sänger** aus Dortmund (D) betreibt ein Mobilfunk Museum, in dem sämtliche Mobilfunkgeräte von 1958–1985 und eine einzigartige Sammlung von Prominenten-Handys ausgestellt ist.

Heinrich **Saffra** aus Forchheim (D) konstruierte eine Dampflokomotive mit einem 0,4 cm³ großen Dampfkessel. Die Lok ist 31 mm lang, 10,5 mm breit und 20 mm hoch.

Salzwedeler Stadtführer führten in Salzwedel (D) am 24. Juli und 25. Juli 1998 eine Mitternachts-Stadtführung mit 800 Personen durch.

Johann **Sanktjohanser** aus Garmisch-Partenkirchen (D) ist mit Peter **Riesch** am 24. Juli 1998 in 3, 05 Stunden zum 100sten Mal barfuß von Hammersbach (am Fuß der *Zugspitze*) durchs Höllental zur *Zugspitze* gewandert.

Die **Satorius** AG aus Göttingen (D) präsentierte im November 1998 eine Waage mit den Maßen 87 x 62 x 9 mm. Die Höchstlast beträgt 150 g und die Auflösung 0,1 g.

Astrid **Saupe** aus Leipzig (D) umknüpfte mit Makrameetechnik ein 1,5 x 2 cm großes Wellensittich-Ei. Sie knotete in ca. 19 Stunden 1.266 Knoten.

Die Manfred **Sauter** OHG aus Friedrichshafen (D) hat am 5. Juli 1998 genau 463 kg Mehl, 750 Eier, 50 kg Zucker, 133 kg Marmelade, 81 kg Buttercreme, 48 kg und 7 kg Mürbeteig zu einem Zeppelin von 7 m Länge und 1,50 m Breite verarbeitet. Das Gesamtgewicht betrug 804 kg.

Die Besucher der **MoDo Paper AB** in Stockstadt (D) haben am 19. und 20. September 1998 eine 744 m lange Papierrolle mit 4.305 Unterschriften hergestellt.

Gerald **Schäfer** aus St. Leon-Rot (D) hat bis 1998 exakt 260.717 km mit den Original-Scheibenbremsbelägen in seinem serienmäßigen VW Golf GTI zurückgelegt.

Udo **Scharnitzki** aus Düsseldorf (D) präsentiert sich seit 1989 mit einer Ein-Mann-Kapelle, die ohne ein hydraulisches Hebewerkzeug 3,15 m hoch, 4,38 m lang und 1,45 m tief ist. 7.470 Einzelteile, Schalter, Leuchtbirnen und Dioden sind darin verarbeitet.

Christliche Pfadfinderinnen und Pfadfinder der Adventjugend in Sachsen stellten am 23. Mai 1998 in Grünheide (D) unter Leitung von Pastor Johannnes **Scheel** in zwei Stunden eine Bilder-Bibel aus 200 selber gemalten Bildern mit biblischen Motiven her.

Das Team des Flugsportvereins Gotha (D) um Heike **Scheffel** ließ sich im September 1998 in einem Segelflugzeug von einem HB-23-Flugzeug an einem 50-m-Seil bis nach England abschleppen. Von Kortrijk bis Shoreham betrug die Distanz 248 km.

Christian **Scheuner** und Martin **Hefti** aus der Schweiz bestiegen im Juli 1998 alle 44 Viertausender der Schweiz. Sie benutzen dabei nur erlaubte Bahnen und wurden von keinerlei Hilfspersonal unterstützt.

WEITER SPRUNG

Oliver Ronzheimer aus Köln (D) sprang am 6. März 1999 mit einem Honda-Montesa-Trialmotorrad ohne Rampe 9,50 m weit über 38 Personen, die jeweils Fuß am Knie des Nebenmannes auf dem Boden lagen.

Deutschsprachige Rekorde

S

Berta Karin **Schiffelhuber** (A) hat von 1994 bis zum März 1999 960 Trachtenpuppen aus aller Welt gesammelt.

Ilse **Schindlmeier** organisierte in Bad Kissingen (D) am 12. Juli 1998 einen 104 m langen Schminktisch, auf dem 36 Teilnehmer alles präsentierten, was es zu dem Thema Schönheit, Wellness und Body-Fitness gibt.

Bastian **Schlenker** aus Löchgau (D) gelang am 15. November 1998 beim einem Hallenfußball-Turnier ein Hattrick in 58 Sekunden. Das erst Tor fiel nach 3, das zweite nach 40 und das dritte nach 58 Sekunden.

Die kleinste Gefängnischronik erstellte die Justizvollzugsanstalt Wolfenbüttel (D). Sie ist 12 x 16,5 x 5,5 mm groß und enthält auf 56 Seiten die 500jährige Geschichte der Vollzugsanstalt. Jürgen **Schleuder** war der Initiator dieser Aktion.

Schülerinnen und Schüler des Gymnasiums Am **Schloßteich** haben am 15. Mai 1998 in Chemnitz (D) eine Kuchentafel mit einer Gesamtlänge von 657 m organisiert.

Helga **Schmid** aus Schwerbachgegend (A) gestaltete vom 1. Januar bis zum 15. Februar 1999 4.515 Ostereier mit verschiedenen Motiven und Techniken.

Der tüchtigste *Brocken*-Wanderer ist Benno **Schmidt** aus Wernigerode (D). Er bestieg vom 3. Dezember 1989 bis zum 18. März 1999 insgesamt 2.180mal den mit 1.142 m höchsten Berg im Harz.

Christian **Schmidt** aus Laudenbach (D) memorierte anläßlich der Deutschen Gedächtnismeisterschaft 1998 in Schwäbisch Hall 98 Wörter in 15 Minuten in der richtigen Reihenfolge.

Einen Eisstock von 1,95 m Durchmesser und 2,40 m Höhe konstruierte Josef **Schmidt** aus Neustift (A) im Januar 1999.

Randy **Schmidt** (D) hat in der Adventszeit 1998 als „Goldener Weihnachtsmann" 2.102 Kinder und Erwachsene als Illusionstrick auf einem Schlitten schweben lassen.

HOHER NIKOLAUS
Ein 36,8 m hoher Nikolaus stand im Dezember 1998 in der Ortschaft Sankt Niklaus (CH). Der Kirchturm des Ortes war zum Nikolaus umfunktioniert worden.

Eine Lokomotive der Baureihe Mak mit der Spurweite Z von Wilfried **Schmidt** aus Hameln (D) zog am 22. Mai 1998 in Droste 194 Märklin-Güterwagen über 15 m weit.

Die Bäckerei **Schmidt** aus Bad Oldesloe (D) stellte am 24. Mai 1998 60 verschiedene Torten in unterschiedlichen Formen her.

Der Diplom-Ingenieur für Modelltechnik Volkmar **Schneider** aus Dresden (D) baute ein Modell des menschlichen Gehirns mit den Maßen 2,10 x 1,80 x 1,60 m. Es soll auf der Expo 2000 in Hannover (D) ausgestellt werden.

Heino **Schnetzler** aus Höchst (A) sammelte bis 1999 genau 487 verschiedene Uhren der Marke „Fossil".

Edgar **Schnur** und Maurice **Paulus** haben am 30. August 1998 in Gersweiler (D) einen Crêpe mit einem Durchmesser von 3,03 m hergestellt.

Ernst **Schönherr** aus Bestenrade (D) schichtete bis zum 19. Juli 1998 einen 10,18 m hohen Holzstapel in der Original-Form eines Leuchtturms auf und bemalte ihn in klassischem Rot und Weiß.

Auf dem „24 hours world cycle race" in **Schötz** (CH) wurden am 8./9. August 1998 gleich drei neue Rekorde aufgestellt: Hansruedi Keller aus Kleindöttingen schaffte 961,62 km und brach seinen bisherigen Rekord. Bei den Frauen brachte es Brigitte Schoch aus Aarau auf 880,68 km. In der Kategorie Masters erreichte Otto Lanz aus Bülach mit 55 Jahren 808,17 km.

Die **Schornsteinfeger**-Innung für den Regierungsbezirk Düsseldorf (D) versammelte am 27. März 1998 genau 371 Schornsteinfeger in und auf dem Düsseldorfer Rathaus.

Herr Arnulf **Schott** aus Wattenheim (D) hat bis zum 12. Juni 1998 Burgenmodelle in deutschem, französischem und italienischem Stil gebaut. Auf 42 m² stehen 112 Türme, 19 Tore, 16 Burghöfe, 37 Ausfall- und Seitentore, 50 Zugbrücken, drei Burgkapellen und eine Burgkirche.

Die **Schülerkammer Hamburg** (D) hat vom 16. bis 21. Dezember 1998 eine 168 Stunden andauernde Demonstration gegen den Bildungsabbau initiiert. 4.000 Hamburger Schüler nahmen an 84 Demo-Zügen Tag und Nacht teil.

Die Brauerei **Schützengarten AG** aus Sankt Gallen ist die älteste noch produzierende Brauerei der Schweiz.

Der älteste Teilnehmer des Powder 8 World Championship in Kanada ist mit 69 Jahren Georg **Schöndorfer** aus Bad Reichenhall (D). Er belegte am 26. März 1998 mit seinem Sohn in der Kategorie „Masters" den zweiten Platz.

Die Schüler der Primarschule aus **Schönenwerd** (CH) strickten per Hand einen Tausendfüßler mit einer Länge von 37,31 Metern. Sie wurden von den Müttern kräftig unterstützt. Die Arbeitszeit betrug mehrere Monate.

Der Fakir Rainer **Schröder** aus Altenburg (D) legte sich am 7. Oktober 1992 mit dem Rücken auf Glasscherben. Auf seiner Brust standen auf einem Brett zehn

GRÖSSTE SCHULSPORT-CHALLENGE

Am 20. August 1998 fand in Nordrhein-Westfalen die landesweite Auftaktveranstaltung im „Jahr des Schulsports 1999/2000" statt. 525.000 Schülerinnen und Schüler absolvierten zwischen 11 und 13 Uhr acht Bewegungseinheiten von je 5 Minuten. Insgesamt sind das 2.625.000 Minuten, 43.750 Stunden, 1.823 Tage oder 4,99 Jahre für den Schulsport.

Männer mit einem Gesamtgewicht von 800 kg. Zehn Sekunden später stand er unbeschadet wieder auf. Im April 1999 bog er eine 6 m lange Eisenstange mit einem Durchmesser von 12 mm so zusammen, daß sie anschließend in einen Standard-Koffer paßte. Dafür brauchte er insgesamt nur 1:45 Minuten.

Peter **Schulenburg** aus Hamburg (D) besitzt 141 verschiedene „Schnippel-Bohnen-Maschinen". Die älteste ist aus dem Jahre 1895.

Josef **Schuller** aus Schnaitenbach (D) hat in den letzten 20 Jahren 30.000 Fotos geschossen und in 122 Fotoalben gesammelt.

Christiane **Schulz** aus Laußnitz (D) stellte 1998 12.000 Christsterne (Fröbelsterne) her.

Mario **Schulz** und Andreas **Eichner** aus Husum (D) spielten am 27. April 1998 genau 24 Stunden Billard (9er Ball) ohne Pause. Sie schafften 558 Spiele.

Das Team der sportwissenschaftlichen Fakultät der Uni Leipzig (D) schaffte am 27. November 1998 beim 250 x 250 m-Freistil-Schwimmen mit 105 Startern im Alter zwischen elf und 66 Jahren eine Zeit von 14:37:09 Stunden. Die Teamleiterin war Anke **Schulz**.

Zur Eheschließung am 1. August 1998 in Dessau (D) trug Kerstin **Schulze** eine Brautschleppe von 311,30 m Länge.

In Bergisch Gladbach (D) sang am 5. Juli 1998 ein Kinderchor mit 1.812 Kindern, die alle einen Fahrradhelm aufhatten. Organisator dieser Aktion waren Andreas **Schwann** und Sarah **Rembold**.

Den kleinsten Falthut aus Papier faltete Susanne **Schwarz** aus Vallendar (D) am 23. März 1999. Er hat eine Länge von 4 mm und eine Höhe von 2 mm.

Ulrich **Schwarz** aus Großmehring (D) kippte am 4. Juli 1998 in Ingolstadt in 27,25 Sekunden fünf PKW (Golf/Polo-Klasse) um.

Rayk **Schweiger** schoß am 7. April 1998 in Möckern (D) bei einem Fußball-Kreisoberligaspiel 3 Sekunden nach Anpfiff ein Tor.

GRÖSSTER ZOLLSTOCK
Die Zollstockfreunde 97 Zoll Anhalt aus Köthen (D) präsentierten am 13. Februar 1999 einen 66 m langen Zollstock aus 24 Gliedern mit einem Gewicht von 65 kg.

Im Rahmen der Polizei-Fußball-Europameisterschaft wurde im Baseler Fußballstadion (CH) am 13. Juni 1998 das größte Guggenmusikorchester aufgestellt. 2.811 Musiker waren beteiligt und spielten zwei Stücke. Diese Aktion wurde von der **Schweizerischen Polizei Fußballvereinigung** organisiert.

Christoph **Schwers** aus Köln (D) nutzt öffentliche Verkehrsmittel und seine Abonnementkarte optimal: Er lädt seit dem 1. April 1991 andere Fahrgäste zur Gratisfahrt mit Bus und Bahn ein. Bisher hat er 4.232 Menschen, 15 Hunde und drei Fahrräder, also 4.250 Gratis-Mitfahrer gesammelt.

Wilfried **Schwuchow** aus Angermünde (D) baute die größte Taschenuhr. Sie hat einen Durchmesser von 4,70 m im Durchmesser. Innerhalb einer Stunde werden von einem Güterzug 80 m Schienenweg zurückgelegt. Die jeweils volle Stunde zeigt ein Lokschuppen mit zwölf Einfahrten an, auf dessen Drehscheibe eine weitere Lok alle zwölf Minuten hin und herfährt. Das gesamte Uhrwerk wird mechanisch betrieben und mittels Computertechnik gesteuert. Weiterhin werden angezeigt: 24 Stunden-Uhr, Weltzeituhr, Bahnkilometer von Eberswalde bis zu den größten Städten der Welt, Mondphasenuhr und Kalendarium mit Sternzeichen. Die Taschenuhr wiegt insgesamt 20 Tonnen.

Das älteste Dreigestirn Deutschlands bestand 1999 aus Hans Düppenbecker (85 Jahre), Anneliese-Gerda Maahs (60 Jahre) und Margarete Kranz (82 Jahre). Alle drei kommen aus dem **Sebastianstift** aus Hürth-Gleuel (D).

Die Firma **Secura** Versicherungen aus Zürich (CH) präsentierte am 17. Juli 1998 ein Bild aus 7.872 Einzelfotos.

Die Gemeinde Oberkirch (D) baute am 10. Oktober 1998 eine 37,20 Meter lange Apfelkuchenstraße auf dem Rathausplatz auf. Die Organisation für diese Veranstaltung lag bei Eveline **Seeberger**.

Cyrill **Seifert** aus Effretikon (CH) fotografierte innerhalb von zehn Jahren alle 2.133 Bahnhöfe der Schweiz.

Deutschsprachige Rekorde

S-T

Ein LKW-Konvoi mit 479 Trucks rollte am 18. Juli 1998 durch Dresden (D). Peter **Semetzky** hat diese Aktion ins Leben gerufen.

Eine Flugente von Erwin **Semrau** aus Großlüdershagen (D) hatte ein Gelege von 29 Eiern gebrütet, von denen 27 schlüpften. Alle Küken sind wohlauf.

Dieter **Senft** aus Brandenburg (D) konstruierte einen 11,15 m hohen mobilen Eiffelturm, der mit Pedalkraft angetrieben wird. Die Grundfläche beträgt 4,50 x 4,50 m, er besteht aus 628 Aluminium-Fahrradfelgen und 40 m Alurohr, ist 300 kg schwer und die Sattelhöhe beträgt 3,10 m.

Das längste Fahrrad der Welt ohne ein drittes Rad zur Stabilisierung wurde von Dieter **Senft** aus Kolpin (D) am 12. März 1999 297 m weit gefahren. Die Konstruktion wiegt 167 kg und ist 25,22 m lang.

Stefanie **Sieber** aus Weidenberg (D) gelang mit ihrem Pferd Fabrizio beim In-Out-Springen 401 Sprünge über Hindernisse, die in einem Abstand von 3,20 m–3,50 m im Viereck aufgestellt waren.

Die Stadt **Soest** (D) veranstaltete 1998 mit der Allerheiligenkirmes eine Innenstadtkirmes auf fast 60.000 m² Fläche.

Mitarbeiter des **Soziokulturellen Zentrums** in Delitsch (D) bastelten vom 5. Januar bis zum 20. März 1999 eine 247 m lange Kette aus 2.516 Klopapierrollen.

Peter **Spincke** aus Norderstedt (D) hat 15.000 Korken zu einer Korkwand zusammengestellt.

1.255 Schülerinnen der Maria-Ward-Schule aus Augsburg legten zusammen mit Bianca **Stadtmüller** aus Westengrund (D) am 23. Juli 1998 genau 120 m als längster weiblicher Tausendfüßler mit Gummibändern von Fuß zu Fuß zurück.

Die höchste Schaukel wurde am 6. September 1998 von Holger **Silbe** aus Paderborn (D) aufgestellt. Sie ist 68 m hoch und schaukelt bis 30 m weit.

Die **Silvetta Nova** Bergbahnen AG (A) hat im Skigebiet Silvetta Nova am 17. Januar 1999 aus Eis und Schnee einen VW-Beetle mit 17 m Länge, 9 m Höhe und einem Gewicht von 750 t aus 500 m³ Schnee gebaut.

Thomas **Speer** aus Duisburg (D) ist mit einem Wochenenendticket am 20./22. März 1999 3.534 km weit gefahren.

Enrico **Spitzer** und Axel **Erxleben** aus Zscherndorf (D) errichteten am 5. September 1998 in Zscherndorf einen 11 m hohen Turm aus Pappkartons. 22 Kartonreihen von jeweils neun Kartons wurden dabei übereinander gestellt.

Die **Stadtmarketing Gesellschaft Bocholt** (D) knüpfte vom 4.–7. Juli 1998 im Rahmen eines Stadtfestes ein langes Seil. 20 Menschen arbeiteten in Dreierteams an vier Tagen rund 12 Stunden. Sie kamen auf 533 m Länge.

HÖCHSTE GESCHWINDIGKEIT AUF EINEM HOCHSEIL

Johann Traber von der Original Traber Show erreichte auf einem Drahtseil in luftiger Höhe am 10. Mai 1998 mit einem 164 PS-starken Motorrad eine Höchstgeschwindigkeit von 96 km/h.

Ohne Druckkabine und ohne Druckanzug kam Josef **Starkbaum** aus Maria-Enzersdorf (A) am 21. Juli 1998 mit einem Heißluftballon der FAI Klasse AX-8 mit 3000 m³ auf 15.011 m Höhe.

Die Fa. Anton **Starkl** aus Frauenhofen (A) hat während der Zeit vom 27. bis 31. August 1998 das Kleid der Kaiserin Sissi aus insgesamt 4.025 weißen Rosen nachgebaut. Die Form des Rockes wurde durch künstliche Krinolinen aus Stahlstäben vorgegeben. Während der Ausstellung wurden die Blumen durch Glasröhrchen mit Wasser versorgt, die in den aufgenähten Gitterteilen angebracht waren.

Olaf **Steigüber** aus Melsungen (D) sammelte bis März 1999 1.705 Schlümpfe.

Reiner **Stevens** aus Meerbusch (D) schaffte am 21. März 1999 in 50 Minuten 23 Haarschnitte.

STÄRKSTE DAUMEN

Johann Schneider aus Alpach (A) schaffte am 12. Juli 1998 60 Liegestütze auf den Daumen in 47 Sekunden. Außerdem gelangen ihm 101 Liegestütze auf zwei rohen Eiern. Damit begeisterte er die Besucher des Flensburger Tummulum-Festivals sehr.

Den größten Einkaufswagen mit über 40.000 Liter Volumen bauten die Firma **Brüder Siegel** GmbH & Co. KG und die Firma **Schwarzkopf** Draht und Metallwarenfabrik im November 1998 für die Supermarktkette „Merkur" in Eisenstadt (A). Er hat die siebenfache Größe eines herkömmlichen Einkaufswagens und ist ca. 8 m hoch.

Die Gemeinde **Stecklenberg** (D) hat im April 1999 das größte Osterfeuer entfacht. Es war 34 Meter hoch und aus 80 Tonnen Holz aufgeschichtet.

Den kleinste Schraubstock der Welt (Breite 2,2 mm, Höhe 17,23 mm, Tiefe 13,29 mm) im Maßstab 1:22,5 stellte Franz **Stellmaszyk** aus Köln (D) im Januar 1999 her.

Peter und Karola **Stephan** aus Weyarn (D) sammelten bisher 550 Tennisschläger. Der älteste ist aus dem Jahr 1790.

Michael **Stierli** aus Effretikon (CH) hat bisher 21.000 Filmhinweise aus diversen TV-Zeitschriften ausgeschnitten und gesammelt.

Ein Silbenrätsel mit 22 Wörtern und 5 Sprichwörtern als Lösungssenkrechte konstruierte Manfred **Stock** aus Berlin (D).

Eckart **Stockmeyer** hat am 8. September 1998 1.000 m mit einem modernen, selbstentwickelten Laufrad in 3 Minuten 12,4 Sekunden zurückgelegt.

Werner **Stoll** aus Herten (D) bietet im „Alten Wirtshaus Christ" auf seiner Speisekarte 104 verschiedene Schnitzelvariationen an.

Siegfried **Stolz** aus Viehbach (D) baute von November bis März 1999 eine 2 Meter hohe Holzpyramide, die mit zweitausend hauchdünnen Speckstein-Blättern beklebt wurde.

Die kleinste funktionsfähige Kuckucksuhr baute Hermann **Straeten** aus Geldern (D) bis zum März 1999. Sie ist 3,7 cm hoch, 3,2 cm breit und hat ein Quarzuhrwerk. Alle Blätter und der Kuckuck sind handgeschnitzt, die Gewichte aus Kupfer gehämmert. Außerdem baute er eine 7 cm hohe und 3,3 cm breite Wanduhr mit einer 3,2 mm großen Verzierung.

Kerstin **Straßburger** aus Freital (D) befreite sich bei der Medienpreisverleihung 1999 am 8. März 1999 in der Stadthalle Hofheim in 8,28 Sekunden aus einer Zwangsjacke.

Josef **Strobl** aus Toblach (I) legt seit 1962 künstliche Eisberge an. Bis zum 23. Januar 1999 gelang ihm ein Eisberg von 23 m Höhe, den er neben der Pension Rosengarten in Toblach durch immer neue Wasserschichten aufbaute.

Willi **Strothmann** aus Versmold (D) baut jährlich im August am Hungaro-Ring in Ungarn auf sein 4 m hohes Wohnmobil eine Aussichtsplattform, mit der er eine Höhe von 14 m erreicht.

Den größten vollbeweglichen Hampelmann baute August **Stüer** aus Dülmen (D) im März 1999. Er ist 14,73 m hoch und wiegt 8 Zentner.

Den 1-Stunden-Rekord mit Fahrrad auf einer feststehenden Radtrainingsrolle bei 170 Watt Rollenwiderstand hält Georg **Stumpf** aus Rheinfelden (D). Er kam am 9. Mai 1998 auf 81,53 km.

Georg **Stumpf** aus Rheinfelden (D) fuhr im Mai 1998 mit dem Fahrrad so grenznah wie möglich rund um Deutschland. 16 Tage dauerte die Tour, bei der 4.329,2 km Strecke und 17.349 Höhenmeter zusammen kamen.

Der schnellste Keyboardspieler mit dem Stück „Tanzende Finger" ist Manfred **Surges** aus Düren (D). Er brauchte am 25. September 1998 nur 41,39 Sekunden.

Der **SV Ahlerstedt/Ottendorf** (D) ist 1.233 Minuten in der Saison 96/97 ohne Gegentor geblieben. Erst im 14. Punktspiel fiel das erste Gegentor.

Die Firma **Swatch** produzierte im Februar 1999 eine Werbefläche von 112 m Breite, 35 m Höhe und 3.920 m² Fläche. Damit wurde anschließend das Centre Georges Pompidou in Paris verhüllt. 150 t Baugerüst stützten das Billboard. 16 Alpinisten brauchten zehn Tage, um es zu montieren.

Josef **Szalnay** aus Baden-Baden (D) leckt mit seiner Zunge an 800 °C heißen, glühenden Eisenstücken, ohne sich zu verletzen oder schmerzstillende Mittel einnehmen zu müssen.

Eine Bus-Stop-Tanzformation mit 1.890 Tänzerinnen und Tänzern versammelte das **Tanzcenter Kochtokrax** aus Unna (D) am 12. Juni 1998 auf dem Marktplatz von Werl.

Das **Team Merseburg** (D) aus Merseburg erreichte am 28./29. August 1998 mit 200 Teilnehmern auf acht Kegel-Asphaltbahnen 213.472 Holz.

Trotz Schnees übersprang Rene **Tebbel** aus Emsbüren (A) auf seinem Pferd Renometto am 24. Januar 1998 beim „Eternit Grand Prix Des Alpes Sur Neige" eine Höhe von 2,27 m.

479 Partien 9-Ball-Billard spielten Jörg **Tenbuß** und Sebastian **Bieker** aus Borken (D) in 24 Stunden am 30./31. Oktober 1998.

Frank **Thomas** aus Ronneburg (D) erzielte am 23. August 1998 bei einem Fußballspiel des FC Rommelshausen gegen den SV Altwiedermuß Rommelshausen ein Tor 3 Sekunden nach dem Anpfiff.

Die Jugendgruppe „Time-Out" und der Teenager-Club der Chrischona-Gemeinde Kirchleerau (CH) stellten aus 31.132 gesammelten Joghurtbechern ein 100 m langes und 1,80 m breites Joghurtbecher-Labyrinth her.

Johann **Tossmann** präsentierte am 20 März 1999 im Sportschießzentrum Blinten in St. Veit (A) an der Glan eine selbstgebaute Armbrust mit einer Länge von 3,98 m und einer Breite von 2,90 m.

KLEINSTES LENKBARES MOTORRAD

Das kleinste lenkbare Motorrad baute Pit Lengner aus Riesbürg (D). Es ist 4,28 cm lang, sein Benzinmotor hat 2 cm³ und leistet 0,6 PS bei 18.000 U/min.

Deutschsprachige Rekorde

T-W

Im Sport-**Treff-Ueden** in Ueden (D) ruderten zehn Teammitglieder am 8. und 9. August 1998 abwechselnd insgesamt 24 Stunden auf einem Trockenrudergerät. Dabei legten sie 309,57 km zurück.

Heinz **Trettner** aus Lenggries (D) ist am 17. Januar 1998 von 2:30 Uhr bis 18 Uhr von Lenggries nach Birkenstein rückwärts gegangen. Die Strecke betrug 55 km und führte über zwei Berge.

Otto **Tropmann** und Winfried **Ruloffs** konstruierten bis zum 16. Dezember 1998 in Wolfsburg (D) ein Fahrrad mit einem Achsenabstand von 1.000 mm, mit dem fünf Erwachsene fahren können. Außerdem konstruierten sie eine fünfflügelige Windmühle mit einer Höhe von 19 mm, die von einem Schraubstock mit einer Backenbreite von 8 mm gehalten wird.

Die **Tschagguner** Tourismus-Zentrale hat am 26. Juli 1998 in Tschagguns (A) von 10 bis 16 Uhr ein Kinderbild mit einer Länge von 406,6 m und einer Breite von 1 m in 6 Stunden von Kindern bemalen lassen.

Die Volleyballvereine **TSV Flöha**, WSG Flöha, G.-W. Niederwiesa und SV Reifland spielten in Flöha (D) am 22. Mai 1998 24 Stunden Volleyball. Jeweils zwei Teams waren ununterbrochen aktiv.

15 Mitglieder des **TSV Taunusstein**-Bleidenstadt drehten sich am 19. März 1999 in Mainz (D) gleichzeitig in einem Rhönrad.

Deutschlands langandauernsten Musiker- und Entertainmentvertrag besitzt Adolf **Trebel**, genannt „Jason", aus Fulda (D), der seit 1983 Jahr für Jahr auf der gleichen Bühne im Hessen-Hotelpark Hohenroda steht.

Die **Twike AG** aus Bern (CH) hat vom 1. Juli 1998 bis zum 10. September 1998 die längste Reise mit mehreren Hybridfahrzeugen, Elektrofahrzeugen mit Pedalantrieb, auf der Route Bern–Nordkap–Bern organisiert. François Loeb fuhr die gesamte Tour mit. Für die fast 12.000 km hat jedes Twike rund 600 Kilowattstunden Energie verbraucht. Das entspricht einem Energieverbrauch von 0,5 l pro 100 km.

Andreas **Uekert** aus Germendorf (D) hat 1998 eine 100fach verkleinerte Miniatur des Gemäldes „Der arme Poet" von Carl Spitzweg in Öl mit einem Haarpinsel gemalt.

🔶 BREITESTER MOTORRADHINTERREIFEN

Matthias Trapp aus Garsitz (D) baute im Mai 1998 den 25 cm breiten Vorderreifen eines Mähdreschers als Hinterrad in einen Motorradrahmen.

Geir **Ugelstad** aus Zürich (CH) ordnete am 4. Juli 1998 blind einen Standard 3 x 3 x 3 Rubik's CUBE. Zuerst prägte er sich den Rubik's CUBE ein, danach ordnete er ihn trotz einer blickdichten Brille. Am 18. Juli 1998 schaffte er es sogar, zwei Standard 3 x 3 x 3 Rubik's CUBE blind zu ordnen.

Johannes **Ulbricht** aus Fürstenwalde (D) hat bis zum 29. November 1998 einen Schwingbogen mit einer Höhe von 3,27 m und einer Breite von 7,11 m konstruiert, der im Heimtiergarten Fürstenwalde zu bewundern ist.

Ein 24-Stunden-Rekord im Staffettendegenfechten (7.403 Treffer insgesamt) wurde am 11./12.7. 1998 von ca. 100 Mitgliedern der Fechtabteilung des SSV **Ulm** (D) um Roger Menck aufgestellt.

Das Theater in der Westentasche in **Ulm** (D) spielte vom 20. November 1998 um 20:26 Uhr bis zum 21. November 1998 um 22:52 Uhr insgesamt 27,5 Stunden Theater.

Das **Umweltbildungszentrum** aus Osnabrück (D) initiierte am 5. Juni 1998 von 14 Uhr bis zum 7. Juni 1998 um 16 Uhr im Museum am Schörleberg einen Stromerzeugungsrekord. 243 Menschen fuhren mindestens 5 Minuten auf einem von drei Fahrrädern, von denen beim Fahrerwechsel mindestens eins in Betrieb blieb. Die Räder trieben Glühbirnen an und erzeugten zusammen ca. elf Kilowattstunden.

Die Musikschule **UNISONS** (CH) organisierte am 6. Juni 1998 zwischen 18 und 19 Uhr in Höfen bei Thunn ein Blueskonzert, bei dem 239 Gitarristen mitspielten.

Beim alljährlichen Papierbrückenwettbewerb des Fachbereichs Bauingenieurswesen der **Universität Rostock** (D) hielt eine Papierbrücke mit nur 150 g Masse am 6. Mai 1998 einer Belastung von 237 kg stand.

2.286 Tänzerinnen und Tänzer zeigten am 4. September 1998 auf dem Stadtfest der Stadt **Unna** (D) einen Cha-Cha-Cha-Formationstanz.

Die Freiwillige Feuerwehr **Untersen** (CH) pumpte mittels einer Feuerwehrleitung Wasser über einen Höhenunterschied von 756 m. Wasserbezugsort war der Fluß Aare in Unterseen auf 567 m ü. M. Bei der Aktion waren 45 Feuerwehrleute, 15 Motorspritzen und 2.000 m Schlauch im Einsatz.

Dirk **Uschmann** aus Samtens (D) stellt in einem mobilen Museum-LKW auf 10,35 m² 1.090 Modellautos aus.

Die Jugendmusiker **Uzwil** veranstalteten in Gornergrat bei Zermatt (CH, 3.089 m ü. M.) am 12. Juni 1998 um 15:30 Uhr ein Blaskapellenkonzert mit 59 Teilnehmern.

Der **Verkehrsverein Saas Grund** (CH) fertige einen Suppentopf mit 2.500 l Inhalt. In dem Suppentopf wurde am 12. April 1998 im Rahmen des Schneefestes auf dem Kreuzboden in 2.400 m Höhe 2.006 l „Saaser Fleischsuppe" zubereitet.

Andrea **Vogel** aus Langenthal (CH) hat die Schweiz „kompromißlos" an der Landesgrenze umrundet. Er startete am 1. Juli 1992 in Basel und legte in 83 Tagen nonstop 4.000 km zurück, indem er 151 Gipfel bestieg und 148.000 m

GRÖSSTE TIGERENTE

Eine Tigerente aus Pappmaché baute der TuS Asbach Volleyball für die Karnevalsfeierlichkeiten am 15. Februar 1999. Die gestreifte Ente war 4 m lang, 3 m hoch und 1,80 m breit. Sie mußte nicht selbst laufen, sondern wurde auf einem Karnevalswagen durch die Gegend gefahren.

Höhenunterschied absolvierte. An einem Tag bestieg er sogar elf Viertausender.

Die Salt River Dixie Band spielte unter Leitung von Arno **Volkmar** am 30. Juni 1998 420 m unter der Erdoberfläche in der Kali-Grube Merkens (D).

Robert **Vondermaßen** aus Werne (D) hat aus 2.000 Muscheln einen 2,70 m hohen und 1 m breiten Brunnen gebaut. Das Wasser läuft in einer Rinne spiralförmig nach unten.

Johann **Wagner** aus Aist (A) hat bis zum August 1998 2.600 Zigarrenbauchbinden gesammelt.

Wilfried **Wahlbröhl** aus Braunschweig (D) hat 1998 Hühnereier mit unterschiedlichen Techniken mit bis zu 3.500 Löchern perforiert. Außerdem verzierte er ein Wachsei mit 1.039 Löchern und stellte ein silbernes Ei aus einem Stück mit einem Kreuz im Inneren her.

Hans-Jörg **Wallner** aus Mering (D) baute eine Brauerei mit einer Länge von 1,80 m, einer Breite von 0,75 m und einer Höhe von 1,70 m. Sie wiegt ca. 200 kg und erzeugt 30 l pro Sud.

Gerd **Waree** aus Rosendahl (D) hat ein Hochrad mit einer Sattelhöhe von 37 cm und einer Radbreite von 11 mm konstruiert. Am 10. März 1999 fuhr er 25 Sekunden lang mit diesem Mini-Hochrad.

Auszubildende des Überbetrieblichen Ausbildungszentrums **Waren e.V.** in Waren (D) fertigten bis zum 20. November 1998 einen 4,64 m hohen massiven Nikolausstiefel aus Holz.

GRÖSSTE LEDERHOSE
Die Firma Lederhosen Weiss präsentierte am 1. Mai 1998 im Europapark in Rust (D) die größte Lederhose. Für die Hose mit einer Bundweite von 3,10 m wurden 4 m² Leder verarbeitet.

Dem **WASPO Nordhorn e.V.** gelang am 7. und 8. August 1998 im Wellen- und Sportbad in Nordhorn (D) eine 1.000 x 100 m Schwimm-Staffel in 18 Stunden, 36 Minuten 42,7 Sekunden. Die Mitwirkenden waren Volker Mende, Gudo Hemeltjen, Marcel Ekkelboom, Marcel Scholten, Volker Flucht, Peter Korthals, Gunther Strötker, Andre Korthals, Andreas Walles und Kai Bernitzki.

100 Schwimmer der **Wasserfreunde Spandau 04** (D) schafften am 30. April 1998 eine 100 x 100 m-Staffel in 1:41:03:69 Stunden.

Günter **Weber** aus Kreuztal (D) schmiedete vom 3. bis zum 16. September 1998 eine 4 m hohe Sense von 150 kg Gewicht.

Hans-Heinrich **Wegmeyer** aus Sassenburg (D) trat am 11. Juli 1998 um 17:45 Uhr in den Schützenverein Neudorf-Platendort von 1899 e.V. ein. Er war bereits um 17:55 Uhr am selben Tag Schützenkönig. Damit wurde er nach kürzester Mitgliedschaft in einem Schützenverein am schnellsten Schützenkönig.

Ein spektakulärer Sprung aus einem Helikopter gelang Frederic **Weill** aus Avegno (CH). Er vollführte einen Handstand, machte einen Doppelsalto vorwärts und landete gestreckt kopfüber aus einer Höhe von 26 Metern im See Verbano.

Andrea **Weiß** aus Bad Herrenhausen (D) hat 1998 eine Stricklieselschnur mit einer Länge von 1.286,5 m und einem Gewicht von 6,5 kg angefertigt.

Die **Welser Messe International** GmbH initiierte am 30. August 1998 in Wels (A) einen Brauwagenzug mit einer Geamtlänge von 253,5 m, der aus zwölf österreichischen und acht deutschen Brauwagen bestand und von 80 Pferden gezogen wurde.

Kirsten **Weninger** aus Achenbach stapelte am 11. Juli 1998 während des Tummulum Rekordfestivals in Flensburg (D) 182 Stück 2-Pfennigstücke mit einem Wert von DM 3,64 aufeinander.

Deutschsprachige Rekorde

W-Z

Die **Werbegemeinschaft EKZ der Clou** aus Berlin (D) hat vom 23. bis 31. August 1998 in Berlin eine Replik des Brandenburger Tores aus 16 t Sand herstellen lassen. Die Replik hatte die Maße 4,15 m x 1,90 m x 1,75 m.

SCHNELLSTER BÜROSTUHL

Rudi Scholz schob am 11. Juli 1998 während des Tummulum Rekordfestivals in Flensburg (D) einen besetzten Bürostuhl in 5,33 Sekunden 25 m weit.

Lutz **Werner** aus Frankfurt/Oder (D) besitzt einen Seidenteppich mit 729 Knoten pro cm². Der Teppich wurde in der Manufaktur Özipek in Hereke (TR) in den Jahren 1994 bis 1996 hergestellt.

Barbara **Werntges**, Konditormeisterin aus Essen (D), backte am 17. Januar 1999 in der Aula des Gymnasiums Essen-Werden ein 28 m² großes Teegebäck.

Dieter **Wesch** aus Mannheim (D) „sammelt" seit Januar 1976 Anhalter. Der Fahrpreis: ein Eintrag in das Auto-Gästebuch. Bis zum 16.3.99 brachte er es mit 60.6214 km auf 9.514 Anhalter aus über 27 Nationen.

3.169 Miniaturen von Original-Fasnachtsmasken besitzt Gerold **Weschenmoser** aus Starzach (D).

Jan **Weyrauch**, Leadsänger und Gitarrist der Fritz-Allstar-Band aus Berlin (D), zertrümmerte am 22. Januar 1999 während einer Live-Radioübertragung des Bob-Dylan-Songs *Knocking on Heavens Door* auf Radio Fritz 21 Gitarren.

Am 31. Oktober 1998 häkelten die Kinder des Alleeschulhauses **Wil** (CH) ein Freundschaftsband mit einer Länge von 192,15 m innerhalb von 2 Stunden.

Die Jungwacht **Wil** aus Wil (CH) bildete am 9. Juli 1998 mit 103 Personen einen gordischen Knoten, der in 8 Minuten von fünf Helfern wieder aufgelöst wurde.

Der Minigolfclub **Willisau** (CH) veranstaltete am 26. Juni 1998 mit acht Spielern ein 24-Stunden-Minigolfspiel. Das Team schaffte 1.048 Runden mit 35.889 Schlägen. Darunter waren 31.784 Asse und 4.105 Fehler.

Eric **Wingens** und Mark **Veltrup** aus Krefeld (D) sorgten für jede Menge Aufrufe ihrer privaten Website in der ersten Woche nach dem Start. Auf der Cebit in Hannover sammelten sie mit Unterstützung von Mitsubishi und der Firma Easy Event bis zum 24. März 1999 exakt 23.247 Page-Impressions.

Die Fa. Erich **Winkle** Polsterbetten aus Langenhessen (D) stellte am 18. August 1998 die längste Bonnellfederkern-

DAUER-BALANCE-AKT

Manfred **Wagner** aus Leuzingen (D) jonglierte während des Tummulum Rekordfestivals in Flensburg am 12. Juli 1998 2,03 Minuten lang einen Golfball sowie eine Billardkugel 3,04 Minuten lang mit den Füßen.

matratze mit einer Länge von 50,10 m und einer Breite von 1,40 vor. Sie besteht aus 7.080 Einzelfedern, 235 kg Draht, 100 kg Schaum und wiegt insgesamt 550 kg.

Ludwig **Wiora** aus Kirchhain (D) züchtete einen Knollensellerie von 3,6 kg und eine 1,60 m hohe Lauchstange mit einem Durchmesser von 22 cm.

Kerstin **Wirth** aus Tuttlingen (D) gebar am 16.3.98 einen Säugling mit einer Länge von 61 cm und einem Kopfumfang von 38 cm. Das Gewicht betrug 4.080 g.

Der größte Schützenvogel steht in Brilon-Messinghausen (D) und wurde in der Holzschnitzerei Franz-Josef **Wittler** handgeschnitzt. Die Spannweite beträgt 3,65 m, die Rumpflänge 2,15 m, die Höhe 1,40 m und er wiegt 250 kg. In zwei Jahren Bauzeit wurden unter anderem auch 2.300 einzelne Federn geschnitzt.

Die Familie **Wittmann** aus Nürnberg (D) weist eineiige Zwillinge in dritter Generation auf. Die ältesten sind 72 Jahre, die mittleren 37 Jahre und die beiden jüngsten 15 Jahre alt.

Bernd und Jutta **Wlodarz** aus Leverkusen (D) sammelten bis zum Mai 1998 283 Sandproben aus aller Welt.

Frau Traute **Wohlers** aus Hamburg (D) hat als Fußball-Jugendbetreuerin des SC Concordia in 25 Jahren 1.000 Kinder betreut und trainiert. Sie ist seit 1973 bis heute aktiv.

Anläßlich des Dorfkirchtages am 7. Juni 1998 hat der Fremdenverkehrs- und Verschönerungsverein

Wolfau (A) eine 7,49 m hohe Krapfenpyramide aus 8.000 Krapfen errichtet. Die Krapfen wurden in 20 Arbeitsstunden aus 270 kg Mehl, 1.600 Eiern, 10 kg Zucker, 20 kg Germ, 100 l Milch, 1 kg Salz, 25 kg Butter, 8 l Rum, 2 l Zitronensaft, 2 l Vanille, 40 kg Marmelade, 150 kg Schmalz und 3 kg Puderschnee hergestellt.

Die Touristinformation **Wolfshagen** (D) veranstaltete am 3. Oktober 1998 ein Grünkohlessen, bei dem 500 kg Grünkohl verspeist wurden.

Dagmar **Wolter** aus Berlin sammelte bis zum November 1998 2.900 Clown-Exponate.

Josef **Worle** aus Moorenweis (D) baute im März 1998 einen Stuhl von 2,50 m Höhe und einer Breite und Tiefe von 1,24 m.

Constance **Worms** aus Limburgerhof (D) besitzt ein ausgewachsenes Chihuahuahündchen von 800 g Gewicht.

Ein Fangesang über 84 Minuten wurde von den Fans des ETC Crimmit am 6. Januar 1999 im Crimmitschau Sahnpark (D) gesungen. Organisator war Thomas **Wüstner**.

Die Altpfadfinder aus Zürich (CH) mit Peter **Wüthrich** als Organisator wandern seit 50 Jahren einmal im Jahr mit 45 Personen die gleiche Strecke 87 km rund um den Zürichsee. Insgesamt sind sie schon 4.350 km weit gegangen.

Anläßlich der Festwoche zum 50-jährigen Bestehens des **Peter-Wust-Gymnasiums** aus Wittlich (D) entstand im Juni 1998 eine 360,5 m lange Gästeliste.

Frau **Ysenbout** aus Binz (CH) leitet mit 80 Jahren heute noch eine Spielgruppe für Kinder im Vorkindergartenalter.

Heiko **Zahlmann** und Sascha Siebdrat aus Hamburg (D) sprayten ein 36 m hohes Graffiti-Gemälde bis zum 9. Januar 1999 in dreimonatiger Arbeit auf einen Kirchturm.

Sieben Achtkläßler des Gymnasiums Albertinum aus Rödental (D) spielten am 12. März 1999 das Kartenspiel UNO 24 Stunden lang und schafften 345 Spiele. Organisator war Michael **Zapf**.

Robert **Zekl** aus Mödling (A) wusch am 2./3. Oktober 1998 in 24 Stunden 100 Autos von Hand für einen guten Zweck.

Die Künstlerin Anna **Zgraggen** aus Altdorf (CH) entwarf und bemalte die größte Krawatte. Sie ist 57 m lang, 4,34 m breit,

260 m² groß und wiegt 180 kg. Am 12. März 1999 wurde sie der Öffentlichkeit präsentiert.

Der Meßdiener Ralph **Zimmer** von der Pfarrei Christkönig aus Saarbrücken (D) besitzt eine Weihrauchsammlung aus 294 Kirchen aus 38 Ländern der Welt.

Timo **Zimmermann** aus Fulda (D) gelangen am 22. August 1998 in 102 Sekunden 33 Hochsteckfrisuren.

Helmut **Zipner** aus Altenholz (D) schälte am 10. Juni 1998 in Mudersbach 15 kg 20 mm-Spargel in 4 Minuten und 58 Sekunden per Hand.

Eine Papierbrücke von 8 m Länge und 2,5 m Breite aus Pappe baute das **Zivil-techniker-Forum** aus Graz (A) nach Initiative von Andreas Turk und überquerte sie am 4. Juli 1998 mit einem mit sechs Personen besetzten PKW.

WEITESTER SPRUNG MIT BEIWAGEN
Daniel und Marcel Willemsen aus Ingelheim (D) sprangen mit ihrem Motorrad mit Beiwagen in der Messehalle Sinsheim am 7. Februar 1999 über eine 80 cm hohe und 8 m lange Sprungschanze mit einem Gesamtanlauf von 38 m 14,74 m weit.

LÄNGSTE SKIER
Die längsten Skier der Alpen präsentierte die Schweizer Ski und Snowboardschule aus Arosa (CH). Sie sind 55,74 m lang. 64 Personen fuhren damit am 14. April 1998 150 m weit.

Register

Abdul-Jabbar, Kareem 188
Abdulaziz Alsaud, Alwaleed
Bin Talal Bin 058
Acron, Otto 036
Adamkus, Valdus 081
Adams, Bryan 099
Adjani, Isabelle 079
Aerosmith 099
Agassi, Andre 074
Aird, Campbell 031
Akimoto, Mitsugu 196
Akiyoshi, Sadaji 196
Albrecht, Karl 058
Albrecht, Theo 058
Aldous, Jay 013
Aldrin, Edwin 009
Alex 086
Ali, Muhammad 083
Allan-Shetter, Liz 169
Allen, Sandy 122
Allen, Tim 072
Allen, Woody 078
Allmen, Urs von 173
Alm-Tadema, Sir Lawrence 065
Almas-Kavier 050
AltaVista 131, 133
Altmann, Sidney 087
Alva, Tony 166
Alvaraz, Rosendo 197
Ames, Kimberly 167
Amies, Sir Hardy 116
Andersen, Lisa 118
Anderson, Lisa 168
Anderson, Pamela 078, 092
133, 072
Andrianow, Nikolai 200
Annenberg, Walter 056
Aoki, Isao 180
Arakelian, Gregory 47
Argiropoulos, Eleftherios 166
Armani, Giorgio 117
Armstrong, Neil 009
Armstrong, Louis 048
Armstrong, Vic 020
Arnault, Bernard 116
Arquette, David 090
Artfeuille, Walter 036

Arvor, Patrick Poivre de 072
as-Said, Nuri 080
Ash, John 041
Ash, Riky 020
Ashpole, Ian 164
Asikainen, Alfred 197
Assinger, Armin 172
Astaire, Fred 068
Atika 043
Atisance, Salevaa 197
Atkinson, Rowan 104
Attenborough, Richard 108
Atul Dalpatlal Shah 050
Auermann, Nadja 076
Aziz, Abdel 065

B*Witched 096
Baccanini, Flavio 128
Badyna, Timothy 198
Bailey, Alison 044
Balczó, András 198
Baldwin, William Ivy 049
Ball, Dorian 017
Ball, Gary 015
Ballard, Robert 016
Bandaranaike, Sirimavo 080
Bandbaz, Ali + Massoud 039
Banderas, Antonio 105
Barak, Ehud 081
Barbaric, Juraj 036
Barbie 062
Barfoot, Ian 120
Barindelli, Florenzo 055
Barkley, Charles 189
Barlow, Ken 072
Barnett, Sandra 192
Barr, Roseanne 073
Barrett, Craig 059
Barrett, Slim 117
Barry 022
Bartlett, Michael 012
Bass, Michele 129
Bass, Nicole 129
Batard, Marc 014
Bates, Anna 122
Batistuta, Gabriele 186
Battaglia, Sabrina 063

Bauch, Christie 129
Baudot, Jean-Claude 045
Baumann, Ray 021
Baxter, Trevor 166
Bayliss, Trevor 028
Beatles 070, 096
Becker, Boris 182
Beckham, David 075
Beethoven, Ludwig van 064
Begin, Menachem 072
Begnoni, Guiseppe 054
Belaur, Eugene 038
Bell, Graham 028
Benbow, Nick + Alastair 198
Benedetti, Alessandro 055
Benson, Renaldo 101
Berardi, Antonio 117
Berbick, Trevor 074
Berghmanns, Ingrid 197
Berners-Lee, Tim 029
Best, George 108
Bester, Madge 122
Bettencourt, Lilliane 056
Beyer, Klaus 094
Bezos, Jeff 13
Bharti, Amar 041
Bhutto, Benazir 080
Bibby, Jackie 040
Bietak, Thierry 169
Biloserschew, Dmitrji 200
Biondi, Matt 194
Biro, Lázlo 028
Black, Cilla 073
Blacke 087
Blackwell, Rory 047
Bladon, Stuart 144
Blahnik, Manolo 117
Blake, Peter 012
Bleeth, Yasmine 072
Blessitt, Arthur 045
Blondie 096
Bly, Allison 021
Bogers, Philip 195
Bohlin, Nils 022
Bois, Curt 068
Boiteux, Thierry 164
Bokonyi, Susanna 048
Bol, Manute 122
Bolkiah, Hassanal 056
Bolkiah, Sultan Hassanal 056
Bonaparte, Napoleon 091

Bond, James 090
Boney M 101
Bono 099
Borg, Arne 195
Borg, Björn 182
Borge, Victor 112
Borges, James 036
Borsi, Louis 145
Botha, Wenda 168
Bowden, Jim 016
Bowen, Joe 044
Bower, Ron 012
Bowermann, Bill 118
Bowie, David 070
Boyzone 097
Bradfield, James Dean 098
Bradford, Rosalie 122
Bradley, Russell 036
Brando, Marlon 078
Brandy + Monica 101
Brennan, Gayle 054
Brennan, Walter 078
Breton, André 022
Brett jr., James Henry 127
Brett, Sylvia 049
Briers, Steve 039
Broad, Eli 066
Broad, Michael 191
Broadhurst, Paul 180
Broccoli, Cubby 090
Bronson, Charles 068
Brosnan, Pierce 090
Brough, Althea 182
Brown, Charlie 105
Brown, Foxy 101
Brown, James 100
Brown, Thomas 024
Brundle, Martin 144
Brunon, Bernard 115
Bryant, Colin 012
Bryant, Doris 056
Bryant, Rob 044
Buffett, Warren 056, 059
Bunker, Chang + Eng 124
Bunol 050
Burge, Heather + Heidi 122
Burrows, Terry 0477
Burt, Tal 013
Burton, Fred 036
Burton, Richard 079, 090
Buthelezi, Mangosuthu 081
Buttler, Jim 018
Byers, Bradley 039
Byrne, William 028

Cage, Nicolas 068
Calleri, Jennifer 168
Calment, Jeanne 048
Cameron, James 090
Camley, Wendy 086
Cammarata, Angelo 048
Campbell, Naomi 076, 117
Campbell, Neve 090
Campbell, Winifried 127
Campos, Dave 018
Canal, Daniel 126
Canova, Antonio 115
Canutt, Yakima 020
Carlin, Dr. Daniel 031
Carne, Simon 020
Carney, Emma 199
Carredine, David 196
Carreras, José 102, 108
Carter, Chris 072
Cartland, Barbara 111
Casablanca, John 076
Case, Stephen 059
Casey, Paul 087
Caslavska-Odlozil, Vera 200
Caspersen, Dana 115
Cassatt, Mary 114
Castro, Fidel 080
Cavanagh, Walter 066
Caxton, William 064
Cerasini, Alma 031
Cernan, Eugene 008
Cetinkaya, Kadir 052
Chagall, Marc 022
Chamberlain, Wilt 188
Chan, Jackie 020
Chanda-Leah 086
Chander, Jagdish 041
Chang-Diaz, Franklin 008
Chapman, Roger 025
Chaprion, Christian 060
Charbib, Radhouane 123
Charpentier, Robert 192
Château Lafite 051
Chaucer, Geoffrey 064
Cher 096
Chester 087
Chi Chi 087
Chichon, Jim 125
Chika, Masaka 198
Childs, David 165
Chillal, Shridhar 125
Chiron, Louis Alexandre 190

Register

Choromatsu 086
Christensen, William 054
Christiansen, Helena 117
Christie, Agatha 110, 112
Church of Christi 043
Church, Charlotte 103
Churchill, Martin Gilbert 110
Churchill, Randolph 110
Churchill, Sir Winston 110
Circus of Horrors 043
Clancy, Tom 110
Clark, Dr. Barney 031
Clarke, Anthony 037
Clarkson, Roland 134
Clews, Derek 019
Clifford, Barry 016
Clinton, Bill 081
Clouse, John D. 044
Cobain, Kurt 098
Cochet, Henri 183
Cocker, Jarvis 108
Connery, Sean 069
Connolly, John 189
Cook, Arthur 049
Cook, John 012
Cooke, Leslie 050
Coombs, Sean 100
Cooper, Dave 167
Cooper, Gary 078
Cooper, John 060
Copperfield, David 072
Coppola, Francis Ford 079
Coquelle, Elisabeth 169
Corbin, Tyrone 188
Cornish, Clarence 048
Costner, Kevin 078, 090
Court, Margaret 182
Cousteau, Jacques 016
Cowan, Andrew 191
Cox, Courteney 090
Cox, Deborah 101
Cranz, Christl 172
Craven, Wes, 090
Crawford, Chindy 076
Crawford, Cindy 129
Creavalle, Laura 129
Cretier, Jean-Luc 172
Crockett, Davy 064
Croft, Lara 136
Cukor, George 091
Culkin, Macauley 068
Curtis, Bill 084
Cyne, Paul 195

da Vinci, Leonardo 064, 114
Dæhlie, Bjørn 172
Dalla Corta, Rosanna 126
Danes, Claire 091
Daniels, Charles 194
Dantley, Adrian 188
David, Larry 072
Davidson, Samuel 126
Davis, Geena 069, 090
Davis, Jefferson 115
Davis, Jim 054
Davydov, Vitaliy 176
De Niro, Robert 078
de Salis, J. 025
Deakin, Eric 022
Dean, Millvina 024
Def Leppard 099
Delany, Elizabeth 110
Delany, Sarah 110
Dell Foley, Johnny 038
Dell'Orefici, Carmen 077
Denby, Robert 051
Denechaud de Feral, Arnaud 016
Depeche Mode 099
Despatie, Alexandre 195
Deveree, Janice 125
DeVito, Danny 069
DeVries, William 031
DeWaal, Matt 013
Diaz Gutiérrez, Alberto 061
Dibiasi, Klaus 195
DiCaprio, Leonardo 078, 090
Didinger, Charlie 169
Dion, Celine 070
Dirks, Rudolph 105
Ditjatin, Alexander 201
Dittmann, Sydney C. 028
Djerassi, Carl 029
Dobre, Aurelia 200
Dod, Lottie 182
Doherty, Hugh 182
Domingo, Placido 102
Doohans, Michael 193
Dornon, Sylvain 044
Downey, Robert jr. 069
Doyle, Paddy 046
Doyle, Sir Arthur Conan 091
Drexler, Millard 059
Driffield, Kelly 195
Drysdale, Mike 054
Du Pont, Margaret 182
Du Prisne, George 024

Duck, Michael 055
Dumfries, Johnny 191
Dunlop, Joey 192
Dupont, Michel 012
Duque, Pedro 009
Dutt, Sunil 069
Duvall, David 075
Dylan, Bob 099

Eagan, Daisy 079
Earl Jones, James 104
Eatock, John-Paul 086
Edberg, Stefan 182
Eddy, Christopher 189
Edington, Jay 166
Edison, Thomas 028
Ednie, Mel 052
Edwards, Anthony 072
Edwards, Grant 036
Edwards, Richey 098
Egea, José Manuel 197
Egerszegi, Krisztina 194
Eggington, John 019
Eisner, Michael 059
Eliasberg, Louis 065
Eliason, Göran 018
Elizabeth II. 073
Elliot, Paul 046
Elmer, Luzius 060
Els, Ernie 075
Emerson, Roy 182
Ender, Kornelia 194, 195
Englisch, John 044
Engvall, David 039
Enigma 120
Epperson, Kenneth 038
Erasmus, Jaco 046
Erhard, Werner 085
Ernst, Max 022
Esposito, Elaine 126
Evans, Faith 100
Evans, John + Mary 053
Evans, John 036
Evert, Chris 183
Ewanek, Jarret 019
Expo Centrum FEC 043

Fakir, Abdul 101
Faldo, Nick 180
Fangio, Juan-Manuel 190
Farnan, Eddie 023
Farwell, Jame 126
Faulkner, Roy 115
Favre, Brett 075
Fedrow, Sergej 075
Ferrera, Hildegarde 049
Ferrigno, Lou 128, 129
Ferté, Alain 191
Feteris, Nicholas 165
Feuling, Jim 019
Finney, Albert 090
Firsov, Anatoliy 176
Fisher, Mel 016
Fitzgerald, Barry 078
Fjellerup, Eva 198
Fleming, Ian 090
Flynn, Jerome 096
Fogarty, Carl 192
Fomitschewa, Elvira 165
Fontaine, Just 186
Forage, Alan 028
Ford, Harrison 129
Ford, John 078
Forsythe, William 115
Forvass, Anders 195
Fossa, Mario 169
Foster, Jodie 129
Foveaux, Jessie 110
Foyt, A.J. 190
Fradet, Eric 164
Francis 086
Frank, Anne 110
Franklin, Aretha 101
Fraser, Dawn 194
Fredriksson, Gert 169
Friedkin, William 090
Friedrich Wilhelm I. von Preußen 064
Frischknecht, Thomas 167
Frost, Jarrod 019
Fry, Varian 022
Fuji, Shozo 197
Fullen, Eamon 015
Fuller, Ray 029
Funk, Michelle 127
Furman, Ashrita 040, 047

Gabelich, Gary 018
Gadd, Will 165
Gagarin, Juri 009
Galbreth, Michael 115
Galstyan, Robert 036
Gandhi, Indira 081
Gandhi, Rajiv 081
Gans, Joe 197
Ganz, Victor + Sally 057
Garcia, Andy 124
Garland, Judy 082
Garnett, Kevin 074
Gaskin, Tom 036
Gates, Bill 056, 058, 064
Gatto, Anthony 038
Geistdorfer, Christian 191
Geoghean, Laura 044
Germann, Guy 046
Gethin, Peter 190
Getty, Paul 115
Ghiggia, Alcides 186
Ghosh, Bimal C. 126
Giaccone, Edoardo 054
Giggs, Ryan 108
Gigowa, Maria 201
Girault, Henri 198
Glay 098
Glenfiddich Whisky 051
Glenn, John 009
Gligorov, Kiro 081
Göb, Patrick 039
Godin, Noel 072
Goldberg, Whoopi 104
Gonzáles, Andrea 167
Gonzalez, Jorge 196
Goodman, Kimberley 124
Goodson, Mark 093
Gottschalk, Thomas 073
Gould, Dean 039
Gower, Chris 055
Graceland 084
Graf, Steffi 075
Graham, Billy 088
Grammer, Kelsey 078
Granger, Ethel 122
Grappelli, Stéphane 103
Greenspoon, Dr. Martin 124
Green, A.C. 188
Green, David 085
Green, Robson 096
Gretzky, Wayne 176, 177
Griffiths Dicks, David 013

Register

Griffiths, Donna 127
Griswold, Mark + Roberta 40
Groban, L.D. 091
Gromit 104
Gropaiz, Fabrice, 167
Grospiron, Edgar 172
Gross, Michael 194
Grossmann, Rainer 173
Guarino, Irus 048
Guillén, Octavio 048
Guinness, Alec 069
Gullich, Wolfgang 015
Guns N' Roses 099
Günther, Stig 020, 021

Haake, Darren 054
Haas, Robert D. 059
Hagen, Dr. Harrison 008
Hagman, Larry 092
Hainzl, Georg 025
Haise, Fred 008
Haisman, Edith 024
Hall, Andrew 055
Hall, Andy 015
Hall, George 186
Hall, Lars 198
Hall, Layne 048
Hall, Wendy 047
Hallam, Clint 030
Halliwell, Geri 83
Hambleton, Kitty 018
Hamel, Yvon du 193
Hamilton, Ian 110
Hamilton, Jeff 167
Hamilton, Tara 168
Hammer, M.C. 101
Hancock, Walker Kirtland 115
Handbury, John 053
Haney, Lee 128, 129
Hanks, Tom 008, 078
Hardwick, Gary 166
Hardy, Oliver 068
Hargreaves, Alison 014
Harlin, Renny 090
Harper, Ron 188
Harrison, Jim 176
Harrison, Ford 069
Harry, Deborah 096
Hasselhoff, David 072, 092
Hatch, Orrin 044
Hatcher, Colin Gabriel 131

Hathaway, Graham 018, 144
Havilland Carrier, Willis 028
Hayek, Nicholas 119
Hayes, Mark 180
Haynes, Bruce 197
Heilder, Tim 030
Helm, Rüdiger 169
Helu, Carlos Slim 058
Hendrix, Jimi 082
Hendry, Stephen 075
Henner, Dennis 015
Hepburn, Katherine 078
Herd, Stan 115
Hertz, Arne 191
Herzog von Windsor 062
Hetru, Claude 012
Hickey, Roger 166
Hickman, James 194
Hilfiger, Tommy 118
Hill, Damon 191
Hill, Eddie 049
Hill, Graham 191
Hill, Lauryn 101
Hill, Michael 031
Hillary, Edmund 014
Hillary, Peter 015
Himmy 087
Hingis, Martina 182
Hirschhofer, Ingrid 173
Hislop, Steve 192
Hoffman, Joyce 168
Hoffman, Dustin 069, 078
Hogan, Hollywood 129
Hogg, Mark 050
Holleran, David 199
Holly, Buddy 083
Holmes, Sherlock 091
Hongyun, Li 201
Hope, Bob 079
Horie, Kenichi 044
Hour, Decision 088
Houston, Whitney 100
Howard, Mike 164
Howe, Gordie 176
Hudson, Walter 122
Huerta, Victoriano 080
Hughes, Charlotte 048
Hughes, Gwilyrn 084
Hughes, Howard 083
Hunt, Helen 073
Hunt, John 014
Hunt, Linda 069
Hurlinger, Johann 044
Hussein, Kamal 081
Hussein, Saddam 081

Huston, John 090
Huston, Walter 079
Hutt, Lower 195
Hveger, Ragnhild 195

Ibrahim, Barzan 081
Ickx, Jacky 191
Iglesias, Julio 097
Ignatow, Sergej 038
Inaba, Hideaki 201
Ireland, Jill 068
Irons, Jeremy 104
Irwin, Hale 075
Irwin, James 008
Isfort, Hans 248
Isdah, Peter 248
Isnich, Ralf 248
Isle of Man 193
Izumi, Shigechiyo 048

Jackson, Cindy 121
Jackson, Janet 094
Jackson, Kate 092
Jackson, Michael 070, 094, 096, 100
Jackson, Samuel L. 091
Jackson, Thomas 115
Jagger, Mick 070
Jarvik, Dr. Rober 031
Jelzin, Boris 080, 081
Jimmy 086
Jinlian, Zeng 122
Jinnah Restaurant 052
Joersz, Eldon W. 019
John, Elton 070, 096
Johns, Jasper 057
Johnson, Lorrie 129
Johnson, Magic 104
Joiner, Jason 055
Jones, Brian 013
Jones, David 047
Jones, Marion 075
Jones, Michelle 199
Jones, Tom 108
Jones, Willie 127
Jordan, Michael 074, 108, 188
Jordy 101

Jospin, Lionel 081
Judge, Mike 072
Jussila, Jouni 047
Jyakesuma, Puncak 015
Jyrich, Warren 127

Kaji Sherpa 014
Kankkunen, Juha 191
Kapila, Navin 044
Karajan, Herbert von 102
Karami, Rashid 080
Kat, Briton 165
Katharina die Große 064
Kato 087
Kawakami, Kenji 028
Kazmaier, Bill 128
Keh, Arceli 126
Keiko 032
Kenny, Mark 047
Kerr, Mildred 086
Kestrel Inn 052
Khashoggi, Soraya 057
Khomutov, Andry 176
Kilner, C.H.A. 126
King, Betsy 075
King, Billie-Jean 182
King, Stephen 091, 111
Kinkladze, Dimitry 037
Kirke, David 164
Kirkman, James 064
Kirkpatrick, Robert 053
Kissling, Connie 172
Kittinger, Joseph 165
Klammer, Franz 172
Klauda, Manfred 055
Klein, Albert 144
Klein, Calvin 119
Knaff, Patrick 172
Knauss, Sarah Clark 048
Knight, Phil 118
Knox-Johnston, Robin 012
Kocsis, Sander 186
Kolorful, Krystyne 120
Kosolofski, Karlee 126
Kouna, Pasakevi 201
Kournikowa, Anna 183
Kouros, Yiannis 199
Kreml, Anni 038
Kuhaulua, Jesse 196
Kurri, Jari 176
Kuzkin, Viktor 176

L. L. Cool J 100
Lacroix, Christian 116
Lacy, Will 048
Lady Diana 082
Laidback 095
Laine, Florence 049
LaLanne, Jack 128
Lamazou, Titouan 013
Lammers, Jan 191
Lampard, Kim 168
Landolt, Pierre 058
Langseth, Hans 125
Lanham, Dennis 018
Lanier, Michael + James 122
Laoureix, Eric 172
Lasby, Fred 012
Lascurain, Pedro 080
Lassie 086
Latynina,
Larisa Semjonowna 200
Lauder, Leonard A. 059
Lauder, Ronald S. 059
Laue, Ralf 038
Laurel, Stan 068
Lauren, Ralph 116
Lauren, Ralph 117
Lazzara, Dr. Robert 138
Le Gavroche 050
Le Touguet 192
Leach, Reggie 176
Leary, Dr. Timothy 008
Led Zeppelin 098
Lednev, Pavel 198
Lee, Christopher 069
Lee, Jason T. 166
Lee, Michael 169
Lee, Robert Edward 115
Lee, Sara 119
Leech, Wendy 020
Leinonen, Mikko 176
Lemieux, Mario 176
Lendl, Ivan 183
Lennep, Gijs van 191
Lennon, John 082, 096
Lennox, Annie 070
Leppard, Tom 120
Lessing, Simon 199
Levi Strauss 118
Levy, Mark 169
Lewis, Daniel Day 061, 068
Lichtenstein, Roy 061
Liechtenstein,

Register

Fürst Constantin von 049
Liles, Jeff 189
Lim, Poon 024
Lincoln, Abraham 064
Lischak, Wilhelm 165
Llana 087
Loaf, Meat 099
Lobel, Richard 065
Loewenstein, Prinz Rupert 070
Loftus, Ernest 085
Longo-Ciprelli, Jeannie 193
Lopez, Ricardo Finito 197
Loroupe, Tegla 198
Los Del Rio 097
Lotito, Michel 051
Lott, Darren 166
Louganis, Greg 195
Louis, Joe 197
Lovell, Jim 008
Loy, Myrna 068
Lucas, Albert 038
Lucas, George 090, 093
Lucht, Douglas 167
Luiking, Roy 046
Luoma, Teppo 039
Luyendyk, Arie 190
Lymon, Frankie 097
Lympsham First School 042
Lyon, Daniel 126

M + M Meat Shop 053
M People 100
MacPerson, Elle 076
Mackintosh,
Charles Rennie 114
MacLean, Alistair 110
Macy's 043
Madeline, Steve 046
Madonna 078, 083, 096, 091
Magee, Bill 030
Magel, Fred 051
Mahn, Barry 096
Makinen, Tommi 190
Maktoum,
Scheich Mohammed al 057
Malaga, Marco 167
Malbry, Molla 182
Maldon, Raj 052
Malkin, Colin 191
Mallison, Roger 025
Malone, Joe 176

Manchester United 084
Mandela, Nelson 082
Manic Street Preachers 098
Mankiewicz, Joseph L. 090
Mannisenmaki, Risto 190
Mansell, Nigel 190
March, Fredric 078
Marciano, Rocky 197
Margolis, Cindy 131
Marko, Dr. Helmut 191
Mars, Forrest Edward 059
Martin, George 096
Martin, Patrice 169
Martínez, Adriana 048
Masci, Thierry 197
Masheu, William 014
Mason, Tom 166
Massey, Christopher 169
Massing, Jack 115
Massive Attack 133
Masson, Paul 192
Masters, Bruce 085
Masterson, Chris 120
Matesich, John 169
Matthes, Roland 194
Mattioli, Gai 117
Matusushima, Akira 044
Matzger, Eddy 166, 167
Mayo, Simon 041
Mazzoni, Piero 115
McCallen, Philip 192
McCarthy-Fox, Sam 054
McCartney, Paul 096
McCartney, Stella 116
McCaskill, Angus 122
McClellan, Gerald 197
McCrary, Benny + Billy 122
McDonald, Eddy 041
McGaw, Graham 012
McGregor, Ewan 091
McGuire, Willa 169
McKay, Alan 039
McKay, Pat 197
McKinlay, Peter 041
McLaren, Bruce 190
Mear, Roger 015
Mears, Rick 190
Meegan, George 044
Mellencamp, John 099
Meneghel, Maria da Graça 072
Menuhin, Yehudi 103
Mercer, Jack 104
Mercure Hotel 053
Meredith, Leon 192
Mes, Erika 129

Messner, Reinhold 015
Mestral, George 029
Meyerhof, Otto 022
Michael, George 070
Micoloff, William 046
Mihavecz, Andreas 024
Mikaie, Tabwai 024
Mikimot, Kokichi 029
Mikkola, Hannu 191
Milla, Roger 187
Miller, Johnny 180
Miller, Percy 071
Miller, Sammy 018
Miller, Wayne 046
Mills, Julie 030
Milton, Brian 012
Mingxia, Fu 195
Minnelli, Liza 079
Minnoch, John 122
Minogue, Kylie 097
Mishima, Yukio 115
Mitchell, Mitch 082
Moeller, Bernie 120
Mogilny, Alexander 176
Mohammed, Gul 123
Monroe, Marilyn 061
Montanino, Dr. Gennaro 126
Montgomerie, Colin 075
Montgomery, James 194
Moore, Demi 078
Moore, Patrick 073
Moore, Roger 069
Moore, Sean 098
Moose 086
Moraal, Mike 125
Morelon, Daniel 192
Moreno, Juan 197
Morgan, George T. 019
Morrow, Patrick 015
Moser, Annemaire 172
Moss, Kate 076
Mozart, W.A. 064
Mudd, Jodie 180
Müller, Gerd 186
Munari, Sandro 191
Munro, Minnie 048
Murad, Bader Yousif 054
Murray, Jennifer 012
Murrie, John 041
Musgrave, Story 008
Mustafar, Fakir 121
Musters, Pauline 123
Mutombo, Dikembe
Myrtle Beach 042
Myto, Vysoké 195

Naish, Robbi 118
Najdorf, Miguel 040
Nariman,
Sir Temulji Bhicaji 048
Navratilova, Martina 182
Naya, Koki 196
Nazario de Lima, Luis 074
Nazir, Prem 068
Neeson, Liam 091
Nehru, Pandit Jawaharlal 081
Nelson, Horatio 083
Nelson, Oscar 197
Nelson, Prince Roger 071
Nesser, Isaac 128
Newman, Fred 189
Newman, Paul S. 105
Newton, Brian 307
Newton, Fred 195
Newton, Oliver 085
Newton, Sir Isaac 083
Niccolini, A. 103
Nicholas, Adrian 021
Nicholson, Jack 078
Nielsen, Brigitte 069
Ning, Li 201
Nirvana 098
Nixon, Richard 072
Noda, Uichi 085
Nolin, Gena Lee 072
Norman, Greg 075
Norman, Mary H. 125
Norman, Greg 180
Nowakow, Michael 168
Nuvolari, Tazio 190
Nykänen, Matti 172

O'Dell, David 039
O'Keeffe, Georgia 114
O'Neal, Jermaine 188
O'Neal, Shaquille 075, 189
O'Neal, Tatum 079
O'Toole, Peter 079
Oasis 098
Ogawa, Naoya 197
Oghaby, Khalil 036
Ogilvy, Bassat 108
Ohrberg, Jay 144
Oldenburg, Claes 061

Oliva, Sergio 128
Onassis Roussel, Athina 057
Oppenheimer, Nicky 058
Ortmann, Horst 039
Osborn, Duane 036
Osborne, Charles 127
Osmond, Jimmy 097
Osterud, Joann 165
Otto, Kristin 194
Ötzi, 120
O'Hanlan, Katherine 126

Pajunas, Stella 047
Paladino, Mimmo 119
Palmer, Arnold 075
Pandya, Arvind 044
Papst Johannes Paul II. 089
Parish, Robert 188
Park, Nick 104
Patrese, Ricardo 190
Patten, Burnet 048
Patterson Brice, Donna 169
Pattison, Jim 082
Patzaichin, Iwan 169
Paul, Adam 045
Paul, Steven 091
Pavarotti, Luciano 102
Payne, Stewart 180
Payton, Lawrence 101
Peck, M. Scott 110
Pelsch, Valdis, 073
Pena, José Enrique de la 064
Pererya, Bob 166
Perry, Dr. Shawna 031
Perryman, Dr. Richard 030
Peterson, Ronnie 190
Petrowa, Maria 201
Petrowski, Albert 038
Picasso, Pablo 114
Piccard, Bertrand 013
Piccard, Dr. Jacques 016
Piëch, Ferdinand 059
Pierce, David Hyde 078
Pilcic, Julie 167
Pilossof, Ira 060
Pinda, Emmanuel 197
Pink Floyd 098
Pistiola, Dimitrios 055
Pitt-Turner, Thelma 198
Pitzer, Piet 046
Place, Jonathan 127

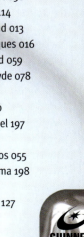

Register

Plante, Jaques 177
Poenisch, Walter 195
Polijakow, Valerij 008
Pont, Michel 054
Portman, Natalie 091
Potanin, Vladimir 059
Powell, David 127
Powell, William 068
Prajapati, Radhey 040
Preisler, Horst 198
Presley, Elvis 070, 084, 096
Presley, Lisa Marie 057
Presley, Priscilla 129
Presley, Richard 016
Prestwich, John 126
Prince 082, 100
Proctor, Robert 144
Prokurorow, Alexeji 172
Prost, Alain 190
Proudfoot, Michael 025
Purcell, Philip J. 059
Purol, Jim 125

Qu, Yunxia 206
Quintal, Stephane 177

R.E.M. 099
Ragab, Hisham 124
Ragulin, Aleksandr 176
Rainer, Adam 123
Ramos, Jorge Albert 039
Rankin, William 165
Rasmussen, Nyrup 081
Rastelli, Enrico 038
Ray Ban 119
Reagan, Ronald 064
Reed, Joe 021
Reed, Lou 095
Rees, Simon 102
Refsdahl, Jan Egil 127
Reinoehl, Mike 166
Reynolds, Peter 102
Rheinberger, Michael 015
Rhymes, Busta 095
Ribera, José 042
Richard, Cliff 096
Richard, Joseph Henri 177

Richard, Maurice 176
Richards, Keith 070
Richards, Vincent 182
Riddell, Roger 021
Ripley, Alexandra 093
Rita, Ang 014
Ritter, Tim 169
Rivero, Virginia 025
Roache, William 072
Roberts, Julia 069
Robinson, Dar 020
Robson, Bryan 186
Rockefeller, John D. 058
Rodden, Tom 039
Roddenberry, Gene 008
Rodgers, Richard 102
Rogers, Ginger 068
Rogers, Will 115
Röhrl, Walter 191
Romanek, Mark 094
Rompelberg, Fred 019
Rosberg, Keke 190
Rosenberg, Julius 022
Rosie Lee 086
Roskelly, John 015
Rowe, Denny 039
Rowe, Lazarus 048
Rowell, Glenn 015
Roy, Patrick 177
Rubik, Erno 060
Ruby 086
Ruijter, Charles 049
Runte, Dan 021
Rusedski, Greg 183
Michailowna 025
Ruttman, Troy 190
Ruud, Birger 172
Ryan, Elizabeth Montague 182
Ryoki, José Carlos 110

Sacher, Paul 058
Sadat, Anwar 072
Sailer, Toni 172
Sain, Kalyan Ramji 125
Sainz, Carlos 191
Salenko, Oleg 186
Salinger, J. D. 110
Salo, Johnny 198
Salyer, George 049
Samantha 087
Samma, Akashiya 072

Sampras, Pete 074, 182
Sanders, Nick 013
Sandoz, Randolph 166
Santos, Rudy 124
Sarkisor, Ler 014
Sattar Edhi, Abdul 023
Saunders, Amy 039
Savary, Peter de 060
Savitt, Janis 117
Sawchuk, Terry 177
Scarpa, Ron 168
Scelzi, Gary 018
Schaaf, Petra 198
Schaklin, Boris 200
Schayot, Jason 039
Schemansky, Norbert 201
Scherbina, Juri 036
Scherbo, Vitalij 200
Schienman, Vic 138
Schiffer, Claudia 076, 072
Schmidt, Birgit 169
Schmidt, Emil + Liliana 044
Schmitt, Martin 173
Schmitz, Kim 015
Schröder, Gerhard 081
Schulz, Charles 105
Schumacher, Michael 075, 190
Schuttke, Baebhen 030
Schwab & Co 130
Schwarzenegger, Arnold 128
Schweizer, Jochen 164
Scott, David 008
Scott, Doug 015
Scott, Ridley 108
Sears, Richard 182
Seguela, Jacques 045
Seinfeld, Jerry 072
Seizinger, Katja 172
Self, Daphne 077
Senna, Ayrton 083, 190
Sester, Denis 128
Seutter, Jonathan 167
Shafer, Fred 021
Shakespeare, William 091
Shakur, Tupac 095
Shankar, Ravi 103
Shannon, Sean 039
Sheela 068
Sheen, Charlie 129
Shelton, Brent 041
Shepard, Alan 009
Shepherd-Barron, John 028
Shestov, Michael 047
Shetter, Allan 169
Shilling, David 116

Shirai, Soji 053
Shoemaker, Dr. Eugene 009
Shriver, Pam 182
Shun-De-Mannschaft 047
Sigmarsson, Jon Pall 128
Sihanouk, Prinz Norodom 080
Silivas, Daniela 200
Simon, Frank 038
Simpson, O.J. 092
Simpson, Wallis 062
Sinatra, Frank 064, 097
Singh, Baba Joginder 049
Singleman, Glenn 165
Sittler, Darryl 176
Slater, Kelly 168, 169
Slater, Richard 025
Smail, Doug 176
Smetanina, Petrowna 172
Smith, Alan 053
Smith, Jack 045
Smith, Jaclyn 092
Smith, John 018, 019
Smith, Keith 124
Smith, Quentin 012
Smyers, Karen 199
Snag 086
Snetsinger, Phoebe 084
Snoop Dogg 100
Snowbie 87
Sole, David 012
Solo, Fuatai 046
Sorenstam, Annika 075
Sowerby, Garry 012
Spector, Phil 096
Spelling, Aaron 092
Spencer, Terence 025
Sphon, Dr. Arthur 126
Spice Girls 070, 078, 097
Spielberg, Steven 091, 138
Spinka, Klaus 172
Spitz, Mark 194
Springbett, David J. 012
Springsteen, Bruce 071, 098
Squires, Paul 052
St. Martin, Ted 189
Stafford, Thomas 008
Stallone, Sylvester 020
Star Trek 085
Star Wars 084
Stearns, Cheryl 164
Steinfeld, Jake 129
Steinmann, Jim 099
Stelarc, 121
Stenmark, Ingemar 172
Stern, Simon+Ida 048

Stevens, Harry 048
Stewart, Mike 168
Stewart, Miles 199
Stickland, Jan 046
Stieglitz, Alfred 114
Stine, R.L. 110
Stits, Donald 148
Stolar, Bernard 136
Stradivari, Antonio 065
Stragauskaite, Kristina 022
Streeter, Tanya 194
Streisand, Barbra 078
Strome, Dr. Marshall 030
Stubbs, Levi 101
Stuck, Hans 191
Sugimoto, Kyota 029
Suleymanoğlü, Naim 200
Sullivan, James 019
Sullivan, Roy 024
Sulman, Gianni Vivé 062
Sundström, Patrik 176
Sutherland, Lorna 087
Sutro, Edward 084
Sutton, Nancy 167
Suu Kyi, Aung San 081
Swahn, Oscar 049
Swain, Dominique 093
Swigert, Jack 008

Taglani, Jyoti 121
Taillefer, Christian 019
Takafumi, Sugimoto 072
Tamang, Shambu 014
Tandy, Jessica 079
Tantrum, Nigel 084
Tardivel, Pierre 014
Tarrant, Chris 073
Taupin, Bernie 070
Tavilla, Paul 039
Taylor, Billy 176
Taylor, Elizabeth 051, 083, 090, 104
Taylor, Niki 077
Taylor, Vince 129
Teague, Al 018
Tebeitabu, Arenta 024
Temple, Shirley 079, 068
Tendulkar, Sachin 075
Teodorescu, Radu 129
Tergat, Paul 198
Thackwell, Michael 190

Benutzte Abkürzungen

The Cure 099
The Isley Brothers 100
The Prodigy 100
The Smiths 099
Thomson Community Club 502
Thomson, Kenneth 058
Thornton, Kathryn 008
Thurston, Kat 165
Tidwell, Paul R. 017
Tikhonov, Aleksandr 198
Tilden, Bill 182
Timm, Robert 012
Timmis IV, John Henry 091
Tinker Boy 087
Tirkkonen, Sari 039
Tong, Mark 044
Torokichi, Tameemon 196
Total in Sand Team 042
Towser 086
Toyotake, Danshi 102
Tracy, Spencer 078
Trense-Taubitz, Hannah 165
Tretyak, Vladislav 176
Tripp, Ryan 044
Trump, Donald 058
Tsjuddin, Ahmad 038
Tull, Maude 049
Turlington, Christy 076
Turner, Ted 056
Tuttle, Lyle 120
Tyson, Mike 074
Tzakis, Dr. Andreas 030

U 2 099
Ullrich, Frank 198
Umer, Steve 039
Unser, Al 190
Unverhau, Angelica 054

Välbe, Jelena 172
Valletta, Amber 076
van Gogh, Vincent 114
Van Halen 099
Van Keer, Guy 054
Vatsyayana 110
Ventura, Sergie 166
Ver Magnusson, Magnus 128

Vermeulen, Nick 054
Verri, Francisco 192
Versace, Gianni 076, 117
Vibroplant Team 46
Vidiz, Claive 054
Viner, Brian 055
Vuitton, Louis 062
Vulovic, Vesna 024

Wadlow, Robert 122
Washington, George 028
Wakanohana, Ozeki 196
Walkert, Kåre 127
Wallace 104
Wallace, Andy 191
Wallis, Kenneth 019, 048
Walsh, Donald 016
Walters, Barbara 072
Walton, Sam 056, 058
Wang, Nina 058
Warhol, Andy 061
Waters, Benny 103
Watkins, Dudley 105
Watson, Robert J. 023
Wayne, John 068
Weaver, Sigourney 069
Weber, Molly 048
Weber, Sharon 168
Weders, Thomas 125
Wee Wong, Lee 022
Weill, Cynthia 096
Welday, Craig 169
Wendel, Ella 087
West, Lawrence 038
Westaby, Stephen 030
Westgate, Richard + Guy 165
Wheeler, Ken 128
Whetu, Mark 015
Whiteside, Norman 187
Whittaker, Tom 014
Whittal, Robby 165
Whitworth, Alan 115
Wicca, Dianic 089
Wicherle, Otto 029
Widdifield, Noel 019
Wiest, Dianne 078
Wilkie, Graham 167
Williams, John 012
Williams, Robbie 097
Williams, Sean 189
Williams, Venus 183

Willis, Bruce 078
Wilson, John 078
Wilson, Michael 120, 189
Wilson, Robert 102
Winfrey, Oprah 072, 092
Wing, Brett 168
Wingo, Plennie 044
Winkler, Matthew 158
Winslett, Kate 090
Winston, Stan 094
Winters, Shelley 078
Wire, Nicky 098
Wisotsky, Wladimir 088
Wojtyla, Karol 089
Wood, Ron 070
Woods, Ryan 022
Woods, Tiger 075, 108
Woolworth, Frank Winfield 066
Worden, Alfred 008
Worth, Charles Edward 116
Wyler, William 078

Xarate, Lucis 122

Yahoo 133
Yamashita, Yasuhiro 197
Yang, Fan 039
Yates, Dorian 128
Yazykow, Victor 031
Yi-an, Chen 197
YMCA 043
Yordanidis, Dimitrion 198
Yosipovv, Yacov 054
Yound, Murray Lachlan 095
Young, John 008
Yuk Wan, Wong 056

Zamba, Frieda 168
Zehr, Nathan + Paula 053
Zoff, Dino 186
Zorro 105

A (Österreich)
AR (Armenien)
AUS (Australien)
B (Belgien)
BD (Bangladesch)
BG (Bulgarien)
BIH (Bosnien-Herzegowina)
BR (Brasilien)
BY (Belorußland)
C (Kuba)
CDN (Kanada)
CH (Schweiz)
CHN (China)
CL (Sri Lanka)
CO (Kolumbien)
CR (Costa Rica)
CSSR (Tchechoslowakische Sozialistische Republik, ehem.)
CY (Zypern)
CZ (Tschechien)
D (Deutschland)
DK (Dänemark)
DZ (Algerien)
E (Spanien)
EAK (Kenia)
EAT (Tansania)
EC (Ecuador)
EST (Estland)
ET (Ägypten)
ETH (Äthiopien)
F (Frankreich)
FIN (Finnland)
FJI (Fidschi)
GE (Georgien)
GR (Griechenland)
H (Ungarn)
I (Italien)
IL (Israel)
IND (Indien)
IR (Iran)
IRL (Irland)
IS (Island)
J (Japan)
JA (Jamaika)
K (Kambodscha)
KZ (Kasachstan)
L (Luxemburg)
LT (Litauen)
MA (Marokko)
MAL (Malaysia)
MC (Monaco)
MEX (Mexiko)
MOC (Mosambik)

NAM (Namibia)
NEP (Nepal)
NL (Niederlande)
NOR (Norwegen)
NZ (Neuseeland)
P (Portugal)
PE (Peru)
PK (Pakistan)
PL (Polen)
Q (Katar)
RA (Argentinien)
RC (Republik China/Taiwan)
RCH (Chile)
RI (Indonesien)
RL (Libanon)
RO (Rumänien)
ROK (Südkorea)
ROU (Uruguay)
RP (Philippinen)
RUS (Rußland)
SGP (Singapur)
SK (Slowakei)
SWE (Schweden)
SYR (Syrien)
THA (Thailand)
TR (Türkei)
UA (Ukraine)
UAE (Vereinigte Arabische Emirate)
UdSSR (Union der Sozialistischen Sowjetrepubliken, ehem.)
USA (Vereinigte Staaten von Amerika)
YV (Venezuela)
ZA (Südafrika)
ZW (Simbabwe)

Merkblatt für Rekorde

REKORDBEDINGUNGEN

Ein Rekord für das GUINNESS BUCH DER REKORDE ist eine Anstrengung, die erstmals vollbracht wird oder eine vorhandene Leistung verbessert und interessant genug ist, um öffentliches Interesse zu wecken und damit Gegenstand eines weitverbreiteten, möglichst internationalen Wettbewerbs zu werden. Eine Rekordleistung sollte besondere Fähigkeiten erfordern, meßbar und vergleichbar sein und ungewöhnliche Dimensionen (Menge, Größe, Geschwindigkeit etc.) erreichen.

Wir raten dringend von Rekordversuchen ab, die in irgendeiner Art und Weise die Gesundheit des Rekordlers oder anderer Beteiligter gefährden könnten. Extreme Rekorde sind nur deshalb im Buch, weil Sie von professionellen Stuntmen unter sorgfältigsten Sicherheitsbedingungen vollbracht wurden. Der Guinness Verlag übernimmt keine Verantwortung für Unfälle oder Krankheiten, die im Zusammenhang mit einem Rekordversuch entstehen können. Wir schlagen vor, daß in allen Fällen eine medizinische Versorgung gewährleistet ist.

Neben diesen allgemeinen Rekordbedingungen gibt es viele spezielle Richtlinien, die die Vergleichbarkeit der Rekordleistung sicherstellen sollen. Rekordanwärter sollten die Rahmenbedingungen der existierenden Rekorde beachten oder die Richtlinien bei der Redaktion erfragen.

NEUE RICHTLINIEN

Nach Absprache mit den weltweiten Redaktionen des GUINNESS BUCHES DER REKORDE haben wir für eine bessere Vergleichbarkeit einige Rekordrichtlinien überarbeitet:

- Neue Ausdauerleistungen akzeptieren wir nur noch in den Kategorien 1 Stunde oder maximal 24 Stunden, wobei die Zeit nur den Rahmen für die meßbare und vergleichbare Leistung darstellt. Beispiel: 24 Stunden Aerobic werden erst durch die Rekordmenge der beteiligten Sportler zum Rekord.
- Back-, Koch- oder Tafel-/Thekenrekorde, die eine möglichst große Länge erzielen wollen, werden nur noch akzeptiert, wenn die erreichte Strecke „aus einem Stück" besteht, also der längste Kuchen nicht aus Einzelstücken zusammengesetzt ist oder die Tische der längsten Grilltafel ohne eine Lücke aneinanderstehen.
- Rekordleistungen in einer sehr speziellen Unterkategorie werden mit den Rekorden der übergeordneten Kategorie verglichen. Beispiel: Der längste Buttermandelstreuselkuchen konkurriert mit dem längsten Streuselkuchen.
- Stapelrekorde müssen ohne Bauhilfen/Fixierungen entstanden sein.

ANMELDUNG

- Eine Ankündigung vor dem tatsächlichen Versuch ist nicht erforderlich. Melden Sie Ihren Rekord immer erst nach dem Rekordversuch an.
- Dokumentieren Sie Ihren Rekordversuch z.B. mit Fotos, Videos, Presseberichten oder Protokollen. Nicht alle diese Dokumente sind unbedingt erforderlich, versetzen Sie uns einfach in die Lage, Ihre Rekordleistung prüfen zu können. Die Redaktion des GUINNESS BUCHES DER REKORDE kann keine offiziellen Beobachter vor Ort schicken.
- Das Anmeldeformular erhalten Sie – außer im Buch – auch im Internet (www.guinness-verlag.de) oder gegen einen frankierten Rückumschlag von der Redaktion. Benutzen Sie zur Anmeldung nur das Anmeldeformular, und schicken Sie es uns rechtzeitig vor dem Einsendeschluß zu. Telefonische oder gefaxte Anmeldungen werden nicht akzepiert, das Anmeldeformular können wir Ihnen auch nicht zufaxen.
- Anmeldeschluß für Rekordversuche ist jeweils der 1. April des Jahres. Erst danach beginnen wir damit, die eingegangenen Rekorde zu prüfen. Wegen der vielen Rekordanmeldungen dauert es ca. sechs Monate, bis Sie wieder von uns hören. Im schlimmsten Fall können also 18 Monate vergehen, bis Sie z.B. nach Ihrer Anmeldung am 2. April 2000 im November 2001 von uns hören. Wir schicken Ihnen aber auf jeden Fall ohne zusätzliche Aufforderung entweder eine Ablehnung oder eine Rekordurkunde zu. Leider können wir in der Zwischenzeit keine Auskunft darüber geben, welche Chancen Ihr Rekordversuch hat. Wir verschicken auch keine Bestätigung über den Eingang Ihrer Rekordanmeldung.

- Jeder Rekordversuch muß von drei unabhängigen, volljährigen Zeugen, die sich untereinander ablösen können, protokolliert und bestätigt werden (Beginn, Ende, Pausen, Spiele, Ergebnisse etc.). Die Anschriften der Zeugen müssen Sie uns mitteilen. Sportrekorde müssen immer unter der Aufsicht von mindestens einem Mitglied eines offiziellen Sportverbandes/-vereines der jeweiligen Sportart aufgestellt werden.
- Rekordversuche müssen in der Öffentlichkeit stattfinden, der Zutritt muß für jedermann möglich sein. Unterstützt werden die Zeugenaussagen durch Bestätigungen von Verbänden, Dienststellen, informativen Presseveröffentlichungen, notariellen Beurkundungen oder Rundfunk-/Fernsehberichten.

Ein Rekord für das GUINNESS BUCH DER REKORDE kostet nichts und wird auch nicht vergütet. Der Rekordhalter stellt seine Informationen dem Verlag kostenfrei zur Verfügung. Dazu gehören auch Fotos, Videos etc., die der Verlag frei verwenden darf. Bitte stellen Sie sicher, daß Sie die Rechte an den von Ihnen zugesandten Materialien (z.B. Fotos von Berufsfotografen) innehaben. Der Verlag wird gegebenenfalls Ihre Materialien verwenden, ohne das Copyright nochmals geprüft zu haben. Der Verlag behält sich vor, Ihre Informationen und Materialien für alle Verwendungszwecke im Zusammenhang mit dem GUINNESS BUCH DER REKORDE, also auch für Presseberichterstattung, Verwendung im Internet, auf einer CD-ROM, einem Kalender, zu Werbe- und Promotionzwecken etc. einzusetzen.

BUCHEINTRAG

Auch wenn die Bedingungen für eine Aufnahme in das GUINNESS BUCH DER REKORDE erfüllt sind, behält sich der Verlag in jedem Fall die Entscheidung vor, einen Rekord in die nächste Ausgabe des jährlich erscheinenden Buches aufzunehmen oder nicht. Die Gründe dafür sind immer redaktioneller Art.

Auch wenn Sie alle Vorschläge auf dieser Seite beachten, kann es sein, daß Ihre Leistung nicht als Rekord im Sinne des GUINNESS BUCHES DER REKORDE anerkannt wird. Wir wünschen uns, daß Ihnen Ihr Rekordversuch trotzdem Spaß gemacht hat. Denn der Spaß an der Sache ist die eigentliche Grundidee des GUINNESS BUCHES DER REKORDE.

Gutes Gelingen wünscht Ihnen

Ihre Redaktion
GUINNESS BUCH DER REKORDE
Postfach 130444,
20139 Hamburg
E-Mail: info@guinness-verlag.de

Ständig neue Rekorde, Gewinnspiele und Unterhaltung im Internet unter:

www.guinness-verlag.de

Rekordanmeldung

DER NEUE REKORDHALTER
Der Rekord wurde aufgestellt von:

Name, Vorname

Beruf

Straße, Hausnummer

PLZ, Ort

Geburtsdatum

Telefon/Fax

E-Mail

Ort, Datum, Unterschrift

DER NEUE REKORD
Welcher Rekord wurde aufgestellt? (Bitte Beschreibung in einem Satz)

Wann wurde er aufgestellt? | | | | | | | | Wo wurde er aufgestellt?

○ **Der Rekord ist neu.**　　○ **Der Rekord übertrifft den auf Seite _____ im GUINNESS BUCH DER REKORDE Ausgabe _____ aufgeführten.**

Fotos des Rekordversuches oder des Rekordgegenstandes, Dokumente, Zeitungsausschnitte o.ä. liegen als Beleg bei. Der Rekord wurde unterstützt durch (Institutionen, Unternehmen, Medien, Vereine etc.):

1. ZEUGE Name, Vorname	2. ZEUGE Name, Vorname	3. ZEUGE Name, Vorname
Straße, Hausnummer	Straße, Hausnummer	Straße, Hausnummer
PLZ, Ort	PLZ, Ort	PLZ, Ort
Unterschrift	Unterschrift	Unterschrift

IMPRESSUM

WORLD COPYRIGHT RESERVED
COPYRIGHT © 1999
GUINNESS WORLD RECORDS LTD

ISBN: 3-89681-003-0

No part of this book may be reproduced or transmitted in any form or by any means electronic, chemical or mechanical, including photocopying, any information storage or retrieval system without a licence or other permission in writing from the copyright owners. Reviewers are welcome to quote brief passages should they wish.

GUINNESS WORLD RECORDS
and the STAR LOGO are trade marks
of Guinness World Records Ltd.
Used under licence by
Guinness Verlag GmbH

Redaktionsanschrift
GUINNESS WORLD RECORDS
GUINNESS BUCH DER REKORDE
Postfach 130444
20139 Hamburg
www.guinness-verlag.de
E-Mail: info@guinness-verlag.de

Redaktionsstand
1. April 1999

Redaktionsschluß für die nächste Ausgabe
1. April 2000

Managing Editor
Nic Kynaston

Für die deutschsprachige Ausgabe

Publishing Manager
Dr. Ralf Birkelbach

Managing Editor
Hans Kettwig

Schlußredaktion
Peter Dwertmann

Design
Lesley Horowitz & Dominic Sinesio at Office, NYC

Gestaltung der deutschsprachigen Ausgabe
servicemedia, Ralf Schneider

Research Manager
Geoff Trotter

Research Coordinator
Shelley Flacks

Für die deutschsprachige Ausgabe

Britta Aue, Kristina Austrup,
Sven Grönwoldt, Ulrike Papin

Design and Production
Robert Hackett

Cover Design
Lesley Horowitz & Dominic Sinesio at Office, NYC
Ron Callow at Design 23

Production Coordinator
Clair Savage

Fulfilment
Mary Hill, Cathryn Harker

Publishing Director
Ian Castello-Cortes

Managing Director
Christopher Irwin

Für die deutschsprachige Ausgabe
Managing Director
Dr. Ralf Birkelbach

Herstellung
Roland Kraft

Reproduktionen
Alphabeta Druckformdienst GmbH, Hamburg

Druck und Verarbeitung
Mohndruck Graphische Betriebe GmbH, Gütersloh

Verlagsanschrift
Guinness Verlag GmbH
Harvestehuder Weg 42
20149 Hamburg

Printed in Germany 1999

BILDNACHWEIS

008 NASA, 008 NASA, 009 E. Lockwood/NASA, 009 NASA, 010 Giraffa News/Rex Features, 010 Fabrice Coffrini/Keystone/AP, 011 Rex Features, 011 Masaharu Hatano/Reuters, 012 Garry, Sowerby/Odyssey International Ltd, 012 Damian Dovarganes/AP, 013 Y. Genvay/Sipa Press/Rex Features, 014 Gopal Chitrakar/Reuters, 014 Gopal Chitrakar/Reuters, 017 Herwig, Prammer/Reuters, 016 Trippett/Sipa Press/Rex Features, 018 The Cousteau Society/AP, 017 Margot Nicol-Hathaway/AP, 018 Tony Stone, 018 Julian Makey/Rex Features, 019 Michel Lethenet/DPPI/Rex Features, 020 AP, 021 Sidsel Jensen, 021 Riky Ash, 022 Antony Njuguna/Reuters, 022 Villa/AP, 023 Muzammil Pasha/Reuters, 024 AP, 024 Jim Rogash/AP, 025 Reuters, 026 Chuck Robinson/AP, 026 Duane Burleson/AP, 027 Susan Ragan/AP, 028 Tim Ockenden/PA, 028 Reuters, 029 Elise Amendola/AP, 029 Paul Brown/Rex Features, 030 University Medical Center, 030 Radu Sigheti/Reuters, 031 Steven Senne/AP, 032 Thierry Renavand/Sipa/Rex Features, 032 Don Ryan/AP, 033 Le Morvan/Kunda/Stills/Rex Features, 033 Vic Thomasson/Rex Features, 034 Daniel Heuclin/Sipa Press/Rex Features, 034 Blondin/Sipa Press/Rex Features, 035 Incredible Features/Rex Features, 036 Dimitry Kinkladze, 036 John Pryke/Reuters, 037 Jeff Werner/Incredible Features/Rex Features, 038 Ron Tom/Fox Television, 038 Mike Jones/Fox Television, 039 Mike Jones/Fox Television, 040 Fox Television, 040 Miguel Najdorf, 041 Dan White, 041 Simon Roberts/BBC Radio 1, 042 Bristol Evening Post , 042 Totally in Sand, 043 David Rozing/CameraPress, 044 Remy Bricka, 044 Nils Jorgensen/Rex Features, 045 Rex Features, 046 Chris Drown/Sipa Press/Rex Features, 046 Ron Rosenfeld/Rosenfeld Photography, 047 Peter Brooker/Rex Features, 047 Ian Sumner/Wessex Water, 048 Gary Tramontina/AP, 048 K.H. Wallis, 049 Savita Kirloskar/Reuters, 050 Santiago Lyon/AP, 050 Joe Viles/Fox Television, 051 Paul Chesley/Tony Stone, 052 Azadour Guzelian/Rex Features, 052 North of England Newspapers/ Newsquest Northeast Ltd, 053 Jiji Press/AFP/EPA/PA, 053 Matija Kokovic/Sipa Press/Rex Features, 054 Peter Brooker/Rex Features, 055 Ken McKay, 056 Charlotte Observer/AP, 056 Rex Features, 057 Clive Limpkin/Rex Features, 057 Richard Young/Rex Features, 058 Gerald Davis/Rex Features, 058 Keystone/AP, 059 Alexander Zemlianichenko/AP, 059 Fabian Bimmer/AP, 060 Nils Jorgensen/Rex Features, 060 Ken McKay/Rex Features, 061 Werlitzer, 061 Mathmos Ltd, 062 Diamond Cutters International, 062 Toby Melville/PA, 063 Dufoto/Sipa Press/Rex Features, 063 Pascal Volery/Reuters, 064 Reuters, 064 Michael Crabtree/Reuters, 065 Russell Boyce/Reuters, 065 Peter Brooker/Rex Features, 066 John Lamb/Tony Stone, 066 Jeff Scheid/AP, 067 Rex Features, 068 U.S. Navy, PH2 Damon J. Moritz/AP, 068 Rex Features, 069 Joyce Silverstein/Rex Features, 069 Lucasfilm Ltd, 070 Rex Features, 070 Brian Rasic/Rex, Features, 071 Brian Rasic/Rex Features, 072 Renzo Gostoli/AP, 072 Charles Ommanney/Rex Features, 073 Munawar Hosain/Rex Features, 073 Reuters, 074 Bob Child/AP, 075 Steve Holland/AP, 075 Howard Burditt/Reuters, 076 Barthelemy/Rex Features, 076 Lionel Cironneau/AP, 077 Rex Features, 077 Barthelemy/Rex Features, 078 Reed Saxon/AP, 078 Brian Rasic/Rex Features, 079 Sipa Press/Rex Features, 079 Rex Features, 080 Jose Goitia/AP, 080 Reuters, 081 Reuters, 081 Eckehard Schulz/AP, 082 Kevork Djansezian/AP, 082 Nils Jorgensen/Rex Features, 083 Nils Jorgensen/Rex Features, 083 Erik Pendzich/Rex Features, 084 Rex Features, 084 Neal Simpson/Empics, 085 Greg Williams/Rex Features, 086 Dragon News, 086 Eva Magazine/Rex Features, 087 Jeremy Young/Rex Features, 087 Yoshikazu Tsuno/EPA/PA, 088 Terry Schmitt/AP, 088 Krishnan Guruswamy/AP, 089 Plinio Lepri/AP, 089 Adam Nadel/AP, 090 Miramax Films, 090 MGM, 091 LucasFilm Ltd, 092 Rex Features, 092 Spelling Entertainment/Columbia Television, 093 Chris Pizzello/AP, 093 Disney/AP, 094 Kevork Djansezian/AP, 094 Mychal Watts/East West Records/Warner Music, 095 Hamish Brown/Chrysalis Records, 096 Warren Johnson/Rex Features, 096 Richard Young/Rex Features, 097 Rex Features, 097 Richard Young/Rex Features, 098 Ian Waldie/Rex Features, 098 Scarlet Page/Rex Features, 098 John Rogers/Rex Features, 099 Rex Features, 099 Greg Brennan/Rex Features, 100 Rex Features, 101 Reed Saxon/AP, 128 Dave Lewis/Rex Features, 102 Suzanne Plunkett/AP, 102, H.Kuehn/Fotex/Rex Features, 103 Phil Rees/Rex Features, 103 Geoff Wilkinson/Rex Features, 104 Dreamworks SKG, 104 Aardman Animations Ltd, 105 Matt Groening/Fox Television, 105 Rex Features, 105 Seagaia Group, 107 Reuters, 108 Lucasfilm Ltd, 108 Benetton/Rex Features, 109 Fred Prouser/Reuters, 109 Levis Strauss Ltd, 110 Time/AP, 110 Jim Cooper/AP, 111 Michael C. York/AP, 111 Mark Mawson/Rex Features, 112 Reuters, 112 Susan Sterner/AP, 113 Jeff J. Mitchell/Reuters, 114 Kathy Willens/AP, 114 Rick Rycroft/AP, 115 Juergen Schwarz/Reuters, 116 Steve Wood/Rex Features, 116 Mitch Jacobson/AP, 117 Doug Mills/AP, 117 Rex Features, 118 Luc de Tienda/DPPI/Rex Features, 118 Richard Drew/AP, 119 Marks & Spencer, 120 Barbara & Kalamandalam Vijayakumar, 120 Nils Jorgensen/Rex Features, 121 Rex Features, 121 Jyoti Taglani, 122 Scott McKernan/Incredible Features/Rex Features, 122 Simon Kwong/Reuters, 123 Rob Nelson/Fox Television, 124 Joe Viles/Fox Television, 124 Mike Jones/Fox Television, 125 Joe Viles/Fox Television, 126 AP, 126 Julius Vitali/Sipa Press/Rex Features, 127 Andy Whale/Tony Stone, 128 Jennifer Bowles/AP, 128 Frank Wiese/AP, 129 RDR Productions/Rex Features, 130 Cable News Network Inc/Time Warner, 130 Nigel Marple/AP, 131 Andy Pearlman/Shooting Star, 131 The Alta Vista Company, 132 Hewlett Packard, 132 Origin, 133 Autodesk, 134 Mike Segar/Reuters, 135 Rex Features, 136 Sega of America/Court Mast/AP, 136 Microsoft Corporation, 137 Electronic Arts, 137 Eidos Interactive, 138 Sergio Perez/Reuters, 138 Joe Brockert/AP, 139 Sam Ogden/Science Photo Library, 140 Reuters, 140 Hughes Space and Communications, 141 NASA, 142 Sony Corporation, 142 Koji Sasahara/AP, 143 Diamond, 143 Koji Sasahara/AP, 143 Sony Corporation, 144 McLaren Cars, 145 Rex Features, 145 Mercedes Benz, 146 Peter Rosendahl, 146 Morbidelli Motorcycles, 147 Eriko Sugita/Reuters, 147 Suzuki, 148 Yellow Pages Endeavour, 148 Donald Stits, 149 Linda Radin/AP, 149 Oxley/Rex Features, 150 Jet Propulsion Laboratories/AP, 150 ESA/Ducros/AP, 151 NASA, 151 NASA, 152 Gleb Garanich/Reuters, 152 Itsuo Inouye/AP, 153 AP, 153 Zaheeruddin Abdullah/AP, 154 Jacques Boissinot/AP, 154 Austrian Defense Ministry/AP, 155 Victor R. Caivano/AP, 155 Toko Shimbun/AP, 156 Humberto Pradera/Agencia Estado/AP, 156 Dario Lopez Mills & Joe Cavaretta/AP, 157 Sergei Karpukhin/AP, 158 Corinne Dufka/Reuters, 158 R.J. Kumar/AP, 159 Tran Viet Duc/YNS/AP, 160 Rex Features, 160 Apichart Weerawong/Reuters, 161 Peter Frey/Rex Features, 162 William Lesch/The Image Bank, 162 F. Gohier/Jacana, 163 Joseph van Os/The Image Bank, 164 Phil Walter/Fotopress/AP, 164 Michael Pissotte/DPPI/Rex Features, 164 Bernd Kammerer/AP, 165 Lehtikuva Oy/Rex Features, 166 Stephane Compoint/DPPI/Rex Features, 166 Matt York/AP, 166 Rex Features, 167 Eric Risberg/AP, 168 Denis Poroy/AP, 168 Rex Features, 169 De Tienda/DPPI/Rex Features, 169 Neale Hayes/Rex Features, 170 Madonna di Campiglio/Reuters, 170 Felice Calabro/AP, 171 Rex Features, 171 Beth A. Keiser/AP, 172 Claudio Scaccini/AP, 172 Armando Trovati/AP, 173 Srdjan Zivulovic/Reuters, 173 Steve Powell/Allsport, 174 Rex Features, 174 Eric Johansen/Scanpix/AP, 175 Stephano Rellandini/Reuters, 176 Shaun Best/Reuters, 177 Robert Galbraith/AP, 177 David Zalubowski/AP, 178 Dieter Endlicher/AP, 178 Michael Probst/AP, 178 Viorgos Karahalis/Reuters, 179 Domenico Stinellis/AP, 180 Eric Gay/AP, 180 Charles Knight/Rex Features, 181 Sean Garnsworthy/AP, 181 Jack Smith/AP, 182 Blake Sell/Reuters, 182 Pierre Virot/Reuters, 183 Tony Marshall/Empics, 183 Rick Stevens/AP, 184 Neal Simpson/Empics, 184 Clive Brunskill/Allsport, 185 Tony Marshall/Empics, 186 Marc Aspland/Rex Features, 186 Rex Features, 187 DPPI/Rex Features, 188 Kevork Djansezian/AP, 188 Alan Mothner/AP, 188 Moliere/Rex Features, 189 Damian Dovarganes/AP, 190 Mercedes-Benz, 190 Eduardo Di Baia/AP, 190 Lionel Cironneau/AP, 191 Geoff Wilkinson/Rex Features, 192 Tony Marshall/Empics, 192 Michel Spingler/AP, 193 Eric Gaillard/Reuters, 193 Alejandro Pagni/AP, 194 John Moran/Rex Features, 194 Michel Euler/AP, 195 Frank Gunn/ Canadian Press/AP, 196 Vim Jethwa/Rex Features, 196 Jeffrey Werner/Rex Features, 197 Steve Christo/Sydney Morning Herald/AP, 197 Paul Sakuma/AP, 198 Hans Edinger/AP, 198 ANSA/Reuters, 199 Ronen Zilberman/AP, 199 John Bazemore/AP, 200 Chiaki Tsukumo/AP, 200 Kang Hyungwon/AP, 201 Laszlo Balogh/Reuters.

Alle anderen Fotos und Bilder: Guinness World Records, Guinness Verlag GmbH